# 纳税服务应试辅导及模拟试卷

税务干部能力提升研究组　编

中国财经出版传媒集团
中国财政经济出版社

**图书在版编目（CIP）数据**

纳税服务应试辅导及模拟试卷／税务干部能力提升研究组编．--北京：中国财政经济出版社，2022.11
ISBN 978-7-5223-0728-2

Ⅰ.①纳…　Ⅱ.①税…　Ⅲ.①税收管理－中国－干部培训－自学参考资料　Ⅳ.①F812.423

中国版本图书馆 CIP 数据核字（2021）第 165553 号

责任编辑：陈志伟　　　　责任印制：史大鹏
封面设计：卜建辰

中国财政经济出版社 出版
**URL**：http：//www.cfeph.cn
E-mail：cfeph@cfeph.cn

社址：北京市海淀区阜成路甲 28 号　邮政编码：100142
营销中心电话：010-88191522
天猫网店：中国财政经济出版社旗舰店
网址：https：//zgczjjcbs.tmall.com
北京时捷印刷有限公司印刷　各地新华书店经销
成品尺寸：185mm×260mm　16 开　31 印张　618 000 字
2022 年 11 月第 1 版　2022 年 11 月北京第 1 次印刷
定价：89.00 元
ISBN 978-7-5223-0728-2
（图书出现印装问题，本社负责调换，电话：010-88190548）
本社质量投诉电话：010-88190744
**打击盗版举报热线：010-88191661　QQ：2242791300**

# 前　言

本套丛书共分为通用能力、领导胜任力、征收管理、纳税服务、综合管理、税务稽查、信息技术分册。本套书以税务机关各岗位对干部的能力需求为出发点，通过整理知识层次、配套精华习题、辅以精准解析，既能帮助读者理解知识点，还帮助读者达到知识的点线面结合，构建知识体系。不仅做到轻松过关，更能全方位提升税务干部的政治素质、专业素养和业务能力。

本套图书有如下特色：

1. 配套题目更加新颖。“观千剑而后识器，闻千曲而后知音。”与2021年版辅导用书相比，本系列丛书试题更新度达60%，并与“两测”考试难度高度吻合。全书试题来源于各地内训试题，让读者摆脱四处搜集资料之苦，全身心投入备考学习，真正达到“会当凌绝顶，一览众山小”的最佳竞技状态。

2. 结构设计更加合理。为帮助科学复习迎考，业务能力升级测试辅导用书按照岗位类别和内容侧重划分为通用能力等六册辅导书和领导胜任力试卷。六册辅导书分为知识讲解和模拟试题两大专题。知识讲解专题重点归纳整理常考点，精选习题巩固知识、补漏补缺；模拟试卷部分，吸收最新考情信息，从各地模考中筛选精华试题，通过科学优化组合，力求模考试卷多角度、全方位覆盖全书各类考点，高度还原考试场景。领导胜任力试卷根据不同层级、不同岗位能力要求，科学设计试题，结合实务要求，多维度考查读者领导思维，实现应试水平和思维方式双提升。

3. 细节考虑更加用心。人们常说，细节决定成败。与2021年版辅导用书相比，知识点进一步优化内容组合，突出重点难点，减轻记忆负担；为方便读者学习查阅，本次将答案解析直接注释在章节模拟题后，简单直观；每道试题均标注用于何种等级考试，方便掌握学习状况……读者在使用本书时会真切感受到正是这点点滴滴的不同，让读者的复习过程事半功倍。

希望本套书的面世，不仅能帮助各位读者更快抵达考试成功的彼岸，更能帮助读者更好地拓宽视野、提升格局，在今后的工作生涯中获得更好的发展。

**编者**

2022年10月

# 目　录

## 上篇　应试辅导

## 下篇　模拟试卷及答案解析

# 上　篇　应试辅导

# 第一章 概 论

## ★知识要点归纳

### 一、纳税服务概述

纳税服务是政府和社会组织根据税收法律、行政法规的规定，在纳税人依法履行纳税义务和行使权利的过程中，为纳税人提供的规范、全面、便捷、经济的各项服务措施的总称。

一是税收本质属性的具体体现。

税收是国家凭借其政治权力取得财政收入、进行国民收入分配和再分配的一种主要形式。税收的产生来自满足社会公共需求的需要，即为社会提供公共物品和公共服务。税收来自纳税人的收入和所得，并用于国家为纳税人提供公共产品。从某种意义上来说，国家成为公共产品的供应商，而纳税人成为国家的顾客。因此，为纳税人提供优良的纳税环境也就成了国家的法定职责和应尽义务。

二是税务机关职责的体现。

税务机关是代表国家执行税收法律法规、组织税收收入的职能部门，税务机关要履行上述职责，就必须开展一系列税收征管活动。税收征管活动主体的一方始终是各类纳税人，直接体现为从纳税人处取得税收收入。组织税收收入的理想境界是实现“应收尽收”，也就是税法所确立的应征税款与实征税款没有丝毫差额。

因此税务机关应当想方设法让纳税人知晓税收法律法规，为纳税人提供方便快捷的服务，同时注重尽量减少纳税人为履行纳税义务所负担的成本（包括时间和金钱）。这就是纳税服务的最本质的意义。

#### （一）纳税服务的主要内容

1. 税法宣传和纳税咨询辅导

这是纳税人的基本需要，也是纳税服务中的基本内容和税务机关的义务，贯穿于税收征管工作的全过程。税法宣传的对象是社会公众，宣传的内容应当是广泛普遍的，包括税法、税收政策和各种办税程序、税收知识等，其作用在于潜移默化地增强全社会的纳税意识，提高纳税人依法履行纳税义务的自觉性。纳税咨询辅导的对象是特定的纳税人，其内容应该具体且明确，税务机关的答复和辅导应当及时、准确和权威，其作用在于直接指导纳税人办理涉税事项，减少纳税人因不了解有关规定而带来的负担。

2. 申报纳税和涉税事项办理

这是纳税服务的核心内容。税务机关应当创造和提供必要的条件，简化环节和程序，使纳税人在履行义务时方便快捷，感到轻松愉快。如税务机关设立的办税服务厅，集中进行税务登记办证、发票供应、涉税事项审核审批等；利用信息和网络技术的成果，向纳税人提供电话申报、计算机远程申报等多元化申报方式，通过电子缴税、银税联网提供纳税人、税务机关、银行和国库“四位一体”的缴税方式，使纳税人足不出户就可以完成申报纳税；随着税收信息化建设的不断深入，将来提供网上税务局、移动税务局服务，纳税人的一些涉税事项还可以通过网络来办理。

3. 个性化服务

这是纳税服务中更深层次的内容。如果纳税服务仅限于按照统一服务规范提供的普遍服务，不考虑不同纳税人的特殊情况，既不利于税务机关合理配置征管资源和进行税源监控分析，也不能满足不同纳税人的特殊需要。所以应当整合纳税人的个性化信息，针对其不同的纳税服务需求，在管理中动态地予以体现。如对纳税人实行户籍管理、分类管理、评定纳税信誉等级等办法，为纳税人提供个性化服务。

4. 投诉和反馈结果

这是纳税服务必不可少的内容。征管纲要提出：税务机关要把纳税服务作为行政执法的有机组成部分，使纳税人满意。纳税服务并不是仅仅强调服务形式的多样性，更为重要的是，服务的质量和效果能够使纳税人满意。税务机关要想知道纳税服务纳税人满不满意，哪些地方需要改进，就应当虚心接受纳税人监督，听取各方面的意见。因此，应该提供一个征纳双方联系的渠道，纳税人在与税务机关打交道的过程中，对不满意的地方能及时向税务机关投诉、反映，税务机关则及时给予处理和反馈，给纳税人以满意的答复。

### （二）纳税服务的优化途径

1. 转变纳税服务观念

重新定位纳税服务的价值观。《中华人民共和国税收征收管理法》（以下简称新《征管法》）及其实施细则已明确规定了保护纳税人合法权益，纳税服务有了法律依据，在税收工作中得到了前所未有的重视，纳税服务也由传统的道德范畴上升到法定义务，成为法定行政行为的重要组成部分。这就要求征纳双方都要全面领会其内涵，重新定位纳税服务的价值。作为征税主体的税务机关要切实履行新《征管法》规定的税务机关对纳税人的义务，树立现代税收服务观，应“视纳税人为顾客”，认真分析纳税人的需求，在依法治税的前提下，以让纳税人满意为目标，确保纳税人合理的需求和期望得到满足，积极拓展对纳税人服务的范围和空间，不断完善纳税服务工作，同时也要积极引导纳税人不断增强维权意识，形成共同创造优质服务的良好氛围。

2. 改变形式深化内涵

应从以前的重形式轻实质的误区中走出来。

一是由形象服务向实效服务转变。税务机关应针对纳税人对税收专业性知识与技能、程序、权益的需要，提供实实在在的纳税服务。

二是由被动服务向主动服务转变。税务机关除了接待好上门来的纳税人外，应主动出去，有针对性地解决好纳税人存在的问题。

三是由一刀切服务向分类服务转变。纳税人素质有高有低，涉税业务也有繁有简，在具体的工作中应区别对待，有针对性地做好服务工作。

继续深化服务内涵，提高纳税服务的档次。纳税人最希望得到的是税收的公平、效率的实现。我国税收法制不断的完善，人情税、关系税行为大大减少，再加上现代化、信息化的征管手段的应用，偷漏税行为也越来越少，一个公平的税收环境已基本建立。但是在许多征管环节仍然存在弱项，一些纳税人利用手段进行偷漏税的行为仍无法杜绝，这就人为导致了纳税人之间的税负不公，背离了税收的基本原则，对那些老老实实履行义务的纳税人来说很不公平。因此应该加强征管，加大对偷漏税行为的打击力度。

3. 加强建设提高素质

要满足日益现代化的税收管理和纳税服务工作的需要，实现由传统服务到现代纳税服务的“质”的飞跃，关键在于有一支政治坚定、业务过硬、作风优良，纪律严明的高素质的税务干部队伍。因此，要不遗余力地提高税务人员的素质，加强税收职业道德教育，强化业务培训。另外还应引入竞争机制，增强忧患意识，推行执法责任制和过错追究制，切实加强对税收执法权的监督，公布出台几条纳税人特别期待、特别管用的“廉政禁令”，对税务人员的不作为、滥作为行为，加大惩戒力度。

4. 服务手段信息化

通过加快税务信息化建设，构建纳税服务信息化平台，降低税收成本，为纳税人提供优质服务。在信息化建设方面：

一是完善纳税服务的公共服务平台，以12366服务热线、电子税务网络为载体，运用网上电子申报系统、网上税务局信息管理等系统，为纳税人提供全方位、功能强大的多元化、个性化、开放式的纳税服务。

二是完善税收管理平台，推广运用纳税申报电子信息采集系统，发票管理系统，一般纳税人认定管理系统，增值税纳税评估管理系统，计算机稽核、协查等管理系统，实现税务管理信息系统的一体化，提高工作效率，节约纳税人纳税成本。

三是完善信息交换平台，推进税库银企的一体化建设，拓宽申报缴税渠道，实现部门间信息共享，提高管理和服务效率。

5. 完善纳税服务机制

一是加强纳税服务的制度建设。

应尽快建立一套完善的服务制度体系，形成一个全国统一的纳税服务的基本准则，使纳税服务工作做到有法可依、有章可循。同时各地也应在基本准则的基础上结合地方实际制定相应符合地方特色的实施细则。这不仅可以规范纳税服务，同时还有利于考核监督，形成自觉提供优质服务的良好氛围。在规范服务制度体系建设的同时，还应该对现有的征管制度、优惠政策等进行调整。征管方面，该精简的办税环节一定要尽可能的减少，减少纳税人不必要的负担，在优惠政策方面，应在兼顾税负公平的基础上让纳税人充分享受应有的待遇。

二是完善纳税服务的考核评价机制。

建立健全科学、规范、公平和可操作性的纳税服务监督、评价机制，从投诉、受理、调查、检查、处理等环节加以规范，对纳税服务工作评定奖励和惩戒，量化考核指标，并将纳税人的评价列入考核指标，让全体干部都要具备服务意识，把是否对纳税人合法权益造成侵犯作为衡量标准，坚持以纳税人满意为出发点和落脚点，摆正征纳角色的位置，确保纳税服务工作不走过场，不流于形式。严格执行“过错责任追究”制度，形成事前、事中、事后相衔接的监督机制，建立健全纳税服务评议评价机制和服务质量、效果的保障制度，建立为纳税人提供优质的纳税服务的长效机制，将纳税服务工作质量作为考核税收工作的主干线。

### （三）纳税服务的遵循原则

1. 效率便利原则

据调查，纳税人的纳税需求首先是效率。随着纳税人的自行申报纳税，很多涉税事项都要纳税人自己办理，因此纳税人将提高办事效率、节省便利摆在了自身需求的第一位。

2. 公正公开原则

现代纳税服务应当在法律框架下，基于法律的对等性尊重和责任双向机制，税务机关坚持法治、公平和公正的治税思想，以合法手段满足纳税人合理合法的需求与期望，尊重并取信于纳税人。同时要保障纳税人的知情权，拓展政务公开的广度和深度，增加工作透明度，建立互信的征纳关系。

3. 寓管理于服务原则

将纳税服务与管理紧密结合，从管理和执法的全过程去落实服务，处处体现出程序简便、流畅的特点，节约征纳双方成本，提高效率。包括税前为纳税人提供宣传、咨询和辅导，税中为纳税人创造方便、快捷、准确的依法纳税条件，税后为纳税人实施法律救济等。

4. 供求对路原则

根据纳税人的需要变化来及时调整纳税服务内容，建立起有效的信息沟通机制和投诉反馈机制，建立需求及评价反馈机制，量身定做，使纳税服务具有针对性，更有效率。

5. 奖优罚劣的原则

实行纳税信用等级评定制度。对不同等级的纳税人实施分类服务管理，加大对遵从纳税人的奖励力度和对不遵从纳税人的惩罚力度，完善纳税遵从的奖惩机制，从而带动和引导广大纳税人努力提高纳税信誉等级，树立诚信纳税意识。

6. 成本效益原则

提高纳税服务质量，可带来纳税遵从率和税收征管质量与效率的提高，大大降低税收成本。另外，着眼于整个社会效益，使纳税人用最低的纳税成本获得最优的纳税服务。

### （四）纳税服务存在的问题

1. 服务理念滞后

传统的税务管理中存在过错推定的惯性思维，为堵住税收征管漏洞制定各种烦琐的措施，制约了税收管理水平的提高，同时过分强调纳税人的义务而忽视其权利，使征税机关停留在监管的理念中，没有从传统的管理者角色转变到管理服务者的角色上来，在为纳税人的服务工作中缺乏主动性、自觉性。

2. 纳税服务的法律体系不健全

一方面缺乏制度化、法律化的服务。新《征管法》中关于纳税服务的规定过于简略、粗疏，我国目前仅有的一个权威性的纳税服务规范性文件级次低、权威性弱、内容不完整、操作性不强，导致纳税人权力仍具有不确定性和不完整性。另一方面纳税服务只反映在管理手段上。更多的是靠税收管理者对纳税人的感情去提高纳税服务质量，而不是靠税收法律内在规定，依法、合理调节征纳双方的权利义务，导致部分地区纳税人的纳税意识出现结构性倒退。

3. 纳税服务内容存在盲点

纳税人需要的项目没有被列入服务重点，缺乏系统、规范的纳税服务标准；忽略了纳税人个性化需求等。

4. 纳税服务的监督考核机制不够

没有建立、健全纳税服务评价系统，难以量化考核。缺乏有效的服务监督和责任追究机制，各地纳税服务存在很大的随意性，流于形式。

5. 社会资源未得到充分利用

与银行、工商、公安、媒体等部门之间缺乏沟通与联系，协税护税作用没有得到充分发挥，严重制约了纳税服务社会化的发展进程。另外，税务代理业发展缓慢，据资料表明，我国的税务代理率不足10%，而日本为85%，美国为50%。

## 二、纳税服务体系

### （一）科学的税收服务观体系

要以人为本，以纳税人需求为导向，彻底更新和转变思想观念：一是由监督打击向管理服务的转变，改变以往注重对纳税人防范、检查和惩罚的观念，以服务促管理，寓管理于服务之中；二是由被动服务向主动服务的转变，淡化权力意识，积极、主动、及时地为纳税人提供优质高效、便捷经济的服务；三是将过去作为高标准的职业道德要求，转变为基本行政行为规范，并作为行政执法的重要组成部分来落实和考核；四是由片面注重形式向追求内容、形式、效果相统一的转变，通过持久和务实的工作，使纳税服务向长效发展，向实际深入。

### （二）法律组织体系

提高纳税服务的法律地位。具体途径有：一是考虑出台《税收基本法》，将纳税服务内容以法律的形式明晰化，明确法律责任。二是修订完善并正式出台《纳税服务工作规范》，制定纳税服务的基本内容和操作原则，并据此制定具体的服务标准、工作方式和岗位责任体系等。三是参照国际惯例，建立纳税人宪章，把纳税人的权利和税务机关应当为纳税人提供的服务以法规形式明确下来，充分保障纳税人的合法权益。四是建立纳税人参与税务决策的体制，让纳税人有机会参与并影响行政法规、规章和税务行政管理措施的制定。

### （三）涉税咨询辅导体系

依托“12366纳税咨询服务中心”整合资源并对其功能进行延伸，在办税服务大厅专门设立询问服务中心，着重对纳税人进行更深层次的辅导、解答涉税疑难、提供纳税咨询；并整理咨询问题库，进行需求分析；建立税收法规公告制度，召开税收政策发布会、进行专题税收知识讲座、开展专项培训，减少纳税人的无知性不遵从；利用互联网进行有针对性的税前、税中、税后辅导，并针对不同纳税服务群体、不同优惠群体开展个性化辅导；健全各项规章制度，明确咨询服务的种类、内容、标准等，同时规定咨询工作人员的职责、权限、义务及相关责任追究办法等。

### （四）纳税人洞察体系

建立纳税人洞察体系，对纳税人进行细分，使纳税服务在普遍化的基础上兼顾个性化，利用有限的资源实现更加有效的管理；建立需求分析与征纳沟通机制，研发纳税服务分析系统，通过多种形式掌握纳税人需求，及时改进纳税服务措施，疏导和化解征纳矛盾；健全纳税评估制度，及时发现、矫正和处理纳税人在履行纳税义务过程中出现的过错，提醒并督促其及时进行自我纠正，有效防止和化解征纳双方的风险，为纳税人提供深层次的帮助。

### （五）纳税信用等级评定体系

进一步完善纳税信用等级评定制度，健全纳税遵从奖惩机制。将银行、工商、公安、土地、建设等相关部门信息及时导入税收征管系统，对数据进行整合、对比、分析，准确把握企业经营动态及应纳税情况。实行分类服务管理方式，对纳税信誉等级好的纳税人在管理中应以程序性服务为主，并给予一定的优惠和荣誉，促使其保持较高的纳税遵从度；对纳税信誉等级低下，特别是大额欠税企业进行公告，增强对恶意欠税行为的社会舆论监督，敦促企业提高税法遵从度。

### （六）纳税服务流程和组织再造体系

借鉴流程再造理论，全面梳理现有征管制度办法，合理归并、安排流程环节的先后顺序，简化审批手续，减少审批环节，提高审批效率，降低纳税人办税成本。推行办税程序公开制度，公开各项办税程序、方法、步骤、时限以及阶段性进度，提高执法透明度。

按照纳税人需求导向原则进行组织再造，着手推进国地税机构合并。在未合并前，归并业务实施两部门联合办公。

### （七）纳税成本节减体系

在优化办税程序，简并纳税人报表，推行国、地税联合办公为纳税人减负的同时，整合企业的现有的硬件资源，降低涉税系统和设备的购置成本。另外，要提高税收政策的稳定性和可操作性，降低政策的执行成本，提高纳税遵从度。

### （八）税收信息化服务体系

进一步整合现有信息化软件，提高基于互联网的办税服务水平。一是推广高效、安全的网上报税系统，突破时间和地域限制，为纳税人提供“智能化”纳税服务；二是构建征管基础信息数字化系统，通过数据分析鉴别并控制可能出现不遵从现象的纳税人，提高政策辅导决策水平；三是减少不必要的业务管理环节，依托信息技术，建立适合专业化管理、便于操作完整的岗责体系，通过信息预警、监控、协调系统，自动控制、考核纳税服务规范和服务质量；四是实现国地税、工商、银行、海关等部门间联网，加强信息交换，提高服务效率。

### (九)法律救济体系

建立完善畅通的法律维权渠道。一是广泛开展税收法律宣传,充分告知纳税人应有的权利;二是鼓励纳税人建立互助、自治式的维权服务组织,代表纳税人调解税企矛盾;三是统筹涉税听证、复议、诉讼制度的衔接,加强纠纷申诉调解,使纳税人避免因进入司法程序造成的成本和环境负担。四是建立健全完善积极的错案纠正和责任追究及反馈机制,准确认定税务案件性质和责任人,并落实相应责任。

### (十)考评监督体系

建立科学完善、以量化为主、可操作性强、内外结合的纳税服务考核体系。考评结果与工作人员的薪酬与晋升挂钩,从而将纳税服务变成税务机关的一项经常性和日常管理的工作。同时,建立公开的、由社会各界共同参与的外部监督评估机制,通过多种形式,畅通投诉举报渠道,使税务机关能够正确地认识自身的服务现状,及时查找问题和不足并加以改进。

### (十一)人员素质保障体系

建设政治过硬、业务熟练、作风优良的高素质税务干部队伍,是做好纳税服务工作的重要保证。以提高专业素养和专业技能为重点,实施素质提升计划;推行执法责任制和过错追究制,进一步规范纳税服务行为;创造公开、平等、竞争的用人环境,按照人员的能力和素质配置岗位,建立一套干部能上能下、能进能出的管理模式。

### (十二)社会化资源共同参与体系

遵循成本效益的原则,重视专业社会中介(如税务代理)和其他组织(如行业协会、纳税服务志愿者组织)为纳税人提供的税收筹划、政策咨询、法律帮助等纳税服务,鼓励企业自我服务,构成政府、社会组织、企业等主体共同参与的纳税服务体系。

## 三、优化营商环境

《国务院办公厅关于进一步优化营商环境降低市场主体制度性交易成本的意见》的全文如下所示。

> 优化营商环境、降低制度性交易成本是减轻市场主体负担、激发市场活力的重要举措。当前,经济运行面临一些突出矛盾和问题,市场主体特别是中小微企业、个体工商户生产经营困难依然较多,要积极运用改革创新办法,帮助市场主体解难题、渡难关、复元气、增活力,加力巩固经济恢复发展基

础。为深入贯彻党中央、国务院决策部署，打造市场化法治化国际化营商环境，降低制度性交易成本，提振市场主体信心，助力市场主体发展，为稳定宏观经济大盘提供有力支撑，经国务院同意，现提出以下意见。

一、进一步破除隐性门槛，推动降低市场主体准入成本

（一）全面实施市场准入负面清单管理

健全市场准入负面清单管理及动态调整机制，抓紧完善与之相适应的审批机制、监管机制，推动清单事项全部实现网上办理。稳步扩大市场准入效能评估范围，2022 年 10 月底前，各地区各部门对带有市场准入限制的显性和隐性壁垒开展清理，并建立长效排查机制。深入实施外商投资准入前国民待遇加负面清单管理制度，推动出台全国版跨境服务贸易负面清单。（国家发展改革委、商务部牵头，国务院相关部门及各地区按职责分工负责）

（二）着力优化工业产品管理制度

规范工业产品生产、流通、使用等环节涉及的行政许可、强制性认证管理。推行工业产品系族管理，结合开发设计新产品的具体情形，取消或优化不必要的行政许可、检验检测和认证。2022 年 10 月底前，选择部分领域探索开展企业自检自证试点。推动各地区完善工业生产许可证审批管理系统，建设一批标准、计量、检验检测、认证、产品鉴定等质量基础设施一站式服务平台，实现相关审批系统与质量监督管理平台互联互通、相关质量技术服务结果通用互认，推动工业产品快速投产上市。开展工业产品质量安全信用分类监管，2022 年底前，研究制定生产企业质量信用评价规范。

（三）规范实施行政许可和行政备案

2022 年底前，国务院有关部门逐项制定中央层面设定的行政许可事项实施规范，省、市、县级编制完成本级行政许可事项清单及办事指南。深入推进告知承诺等改革，积极探索“一业一证”改革，推动行政许可减环节、减材料、减时限、减费用。在部分地区探索开展审管联动试点，强化事前事中事后全链条监管。深入开展行政备案规范管理改革试点，研究制定关于行政备案规范管理的政策措施。

（四）切实规范政府采购和招投标

持续规范招投标主体行为，加强招投标全链条监管。2022 年 10 月底前，推动工程建设领域招标、投标、开标等业务全流程在线办理和招投标领域数字证书跨地区、跨平台互认。支持地方探索电子营业执照在招投标平台登录、签名、在线签订合同等业务中的应用。取消各地区违规设置的供应商预选库、资格库、名录库等，不得将在本地注册企业或建设生产线、采购本地供应商产品、进入本地扶持名录等与中标结果挂钩，着力破除所有制歧视、地方保

护等不合理限制。政府采购和招投标不得限制保证金形式，不得指定出具保函的金融机构或担保机构。督促相关招标人、招标代理机构、公共资源交易中心等及时清退应退未退的沉淀保证金。（国家发展改革委、财政部、市场监管总局等国务院相关部门及各地区按职责分工负责）

（五）持续便利市场主体登记

2022 年 10 月底前，编制全国统一的企业设立、变更登记规范和审查标准，逐步实现内外资一体化服务，有序推动外资企业设立、变更登记网上办理。全面清理各地区非法设置的企业跨区域经营和迁移限制。简化企业跨区域迁移涉税涉费等事项办理程序，2022 年底前，研究制定企业异地迁移档案移交规则。健全市场主体歇业制度，研究制定税务、社保等配套政策。进一步提升企业注销“一网服务”水平，优化简易注销和普通注销办理程序。

二、进一步规范涉企收费，推动减轻市场主体经营负担

（六）严格规范政府收费和罚款

严格落实行政事业性收费和政府性基金目录清单，依法依规从严控制新设涉企收费项目，严厉查处强制摊派、征收过头税费、截留减税降费红利、违规设置罚款项目、擅自提高罚款标准等行为。严格规范行政处罚行为，进一步清理调整违反法定权限设定、过罚不当等不合理罚款事项，抓紧制定规范罚款设定和实施的政策文件，坚决防止以罚增收、以罚代管、逐利执法等行为。2022 年底前，完成涉企违规收费专项整治，重点查处落实降费减负政策不到位、不按要求执行惠企收费政策等行为。

（七）推动规范市政公用服务价外收费

加强水、电、气、热、通信、有线电视等市政公用服务价格监管，坚决制止强制捆绑搭售等行为，对实行政府定价、政府指导价的服务和收费项目一律实行清单管理。2022 年底前，在全国范围内全面推行居民用户和用电报装容量 160 千瓦及以下的小微企业用电报装“零投资”。全面公示非电网直供电价格，严厉整治在电费中违规加收其他费用的行为，对符合条件的终端用户尽快实现直供到户和“一户一表”。督促商务楼宇管理人等及时公示宽带接入市场领域收费项目，严肃查处限制进场、未经公示收费等违法违规行为。

（八）着力规范金融服务收费

加快健全银行收费监管长效机制，规范银行服务市场调节价管理，加强服务外包与服务合作管理，设定服务价格行为监管红线，加快修订《商业银行服务价格管理办法》。鼓励银行等金融机构对小微企业等予以合理优惠，适当减免账户管理服务等收费。坚决查处银行未按照规定进行服务价格信息披露以及在融资服务中不落实小微企业收费优惠政策、转嫁成本、强制捆绑搭

售保险或理财产品等行为。鼓励证券、基金、担保等机构进一步降低服务收费，推动金融基础设施合理降低交易、托管、登记、清算等费用。（国家发展改革委、人民银行、市场监管总局、银保监会、证监会等国务院相关部门及各地区按职责分工负责）

（九）清理规范行业协会商会收费

加大对行业协会商会收费行为的监督检查力度，进一步推动各级各类行业协会商会公示收费信息，严禁行业协会商会强制企业到特定机构检测、认证、培训等并获取利益分成，或以评比、表彰等名义违规向企业收费。研究制定关于促进行业协会商会健康规范发展的政策措施，加强行业协会商会收费等规范管理，发挥好行业协会商会在政策制定、行业自治、企业权益维护中的积极作用。2022年10月底前，完成对行业协会商会违规收费清理整治情况“回头看”。（国家发展改革委、民政部、市场监管总局等国务院相关部门及各地区按职责分工负责）

（十）推动降低物流服务收费

强化口岸、货场、专用线等货运领域收费监管，依法规范船公司、船代公司、货代公司等收费行为。明确铁路、公路、水路、航空等运输环节的口岸物流作业时限及流程，加快推动大宗货物和集装箱中长距离运输“公转铁”、“公转水”等多式联运改革，推进运输运载工具和相关单证标准化，在确保安全规范的前提下，推动建立集装箱、托盘等标准化装载器具循环共用体系。2022年11月底前，开展不少于100个多式联运示范工程建设，减少企业重复投入，持续降低综合运价水平。（国家发展改革委、交通运输部、商务部、市场监管总局、国家铁路局、中国民航局、中国国家铁路集团有限公司等相关部门和单位及各地区按职责分工负责）

三、进一步优化涉企服务，推动降低市场主体办事成本

（十一）全面提升线上线下服务能力

加快建立高效便捷、优质普惠的市场主体全生命周期服务体系，全面提高线下“一窗综办”和线上“一网通办”水平。聚焦企业和群众“办好一件事”，积极推行企业开办注销、不动产登记、招工用工等高频事项集成化办理，进一步减少办事环节。依托全国一体化政务服务平台，加快构建统一的电子证照库，明确各类电子证照信息标准，推广和扩大电子营业执照、电子合同、电子签章等应用，推动实现更多高频事项异地办理、“跨省通办”。

（十二）持续优化投资和建设项目审批服务

优化压覆矿产、气候可行性、水资源论证、防洪、考古等评估流程，支持有条件的地方开展区域综合评估。探索利用市场机制推动城镇低效用的再

开发，更好盘活存量土地资源。分阶段整合各类测量测绘事项，推动统一测绘标准和成果形式，实现同一阶段“一次委托、成果共享”。探索建立部门集中联合办公、手续并联办理机制，依法优化重大投资项目审批流程，对用地、环评等投资审批有关事项，推动地方政府根据职责权限试行承诺制，提高审批效能。2022 年 10 月底前，建立投资主管部门与金融机构投融资信息对接机制，为重点项目快速落地投产提供综合金融服务。2022 年 11 月底前，制定工程建设项目审批标准化规范化管理措施。2022 年底前，实现各地区工程建设项目审批管理系统与市政公用服务企业系统互联、信息共享，提升水、电、气、热接入服务质量。

（十三）着力优化跨境贸易服务

进一步完善自贸协定综合服务平台功能，助力企业用好区域全面经济伙伴关系协定等规则。拓展“单一窗口”的“通关 + 物流”“外贸 + 金融”功能，为企业提供通关物流信息查询、出口信用保险办理、跨境结算融资等服务。支持有关地区搭建跨境电商一站式服务平台，为企业提供优惠政策申报、物流信息跟踪、争端解决等服务。探索解决跨境电商退换货难问题，优化跨境电商零售进口工作流程，推动便捷快速通关。2022 年底前，在国内主要口岸实现进出口通关业务网上办理。（交通运输部、商务部、人民银行、海关总署、国家外汇局等国务院相关部门及各地区按职责分工负责）

（十四）切实提升办税缴费服务水平

全面推行电子非税收入一般缴款书，推动非税收入全领域电子收缴、“跨省通缴”，便利市场主体缴费办事。实行汇算清缴结算多缴退税和已发现的误收多缴退税业务自动推送提醒、在线办理。推动出口退税全流程无纸化。进一步优化留抵退税办理流程，简化退税审核程序，强化退税风险防控，确保留抵退税安全快捷直达纳税人。拓展“非接触式”办税缴费范围，推行跨省异地电子缴税、行邮税电子缴库服务，2022 年 11 月底前，实现 95% 税费服务事项“网上办”。2022 年底前，实现电子发票无纸化报销、入账、归档、存储等。

（十五）持续规范中介服务

清理规范没有法律、法规、国务院决定依据的行政许可中介服务事项，建立中央和省级行政许可中介服务事项清单。鼓励各地区依托现有政务服务系统提供由省级统筹的网上中介超市服务，吸引更多中介机构入驻，坚决整治行政机关指定中介机构垄断服务、干预市场主体选取中介机构等行为，依法查处中介机构强制服务收费等行为。全面实施行政许可中介服务收费项目清单管理，清理规范环境检测、招标代理、政府采购代理、产权交易、融资担保评估等涉及的中介服务违规收费和不合理收费。

（十六）健全惠企政策精准直达机制

2022年底前，县级以上政府及其有关部门要在门户网站、政务服务平台等醒目位置设置惠企政策专区，汇集本地区本领域市场主体适用的惠企政策。加强涉企信息归集共享，对企业进行分类“画像”，推动惠企政策智能匹配、快速兑现。鼓励各级政务服务大厅设立惠企政策集中办理窗口，积极推动地方和部门构建惠企政策移动端服务体系，提供在线申请、在线反馈、应享未享提醒等服务，确保财政补贴、税费减免、稳岗扩岗等惠企政策落实到位。（各地区、各部门负责）

四、进一步加强公正监管，切实保护市场主体合法权益

（十七）创新实施精准有效监管

进一步完善监管方式，全面实施跨部门联合“双随机、一公开”监管，推动监管信息共享互认，避免多头执法、重复检查。加快在市场监管、税收管理、进出口等领域建立健全信用分级分类监管制度，依据风险高低实施差异化监管。积极探索在安全生产、食品安全、交通运输、生态环境等领域运用现代信息技术实施非现场监管，避免对市场主体正常生产经营活动的不必要干扰。

（十八）严格规范监管执法行为

全面提升监管透明度，2022年底前，编制省、市两级监管事项目录清单。严格落实行政执法三项制度，建立违反公平执法行为典型案例通报机制。建立健全行政裁量权基准制度，防止任性执法、类案不同罚、过度处罚等问题。坚决杜绝“一刀切”“运动式”执法，严禁未经法定程序要求市场主体普遍停产停业。在市场监管、城市管理、应急管理、消防安全、交通运输、生态环境等领域，制定完善执法工作指引和标准化检查表单，规范日常监管行为。

（十九）切实保障市场主体公平竞争

全面落实公平竞争审查制度，2022年10月底前，组织开展制止滥用行政权力排除、限制竞争执法专项行动。细化垄断行为和不正当竞争行为认定标准，加强和改进反垄断与反不正当竞争执法，依法查处恶意补贴、低价倾销、设置不合理交易条件等行为，严厉打击“搭便车”“蹭流量”等仿冒混淆行为，严格规范滞压占用经营者保证金、交易款等行为。

（二十）持续加强知识产权保护

严格知识产权管理，依法规范非正常专利申请行为，及时查处违法使用商标和恶意注册申请商标等行为。完善集体商标、证明商标管理制度，规范地理标志集体商标注册及使用，坚决遏制恶意诉讼或变相收取“会员费”“加盟费”等行为，切实保护小微商户合法权益。健全大数据、人工智能、基因

技术等新领域、新业态知识产权保护制度。加强对企业海外知识产权纠纷应对的指导，2022年底前，发布海外重点国家商标维权指南。

五、进一步规范行政权力，切实稳定市场主体政策预期

（二十一）不断完善政策制定实施机制

建立政府部门与市场主体、行业协会商会常态化沟通平台，及时了解、回应企业诉求。制定涉企政策要严格落实评估论证、公开征求意见、合法性审核等要求，重大涉企政策出台前要充分听取相关企业意见。2022年11月底前，开展行政规范性文件合法性审核机制落实情况专项监督工作。切实发挥中国政府网网上调研平台及各级政府门户网站意见征集平台作用，把握好政策出台和调整的时度效，科学设置过渡期等缓冲措施，避免“急转弯”和政策“打架”。各地区在制定和执行城市管理、环境保护、节能减排、安全生产等方面政策时，不得层层加码、加重市场主体负担。建立健全重大政策评估评价制度，政策出台前科学研判预期效果，出台后密切监测实施情况，2022年底前，在重大项目投资、科技、生态环境等领域开展评估试点。

（二十二）着力加强政务诚信建设

健全政务守信践诺机制，各级行政机关要抓紧对依法依规作出但未履行到位的承诺列明清单，明确整改措施和完成期限，坚决纠正“新官不理旧账”“击鼓传花”等政务失信行为。2022年底前，落实逾期未支付中小企业账款强制披露制度，将拖欠信息列入政府信息主动公开范围。开展拖欠中小企业账款行为集中治理，严肃问责虚报还款金额或将无分歧欠款做成有争议欠款的行为，清理整治通过要求中小企业接受指定机构债务凭证或到指定机构贴现进行不当牟利的行为，严厉打击虚假还款或以不签合同、不开发票、不验收等方式变相拖欠的行为。鼓励各地区探索建立政务诚信诉讼执行协调机制，推动政务诚信履约。

（二十三）坚决整治不作为乱作为

各地区各部门要坚决纠正各种懒政怠政等不履职和重形式不重实绩等不正确履职行为。严格划定行政权力边界，没有法律法规依据，行政机关出台政策不得减损市场主体合法权益。各地区要建立健全营商环境投诉举报和问题线索核查处理机制，充分发挥12345政务服务便民热线、政务服务平台等渠道作用，及时查处市场主体和群众反映的不作为乱作为问题，切实加强社会监督。国务院办公厅要会同有关方面适时通报损害营商环境典型案例。（各地区、各部门负责）

各地区各部门要认真贯彻落实党中央、国务院决策部署，加强组织实施、强化协同配合，结合工作实际加快制定具体配套措施，确保各项举措落地见

效，为各类市场主体健康发展营造良好环境。国务院办公厅要加大协调督促力度，及时总结推广各地区各部门经验做法，不断扩大改革成效。

目前，我国营商环境评价指标是由24个一级指标、112个二级指标组成的中国营商环境评估指标体系。涉及税务部门的指标主要有开办企业（1个二级指标：企业开办程序中申领发票）、缴纳税费（5个二级指标：公司纳税次数、公司纳税时间、企业税费负担、报税后程序指数、税收执法规范水平）和注销企业（1个二级指标：注销程序中税务部门办理注销）共3个一级指标、7个二级指标。首次申领发票、纳税次数、纳税时间、税费负担、报税后程序指数5个二级指标评价内容、评价方法应该与世界银行基本一致。税务部门办理注销将参照首次申领发票的评价方法。

优化税收营商环境的总目标是深化税务系统“放管服”改革，加大税制改革力度，持续推进办税（缴费）便利化改革，到2022年，我国营商环境纳税时间指标国际排名达到中上游水平，形成充满活力、富有效率、体验更好、更加开放的法治化、便利化、国际化的税收营商环境。

税务机关应当精简办税资料和流程，简并申报缴税次数，公开涉税事项办理时限，压减办税时间，加大推广使用电子发票的力度，逐步实现全程网上办税，持续优化纳税服务。纳税服务现代化包括法治化、集成化、数据化和社会化，是优化营商环境在纳税服务工作中的直接体现与必然选择。纳税服务法治化是打造良好税务营商环境的基石；纳税服务集成化是打造良好税务营商环境的前提；纳税服务数据化是打造良好税务营商环境的有力支撑；纳税服务社会化是打造良好税务营商环境的核心要义。

《国家税务总局关于推出2022年“我为纳税人缴费人办实事暨便民办税春风行动2.0版”的通知》的部分内容如下。

为深入贯彻落实党中央、国务院决策部署，确保中央经济工作会议、全国两会精神落实落地，税务总局决定，在年初已陆续出台105条便民办税缴费措施的基础上，聚焦推进党史学习教育常态化长效化新要求，聚焦落实新的组合式税费支持政策新部署，聚焦优化税收营商环境新挑战，再推出16条便民办税缴费新措施，升级形成2022年“我为纳税人缴费人办实事暨便民办税春风行动2.0版”（以下简称“春风行动2.0版”）。

一、新增16条便民办税缴费措施

（一）聚焦推进党史学习教育常态化长效化新要求，更好提升为民办实事质效。按照中办印发的《关于推动党史学习教育常态化长效化的意见》要求，围绕巩固拓展党史学习教育成果、推进党史学习教育常态化长效化，新推出5条措施，进一步回应纳税人缴费人所需所盼所想。

1. 开展“一把手走流程”工作。通过积极开展“一把手走流程”工作，找准办税缴费过程中的痛点难点堵点，及时加以解决。

2. 关注纳税人缴费人需求。深入分析2022年纳税人缴费人需求调查结果，准确掌握纳税人缴费人共性需求，进一步优化办税缴费服务。

3. 回应纳税人缴费人诉求。严格落实涉税涉费诉求和意见快速响应机制，广泛收集纳税人缴费人对税费支持政策落实方面的意见建议，及时响应合理诉求、回应关切。

4. 分层次开展精准推送。区分企业法定代表人、财务负责人、办税（费）人员等不同类型，通过多种渠道开展更具针对性的税费优惠政策推送。

5. 加强人权法治保障。切实落实加强人权法治保障的要求，坚持人民至上，建立纳税缴费服务投诉暨舆情定期分析改进机制，进一步维护纳税人缴费人合法权益。

（二）聚焦落实新的组合式税费支持政策新部署，更好助力纳税人缴费人享受政策红利。全面落实党中央、国务院关于大规模留抵退税等组合式税费支持政策，新推出5条措施，进一步助力企业更好应对复杂多变的国内国际经济环境。

6. 深化税收宣传月活动。深入开展第31个全国税收宣传月活动，积极主动向纳税人缴费人宣传辅导新的组合式税费支持政策，开展依法诚信纳税缴费典型宣传推介。

7. 拓展政策宣传渠道。在税务官网上线“组合式税费支持政策”专题，集成展示并持续更新组合式税费支持政策及解读信息；积极利用二维码等载体开展税费支持政策宣传，为纳税人缴费人提供方便快捷的政策查阅渠道。

8. 强化政策培训辅导。结合各地纳税人缴费人特点，针对不同业务场景制发“拳头”宣传辅导产品，特别是要按照《增值税留抵退税培训辅导工作方案》要求，分阶段、分对象、多轮次做好面向税务人员的专题培训和面向纳税人缴费人的培训辅导。

9. 完善信息系统功能。优化信息系统功能、改造信息系统流程，通过弹窗提醒、一键通达等方式实现简便快捷好操作，便利广大纳税人缴费人享受税费支持政策。

10. 健全直联工作机制。在继续做好全国100个办税服务厅直联点和12366纳税缴费服务热线信息报送的同时，建立与基层税务机关、纳税人缴费人的信息直联直报机制，通过对每一项新出台税费支持政策的跟踪，强化“第一手”信息的收集梳理和研究分析。

（三）聚焦优化税收营商环境新挑战，更好增强市场主体活力。按照《优化营商环境条例》工作部署，在提升服务效能上创新推进，在加强税收监管上精准发力，新推出6条措施，进一步打造法治公平的税收营商环境。

11. 落实《市场主体登记管理条例》。进一步优化市场主体歇业纳税申报事项，依法逐步扩大税务注销即办范围，更好维护税收征管秩序和服务纳税人。

12. 完善非税收入制度建设。研究出台重点非税收入项目征管规范，保护缴费人合法权益。

13. 引导个体工商户积累信用资产。适用增值税一般计税方法的个体工商户，可自愿参照企业纳税信用评价指标和评价方式申请参加评价，符合条件的可申请办理留抵退税。

14. 优化代开发票管理。开展虚假代开发票专项治理，依法打击不法分子利用自然人、小规模纳税人身份虚假代开发票行为。

15. 规范核定征收管理。引导纳税人从核定征收向查账征收方式过渡，依法处理部分高收入人员分拆收入、转换收入性质、违规利用核定征收逃避税问题，促进市场主体健康发展。

16. 完善新型动态精准监管机制。坚持依法治税原则，严密防范和严厉打击各类涉税违法行为，对通过虚增进项、隐瞒收入、虚假申报和其他欺骗手段骗取留抵退税的违法行为持续加大打击力度，并对性质恶劣、情节严重的予以曝光。

二、"春风行动2.0版"主要内容

"春风行动2.0版"共计121条便民办税缴费措施，分为五大类20项。

（一）诉求响应更及时。包括需求快速响应、政策及时送达、问题实时解决、关注个性需求4项29条具体措施。

（二）智慧办理更便捷。包括提升网办体验、精简办理流程、减少资料报送、便利发票使用、提速退税办理5项27条具体措施。

（三）分类服务更精细。包括助力大型企业、扶持中小企业、完善缴费服务、服务个税汇算4项25条具体措施。

（四）执法监管更公正。包括优化执法方式、加强精准监管、保障合法权益3项20条具体措施。

（五）税收共治更聚力。包括推进部门联动、深化国际协作、促进社会协同、拓展信用应用4项20条具体措施。

通过这次升级，"春风行动2.0版"将有力促进服务更加精细、监管更加精准、执法更加优化、共治更加协同，纳税人缴费人的体验感、获得感和税法遵从度将进一步提升。

## 四、涉税专业服务的管理

涉税专业服务，是指涉税专业服务机构接受委托，利用专业知识和技能，就涉税事项向委托人提供的税务代理等服务。涉税专业服务机构包括税务师事务所和从事涉税专业服务的会计师事务所、律师事务所、代理记账机构、税务代理公司、财税类咨询公司等机构。涉税专业服务机构可以从事下列涉税业务：纳税申报代理、一般税务咨询、专业税务顾问、税收策划、涉税鉴证、纳税情况审查、其他税务事项代理和其他涉税服务。专业税务顾问、税收策划、涉税鉴证和纳税情况审查四项业务，由于专业性较强且直接影响国家税收，由具有税务师事务所、会计师事务所、律师事务所资质的涉税专业服务机构从事，其他机构不能从事。

涉税专业服务机构首次报送基本信息的应当于首次提供涉税专业服务前、基本信息发生变更的应当自变更之日起30日内、暂时停止提供涉税专业服务的应当于完成或终止全部涉税专业服务协议后、恢复提供涉税专业服务的应当于恢复后首次提供涉税专业服务前办理涉税专业服务机构（人员）基本信息报送。

税务机关应当对税务师事务所实施行政登记管理。未经行政登记不得使用“税务师事务所”名称，不能享有税务师事务所的合法权益。

税务师事务所合伙人或者股东由税务师、注册会计师、律师担任，税务师占比应高于50%，国家税务总局另有规定的除外。

税务师事务所办理商事登记后，应当向省税务机关办理行政登记。省税务机关准予行政登记的，颁发《税务师事务所行政登记证书》，并将相关资料报送国家税务总局，抄送省税务师行业协会。不予行政登记的，书面通知申请人，说明不予行政登记的理由。

税务师事务所行政登记流程（规范）另行制定。

从事涉税专业服务的会计师事务所和律师事务所，依法取得会计师事务所执业证书或律师事务所执业许可证，视同行政登记。

人员进行实名制管理。税务机关依托金税三期应用系统，建立涉税专业服务管理信息库。综合运用从金税三期核心征管系统采集的涉税专业服务机构的基本信息、涉税专业服务机构报送的人员信息和经纳税人（扣缴义务人）确认的实名办税（自有办税人员和涉税专业服务机构代理办税人员）信息，建立对涉税专业服务机构及其从事涉税服务人员的分类管理，确立涉税专业服务机构及其从事涉税服务人员与纳税人（扣缴义务人）的代理关系，区分纳税人自有办税人员和涉税专业服务机构代理办税人员，实现对涉税专业服务机构及其从事涉税服务人员和纳税人（扣缴义务人）的全面动态实名信息管理。

涉税专业服务机构应当向税务机关提供机构和从事涉税服务人员的姓名、身份证号、专业资格证书编号、业务委托协议等实名信息。

涉税专业服务机构应当以年度报告形式，向税务机关报送从事涉税专业服务的总体情况。

税务师事务所、会计师事务所、律师事务所从事专业税务顾问、税收策划、涉税鉴证、纳税情况审查业务，应当在完成业务的次月向税务机关单独报送相关业务信息。

税务机关对涉税专业服务机构从事涉税专业服务的执业情况进行检查，根据举报、投诉情况进行调查。

税务机关应当建立信用评价管理制度，对涉税专业服务机构从事涉税专业服务情况进行信用评价，对其从事涉税服务人员进行信用记录。

税务机关应以涉税专业服务机构的纳税信用为基础，结合委托人纳税信用、纳税人评价、税务机关评价、实名办税、业务规模、服务质量、执业质量检查、业务信息质量等情况，建立科学合理的信用评价指标体系，进行信用等级评价或信用记录，具体办法另行制定。

税务机关应当加强对税务师行业协会的监督指导，与其他相关行业协会建立工作联系制度。

税务机关可以委托行业协会对涉税专业服务机构从事涉税专业服务的执业质量进行评价。

全国税务师行业协会负责拟制涉税专业服务业务规范（准则、规则），报国家税务总局批准后施行。

税务机关应当在门户网站、电子税务局和办税服务场所公告纳入监管的涉税专业服务机构名单及其信用情况，同时公告未经行政登记的税务师事务所名单。

涉税专业服务机构及其涉税服务人员有下列情形之一的，由税务机关责令限期改正或予以约谈；逾期不改正的，由税务机关降低信用等级或纳入信用记录，暂停受理所代理的涉税业务（暂停时间不超过6个月）；情节严重的，由税务机关纳入涉税服务失信名录，予以公告并向社会信用平台推送，其所代理的涉税业务，税务机关不予受理：

（1）使用税务师事务所名称未办理行政登记的；

（2）未按照办税实名制要求提供涉税专业服务机构和从事涉税服务人员实名信息的；

（3）未按照业务信息采集要求报送从事涉税专业服务有关情况的；

（4）报送信息与实际不符的；

（5）拒不配合税务机关检查、调查的；

（6）其他违反税务机关监管规定的行为。

税务师事务所有前款第一项情形且逾期不改正的，省税务机关应当提请工商部门吊销其营业执照。

涉税专业服务机构及其涉税服务人员有下列情形之一的，由税务机关列为重点监管对象，降低信用等级或纳入信用记录，暂停受理所代理的涉税业务（暂停时间不超过6个月）；情节较重的，由税务机关纳入涉税服务失信名录，予以公告并向社会信用平台推送，其所代理的涉税业务，税务机关不予受理；情节严重的，其中，税务师事务所由省税务机关宣布《税务师事务所行政登记证书》无效，提请工商部门吊销其营业执照，提请全国税务师行业协会取消税务师职业资格证书登记、收回其职业资格证书并向社会公告，其他涉税服务机构及其从事涉税服务人员由税务机关提请其他行业主管部门及行业协会予以相应处理：

（1）违反税收法律、行政法规，造成委托人未缴或者少缴税款，按照《中华人民共和国税收征收管理法》及其实施细则相关规定被处罚的；

（2）未按涉税专业服务相关业务规范执业，出具虚假意见的；

（3）采取隐瞒、欺诈、贿赂、串通、回扣等不正当竞争手段承揽业务，损害委托人或他人利益的；

（4）利用服务之便，谋取不正当利益的；

（5）以税务机关和税务人员的名义敲诈纳税人、扣缴义务人的；

（6）向税务机关工作人员行贿或者指使、诱导委托人行贿的；

（7）其他违反税收法律法规的行为。

税务机关应当为涉税专业服务机构提供便捷的服务，依托信息化平台为信用等级高的涉税专业服务机构开展批量纳税申报、信息报送等业务提供便利化服务。

税务机关所需的涉税专业服务，应当通过政府采购方式购买。

税务机关和税务人员不得参与或违规干预涉税专业服务机构经营活动。

税务师行业协会应当加强税务师行业自律管理，提高服务能力、强化培训服务，促进转型升级和行业健康发展。

税务师事务所自愿加入税务师行业协会。从事涉税专业服务的会计师事务所、律师事务所、代理记账机构除加入各自行业协会接受行业自律管理外，可自愿加入税务师行业协会税务代理人分会；鼓励其他没有加入任何行业协会的涉税专业服务机构自愿加入税务师行业协会税务代理人分会。

## ★习题精练及答案解析

### 一、单项选择题

1. 纳税服务的本质是(　　)。(1－7级测试)

A. 税收职能的实现　　B. 税款的及时征收

C. 保障纳税人的权益　　D. 税收任务的完成

【参考答案】C

【解析】纳税服务的本质是保障纳税（缴费）人的权益，目的是使纳税（缴费）人在履行纳税义务的同时，也享受纳税服务的权利，不再把纳税当作单纯的义务和负担，从而使纳税人自觉自愿、心情舒畅地遵从税法。

2. 税务总局修订的《纳税人权利与义务公告》规定：对纳税人、扣缴义务人、纳税担保人应缴纳的欠税及滞纳金，可以(　　)。对逾期未申报的纳税人，在认定非正常户时取消实地核查要求，并将未申报时间统一延长为(　　)；对符合条件的纳税人，由税收征管信息系统自动解除非正常状态。(1－7 级测试)

A. 先行缴纳滞纳金，再依法缴纳欠税；2 个月

B. 先行缴纳欠税，再依法缴纳滞纳金；2 个月

C. 先行缴纳滞纳金，再依法缴纳欠税；3 个月

D. 先行缴纳欠税，再依法缴纳滞纳金；3 个月

【参考答案】D

【解析】对逾期未申报的纳税人，在认定非正常户时取消实地核查要求，并将未申报时间统一延长为 3 个月；对符合条件的纳税人，由税收征管信息系统自动解除非正常状态，无须纳税人专门申请。明确破产清算期间管理人可以企业名义按规定申领开具发票或者代开发票、办理纳税申报等涉税事宜。

3. 纳税服务具有服务的一般特征，以下关于纳税服务的一般特征，表述有误的是(　　)。(1－7 级测试)

A. 生产和消费同步性

B. 易消失性

C. 无形性

D. 无差异性

【参考答案】D

【解析】服务具有生产和消费同步性、易消失性、无形性和差异性等特征，纳税服务具备服务的一般性特征。

4. 以下关于《全国税务机关纳税服务规范 3.0》的基本定位，表述有误的是(　　)。(1－7 级测试)

A. 定位于全国税务机关，着力于规范服务

B. 定位于前台服务，着力于依申请业务

C. 定位于先基本规范后升级规范，着力于持续改进

D. 定位于税改方向，着力于税务机关

【参考答案】D

【解析】全国税务机关纳税服务规范的基本定位：定位于全国税务机关，着力于规范服务；定位于前台服务，着力于依申请业务；定位于先基本规范后升级规范，着力于持续改进；定位于税改方向，着力于自然人；定位于服务经济发展，着力于释放红利。

5.《纳税服务投诉管理办法（试行）》规定税务机关收到纳税服务投诉后决定是否受理的时限是(　　)。(1－7级测试)

A. 应于1个工作日内　　B. 应于3个工作日内

C. 应于5个工作日内　　D. 应于7个工作日内

【参考答案】A

【解析】《纳税服务投诉管理办法（试行）》规定税务机关收到投诉后应于1个工作日内决定是否受理。

6. 研究表明，在税收遵从成本和税收不遵从程度之间存在的相关关系是(　　)。(1－7级测试)

A. 负相关　　B. 不相关　　C. 线性相关　　D. 正相关

【参考答案】D

【解析】研究表明，在税收遵从成本和税收不遵从程度之间存在很强的正相关。这意味着，税收遵从成本越高，则税收不遵从的程度也越高，因而降低税收遵从成本有利于提高纳税人遵从水平。

7. 下列哪一情形不属于限时办结制度中的超时办结(　　)。(1－7级测试)

A. 无正当理由对纳税人的申请不予受理

B. 对申请材料不符合法定形式，已一次性告知不予受理的原因及纳税人需要补正的全部内容，但纳税人坚持申请办理

C. 未在规定或承诺期限内办结且未按规定回复纳税人办理结果

D. 超过规定或承诺的办结时限提出延时申请

【参考答案】B

【解析】受理人有下列情形之一的，视为超时办结：(1) 无正当理由对纳税人的申请不予受理；(2) 未在规定或承诺期限内办结且未按规定回复纳税人办理结果；(3) 超过规定或承诺的办结时限提出延时申请。

8. 对于税务机关所需的涉税专业服务，应当通过(　　)方式取得。(1－7级测试)

A. 监管途径　　B. 双方约定　　C. 行业协会　　D. 政府采购

【参考答案】D

【解析】根据《涉税专业服务监管办法（试行）》第十七条，税务机关所需的涉税专业服务，应当通过政府采购方式购买。税务机关和税务人员不得参与或违规干预涉税专业服务机构经营活动。

9. 各级税务机关要持续完善和落实“纵合横通强党建”机制制度体系，丰富并全面完成税务系统党的建设高质量发展两年行动方案各项任务。所指的两年是(　　)。(1－7级测试)

A. 2019—2020年　　B. 2020—2021年

C. 2021—2022 年　　　　　　　　D. 2022—2023 年

【参考答案】C

【解析】《全国税务系统党的建设高质量发展两年行动方案（2021—2022 年）》

10. 深化税收征管制度改革，着力建设以服务纳税人缴费人为中心、以发票电子化改革为突破口、以税收大数据为驱动力的具有高集成功能、高安全性能、高应用效能的智慧税务，深入推进(　　)，大幅提高税法遵从度和社会满意度，明显降低征纳成本，充分发挥税收在国家治理中的基础性、支柱性、保障性作用，为推动高质量发展提供有力支撑。(1－7 级测试)

A. 精确执法、精细服务、精准监管、精诚共治

B. 精准执法、精确服务、精细监管、精诚共治

C. 精细执法、精准服务、精确监管、精诚共治

D. 精诚执法、精细服务、精细监管、精准共治

【参考答案】D

【解析】《进一步深化税收征管体制改革意见》

11. 根据政务服务“好差评”工作要求，按照“一次一评”原则开展现场服务评价。办税服务厅窗口和 12366 纳税服务热线按照“一次一评”原则开展评价，未当场作出评价的纳税人可在(　　)内补充评价。(8－11 级测试)

A. 1 个工作日　　　　　　　　B. 3 个工作日

C. 5 个工作日　　　　　　　　D. 7 个工作日

【参考答案】C

【解析】根据《国家税务总局关于做好政务服务“好差评”工作的通知》(税总发〔2020〕34 号)。

12. 为营造良好的营商环境，警惕借减税服务巧立名目乱收费现象，自 2019 年 3 月 26 日起，税务机关全面排查第三方借减税降费服务巧立名目乱收费行为。重点排查的内容不包括(　　)。(8－11 级测试)

A. 是否仍存在第三方平台违反自愿原则强制纳税人购买增值服务

B. 是否存在服务单位按规定正常收取服务费

C. 是否存在服务单位借销售税控专用设备之机或维护服务之机违规捆绑销售设备、软件、其他商品

D. 是否存在第三方利用垄断地位乱收费谋取不正当利益

【参考答案】B

【解析】根据《国家税务总局关于坚决查处第三方借减税降费服务巧立名目乱收费行为的通知》规定，重点排查是否仍存在第三方平台违反自愿原则强制纳税人购买增值服务；是否存在服务单位借销售税控专用设备或维护服务之机违规捆绑销售设备、

软件、其他商品；是否存在第三方利用垄断地位乱收费谋取不正当利益等等。

13. 根据纳税信用修复范围及标准，未按规定时限报送财务会计制度或财务处理办法的，在30日内纠正，修复加分的分值为(　　)。(8－11级测试)

A. 0.6分　　B. 1.2分　　C. 2.4分　　D. 3分

【参考答案】C

【解析】根据《国家税务总局关于纳税信用评价与修复有关事项的公告》(国家税务总局公告2021年第31号)，纳税信用修复范围及标准，未按规定时限报送财务会计制度或财务处理办法的扣分分值为3分，30日内修复的加分为2.4分。

14. 税务师在一个会计年度内违反《涉税专业服务监管办法（试行)》规定2次以上的，由省税务局予以警告或者处(　　)罚款。(8－11级测试)

A. 500元以上2 000元以下　　B. 1 000元以上2 000元以下

C. 1 000元以上5 000元以下　　D. 1 000元以上10 000元以下

【参考答案】C

【解析】税务师在一个会计年度内违反《涉税专业服务监管办法（试行)》规定2次以上的，由省税务局予以警告或者处1 000元以上5 000元以下罚款。

15. 下列关于税务师事务所行政登记管理的说法，正确的是(　　)。(8－11级测试)

A. 税务师事务所办理商事登记后，即享有税务师事务所的合法权益

B. 工商部门应当对税务师事务所实施行政登记管理

C. 行政相对人办理税务师事务所行政登记，应当自取得营业执照之日起20个工作日内向所在地省税务机关提交相关材料

D. 省税务机关自受理材料之日起30个工作日内办理税务师事务所行政登记

【参考答案】C

【解析】根据《税务师事务所行政登记规程（试行)》规定，选项A，税务师事务所办理商事登记后，应当向省税务机关办理行政登记。未经行政登记不得使用“税务师事务所”名称，不能享有税务师事务所的合法权益；选项B，税务机关应当对税务师事务所实施行政登记管理，不是工商部门；选项D，省税务机关自受理材料之日起20个工作日内办理税务师事务所行政登记。

16.《关于进一步深化税收征管改革的意见》中提出，到2023年，基本建成(　　)的税费服务新体系。

A. “线下服务无死角、线上服务不打烊、定制服务广覆盖”

B. “线上服务无死角、线下服务不打烊、定制服务广覆盖”

C. “线上服务无死角、线下服务不打烊、定制服务全覆盖”

D. “线下服务无死角、线上服务不打烊、个性服务广覆盖”

【参考答案】A

【解析】基本建成“线下服务无死角、线上服务不打烊、定制服务广覆盖”的税费服务新体系。

17.《关于进一步深化税收征管改革的意见》中提出，到2023年，实现从无差别服务向(　　)服务转变。

A. 精细化、智能化、个性化　　B. 精细化、智能化、定制化

C. 精准化、智能化、个性化　　D. 精准化、智能化、定制化

【参考答案】A

【解析】实现从无差别服务向精细化、智能化、个性化服务转变。

18.《关于进一步深化税收征管改革的意见》中提出，逐步改变以表单为载体的传统申报模式，2023年基本实现信息系统(　　)，纳税人缴费人确认或补正后即可线上提交。

A. 自动提取数据、自动计算税款、自动预填申报

B. 自动提取数据、自动计算税额、自动预填申报

C. 自动提取开票数据、自动计算应纳税额、自动预填纳税申报

D. 智能提取数据、智能计算税额、智能预填申报

【参考答案】B

【解析】《关于进一步深化税收征管改革的意见》中提出，逐步改变以表单为载体的传统申报模式，2023年基本实现信息系统自动提取数据、自动计算税额、自动预填申报，纳税人缴费人确认或补正后即可线上提交。

19. 以下涉税专业服务中，应当由具有税务师事务所、会计师事务所、律师事务所资质的涉税专业服务机构从事的服务不包括(　　)。(8－11级测试)

A. 纳税申报代理　　B. 专业税务顾问

C. 税收策划　　D. 涉税鉴证

【参考答案】A

【解析】涉税专业服务中，应当由具有税务师事务所、会计师事务所、律师事务所资质的涉税专业服务机构从事的是：专业税务顾问、税收策划、涉税鉴证、纳税情况审查。

20. 对于税控技术服务单位和第三方涉税服务机构的管理，以下说法错误的是(　　)。(8－11级测试)

A. 防伪税控系统服务区域与导税服务区域要明显划分或设置隔断，并在显著位置摆放或张贴“防伪税控系统服务区域”和印有税控服务技术单位名称的标识。

B. 不同税控服务技术单位的工作人员工作时间应区别着装，佩挂工作牌。

C. 严禁第三方涉税服务机构在办税服务厅发放任何宣传产品，推荐任何收费业务。

D. 严禁第三方涉税服务机构在办税服务厅开展有偿销售、有偿服务、有偿培训宣传。

【参考答案】A

【解析】防伪税控系统服务区域与其他办税区域要明显划分或设置隔断，并在显著位置摆放或张贴“防伪税控系统服务区域”和印有税控服务技术单位名称的标识。并不只是和导税服务区域要明显划分或设置隔断。

21. 税务师事务所、会计师事务所、律师事务所应当于完成专业税务顾问、税收策划、涉税鉴证、纳税情况审查业务的(　　)前，向主管税务机关报送《专项业务报告要素信息采集表》。(8－11 级测试)

A. 当月底　　B. 次月底

C. 次年 3 月 31 日　　D. 次年 6 月 30 日

【参考答案】C

【解析】税务师事务所、会计师事务所、律师事务所应当于完成专业税务顾问、税收策划、涉税鉴证、纳税情况审查业务的次年 3 月 31 日前，向主管税务机关报送《专项业务报告要素信息采集表》。

22. 涉税专业服务机构首次为委托人提供业务委托协议约定的涉税服务前，需要向主管税务机关报送(　　)。(8－11 级测试)

A. 涉税专业服务协议要素信息采集表

B. 涉税专业服务机构（人员）基本信息采集表

C. 涉税专业服务协议要素信息采集表

D. 年度涉税专业服务总体情况表

【参考答案】A

【解析】《国家税务总局关于采集涉税专业服务基本信息和业务信息有关事项的公告》（国家税务总局公告 2017 年第 49 号）第一条规定，涉税专业服务机构应当于首次为委托人提供业务委托协议约定的涉税服务前，向主管税务机关报送“涉税专业服务协议要素信息采集表”。业务委托协议发生变更或者终止的，应当自变更或者终止之日起 30 日内向主管税务机关报送该表。

23. 涉税专业服务机构信用积分的满分是(　　)。(8－11 级测试)

A. 100 分　　B. 300 分　　C. 500 分　　D. 700 分

【参考答案】C

【解析】《涉税专业服务信用评价管理办法（试行）》（国家税务总局公告 2017 年第 48 号）第十条规定，涉税专业服务机构信用积分满分为 500 分。

24. 涉税专业服务信用等级评价结果自产生之日起，有效期为(　　)。(8－11 级测试)

A. 一个月　　B. 一个季度　　C. 半年　　D. 一年

【参考答案】D

【解析】《涉税专业服务信用评价管理办法（试行）》（国家税务总局公告 2017 年

第48号）第九条规定，涉税专业服务信用等级评价结果自产生之日起，有效期为一年。

25. 涉税专业服务机构和从事涉税服务人员，对信用积分、信用等级和执业负面记录有异议的，可在信用记录产生或结果确定后（　　）内，向税务机关申请复核。（8－11级测试）

A. 1个月　　B. 3个月　　C. 6个月　　D. 12个月

【参考答案】D

【解析】《国家税务总局关于进一步完善涉税专业服务监管制度有关事项的公告》（国家税务总局公告2019年第43号）第二条第一款规定，涉税专业服务机构和从事涉税服务人员，对信用积分、信用等级和执业负面记录有异议的，可在信用记录产生或结果确定后12个月内，向税务机关申请复核。

26. 税务机关应当按照包容审慎原则，于（　　）个工作日内完成涉税专业服务信用复核工作，作出复核结论，并提供查询服务。（8－11级测试）

A. 5　　B. 15　　C. 20　　D. 30

【参考答案】D

【解析】《国家税务总局关于进一步完善涉税专业服务监管制度有关事项的公告》（国家税务总局公告2019年第43号）第二条第一款规定，税务机关应当按照包容审慎原则，于30个工作日内完成复核工作，作出复核结论，并提供查询服务。

27. 涉税专业服务机构和从事涉税服务人员对税务机关拟将其列入涉税服务失信名录有异议的，应当自收到《税务事项通知书》之日起（　　）个工作日内提出申辩理由，向税务机关申请复核。（8－11级测试）

A. 5　　B. 10　　C. 15　　D. 30

【参考答案】B

【解析】《国家税务总局关于进一步完善涉税专业服务监管制度有关事项的公告》（国家税务总局公告2019年第43号）第二条第二款规定，涉税专业服务机构和从事涉税服务人员对税务机关拟将其列入涉税服务失信名录有异议的，应当自收到《税务事项通知书》之日起10个工作日内提出申辩理由，向税务机关申请复核。

28. 行政相对人办理税务师事务所行政登记，应当自取得营业执照之日起（　　）个工作日内向所在地省税务机关提交材料。（8－11级测试）

A. 20　　B. 15　　C. 10　　D. 3

【参考答案】A

【解析】《税务师事务所行政登记规程（试行）》（国家税务总局公告2017年第31号）第六条规定，行政相对人办理税务师事务所行政登记，应当自取得营业执照之日起20个工作日内向所在地省税务机关提交材料。

## 二、多项选择题

1. 纳税服务的主要内容包括(　　)。(1－7 级测试)

A. 税法宣传　　B. 权益保护　　C. 信用管理　　D. 稽查查补

【参考答案】ABC

【解析】纳税服务的主要内容包括税法宣传、纳税咨询、办税服务、权益保护、信用管理和社会协作 6 个方面，不包括税源管理和稽查查补。

2. 纳税服务理论基础主要包括(　　)。(1－7 级测试)

A. 新公共管理理论　　B. 绩效管理理论

C. 税收遵从理论　　D. 社会关系理论

【参考答案】AC

【解析】纳税服务理论基础主要包括新公共管理理论、客户关系管理理论、税收遵从理论 3 个理论。

3. 纳税人有权要求税务机关对纳税人的商业秘密和个人隐私的信息进行保密，这些信息主要包括(　　)。(1－7 级测试)

A. 技术信息　　B. 税收违法行为

C. 经营信息　　D. 经营者不愿公开的个人事项

【参考答案】ACD

【解析】根据《国家税务总局关于纳税人权利与义务的公告》(国家税务总局公告 2009 年第 1 号) 规定，选项 ACD 正确。选项 B 不属于为纳税人保密的信息。

4. 纳入首问责任制的税费事项包括的事项有(　　)。(1－7 级测试)

A. 税费业务办理　　B. 税收工作建议

C. 纳税服务投诉　　D. 税费业务咨询

【参考答案】ABCD

【解析】纳入首问责任制的税费事项包括税费业务办理、税费业务咨询、纳税服务投诉、税收工作建议，纳税人对于税收违法行为的检举和税务干部违法违纪行为的举报及信访事项，依据有关专门规定处理。

5. 针对纳税服务的概念，以下说法中正确的是(　　)。(1－7 级测试)

A. 纳税服务是税务机关无偿向社会提供的公共产品和公共服务

B. 纳税服务不是税务机关的具体行政行为

C. 纳税服务是税务机关依法必须履行的法定义务

D. 纳税服务的主体是税务机关

【参考答案】BCD

【解析】纳税服务是税务机关为帮助纳税 (缴费) 人了解和遵从税法而开展的相关工作，是无偿提供的公共服务，是税务机关依法必须履行的法定义务，其主体是税务机关，既包括依申请的业务，也包括依职权的业务。具体行政行为是针对特定的公民、法人或者其他组织，就特定的具体事项作出的有关该公民、法人或者其他组织权利义务的单方行为，纳税服务非具体行政行为。

6. 各级税务机关通过税务网站向社会公布的办税地图或办税服务厅导航中的办税服务厅电话，为本地纳税咨询电话，视同对外公开电话管理，不是由（　　）负责。（1－7级测试）

A. 纳税服务中心　　B. 办税服务厅所属分局

C. 纳税服务部门　　D. 政务服务中心

【参考答案】ACD

【解析】各级税务机关通过税务网站向社会公布的办税地图或办税服务厅导航中的办税服务厅电话，为本地纳税咨询电话，视同对外公开电话管理，由办税服务厅所属分局负责。

7. 下列属于涉税专业服务机构的有（　　）。（1－7级测试）

A. 税务师事务所

B. 未取得执业许可的会计师事务所

C. 依法取得执业许可且从事涉税专业服务的律师事务所

D. 从事涉税专业服务的财税类咨询公司

【参考答案】ACD

【解析】根据国家税务总局关于发布《涉税专业服务信息公告与推送办法（试行）》（国家税务总局公告2017年第42号）第二条规定，涉税专业服务机构包括：（1）税务师事务所；（2）依法取得执业许可且从事涉税专业服务的会计师事务所和律师事务所；（3）经商事登记且从事涉税专业服务的代理记账机构、税务代理公司、财税类咨询公司等其他机构。

8. 关于涉税专业服务机构信用评价周期期限，以下说法错误的是（　　）。（1－7级测试）

A. 当年5月1日至次年4月30日　　B. 当年4月1日至次年3月31日

C. 每年1月1日至12月31日　　D. 当年7月1日至次年6月30日

【参考答案】ABD

【解析】涉税专业服务机构信用评价周期为每年1月1日至12月31日。

9. 根据《涉税专业服务监管办法（试行）》的规定，下列情形中属于涉税专业服务监管范围的有（　　）。（1－7级测试）

A. 甲财务咨询公司代某企业准备并签署纳税申报表

B. 乙税务师事务所对某营改增企业提供税务解决方案

C. 丙代理记账公司为某企业代办税务登记

D. 丁会计师事务所对某企业按规定程序进行涉税鉴证

【参考答案】ABCD

【解析】根据国家税务总局关于发布《涉税专业服务监管办法（试行）》的公告（国家税务总局公告2017年第13号发布）第五条，涉税专业服务机构可以从事下列涉税业务：（1）纳税申报代理。对纳税人、扣缴义务人提供的资料进行归集和专业判断，代理纳税人、扣缴义务人进行纳税申报准备和签署纳税申报表、扣缴税款报告表以及相关文件。（2）一般税务咨询。对纳税人、扣缴义务人的日常办税事项提供税务咨询服务。（3）专业税务顾问。对纳税人、扣缴义务人的涉税事项提供长期的专业税务顾问服务。（4）税收策划。对纳税人、扣缴义务人的经营和投资活动提供符合税收法律法规及相关规定的纳税计划、纳税方案。（5）涉税鉴证。按照法律、法规以及依据法律、法规制定的相关规定要求，对涉税事项真实性和合法性出具鉴定和证明。（6）纳税情况审查。接受行政机关、司法机关委托，依法对企业纳税情况进行审查，作出专业结论。（7）其他税务事项代理。接受纳税人、扣缴义务人的委托，代理建账记账、发票领用、减免退税申请等税务事项。（8）其他涉税服务。前款第三项至第六项涉税业务，应当由具有税务师事务所、会计师事务所、律师事务所资质的涉税专业服务机构从事，相关文书应由税务师、注册会计师、律师签字，并承担相应的责任。

10. 涉税专业服务机构及其涉税服务人员有下列（　　）情形之一，情节严重的，由税务机关纳入涉税服务失信名录，予以公告并向社会信用平台推送。（1－7级测试）

A. 使用税务师事务所名称，未办理行政登记的

B. 未按照业务采集信息要求报送从事涉税专业服务有关情况的

C. 报送信息与实际不符的

D. 未按涉税专业服务相关业务规范执业，出具虚假意见的

【参考答案】ABC

【解析】根据国家税务总局关于发布《涉税专业服务监管办法（试行）》的公告（国家税务总局2017年第13号），未按涉税专业服务相关业务规范执业，出具虚假意见，情节严重的，税务师事务所由省税务机关宣布《税务师事务所行政登记证书》无效，提请工商部门吊销营业执照，提请全国税务师行业协会取消税务师执业资格证书登记、收回其执业证书并向社会公告，其他涉税专业服务机构及其涉税服务人员由税务机关提请其他行业主管部门及行业协会予以相应处理。

11. 以下涉税专业服务中，应当由具有税务师事务所、会计师事务所、律师事务所资质的涉税专业服务机构从事的包括（　　）。（8－11级测试）

A. 纳税申报代理　　B. 专业税务顾问

C. 税收策划　　D. 涉税鉴证

【参考答案】BCD

【解析】涉税专业服务中，应当由具有税务师事务所、会计师事务所、律师事务所资质的涉税专业服务机构从事的是：专业税务顾问、税收策划、涉税鉴证、纳税情况审查。

12. 世界银行目前开展的营商环境评价中，“纳税时间”二级指标包含的内容有(　　)。(8－11级测试)

A. 准备时间　　B. 申报时间　　C. 缴款时间　　D. 记账时间

【参考答案】ABC

【解析】世界银行现行的营商环境评价指标体系中，“纳税时间”二级指标包括企业纳税准备时间、申报时间和缴纳税款（含社保、公积金），但不包括企业会计记账等日常财务处理的时间。

13. 根据《涉税专业服务监管办法（试行）》，关于税务师行业协会职责和涉税专业服务机构加入制度的安排，下列说法中，正确的有(　　)。(8－11级测试)

A. 税务师行业协会应当加强税务师行业自律管理

B. 从事涉税专业服务的会计师事务所、律师事务所、代理记账机构可自愿加入税务师行业协会税务代理人分会

C. 自愿加入税务师行业协会税务代理人分会的会计师事务所、律师事务所、代理记账机构，应遵守税务师行业协会自律管理规定，不再接受各自的行业协会自律管理

D. 鼓励其他没有加入任何行业协会的涉税专业服务机构自愿加入税务师行业协会税务代理人分会

【参考答案】ABD

【解析】根据国家税务总局关于发布《涉税专业服务监管办法（试行）》的公告（国家税务总局公告2017年第13号）第十八条规定，选项ABD正确，选项C错误。加入税务师协会从事涉税专业服务的会计师事务所、律师事务所、代理记账机构除遵守本行业自律管理规定以外，还要接受税务师行业自律管理规定，即双重遵守规定。

14. 纳税服务是由税务机关提供的非营利性服务，具有非常明显的个性特征。以下关于纳税服务的个性特征的说法正确的包括(　　)。(8－11级测试)

A. 纳税服务的主体是中介机构

B. 纳税服务的客体是纳税人

C. 纳税服务的性质是税务机关依法提供的一种有偿的公共服务

D. 纳税服务的目标是帮助纳税人了解税法，提高纳税人的满意度，使纳税人受益或感受便利

【参考答案】BD

【解析】纳税服务的主体是税务机关，纳税服务的性质是税务机关依法提供的一种无偿的公共服务，纳税服务的内容是涉税事项及与税收相关联的事项，具体包括纳税咨询、纳税辅导、税款申报、申报与缴款受理、投诉与争议接待（办理）等内容。

15. 税务师事务所注销工商登记前，应当向所在地省税务机关提交材料办理终止行政登记，需要报送的资料有(　　)。(1－7级测试)

A.《税务师事务所变更/终止行政登记表》2份

B.《税务师事务所行政登记证书》1份

C.《注销登记申请审批表》3份

D. 最近三年税种结算表3份

【参考答案】AB

【解析】根据国家税务总局关于发布《税务师事务所行政登记规程（试行)》的公告（国家税务总局公告2017年第31号）第十条，税务师事务所注销工商登记前，应当办理终止行政登记，向所在地省税务机关提交下列材料：（1）“税务师事务所变更/终止行政登记表”；（2）《登记证书》。税务师事务所注销工商登记前未办理终止行政登记的，省税务机关公告宣布行政登记失效。税务师事务所注销工商登记前，应当向所在地省税务机关提交材料办理终止行政登记。办理税务师事务所终止行政登记需要报送资料有：“税务师事务所变更/终止行政登记表”2份和《税务师事务所行政登记证书》1份。

16. 涉税专业服务机构及其涉税服务人员违反税务机关监管规定的行为有(　　)。(8－11级测试)

A. 使用税务师事务所名称未办理行政登记的

B. 未按照办税实名制要求提供涉税专业服务机构和从事涉税服务人员实名信息的

C. 未按照业务信息采集要求报送从事涉税专业服务有关情况的

D. 报送信息与实际不符或拒不配合税务机关检查、调查的

【参考答案】ABCD

【解析】国家税务总局关于发布《涉税专业服务监管办法（试行)》的公告（国家税务总局公告2017年第13号）第十四条。

17. 涉税专业服务机构未按照办税实名制要求提供涉税专业服务机构和从事涉税服务人员实名信息或报送信息与实际不符的，税务机关处理办法有(　　)。

A. 由税务机关责令限期改正或予以约谈

B. 由税务机关责令限期改正或予以约谈后，逾期不改正的，由税务机关降低信用等级或纳入信用记录，暂停受理所代理的涉税业务（暂停时间不超过6个月）

C. 由税务机关责令限期改正或予以约谈后，逾期不改正的，由税务机关降低信用等级或纳入信用记录，暂停受理所代理的涉税业务（暂停时间不超过12个月）

D. 情节严重的，由税务机关纳入涉税服务失信名录，予以公告并向社会信用平台推送，其所代理的涉税业务，税务机关不予受理

【参考答案】ABD

【解析】国家税务总局关于发布《涉税专业服务监管办法（试行）》的公告（国家税务总局公告2017年第13号）第十四条规定，涉税专业服务机构及其涉税服务人员未按照办税实名制要求提供涉税专业服务机构和从事涉税服务人员实名信息的或报送信息与实际不符的，由税务机关责令限期改正或予以约谈；逾期不改正的，由税务机关降低信用等级或纳入信用记录，暂停受理所代理的涉税业务（暂停时间不超过6个月）；情节严重的，由税务机关纳入涉税服务失信名录，予以公告并向社会信用平台推送，其所代理的涉税业务，税务机关不予受理。

18. 税务机关应当通过（　　）等途径公告未经行政登记的税务师事务所名单和纳入监管的涉税专业服务机构名单及其信用情况。（8－11级测试）

A. 门户网站　　B. 电子税务局

C. 办税服务场所　　D. 微信公众号

【参考答案】ABC

【解析】国家税务总局关于发布《涉税专业服务监管办法（试行）》的公告（国家税务总局公告2017年第13号）第十三条规定，税务机关应当在门户网站、电子税务局和办税服务场所公告纳入监管的涉税专业服务机构名单及其信用情况，同时公告未经行政登记的税务师事务所名单。

19. 涉税专业服务机构登录电子税务局后可以查询的涉税专业服务信用信息包括（　　）。（1－7级测试）

A. 本机构涉税专业服务信用等级

B. 本机构涉税专业服务信用积分明细

C. 所属从事涉税服务人员的信用积分

D. 所属从事涉税服务人员的信用积分明细

【参考答案】ABC

【解析】《涉税专业服务信用评价管理办法（试行）》（国家税务总局公告2017年第48号）第十四条规定，涉税专业服务机构可以查询本机构的涉税专业服务信用等级及积分明细和所属从事涉税服务人员的信用积分；从事涉税服务人员可以查询本人的信用积分明细。

20. 目前，涉税专业服务机构登录电子税务局后，报送“年度涉税专业服务总体情况表”的操作路径为（　　）。（1－7级测试）

A. 我要办税——涉税专业服务机构管理——（年度报告）涉税专业服务业务信息采集

B. 我要信息——涉税专业服务机构管理——（年度报告）涉税专业服务业务信息采集

C. 我要办税——综合信息报告——（年度报告）涉税专业服务业务信息采集

D. 我的待办——（年度报告）涉税专业服务业务信息采集

【参考答案】AD

【解析】按照电子税务局《年度涉税专业服务总体情况填报指南》，可通过“我要办税——涉税专业服务机构管理”或者经“我的待办”进入“（年度报告）涉税专业服务业务信息采集”模块，填报“年度涉税专业服务总体情况表”。

21. 税务师事务所采取合伙制或者有限责任制组织形式的，除国家税务总局另有规定外，应当具备的条件有（ ）。（1－7 级测试）

A. 合伙人或者股东由税务师、注册会计师、律师担任，其中税务师占比应高于 50%

B. 有限责任制税务师事务所的法定代表人由股东担任

C. 税务师、注册会计师、律师不能同时在两家以上的税务师事务所担任合伙人、股东或者从业

B. 税务师事务所字号不得与已经行政登记的税务师事务所字号重复

【参考答案】ABCD

【解析】国家税务总局关于发布《税务师事务所行政登记规程（试行）》的公告（国家税务总局公告 2017 年第 31 号）第五条规定，税务师事务所采取合伙制或者有限责任制组织形式的，除国家税务总局另有规定外，应当具备下列条件：（1）合伙人或者股东由税务师、注册会计师、律师担任，其中税务师占比应高于 50%；（2）有限责任制税务师事务所的法定代表人由股东担任；（3）税务师、注册会计师、律师不能同时在两家以上的税务师事务所担任合伙人、股东或者从业；（4）税务师事务所字号不得与已经行政登记的税务师事务所字号重复。合伙制税务师事务所分为普通合伙税务师事务所和特殊普通合伙税务师事务所。

22. 从事涉税专业服务的科技、咨询公司，且符合（ ）条件的，可以担任税务师事务所的合伙人或者股东。（8－11 级测试）

A. 前 2 年内未因涉税专业服务行为受到税务行政处罚

B. 前 3 年内未因涉税专业服务行为受到税务行政处罚

C. 由税务师或者税务师事务所的合伙人（股东）发起设立，法定代表人由税务师担任

D. 从事涉税专业服务的科技、咨询公司的部分股东具有税务师资格

【参考答案】BC

【解析】《国家税务总局关于税务师事务所行政登记有关问题的公告》（国家税务

总局公告 2018 年第 4 号）第一条、第二条。

23. 行政相对人办理税务师事务所行政登记时，应向所在地省税务机关提交的材料包括（　　）。（1－7 级测试）

A. “税务师事务所行政登记表”

B. 税务师职业资格证书及营业执照原件

C. 营业执照复印件

D. 国家税务总局规定的其他材料

【参考答案】ACD

【解析】国家税务总局关于发布《税务师事务所行政登记规程（试行）》的公告（国家税务总局公告 2017 年第 31 号）第六条规定，行政相对人办理税务师事务所行政登记，应当自取得营业执照之日起 20 个工作日内向所在地省税务机关提交下列材料：（1）“税务师事务所行政登记表”；（2）营业执照复印件；（3）国家税务总局规定的其他材料。

24. 对达到 TSC5 级的涉税专业服务机构，税务机关可采取的激励措施包括（　　）。（8－11级测试）

A. 开通纳税服务绿色通道

B. 对其所代理的纳税人发票可以按照更高的纳税信用级别管理

C. 依托信息化平台为涉税专业服务机构开展批量纳税申报、信息报送等业务提供便利化服务

D. 在税务机关购买涉税专业服务时，同等条件下优先考虑

【参考答案】ABCD

【解析】《涉税专业服务信用评价管理办法（试行）》（国家税务总局公告 2017 年第 48 号）第十七条规定。

25. 办税服务厅规范用语具体包括（　　）。（1－7 级测试）

A. 日常礼貌用语　　　　B. 电话规范用语

C. 办税规范用语　　　　D. 亲和温暖用语

【参考答案】BC

【解析】办税服务厅规范用语服务忌语包括规范用语和服务忌语，规范用语包括电话规范用语和办税规范用语

## 三、判断题

1. 根据便利纳税人的原则，办税服务场所即办税服务厅的定位可以从空间利用最小化和距离最大化两个方面来衡量。（　　）（1－7 级测试）

【参考答案】×

【解析】根据便利纳税人的原则，服务场所即办税服务厅的定位可以从空间利用最

大化和距离最小化两个方面来衡量。

2. 纳税服务，是税务机关依法提供的一种有偿的公共服务。　（　　）（1－7 级测试）

【参考答案】×

【解析】纳税服务的性质是税务机关依法提供的一种无偿的公共服务。

3. 税务机关在提供基本纳税服务过程中，应遵循效率优先、兼顾公平的原则。

（　　）（1－7 级测试）

【参考答案】×

【解析】基本的纳税服务是所有纳税人的共同需求，满足所有纳税人办理涉税事项的合理需要，税务部门应当按照公平、普遍的原则来提供。

4. 纳税人提交税收减免核准申请资料后，办税服务厅应在 1 个工作日内将资料信息流转至相关责任部门。　（　　）（1－7 级测试）

【参考答案】√

【解析】根据《全国税务机关纳税服务规范（3.0 版）》规定，对税收减免核准事项，办税服务厅应在 1 个工作日内将资料信息流转至相关责任部门。

5. 涉税专业服务机构是指税务师事务所和从事涉税专业服务的会计师事务所、律师事务所、代理记账机构、税务代理公司、财税类咨询公司等机构。

（　　）（1－7 级测试）

【参考答案】√

【解析】国家税务总局关于发布《涉税专业服务监管办法（试行）》的公告（国家税务总局公告 2017 年第 13 号）第四条。

6. A 市中心路办税服务厅是实行集中办税的省辖市局全职能办税服务厅，配置了 2 名专职导税人员提供固定导税服务。　（　　）（1－7 级测试）

【参考答案】×

【解析】实行集中办税的省辖市局全职能办税服务厅属于 A 类办税服务厅；A 类办税服务厅至少配置 3 名专职导税人员提供固定导税服务。

7. 农村税务分局办税服务厅可以不用在办税服务厅设置导税指示牌。

（　　）（1－7 级测试）

【参考答案】×

【解析】农村税务分局办税服务厅管理标准按照规定的 C 类办税服务厅执行；C 类办税服务厅可以不设置专门的导税台，但应当在大厅放置导税指示牌。

8. 纳税服务的首要目标莫过于最大限度地提高纳税人的税收遵从度。

（　　）（1－7 级测试）

【参考答案】√

【解析】纳税服务的首要目标莫过于最大限度地提高纳税人的税收遵从度。

9. 纳税人使用符合《中华人民共和国电子签名法》规定条件的电子签名后，需前往办税服务厅补充办理手写签名或者盖章才具有同等法律效力。(1－7级测试)

【参考答案】×

【解析】纳税人使用符合《中华人民共和国电子签名法》规定条件的电子签名，与手写签名或者盖章具有同等法律效力。

10. 纳税服务的性质是税务机关依法提供的一种无偿的公共服务，在提供过程中，税务机关应遵循基本公共服务均等化的理念，满足所有纳税人办理涉税事项的合理需要，税务机关应当按照公平、普遍的原则来提供。（ ）(1－7级测试)

【参考答案】√

【解析】纳税服务的性质是税务机关依法提供的一种无偿的公共服务，在提供过程中，税务机关应遵循基本公共服务均等化的理念，满足所有纳税人办理涉税事项的合理需要，税务机关应当按照公平、普遍的原则来提供。

11.《全国税务机关纳税服务规范（3.0版）》按照“12345”的总体思路进行编写的。其中“1”是坚持一个原则，即坚持“最大限度便利纳税人，最大限度规范税务人”的原则。（ ）(1－7级测试)

【参考答案】×

【解析】《全国税务机关纳税服务规范（3.0版）》按照“12345”的总体思路进行编写。“1”是树立一个理念，即牢固树立以纳税人为中心的理念。(1－7级测试)

12. 税务机关不可以委托行业协会对涉税专业服务机构从事涉税专业服务的执业质量进行评价。（ ）(1－7级测试)

【参考答案】×

【解析】国家税务总局关于发布《涉税专业服务监管办法（试行）》的公告（国家税务总局公告2017年第13号）第十二条第二款有明确规定，税务机关可以委托行业协会对涉税专业服务机构从事涉税专业服务的执业质量进行评价。

13. 涉税专业服务机构是指税务师事务所和从事涉税专业服务的会计师事务所、律师事务所、代理记账机构、税务代理公司、财税类咨询公司等机构。

（ ）(1－7级测试)

【参考答案】√

【解析】国家税务总局关于发布《涉税专业服务监管办法（试行）》的公告（国家税务总局公告2017年第13号）第四条。

14. 代理记账机构可以从事涉税鉴证业务。（ ）(8－11级测试)

【参考答案】×

【解析】国家税务总局关于发布《涉税专业服务监管办法（试行）》的公告（国家税务总局公告2017年第13号）第五条规定，涉税专业服务机构可以从事的涉税业务包括：纳税申报代理、一般税务咨询、专业税务顾问、税收策划、涉税鉴证、纳税情况审查、其他税务事项代理、其他涉税服务。其中，专业税务顾问、税收策划、涉税鉴证、纳税情况审查等4类涉税业务，应当由具有税务师事务所、会计师事务所、律师事务所资质的涉税专业服务机构从事，相关文书应由税务师、注册会计师、律师签字，并承担相应的责任。因此，代理记账机构不宜从事涉税鉴证业务。

15. 税务师事务所、会计师事务所、律师事务所应当于完成专业税务顾问、税收策划、涉税鉴证、纳税情况审查业务的次年3月31日前，向主管税务机关报送“专项业务报告要素信息采集表”。 （　　）（8－11级测试）

【参考答案】√

【解析】《国家税务总局关于采集涉税专业服务基本信息和业务信息有关事项的公告》（国家税务总局公告2017年第49号）第二条。

16. 涉税专业服务机构应当于每年3月31日前，向主管税务机关报送“年度涉税专业服务总体情况表”。 （　　）

【参考答案】√

【解析】《国家税务总局关于采集涉税专业服务基本信息和业务信息有关事项的公告》（国家税务总局公告2017年第49号）第二条。

17. 涉税专业服务机构跨地区设立不具有法人资格分支机构（包括分所和分公司）的，不能由总机构向所在地主管税务机关汇总报送分支机构涉税专业服务信息。 （　　）（8－11级测试）

【参考答案】×

【解析】《国家税务总局关于进一步完善涉税专业服务监管制度有关事项的公告》（国家税务总局公告2019年第43号）第一条第五款规定，增加总分机构涉税专业服务信息报送选择。涉税专业服务机构跨地区设立不具有法人资格分支机构（包括分所和分公司）的，可选择由总机构向所在地主管税务机关汇总报送分支机构涉税专业服务信息，也可选择由分支机构自行向所在地主管税务机关报送涉税专业服务信息。

18. 涉税专业服务机构只能通过网上办税系统报送涉税专业服务基本信息。 （　　）（1－7级测试）

【参考答案】×

【解析】向主管税务机关报送的涉税专业服务基本信息包括“涉税专业服务机构（人员）基本信息采集表”和“涉税专业服务协议要素信息采集表”。按照《国家税务总局关于采集涉税专业服务基本信息和业务信息有关事项的公告》（国家税务总局公告2017年第49号）第三条规定，涉税专业服务机构原则上应当通过网上办税系统报送涉税专业服务基本信息，因客观原因无法通过网上办税系统报送的，可在非征期内通过实体办税服务厅办理。

19. 纳入实名制管理的涉税专业服务机构名单及其信用状况公告内容包括涉税专业服务机构名称、统一社会信用代码、法定代表人（或单位负责人）姓名、地址、联系电话、涉税专业服务信用等级情况等基本信息。（　　）（8－11 级测试）

【参考答案】×

【解析】国家税务总局关于发布《涉税专业服务信息公告与推送办法（试行）》的公告（国家税务总局公告 2017 年第 42 号）第四条规定：纳入实名制管理的涉税专业服务机构名单及其信用状况公告内容包括涉税专业服务机构名称、统一社会信用代码、法定代表人（或单位负责人）姓名、地址、联系电话、涉税专业服务机构信用积分情况等基本信息。涉税专业服务机构信用等级不对外公布。

20. 涉税专业服务机构信用（英文名称为 Tax Service Credit，缩写为 TSC）按照从高到低顺序分为五级，分别是 TSC5 级、TSC4 级、TSC3 级、TSC2 级和 TSC1 级。

（　　）（8－11 级测试）

【参考答案】√

【解析】《涉税专业服务信用评价管理办法（试行）》（国家税务总局公告 2017 年第 48 号）第十条规定，涉税专业服务机构信用（英文名称为 Tax Service Credit，缩写为 TSC）按照从高到低顺序分为五级，分别是 TSC5 级、TSC4 级、TSC3 级、TSC2 级和 TSC1 级。

21. 税务规范性文件送审稿由起草部门负责人签署后，应先送法规部门进行合法性审查，再送纳税服务部门进行权益性审核。（　　）（1－7 级测试）

【参考答案】×

【解析】《税务规范性文件制定管理办法》（国家税务总局令第 41 号公布，国家税务总局令第 50 号、第 53 号修改）十九条第一款规定，税务规范性文件送审稿应当由起草部门负责人签署后，依次送交纳税服务部门和政策法规部门审查。

## 四、实务题

1. 请多角度简述税务机关纳税服务工作的定位。（1－7 级测试）

【参考答案】

（1）从要求看，纳税服务是政府转变职能的基本要求。党的十八大以来，党中央、国务院对政府转变职能的要求集中概括为 3 句话：简政放权、放管结合、优化服务。优化服务，就是一个基本定位，也是对我们税务部门的基本要求。

（2）从目标看，纳税服务是税收现代化不可或缺的重要组成部分。税务总局党委提出的战略目标就是实现税收现代化。近几年，税务总局的年度工作报告，都是围绕实现税收现代化这个主题展开的。税收现代化包括 6 大体系，其中，优质便捷的纳税服务体系是一个重要的组成部分，这是纳税服务在税收现代化目标上的定位。

（3）从遵从看，纳税服务是提升纳税遵从的重要方面。我们知道，国际、国内都有一个著名的税收遵从理论。国际上是美国国内收入局提出的，国内是在由联合国开发计划署和国际货币基金组织援助我国实施的《2002—2006 年中国税收征收管理战略规划纲要》中，我国政府首次提出纳税遵从。这一著名的公式是“服务 + 执法 = 遵从”。这里，服务是促进纳税人纳税遵从的一个重要方面，这是纳税服务在纳税遵从理论上的定位。

（4）从业务看，纳税服务是税收工作的双核心之一。税务部门是业务部门，有各种不同的税收业务。但是，税务总局明确核心业务的是纳税服务和税收征管。2008 年设立纳税服务机构，2009 年全国纳税服务工作会议上首次提出纳税服务与税收征管是税务部门核心业务。这是纳税服务在业务上的定位。

（5）从体量看，纳税服务是五分之一税务干部的主体工作。税务部门是个大家庭、大队伍，国地税合并后在职干部约有 75.5 万。这么大的体量中，从事纳税服务的有 15.8 万人，占 20.9%。另外还有 7 万多的劳务派遣人员。国外一般从事纳税服务的人员占 20% 左右。我国基本一致，很多人从事纳税服务工作就是一个在体量上的定位。

（6）从国际看，纳税服务是国际上的发展趋势和普遍做法。优化纳税服务是国际税收管理模式发展的客观趋势，是世界各国特别是西方发达国家现代税收管理发展的大潮流、大趋势。纳税服务是世界各国的通行做法，这是纳税服务在国际税收上的定位。

2. 什么是涉税专业服务？（1 – 7 级测试）

【参考答案】

涉税专业服务是指涉税专业服务机构接受委托，利用专业知识和技能，就涉税事项向委托人提供的税务代理等服务。

3. 什么是涉税专业服务信用管理？涉税专业服务机构信用评价和从事涉税服务人员信用记录分别采用什么方式？（8 – 11 级测试）

【参考答案】

涉税专业服务信用管理，是指税务机关对涉税专业服务机构从事涉税专业服务情况进行信用评价，对从事涉税服务人员的执业行为进行信用记录。

涉税专业服务机构信用评价实行信用积分和信用等级相结合方式。从事涉税服务人员信用记录实行信用积分和执业负面记录相结合方式。

4. 税务机关将涉税专业服务机构纳入涉税服务失信名录的流程是怎样的？（8 – 11 级测试）

【参考答案】

税务机关在将涉税专业服务机构和从事涉税服务人员列入涉税服务失信名录前，应当依法对其行为是否确属严重违法违规的情形进行核实，确认无误后向当事人送达告知书，告知当事人将其列入涉税服务失信名录的事实、理由和依据。当事人无异议的，列入涉税服务失信名录；当事人有异议且提出申辩理由、证据的，税务机关应当进行复核后予以确定。

5. 请谈谈纳税服务遵循的原则。(8 - 11 级测试)

【参考答案】

(1) 效率便利原则。

据调查，纳税人的纳税需求首先是效率。随着纳税人的自行申报纳税，很多涉税事项都要纳税人自己办理，因此纳税人将提高办事效率、节省便利摆在了自身需求的第一位。

(2) 公正公开原则。

现代纳税服务应当在法律框架下，征纳双方基于法律的对等性尊重和责任双向机制，税务机关坚持法治、公平和公正的治税思想，以合法手段满足纳税人合理合法的需求与期望，尊重并取信于纳税人。同时要保障纳税人的知情权，拓展政务公开的广度和深度，增加工作透明度，建立互信的征纳关系。

(3) 寓管理于服务原则。

将纳税服务与管理紧密结合，从管理和执法的全过程去落实服务，处处体现出程序简便、流畅的特点，节约征纳双方成本，提高效率。包括税前为纳税人提供宣传、咨询和辅导，税中为纳税人方便、快捷、准确地依法纳税创造便利条件，税后为纳税人实施法律救济等。

(4) 供求对路原则。

根据纳税人的需要变化来及时调整纳税服务内容，建立起有效的信息沟通机制和投诉反馈机制，建立需求及评价反馈机制，量身定做，使纳税服务具有针对性，更有效率。

(5) 奖优罚劣的原则。

实行纳税信用等级评定制度。对不同等级的纳税人实施分类服务管理，加大对遵从纳税人的奖励力度和对不遵从纳税人的惩罚力度，完善纳税遵从的奖惩机制，从而带动和引导广大纳税人努力提高纳税信誉等级，树立诚信纳税意识。

(6) 成本效益原则。

提高纳税服务质量，可带来纳税遵从率和税收征管质量与效率的提高，大大降低税收成本。另外，着眼于整个社会效益，使纳税人用最低的纳税成本获得最优的纳税服务。

6. 请列举 2022 年“我为纳税人缴费人办实事暨便民办税春风行动”中推出 5 大类便民办税缴费措施。(8 - 11 级测试)

【参考答案】

“春风行动 2.0 版”共计 121 条便民办税缴费措施，分为五大类共 20 项。

（1）诉求响应更及时。包括需求快速响应、政策及时送达、问题实时解决、关注个性需求4项29条具体措施。

（2）智慧办理更便捷。包括提升网办体验、精简办理流程、减少资料报送、便利发票使用、提速退税办理5项27条具体措施。

（3）分类服务更精细。包括助力大型企业、扶持中小企业、完善缴费服务、服务个税汇算4项25条具体措施。

（4）执法监管更公正。包括优化执法方式、加强精准监管、保障合法权益3项20条具体措施。

（5）税收共治更聚力。包括推进部门联动、深化国际协作、促进社会协同、拓展信用应用4项20条具体措施。

# 第二章　信息报告

## ★知识要点归纳

从纳税人报告信息的本质意义看，可分为身份信息、资格信息、制度信息、税源信息、优惠信息、状态信息、特定信息等类别。在纳税人填报信息中，身份信息、资格信息、制度信息、税源信息、优惠信息、状态信息等由于变动频度低、稳定性强和共享程度高的特点，构成综合信息报告的主要内容。

信息报告，是指纳税人、扣缴义务人、缴费人根据法律、法规的规定，向税务机关报告基础信息、制度信息、跨区域涉税信息、资格信息等内容的一项法定制度，是税务机关实施税收管理的基础工作，也是纳税人、扣缴义务人、缴费人依法履行义务的法定手续，包括5类42个事项。

信息报告均为即时办结事项，办税服务厅接收纳税人报送的资料，核对资料是否齐全、是否符合法定形式、填写内容是否完整。符合的即时办结，不符合的当场一次性告知应补正资料或不予受理原因。

### 一、“一照一码”户登记信息确认

身份信息，是指纳税人、扣缴义务人自成立之日起就具备的自然属性信息，如纳税人名称、登记注册类型、注册地址、生产经营地址、总分机构、投资人信息等。身份信息报告包含纳税人身份信息确认、纳税人（扣缴义务人）身份信息报告、自然人自主报告身份信息、扣缴义务人报告自然人身份信息、社会保险费缴费人身份信息报告。

新设立登记的企业、农民专业合作社（以下统称“企业”）领取由市场监督管理部门核发加载法人和其他组织统一社会信用代码的营业执照后，无须再次进行税务登记，不再领取税务登记证。企业首次办理涉税事宜时，税务机关依据市场监督管理部门共享的登记信息制作“‘多证合一’登记信息确认表”，提醒纳税人对其中不全的信息进行补充，对不准的信息进行更正，对需要更新的信息进行补正。对于市场监管部门登记已采集信息，税务机关不再重复采集；其他必要涉税基础信息，可在企业办理有关涉税事宜时，及时采集，陆续补齐。在完成相关信息采集后，企业凭加载统一社会信用代码的营业执照可代替税务登记证使用。税务部门与民政部门之间能够建立省级统一的信用信息共享交换平台、政务信息平台、部门间数据接口并实现登记信息实时传递的，可以参照企业“多证合一”的做法，对已取得统一社会信用代码的社会组织纳税人进行“多证合一”登记模式改革试点，由民政部门受理申请，只发放标注统一社会信用代码的社会组织（社会团体、基金会、民办非企业单位）法人登记证，赋予其税务登记证的全部功能，不再另行发放税务登记证件。

纳税人采用新办纳税人“套餐式”服务的，可一并办理以下涉税事项：电子税务局开户、登记信息确认、财务会计制度及核算软件备案、纳税人存款账户账号报告、增值税一般纳税人登记、发票票种核定、增值税专用发票最高开票限额审批、实名办税、增值税税控系统专用设备初始发行、发票领用。

## 二、存款账户账号报告

纳税人完成信息确认或税务登记后，按照法律法规的规定，及时将存款账户账号信息向主管税务机关报告：

（1）从事生产、经营的纳税人应当自开立基本存款账户或者其他存款账户之日起15日内，向主管税务机关书面报告其全部账号；发生变化的，应当自发生变化之日起15日内，向主管税务机关书面报告。

（2）存款账户账号报告业务操作流程也适用于存款账户账号的变更。

税务机关提供“最多跑一次”服务。纳税人在资料完整且符合法定受理条件的前提下，最多只需要到税务机关跑一次。

纳税人采用新办纳税人“套餐式”服务的，可在“套餐式”服务内一并办理存款账户账号报告业务。

## 三、财务会计制度及核算软件备案报告

从事生产、经营的纳税人应当自领取税务登记证件之日起15日内，将其财务、会计制度或者财务、会计处理办法等信息报送税务机关备案。纳税人使用计算机记账的，还应在使用前将会计电算化系统的会计核算软件、使用说明书及有关资料报送主管税务机关备案。

非境内注册居民企业应当按照中国有关法律、法规和国务院财政、税务主管部门的规定，编制财务、会计报表，并在领取税务登记证件之日起15日内将企业的财务、会计制度或者财务、会计、处理办法及有关资料报送主管税务机关备案。

纳税人未准确填报适用的财务会计制度的，将影响财务会计报告报送等事项的办理。

纳税人使用计算机记账的，还应在使用前将会计电算化系统的会计核算软件、使用说明书及有关资料报送主管税务机关备案，财务会计制度及核算软件备案报告业务操作流程也适用于上述备案内容的变更。

## 四、跨区域涉税事项报告、报验、信息反馈

跨区域涉税事项报验管理是指纳税人跨省（自治区、直辖市和计划单列市）临时从事生产经营活动的，要向机构所在地和经营所在地的税务机关进行税源信息报告、报验、反馈。纳税人在省（自治区、直辖市和计划单列市）内跨县（市）临时从事生产经营活动的，是否实施跨区域涉税事项报验管理由各省（自治区、直辖市和计划单列市）税务机关自行确定。跨区域涉税事项报验管理包括跨区域涉税事项报告、跨区域涉税事项报验、跨区域涉税事项信息反馈3类事项。

### （一）跨区域涉税事项报告

1. 纳税人跨省（自治区、直辖市和计划单列市）临时从事生产经营活动的，向机构所在地的税务机关填报“跨区域涉税事项报告表”。纳税人在省（自治区、直辖市和计划单列市）内跨县（市）临时从事生产经营活动的，是否实施跨区域涉税事项报验管理由各省（自治区、直辖市和计划单列市）税务机关自行确定。

2. 机构所在地的税务机关受理，发送给经营地的税务机关。

3. 纳税人合同延期的，既可向经营地的税务机关，也可向机构所在地的税务机关发起延期。

4. 异地不动产转让和租赁业务不适用跨区域涉税事项管理相关制度规定。

### （二）跨区域涉税事项报验

纳税人到达经营地后，首次在经营地办理涉税事宜时，向经营地税务机关报验。经营地税务机关受理纳税人报验信息，反馈报验状态、报验时间、报验机关给机构所在地税务机关。

### （三）跨区域涉税事项信息反馈

1. 纳税人跨区域经营活动结束后，应当结清经营地税务机关的应纳税款以及其他涉税事项，向经营地的税务机关填报“经营地涉税事项反馈表”。

2. 经营地税务机关核对资料，发现纳税人存在欠缴税款、多缴（包括预缴、应退未退）税款等未办结事项的，及时制发《税务事项通知书》，通知纳税人办理。纳税人不存在未办结事项的，经营地税务机关核销报验登记，在“经营地涉税事项反馈表”上签署意见（可使用业务专用章）。

3. 经营地税务机关对“经营地涉税事项反馈表”进行核对后，应当及时将相关信息反馈给机构所在地税务机关。纳税人不需要另行向机构所在地税务机关反馈。

## 五、增值税一般纳税人登记

增值税纳税人年应税销售额超过财政部、国家税务总局规定的小规模纳税人标准的，除特殊规定外，应当办理一般纳税人登记。特殊规定是指，应税销售额超过规定标准的自然人不办理增值税一般纳税人登记；非企业性单位、年应税销售额超过规定标准且不经常发生应税行为的单位和个体工商户，可选择按照小规模纳税人纳税。

年应税销售额未超过规定标准的纳税人，会计核算健全、能够提供准确税务资料的，可以办理一般纳税人登记。

年应税销售额，是指纳税人在连续不超过12个月或四个季度的经营期内累计应征增值税销售额。财政部、国家税务总局规定的增值税小规模纳税人标准为年应征增值税销售额500万元及以下。

纳税人应在年应税销售额超过规定标准的月份（季度）所属申报期结束后15日内办理增值税一般纳税人登记或者选择按照小规模纳税人纳税的手续；未办理的，主管税务机关应当在规定时限结束后5日内制作《税务事项通知书》，告知纳税人应当在5日内向主管税务机关办理相关手续；逾期仍不办理的，次月起按销售额依照增值税税率计算应纳税额，不得抵扣进项税额，直至纳税人办理相关手续为止。

从事成品油销售的加油站、航空运输企业、电信企业总机构及其分支机构，一律由主管税务机关登记为增值税一般纳税人。

纳税人登记为一般纳税人后，除国家税务总局另有规定外，不得转为小规模纳税人。

## 六、一般纳税人转登记为小规模纳税人

转登记日前连续12个月（以1个月为1个纳税期，下同）或者连续4个季度（以1个季度为1个纳税期，下同）累计应征增值税销售额（以下称“应税销售额”）未超过500万元。转登记日前经营期不满12个月或者4个季度的，按照月（季度）平均应税销售额估算上述规定的累计应税销售额。

一般纳税人转登记为小规模纳税人（以下称“转登记纳税人”）后，自转登记日的下期起（按季申报纳税人自下一季度开始；按月申报纳税人自下月开始），按照简易计税方法计算缴纳增值税；转登记日当期仍按照一般纳税人的有关规定计算缴纳增值税。

自转登记日的下期起连续不超过12个月或者连续不超过4个季度的经营期内，转登记纳税人应税销售额超过财政部、国家税务总局规定的小规模纳税人标准的，应当按照《增值税一般纳税人登记管理办法》（国家税务总局令第43号）的有关规定，向主管税务机关办理一般纳税人登记。

## 七、增值税适用加计抵减政策声明

自2019年4月1日至2022年12月31日，允许生产、生活性服务业纳税人按照当期可抵扣进项税额加计10%，抵减应纳税额。纳税人在年度首次确认适用加计抵减政策时，应向主管税务机关提交说明。生产、生活性服务业纳税人，是指提供邮政服务、电信服务、现代服务、生活服务取得的销售额占全部销售额的比重超过50%的纳税人。其中在2019年10月1日至2022年12月31日，允许生活性服务业纳税人按照当期可抵扣进项税额加计15%，抵减应纳税额（以下称“加计抵减15%政策”）。生活性服务业纳税人，是指提供生活服务取得的销售额占全部销售额的比重超过50%的纳税人。

2019年3月31日前设立的纳税人，自2018年4月至2019年3月期间的销售额（经营期不满12个月的，按照实际经营期的销售额）符合上述规定条件的，自2019年4月1日起适用加计抵减政策。2019年4月1日后设立的纳税人，自设立之日起3个月的销售额符合上述规定条件的，自登记为一般纳税人之日起适用加计抵减政策。

纳税人确定适用加计抵减政策后，当年内不再调整，以后年度是否适用根据上年度销售额计算确定。纳税人可计提但未计提的加计抵减额，可在确定适用加计抵减政策当期一并计提。

## 八、欠税人处置不动产或大额资产报告

欠缴税款数额较大（5万元以上）的纳税人在对其不动产或者大额资产进行转让、出租、出借、提供担保等处分之前，应当向税务机关报告。

## 九、停业、复业登记

实行定期定额征收的个体工商户或比照定期定额户进行管理的个人独资企业发生停业的，应当在停业前向税务机关书面提出停业报告；纳税人停业期满不能及时恢复生产经营的，应当在停业期满前到主管税务机关办理延长停业报告。纳税人在停业期间发生纳税义务的，应当按照税收法律、行政法规的规定申报缴纳税款。纳税人的停业期限不得超过一年。

已办理停业登记的纳税人应当于恢复生产经营之前，向主管税务机关申报办理复业登记。纳税人按申报停业登记时的停业期限准期复业的，应当在停业到期前向主管税务机关申报办理复业登记；纳税人提前复业的，应当在恢复生产经营之前向主管税务机关申报办理复业登记。纳税人停业期满未按期复业又不申请延长停业的，视为已恢复生产经营，税务机关将纳入正常管理，并按核定税额按期征收税款。

## 十、企业所得税汇总纳税信息报告

居民企业总机构及分支机构（包括不就地分摊缴纳企业所得税的二级分支机构）

应填报“企业所得税汇总纳税总分机构信息备案表”，将总机构、所有上级分支机构及下属分支机构信息报送至各自所在地主管税务机关备案。

非居民企业汇总纳税的各机构、场所应在首次办理汇总缴纳企业所得税申报时，向所在地主管税务机关报送全部机构、场所等信息。

居民企业总机构及分支机构报送的信息包括：总机构、所有上级分支机构及下属分支机构的名称、层级、地址、邮编、纳税人识别号及企业所得税主管税务机关名称、地址和邮编。

汇总纳税的非居民企业各机构、场所报送的信息包括：主要机构、场所名称及纳税人识别号；全部被汇总机构、场所名称及纳税人识别号；符合汇总缴纳企业所得税条件的财务会计核算制度安排。

总机构和具有主体生产经营职能的二级分支机构，就地分摊缴纳企业所得税。二级分支机构，是指汇总纳税企业依法设立并领取非法人营业执照（登记证书），且总机构对其财务、业务、人员等直接进行统一核算和管理的分支机构。

报告信息发生变化的，居民企业总机构及分支机构应在内容变化后30日内，向各自所在地主管税务机关报告变化情况；非居民企业汇总纳税的各机构、场所应在发生变更后首次办理汇总缴纳企业所得税申报时，向所在地主管税务机关报告变化情况。

## 十一、综合税源信息报告

根据国家税务总局关于印发《土地增值税纳税申报表》的通知（国税发〔1995〕90号）规定，从事房地产开发的纳税人，应在取得土地使用权并获得房地产开发项目开工许可后，根据税务机关确定的时间，向主管税务机关报送“土地增值税项目报告表”，并在每次转让（预售）房地产时，依次填报表中规定栏目的内容。

纳税人在首次申报城镇土地使用税和房产税时，应进行城镇土地使用税税源明细采集和房产税税源明细采集。

房产税源明细数据的采集包括从价数据的采集和从租数据的采集，在采集从租数据之前，必须采集从价数据。

明细管理。要求纳税人逐一申报全部土地的税源明细信息；地理位置、土地证号、宗地号、土地等级、土地用途等不相同的土地，分别进行土地税源明细申报。原则上每栋房产登记一条记录，同一产权证涉及多个房产的，应为多条记录（坚决不允许汇总登记，否则明细申报无法实现）。未取得产权证的，要尽可能明细到每一幢房屋。

动态管理。根据纳税人申报，在税收征管信息系统中连续、完整地记录土地、房产税源明细信息的变更情况，即记录每一税源发生的每一次涉税信息变更，以及由此引起的应纳税额的变化，实现税源信息变化的全过程记录、可追溯和动态管理。

纳税人的土地及相关信息发生变化的，应要求纳税人进行税源明细信息变更申报。

变更申报的情形包括：

（1）房屋、土地权属发生转移或变更的，如出售、分割、赠与、继承等；

（2）减免税信息发生变化的；

（3）土地纳税等级或税额标准发生变化的，房产原值或租金发生变化的；

（4）面积、用途、坐落地址等基础信息发生变化的；

（5）其他导致税源信息变化的情形。

纳税人城镇土地使用税纳税义务终止的，主管税务机关应当对纳税人提交的税源明细变更信息进行核对，确认纳税人足额纳税后，在税收征管信息系统内对有关税源明细信息进行标记，同时保留历史记录。

税源信息变更和税源信息注销同样适用该事项。

# ★习题精练及答案解析

## 一、单项选择题

1. 从事生产、经营的纳税人应当自领取税务登记证件起（　　）内，将其财务、会计制度或者财务、会计处理办法等信息报送税务机关备案。（1－7级测试）

A. 5日　　B. 10日　　C. 15日　　D. 20日

【参考答案】C

【解析】从事生产、经营的纳税人应当自领取税务登记证件起15日内，将其财务、会计制度或者财务、会计处理办法等信息报送税务机关备案。

2. 非正常户注销的个体工商户，申请恢复其税务登记的，办税服务厅人员应在金税三期核心征管系统中办理的功能模块是（　　）。（1－7级测试）

A. 临时税务登记纳税人登记

B. 组织临时登记

C. 工商部门登记信息查询确认

D. 两证整合个体工商户登记信息确认

【参考答案】D

【解析】非正常户注销的个体工商户，申请恢复其税务登记的，直接通过“两证整合个体工商户登记信息确认”处理。

3. 实行定期定额征收的个体工商户，应当在（　　）向税务机关书面提出停业报告。（1－7级测试）

A. 停业前　　B. 停业期间

C. 停业后　　D. 以上期间都可以

【参考答案】A

【解析】根据《个体工商户税收定期定额征收管理办法》第二十一条，定期定额户发生停业的，应当在停业前向税务机关书面提出停业报告；提前恢复经营的，应当在恢复经营前向税务机关书面提出复业报告；需延长停业时间的，应当在停业期满前向税务机关提出书面的延长停业报告。

4. 某建筑公司，增值税一般纳税人，2022 年 7 月中标邻省一项建筑工程。包工包料，不含税金额 1 亿元，合同期限自 2022 年 8 月 1 日至 2024 年 7 月 31 日。该公司到经营地办理报验登记，以下说法正确的是(　　)。(1 - 7 级测试)

A. 公司首次在经营地办理涉税事宜时，向经营地税务机关报验跨区域涉税事项

B. 公司每次在经营地办理涉税事宜，都要向经营地税务机关报验跨区域涉税事项

C. 公司办理报验登记必须提供的资料有“跨区域涉税事项报告表”和加载统一社会信用代码的营业执照（或税务登记证、组织机构代码证等）原件，或加盖纳税人公章的复印件

D. 公司办理报验登记只要提供“跨区域涉税事项报告表”

【参考答案】A

【解析】纳税人首次在经营地办理涉税事宜时，向经营地税务机关报验跨区域涉税事项。纳税人办理报验登记只要提供加载统一社会信用代码的营业执照（或税务登记证、组织机构代码证等）原件，或加盖纳税人公章的复印件。

5. 从事生产、经营的纳税人应当自开立基本存款账户或者其他存款账户之日起(　　)内，向主管税务机关书面报告其全部账号；发生变化的，应当自发生变化之日起(　　)内，向主管税务机关书面报告。(1 - 7 级测试)

A. 5 日，5 日　　　B. 10 日，10 日

C. 15 日，15 日　　　D. 20 日，20 日

【参考答案】C

【解析】根据《中华人民共和国税收征收管理法实施细则》第十七条，从事生产、经营的纳税人应当自开立基本存款账户或者其他存款账户之日起 15 日内，向主管税务机关书面报告其全部账号；发生变化的，应当自变化之日起 15 日内，向主管税务机关书面报告。

6. 关于综合税源信息报告的业务概述，下列说法错误的是(　　)。(1 - 7 级测试)

A. 纳税人在首次申报城镇土地使用税和房产税时，应进行城镇土地使用税税源明细采集和房产税税源明细采集

B. 房产税源明细数据的采集包括从价数据的采集和从租数据的采集，从价、从租数据的采集无先后必然要求

C. 要求纳税人逐一申报全部土地的税源明细信息。土地等级、土地用途等不相同的土地，分别进行土地税源明细申报。原则上每栋房产登记一条记录，同一产

权证涉及多个房产的，应为多条记录，坚决不允许汇总登记，否则明细申报无法实现

D. 纳税人的土地及相关信息发生变化的，应要求纳税人进行税源明细信息变更申报

【参考答案】B

【解析】房产税源明细数据的采集包括从价数据的采集和从租数据的采集，在采集从租数据之前，必须采集从价数据。

7. 关于跨区域涉税事项报告，下列说法正确的是(　　)(1－7级测试)

A. 纳税人跨省临时从事生产经营活动的，向经营地的税务机关填报“跨区域涉税事项报告表”

B. 纳税人在省内跨县（市）临时从事生产经营活动的，无须进行跨区域涉税事项报验管理

C. 异地不动产转让和租赁业务也适用跨区域涉税事项管理相关制度规定

D. 纳税人合同延期的，既可向经营地的税务机关，也可向机构所在地的税务机关发起延期。

【参考答案】D

【解析】选项A，纳税人跨省（自治区、直辖市和计划单列市）临时从事生产经营活动的，向机构所在地的税务机关填报“跨区域涉税事项报告表”。选项B，纳税人在省（自治区、直辖市和计划单列市）内跨县（市）临时从事生产经营活动的，是否实施跨区域涉税事项报验管理由各省（自治区、直辖市和计划单列市）税务机关自行确定。选项C，异地不动产转让和租赁业务不适用跨区域涉税事项管理相关制度规定。

8. 纳税人在办理“银税三方（委托）划缴协议”事项前，须先办理完成(　　)事项。(1－7级测试)

A. 财务会计制度及核算软件备案报告

B. 存款账户账号报告

C. 纳税人身份信息报告

D. 税种核定

【参考答案】B

【解析】纳税人在办理“银税三方（委托）划缴协议”事项前，须先办理完成“存款账户账号报告”事项。

9. 关于增值税一般纳税人资格的认定，下列说法正确的是(　　)。(1－7级测试)

A. 增值税一般纳税人资格实行行政审批制

B. 从事成品油销售的加油站、航空运输企业、电信企业总机构及其分支机构，可选择登记为增值税小规模纳税人

C. 纳税人登记为一般纳税人后，可随时转为小规模纳税人

D. 小规模纳税人会计核算健全，能够提供准确税务资料的，可以向主管税务机关进行增值税一般纳税人登记

【参考答案】D

【解析】选项A，增值税一般纳税人资格实行登记制。选项B，从事成品油销售的加油站、航空运输企业、电信企业总机构及其分支机构，一律由主管税务机关登记为增值税一般纳税人。选项C，纳税人登记为一般纳税人后，不得转为小规模纳税人，国家税务总局另有规定的除外。

10. 关于城镇土地使用税和房产税信息采集，以下说法不正确的是(　　)。(1－7级测试)

A. 纳税人在首次申报城镇土地使用税和房产税时，应进行城镇土地使用税税源明细采集和房产税税源明细采集

B. 城镇土地使用税税源明细采集和房产税税源明细采集，应通过金税三期核心征管系统“房产税城镇土地使用税税源信息采集”模块办理

C. 城镇土地使用税和房产税有减免税情况的，应通过金税三期核心征管系统“房产税城镇土地使用税税源信息采集”模块采集减免信息

D. 城镇土地使用税和房产税申报，应通过金税三期核心征管系统“房产税城镇土地使用税税源信息采集”模块办理

【参考答案】D

【解析】城镇土地使用税和房产税申报，应通过金税三期核心征管系统“城镇土地使用税房产税申报”模块办理。

11. 纳税人跨省经营活动结束后，应当结清经营地税务机关的应纳税款以及其他涉税事项，向(　　)填报“经营地涉税事项反馈表”。(1－7级测试)

A. 机构所在地税务机关　　B. 经营地税务机关

C. 机构地所属市级税务机关　　D. 机构地所属省级税务机关

【参考答案】B

【解析】根据《国家税务总局关于明确跨区域涉税事项报验管理相关问题的公告》，纳税人跨区域经营活动结束后，应当结清经营地税务机关的应纳税款以及其他涉税事项，向经营地税务机关填报“经营地涉税事项反馈表”。

12. 税费种认定时，(　　)不可以鉴定广告业文化事业建设费。(1－7级测试)

A. 单位纳税人　　B. 个体工商户

C. 组织临时登记　　D. 临时登记户

【参考答案】B

【解析】税费（种）认定时，修改监控规则；文化事业建设费税（费）种认定时登记注册类型为个人、个体工商户等非企业类型的，不允许认定征收品目为广告业文

化事业建设费，调整提示信息为“登记注册类型为个人、个体工商户等非企业类型的，不允许认定广告业文化事业建设费”，并取消行业的限制。

13. 某纳税人为非正常户注销，想注销恢复。办理注销恢复时，提示已存在非正常户注销纳税人，无法办理登记，只能办理临时税务登记，原因是（　　）。(1－7级测试)

A. 纳税人组织机构代码为空　　B. 课征主体为单位纳税人

C. 课征主体为个体工商户　　D. 登记注册类型不正确

【参考答案】A

【解析】原因是该纳税人组织机构代码为空，导致办理单位纳税人登记时，系统认为是重新办理税务登记，而不是办理注销恢复，系统监控已存在非正常户注销纳税人信息。

14. 自2019年4月1日至2022年12月31日，允许生产、生活性服务业纳税人按照当期可抵扣进项税额加计（　　），抵减应纳税额。(1－7级测试)

A. 5%　　B. 10%　　C. 15%　　D. 20%

【参考答案】B

【解析】自2019年4月1日至2022年12月31日，允许生产、生活性服务业纳税人按照当期可抵扣进项税额加计10%，抵减应纳税额。纳税人在年度首次确认适用加计抵减政策时，应向主管税务机关提交说明。《财政部 税务总局关于促进服务业领域困难行业纾困发展有关增值税政策的公告》（财政部 税务总局公告2022年第11号）、《财政部 税务总局 海关总署 关于深化增值税改革有关政策的公告》（财政部 税务总局海关总署公告2019年39号）《财政部 税务总局关于明确生活性服务业增值税加计抵减政策的公告》（财政部 税务总局公告2019年第87号）。

15. 自2019年10月1日至2022年12月31日，允许生活性服务业纳税人按照当期可抵扣进项税额加计（　　），抵减应纳税额。(1－7级测试)

A. 5%　　B. 10%　　C. 15%　　D. 20%

【参考答案】C

【解析】自2019年10月1日至2022年12月31日，允许生活性服务业纳税人按照当期可抵扣进项税额加计15%，纳税人在年度首次确认适用加计抵减政策时，应向主管税务机关提交说明。《财政部税务总局关于促进服务业领域困难行业纾困发展有关增值税政策的公告》（2022年第11号）、《财政部税务总局海关总署关于深化增值税改革有关政策的公告》（2019年39号）《财政部税务总局关于明确生活性服务业增值税加计抵减政策的公告》（2019年第87号）

16. 纳入农产品增值税进项税额核定扣除试点范围的纳税人，购进农产品直接销售、购进农产品用于生产经营且不构成货物实体扣除标准的核定采取（　　）。(1－7级测试)

A. 备案制　　B. 审批制　　C. 登记制　　D. 认定制

【参考答案】A

【解析】纳入农产品增值税进项税额核定扣除试点范围的纳税人，购进农产品直接销售、购进农产品用于生产经营且不构成货物实体扣除标准的核定采取备案制。

17. 境外注册中资控股企业符合居民企业认定条件的，应向其(　　)提出居民企业认定申请。(1－7级测试)

A. 登记注册地主管税务机关

B. 登记注册地省级税务机关

C. 中国境内主要投资者登记注册地主管税务机关

D. 中国境内主要投资者登记注册地省级税务机关

【参考答案】C

【解析】境外注册中资控股企业符合居民企业认定条件的，应向其中国境内主要投资者登记注册地主管税务机关提出居民企业认定申请。

18. 下列关于环境保护税征收管理的规定中，不正确的是(　　)。(1－7级测试)

A. 纳税义务发生时间为纳税人排放应税污染物的当日

B. 按月计算、按月申报缴纳

C. 按月计算、按季申报缴纳

D. 不能按固定期限计算缴纳的，可以按次申报缴纳

【参考答案】B

【解析】环境保护税征收期为季度。

19. 纳税人进行土地增值税申报时已经进行了其他核定（依职权），但是“土地增值税纳税申报表（七）”申报时，依然提示未核定。下列描述错误的是(　　)。(8－11级测试)

A. 税种认定土地增值税的征收品目是旧房转让（核定征收）

B. 税种认定土地增值税的征收品目是普通住宅（核定）

C. 核定信息时，税源信息未关联

D. 核定信息时，核定属期和申报属期不一致

【参考答案】A

【解析】“土地增值税纳税申报表（七）”（非从事房地产开发的纳税人核定征收适用）的条件是：纳税人在进行土地增值税申报前，必须先做设立税务登记、土地增值税税种认定、城镇土地使用税税源信息采集等业务。当纳税人行业为房地产开发相关行业时，强制纳税人不允许使用该用例。该用例需要做其他税种核定（依职权），核定土地信息。

20. 企业注销时，对符合即办条件但有未结事项的，纳税人可签署《即办〈清税证明〉承诺书》，专窗即时出具《清税证明》，此时纳税人状态系统设置为。(　　)(8－11级测试)

A. 正常　　B. 清算　　C. 注销　　D. 停业

【参考答案】B

【解析】依据《优化注销操作指南》的附件《核心征管系统业务需求》。

21. 可以通过“通用代扣代缴、代收代缴申报”菜单进行申报的是(　　)。(8－11级测试)

A. 扣缴义务人已经做了自行申报的税费（种）认定

B. 扣缴义务人已经做了个人所得税自行申报税费（种）认定

C. 扣缴义务人已经做了个人所得税代扣代缴税费（种）认定

D. 扣缴义务人已经做了非个人所得税代扣代缴或代收代缴税费（种）认定

【参考答案】D

【解析】已做过非个人所得税代扣代缴或代收代缴税费（种）认定的纳税人可以通过“通用代扣代缴、代收代缴申报”单进行申报。

22. 增值税一般纳税人按规定转登记为小规模纳税人的，自(　　)起适用小微企业普惠性减征资源税、耕地占用税优惠。(8－11级测试)

A. 办理转登记手续之日　　B. 一般纳税人失效之日

C. 批准转登记的次月　　D. 成为小规模纳税人的当月

【参考答案】D

【解析】根据《国家税务总局关于增值税小规模纳税人地方税种和相关附加减征政策有关征管问题的公告》(国家税务总局公告2019年第5号)第二条规定，缴纳资源税、城市维护建设税、房产税、城镇土地使用税、印花税、耕地占用税、教育费附加和地方教育附加的增值税一般纳税人按规定转登记为小规模纳税人的，自成为小规模纳税人的当月起适用减征优惠。增值税小规模纳税人按规定登记为一般纳税人的，自一般纳税人生效之日起不再适用减征优惠；增值税年应税销售额超过小规模纳税人标准应当登记为一般纳税人而未登记，经税务机关通知，逾期仍不办理登记的，自逾期次月起不再适用减征优惠。

23. 下列关于2022年增值税小规模纳税人按月申报改为按季申报说法正确的是(　　)。(8－11级测试)

A. 季度第一个月内申请按季申报的，可自申请变更的当季起按季申报纳税

B. 季度第一个月内申请按季申报的，可自申请变更的下季起按季申报纳税

C. 季度第二、三个月内申请按季申报的，可自申请变更的当季起按季申报纳税

D. 季度第二、三个月内申请按季申报的，可自申请变更的第三季起按季申报纳税

【参考答案】A

【解析】季度第一个月内申请按季申报的，可自申请变更的当季起按季申报纳税。

24. 按照《增值税一般纳税人登记管理办法》相关要求，纳税人应在年应税销售额超过规定标准的月份（季度）所属申报期结束后(　　)内办理增值税一般纳税人登

记或者选择按照小规模纳税人纳税的手续；未按规定时限办理的，应在收到《税务事项通知书》后(　　)日内向主管税务机关办理相关手续。(8－11 级测试)

A. 15　5　　B. 15　10　　C. 20　5　　D. 20　10

【参考答案】A

【解析】根据《全国税务机关纳税服务规范（3.0 版）》，纳税人应在年应税销售额超过规定标准的月份（季度）所属申报期结束后 15 日内办理增值税一般纳税人登记或者选择按照小规模纳税人纳税的手续；未按规定时限办理的，应在收到《税务事项通知书》后 5 日内向主管税务机关办理相关手续；逾期未办理的，自通知时限期满的次月起按销售额依照增值税税率计算应纳税额，不得抵扣进项税额，直至办理相关手续为止。

25. 依据《中华人民共和国税收征收管理法》第四十九条，欠缴税款数额较大的纳税人在对其不动产或者大额资产进行转让、出租、出借、提供担保等处分之前，应当向税务机关报告。其中欠缴税款数额最低为(　　)。(8－11 级测试)

A. 5 万元　　B. 10 万元　　C. 15 万元　　D. 50 万元

【参考答案】A

【解析】依据《中华人民共和国税收征收管理法》第四十九条，欠缴税款数额较大（5 万元以上）的纳税人在对其不动产或者大额资产进行转让、出租、出借、提供担保等处分之前，应当向税务机关报告。

## 二、多项选择题

1. 纳税人可通过与(　　)签订银税三方（委托）划缴协议，开通委托划缴税款业务，实现税款的快速划缴、高效对账和跟踪查询。(1－7 级测试)

A. 税务机关　　B. 财政局

C. 开户银行　　D. 中国人民银行

【参考答案】AC

【解析】纳税人可通过与税务机关、开户银行签订银税三方（委托）划缴协议，开通委托划缴税款业务，实现税款的快速划缴、高效对账和跟踪查询。

2. “企业开办涉税事项办理”功能包括(　　)(1－7 级测试)

A. 税务登记信息确认　　B. 税（费）种认定

C. 增值税一般纳税人资格登记　　D. 发票票种核定

【参考答案】ABCD

【解析】纳税人可一并办理税务登记信息确认、税（费）种认定、增值税一般纳税人资格登记、发票票种核定、增值税专用发票最高开票限额审批，受理时可进行印章容缺办理。

3. 以下哪些情形的纳税人应办理纳税人（扣缴义务人）身份信息报告(　　)？（1－7级测试）

A. 取得统一社会信用代码，但批准部门为除市场监督管理部门之外其他有关部门批准设立。如社会团体，律师事务所

B. 因经营地址变更等原因，注销后恢复开业的

C. 非境内注册居民企业未收到居民身份认定书的

D. 境内企业在中国境内承包建筑、安装、装配、勘探工程和提供劳务的

【参考答案】AB

【解析】选项C，非境内注册居民企业需要收到居民身份认定书后办理纳税人（扣缴义务人）身份信息报告；选项D，境外企业在中国境内承包建筑、安装、装配、勘探工程和提供劳务的应办理纳税人（扣缴义务人）身份信息报告。

4. 资产负债表和利润表不是同属于(　　)。（1－7级测试）

A. 财务状况报表　　B. 财务成果报表

C. 成本费用报表　　D. 对外报表

【参考答案】ABC

【解析】企业年末需要对外报送资产负债表和利润表，两者同属于对外报表。

5. 纳税人在申报办理停业登记时，应(　　)。（1－7级测试）

A. 如实填写停业复业报告书

B. 说明停业理由、停业期限、停业前的纳税情况

C. 说明发票的领、用、存情况

D. 结清应纳税款、滞纳金、罚款

【参考答案】ABCD

【解析】纳税人在申报办理停业登记时，应如实填写停业复业报告书，说明停业理由、停业期限、停业前的纳税情况和发票的领、用、存情况，并结清应纳税款、滞纳金、罚款。

6. 属于办理自然人自主报告身份信息时需要报送的资料是(　　)。（1－7级测试）

A. 个人所得税基础信息表（A表）

B. 个人所得税基础信息表（B表）

C. 自然人信息临时采集表

D. 个人所得税专项附加扣除信息表

【参考答案】BD

【解析】选项B，自然人（或委托代理人）到税务机关填写“个人所得税基础信息表（B表）”，生成自然人基础信息档案。自然人基础信息发生变化时，由自然人（或委托代理人）填写“个人所得税基础信息表（B表）”申请变更。选项D，享受子女教

育、继续教育、住房贷款利息或者住房租金、赡养老人专项附加扣除的纳税人，应向税务机关报送“个人所得税专项附加扣除信息表”。

7. 以下属于静态会计要素的有(　　)。(1－7级测试)

A. 资产　　B. 负债　　C. 收入　　D. 所有者权益

【参考答案】ABD

【解析】静态报表是反映资金运动过程处于相对静止状态的报表，如资产负债表。资产、负债和所有者权益属于资产负债表的会计要素。

8. 以下关于身份信息冒用，说法正确的有(　　)。(1－7级测试)

A. 主张身份证件被冒用于登记为财务负责人和其他办税人员，根据其出具的个人声明，解除其与纳税人的关联关系

B. 主张身份证件被冒用于登记注册为法定代表人，根据登记机关登记信息的变化情况，更改该法定代表人与纳税人的关联关系

C. 主张本人身份信息被其他单位或个人违法使用办理虚假纳税申报的自然人纳税人，可向税务机关提出投诉

D. 自然人纳税人反映本人身份信息被其他单位或个人违法使用虚假纳税申报的，还可以通过自然人税收管理系统（WEB端、APP端）办理

【参考答案】BD

【解析】依据《全国税务机关纳税服务规范（3.0版）》，主张身份证件被冒用于登记注册为法定代表人，根据登记机关登记信息的变化情况，更改该法定代表人与纳税人的关联关系。主张身份证件被冒用于登记为财务负责人和其他办税人员，根据其出具的个人声明、公安机关接报案回执等相关资料，解除其与纳税人的关联关系。主张本人身份信息被其他单位或个人违法使用办理虚假纳税申报的自然人纳税人，可向税务机关进行检举。自然人纳税人反映本人身份信息被其他单位或个人违法使用虚假纳税申报的，还可以通过自然人税收管理系统（WEB端、APP端）办理。

9. 增值税小规模纳税人在境内提供公路或内河货物运输服务，需要开具增值税专用发票的，可在(　　)中任何一地，就近向税务机关申请代开增值税专用发票。(1－7级测试)

A. 税务登记地

B. 货物起运地

C. 货物到达地

D. 运输业务承揽地（不含互联网物流平台所在地）

【参考答案】ABC

【解析】依据国家税务总局关于发布《货物运输业小规模纳税人申请代开增值税专用发票管理办法》的公告（国家税务总局公告2017年第55号公告），增值税小规模纳

税人在境内提供公路或内河货物运输服务，需要开具增值税专用发票的，可在税务登记地、货物起运地、货物到达地或运输业务承揽地（含互联网物流平台所在地）中任何一地，就近向税务机关申请代开增值税专用发票。

10. 以下(　　)情形需办理跨区税源登记。(1－7 级测试)

A. 单位纳税人和个体工商户出租不动产（不含个体工商户出租住房），其不动产所在地与机构所在地不在同一县（市、区）的

B. 一般纳税人和小规模纳税人（其他个人除外）转让不动产，其不动产所在地与机构所在地不在同一县（市、区）的

C. 用人单位异地缴纳社保费

D. 建筑企业跨区域涉税事项报验

【参考答案】ABC

【解析】根据《税务登记管理办法》《社会保险费申报缴纳管理规定》《全国税务机关纳税服务规范（3.0 版）》

11. 纳税人适用加计抵减政策其计算销售额比重时，销售额包括(　　)。(1－7 级测试)

A. 纳税申报销售额　　B. 稽查查补销售额

C. 纳税评估调整销售额　　D. 差额征收前的销售额

【参考答案】ABC

【解析】《国家税务总局关于国内旅客运输服务进项抵扣等增值税征管问题的公告》(国家税务总局公告 2019 年第 31 号)。

12. 生产型出口企业管理类别评定一级，须同时具备以下(　　)条件。(1－7 级测试)

A. 企业的生产能力与上一年度申报出口退（免）税规模相匹配

B. 评定时纳税信用级别为 B 级

C. 近 3 年（含评定当年）未发生过虚开增值税专用发票或者其他增值税扣税凭证、骗取出口退税行为

D. 企业内部建立了较为完善的出口退（免）税风险控制体系

【参考答案】ABCD

【解析】依据国家税务总局关于发布修订后的《出口退（免）税企业分类管理办法》的公告（国家税务总局公告 2016 年第 46 号）第五条："一类出口企业的评定标准。(一）生产企业应同时符合下列条件：(1）企业的生产能力与上一年度申报出口退（免）税规模相匹配。(2）近 3 年（含评定当年）未发生过虚开增值税专用发票或者其他增值税扣税凭证、骗取出口退税行为。(3）评定时纳税信用级别为 A 级或 B 级。(4）企业内部建立了较为完善的出口退（免）税风险控制体系。"

13.《关于进一步深化税收征管改革的意见》指出，稳步实施发票电子化改革，2025 年基本实现发票(　　)电子化，着力降低制度性交易成本。

A. 全领域　　B. 全要素　　C. 全税户　　D. 全环节

【参考答案】ABD

【解析】《关于进一步深化税收征管改革的意见》指出，稳步实施发票电子化改革，2025 年基本实现发票全领域、全要素、全环节电子化，着力降低制度性交易成本。

14. 纳税人开具跨区域涉税事项报告，监控不通过，无法开具，可能的原因有（　　）。（1－7级测试）

A. 办理税务登记纳税人　　B. 个体纳税人

C. 跨区纳税人　　D. 组织临时登记纳税人

【答案 CD

【解析】当纳税人为跨区纳税人、组织临时登记纳税人都是不能开具跨区域涉税事项报告，只能由办理税务登记纳税人开具。

15. 关于个人所得税递延纳税报告，以下说法正确的有（　　）。（1－7 级测试）

A. 非上市公司授予本公司员工的股票期权、股权期权、限制性股票和股权奖励，符合规定条件的，经主管税务机关审批，可实行递延纳税政策。员工在取得股权激励时可暂不纳税，递延至转让该股权时纳税

B. 上市公司授予个人的股票期权、限制性股票和股权奖励，经向主管税务机关备案，个人可自股票期权行权、限制性股票解禁或取得股权奖励之日起，在不超过 12 个月的期限内缴纳个人所得税

C. 个人以技术成果投资入股到境内居民企业，被投资企业支付的对价全部为股票（权）的，经向主管税务机关备案，投资入股当期可暂不纳税，允许递延至转让股权时，按股权转让收入减去技术成果原值和合理税费后的差额计算缴纳所得税

D. 个人因非上市公司实施股权激励或以技术成果投资入股取得的股票（权），实行递延纳税期间，个人应直接向主管税务机关报告

【参考答案】BC

【解析】依据《财政部 人力资源社会保障部 国家税务总局 关于企业年金职业年金个人所得税有关问题的通知》（财税〔2013〕103 号），《国家税务总局关于股权激励和技术入股所得税征管问题的公告》（国家税务总局公告 2016 年第 62 号），选项 A，非上市公司授予本公司员工的股票期权、股权期权、限制性股票和股权奖励，符合规定条件的，经向主管税务机关备案，可实行递延纳税政策。员工在取得股权激励时可暂不纳税，递延至转让该股权时纳税。选项 D，个人因非上市公司实施股权激励或以技术成果投资入股取得的股票（权），实行递延纳税期间，扣缴义务人应向主管税务机关报告。

16. 居民企业总机构及分支机构（包括不就地分摊缴纳企业所得税的二级分支机构）

应填报“企业所得税汇总纳税总分机构信息备案表”，将(　　)报送税务机关备案。(1－7级测试)

A. 总机构信息　　B. 所有上级分支机构信息

C. 下属分支机构信息　　D. 本省上级分支机构信息

【参考答案】ABC

【解析】居民企业总机构及分支机构（包括不就地分摊缴纳企业所得税的二级分支机构）应填报“企业所得税汇总纳税总分机构信息备案表”，将总机构、所有上级分支机构及下属分支机构信息报送至各自所在地主管税务机关备案。

17. 增值税一般纳税人在辅导期内增领专用发票，继续实行预缴增值税的办法，以下说法正确的有(　　)。(1－7级测试)

A. 预缴的增值税可在本期增值税应纳税额中抵减

B. 预缴的增值税不可在本期增值税应纳税额中抵减，应在辅导期结束时抵减

C. 抵减后预缴增值税仍有余额的，应于下期缴纳税款时，按月抵减

D. 抵减后预缴增值税仍有余额的，应于下期再次领用专用发票预缴增值税时，按次抵减

【参考答案】AD

【解析】选项AB，纳税人在辅导期内增领专用发票，继续实行预缴增值税的办法，预缴的增值税可在本期增值税应纳税额中抵减。选项CD，抵减后预缴增值税仍有余额的，可抵减下期再次领用专用发票时应当预缴的增值税。

18. 纳税人因错误税种认定，导致产生错误的未申报信息，通过(　　)处理。(8－11级测试)

A.“应申报清册刷新（补偿）”[税源监控岗——日常管理（县区级）综合服务岗]

B.“应申报统计维护（维护）”[征管制度综合业务岗——征管（县区级）、征管制度综合业务岗——征管（市级）]

C. 应申报情况查询（查询统计岗）

D. 应申报统计维护（业务运维岗）

【参考答案】AB

【解析】税种认定错误可以通过应申报清册刷新改正为正确的应申报信息；应申报统计维护可以删除错误的应申报信息，该岗位在征管制度综合业务岗——征管（县区级）、征管制度综合业务岗——征管（市级）。

19. 小规模纳税人季中转为一般纳税人，下列说法正确的是(　　)。(8－11级测试)

A. 小规模纳税人季中转为一般纳税人时，将按季的税种认定信息终止到本季末，按月的税种从下季初开始认定，系统会自动产生按季的未申报，这个未申报用小规模纳税人申报表进行申报，销售额（按实际经营月数）、起征点（按季）

以小规模实际经营计算。在一般纳税人生效的次月，系统自动产生按月的未申报，使用一般纳税人申报表进行申报

B. 附加税费申报可以按季申报，优惠减免数据可以按照实际情况自行折算后填写到“增值税小规模纳税人减征额”栏。(一般纳税人不享受减免)

C. 一般纳税人有效期起为季度第一个月的，上季度纳税期限仍为季，自该季第一个月起纳税期限改为按月

D. 一般纳税人有效期起为季度第二、三个月的，当季内纳税期限仍按季，自下季度起纳税期限改为按月

【参考答案】ABCD

【解析】小规模纳税人季中转为一般纳税人时，将按季的税种认定信息终止到本季末，按月的税种从下季初开始认定，系统会自动产生按季的未申报，这个未申报用小规模纳税人申报表进行申报，销售额（按实际经营月数）、起征点（按季）以小规模实际经营计算。在一般纳税人生效的次月，系统自动产生按月的未申报，使用一般纳税人申报表进行申报。附加税费申报可以按季申报，优惠减免数据可以按照实际情况自行折算后填写到“增值税小规模纳税人减征额”栏。(一般纳税人不享受减免)

20. “一照一码”户登记信息确认办理流程正确的是(　　)。(8－11 级测试)

A. 核对数据——结果反馈纳税人——资料归档

B. 核对数据——数据录入——结果反馈纳税人——资料归档

C. 核对数据——补正——结果反馈纳税人——资料归档

D. 核对数据——补正——结果反馈纳税人

【参考答案】ACD

【解析】“一照一码”户登记信息确认事项办理流程：核对数据——结果反馈纳税人——资料归档；核对数据——补正——结果反馈纳税人——资料归档。

21. 纳税人的登记信息变化可能会影响到税费种认定的有(　　)。(8－11 级测试)

A. 登记注册类型　　B. 经营范围

C. 国标行业　　D. 总分机构类型

【参考答案】ABCD

【解析】纳税人的登记注册类型、经营范围、国标行业、总分机构等信息变更可能会引起税费种认定信息的变更。

22. 关于停业登记，以下说法不符合停业登记政策规定的是(　　)。(8－11 级测试)

A. 停业登记的对象是个体工商户

B. 税务机关可以为张三个体加油站办理停业登记

C. 纳税人的停业期限不得超过一年

D. 停业登记税务办理时限是 5 个工作日内办结

【参考答案】ABD

【解析】停业登记的对象是实行定期定额征收的个体工商户或比照定期定额户进行管理的个人独资企业。个体加油站均为增值税一般纳税人，实行查账征收。纳税人的停业期限不得超过一年。停业登记税务即时办结。

23. 以下应当办理增值税一般纳税人登记的有（　　）。（8－11 级测试）

A. 飞扬加油站年成品油销售额 70 万元

B. 太和时装旗舰店服装年销售额 500 万元

C. 嘉禾农业合作社农产品年销售额 600 万元

D. 凯丽整容整形医院年营业额 6 000 万元

【参考答案】AC

【解析】增值税小规模纳税人标准为年应征增值税销售额 500 万元及以下。从事成品油销售的加油站无论销售额是否超标，一律由主管税务机关登记为增值税一般纳税人。非企业性单位可选择按照小规模纳税人纳税。

24. 以下纳税人不可以申报办理临时税务登记的是（　　）。（8－11 级测试）

A. 非正常户纳税人的法定代表人

B. 未办理税务登记的纳税人需办理代开发票等涉税业务

C. 因住所、经营地点变更的纳税人

D. 注销后恢复开业的

【参考答案】BCD

【解析】非正常户纳税人的法定代表人申报办理税务登记的，税务机关应将其登记为临时税务登记。

## 三、判断题

1. 纳税人应将财务、会计制度或者财务、会计处理办法以及开立的基本存款账户账号信息报主管税务机关备案。（　　）（1－7 级测试）

【参考答案】×

【解析】纳税人应将财务、会计制度或者财务、会计处理办法以及开立的全部存款账户账号信息报主管税务机关备案。

2. 新设立登记的企业、农民专业合作社完成“一照一码”户登记信息确认后，税务机关根据其加载统一社会信用代码的营业执照重新另行发放税务登记证件。（　　）（1－7 级测试）

【参考答案】×

【解析】新设立登记的企业、农民专业合作社完成“一照一码”户登记信息确认后，其加载统一社会信用代码的营业执照可代替税务登记证使用，不再另行发放税务登记证件。

3. 纳税人停业期满不能及时恢复生产经营的，应当在停业期满前到主管税务机关办理延长停业报告。 （ ）（1－7 级测试）

【参考答案】√

【解析】纳税人停业期满不能及时恢复生产经营的，应当在停业期满前到主管税务机关办理延长停业报告。

4. 纳税人停业期满未按期复业又不申请延长停业的，视为已恢复生产经营，税务机关将纳入正常管理，并按核定税额按期征收税款。 （ ）（1－7 级测试）

【参考答案】√

【解析】纳税人停业期满未按期复业又不申请延长停业的，视为已恢复生产经营，税务机关将纳入正常管理，并按核定税额按期征收税款。

5. 跨区域涉税事项报告、报验、反馈不属于办税事项“最多跑一次”清单中列明事项。 （ ）（1－7 级测试）

【参考答案】×

【解析】跨区域涉税事项报告、报验、反馈都属于办税事项“最多跑一次”清单中列明事项。

6. 本着有利于纳税人的角度，转登记纳税人尚未申报抵扣的进项税额以及转登记日当期的期末留抵税额可以申请退税或抵减下期应纳税额。 （ ）（1－7 级测试）

【参考答案】×

【解析】转登记纳税人尚未申报抵扣的进项税额以及转登记日当期的期末留抵税额，计入“应交税费——待抵扣进项税额”核算。

7. 生活性服务业纳税人应按照当期可抵扣进项税额的15%计提当期加计抵减额。按照现行规定不得从销项税额中抵扣的进项税额，不得计提加计抵减额；已按照15%计提加计抵减额的进项税额，按规定作进项税额转出的，应在进项税额转出当期，相应调减加计抵减额。计算公式为：当期计提加计抵减额＝当期可抵扣进项税额×15%；当期可抵减加计抵减额＝上期末加计抵减额余额＋当期计提加计抵减额－当期调减加计抵减额。 （ ）（1－7 级测试）

【参考答案】√

【解析】生活性服务业纳税人应按照当期可抵扣进项税额的15%计提当期加计抵减额。按照现行规定不得从销项税额中抵扣的进项税额，不得计提加计抵减额；已按照15%计提加计抵减额的进项税额，按规定作进项税额转出的，应在进项税额转出当期，相应调减加计抵减额。计算公式为：当期计提加计抵减额＝当期可抵扣进项税额×15%；当期可抵减加计抵减额＝上期末加计抵减额余额＋当期计提加计抵减额－当期调减加计抵减额。

8. 按照现行政策规定，增值税一般纳税人既有一般计税方法的应纳税额，又有简易计税方法的应纳税额，都可以抵减当期可抵减加计抵减额。（　　）（1－7级测试）

【参考答案】×

【解析】增值税一般纳税人有简易计税方法的应纳税额，不可以从加计抵减额中抵减。加计抵减额只可以抵减一般计税方法下的应纳税额。

9. 房地产开发企业应在取得预售许可证15日内，进行增量房房源信息报告，申报预售许可证所列房源信息。（　　）（1－7级测试）

【参考答案】×

【解析】房地产开发企业应在取得预售许可证30日内，进行增量房房源信息报告，申报预售许可证所列房源信息。

10. 出口企业因纳税信用级别、海关企业信用管理类别、外汇管理的分类管理等级等发生变化，或者对分类管理类别评定结果有异议的，可以书面向负责评定出口企业管理类别的税务机关提出重新评定出口退（免）税分类管理类别，出口企业所在地市级税务机关应于20个工作日内办结。（　　）（1－7级测试）

【参考答案】×

【解析】主管税务机关20个工作日内办结。

11. 企业应当依据《中华人民共和国企业所得税法实施条例》规定，每半年准备并按税务机关要求提供其关联交易的同期资料。同期资料包括主体文档、本地文档和特殊事项文档。特殊事项文档包括成本分摊协议特殊事项文档和资本弱化特殊事项文档。（　　）（1－7级测试）

【参考答案】×

【解析】企业应当依据《中华人民共和国企业所得税法实施条例》第一百一十四条的规定，按纳税年度准备并按税务机关要求提供其关联交易的同期资料。同期资料包括主体文档、本地文档和特殊事项文档。特殊事项文档包括成本分摊协议特殊事项文档和资本弱化特殊事项文档。

12. 从事成品油销售的加油站、航空运输企业、电信企业总机构及其分支机构，一律由主管税务机关登记为增值税一般纳税人。（　　）（1－7级测试）

【参考答案】√

【解析】从事成品油销售的加油站、航空运输企业、电信企业总机构及其分支机构，一律由主管税务机关登记为增值税一般纳税人。

13. 扣缴义务人依法终止纳税义务的，应当持有关证件和资料向税务机关申报办理注销扣缴税款登记。（1－7级测试）

【参考答案】×

【解析】已办理信息报告的扣缴义务人发生解散、破产、撤销以及其他情形，依法终止纳税义务的，申报办理税务注销时，不需单独提出申请，税务机关在办理税务注销的同时，注销扣缴税款登记。

14. 纳税人有合并、分立情形的，应当向税务机关报告。 （ ）（1－7级测试）

【参考答案】√

【解析】《中华人民共和国税收征收管理法》规定，纳税人有合并、分立情形的，应当向税务机关报告。

15. 企业享受企业所得税优惠事项采取“自行判别、申报享受、相关资料留存备查”的办理方式。其中，享受集成电路生产企业、集成电路设计企业、软件企业、国家规划布局内的重点软件企业和集成电路设计企业等优惠事项的企业，应当在完成年度汇算清缴后，按照“后续管理要求”项目中列示的清单向税务机关提交资料，并将提交资料的留存件留存备查，从企业享受优惠事项当年的企业所得税汇算清缴期结束次日起保留5年。 （ ）（8－11级测试）

【参考答案】×

【解析】纳税人进行软件和集成电路产业企业所得税优惠事项资料报告后，还应将提交资料的留存件留存备查，从企业享受优惠事项当年的企业所得税汇算清缴期结束次日起保留10年。

16. 同期资料包括主体文档、本地文档和特殊事项文档。企业仅与境内关联方发生关联交易的，可以不准备主体文档、本地文档和特殊事项文档。

（ ）（8－11级测试）

【参考答案】√

【解析】同期资料包括主体文档、本地文档和特殊事项文档。特殊事项文档包括成本分摊协议特殊事项文档和资本弱化特殊事项文档。企业仅与境内关联方发生关联交易的，可以不准备主体文档、本地文档和特殊事项文档。

17. 关联交易企业年度关联交易总额超过10亿，应当准备主体文档。

（ ）（8－11级测试）

【参考答案】×

【解析】准备主体文档的一个条件是“年度发生跨境关联交易，且合并该企业财务报表的最终控股企业所属企业集团已准备主体文档”。

18. 企业法人实名采集操作完成后，系统提示“验证成功”，金三系统便可同步显示实名采集数据。 （ ）（8－11级测试）

【参考答案】×

【解析】自然人实名采集操作完成后，系统提示“验证成功”，点击“立即绑定”或点击“我的实名/绑定”，企业法定代表人可以自动识别到已办理税务登记的企业信息。

19. 2022年“春风行动”将在个人所得税综合所得年度汇算中，对未使用申报表项目预填服务直接填报空白申报表的纳税人，不能重新使用预填服务。

( )（8－11级测试）

【参考答案】×

【解析】《国家税务总局关于2022年“我为纳税人缴费人办实事暨便民办税春风行动”第二批措施的通知》（税总纳服函〔2022〕24号）规定，在个人所得税综合所得年度汇算中，对未使用申报表项目预填服务直接填报空白申报表的纳税人，可以重新使用预填服务；在纳税人更正申报时，也可再次选择使用申报表预填服务，为纳税人提供更好的填报体验。

20. 纳税人变更缴税账户的，无须重新签署授权（委托）划缴协议，但应向税务机关申请办理增值税税控系统专用设备变更发行事项。 ( )（8－11级测试）

【参考答案】×

【解析】纳税人变更缴税账户的，需重新签署授权（委托）划缴协议。

21. 新设立登记的企业、农民专业合作社在市场监管部门办理加载统一社会信用代码的营业执照后，应在首次办理涉税事项时向税务机关办理补充信息采集。

( )（8－11级测试）

【参考答案】×

【解析】新设立登记的企业、农民专业合作社（以下统称“企业”）领取由市场监督管理部门核发加载法人和其他组织统一社会信用代码的营业执照后，无须再次进行税务登记，不再领取税务登记证。企业首次办理涉税事宜时，税务机关依据市场监督管理部门共享的登记信息制作“‘多证合一’登记信息确认表”，提醒纳税人对其中不全的信息进行补充，对不准的信息进行更正，对需要更新的信息进行补正。对于市场监管部门登记已采集信息，税务机关不再重复采集；其他必要涉税基础信息，可在企业办理有关涉税事宜时，及时采集，陆续补齐。在完成相关信息采集后，企业凭加载统一社会信用代码的营业执照可代替税务登记证使用。

22. 纳税人年应税销售额已超过规定一般纳税人标准，应在收到《税务事项通知书》后10日内向税务机关办理增值税一般纳税人登记手续或者选择按照小规模纳税人纳税。 ( )（8－11级测试）

【参考答案】×

【解析】在收到《税务事项通知书》后5日内向税务机关办理增值税一般纳税人登记手续或者选择按照小规模纳税人纳税。

23. 增值税一般纳税人转登记为小规模纳税人网上办理深度为一级。

( )（8－11级测试）

【参考答案】√

【解析】增值税一般纳税人转登记为小规模纳税人网上办理深度为一级。

24. 扣缴义务人应当自扣缴义务发生之日起 30 日内，向所在地的主管税务机关申报办理扣缴税款登记，领取扣缴税款登记证件。（　）（8－11 级测试）

【参考答案】√

【解析】扣缴义务人应当自扣缴义务发生之日起 30 日内，向所在地的主管税务机关申报办理扣缴税款登记，领取扣缴税款登记证件。

25. 一般纳税人可以在增值税免税、减税项目执行期限内，按照纳税申报期选择实际享受该项增值税免税、减税政策的起始时间。（　）（8－11 级测试）

【参考答案】√

【解析】《国家税务总局关于明确二手车经销等若干增值税征管问题的公告》（国家税务总局公告 2020 年第 9 号）第五条规定，一般纳税人可以在增值税免税、减税项目执行期限内，按照纳税申报期选择实际享受该项增值税免税、减税政策的起始时间。

## 四、实务题

1. 纳税人采用新办纳税人“套餐式”服务的，可一并办理哪些涉税事项？（1－7 级测试）

【参考答案】

纳税人采用新办纳税人“套餐式”服务的，可一并办理以下涉税事项：电子税务局开户、登记信息确认、财务会计制度及核算软件备案、纳税人存款账户账号报告、增值税一般纳税人登记、发票票种核定、增值税专用发票最高开票限额审批、实名办税、增值税税控系统专用设备初始发行、发票领用。

2. 纳税人登录电子税务局后“我的待办”中报表信息未带出，纳税人应如何申报？（1－7 级测试）

【参考答案】

如果“我的待办”中无法带出相关报表，可在上方的搜索栏输入关键字直接找到对应报表进行申报，或者点击“我要办税—税费申报及缴纳”模块里面找到对应报表申报。

3. 请谈谈对一般纳税人转回小规模纳税人的另有规定的理解。（8－11 级测试）

【参考答案】

这里的“另有规定”主要指一般纳税人转回小规模纳税人政策。依据国家税务总局发布的公告，一般纳税人符合以下条件的，在 2020 年 12 月 31 日前，可选择转登记为小规模纳税人。法律依据是：依据《国家税务总局关于明确二手车经销等若干增值税征管问题的公告》（国家税务总局公告 2020 年第 9 号）规定，一般纳税人符合以下条件的，在 2020 年 12 月 31 日前，可选择转登记为小规模纳税人：转登记日前连续 12 个月（以 1 个月为 1 个纳税期）或者连续 4 个季度（以 1 个季度为 1 个纳税期）累计销售额未超过 500 万元。纳税人转登记日前经营期不满 12 个月或者 4 个季度的，按照月（季度）平均应税销售额估算累计应税销售额。

4. 雁南飞智能控制设备有限公司，2022 年 3 月新办企业，为增值税一般纳税人。主要经营范围是制冷设备、自动控制元件、机电液压控制泵等生产销售。所属行业为通用设备制造业。（8 - 11 级测试）

（1）公司 5 月经营范围新增自营进出口业务，公司人员咨询变更登记事宜，如果你是首问责任人，你认为以下回答正确的是(　　)。

A. 应向主管税务机关申报办理变更

B. 应向市场监督管理等部门申报办理变更登记

C. 经营范围变更可以由税务机关发起变更

D. 无须办理变更登记，只要在税务机关办理出口退税资格备案即可

【参考答案】B

【解析】“一照一码”户发生变更的，向市场监督管理等部门申报办理变更登记。税务机关接收市场监管等部门变更信息，经纳税人确认后更新系统内的对应信息。“一照一码”户生产经营地、财务负责人等非市场监管等部门登记信息发生变化时，向主管税务机关申报办理变更。

（2）公司新增自营进出口业务，出口退税企业备案时间、金三操作模块是(　　)。

A. 在首次申报出口退（免）税时，特殊纳税人名单维护

B. 取得对外贸易经营者备案表之日起 30 日内，对外贸易经营者备案

C. 在首次申报出口退（免）税时，登记户归类管理

D. 取得对外贸易经营者备案表之日起 30 日内，登记户归类管理

【参考答案】C

【解析】备案时间为出口企业或其他单位、增值税零税率应税服务提供者，在首次申报出口退（免）税时，应向主管税务机关办理出口退（免）税备案手续。

（3）公司咨询出口企业管理类别评定时间、评定机关，按现行政策规定，以下回答正确的是(　　)。

A. 每年评定一次，于企业纳税信用级别评价结果确定后 1 个月内完成

B. 15 个工作日内将评定结果告知出口企业，主动公开的只是一类出口企业名单

C. 出口企业相关情形发生变更并申请调整管理类别的，主管税务机关应按照有关规定及时开展评定工作

D. 出口企业管理类别由县（区）税务局负责评定

【参考答案】C

【解析】首先，出口企业分类评定期限为：（1）2018 年 10 月 15 日前，每年评定一次，于企业纳税信用级别评价结果确定后 1 个月内完成。2018 年 10 月 15 日后，取消评定的次数限制，可以随时调整，放宽标准。（2）15 个工作日内将评定结果告知出口企业，

并主动公开一类、四类的出口企业名单。(3) 发现符合降级情形的，20 个工作日内调整。

其次，出口企业管理类别评定机关为有审批权的机关负责评定，具体表现为生产企业由区县局评定，外贸企业由区县局初评、再报市局核准。

(4) 以下可以评定为三类出口企业是(　　)。

A. 自首笔申报出口退（免）税之日起至评定时未满 12 个月的

B. 评定时纳税信用级别为 D 级的

C. 外汇管理的分类管理等级为 C 级的

D. 以上三种情形都可以

【参考答案】A

【解析】具有下列情形之一的出口企业，其出口企业管理类别应评定为三类：

(1) 自首笔申报出口退（免）税之日起至评定时未满 12 个月。

(2) 评定时纳税信用级别为 C 级，或尚未评价纳税信用级别。

(3) 上一年度发生过违反出口退（免）税有关规定的情形，但尚未达到税务机关行政处罚标准或司法机关处理标准的。

(4) 存在省税务局规定的其他失信或风险情形。

(5) 出口退税企业管理类别不同，税务机关办理退（免）税手续的时限要求也不同，以下说法不符合现行政策规定的是(　　)。

A. 管理类别为一类的出口企业在 5 个工作日内办结退（免）税手续

B. 管理类别为二类的出口企业在 10 个工作日内办结退（免）税手续

C. 管理类别为三类的出口企业在 15 个工作日内办结退（免）税手续

D. 管理类别为四类的出口企业在 30 个工作日内办结退（免）税手续

【参考答案】D

【解析】管理类别为四类的出口企业在 20 个工作日内办结退（免）税手续。对需要排除相关疑点及其他按规定暂缓退税的业务不受办结手续时限的限制。

5. 北京市海淀区某公司，主营现代服务业，2021 年 4 月 1 日设立，经计算符合加计抵减 10% 政策，自 2022 年 4 月 1 日起适用加计抵减 10% 政策。(8－11 级测试)

(1) 2022 年 4 月所属期一般计税方法下销项税额 500 万元，进项税额 300 万元，上期留抵税额 20 万元，简易计税方法不含税销售额 200 万元，征收率为 3%。假设当期可抵扣进项税额 300 万元，无其他特殊涉税事项，增值税扣税凭证均符合规定，按期勾选确认。

请计算，该纳税人 2022 年 4 月所属期享受加计抵减政策后一般计税方法、简易计税方法应纳税额各是多少？

【参考答案】

2022 年 4 月所属期：

①未加计抵减前，该纳税人2022年4月所属期

一般计税方法应纳税额 =500 - 300 - 20 = 180（万元）

简易计税方法应纳税额 = 200 × 3% = 6（万元）

②当期计提加计抵减额 = 当期可抵扣进项税额 × 10% = 300 × 10% = 30（万元）

当期可抵减加计抵减额 = 上期末加计抵减额余额 + 当期计提加计抵减额 - 当期调减加计抵减额 = 0 + 300 × 10% = 30（万元）

③当期可抵减加计抵减额30万元小于一般计税方法应纳税额180万元，全部抵减完毕，抵减后应纳税额为两者之差。

因此，2022年4月所属期一般计税方法应纳税额 = 180 - 30 = 150万元；简易计税方法应纳税额为6万元；合计应纳税额150 + 6 = 156万元。

（2）2022年11月所属期一般计税方法下销项税额320万元，进项税额300万元，上期留抵税额5万元，简易计税方法不含税销售额200万元，征收率3%。假设当期可抵扣进项税额300万元，上期末加计抵减额余额20万元，无其他特殊涉税事项，增值税扣税凭证均符合规定，按期勾选确认。

请计算，该纳税人2022年11月所属期享受加计抵减政策后一般计税方法、简易计税方法应纳税额各是多少？

【参考答案】

2022年11月所属期：

①未加计抵减前，该纳税人2022年11月所属期

一般计税方法应纳税额 = 320 - 300 - 5 = 15（万元）

简易计税方法应纳税额 = 200 × 3% = 6（万元）

②当期计提加计抵减额 = 当期可抵扣进项税额 × 10% = 300 × 10% = 30（万元）

当期可抵减加计抵减额 = 上期末加计抵减额余额 + 当期计提加计抵减额 - 当期调减加计抵减额 = 20 + 300 × 10% = 50（万元）

③当期可抵减加计抵减额50万元大于一般计税方法应纳税额15万元，抵减后应纳税额为零，结转下期抵减额 = 50 - 15 = 35万元。

因此，2022年11月所属期一般计税方法应纳税额为零；简易计税方法应纳税额6万元。同时结转下期抵减额35万元。

6. 纳税人办理增值税一般纳税人资格登记需要提交哪些资料？税务人员办理的规范要求是什么？（8 - 11级测试）

【参考答案】

（1）办理资料包括："增值税一般纳税人登记表"；经办人身份证件原件（查验后退回）；加载统一社会信用代码的营业执照（或税务登记证、组织机构代码证等）原件（查验后退回，实名办税的免于提供）。

（2）服务规范要求：

①受理

A. 办税服务厅或电子税务局接收资料信息，核对资料信息是否齐全、是否符合法定形式、填写内容是否完整，符合的即时受理；对资料不齐全、不符合法定形式或填写内容不完整的，一次性告知应补正资料或不予受理原因。

B. 对办税人员进行实名信息验证。

②办理。按照纳税人报送材料录入数据。根据信息系统的提示信息，提醒纳税人更正纠错。

③反馈。办理结束后，在文书表单上加盖印章，一份返还纳税人；电子税务局办理的，将办理结果通过电子税务局反馈给纳税人。

④归档。将资料进行归档。不得将纳税人的办理材料用于与政务服务无关的用途。

7. 我市某建筑公司，为增值税小规模纳税人，2021 年 3 月中标南京市一建筑工程，包工包料，不含税金额 400 万元，合同期限自 2021 年 5 月 1 日至 2024 年 4 月 31 日。请根据以上资料，回答下列问题。（8－11 级测试）

（1）该公司到经营地办理报验登记，以下说法正确的是（　　）。

A. 公司首次在经营地办理涉税事宜时，向经营地税务机关报验跨区域涉税事项

B. 公司每次在经营地办理涉税事宜时，向经营地税务机关报验跨区域涉税事项

C. 公司办理报验登记必须提供的资料有“跨区域涉税事项报告表”和载统一社会信用代码的营业执照（或税务登记证、组织机构代码证等）原件，或加盖纳税人公章的复印件

D. 公司办理报验登记只要提供“跨区域涉税事项报告表”

【参考答案】A

【解析】纳税人首次在经营地办理涉税事宜时，向经营地税务机关报验跨区域涉税事项。纳税人办理报验登记只要提供加载统一社会信用代码的营业执照（或税务登记证、组织机构代码证等）原件，或加盖纳税人公章的复印件。

（2）2021 年 6 月 16 日，公司收到工程预收款 200 万，支付分包款 30 万元（取得合法凭证），该公司应当在收到预收款的当天向经营地税务机关预缴增值税，预缴增值税计算列式正确的是（　　）。

A. （200－30）÷（1＋3%）×3%　　B. （200－30）÷（1＋3%）×1%

C. （200－30）÷（1＋1%）×1%　　D. 200÷（1＋3%）×1%

【参考答案】C

【解析】增值税简易计税方法计算预缴增值税计算公式为：（预收款－支付的分包款）÷（1＋征收率）×预征率。

（3）公司在预缴增值税时，城市维护建设税和教育费附加是否要缴纳、如何缴纳，

以下说法正确的是（　　）。

A. 不需要缴纳，由公司在其机构所在地申报缴纳增值税时，以其应缴纳的增值税税额为计税依据，并按机构所在地的城市维护建设税适用税率和教育费附加征收率就地计算缴纳城市维护建设税和教育费附加

B. 要缴纳，以公司在经营地预缴增值税税额为计税依据，并按公司机构所在地的城市维护建设税适用税率和教育费附加征收率就地计算缴纳城市维护建设税和教育费附加

C. 要缴纳，以公司在经营地预缴增值税税额为计税依据，并按预缴增值税所在地的城市维护建设税适用税率和教育费附加征收率就地计算缴纳城市维护建设税和教育费附加

D. 要缴纳，以公司在经营地预缴增值税税额为计税依据，并按预缴增值税所在地的城市维护建设税适用税率和教育费附加征收率就地计算缴纳城市维护建设税和教育费附加。经营地与机构所在地城市建设税适用税率不一致的，公司回机构所在地办理税款补退手续

【参考答案】C

【解析】纳税人跨地区提供建筑服务的，应在建筑服务发生地预缴增值税时，以预缴增值税税额为计税依据，并按预缴增值税所在地的城市维护建设税适用税率和教育费附加征收率就地计算缴纳城市维护建设税和教育费附加。

预缴增值税的纳税人在其机构所在地申报缴纳增值税时，以其实际缴纳的增值税税额为计税依据，并按机构所在地的城市维护建设税适用税率和教育费附加征收率就地计算缴纳城市维护建设税和教育费附加。

（4）因疫情原因，双方约定工程延期 3 个月。关于公司办理报验管理有效期限延期手续，以下说法正确的是（　　）。

A. 只能向经营地的税务机关申请办理

B. 只能向机构所在地的税务机关申请办理

C. 要分别向经营地、机构所在地税务机关申请办理

D. 可以选择在经营地或机构所在地的税务机关办理

【参考答案】D

【解析】纳税人跨区域经营合同延期的，可以选择在经营地或机构所在地的税务机关办理报验管理有效期限延期手续。

（5）工程完工后，公司应当将跨区域涉税事项向税务机关进行信息反馈，以下说法不符合现行政策规定的是（　　）。

A. 应当结清经营地税务机关的应纳税款以及其他涉税事项，向经营地税务机关填报“经营地涉税事项反馈表”

B. 应当结清经营地税务机关的应纳税款以及其他涉税事项，向机构所在地税务机关填报“经营地涉税事项反馈表”

C. 公司对报送材料的真实性和合法性承担责任

D. 经营地税务机关核对“经营地涉税事项反馈表”后，及时将相关信息反馈给机构所在地的税务机关。纳税人不需要另行向机构所在地的税务机关反馈。

【参考答案】B

【解析】纳税人跨区域经营活动结束后，应当结清经营地税务机关的应纳税款以及其他涉税事项，向经营地税务机关填报“经营地涉税事项反馈表”。经营地税务机关核对“经营地涉税事项反馈表”后，及时将相关信息反馈给机构所在地的税务机关。纳税人不需要另行向机构所在地的税务机关反馈。

# 第三章　发票办理

## ★知识要点归纳

发票使用报告，是指纳税人在购销商品、提供或接受服务以及从事其他经营活动中，对于发票的领用、发票代开、发票验旧等一系列与发票相关的业务的报告。开展对已办理发票领用或代开手续的纳税人进行发票的管理。包括发票领用、发票代开、发票验旧缴销、红字增值税专用发票开具及作废等业务内容。

### 一、发票票种核定

纳税人办理了税务登记后需要领用发票的，应当向主管税务机关申请办理发票领用手续。主管税务机关根据领用单位和个人的经营范围和规模，确认领用发票的种类、数量、开票限额以及领用方式。

有条件的地区，可探索设计相关模型，分析纳税人行业、规模、从业人数、经营范围、注册资本等信息，自动核定或调整纳税人发票用量及开票限额。

已办理发票票种核定的纳税人，当前领用发票的种类、数量或者开票限额不能满足经营需要的，可以向主管税务机关提出调整。

符合《国家税务总局关于新办纳税人首次申领增值税发票有关事项的公告》（国家税务总局公告 2018 年第 29 号）中规定的新办纳税人首次申领增值税发票条件的，主管税务机关应当自受理申请之日起 2 个工作日内办结。

如果纳税人需核定印有本单位名称发票，前提是必须先办理“印制有本单位名称发票”，纳税人方可申请发票票种核定。

领用增值税专用发票的增值税一般纳税人和纳入自行开具增值税专用发票范围的增值税小规模纳税人，在完成票种核定后，还需办理增值税专用发票（增值税税控系统）最高开票限额审批事项。

新办纳税人首次申领增值税发票主要包括发票票种核定、增值税专用发票（增值税税控系统）最高开票限额审批、增值税税控系统专用设备初始发行、发票领用等涉税事项。

增值税电子发票（电子专票、电子普票）的开票方和受票方需要纸质发票的，可以自行打印增值税电子发票的版式文件，其法律效力、基本用途、基本使用规定等与税务机关监制的增值税纸质发票相同。

增值税电子普通发票的发票代码为12位，编码规则：第1位为0，第2—5位代表省、自治区、直辖市和计划单列市，第6—7位代表年度，第8—10位代表批次，第11—12位代表票种（11代表增值税电子普通发票）。发票号码为8位，按年度、分批次编制。电子发票的号段，由税务后台征管系统同步至增值税电子发票系统，通过增值税电子发票系统赋予纳税人。

纳税人领用电子发票时需使用电子发票服务平台。电子发票服务平台应提供电子发票版式文件的生成、打印查询和交付等服务。自建和第三方建设的电子发票服务平台应报税务机关备案。

### （二）增值税电子专用发票相比纸质增值税专用发票的优势和特点

增值税电子专用发票（以下简称“电子专票”）属于增值税专用发票，其法律效力、基本用途、基本使用规定等与增值税纸质专用发票（以下简称“纸质专票”）相同。与纸质专票相比，电子专票具有以下几方面优点：

一是发票样式更简洁。电子专票进一步简化发票票面样式，采用电子签名代替原发票专用章，将“货物或应税劳务、服务名称”栏次名称简化为“项目名称”，取消了原“销售方（章）”栏次，使电子专票的开具更加简便。

二是领用方式更快捷。纳税人可以选择办税服务厅、电子税务局等渠道领用电子专票。通过网上申领方式领用电子专票，纳税人可以实现“即领即用”。

三是远程交付更便利。纳税人可以通过电子邮箱、二维码等方式交付电子专票，与纸质专票现场交付、邮寄交付等方式相比，发票交付的速度更快。

四是财务管理更高效。电子专票属于电子会计凭证，纳税人可以便捷获取数字化的票面明细信息，并据此提升财务管理水平。同时，纳税人可以通过全国增值税发票查验平台（https：//inv - veri. chinatax. gov. cn）下载增值税电子发票版式文件阅读器，查阅电子专票并验证电子签名有效性，降低接收假发票的风险。

五是存储保管更经济。电子专票采用信息化存储方式，与纸质专票相比，无须专门场所存放，也可以大幅降低后续人工管理的成本。此外，纳税人还可以从税务部门提供的免费渠道重新下载电子专票，防范发票丢失和损毁风险。

六是社会效益更显著。电子专票交付快捷，有利于交易双方加快结算速度，缩短回款周期，提升资金使用效率。同时，电子专票的推出，还有利于推动企业财务核算电子化的进一步普及，进而对整个经济社会的数字化建设产生积极影响。

## 二、增值税专用发票（增值税税控系统）最高开票限额审批

纳税人在初次申请使用增值税专用发票，以及变更增值税专用发票限额时，向主

管税务机关申请办理增值税专用发票（增值税税控系统）最高开票限额审批，属于税务行政许可事项。

自2018年8月1日起，首次申领增值税发票的新办纳税人办理发票票种核定，增值税专用发票最高开票限额不超过10万元，每月最高领用数量不超过25份；增值税普通发票最高开票限额不超过10万元，每月最高领用数量不超过50份。各省税务机关可以在此范围内结合纳税人税收风险程度，自行确定新办纳税人首次申领增值税发票票种核定标准。

一般纳税人申请增值税专用发票最高开票限额不超过10万元的，主管税务机关无须事前进行实地查验。税务机关对增值税专用发票（增值税税控系统）最高开票限额审批（10万元以下）提供“最多跑一次”服务。纳税人在资料完整且符合法定受理条件的前提下，最多只需要到税务机关一次。办理该事项的纳税人，需事先办理发票票种核定事项。

《国家税务总局关于简化增值税发票领用和使用程序有关问题的公告》（国家税务总局公告2014年第19号）规定，一般纳税人申请增值税专用发票最高开票限额不超过10万元的，主管税务机关无须事前进行实地查验。

实行纳税辅导期管理的小型商贸批发企业，领购专用发票的最高开票限额不得超过10万元；其他一般纳税人专用发票最高开票限额应根据企业实际经营情况重新核定。

## 三、全电发票

为落实中办、国办印发的《关于进一步深化税收征管改革的意见》要求，提升纳税人全面数字化的电子发票（以下简称“全电发票”）使用体验，结合前期全电发票试点情况，税务机关对电子发票服务平台进行升级。经国家税务总局同意，决定进一步开展全电发票试点工作。

1. 内蒙古自治区、上海市和广东省（不含深圳市，下同）（截至2022年9月）的部分纳税人（以下简称“试点纳税人”）通过电子发票服务平台开具的发票，包括带有“增值税专用发票”字样的全电发票、带有“普通发票”字样的全电发票、增值税纸质专用发票（以下简称“纸质专票”）和增值税纸质普通发票（折叠票，以下简称“纸质普票”）。全面推进税收征管数字化升级和智能化改造，降低征纳成本，国家税务总局建设了全国统一的电子发票服务平台，24小时在线免费为纳税人提供全面数字化的电子发票（以下简称“全电发票”）开具、交付、查验等服务，实现发票全领域、全环节、全要素电子化。

2. 全电发票的法律效力、基本用途等与现有纸质发票相同。其中，带有“增值税专用发票”字样的全电发票，其法律效力、基本用途与现有增值税专用发票相同；带有“普通发票”字样的全电发票，其法律效力、基本用途与现有普通发票相同。

3. 全电发票无联次，基本内容包括：动态二维码、发票号码、开票日期、购买方信息、销售方信息、项目名称、规格型号、单位、数量、单价、金额、税率/征收率、税额、合计、价税合计（大写、小写）、备注、开票人。其中，试点纳税人从事特定行业、发生特殊商品服务及特定应用场景业务（包括：稀土、卷烟、建筑服务、旅客运输服务、货物运输服务、不动产销售、不动产经营租赁、农产品收购、光伏收购、代收车船税、自产农产品销售、差额征税等）的，电子发票服务平台提供了上述对应特定业务的全电发票样式，试点纳税人应按照发票开具有关规定使用特定业务全电发票。

4. 全电发票的发票号码为20位，其中：第1—2位代表公历年度后两位，第3—4位代表省行政区划代码，第5位代表全电发票开具渠道等信息，第6—20位代表顺序编码等信息。

5. 新设立登记且未使用增值税发票管理系统开具发票的试点纳税人应通过电子发票服务平台开具全电发票以及纸质专票和纸质普票。通过电子发票服务平台开具的纸质专票和纸质普票，其法律效力、基本用途和基本使用规定与现有纸质专票、纸质普票相同。其中，发票密码区不再展示发票密文，改为展示电子发票服务平台赋予的20位发票号码及全国增值税发票查验平台网址。

6. 试点纳税人通过实名验证后，无须使用税控专用设备即可通过电子发票服务平台开具发票，无须进行发票验旧操作。其中，全电发票无须进行发票票种核定和发票领用。

7. 税务机关对试点纳税人开票实行开具金额总额度管理。开具金额总额度，是指一个自然月内，试点纳税人发票开具总金额（不含增值税）的上限额度。

（1）试点纳税人通过电子发票服务平台开具的全电发票、纸质专票和纸质普票以及通过增值税发票管理系统开具的纸质专票、纸质普票、增值税普通发票（卷票）、增值税电子专用发票（以下简称“电子专票”）和增值税电子普通发票，共用同一个开具金额总额度。

（2）税务机关依据试点纳税人的税收风险程度、纳税信用级别、实际经营情况等因素，确定初始开具金额总额度，并进行定期调整、临时调整或人工调整。定期调整是指电子发票服务平台每月自动对试点纳税人开具金额总额度进行调整。临时调整是指税收风险程度较低的试点纳税人当月开具发票金额首次达到开具金额总额度一定比例时，电子发票服务平台自动为其临时调增一次开具金额总额度。人工调整是指试点纳税人因实际经营情况发生变化申请调整开具金额总额度，主管税务机关依法依规审核未发现异常的，为纳税人调整开具金额总额度。

（3）试点纳税人在增值税申报期内、完成增值税申报前，在电子发票服务平台中可以按照上月剩余可用额度且不超过当月开具金额总额度的范围内开具发票。试点纳税人按规定完成增值税申报且比对通过后，在电子发票服务平台中可以按照当月剩余可用额度开具发票。

8. 试点纳税人的电子发票服务平台税务数字账户自动归集发票数据，供试点纳税人进行发票的查询、查验、下载、打印和用途确认，并提供税收政策查询、开具金额总额度调整申请、发票风险提示等功能。

9. 试点纳税人可以通过电子发票服务平台税务数字账户自动交付全电发票，也可通过电子邮件、二维码等方式自行交付全电发票。

10. 自2022年4月1日起，试点纳税人应通过电子发票服务平台税务数字账户使用发票用途确认、风险提示、信息下载等功能，不再通过增值税发票综合服务平台使用上述功能。非试点纳税人继续通过增值税发票综合服务平台使用相关发票功能。试点纳税人取得带有“增值税专用发票”字样的全电发票、纸质专票、电子专票、机动车销售统一发票、收费公路通行费增值税电子普通发票等凭证，如需用于申报抵扣增值税进项税额、申报抵扣消费税或申请出口退税、代办退税的，应当通过电子发票服务平台税务数字账户确认用途。试点纳税人确认用途有误的，可向主管税务机关申请更正。

11. 试点纳税人购进用于生产或者委托加工13%税率货物的农产品，可以由主管税务机关开通加计扣除农产品进项税额确认功能，通过电子发票服务平台税务数字账户对符合规定的农产品增值税扣税凭证进行用途确认，并计算用于抵扣的进项税额和领用部分加计的进项税额。

12. 试点纳税人可通过电子发票服务平台税务数字账户标记发票入账标识。纳税人以全电发票报销入账归档的，按照财政和档案部门的相关规定执行。

13. 试点纳税人发生开票有误、销货退回、服务中止、销售折让等情形，需要通过电子发票服务平台开具红字全电发票或红字纸质发票的，按以下规定执行：(1) 受票方已进行用途确认或入账确认的，开票方或受票方可以填开并上传“红字发票信息确认单”(以下简称“确认单”)，经对方确认后，开票方全额或部分开具红字全电发票或红字纸质发票。受票方已将发票用于增值税申报抵扣的，应暂依“确认单”所列增值税税额从当期进项税额中转出，待取得开票方开具的红字发票后，与“确认单”一并作为记账凭证。(2) 受票方未做用途确认及入账确认的，开票方填开“确认单”后全额开具红字全电发票或红字纸质发票，无须受票方确认。原蓝字发票为纸质发票的，开票方应收回原纸质发票并注明“作废”字样或取得受票方有效证明。

14. 纳税人发生《国家税务总局关于红字增值税发票开具有关问题的公告》(国家税务总局公告2016年第47号) 第一条以及《国家税务总局关于在新办纳税人中实行增值税专用发票电子化有关事项的公告》(国家税务总局公告2020年第22号) 第七条规定情形的，购买方为试点纳税人时，购买方可通过电子发票服务平台填开并上传

“开具红字增值税专用发票信息表”（以下简称“信息表”）。

15. 单位和个人可以通过电子发票服务平台或全国增值税发票查验平台（https：//inv－veri. chinatax. gov. cn）查验全电发票信息。

16. 电子发票服务平台暂不支持开具机动车（含二手车）、通行费等特定业务全电发票，开具上述发票功能的上线时间另行公告。相关发票功能上线前，试点纳税人可以通过增值税发票管理系统开具机动车增值税专用发票、机动车销售统一发票、二手车销售统一发票、增值税普通发票（卷票）、电子专票和增值税电子普通发票（含收费公路通行费增值税电子普通发票）。

17. 试点纳税人是辅导期一般纳税人的，在一个月内申请人工调整开具金额总额度的，应比照国家税务总局关于印发《增值税一般纳税人纳税辅导期管理办法》的通知（国税发〔2010〕40号）第九条的规定执行。其中，增值税专用发票销售额包括带有“增值税专用发票”字样的全电发票、纸质专票和电子专票销售额。

## 四、发票领用

已办理税务登记的单位和个人，在向主管税务机关办理发票领用手续后，可以按税务机关确认的发票种类、数量、开票限额以及领用方式，申请领用发票。

开具发票的单位和个人应当按照税务机关的规定存放和保管发票，不得擅自损毁。已经开具的发票存根联和发票领用簿，应当保存5年。

业务前提包括：

（1）发票领用的前提是已经办理税务登记并且经过实名认证的单位和个人，已进行发票票种核定；

（2）实行交（验）旧供新已领用发票纳税人需完成发票验（交）旧事项方可再次申请领用发票；

（3）纳税人不存在动态风控阻断类监控

纳税信用A级的纳税人可一次领取不超过3个月的增值税发票用量，纳税信用B级的纳税人可一次领取不超过2个月的增值税发票用量。以上两类纳税人生产经营情况发生变化，需要调整增值税发票用量，手续齐全的，按照规定即时办理。对纳税信用评价为D级的纳税人，增值税专用发票领用按辅导期一般纳税人政策办理，普通发票的领用实行交（验）旧供新、严格限量供应。

对于实行纳税辅导期管理的增值税一般纳税人，一个月内多次领用专用发票的，应从当月第二次领用专用发票起，按照上一次已领用并开具的专用发票销售额的3%预缴增值税，未预缴增值税的，主管税务机关不得向其发放专用发票。对于实行纳税辅导期管理的增值税一般纳税人领用的专用发票未使用完而再次领用的，主管税务机关发放专用发票的份数不得超过核定的每次领用专用发票份数与未使用完的专用发票份数的差额。

## 五、代开增值税专用发票和代开增值税普通发票

已办理税务登记的小规模纳税人（包括个体经营者）以及国家税务总局确定的其他可以代开增值税专用发票的纳税人发生增值税应税行为、需要开具增值税专用发票时，可向主管税务机关申请代开。

符合代开条件的单位和个人发生增值税应税行为，需要开具增值税普通发票时，可向主管税务机关申请代开。不能自开增值税普通发票的小规模纳税人销售其取得的不动产，以及其他个人出租不动产，可以向税务机关申请代开增值税普通发票。

中国境内提供公路货物运输和内河货物运输且具备相关运输资格并已纳入税收管理的小规模纳税人，将营运资质和营运机动车、船舶信息向主管税务机关进行备案后，可在税务登记地、货物起运地、货物到达地或运输业务承揽地（含互联网物流平台所在地）中任何一地，就近向税务机关申请代开增值税专用发票。

接受税务机关委托代征税款的保险业、证券业、信用卡业和旅游业企业，向代理人或经纪人支付佣金费用后，可代代理人或经纪人统一向主管税务机关申请汇总代开增值税普通发票或增值税专用发票。代开增值税发票时，应向主管税务机关出具个人保险代理人的姓名、身份证号码、联系方式、付款时间、付款金额、代征税款的详细清单。主管税务机关为个人保险代理人汇总代开增值税发票时，在备注栏内注明“个人保险代理人汇总代开”字样。

经过实名信息验证的办税人员，不再提供登记证件和身份证件复印件等资料。

其他个人委托房屋中介、住房租赁企业等单位出租不动产，需要向承租方开具增值税发票的，可以由受托单位代其向主管税务机关按规定申请代开增值税发票。

税务机关在开具发票时一次性征收全部税款。

2021 年 4 月 1 日，其他个人采取一次性收取租金形式出租不动产取得的租金收入，可在对应的租赁期内平均分摊，分摊后的月租金收入未超过 15 万元的，在代开增值税普通发票时，可以免征增值税。

销售不动产，纳税人代开增值税发票时，应在“货物或应税劳务、服务名称”栏填写不动产名称及房屋产权证书号码（无房屋产权证书的可不填写），“单位”栏填写面积单位，应提供不动产的详细地址。

出租不动产，纳税人代开增值税发票时，应提供不动产的详细地址。

增值税电子专用发票暂不予代开。

## 六、红字增值税专用发票开具申请

1. 红字增值税专用发票开具申请

纳税人开具增值税专用发票后，发生销货退回、开票有误、应税服务中止以及发

票抵扣联、发票联均无法认证等情形但不符合作废条件，或者因销货部分退回及发生销售折让，需要开具红字专用发票的，需取得税务机关系统校验通过的“开具红字增值税专用发票信息表”。

2. 作废开具红字发票信息表

“开具红字增值税专用发票信息表”填开错误且尚未使用的，纳税人可申请作废。

自行开具增值税专用发票的小规模纳税人以及税务机关为小规模纳税人代开增值税专用发票，需要开具红字专用发票的，按照一般纳税人开具红字专用发票的方法处理。增值税电子普票发票、增值税电子专用发票只能红冲，不能作废。全电发票只能红冲，不能作废。

## 七、未按期申报抵扣增值税扣税凭证抵扣申请

纳税人发生真实交易且存在客观原因，属于下列情形的，经税务机关核实后，允许纳税人继续申报抵扣其进项税额。（1）增值税一般纳税人取得的增值税扣税凭证已认证、已选择确认或已采集上报信息，但未按照规定期限申报抵扣的。（2）实行纳税辅导期管理的增值税一般纳税人，取得的增值税扣税凭证稽核比对结果相符但未按照规定期限申报抵扣的。（3）实行海关进口增值税专用缴款书“先比对后抵扣”管理办法的增值税一般纳税人，取得的增值税扣税凭证稽核比对结果相符但未按规定期限申报抵扣的。

纳税人发生真实交易且存在客观原因包括如下类型：（1）因自然灾害、社会突发事件等不可抗力原因造成增值税扣税凭证未按期申报抵扣；（2）有关司法、行政机关在办理业务或者检查中，扣押、封存纳税人账簿资料，导致纳税人未能按期办理申报手续；（3）税务机关信息系统、网络故障，导致纳税人未能及时取得认证结果通知书或稽核结果通知书，未能及时办理申报抵扣；（4）由于企业办税人员伤亡、突发危重疾病或者擅自离职，未能办理交接手续，导致未能按期申报抵扣；（5）国家税务总局规定的其他情形。

纳税人应在增值税扣税凭证未按期申报抵扣情况说明上详细说明未能按期申报抵扣的原因，并加盖企业印章。

对客观原因不涉及第三方的，纳税人应说明的情况具体为：（1）发生自然灾害、社会突发事件等不可抗力原因的，纳税人应详细说明自然灾害或者社会突发事件发生的时间、影响地区、对纳税人生产经营的实际影响等；（2）企业办税人员擅自离职，未办理交接手续的，纳税人应详细说明事情经过、办税人员姓名、离职时间等，并提供解除劳动关系合同及企业内部相关处理决定。

对客观原因涉及第三方的，应提供第三方证明或说明。具体为：（1）企业办税人员伤亡或者突发危重疾病的，应提供公安机关、交通管理部门或者医院证明；（2）有

关司法、行政机关在办理业务或者检查中，扣押、封存纳税人账簿资料，导致纳税人未能按期办理申报手续的，应提供相关司法、行政机关证明。

对于因税务机关信息系统或者网络故障原因造成纳税人增值税扣税凭证未能按期申报抵扣的，主管税务机关予以核实。

## 八、逾期增值税抵扣凭证抵扣申请

增值税一般纳税人发生真实交易，但由于客观原因造成增值税扣税凭证（包括增值税专用发票、海关进口增值税专用缴款书和机动车销售统一发票）未能按照规定期限办理认证、确认或者稽核比对抵扣的，经主管税务机关核实、逐级上报，由省税务机关认证并稽核比对后，对比对相符的增值税扣税凭证，允许纳税人继续抵扣其进项税额。

客观原因包括如下类型：（1）因自然灾害、社会突发事件等不可抗力因素造成增值税扣税凭证逾期；（2）增值税扣税凭证被盗、抢，或者因邮寄丢失、误递导致逾期；（3）有关司法、行政机关在办理业务或者检查中，扣押增值税扣税凭证，纳税人不能正常履行申报义务，或者税务机关信息系统、网络故障，未能及时处理纳税人网上认证数据等导致增值税扣税凭证逾期；（4）买卖双方因经济纠纷，未能及时传递增值税扣税凭证，或者纳税人变更纳税地点，注销旧户和重新办理税务登记的时间过长，导致增值税扣税凭证逾期；（5）由于企业办税人员伤亡、突发危重疾病或者擅自离职，未能办理交接手续，导致增值税扣税凭证逾期；（6）国家税务总局规定的其他情形。

增值税一般纳税人由于除上述客观原因以外的其他原因造成增值税扣税凭证逾期的，仍应按照增值税扣税凭证抵扣期限有关规定执行。

增值税扣税凭证逾期情况说明。纳税人应详细说明未能按期办理认证或者申请稽核比对的原因，并加盖企业公章。

客观原因不涉及第三方的，纳税人应说明的情况具体为：（1）发生自然灾害、社会突发事件等不可抗力原因的，纳税人应详细说明自然灾害或者社会突发事件发生的时间、影响地区、对纳税人生产经营的实际影响等；（2）纳税人变更纳税地点，注销旧户和重新办理税务登记的时间过长，导致增值税扣税凭证逾期的，纳税人应详细说明办理搬迁时间、注销旧户和注册新户的时间、搬出及搬入地点等；（3）企业办税人员擅自离职，未办理交接手续的，纳税人应详细说明事情经过、办税人员姓名、离职时间等，并提供解除劳动关系合同及企业内部相关处理决定。

客观原因涉及第三方的，应提供第三方证明或说明。具体为：（1）企业办税人员伤亡或者突发危重疾病的，应提供公安机关、交通管理部门或者医院证明；（2）有关司法、行政机关在办理业务或者检查中，扣押增值税扣税凭证，导致纳税人不能正常履行申报义务的，应提供相关司法、行政机关证明；（3）增值税扣税凭证被盗、抢的，应提供公安机关证明；（4）买卖双方因经济纠纷，未能及时传递增值税扣税凭证的，应提供卖方出具的情况说明；（5）邮寄丢失或者误递导致增值税扣税凭证逾期的，应提供邮政单位出具的说明。

由于税务机关自身原因造成纳税人增值税扣税凭证逾期的，主管税务机关在上报文件中说明相关情况。具体为：税务机关信息系统或者网络故障，未能及时处理纳税人网上认证数据的，主管税务机关详细说明信息系统或网络故障出现、持续的时间、故障原因及表现等。

### 九、发票真伪鉴定

用票单位和个人有权申请税务机关对发票的真伪进行鉴别。

税务机关应当提供查询发票真伪的便捷渠道。取得增值税发票的单位和个人可登录全国增值税发票查验平台（https：//inv－veri. chinatax. gov. cn），对增值税发票管理系统开具的发票信息进行查验。普通发票的真伪鉴定由鉴定受理税务机关负责。

用票单位和个人有权申请税务机关对发票的真伪进行鉴别，收到申请的税务机关应当受理并负责鉴别发票的真伪，受理税务机关鉴定有困难的，可以提请发票监制税务机关协助鉴定。在伪造、变造现场查获的假发票，由当地税务机关负责鉴定。

## ★习题精练及答案解析

### 一、单项选择题

1. 下列事项中，属于税务行政许可的是（　　）。（1－7级测试）

A. 企业印制发票审批

B. 对发票使用和管理的审批

C. 增值税专用发票（增值税税控系统）最高开票限额审批

D. 对纳税人延期缴纳税款的核准

【参考答案】C

【解析】2022年，税务总局根据《法律、行政法规、国务院决定设定的行政许可事项清单（2022年版）》，发布《税务行政许可事项清单（2022年版）》，编列“增值税防伪税控系统最高开票限额审批”1项税务行政许可事项。《国家税务总局关于进一步简化税务行政许可事项办理程序的公告》（国家税务总局公告2019年第34号）发布的“对纳税人延期缴纳税款的核准”“对纳税人延期申报的核准”“对纳税人变更纳税定额的核准”“对采取实际利润额预缴以外的其他企业所得税预缴方式的核定”“企业印制发票审批”等5个事项不再作为行政许可事项管理，依照有关法律、行政法规规定实施，具体办理程序另行公告。

2. 甲县税务局2021年12月2日（星期一）受理乙公司（增值税一般纳税人）增值税专用发票（增值税税控系统）最高开票限额审批的申请。那么，不考虑延长情形，甲县税务局作出行政许可决定的最后期限应当是(　　)。(1－7级测试)

A. 2021年12月6日　　B. 2021年12月13日

C. 2021年12月20日　　D. 2021年12月27日

【参考答案】B

【解析】自受理申请之日起10个工作日内作出行政许可决定，在上述时限内不能办结的，经税务机关负责人批准，可以延长5个工作日。

3. 辅导期纳税人一个月内多次领购专用发票的，应从当月第二次领购专用发票起，按照(　　)预缴增值税。(1－7级测试)

A. 上一次已领购并开具的专用发票销售额的3%

B. 上一次已领购专用发票的最高开票额的3%

C. 上月的增值税应税销售额的3%

D. 去年同期开具增值税专用发票销售额的3%

【参考答案】A

【解析】根据《增值税一般纳税人辅导期管理办法》第九条规定，辅导期纳税人一个月内多次领购专用发票的，应当从当月第二次领购专用发票起，按照上一次已领购并开具的专业发票销售额的3%预缴增值税，未预缴增值税的，主管税务机关不得向其发售专用发票。

4. 2019年新增的可以抵扣增值税进项税额的凭证是(　　)。(1－7级测试)

A. 增值税专用发票　　B. 农产品收购发票

C. 高速公路通行费发票　　D. 国内旅客运输火车票

【参考答案】D

【解析】2019年4月1日起，增值税一般纳税人购进国内旅客运输服务，进项税额允许抵扣。抵扣凭证包括：增值税专用发票，增值税电子普通发票，注明旅客身份信息的航空运输电子客票行程单、铁路车票以及公路、水路等其他客票。

5. 某甲公司为增值税一般纳税人，在2021年度信用等级评定中，被评为A级信用等级企业，税务机关核定该企业月使用增值税专用发票使用份数为50份，限额为10万元。2022年12月25日，该企业携带相关资料到办税服务厅，要求领取120份增值税专用发票，单张开具限额为10万元。以下说法中正确的是(　　)。(1－7级测试)

A. 对该纳税人首先要进行票种核定调整，5个工作日办结；办结后，对纳税人进行最高开票限额审批，10个工作日办结；办结后，对纳税人进行金税设备变更发行，然后发放120份发票

B. 对该纳税人首先应进行票种核定，即时办结；办结后，对纳税人进行最高开票

限额审批，10 个工作日办结；办结后，对纳税人进行金税设备变更发行，然后发放 120 份发票

C. 对该纳税人首先应进行票种核定，5 个工作日办结；办结后，对纳税人进行最高开票限额审批，即时办结；办结后，对纳税人进行金税设备变更发行，然后发放 120 份发票

D. 对该纳税人首先应进行票种核定，即时办结；办结后，对纳税人进行最高开票限额审批，即时办结；办结后，对纳税人进行金税设备变更发行，然后发放 120 份发票

【参考答案】D

【解析】纳税信用为 A 级的纳税人，可一次领取不超过 3 个月的增值税发票用量，手续齐全的，办税服务厅即时办理。

6. 增值税专用发票由(　　)印制；其他发票，由(　　)印制。(1－7 级测试)

A. 国务院税务主管部门确定的企业，国务院税务主管部门确定的企业

B. 国务院税务主管部门确定的企业，省、自治区、直辖市税务机关确定的企业

C. 省、自治区、直辖市税务机关确定的企业，省、自治区、直辖市税务机关确定的企业

D. 省、自治区、直辖市税务机关确定的企业，市税务机关确定的企业

【参考答案】B

【解析】增值税专用发票由国务院税务主管部门确定的企业印制；其他发票，按照国务院税务主管部门的规定，由省、自治区、直辖市税务机关确定的企业印制。

7. 发票应当套印全国统一发票监制章。全国统一发票监制章的式样和发票版面印刷的要求，由(　　)规定。发票监制章由(　　)制作。(1－7 级测试)

A. 财政部，财政部

B. 财政部，国务院税务主管部门

C. 国务院税务主管部门，省、自治区、直辖市税务机关

D. 国务院税务主管部门，市级税务机关

【参考答案】C

【解析】发票应当套印全国统一发票监制章。全国统一发票监制章的式样和发票版面印刷的要求，由国务院税务主管部门规定。发票监制章由省、自治区、直辖市税务机关制作。

8. 对于实行纳税辅导期管理的增值税一般纳税人，领用增值税专用发票实行(　　)控制，可以根据纳税人的经营情况核定(　　)专用发票的供应数量，但(　　)发放专用发票数量不得超过(　　)。(1－7 级测试)

A. 按次限量，每次，每次，15 份　　B. 按次限量，每次，每次，25 份

C. 按月限量，每月，每次，15 份　　D. 按月限量，每月，每次，25 份

【参考答案】B

【解析】对于实行纳税辅导期管理的增值税一般纳税人，领用增值税专用发票实行按次限量控制，可以根据纳税人的经营情况核定每次专用发票的供应数量，但每次发放专用发票数量不得超过 25 份。

9. 印制有本单位名称发票由(　　)审核后办理。(1－7 级测试)

A. 主管税务机关　　B. 县级税务机关

C. 市级税务机关　　D. 省级税务机关

【参考答案】A

【解析】用票单位可以向税务机关申请使用印有本单位名称的发票，税务机关确认印有该单位名称发票的种类和数量，由主管税务机关办结。

10. 根据增值税法律制度的规定，下列关于特殊销售方式下的增值税处理、发票开具，说法正确的是(　　)。(1－7 级测试)

A. 纳税人采取商业折扣方式销售货物，如果将折扣额另开发票的，可以从销售额中减除折扣额

B. 纳税人采取商业折扣方式销售货物，如果销售额和折扣额在同一张发票上的“金额”栏分别注明的，不得从销售额中减除折扣额

C. 纳税人采取商业折扣方式销售货物，如果折扣额仅在同一张发票上的“备注”栏内注明，可按折扣后的销售额征收增值税

D. 采取还本销售方式销售货物的，其销售额是货物的销售价格，不得从销售额中减除还本支出

【参考答案】D

【解析】纳税人采取商业折扣方式销售货物，如果销售额和折扣额在同一张发票上的“金额”栏分别注明的，可按折扣后的销售额征收增值税；如果将折扣额另开发票的，不论其在财务上如何处理，均不得从销售额中减除折扣额；如果折扣额仅在同一张发票上的“备注”栏注明的，不得从销售额中减除折扣额。

11. 增值税专用发票票面最多可以显示的栏次是(　　)。(1－7 级测试)

A. 6 行　　B. 7 行　　C. 8 行　　D. 9 行

【参考答案】C

【解析】增值税专用发票票面最多可以显示栏次为 8 行，超出 8 行系统会生成销售清单。

12. 所有行业小规模纳税人均可以自行开具增值税专用发票的时间是(　　)。(1－7 级测试)

A. 2021 年 10 月 1 日　　B. 2019 年 12 月 1 日

C. 2022 年 1 月 1 日　　D. 2020 年 2 月 1 日

【参考答案】D

【解析】增值税小规模纳税人（其他个人除外）发生增值税应税行为，需要开具增值税专用发票，可以自愿使用增值税发票管理系统自行开具。选择自行开具的小规模纳税人，税务机关不再为其代开。本规定自 2020 年 2 月 1 日起施行。

13. 开具发票的单位和个人应当按照税务机关的规定存放和保管发票，不得擅自损毁。已经开具的发票存根联和发票领用簿，应当保存（　　）。（1－7 级测试）

A. 3 年　　B. 5 年　　C. 10 年　　D. 15 年

【参考答案】B

【解析】开具发票的单位和个人应当按照税务机关的规定存放和保管发票，不得擅自损毁。已经开具的发票存根联和发票领用簿，应当保存 5 年。

14. 下列情形可以在邮政委托代开增值税发票的是（　　）。（1－7 级测试）

A. 甲商贸公司代开增值税专用发票，金额 2 000 元

B. 自然人乙代开增值税普通发票，金额 800 元

C. 某村村民丙销售自产农产品，代开增值税普通发票，金额 20 000 元

D. 自然人丁临时销售一批办公用品，金额 400 元

【参考答案】B

【解析】第三方委托代开业务为起征点以上的增值税普通发票，自然人按次缴纳增值税，起征点为 500 元。

15. 朝阳市龙腾商贸有限公司于 2022 年 6 月 3 日取得销售方开具的增值税专用发票 10 份，后由于会计擅自离职，未办理交接手续，导致该 10 份发票一直未认证抵扣。现正确做法是（　　）。（8－11 级测试）

A. 按照逾期增值税抵扣凭证抵扣申请流程向主管税务机关提交申请，审核通过后继续抵扣

B. 退回销货方，要求销货方重新开具

C. 在增值税发票综合服务平台对上述扣税凭证信息进行用途确认后直接抵扣

D. 由于已过 360 日认证期限，该 10 份发票不得作为扣税凭证抵扣

【参考答案】C

【解析】根据《国家税务总局关于取消增值税扣税凭证认证确认期限等增值税征管问题的公告》（国家税务总局公告 2019 年第 45 号）规定，增值税一般纳税人取得 2017 年 1 月 1 日及以后开具的增值税专用发票、海关进口增值税专用缴款书、机动车销售统一发票、收费公路通行费增值税电子普通发票，取消认证确认、稽核比对、申报抵扣的期限。纳税人在进行增值税纳税申报时，应当通过本省（自治区、直辖市和计划单列市）增值税发票综合服务平台对上述扣税凭证信息进行用途确认。

16. 增值税小规模纳税人应在代开增值税专用发票的备注栏上，加盖本单位的(　　)。(1－7级测试)

A. 公章　　B. 财务专用章

C. 发票专用章　　D. 代开增值税专票专用章

【参考答案】C

【解析】增值税小规模纳税人应在代开增值税专用发票的备注栏上，加盖本单位的发票专用章。

17. 自2022年2月1日起，增值税一般纳税人取得(　　)的海关缴款书，应当登录本省（区、市）增值税发票选择确认平台查询、选择用于申报抵扣或出口退税的海关缴款书信息。(1－7级测试)

A. 仅注明一个缴款单位信息　　B. 注明两个缴款单位信息

C. 注明一个或两个缴款单位信息　　D. 经稽核比对相符

【参考答案】A

【解析】增值税一般纳税人取得仅注明一个缴款单位信息的海关缴款书，应当登录本省（区、市）增值税发票选择确认平台（简称“选择确认平台”）查询、选择用于申报抵扣或出口退税的海关缴款书信息。

18. 下列渎职犯罪中，犯罪主体需为税务人员的是(　　)。(8－11级测试)

A. 玩忽职守罪　　B. 徇私舞弊发售发票罪

C. 违法提供出口退税凭证罪　　D. 徇私舞弊不移交刑事案件罪

【参考答案】B

【解析】玩忽职守罪的主体是国家工作人员；徇私舞弊发售发票罪的犯罪主体为税务机关工作人员；违法提供出口退税凭证罪的主体为海关人员；徇私舞弊不移交刑事案件罪主体为行政执法人员。

19. 2018年8月开出全国首张区块链电子发票的地点是(　　)。(8－11级测试)

A. 上海　　B. 深圳　　C. 厦门　　D. 广州

【参考答案】B

【解析】2018年8月，全国首张区块链电子发票在深圳实现落地。

20. 下列不属于增值税专用发票基本联次的是(　　)。(8－11级测试)

A. 发票联　　B. 存根联　　C. 记账联　　D. 抵扣联

【参考答案】B

【解析】增值税专用发票基本联次为三联：发票联，抵扣联和记账联。

21. 使用发票的单位和个人发生发票丢失情形时，应当于发现丢失(　　)书面报告税务机关。(8－11级测试)

A. 当日　　B. 次日　　C. 5日内　　D. 15日内

【参考答案】A

【解析】使用发票的单位和个人发生发票丢失情形时，应当于发现丢失当日书面报告税务机关。

22. 关于全电发票、税控发票之间红冲的规则，以下说法不正确的为(　　)。

A. 全电发票可以对全电发票、全电纸票进行红冲

B. 全电发票可以对税控发票进行红冲

C. 全电纸票可以对全电发票进行红冲

D. 税控发票不可以对全电发票进行红冲

【参考答案】C

【解析】根据现行全电发票、税控发票之间红冲的相关规则，全电纸票可以对全电纸票、税控发票进行红冲，不可以对全电发票进行红冲。

23. 甲纳税人运输疫情防控重点保障物资适用于疫情防控增值税免税政策，但已经开具增值税专用发票，如果甲纳税人想要享受免税政策，以下说法错误的是(　　)。(8－11级测试)

A. 在开具对应红字发票前，可以先适用免征增值税政策

B. 对应红字发票完成开具的期限是相关免征增值税政策执行到期后1个月内

C. 在开具对应红字发票或者作废原发票后，可以适用免征增值税政策并开具普通发票

D. 在开具对应红字发票前，不得享受免征增值税政策

【参考答案】D

【解析】《国家税务总局关于支持新型冠状病毒感染的肺炎疫情防控有关税收征收管理事项的公告》(国家税务总局公告2020年第4号)。

24. 内控管理岗要对内控岗工作情况进行重点抽查，抽查比例暂按(　　)。(8－11级测试)

A. 5%　　B. 10%　　C. 20%　　D. 30%

【参考答案】D

【解析】总局专票电子化试点工作组内控监督组2020年12月17日在增值税专用发票电子化试点内控工作介绍培训讲稿中的讲话。

25. 税务机关对正常持续经营的纳税人实行白名单动态管理，风险管理系统自动将符合条件的纳税人纳入白名单，可以对基层单位报送的白名单进行维护的税务机关是(　　)。(8－11级测试)

A. 国家税务总局　　B. 省税务局

C. 市税务局　　D. 县（区）税务局

【参考答案】B

【解析】《增值税专用发票电子化试点网格化服务和管理工作规范（1.0版）》第二章开票方网格化管理第二项发票开具规定：对正常持续经营的纳税人实行白名单动态管理，风险管理系统自动将符合条件的纳税人纳入白名单，省税务局可以对基层单位报送的白名单进行维护。

26. 根据《关于进一步深化税收征管改革的意见》，我国基本实现发票全领域、全环节、全要素电子化，着力降低制度性交易成本的时间是(　　)。(8－11级测试)

A. 2022年　　B. 2023年　　C. 2024年　　D. 2025年

【参考答案】D

【解析】根据《关于进一步深化税收征管改革的意见》提出稳步实施发票电子化改革，到2025年基本实现发票全领域、全环节、全要素电子化，着力降低制度性交易成本。

27. “一户式”应用2.0版一户式查询是以纳税人信息为归集对象，查询纳税人在全国范围内的各类涉税数据，从汇总信息到明细数据、从原始信息到数据分析，全方位展示纳税人涉税信息。其中“一户式”应用2.0版中票种核定信息查询流程是(　　)。(8－11级测试)

A. 一户式查询（核心征管）——录入纳税人识别号——发票——发票票种核定信息清册——发票票种核定信息

B. 一户式（网格化一户式查询）——录入纳税人识别号——纳税人明细表——税务基本信息——发票类信息——票种核定信息

C. 一户式查询（网格）——录入纳税人识别号——发票信息——票种核定——票种核定信息

D. 一户式查询（核心征管）——发票票种核定清册——纳税人识别号——发票票种核定信息

【参考答案】C

【解析】一户式2.0系统基本操作。

28. 王某为江东市税务局相关岗位工作人员，2022年6月29日，王某通过“一户式”应用2.0版低风险纳税人票种核定情况查询有关数据，王某查询路径正确的是(　　)。(8－11级测试)

A. 发票信息——票种核定——风险纳税人票种核定情况查询

B. 风险信息——风险情况查询——低风险纳税人票种核定情况查询

C. 内控督导——纯人工指标查询——低风险纳税人票种核定情况查询

D. 征收信息——风险情况查询——低风险纳税人票种核定情况查询

【参考答案】C

【解析】根据“一户式”应用2.0版系统操作手册第172页操作流程，依次点击菜单功能菜单—内控督导—纯人工指标查询—低风险纳税人票种核定情况查询。

29. 安徽省江东市E货物运输有限责任公司（小规模纳税人），2022年6月到浙江省从事货物运输，并代开增值税专用发票2份，金额20 000元，税额200元。网格员想查询E公司异地代开信息，应通过“一户式”应用2.0版系统查询的功能模块是（　　）。(8－11级测试)

A. 一户式分析——代开信息——异地代开信息

B. 一户式分析——跨省信息——外出经营信息

C. 一户式分析——发票信息——外出经营信息

D. 一户式分析——征收信息——异地代开信息

【参考答案】B

【解析】根据“一户式”应用2.0版系统操作手册第48页。

30. 税务机关向风险等级为Ⅰ的纳税人首次核定普通发票最高限额、份数不超过（　　）。(8－11级测试)

A. 10万元，10份　　B. 10万元，1份

C. 千元，10份　　D. 千元，1份

【参考答案】D

【解析】《增值税发票风险防控操作指引》第9页。

31. 江东市乙公司成立于2021年3月15日，当日办理一般纳税人登记，并申请电子专用发票，乙公司财务人员可以下载增值税电子发票版式文件阅读器的平台是（　　）。(8－11级测试)

A. 增值税电子发票公共服务平台　　B. 增值税发票综合服务平台

C. 全国增值税发票查验平台　　D. 增值税发票税控系统

【参考答案】C

【解析】《国家税务总局关于新办纳税人中施行增值税专用发票电子化有关事项的通知》（国家税务总局公告〔2020〕22号）。

32. 对(　　)实行白名单动态管理，风险管理系统自动将符合条件的纳税人纳入白名单，省税务局可以对基层单位报送的白名单进行维护。(8－11级测试)

A. 非正常经营的企业　　B. 正常经营的企业

C. 连续经营的纳税人　　D. 正常持续经营的纳税人

【参考答案】D

【解析】《增值税专用发票电子化试点网格化服务和管理工作规范1.0版》第二部分发票开具风险监控（一）业务流程的相关内容。

33. 江东县税务局纳税服务股股长想通过系统查询7月电子专票网格化服务开展情况，查询模块为(　　)。(8－11级测试)

A. 服务情况统计　　B. 电子专票网格化服务情况统计

C. 电子专票网格化服务情况查询　　　　D. 未服务纳税人查询

【参考答案】A

【解析】《“一户式”应用2.0版—操作手册—网格化服务和管理》，服务情况统计对网格化服务开展情况进行统计分析。

34. 代开税务机关为纳税人代开普票，应当使用(　　)或增值税电子普通发票。(8－11级测试)

A. 增值税电子专用发票　　　　B. 增值税纸质普通发票

C. 三联增值税纸质普通发票　　　　D. 五联增值税纸质普通发票

【参考答案】D

【解析】《国家税务总局关于进一步加强代开增值税普通发票管理有关事项的通知》。

## 二、多项选择题

1. 增值税一般纳税人发生下列行为，不得开具增值税专用发票的有(　　)。(1－7级测试)

A. 销售自己使用过的包装物　　　　B. 转让金融商品

C. 销售旧货　　　　D. 销售免税货物（除另有规定外）

【参考答案】BCD

【解析】增值税一般纳税人销售免税货物（除另有规定外）、销售旧货、向消费者个人销售货物、转让金融商品等，不得开具增值税专用发票。

2. 印制发票企业应具备的条件有(　　)。(1－7级测试)

A. 取得印刷经营许可证和营业执照

B. 设备、技术水平能够满足印刷发票的需要

C. 有健全的财务制度

D. 有严格的质量监督、安全管理、保密制度

【参考答案】ABCD

【解析】印制发票企业应具备的条件有：（1）取得印刷经营许可证和营业执照；（2）设备、技术水平能够满足印刷发票的需要；（3）有健全的财务制度和严格的质量监督、安全管理、保密制度。除专用发票以外的发票，由省、自治区、直辖市税务机关确定。

3. 小规模纳税人月销售额超过10万元的，使用增值税发票管理系统开具(　　)。(1－7级测试)

A. 增值税普通发票　　　　B. 机动车销售统一发票

C. 增值税电子普通发票　　　　D. 通用机打发票

【参考答案】ABC

【解析】按照《国家税务总局关于小规模纳税人免征增值税政策有关征管问题的公告》（国家税务总局公告 2019 年第 4 号）规定，小规模纳税人月销售额超过 10 万元的，使用增值税发票管理系统开具增值税普通发票、机动车销售统一发票、增值税电子普通发票。

4. 对纳税信用评价为 D 级的纳税人，增值税发票领用政策说法正确的有(　　)。(1－7 级测试)

A. 增值税专用发票领用按辅导期一般纳税人政策办理

B. 增值税专用发票领用严格限额限量供应，根据实际情况随时调整

C. 普通发票的领用实行交（验）旧供新、严格限量供应

D. 普通发票的领用实行交（验）旧供新、符合条件的按需供应

【参考答案】AC

【解析】对纳税信用评价为 D 级的纳税人，增值税专用发票领用按辅导期一般纳税人政策办理，普通发票的领用实行交（验）旧供新、严格限量供应。

5. 海关进口增值税专用缴款书的比对结果包括(　　)。(1－7 级测试)

A. 一致　　B. 相符　　C. 不符　　D. 滞留

【参考答案】BCD

【解析】海关进口增值税专用发票稽核比对的结果分为相符、不符、滞留、缺联、重号五种。

6. 以下关于税务行政许可受理说法，正确的是(　　)。(1－7 级测试)

A. 纳税人提出的行政许可申请事项依法不属于本行政机关职权范围的，办税服务厅不受理，当场制作并送达《税务行政许可不受理通知书》，同时告知其解决的途径

B. 申请材料存在问题可以当场更正的，应当一次性告知纳税人更正；申请材料不齐全或不符合法定形式的，应当当场或者 5 日内制作《补正税务行政许可材料告知书》，一次性告知纳税人需要补正的材料，并制作《税务文书送达回证》由纳税人签收

C. 办税服务厅接收纳税人报送的资料，核对资料是否齐全、是否符合法定形式、填写内容是否完整，符合的即时受理，制作《税务行政许可受理通知书》送达纳税人，并制作《税务文书送达回证》由纳税人签收

D. 申请事项属于税务机关管辖范围，但不需要取得税务行政许可的，当场制作并送达《税务行政许可不予受理通知书》，并制作《税务文书送达回证》由纳税人签收

【参考答案】BC

【解析】选项 A 纳税人提出的行政许可申请事项依法不属于本行政机关职权范围

的，办税服务厅不予受理，当场制作并送达《税务行政许可不予受理通知书》，并制作《税务文书送达回证》由纳税人签收。选项D申请事项属于税务机关管辖范围，但不需要取得税务行政许可的，应当即时告知纳税人不受理，同时告知其解决的途径。

7. 目前，已取消(　　)的手工验旧，税务机关利用增值税发票管理系统等系统上传的发票数据，通过信息化手段实现增值税发票验旧工作。(1－7级测试)

A. 增值税专用发票　　B. 增值税电子普通发票

C. 机动车销售统一发票　　D. 二手车销售统一发票

【参考答案】ABCD

【解析】取消增值税发票（包括增值税专用发票、增值税普通发票、增值税电子普通发票、机动车销售统一发票、二手车销售统一发票）的手工验旧，税务机关利用增值税发票管理系统等系统上传的发票数据，通过信息化手段实现增值税发票验旧工作。

8. 下列关于发票缴销，说法正确的是(　　)。(1－7级测试)

A. 纳税人因信息变更或清税注销，跨区域经营活动结束，发票换版、损毁，停业等原因按规定需要缴销发票的，到税务机关进行缴销处理

B. 税务机关对纳税人领用的空白发票做剪角处理

C. 一般纳税人转登记为小规模纳税人，须缴销增值税税控系统专用设备，对领用尚未填开的空白发票进行缴销

D. 本事项税务机关提供“最多跑一次”服务

【参考答案】BD

【解析】选项A，停业无须缴销发票；选项C，一般纳税人转登记为小规模纳税人，可以继续使用现有增值税税控系统专用设备开具增值税发票，不需要缴销增值税税控系统专用设备和增值税发票

9. 以下属于增值税税控系统专用设备变更发行中变更内容的是(　　)。(1－7级测试)

A. 纳税人名称变更

B. 纳税人发行授权信息变更

C. 增值税发票管理新系统离线开票时限和离线开票总金额变更

D. 购票人员姓名、密码发生变更

【参考答案】ABCD

【解析】变更的内容：包括纳税人名称变更；纳税人除名称外其他税务登记基本信息变更；纳税人发行授权信息变更；因纳税人金税盘、税控盘、报税盘损坏，而对其金税盘、税控盘、报税盘进行变更；因纳税人开票机数量变化而进行发行变更；增值税发票管理新系统离线开票时限和离线开票总金额变更；购票人员姓名、密码发生变更等。

10. 纳税人发生下列(　　)情形的，需要上缴增值税税控系统专用设备。(1－7级测试)

A. 依法清税注销、终止纳税义务

B. 减少分开票机

C. 根据国家税务总局的统一部署，需更换新型号防伪税控设备的，其旧型号防伪税控设备需办理注销发行

D. 一般纳税人转登记为小规模纳税人

【参考答案】ABC

【解析】纳税人有下列情形之一的，需要上缴增值税税控系统专用设备：(1) 依法清税注销、终止纳税义务；(2) 减少分开票机；(3) 根据国家税务总局的统一部署，需更换新型号防伪税控设备的，其旧型号防伪税控设备需办理注销发行。

11. 提供建筑服务，纳税人代开增值税发票时，应在备注栏注明(　　)。(1－7 级测试)

A. 建筑服务发生地县（市、区）名称　　B. 建筑服务项目名称

C. 全部价款和价外费用　　D. 支付的分包款

【参考答案】AB

【解析】提供建筑服务，纳税人代开增值税发票时，应在备注栏注明建筑服务发生地县（市、区）名称及项目名称。

12. 纳税人办理产权过户手续需要使用发票的，可以使用(　　)。(1－7 级测试)

A. 增值税专用发票第四联　　B. 增值税专用发票第六联

C. 增值税普通发票第三联　　D. 增值税普通发票第五联

【参考答案】BC

【解析】纳税人办理产权过户手续需要使用发票的，可以使用增值税专用发票第六联或者增值税普通发票第三联。

13. 关于代开增值税专用发票，以下说法正确的有(　　)。(1－7 级测试)

A. 销售不动产，纳税人代开增值税发票时，应在“货物或应税劳务、服务名称”栏填写房屋产权证书号码（无房屋产权证书的可不填写），“单位”栏填写面积单位，应提供不动产的详细地址

B. 出租不动产，纳税人代开增值税发票时，应提供不动产的详细地址

C. 跨县（市、区）提供不动产经营租赁服务、建筑服务的小规模纳税人（不包括其他个人），代开增值税发票时，在发票备注栏中自动打印“YD”字样

D. 小规模纳税人跨县（市、区）提供建筑服务，不能自行开具增值税发票的，可向建筑服务发生地主管税务机关按照其取得的全部价款和价外费用扣除支付的分包款申请代开增值税发票

【参考答案】BC

【解析】选项 A，销售不动产，纳税人代开增值税发票时，应在“货物或应税劳

务、服务名称”栏填写不动产名称及房屋产权证书号码（无房屋产权证书的可不填写），“单位”栏填写面积单位，应提供不动产的详细地址。选项D，小规模纳税人跨县（市、区）提供建筑服务，不能自行开具增值税发票的，可向建筑服务发生地主管税务机关按照其取得的全部价款和价外费用申请代开增值税发票。

14. 关于未按期申报抵扣增值税扣税凭证抵扣申请，纳税人发生真实交易且存在客观原因，属于下列(　　)情形的，经税务机关核实后，允许纳税人继续申报抵扣其进项税额。(1－7级测试)

A. 增值税一般纳税人取得的增值税扣税凭证未按照规定期限选择确认、申报抵扣的

B. 实行纳税辅导期管理的增值税一般纳税人，取得的增值税扣税凭证稽核比对结果相符但未按照规定期限申报抵扣的

C. 实行海关进口增值税专用缴款书“先比对后抵扣”管理办法的增值税一般纳税人，取得的增值税扣税凭证稽核比对结果相符但未按规定期限申报抵扣的

D. 实行农产品增值税进项税额核定扣除一般纳税人，未按照规定期限及时计算核定扣除进项税额的

【参考答案】BC

【解析】依据《国家税务总局关于未按期申报抵扣增值税扣税凭证有关问题的公告》(国家税务总局公告2011年第78号)，纳税人发生真实交易且存在客观原因，属于下列情形的，经税务机关核实后，允许纳税人继续申报抵扣其进项税额。(1) 增值税一般纳税人取得的增值税扣税凭证已认证、已选择确认或已采集上报信息，但未按照规定期限申报抵扣的。(2) 实行纳税辅导期管理的增值税一般纳税人，取得的增值税扣税凭证稽核比对结果相符但未按照规定期限申报抵扣的。(3) 实行海关进口增值税专用缴款书“先比对后抵扣”管理办法的增值税一般纳税人，取得的增值税扣税凭证稽核比对结果相符但未按规定期限申报抵扣的。

15. 下列情形中，一般纳税人取得的发票可以抵扣进项税额的有(　　)。(1－7级测试)

A. 购进办公用品取得的增值税普通发票

B. 从农民收购农产品的收购发票

C. 单位职工甲出差从北京到首尔的机票

D. 单位职工乙出差从北京到天津的火车票

【参考答案】BD

【解析】增值税专用发票、农产品收购发票、国内旅客运输发票和境外购进货物的解缴税款的完税凭证均可以抵扣进项税额，C选项为国际旅客运输服务，不可以抵扣。

16. 依据增值税的有关规定，下列各项中，正确的有(　　)。(1－7级测试)

A. 国有粮食购销企业销售粮食免征增值税，不得开具增值税专用发票

B. 国有粮食购销企业销售粮食免征增值税，一律开具增值税专用发票

C. 一般纳税人企业从国有粮食购销企业购进的免税粮食，可依照国有粮食购销企业开具的增值税专用发票注明的税额抵扣进项税额

D. 政府储备食用植物油的销售免征增值税

【参考答案】BCD

【解析】选项 A，国有粮食购销企业销售粮食虽然免征增值税，但是一律开具增值税专用发票。

17. 三江市某纳税人享受免税政策，但已开具增值税专用发票。该纳税人希望享受免税政策，以下说法正确的是（　　）。(1－7 级测试)

A. 在作废原发票后，可以适用免征增值税政策并开具普通发票

B. 在开具对应红字发票后，可以适用免征增值税政策并开具普通发票

C. 在开具对应红字发票前，可以先适用免征增值税政策

D. 在开具对应红字发票前，不得享受免征增值税政策

【参考答案】ABC

【解析】适用免征增值税政策的，不得开具增值税专用发票；已开具增值税专用发票的，应当开具对应红字发票或者作废原发票，再按规定适用免征增值税政策并开具普通发票。

18. 纳税人可以通过以下（　　）途径登录电子税务局申请发票邮寄。(1－7 级测试)

A. 自然人　　B. 实名用户　　C. 证书用户　　D. 普通用户

【参考答案】BC

【解析】根据国家税务总局电子税务局建设规范以及实名认证、数字证书推广规定，目前纳税人可以通过实名登录和数字证书方式登录电子税务局申请办理发票邮寄业务。

19. 税务机关要加强对电子发票第三方平台的备案管理，要求平台运营商向省税务机关备案（　　）。(1－7 级测试)

A. 收费标准　　B. 运营商名称

C. 技术方案　　D. 管理方案

【参考答案】BCD

【解析】2019 年 4 月 4 日，《国家税务总局 国家发展改革委 财政部 国务院国有资产监督管理委员会 国家市场监督管理总局 国家档案局关于坚决查处第三方涉税服务借减税降费巧立名目乱收费行为的通知》（税总发〔2019〕49 号）规定，税务机关要加强对电子发票第三方平台的备案管理，要求平台运营商向省税务机关备案运营商名称、技术方案、管理方案。

20. 对涉及增值税专用发票的犯罪案件，下列处理正确的有(　　)(1－7级测试)

A. 非法购买增值税专用发票的，按非法购买增值税专用发票罪定罪处罚

B. 非法购买增值税专用发票后又虚开的，按非法购买增值税专用发票罪和虚开增值税专用发票罪并罚

C. 非法购买增值税专用发票后又出售的，按非法出售增值税专用发票罪定罪处罚

D. 非法购买伪造的增值税专用发票后又出售的，按出售伪造的增值税专用发票罪定罪处罚

【参考答案】ACD

【解析】根据《中华人民共和国刑法》规定，如果行为人非法购买增值税专用发票或者购买伪造的增值税专用发票又虚开或者出售的，则不再定前罪，而应当按照虚开增值税专用发票、出售伪造的增值税专用发票罪、非法出售增值税专用发票罪定罪处罚。所以选项B错误。

21. 全国税务系统增值税专用发票电子化试点扩围动员部署暨视频培训会议指出，总局全面梳理发票全流程服务和管理事项，创新“一户式”信息归集和网格化服务管理方式，构建了“1＋1＋5”的专票电子化试点制度机制，下面属于“1＋1＋5”制度机制的有(　　)。(8－11级测试)

A. 一套业务流程及岗责体系　　B. 一套工作规范

C. 内控、督导、绩效　　D. 内控、督导、考核

【参考答案】ABC

【解析】“1＋1＋5”制度机制即：一套业务流程及岗责体系，一套工作规范，内控、督导、绩效，特派办，纪律监督共5个专项方案。

22. B公司是增值税电子专票试点纳税人，其使用税务Ukey时不可以开具的发票包括(　　)。(8－11级测试)

A. 通行费电子普通发票　　B. 纸质增值税专用发票

C. 通用机打发票　　D. 纸质机动车销售统一发票

【参考答案】AC

【解析】《国家税务总局关于在新办纳税人中实行增值税专用发票电子化有关事项的公告》(国家税务总局公告2020年第22号)第四条。

23. 江东市Z公司成立于2022年6月28日，6月30日到市税务局办税服务厅办理增值税电子专用发票票种核定事宜，假设你是办税服务厅综合服务岗小王，下列关于通过金三系统和税控系统办理票种核定操作正确的有(　　)。(8－11级测试)

A. 进入金三系统“发票票种核定申请［综合服务岗(所)］”模块，输入纳税人识别号，发票代码选择14

B. 进入金三“增值税专用发票最高开票限额申请［综合服务岗(所)］”模块，

根据纳税人的需求对增值税电子专用发票进行最高开票限额的核定。

C. 在税控系统中直接点击一级菜单［用户注册登记］，进入用户注册登记页面。输入纳税人识别号，进入纳税人税务基本信息登记页面。

D. 接收到从核心征管获取的纳税人信息，点击［确认］，按导航设定顺序完成用户登记，点击［确认］；再进入税控设备登记页面，点击［新增税控设备］，进入新增税控设备页面；将税控设备与电脑连接，点击［读取设备信息］，选择启用时间和发票类型，点击［保存］，点击［初始化写盘］，写盘成功。

【参考答案】BD

【解析】根据《增值税专用发票电子化试点税务端系统操作手册》，A 选项发票代码选择为 13，C 选项需要先点击一级菜单［发行管理］。

24. 网格化管理为网格员提供了发票动态监控和管理事项监控的集成展示，江东市税务局网格员小王对某公司的数据进行监控，小王使用网格管理动态监控可获取纳税人有关数据时段包括(　　)。(8－11 级测试)

A. 24 小时　　B. 72 小时　　C. 最近 30 天　　D. 最近 12 个月

【参考答案】ACD

【解析】根据《“一户式”应用 2.0 版系统操作手册》，使用网格管理动态监控获取最近 24 小时、最近 30 日、最近 12 个月网格内纳税人的领票、开票、受票、结存的数据，查看一定的时间范围、具体票种、具体环节的发票整体情况和风险情况，包括纳税人户数、发票张数、发票金额的具体情况。

## 三、判断题

1. 纳税信用为 A 级的纳税人，可单次发放不超过 3 个月用量的增值税专用发票。(　　)(1－7 级测试)

【参考答案】√

【解析】纳税信用为 A 级的纳税人，可单次发放不超过 3 个月用量的增值税专用发票。

2. 目前税务机关根据纳税人的风险等级确定增值税专用发票最高开票限额和用票数量。(　　)

【参考答案】×

【解析】结合纳税人信用积分确定增值税专用发票最高开票限额和用票数量。

3. 增值税电子专用发票的开票方和受票方需要纸质发票的，须由开票方打印增值税电子普通发票的版式文件，其法律效力、基本用途、基本使用规定等与税务机关监制的增值税专用发票相同。(　　)(1－7 级测试)

【参考答案】×

【解析】增值税电子专用发票的开票方和受票方需要纸质发票的，可以自行打印增值税电子普通发票的版式文件，其法律效力、基本用途、基本使用规定等与税务机关监制的增值税专用发票相同。

4. 使用印有本单位名称发票的单位必须按照税务机关批准的式样和数量，到发票印制企业印制发票，印制费用由用票单位与发票印制企业直接结算，并按规定取得印制费用发票。 （ ）（1－7 级测试）

【参考答案】√

【解析】使用印有本单位名称发票的单位必须按照税务机关批准的式样和数量，到发票印制企业印制发票，印制费用由用票单位与发票印制企业直接结算，并按规定取得印制费用发票。

5. 一般纳税人申请增值税专用发票最高开票限额不超过 100 万元的，主管税务机关无须事前进行实地查验。 （ ）（1－7 级测试）

【参考答案】×

【解析】一般纳税人申请增值税专用发票最高开票限额不超过 10 万元的，主管税务机关无须事前进行实地查验。

6. 纳税人取得由服务单位开具的增值税税控系统专用设备销售发票（初次购买）以及相关的技术维护费发票，可以按规定按照发票票面的价税合计全额抵减增值税税款，不足抵减的可结转下期继续抵减。 （ ）（1－7 级测试）

【参考答案】√

【解析】纳税人取得由服务单位开具的增值税税控系统专用设备销售发票（初次购买）以及相关的技术维护费发票，可以按规定按照发票票面的价税合计全额抵减增值税税款，不足抵减的可结转下期继续抵减。

7. 纳税人应在税务机关通知发票换版时，对领用尚未填开的空白发票进行发票缴销操作。 （ ）（1－7 级测试）

【参考答案】√

【解析】纳税人应在税务机关通知发票换版时，对领用尚未填开的空白发票进行缴销。

8. 跨县（市、区）提供不动产经营租赁服务、建筑服务的小规模纳税人（不包括其他个人），代开增值税发票时，在发票备注栏中自动打印“DK”字样。 （ ）（1－7 级测试）

【参考答案】×

【解析】跨县（市、区）提供不动产经营租赁服务、建筑服务的小规模纳税人（不包括其他个人），代开增值税发票时，在发票备注栏中自动打印“YD”字样。

9. 接受税务机关委托代征税款的保险业、证券业、信用卡业和旅游业企业，向代理人或经纪人支付佣金费用后，可代代理人或经纪人统一向主管税务机关申请汇总代开

增值税普通发票，不得申请代开增值税专用发票。　(　　)(1－7级测试)

【参考答案】×

【解析】接受税务机关委托代征税款的保险业、证券业、信用卡业和旅游业企业，向代理人或经纪人支付佣金费用后，可代代理人或经纪人统一向主管税务机关申请汇总代开增值税普通发票或增值税专用发票。

10. 主管税务机关可以为纳税人代开增值税电子专用发票。　(　　)(1－7级测试)

【参考答案】×

【解析】增值税电子专用发票暂不予代开。

11. 开具红字增值税普通发票，纳税人需取得税务机关系统校验通过的“开具红字增值税专用发票信息表”。　(　　)(1－7级测试)

【参考答案】×

【解析】开具红字增值税专用发票，纳税人需取得税务机关系统校验通过的“开具红字增值税专用发票信息表”。开具红字增值税普通发票，纳税人无须提前申请。

12. 在伪造、变造现场查获的假发票，由案件查办税务机关负责鉴定发票真伪。

(　　)(1－7级测试)

【参考答案】×

【解析】在伪造、变造现场查获的假发票，由当地税务机关负责鉴定

13. 增值税专用发票电子化试点工作及相关制度机制情况介绍中指出，聚焦电子发票的涉税风险，建立纵向联动横向互动的风险防控大闭环运行机制，纵向上各级税务机关发挥各自优势，形成总局、省局、市局、县局、分局（所、科、股）五级联动格局。　(　　)(8－11级测试)

【参考答案】√

【解析】增值税专用发票电子化试点工作及相关制度机制情况介绍中指出，聚焦电子发票的涉税风险，建立纵向联动横向互动的风险防控大闭环运行机制。纵向上各级税务机关发挥各自优势，形成总局、省局、市局、县局、分局（所、科、股）五级联动格局。

14. 纳税人开具电子专票后，需要开具红字电子专票的，购买方已将电子专票用于申报抵扣的，由购买方在增值税发票管理系统中填开并上传“开具红字增值税专用发票信息表”，填开“信息表”时应填写相对应的蓝字电子专票信息。

(　　)(8－11级测试)

【参考答案】×

【解析】《国家税务总局关于在新办纳税人中实行增值税专用发票电子化有关事项的公告》（国家税务总局公告〔2020〕22号）第七条第（一）项。

15. 江东市M公司收到了一份江东市N公司开具的增值税电子专用发票，M公司财务

人员打印电子专用发票后发现没有加盖 N 公司的发票专用章，遂联系 N 公司开票人员以无发票专用章不能作为报销入账的凭证为由退回发票，请问 M 公司财务人员的做法是否正确。（　　）（8－11 级测试）

【参考答案】×

【解析】《增值税电子专用发票常见问题答复口径》（业务篇）指出，“纳税人以增值税电子专用发票的纸质打印件作为报销入账依据的，无须要求销售方在纸质打印件上加盖发票专用章，但应当同时保存打印该纸质件的增值税电子专用发票”。

16.“按户管”企业所得税税前扣除凭证（发票）风险管理中，根据风险指标，对系统按照受票方纳税人开展风险扫描形成的企业所得税税前扣除凭证（发票）风险信息，在企业所得税预缴申报后、汇缴申报前、汇缴申报后等不同阶段，区分风险类型和等级程度以不同方式推送给受票方纳税人。（　　）（8－11 级测试）

【参考答案】√

【解析】《增值税专用发票电子化试点岗责体系》规定，根据风险指标，对系统按照受票方纳税人（法人）开展风险扫描形成的企业所得税税前扣除凭证（发票）风险信息，在企业所得税预缴申报后、汇缴申报前、汇缴申报后等不同阶段，区分风险类型和等级程度以不同方式推送给受票方纳税人（法人）。其中，对于采取送达风险提示函方式的，主管税务机关在收到推送的发票风险信息后，在 10 个工作日内向纳税人送达《税务事项通知书（企业所得税税前扣除风险提示）》。

17. 税务 Ukey 首次登录初始化设置时，初始密码为 88888888，纳税人登录后必须进行修改。（　　）（8－11 级测试）

【参考答案】×

【解析】《增值税专用发票电子化试点开票软件（税务 UKey 版）操作指引》规定，税务 Ukey 初始密码为 8 个 8，纳税人可以进行修改。

18. 金柏兰大酒店，为增值税一般纳税人，2019 年 10 月从水果批发大市场某水果批发商购进水果一批，对方开具了增值税普通发票，金柏兰大酒店不可凭该普通发票计算抵扣进项税额。（　　）（1－7 级测试）

【参考答案】√

【解析】水果为增值税普通发票开具，不可抵扣。

19. 自然人稿酬所得收入申请代开发票时，税务机关在代开发票环节随征个人所得税。

（　　）（1－7 级测试）

【参考答案】×

【解析】取得劳务报酬所得、稿酬所得、特许权使用费所得的自然人申请代开发票，税务机关在代开发票环节不再随征个人所得税。

20. 一般纳税人丢失已开具专用发票的发票联和抵扣联，如果丢失前未认证的，购买方

凭销售方提供的相应专用发票存根联复印件进行认证。 ( )(1－7级测试)

【参考答案】 ×

【解析】一般纳税人丢失已开具专用发票的发票联和抵扣联，如果丢失前未认证的，购买方凭销售方提供的相应专用发票记账联复印件进行认证。

21. 纳税人善意取得虚开的增值税专用发票，如不能重新取得合法、有效的专用发票，不准抵扣进项税额或追缴已抵扣进项税额并加收滞纳金。(8－11级测试)

【参考答案】 ×

【解析】根据国家税务总局关于纳税人善意取得虚开增值税专用发票已抵扣税款加收滞纳金问题的批复，纳税人善意取得虚开的增值税专用发票被依法追缴已抵扣税款的，不属于《中华人民共和国税收征收管理法》第三十二条“纳税人未按照规定期限缴纳税款”的情形，不适用该条“税务机关除责令限期缴纳外，从滞纳税款之日起，按日加收滞纳税款0.5‰的滞纳金”的规定。

## 四、实务题

1. 纳税人需要邮寄发票，需要用什么方式登陆？(1－7级测试)

【参考答案】

只可以用证书登陆或者实名登陆。

2. 纳税人发票代开后在哪个界面查看代开记录？(1－7级测试)

【参考答案】

申请记录可以在“我要查询—办税进度及结果查询”模块查询，代开发票记录可以在“我要查询/发票查询/代开发票开具信息”查询。

3. 网络公司员工小张去上海出差，通过旅行社代订酒店，支付了510元（含旅行社收取的手续费20元)，取得旅行社开具的电子普通发票，品名“经纪代理服务”代订住宿费，价税合计510元。(8－11级测试)

(1) 自行打印增值税电子发票能作为报销原始凭证吗？

【参考答案】

可以。根据《国家税务总局关于推行通过增值税电子发票系统开具的增值税电子普通发票有关问题的公告》(国家税务总局公告2015年第84号）第三条，增值税电子普通发票的开票方和受票方需要纸质发票的，可以自行打印增值税电子普通发票的版式文件，其法律效力、基本用途、基本使用规定等与税务机关监制的增值税普通发票相同。

因此小张收到增值税电子普通发票，可以自行打印版式文件纸质发票做原始凭证，其中版式文件已经按规定盖发票专用章，不需要打印后再另加盖发票专用章。

(2) 该发票开具是否正确？应如何开具？

【参考答案】

不正确。

根据《营业税改征增值税试点实施办法》的附件《销售服务、无形资产、不动产注释》，经纪代理服务，是指各类经纪、中介、代理服务。包括金融代理、知识产权代理、货物运输代理、代理报关、法律代理、房地产中介、职业中介、婚姻中介、代理记账、拍卖等。住宿服务，是指提供住宿场所及配套服务等的活动。包括宾馆、旅馆、旅社、度假村和其他经营性住宿场所提供的住宿服务。

如果住宿费是由旅行社跟酒店购入再销售给小张的，应由旅行社就收取的住宿费和手续费全额给小张开具发票。那么这张票品名开具错误，应开具“生活服务—住宿服务”。

如果住宿费发票是由酒店开具给小张，旅行社代为收取款项的，该住宿费不属于旅行社的销售额，那么这张发票品名正确，但金额错误，旅行社只能就收取的代理手续费金额开具发票。

本案例中旅行社全额开具发票给小张，不再是经纪代理性质，应开具“生活服务—住宿服务”给小张用来报销。

4. 请列举出纳税人需要缴销发票的具体情形。(8－11 级测试)

【参考答案】

纳税人因信息变更（指纳税人因住所、经营地点变动，涉及改变主管税务机关的）或清税注销，跨区域经营活动结束，发票换版、损毁等原因按规定需要缴销发票的，到税务机关进行缴销处理。税务机关对纳税人领用的空白发票做剪角处理。

5. E 公司 2022 年 7 月 4 日到税务机关办理登记信息确认和实名信息采集。7 月 10 日，办税人员王会计到办税服务厅办理增值税一般纳税人登记，申请领用最高开票限额为 10 万元的增值税专用发票，月领用份数 100 份。窗口人员要求其填写“增值税一般纳税人资格申请表”后即时为其办理增值税一般纳税人登记。经实地核查，办税服务厅于 2 个工作日办结票种核定相关事宜，核定月领用份数 50 份，最高开票限额 10 万元，离限开票时限 48 小时。请指出上述业务办理是否符合规定？如果不符合规定，请指出正确的做法。(8－11 级测试)

【参考答案】

不符合规定。

（1）文书使用错误，应为“增值税一般纳税人登记表”；

（2）要求纳税人填写表单错误，该事项为免填单事项；

（3）实地核查错误，最高开票限额 10 万元不需事前经过实地核查，应当场办结。

（4）票种核定错误：①自 2018 年 8 月 1 日起，首次申领增值税发票发纳税人，增值税专用发票最高领用数量不得超过 25 份。②新办理增值税一般纳税人登记的纳税人，自首次开票之日起 3 个月内不得离线开具发票，该公司离线时长应设为 0。

6. 纳税人提交的海关缴款书信息经税务机关数据比对后下发结果，稽核比对结果为相符、不符、缺联、重号、滞留，分别是什么含义？后续纳税人应如何处理？（8－11级测试）

【参考答案】

（1）相符，是指纳税人申请稽核的海关缴款书，其号码与海关已核销的海关缴款书号码一致，并且比对的相关数据也均相同。

（2）不符，是指纳税人申请稽核的海关缴款书，其号码与海关已核销的海关缴款书号码一致，但比对的相关数据有一项或多项不同。

（3）缺联，是指纳税人申请稽核的海关缴款书，在规定的稽核期结束时系统中仍无相对应的海关已核销海关缴款书号码。

（4）重号，是指两个或两个以上的纳税人申请稽核同一份海关缴款书，并且比对的相关数据与海关已核销海关缴款书数据相同。

（5）滞留，是指纳税人申请稽核的海关缴款书，在规定的稽核期内系统中暂无相对应的海关已核销海关缴款书号码，留待下期继续比对。

处理方式如下：

（1）对于稽核比对结果相符的，允许申报抵扣。

（2）对于稽核比对结果为不符、缺联的海关缴款书，纳税人应当持海关缴款书原件向主管税务机关申请数据修改或核对。属于纳税人数据采集错误的，数据修改后再次进行稽核比对；不属于数据采集错误的，纳税人可向主管税务机关申请数据核对，主管税务机关会同海关进行核查。经核查，海关缴款书票面信息与纳税人实际进口货物业务一致的，纳税人登录选择确认平台查询、选择用于申报抵扣或出口退税的海关缴款书信息。

（3）对于稽核比对结果为重号的海关缴款书，纳税人可向主管税务机关申请核查。经核查，海关缴款书票面信息与纳税人实际进口货物业务一致的，纳税人登录选择确认平台查询、选择用于申报抵扣或出口退税的海关缴款书信息。

（4）对于稽核比对结果为滞留的海关缴款书，可继续参与稽核比对，纳税人不需申请数据核对。

【解析】依据《国家税务总局关于增值税发票管理等有关事项的公告》（国家税务总局公告 2019 年第 33 号）。

7. 泽宇建筑公司 2022 年 10 月派办税人员王某前往办税服务厅办理税务登记和金税盘发行及发票领用等业务，王某携带了公司的公章、发票专用章、身份证等资料前往办理。由于公司自身业务需要，申请了小规模纳税人自开增值税专用发票。（8－11级测试）

（1）纳税人首次申领增值税专用发票的最高开票限额是（　　）。

A. 1 万元　　B. 5 万元　　C. 10 万元　　D. 20 万元

【参考答案】C

【解析】税务机关为首次申领增值税发票的新办纳税人办理发票票种核定，增值税专用发票最高开票限额不超过 10 万元，每月最高领用数量不超过 25 份。

（2）首次申领增值税专用发票，每月最高领用份数不超过（　　）。

A. 10 张　　B. 25 张　　C. 30 张　　D. 50 张

【参考答案】B

【解析】税务机关为首次申领增值税发票的新办纳税人办理发票票种核定，增值税专用发票最高开票限额不超过 10 万元，每月最高领用数量不超过 25 份。

（3）纳税人首次申领增值税发票需补录的购票人信息不包括的是（　　）。

A. 姓名　　B. 身份证号码　　C. 家庭住址　　D. 手机号码

【参考答案】C

【解析】税务机关为首次申领增值税发票的新办纳税人办理发票票种核定，购票人信息补录包括：姓名、身份证、手机号码。

（4）纳税人申请小规模自开增值税专用发票在进行票种核定之前需要先进行的金税三期核心征管系统操作是（　　）。（单选）

A. 登记　　B. 归类　　C. 变更　　D. 核定

【参考答案】B

【解析】小规模纳税人自开增值税专用发票需先进行归类，选择对应的试点行业，才能进行专用发票的票种核定。

8. 实务中关于试点纳税人开具全电发票开具生开票有误、销货退回、服务中止、销售折让等情形，该如何处理，请简要说明。（8－11 级测试）

【参考答案】

试点纳税人发生开票有误、销货退回、服务中止、销售折让等情形，需要通过电子发票服务平台开具红字全电发票或红字纸质发票的，按以下规定执行：

（1）受票方已进行用途确认或入账确认的，开票方或受票方可以填开并上传“红字发票信息确认单”（以下简称“确认单”），经对方确认后，开票方全额或部分开具红字全电发票或红字纸质发票。受票方已将发票用于增值税申报抵扣的，应暂依“确认单”所列增值税税额从当期进项税额中转出，待取得开票方开具的红字发票后，与“确认单”一并作为记账凭证。

（2）受票方未做用途确认及入账确认的，开票方填开“确认单”后全额开具红字全电发票或红字纸质发票，无须受票方确认。原蓝字发票为纸质发票的，开票方应收回原纸质发票并注明“作废”字样或取得受票方有效证明。

# 第四章　申报纳税

## ★知识要点归纳

申报纳税，是纳税人、缴费人、扣缴义务人、委托代征人依据税收法律法规及相关规定，向税务机关申报、缴纳、解缴、退还税费等。享受税收优惠的纳税人（缴费人）无论当期是否产生应纳税（费）额，均应按期、如实向税务机关报告其税收优惠享受情况，税务人员应按减免税管理规定，将纳税人申报信息如实完整录入征管信息系统。

申报纳税规范是指税务机关和税务人员依照税收法律法规及相关规定，受理纳税人、扣缴义务人、委托代征人申报、缴纳、解缴、退还税费等业务的服务规范，包括26类61个事项。

享受税收优惠的纳税人无论当期是否产生应纳税额，均应按期、如实向税务机关报告其税收优惠享受情况，税务人员应按减免税管理规定，将纳税人申报信息如实完整录入征管信息系统。

主要包括增值税申报、消费税申报、车辆购置税申报、企业所得税申报、个人所得税申报、房产税申报、城镇土地使用税申报、土地增值税申报、耕地占用税申报、资源税申报、契税申报、印花税申报、车船税申报、烟叶税申报、环境保护税申报、城市维护建设税申报、基金（费）申报、定期定额户申报、委托代征申报、代收代缴（代扣代缴）申报、财务会计报告报送、延期申报纳税、申报错误更正、退（抵）税办理等事项。

除了税务行政许可事项和退（抵）税办理事项，均为即时办结事项，办税服务厅接收纳税人报送的资料，核对资料是否齐全、是否符合法定形式、填写内容是否完整。符合的即时办结；不符合的当场一次性告知应补正资料或不予受理原因。

### 一、增值税申报

增值税申报，是指纳税人、扣缴义务人为正确履行纳税义务，就增值税申报有关事项向税务机关提交有关申报报告的法律行为。增值税申报包括：增值税预缴申报、增值税一般纳税人申报、原油天然气增值税申报、增值税小规模纳税人申报、航空运输企业年度清算申报。

增值税预缴申报，纳税人（不含其他个人）跨地（市、州）提供建筑服务、房地产开发企业预售自行开发的房地产项目、纳税人（不含其他个人）出租与机构所在地不在同一县（市）的不动产，按规定需要在项目所在地或不动产所在地主管税务机关预缴税款的，需填写“增值税预缴税款表”。纳税人使用“增值税预缴税款表”在异地办理预缴税款时，应填报注册地纳税人识别号。

1. 纳税人按照规定从取得的全部价款和价外费用中扣除支付的分包款，应当取得符合法律、行政法规和国家税务总局规定的合法有效凭证，否则不得扣除。

上述凭证是指：(1) 从分包方取得的2016年4月30日前开具的建筑业营业税发票。上述建筑业营业税发票在2016年6月30日前可作为预缴税款的扣除凭证。(2) 从分包方取得的2016年5月1日后开具的，备注栏注明建筑服务发生地所在县（市、区）、项目名称的增值税发票。(3) 国家税务总局规定的其他凭证。

2. “增值税预缴税款表”各预征项目设置如下预征率：

（1）建筑安装：2%、3%；

（2）销售不动产：3%；

（3）出租不动产：3%、5%；

（4）个体工商户出租住房：按照5%的征收率减按1.5%。

3. 根据《财政部 税务总局关于对增值税小规模纳税人免征增值税的公告》（财政部 税务总局公告2022年第15号，以下简称“15号公告”）规定，自2022年4月1日至2022年12月31日，适用3%预征率的预缴增值税项目，暂停预缴增值税。

4. 增值税一般纳税人申报是指一般纳税人应依照税收法律、法规、规章及其他有关规定，在规定的纳税期限内填报“增值税纳税申报表（一般纳税人适用）”及附表，向税务机关进行纳税申报。

（1）纳税人当月有增值税留抵税额，又存在欠税的，可办理增值税留抵抵欠业务；纳税人有多缴税金，又存在欠税，可办理抵缴欠税业务。

（2）纳税人自办理税务登记至登记为一般纳税人期间，未取得生产经营收入，未按照销售额和征收率简易计算应纳税额申报缴纳增值税的，其在此期间取得的增值税扣税凭证，可以在登记为一般纳税人后抵扣进项税额。

（3）增值税的纳税期限分别为1日、3日、5日、10日、15日、1个月或者1个季度。纳税人的具体纳税期限，由主管税务机关根据纳税人应纳税额的大小分别核定；不能按照固定期限纳税的，可以按次纳税。纳税人以1个月或者1个季度为1个纳税期的，自期满之日起15日内申报纳税；以1日、3日、5日、10日或者15日为1个纳税期的，自期满之日起5日内预缴税款，于次月1日起15日内申报纳税并结清上月应纳税款。纳税人进口货物，应当自海关填发海关进口增值税专用缴款书之日起15日内缴纳税款。遇最后一日是法定休假日的，以休假日期满的次日为期限的最后一日；在期限内有连续3日以上法定休假日的，按休假日天数顺延。

银行、财务公司、信托投资公司、信用社、财政部和国家税务总局规定的其他纳税人可选择按季申报。

5. 增值税小规模纳税人申报是指小规模纳税人依据相关税收法律、法规的规定依法履行纳税义务，按照税收法律、法规、规章及其他有关规定，在规定的纳税期限内填报“增值税纳税申报表小规模纳税人适用）”及附表、其他相关资料，向税务机关进行纳税申报。

（1）年应税销售额超过小规模纳税人标准的其他个人按小规模纳税人纳税；原增值税纳税人中非企业性单位、不经常发生应税行为的企业可选择按小规模纳税人规定申报缴纳增值税；营改增纳税人中年应税销售额超过规定标准但不经常发生应税行为的单位和个体工商户可选择按照小规模纳税人纳税。

（2）增值税的纳税期限分别为1日、3日、5日、10日、15日、1个月或者1个季度。纳税人的具体纳税期限，由主管税务机关根据纳税人应纳税额的大小分别核定；不能按照固定期限纳税的，可以按次纳税。纳税人以1个月或者1个季度为1个纳税期的，自期满之日起15日内申报纳税；以1日、3日、5日、10日或者15日为1个纳税期的，自期满之日起5日内预缴税款，于次月1日起15日内申报纳税并结清上月应纳税款。纳税人进口货物，应当自海关填发海关进口增值税专用缴款书之日起15日内缴纳税款。遇最后一日是法定休假日的，以休假日期满的次日为期限的最后一日；在期限内有连续3日以上法定休假日的，按休假日天数顺延。按固定期限纳税的小规模纳税人可以选择以1个月或1个季度为纳税期限，一经选择，一个会计年度内不得变更。

（3）增值税小规模纳税人缴纳增值税、消费税、文化事业建设费，以及随增值税、消费税附征的城市维护建设税、教育费附加等税费，原则上实行按季申报。纳税人要求不实行按季申报的，由主管税务机关根据其应纳税额大小核定纳税期限。

（4）根据15号公告规定，自2022年4月1日至2022年12月31日，增值税小规模纳税人适用3%征收率的应税销售收入，免征增值税。

6. 纳税人对报送材料的真实性和合法性承担责任。在纳税人资料完整且符合法定受理条件的前提下，税务机关提供“最多跑一次”服务。纳税人未按照规定的期限办理纳税申报和报送纳税资料的，将影响纳税信用评价结果，并依照《中华人民共和国税收征收管理法》有关规定承担相应法律责任。

7. 航空运输企业年度清算申报是指航空运输企业总机构在年度终了后25个工作日内，计算分支机构发生《应税服务范围注释》所列业务年度清算的应纳税额，并向主管税务机关报送“××年度航空运输企业年度清算表”，税务机关受理申报，并于年度终了后40个工作日内将“××年度航空运输企业年度清算表”逐级报送国家税务总局，国家税务总局根据分支机构年度清算的应纳税额情况，通知分支机构所在地的省税务机关，在一定时期内暂停分支机构预缴增值税或在分支机构预缴增值税时补缴入库。

8. 分支机构年度清算的应纳税额小于分支机构已预缴税额，且差额较大的，由国家税务总局通知分支机构所在地的省税务机关，在一定时期内暂停分支机构预缴增值税；分支机构年度清算的应纳税额大于分支机构已预缴税额，差额部分由国家税务总局通知分支机构所在地的省税务机关，在分支机构预缴增值税时一并补缴入库。

## 二、企业所得税申报

企业所得税申报，是指纳税人、扣缴义务人为正确履行纳税义务，就企业所得税申报有关事项向税务机关提交有关申报报告的法律行为。企业所得税申报包括：居民企业（查账征收）企业所得税月（季）度申报、居民企业（查账征收）企业所得税年度申报、居民企业（核定征收）企业所得税月（季）度申报、居民企业（核定征收）企业所得税年度申报、清算企业所得税申报、企业所得税汇总纳税总分机构信息报告、非居民企业所得税自行申报、非居民企业所得税预缴申报、非居民企业所得税年度申报、关联业务往来年度报告申报、扣缴企业所得税报告。

企业所得税分月或者分季预缴，由税务机关具体核定。符合条件的小型微利企业，实行按季度申报预缴企业所得税。企业所得税预缴申报必须连续进行，中间缺漏的属期要先补充完整，才能继续申报。

## 三、个人所得税申报

个人所得税申报，主要是个人所得税自行纳税申报。

个人所得税自行纳税申报，包括居民综合所得个人所得税年度自行申报、经营所得个人所得税月（季）度申报、经营所得个人所得税年度申报、多处经营所得个人所得税汇总年度申报、居民其他分类所得个人所得税自行申报、非居民个人所得税自行申报、限售股转让所得个人所得税清算申报等7个涉税事项。

1. 居民综合所得个人所得税年度自行申报

（1）居民个人取得工资、薪金所得、劳务报酬所得、稿酬所得、特许权使用费所得等综合所得且符合下列情形之一的纳税人，应当在取得所得的次年3月1日至6月30日内填报“个人所得税年度自行纳税申报表”及其他相关资料，办理汇算清缴或者随汇算清缴一并办理纳税申报：（1）从两处以上取得综合所得，且综合所得年收入额减除专项扣除后的余额超过6万元；（2）取得劳务报酬所得、稿酬所得、特许权使用费所得中一项或者多项所得，且综合所得年收入额减除专项扣除的余额超过6万元；（3）纳税年度内预缴税额低于应纳税额；（4）纳税人申请退税；（5）纳税人取得综合所得，扣缴义务人未扣缴税款的。

（2）享受子女教育、继续教育、住房贷款利息或者住房租金、赡养老人、婴幼儿照护专项附加扣除的纳税人，自符合条件开始，可以向支付工资、薪金所得的扣缴义务人提供上述专项附加扣除有关信息办理扣除；也可以向汇缴地主管税务机关办理汇算清缴申报时扣除。纳税人未取得工资、薪金所得，仅取得劳务报酬所得、稿酬所得、特许权使用费所得需要享受专项附加扣除的，应当自行向汇缴地主管税务机关报送“个人所得税专项附加扣除信息表”，并在办理汇算清缴申报时扣除。享受大病医疗专项附加扣除的纳税人，由其自行向汇缴地主管税务机关办理汇算清缴申报时扣除。

（3）纳税人因移居境外注销中国户籍的，且在注销户籍年度取得综合所得的，应当在注销户籍前，办理当年综合所得的汇算清缴，并报送“个人所得税年度自行纳税申报表”。尚未办理上一年度综合所得汇算清缴的，应当在办理注销户籍纳税申报时一并办理。

纳税人办理注销户籍纳税申报时，需要办理专项附加扣除、依法确定的其他扣除的，应当向税务机关报送“个人所得税专项附加扣除信息表”“商业健康保险税前扣除情况明细表”“个人税收递延型商业养老保险税前扣除情况明细表”等。

2. 经营所得个人所得税月（季）度申报

纳税人取得经营所得，以每一纳税年度的收入总额减除成本、费用以及损失后的余额，为应纳税所得额，按年计算个人所得税。纳税人应当在月度或季度终了后15日内填报“个人所得税经营所得纳税申报表（A表）”及其他相关资料，向经营管理所在地主管税务机关办理预缴纳税申报，并预缴税款。个体工商户业主、个人独资企业投资者、合伙企业个人合伙人、承包承租经营者个人以及其他从事生产、经营活动的个人取得经营所得的，应当办理预缴纳税申报和汇算清缴。

3. 经营所得个人所得税年度申报

纳税人取得经营所得，以每一纳税年度的收入总额减除成本、费用以及损失后的余额为应纳税所得额，按年计算个人所得税。纳税人应当在取得所得的次年3月31日前填报“个人所得税经营所得纳税申报表（B表）”及其他相关资料，向经营管理所在地主管税务机关办理汇算清缴。

4. 多处经营所得个人所得税汇总年度申报

个体工商户业主、个人独资企业投资人、合伙企业个人合伙人、承包承租经营者个人以及其他从事生产、经营活动的个人在中国境内两处以上取得经营所得的，应当在分别办理年度汇算清缴后，于取得所得的次年3月31日前填报“个人所得税经营所得纳税申报表（C表）”及其他相关资料，选择向其中一处经营管理所在地主管税务机关办理年度汇总纳税申报。企业在年度中间合并、分立、终止时，个人独资企业投资者、合伙企业个人合伙人、承包承租经营应当在停止生产经营之日起60日内，向主管税务机关办理当期个人所得税汇算清缴。个体工商户业主、个人独资企业投资者、合伙企业个人合伙人、承包承租经营者个人以及其他从事生产、经营活动的个人取得经营所得的，应当办理预缴纳税申报和汇算清缴。经营所得包括以下情形：（1）个体工商户从事生产、经营活动取得的所得，个人独资企业投资人、合伙企业的个人合伙人来源于境内注册的个人独资企业、合伙企业生产、经营的所得；（2）个人依法从事办学、医疗、咨询以及其他有偿服务活动取得的所得；（3）个人对企业、事业单位承包经营、承租经营以及转包、转租取得的所得；（4）个人从事其他生产、经营活动取得的所得。

5. 居民其他分类所得个人所得税自行申报

居民个人取得利息、股息、红利所得，财产租赁所得，财产转让所得，偶然所得但没有扣缴义务人的，或者有扣缴义务人但未扣缴税款的，以及国务院规定的其他情形，应依照税收法律、法规、规章及其他有关规定，在取得所得的次年 6 月 30 日前就其个人所得向主管税务机关申报并缴纳税款。税务机关通知限期缴纳的，纳税人应当按照期限缴纳税款。

6. 非居民个人所得税自行申报

非居民纳税人按照税收法律法规和税收协定的有关规定，就其取得的境内个人所得向主管税务机关书面报送相关申报表。

非居民个人指在中国境内无住所又不居住，或者无住所而一个纳税年度内在中国境内居住累计不满 183 天的个人。无住所个人一个纳税年度内在中国境内累计居住天数，按照个人在中国境内累计停留的天数计算。在中国境内停留的当天满 24 小时的，计入中国境内居住天数，在中国境内停留的当天不足 24 小时的，不计入中国境内居住天数。

非居民个人所得税自行申报的情形包括：（1）从中国境内取得应税所得没有扣缴义务人的；（2）从中国境内取得应税所得，扣缴义务人未扣缴税款的；（3）从中国境内两处或两处以上取得工资、薪金所得的；（4）国务院规定的其他情形。

非居民个人取得工资、薪金所得，劳务报酬所得，稿酬所得，特许权使用费所得，扣缴义务人未扣缴税款的，应当在取得所得的次年 6 月 30 日前，向扣缴义务人所在地主管税务机关办理纳税申报。有两个以上扣缴义务人均未扣缴税款的，选择向其中一处扣缴义务人所在地主管税务机关办理纳税申报。

非居民个人在中国境内从两处以上取得工资、薪金所得的，应当在取得所得的次月 15 日内，向其中一处任职、受雇单位所在地主管税务机关办理纳税申报。

非居民个人取得利息、股息、红利所得，财产租赁所得，财产转让所得和偶然所得的，扣缴义务人未扣缴税款的，应当在取得所得的次年 6 月 30 日前，按相关规定向主管税务机关办理纳税申报。税务机关通知限期缴纳的，纳税人应当按照期限缴纳税款。

非居民个人在次年 6 月 30 日前离境（临时离境除外）的，应当在离境前办理纳税申报。

## 四、房产税申报

产权所有人、经营管理单位、承典人、房产代管人或者使用人，应依照税收法律、法规、规章及其他有关规定，在规定的纳税期限内，填报“财产和行为税申报表”等相关资料向税务机关进行纳税申报。

## 五、城镇土地使用税申报

在城市、县城、建制镇、工矿区范围内使用土地的单位和个人应当依照税收法律、法规、规章及其他有关规定，在规定的纳税期限内，填报“城镇土地使用税纳税申报表”及相关资料，向税务机关进行纳税申报缴纳城镇土地使用税。

## 六、土地增值税申报

纳税人在项目全部竣工结算前转让房地产取得的收入，由于涉及成本确定或其他原因，而无法据以计算土地增值税的，应按照各省税务机关规定的纳税期限，填报“土地增值税纳税申报表（一）（从事房地产开发的纳税人预征适用）”，向税务机关进行纳税申报缴纳土地增值税。

## 七、资源税申报

在中华人民共和国领域及管辖海域开采应税矿产品或者生产盐的单位和个人，应当依照规定向开采地或者生产地主管税务机关办理纳税申报。在水资源税试点地区利用取水工程或者设施直接从江河、湖泊（含水库）和地下取用地表水、地下水的单位和个人，应当依照规定缴纳水资源税。

## 八、契税申报

在中华人民共和国境内转移土地、房屋权属，承受的单位和个人填报“契税纳税申报表”及相关资料，应向土地、房屋所在地税务机关办理契税申报。

纳税人应当自纳税义务发生之日起10日内，向土地、房屋所在地的契税征收机关办理纳税申报，并在契税征收机关核定的期限内缴纳税款。

购买新建商品房的纳税人，因销售新建商品房的房地产开发企业已办理注销税务登记或者被税务机关列为非正常户等原因不能取得销售不动产发票的，可在税务机关核实有关情况后办理契税纳税申报。

根据人民法院、仲裁委员会的生效法律文书发生土地、房屋权属转移，纳税人不能取得销售不动产发票的，持人民法院执行裁定书原件及相关材料办理。

## 九、印花税申报

在中华人民共和国境内书立、领受印花税应税凭证的单位和个人，填报“印花税纳税申报（报告）表”，按规定向主管税务机关办理印花税申报。

## 十、附加税（费）申报

缴纳增值税、消费税的单位和个人，都应申报缴纳城市维护建设税、教育费附加和地方教育附加。

## 十一、定期定额户申报

实行定期定额征税的个体工商户依照税收法律法规及相关规定确定的申报期限、申报内容，填报“定期定额纳税申报表”及其他相关资料，向主管税务机关进行纳税申报。

## 十二、代收代缴、代扣代缴申报

代收代缴、代扣代缴申报，包括代收代缴车船税申报，居民个人取得综合所得个人所得税预扣预缴申报，居民个人取得分类所得个人所得税代扣代缴申报，非居民个人所得税代扣代缴申报，限售股转让所得扣缴个人所得税申报，单一投资基金核算的合伙制创业投资企业个人所得税扣缴申报，扣缴储蓄存款利息所得个人所得税申报，代扣代缴证券交易印花税申报，其他代扣代缴、代收代缴申报。

## 十三、延期申报纳税

纳税人、扣缴义务人因不可抗力或其他原因在规定期限内办理纳税申报或报送代扣代缴、代收代缴税款报告表确有困难需要延期的，应当在申请延期的申报期限之内向税务机关提出书面延期申请，经税务机关核准，可以延期申报。但应当在不可抗力情形消除后立即向税务机关报告。预缴税额大于实际应纳税额的，税务机关结算退税但不向纳税人计退利息，预缴税额小于应纳税额的，在结算补税时不加收滞纳金。

## 十四、退（抵）税办理

退（抵）税办理，包括误收多缴退抵税、入库减免退抵税、汇算清缴结算多缴退抵税、增值税期末留抵税额退税、石脑油和燃料油消费税退税、车辆购置税退税、车船税退抵税等 7 个涉税事项。

退（抵）税办理均为限时办结事项。办税服务厅受理后，出具《税务事项通知书》，1 个工作日内将相关资料信息转下一环节。办税服务厅接收到信息反馈后，1 个工作日内通知纳税人领取办理结果，制作并发放《税务事项通知书》。

1. 误收多缴退抵税和汇算清缴结算多缴退抵税业务，税务机关自受理之日起 30 日内查实并办理退还手续（不含国库退款时间）。

2. 误收多缴退抵税业务，纳税人自结算缴纳税款之日起 3 年内发现多缴税款的，可以向税务机关要求退还多缴的税款并加算银行同期存款利息。税务机关发现纳税人超过应纳税额多缴的税款，应该依照税收法律法规及相关规定办理退还手续。

3. 入库减免退抵税业务，一是增值税即征即退事项，税务机关受理之日起 15 个工作日内查实并办理退还手续（不含国库退款时间）；二是其他入库减免事项，税务机关受理之日起 30 日内查实并办理退还手续（不含国库退款时间）。

4. 增值税期末留抵税额退税业务，一是集成电路企业采购设备留抵税额退税，税务机关自受理之日起 15 个工作日内查实并办理退还手续（不含国库退款时间）。二是其余留抵税额退税事项，税务机关自受理之日起 20 个工作日内查实并办理退还手续（不含国库退款时间）。

5. 石脑油（燃料油）消费税退税业务，税务机关自受理之日起 20 个工作日内查实并办理退还手续（不含国库退款时间），未收到生产企业相关信息或需生产企业税务机关回函等情况除外。

6. 车辆购置税退税业务，税务机关自受理之日起 15 个工作日内查实并办理退还手续（不含国库退款时间）。

7. 车船税退抵税业务，税务机关受理后 20 个工作日内办结。

实行增值税期末留抵退税的纳税人，允许其从城市维护建设税、教育费附加和地方教育附加的计税（征）依据中扣除退还的增值税税额。

除出口退税以外，纳税人既有应退税款又有欠缴税款的，税务机关可以将纳税人的应退税款和利息先抵扣欠缴的税款；抵扣后有余额的，纳税人可以申请办理应退余额的退库。

多贴印花税票的，不得申请退税或者抵用。

## ★习题精练及答案解析

### 一、单项选择题

1. 甲公司是一般纳税人，2022 年 4 月 8 日派工程师从北京去杭州出差，前往时取得前往的航空运输电子客票行程单，注明票价 1 520 元，燃油附加费 20 元，民航发展基金 100 元，4 月 10 日返回时，取得高铁火车票，注明票价 860 元。请问甲公司可抵扣的进项税额是(　　)元。(1－7 级测试)

　A. 206.42　　B. 198.17　　C. 152.21　　D. 196.51

【参考答案】B

【解析】《财政部 税务总局 海关总署关于深化增值税改革有关政策的公告》（财政部 税务总局 海关总署公告2019年第39号）规定，纳税人购进国内旅客运输服务，取得注明旅客身份信息的航空运输电子客票行程单的，按照下列公式计算进项税额：

航空旅客运输进项税额 =（票价 + 燃油附加费）÷（1 + 9%）× 9%

取得注明旅客身份信息的铁路车票的，按照下列公式计算进项税额：

铁路旅客运输进项税额 = 票面金额 ÷（1 + 9%）× 9%

甲公司取得的航空运输电子客票行程单、高铁火车票，依照票面注明的票价和燃油附加费，按规定计算进项税额，但民航发展基金不能计算抵扣。按照上述公式计算，甲公司可抵扣进项税额 =（1 520 + 20 + 860）÷（1 + 9%）× 9% = 198.17元。

2. 某境外旅客2022年“五一”期间来故宫游玩，5月10日在北京某退税商店购买了一套茶具，取得退税商店当天为其开具的增值税普通发票及退税申请单，发票注明金额1 000元，税率13%，税额130元，价税合计1 130元。该旅客5月20日离境时海关验核、退税机关审核均无问题。在不考虑退税代理机构手续费的情况下，该旅客可获得的退税额为(　　)。(1－7级测试)

A. 124.3元　　B. 130元　　C. 90元　　D. 101.7元

【参考答案】A

【解析】该旅客购买茶具可获得的退税额为124.3元。按照离境退税物品退税额的计算公式，应退增值税额应为退税物品销售发票金额（含增值税）与退税率的乘积。其中，“退税物品销售发票金额（含增值税）”，即为增值税普通发票上的价税合计额，是计算退税物品退税额的依据，在本例中为1 130元。关于“退税率”，按照财政部 税务总局 海关总署公告2019年第39号的规定，本例中旅客购买茶具取得的增值税普通发票开具日期为5月10日，发票注明税率13%，退税率应为11%，因此该旅客购买茶具可获得的应退税额 = 1 130 × 11% = 124.3元。

3. 某软件开发企业为增值税一般纳税人，2022年7月销售自行开发生产的软件产品，取得不含税销售额68 000元，从国外进口软件进行本地化改造后对外销售，取得不含税销售额200 000元。当月从甲公司（一般纳税人）购进一批电脑用于软件设计，取得的增值税专用发票注明金额100 000元；购进软件测试设备一台，增值税专用发票上注明金额80 000元，进项发票均在当月认证抵扣。该企业上述业务应退增值税为(　　)元。(1－7级测试)

A. 0　　B. 3 400　　C. 6 040　　D. 11 440

【参考答案】B

【解析】增值税一般纳税人销售其自行开发生产的软件产品，按13%税率征收增值税后，对其增值税实际税负超过3%的部分实行即征即退政策。

应纳税额 = 68 000 × 13% + 200 000 × 13% − 100 000 × 13% − 80 000 × 13% = 11 440

元，即征即退税额 = 11 440 − （68 000 + 200 000）× 3% = 3 400 元

4. A 个体工商户（小规模纳税人）2022 年 1 月销售货物自开增值税普通发票，不含税销售额 7 万元，销售一间门面在税务机关代开增值税专用发票金额 10 万元，2 月销售货物 0.515 万元作为未开票收入，3 月销售货物自开增值税普通发票，不含税销售额 20 万元。请问，A 在第一季度增值税报表主表的应纳税额合计数为（　　）。（1 − 7级测试）

A. 9 254.5 元　　B. 4 254.5 元　　C. 5 000 元　　D. 0 元

【参考答案】C

【解析】合计销售额为 37.5（7 + 10 + 0.5 + 20）万元，剔除销售不动产后的销售额为 27.5 万元，因此，该纳税人销售货物和服务相对应的销售额 27.5 万元可以享受小规模纳税人免税政策，销售门面代开专票的 10 万元在代开时纳税，在填写申报时，应纳税额为 10 × 0.05 = 0.5 万元，本期预缴税额 0.5 万元，本期应补（退）税额为 0。

5. 2022 年 3 月，张三出租位于迎江区的临街门面房，租期三年，采取一次性收取租金方式，当月收取一年租金 108 万元，张三应缴纳增值税为（　　）。（1 − 7 级测试）

A. 1.08 万元　　B. 1.07 万元

C. 3.15 万元　　D. 0 元

【参考答案】D

【解析】采取一次性收取租金形式出租不动产取得的租金收入，可在对应的租赁期内平均分摊，分摊后的月租金收入未超过 15 万元的，免征增值税。

6. 将购买的货物用于下列项目，其进项税额准予抵扣的是（　　）。（1 − 7 级测试）

A. 用于交际应酬　　B. 用于修建职工食堂

C. 作为职工福利　　D. 用于对外投资

【参考答案】D

【解析】选项 A、B、C 属于将外购货物用于集体福利或个人消费，进项税额是不能抵扣的；选项 D，属于视同销售的业务，进项税额可以抵扣。

7. 2022 年 10 月，国内某手表生产企业进口手表机芯 6 000 只，海关审定的完税价格 0.5 万元/只，关税税率 30%，完税后海关放行；当月生产销售手表 8 000 只，单价 1.25 万元（不含税）。2019 年 10 月，该手表厂国内销售环节应纳增值税和消费税共计（　　）万元。（高档手表消费税税率是 20%）（1 − 7 级测试）

A. 2 257　　B. 2 793　　C. 3 700　　D. 4 600

【参考答案】B

【解析】国内销售环节应纳增值税 = 8 000 × 1.25 × 13% − 6 000 × 0.5 ×（1 + 30%）× 13% = 793 万元，国内销售环节应纳消费税 = 8 000 × 1.25 × 20% = 2 000 万元，国内销售环节应纳增值税和消费税 = 793 + 2 000 = 2 793 万元。

8. 甲旧货经营公司为增值税一般纳税人，2021 年 8 月销售自己使用过的包装物，取得含税销售额 8.19 万元，销售旧摩托取得含税销售额 6.18 万元，则甲公司上述行为应缴纳增值税为(　　)万元。(1－7 级测试)

A. 2.09　　B. 1.25　　C. 1.06　　D. 0.28

【参考答案】C

【解析】一般纳税人销售旧货，按照简易办法依照 3% 的征收率减按 2% 征收增值税。一般纳税人销售自己使用过的包装物不属于销售旧货（财税〔2009〕9 号第二条第（二）项），按照适用税率 13% 计算销项税额。甲公司上述行为应缴纳增值税 = 8.19 ÷ (1 + 13%) × 13% + 6.18 ÷ (1 + 3%) × 2% = 1.06 万元。

9. 张某购买一辆轿车自用，在办理车辆保险之前向登记地税务机关申报缴纳车船税，则税务机关正确的做法是(　　)。(1－7 级测试)

A. 税务机关不予受理，应由保险公司代收车船税

B. 税务机关不予受理，应由交通管理部门代征车船税

C. 税务机关应当受理，并向纳税人开具含有车船信息的完税凭证

D. 税务机关应当受理，纳税人再向保险公司重复申报纳税

【参考答案】C

【解析】纳税人向税务机关申报车船税，税务机关应当受理，并向纳税人开具含有车船信息的完税凭证。对已经向主管税务机关申报缴纳车船税的纳税人，保险机构在销售机动车第三者责任强制保险时，不再代收车船税，但应当根据纳税人的完税凭证原件，将车辆的完税凭证号和出具该凭证的税务机关名称录入交强险业务系统。

10. 某果木酒生产企业为增值税一般纳税人，2022 年 5 月，销售果木酒取得的收入为 140.4 万元（含税），当月发出货物时收取包装物押金 4.68 万元，定期 2 个月收回，另外当月没收逾期未退的包装物押金为 2.26 万元。该企业本月应确认的销项税额为(　　)万元。(1－7 级测试)

A. 16.15　　B. 16.41　　C. 16.69　　D. 16.95

【参考答案】C

【解析】除黄酒、啤酒包装物押金在逾期未归还或收取超过 1 年时计入销售额计征增值税外，其他酒类产品的包装物押金应在收取时并入销售额计征增值税。该企业本月销项税额 = (140.4 + 4.68) ÷ (1 + 13%) × 13% = 16.69 万元。

11. 下列收入中，不征收增值税的是(　　)。(1－7 级测试)

A. 被保险人获得的保险赔付

B. 电力公司向发电企业收取的过网费

C. 销售机器设备同时提供安装服务取得的安装费

D. 销售代销货物取得的收入

【参考答案】A

【解析】被保险人获得的保险赔付不征收增值税。

12. 某卷烟厂 2022 年 5 月收购烟叶生产卷烟，收购发票上注明价款 50 万元，并向烟叶生产者支付了 10% 的价外补贴。假设该卷烟厂 5 月将收购烟叶全部用于生产卷烟，则 5 月可抵扣的进项税额为（　　）万元。（1－7 级测试）

A. 5　　B. 6.6　　C. 7.2　　D. 7.92

【参考答案】B

【解析】可抵扣进项税额＝收购烟叶实际支付的价款总额×（1＋烟叶税率 20%）×（扣除率 10%）＝50×（1＋10%）×（1＋20%）×10%＝6.6（万元）

13. 甲市的 A、B 两店为实行统一核算的连锁店。根据增值税法律制度的规定，A 店的下列经营活动中，不属于视同销售货物行为的是（　　）。（1－7 级测试）

A. 将货物交付给位于乙市的某商场代销

B. 销售丙市某商场委托代销的货物

C. 将货物移送到 B 店用于销售

D. 为促销将本店货物无偿赠送给消费者

【参考答案】C

【解析】设有两个以上机构并实行统一核算的纳税人，将货物从一个机构移送其他机构用于销售，属于增值税视同销售行为，但相关机构设在同一县（市）的除外。在同一个县（市）内移送，不属于增值税视同销售行为。

14. 下列行为不属于视同销售的是（　　）。（1－7 级测试）

A. 将自产的货物无偿赠送他人　　B. 以外购的货物用于职工福利

C. 将委托加工的货物无偿赠送他人　　D. 将购买的货物无偿赠送他人

【参考答案】B

【解析】根据《中华人民共和国增值税暂行条例》第十二条，外购的货物用于职工福利属于进项税额不得从销项税额中抵扣的情形，不属于视同销售。

15. 根据深化增值税改革的相关规定，原“增值税纳税申报表附列资料（五）”第 6 栏“期末待抵扣不动产进项税额”的期末余额，可以自 2019 年 5 月 1 日后结转填入“增值税纳税申报表附列资料（二）”的是（　　）。（1－7 级测试）

A. 第 3 栏“前期认证相符且本期申报抵扣”

B. 第 8b 栏“其他”

C. 第 9 栏“本期用于购建不动产的扣税凭证”

D. 第 33 栏“其他”

【参考答案】B

【解析】根据国家税务总局公告 2019 年第 15 号规定，截至 2019 年 3 月税款所属期，国家税务总局公告2016年第13号附件1的“增值税纳税申报表附列资料（五）”第6栏“期末待抵扣不动产进项税额”的期末余额，可以自公告施行后结转填入“增值税纳税申报表附列资料（二）”第8b栏“其他”。

16. A公司是一般纳税人企业，其总分支机构不在同一个市，总机构已申请办理了一般纳税人资格登记手续，关于其分支机构应如何办理相关登记手续，下列税务机关的回复正确的是（　　）。（1－7级测试）

A. 在总机构所在地申请办理一般纳税人登记手续

B. 不必申请，自动被视为一般纳税人

C. 在临时销售地申请办理一般纳税人资格登记手续

D. 在分支机构所在地申请办理一般纳税人资格登记手续

【参考答案】D

【解析】根据《增值税一般纳税人登记管理办法》（国家税务总局令第43号）规定，纳税人应当向其机构所在地主管税务机关办理一般纳税人登记手续。

17. 下列车辆不属于车辆购置税征税范围的是（　　）。（1－7级测试）

A. 卡车　　B. 有轨电车

C. 汽车挂车　　D. 农用运输车

【参考答案】D

【解析】根据《中华人民共和国车辆购置税法》第一条，在中华人民共和国境内购置汽车、有轨电车、汽车挂车、排气量超过150毫升的摩托车（以下统称“应税车辆”）的单位和个人，为车辆购置税的纳税人，应当依照本法规定缴纳车辆购置税。

18. 根据现行消费税政策，下列成品油消费税税率中不适用1.52元/升的是（　　）。（1－7级测试）

A. 汽油　　B. 石脑油　　C. 溶剂油　　D. 燃料油

【参考答案】D

【解析】根据《财政部 国家税务总局关于继续提高成品油消费税的通知》（财税〔2015〕11号）第一条，将汽油、石脑油、溶剂油和润滑油的消费税单位税额由1.4元/升提高到1.52元/升。

19. 根据现行消费税政策，下列消费品中，不属于消费税征税范围的是（　　）。（1－7级测试）

A. 果木酒　　B. 电池　　C. 涂料　　D. 木质筷子

【参考答案】D

【解析】根据《财政部 国家税务总局关于调整和完善消费税政策的通知》第一条，新增高尔夫球及球具、高档手表、游艇、木制一次性筷子、实木地板为消费税税目。

20. 2022年10月，陈某从汽车4S店（增值税一般纳税人）购买2.0升排量的乘用车，支付价款 150 000 元，另支付购置工具件和零配件价款 1 500 元，车辆装饰费 4 000 元以及销售公司代收保险费 5 000 元，支付的各项价款均由销售公司开具统一发票，陈某应纳车辆购置税为(　　)元。(8－11 级测试)

A. 15 000　　B. 14 203.54　　C. 13 761.06　　D. 6 880.53

【参考答案】D

【解析】应纳车辆购置税 = （150 000 +1 500 +4 000）÷（1 +13%）×10% ×50% = 6 880.53（元）

对购置日期在 2022 年 6 月 1 日至 2022 年 12 月 31 日期间且单车价格（不含增值税）不超过 30 万元的 2.0 升及以下排量乘用车，减半征收车辆购置税。

21. 某汽车生产企业发生的下列行为中，需要计算缴纳车辆购置税的是(　　)。(8－11 级测试)

A. 销售自产的小汽车

B. 将自产的小汽车赠送给股东王某

C. 从拍卖会上通过拍卖取得一辆小汽车自用

D. 进口小汽车用于抵偿债务

【参考答案】C

【解析】车辆购置税的应税行为是指在中华人民共和国境内购置应税车辆的行为。具体来讲这种应税行为包括：购买使用行为、进口使用行为、受赠使用行为、自产自用行为、获奖使用行为和其他使用行为。选项 A、B、D 都不是自用的，所以不需要计算缴纳车辆购置税。

22. 下列关于车辆购置税退税的说法中，错误的是(　　)。(8－11 级测试)

A. 已缴纳车辆购置税的车辆，因质量问题退回经销商的，准予纳税人申请退税

B. 纳税人应填写“车辆购置税退税申请表”办理退税

C. 纳税人应提供经销商开具的退车证明或退车发票作为退税资料

D. 自纳税人办理纳税申报之日起车辆使用未满 1 年的，扣减 10% 计算退税额

【参考答案】D

【解析】车辆退回生产企业或者经销商的，纳税人申请退税时，主管税务机关自纳税人办理纳税申报之日起，按已缴纳税款每满 1 年扣减 10% 计算退税额；未满 1 年的，按已缴纳税款全额退税。

23. 某地板生产企业为增值税一般纳税人，2022 年 3 月销售漆饰地板取得了不含税销售额 450 万元，该漆饰地板是由未经涂饰的素板加工而成，上月外购素板取得增值税专用发票注明价款 360 万元，本月生产领用 60%，该企业 2016 年 3 月应缴纳消费税为(　　)万元。(消费税税率 5%）(8－11 级测试)

A. 22.50　　B. 18.00　　C. 11.70　　D. 10.80

【参考答案】C

【解析】素板也属于实木地板，外购已税实木地板为原料生产的实木地板，可以按照当期生产领用数量计算抵扣外购应税消费品已纳的消费税。则该企业当月应纳消费税 =450 ×5% -360 ×60% ×5% =11.70 万元。

24. 拍卖行受托拍卖取得的手续费或佣金收入，按照(　　)缴纳增值税。(1 -7 级测试)

A. 价外收入　　B. 经纪代理服务

C. 其他现代服务　　D. 其他生活服务

【参考答案】B

【解析】拍卖行受托拍卖取得的手续费或佣金收入，按照“经纪代理服务”缴纳增值税。

25. 甲企业为增值税一般纳税人，2021 年 12 月，销售自己使用过的 2008 年 5 月购进的机器设备，开具普通发票，取得含税收入 5 356 元；销售 2009 年 5 月购进的生产设备，开具增值税专用发票上注明的价款 7 000 元，支付不含税运费 2 000 元，取得运输企业开具的增值税专用发票。已知：甲企业销售自己使用过未抵扣进项的固定资产选择放弃减税，则甲企业当月应缴纳增值税(　　)元。(8 -11 级测试)

A. 1 776.96　　B. 1 076　　C. 1 024　　D. 359.88

【参考答案】B

【解析】(1) 纳税人销售自己使用过的固定资产，适用简易办法依照 3% 征收率减按 2% 征收增值税政策的，可以放弃减税，按照简易办法依照 3% 征收率缴纳增值税，并可以开具增值税专用发票；甲企业销售自己使用过的 2008 年 5 月购进的机器设备应缴纳增值税 =5 356 ÷(1 +3%) ×3% =156 元；(2) 甲企业销售 2009 年 5 月购进的生产设备应缴纳增值税 =7 000 ×16% -2 000 ×10% =920 元；(3) 甲企业当月应缴纳增值税 =156 +920 =1 076 元。

26. 下列关于增值税的相关规定中，表述错误的是(　　)。(1 -7 级测试)

A. 纳税人采取转包、出租、互换等方式将承包地流转给农业生产者用于农业生产取得的收入，免征增值税

B. 自 2018 年 1 月 1 日至 2019 年 12 月 31 日，纳税人为农户、小型企业、微型企业及个体工商户借款提供融资担保取得的担保费收入，免征增值税

C. 纳税人通过省级土地行政主管部门设立的交易平台转让补充耕地指标，按照销售无形资产缴纳增值税，税率为 9%

D. 自 2018 年 1 月 1 日起，纳税人为客户办理退票而向客户收取的退票费、手续费等收入，按照“其他现代服务”缴纳增值税

【参考答案】C

【解析】纳税人通过省级土地行政主管部门设立的交易平台转让补充耕地指标，按

照销售无形资产缴纳增值税，税率为6%。

27. 甲企业为增值税小规模纳税人，2022年5月进口一批汽车轮胎，买价为70 000元，支付境外运抵我国海关境内输入地点起卸前的运输费及保险费5 000元。海关开具了进口增值税专用缴款书，甲企业缴纳进口环节税金后海关放行。假定该批轮胎关税税率为15%，甲企业进口环节应缴纳增值税（　　）元。（8－11级测试）

A. 2 250　　B. 2 587.5　　C. 9 750　　D. 11 212.5

【参考答案】D

【解析】关税完税价格＝70 000＋5 000＝75 000元；组成计税价格＝75 000×（1＋15%）＝86 250元；甲企业进口环节应缴纳增值税＝86 250×13%＝11 212.5元。

28. 纳税人跨县（市、区）提供建筑服务，以取得的全部价款和价外费用扣除支付的分包款后的余额，按规定的预征率预缴增值税。适用一般计税方法的项目预征率为（　　）。（8－11级测试）

A. 1%　　B. 2%　　C. 3%　　D. 5%

【参考答案】B

【解析】纳税人跨县（市、区）提供建筑服务，以取得的全部价款和价外费用扣除支付的分包款后的余额，按规定的预征率预缴增值税。适用一般计税方法的项目预征率为2%，适用简易计税方法计税的项目预征率为3%。

29. 某珠宝首饰店为增值税一般纳税人，2022年6月采取以旧换新方式销售银手镯8 000克，每克新银手镯零售价9.36元，每克旧银手镯作价2.34元，共取得差价款56 160元。该珠宝首饰店该业务增值税销项税额为（　　）元。（8－11级测试）

A. 7300.8　　B. 6 460.88　　C. 7 746.21　　D. 8 614.51

【参考答案】B

【解析】以旧换新销售金银首饰，按照实际收取的不含增值税的全部价款计算增值税。该业务销项税额＝56 160÷（1＋13%）×13%＝6 460.88元。

30. 根据增值税的有关规定，2019年4月1日后，下列不适用9%税率的是（　　）。（1－7级测试）

A. 建筑服务　　B. 增值电信服务

C. 不动产租赁服务　　D. 销售不动产

【参考答案】B

【解析】选项B，增值电信服务适用6%的税率，基础电信服务适用9%的税率。

31. 根据增值税的有关规定，下列关于医疗卫生机构的税收政策，说法不正确的是（　　）。（8－11级测试）

A. 对非营利性医疗机构自产自用的制剂，免征增值税

B. 对血站供应给医疗机构的临床用血应计算缴纳增值税

C. 疾病控制机构按照国家规定的价格取得的卫生服务收入，免征增值税

D. 营利性医疗机构取得的收入，直接用于改善医疗卫生条件的，自其取得执业登记之日起，3 年内对其自产自用的制剂免征增值税

【参考答案】B

【解析】对血站供应给医疗机构的临床用血免征增值税。

32. 根据增值税的有关规定，下列关于个人将住房对外销售的税收政策，说法正确的是(　　)。(8－11 级测试)

A. 2022 年 6 月，李某将位于北京的 2019 年购买的非普通住房对外销售，免征增值税

B. 2022 年 6 月，王某将位于上海的 2021 年购买的普通住房对外销售，免征增值税

C. 2022 年 6 月，张某将位于大连的 2019 年购买的非普通住房对外销售，免征增值税

D. 2022 年 6 月，孙某将位于长春的 2021 年购买的住房对外销售，差额计征增值税

【参考答案】C

【解析】个人将购买不足 2 年的住房对外销售的，按照 5% 的征收率全额缴纳增值税，选项 D 错误；个人将购买 2 年以上（含 2 年）的住房对外销售的，免征增值税，选项 C 正确（注意：这里无论是普通住房还是非普通住房都是免征增值税的）。上述政策适用于北京市、上海市、广州市和深圳市之外的地区。个人将购买不足 2 年的住房对外销售的，按照 5% 的征收率全额缴纳增值税，选项 B 错误；个人将购买 2 年以上（含 2 年）的非普通住房对外销售的，以销售收入减去购买住房价款后的差额按照 5% 的征收率缴纳增值税，选项 A 错误；个人将购买 2 年以上（含 2 年）的普通住房对外销售的，免征增值税。上述政策仅适用于北京市、上海市、广州市和深圳市。

33. 某公司（增值税一般纳税人）2022 年 10 月 1 日至 10 月 31 日销售 1 000 吨巴氏杀菌乳，主营业务成本为 600 万元，公司农产品耗用率 80%，原乳平均购买单价为4 500 元/吨。按照成本法，该公司当期允许抵扣的进项税是(　　)万元。(8－11 级测试)

A. 40.91　　B. 45　　C. 43.64　　D. 66.21

【参考答案】C

【解析】该公司当期允许抵扣的进项税 $=600\times80\%\times10\%\div(1+10\%)=43.64$（万元）

34. 根据增值税的有关规定，下列说法不正确的是(　　)。(8－11 级测试)

A. 对从事成品油销售的加油站，未达到一般纳税人标准的，按照小规模纳税人征税

B. 成品油零售加油站在同一省内跨县、市经营的，是否汇总缴纳增值税，由省级

税务机关确定

C. 加油站检测用油允许从当月成品油销售数量中扣除

D. 发售加油卡、加油凭证销售成品油的纳税人在售卖加油卡、加油凭证时，应按预收账款方法作相关账务处理，不征收增值税

【参考答案】A

【解析】对从事成品油销售的加油站，无论其年应税销售额是否超过小规模纳税人标准，一律按增值税一般纳税人征税。

35. 某软件开发企业为增值税一般纳税人，2021 年 12 月销售自行开发生产的软件产品取得不含税销售额 30 万元；本月软件产品可以抵扣的进项税额为 1.6 万元。则该软件开发企业本月销售的自行开发软件产品可以享受的增值税即征即退税额为(　　)万元。(8－11 级测试)

A. 0.9　　B. 2.3　　C. 3.2　　D. 4.9

【参考答案】B

【解析】增值税应纳税额 $=30\times16\%-1.6=3.2$ 万元，实际税负 $=3.2\div30\times100\%=10.67\%$，实际税负超过 3% 的部分实行增值税即征即退政策。即征即退税额 $=3.2-30\times3\%=2.3$ 万元。

36. 某酒厂为增值税一般纳税人，2022 年 6 月销售啤酒取得不含税销售额 200 万元，另收取期限为 3 个月的包装物押金 11.3 万元，销售白酒取得不含税销售额 500 万元，另收取期限同样为 3 个月的包装物押金 33.9 万元；2019 年 4 月销售啤酒和白酒收取的包装物押金均在本月逾期，因购买方未退还包装物而没收其押金各 22.6 万元。2019 年 6 月该酒厂增值税销项税额为(　　)万元。(8－11 级测试)

A. 101.4　　B. 100.1　　C. 97.5　　D. 98.8

【参考答案】C

【解析】对销售啤酒而收取的包装物押金，单独记账核算时间在 1 年以内又未过期的，不并入销售额征税；但对逾期未收回包装物不再退还的或收取 1 年以上的押金，应按所包装货物的适用税率计算销项税额。而对销售白酒收取的包装物押金收取时就并入销售额计税，逾期时不再计税。2019 年 6 月该酒厂增值税销项税额 $=200\times13\%+22.6\div(1+13\%)\times13\%+500\times13\%+33.9\div(1+13\%)\times13\%=97.5$ 万元。

37. 某生产企业（具有出口经营权）为增值税一般纳税人，2019 年 5 月从国内采购生产用原材料一批，取得增值税专用发票，注明价款 810 万元、增值税税额 105.3 万元；当月国内销售货物取得不含税销售额 150 万元，出口自产货物的离岸价格折合人民币 690 万元；已知，适用的增值税税率为 13%，出口退税率为 9%，月初无留抵税额。则下列关于该企业增值税的税务处理的表述中，说法正确的是(　　)。(8－11级测试)

A. 应缴纳增值税 62.1 万元，免抵增值税额为 23.7 万元

B. 应退增值税 58.2 万元，免抵增值税额为 0

C. 应退增值税 62.1 万元，免抵增值税额为 0

D. 应退增值税 58.2 万元，免抵增值税额为 3.9 万元

【参考答案】D

【解析】当期不得免征和抵扣税额 = 690 ×（13% −9%） = 27.6 万元，当期应纳增值税 = 150 × 13% − （105.3 − 27.6） = − 58.2 万元，当期免抵退税额 = 690 × 9% = 62.1 万元，62.1 万元 > 58.2 万元，则应退税额为 58.2 万元，免抵税额 = 62.1 − 58.2 = 3.9 万元。

38. 甲外贸公司是增值税一般纳税人，2022 年 7 月从生产企业购进纺织品，取得增值税专用发票上注明价款 4 万元，增值税税额 0.52 万元；当月将纺织品出口取得销售收入 6 万元人民币。已知纺织品的增值税退税率为 9%，甲外贸公司出口纺织品应退的增值税为(　　)万元。(1 − 7 级测试)

A. 0.36　　B. 0.52　　C. 0.54　　D. 0.78

【参考答案】A

【解析】甲外贸公司出口纺织品应退的增值税 = 4 × 9% = 0.36（万元）

39. 根据增值税的相关规定，下列说法不正确的是(　　)。(1 − 7 级测试)

A. 物业服务企业为业主提供的装修服务，按照“建筑服务”缴纳增值税

B. 纳税人提供武装守护押运服务，按照“安全保护服务”缴纳增值税

C. 提供餐饮服务的纳税人销售的外卖食品，按照“餐饮服务”缴纳增值税

D. 纳税人在游览场所经营索道、摆渡车、电瓶车、游船等取得的收入，按照“交通运输服务”缴纳增值税

【参考答案】D

【解析】纳税人在游览场所经营索道、摆渡车、电瓶车、游船等取得的收入，按照“文化体育服务”缴纳增值税。

40. 某企业（增值税一般纳税人）2022 年 5 月销售人员出差发生的交通费均未取得增值税专用发票，取得注明旅客身份信息的航空运输电子客票行程单注明票价和燃油附加费合计 25 070 元，取得注明旅客身份信息的铁路车票注明票面金额为 8 720 元、取得注明旅客身份信息的公路客票注明票面金额 3 090 元。该企业当月可以抵扣的旅客运输服务的进项税为(　　)元。(8 − 11 级测试)

A. 3 045.14　　B. 2 880.00　　C. 2 413.98　　D. 1 075.17

【参考答案】B

【解析】航空旅客运输进项税额 = （票价 + 燃油附加费）÷（1 + 9%）× 9% = 25 070 ÷（1 + 9%）× 9% = 2 070 元；铁路旅客运输进项税额 = 票面金额 ÷（1 + 9%）× 9% = 8 720 ÷

(1 + 9%) × 9% = 720 元；公路、水路等其他旅客运输进项税额 = 票面金额 ÷ (1 + 3%) × 3% = 3090 ÷ (1 + 3%) × 3% = 90 元；合计可以抵扣 = 2 070 + 720 + 90 = 2 880 元。

41. 某配件厂为增值税一般纳税人，2022 年 5 月采用分期收款方式销售配件，合同约定不含税销售额 150 万元，当月应收取 60% 的货款。由于购货方资金周转困难，本月实际收到货款 50 万元，配件厂按照实际收款额开具了增值税专用发票。当月还采取预收款方式销售配件，收到款项 50 万元，货物于下月发出。当月职工食堂装修，购进中央空调，取得增值税专用发票，注明价款 10 万元。当月该配件厂应纳增值税为(　　)万元。(1 – 7 级测试)

A. 13　　B. 10.4　　C. 6.5　　D. 11.7

【参考答案】D

【解析】采用分期收款方式销售货物，增值税纳税义务发生时间为书面合同约定的收款日期的当天。采用预收款方式销售货物，增值税纳税义务发生时间为发出货物的当天，因此本月不计算预收款方式销售货物这部分的销项。购进货物用于集体福利，不视同销售，对应的进项税额不得抵扣。所以该配件厂购进的中央空调的进项税额不得在当期销项税额中抵扣。

当月该配件厂应纳增值税 = 150 × 60% × 13% = 11.7 (万元)

42. 关于增值税的特点，下列表述不正确的是(　　)。(1 – 7 级测试)

A. 不重复征税，具有中性税收的特征

B. 逐环节征税，逐环节扣税

C. 税基广阔，具有征收的普遍性和连续性

D. 单一环节征税

【参考答案】D

【解析】选项 D，单一环节征税是消费税的特点。

43. 自 2019 年 1 月 1 日起，跨境电子商务零售进口商品的单次交易限值为人民币(　　)元，个人年度交易限值为人民币(　　)元。(8 – 11 级测试)

A. 2 000，20 000　　B. 2 000，26 000

C. 5 000，20 000　　D. 5 000，26 000

【参考答案】D

【解析】自 2019 年 1 月 1 日起，跨境电子商务零售进口商品的单次交易限值为人民币 5 000 元，个人年度交易限值为人民币 26 000 元。

44. 下列各项中，需要计算缴纳增值税的是(　　)。(1 – 7 级测试)

A. 境外教育机构与境内从事学历教育的学校开展中外合作办学，提供学历教育服务取得的收入

B. 广播电视运营服务企业收取的有线数字电视基本收视维护费和农村有线电视基

本收视费

C. 境内机构投资境外债券市场取得的债券利息收入

D. 电影主管部门按照各自职能权限批准从事电影制片、发行、放映的电影集团公司取得的销售电影拷贝收入

【参考答案】C

【解析】对境外机构投资境内债券市场取得的债券利息收入暂免征收增值税。

45. 企业选择适用“中小微企业设备器具所得税按一定比例一次性扣除”政策当年不足扣除形成的亏损，可在以后(　　)个纳税年度结转弥补，享受其他延长亏损结转年限政策的企业可按现行规定执行。(1－7级测试)

A. 3　　B. 5　　C. 8　　D. 10

【参考答案】B

【解析】中小微企业在2022年1月1日至2022年12月31日期间新购置的设备、器具，单位价值在500万元以上的，按照单位价值的一定比例自愿选择在企业所得税税前扣除。其中，企业所得税法实施条例规定最低折旧年限为3年的设备器具，单位价值的100%可在当年一次性税前扣除；最低折旧年限为4年、5年、10年的，单位价值的50%可在当年一次性税前扣除，其余50%按规定在剩余年度计算折旧进行税前扣除。企业选择适用上述政策当年不足扣除形成的亏损，可在以后5个纳税年度结转弥补，享受其他延长亏损结转年限政策的企业可按现行规定执行。

46. 2022年“春风行动”提出，完善电子税务局(　　)申报比对功能，优化异常申报在线提示提醒事项内容。增加(　　)申报数据批量导入功能，纳税人填报完成后即可线上提交。(1－7级测试)

A. 增值税，环境保护税　　B. 消费税，环境保护税

C. 增值税，土地增值税　　D. 企业所得税，环境保护税

【参考答案】A

【解析】《国家税务总局关于开展2022年“我为纳税人缴费人办实事暨便民办税春风行动”的意见》(税总纳服发〔2022〕5号) 规定，完善电子税务局增值税申报比对功能，优化异常申报在线提示提醒事项内容。增加环境保护税申报数据批量导入功能，纳税人填报完成后即可线上提交。

47. 下列行为中，属于车辆购置税征税范围的是(　　)。(1－7级测试)

A. 外商投资企业购买一辆小轿车自用

B. 车辆经销商待出售的小汽车

C. 企业购进用于奖励职工的小汽车

D. 外贸企业进口的一辆用于销售的小汽车

【参考答案】A

【解析】车辆购置税的应税行为是指在境内购置应税车辆使用的行为，购置的应税车辆不是用于自己使用的，不属于车辆购置税的征税范围。

48. 根据车辆购置税法律制度的有关规定，纳税人进口自用的应税车辆，其纳税申报期限为(　　)。(8－11 级测试)

A. 报关进口之日起 90 日内

B. 报关进口之日起 60 日内

C. 办理注册登记手续之日起 90 日内

D. 办理注册登记手续之日起 120 日内

【参考答案】B

【解析】进口自用应税车辆的，应自进口之日起 60 日内申报纳税；进口之日，是指纳税人报关进口的当天。

49. 根据国民经济和社会发展的需要，(　　)可以规定车辆购置税减征或者其他免征车辆购置税的情形，报全国人民代表大会常务委员会备案。(1－7 级测试)

A. 国务院

B. 国家税务总局

C. 省级人民政府

D. 主管税务机关

【参考答案】A

【解析】根据国民经济和社会发展的需要，国务院可以规定车辆购置税减征或者其他免征车辆购置税的情形，报全国人民代表大会常务委员会备案。

50. 因质量原因，车辆退回生产企业或者经销商的，纳税人申请退税时，下列关于退税款的计算正确的是(　　)。(8－11 级测试)

A. 主管税务机关自纳税人办理纳税申报之日起，一律按已缴纳税款全额退税

B. 主管税务机关自纳税人办理纳税申报之日起，一律按已缴纳税款每满 1 年扣减 10% 计算退税额；未满 1 年的，不予退税

C. 主管税务机关自纳税人办理纳税申报之日起，满 1 年以上的，按已缴纳税款全额退税；未满 1 年的，扣减 50% 计算退税额

D. 主管税务机关自纳税人办理纳税申报之日起，按已缴纳税款每满 1 年扣减 10% 计算退税额；未满 1 年的，按已缴纳税款全额退税

【参考答案】D

【解析】因质量原因，车辆退回生产企业或者经销商的，纳税人申请退税时，主管税务机关自纳税人办理纳税申报之日起，按已缴纳税款每满 1 年扣减 10% 计算退税额；未满 1 年的，按已缴纳税款全额退税。

51. 我国现行税法规定，纳税人委托个人加工应税消费品，在计算缴纳消费税时，应该(　　)。(8－11 级测试)

A. 由受托方在向委托方交货时代收代缴

B. 由受托方在加工完毕以后代收代缴

C. 由委托方收回后在受托方所在地缴纳

D. 由委托方收回后在委托方所在地缴纳

【参考答案】D

【解析】现行税法规定，对于委托加工应税消费品，由受托方在向委托方交货时代收代缴消费税，但是对委托个人加工应税消费品，由委托方收回后在委托方所在地缴纳消费税。

52. 某酒厂2021年7月销售粮食白酒40吨，开出的增值税专用发票上注明的销售价款200 000，则该酒厂该笔业务应该缴纳的消费税是(　　)元。(8－11级测试)

A. 60 000　　B. 80 000　　C. 88 000　　D. 100 000

【参考答案】B

【解析】白酒的消费税适用税率是20%，定额税率为1元/1 000克，白酒复合计税 $0.5\times40\times2\ 000+200\ 000\times20\%=80\ 000$ 元。

53. 除了在生产销售环节征收消费税外，还在批发环节征收一次的应税消费品是(　　)。(1－7级测试)

A. 黄酒　　B. 白酒　　C. 卷烟　　D. 烟丝

【参考答案】C

【解析】与其他消费品不同的是，卷烟除了在生产销售环节征收消费税外，还在批发环节征收一次。从价税率为11%，从量为0.005/支。

54. A烟花公司2022年6月受托加工一批鞭炮，委托单位提供原材料的金额为40万元，A烟花公司收取委托单位不含增值税的加工费为5万元，鞭炮类企业无同类产品市场价格。假设鞭炮的适用税率为15%，A烟花公司应代收代缴的消费税为(　　)万元。(8－11级测试)

A. 7.94　　B. 6.75　　C. 6.92　　D. 5.87

【参考答案】A

【解析】根据消费税相关规定，委托加工消费品无参考价格的，按照组成计税价格计算消费税，组成计税价格＝（材料成本＋加工费）÷(1－比例税率)，A烟花公司应代收代缴的消费税＝（40＋5）÷(1－15%)×15%＝7.94万元。

55. 根据消费税相关规定，纳税人发生以下业务，需要缴纳消费税的是(　　)。(1－7级测试)

A. 金店从国外进口金银首饰　　B. 卷烟厂委托加工厂加工烟丝

C. 批发商批发销售雪茄烟　　D. 化妆品店零售化妆品

【参考答案】B

【解析】选项A，金银首饰改在零售环节征收消费税，进口环节不征消费税；选项

C、D，雪茄烟和化妆品在生产、委托加工和进口环节征收消费税，批发和零售环节不征消费税。

56. 关于包装物押金，下列关于增值税、消费税的表述正确的是(　　)。(8－11 级测试)

A. 单独记账核算的，一律不并入销售额征税，对逾期收取的包装物押金，均并入销售额征税

B. 酒类包装物押金，一律并入销售额计税，其他货物押金，单独记账核算的，不并入销售额征税

C. 对销售除啤酒、黄酒外的其他酒类产品收取的包装物押金，均应并入当期销售额征消费税

D. 啤酒逾期的包装物押金不征收消费税，也不征收增值税，因为二者计价口径应该是一致的

【参考答案】C

【解析】对销售除啤酒、黄酒外的其他酒类产品收取的包装物押金，均应并入当期销售额征税，其他货物押金，单独记账且未逾期的，不计算缴纳增值税、消费税。啤酒、黄酒从量计征消费税，其逾期包装物押金不征收消费税，但是要并入销售额计征增值税。

57. 下列消费品中，属于消费税“小汽车”税目征税范围的是(　　)。(8－11 级测试)

A. 大客车　　B. 中轻型商务客车

C. 卡丁车　　D. 电动汽车

【参考答案】B

【解析】选项 A、C、D，均不属于消费税征税范围。

58. 下列业务中，既缴纳增值税又缴纳消费税的是(　　)。(1－7 级测试)

A. 卷烟厂将自产烟丝用于连续生产卷烟

B. 高档化妆品生产企业将自产的高档香水用于生产低档护肤品

C. 某汽车制造厂将一辆生产的小汽车赠送给客户

D. 卷烟厂将委托加工收回的已税卷烟以不高于受托方的计税价格直接销售

【参考答案】C

【解析】选项 A，移送环节不缴纳消费税和增值税；选项 B，纳税人将自产应税消费品用于连续生产非应税消费品，缴纳消费税，不缴纳增值税；选项 D，卷烟厂将委托加工收回的卷烟以不高于受托方的计税价格直接销售的，缴纳增值税，不缴纳消费税。

59. 2022 年 5 月，某金店采取“以旧换新”方式零售 24K 纯金项链 1 条，新项链对外售价为 8 000 元，旧项链作价 3 000 元，从消费者手中收取新旧差价款 5 000 元；清洗金银首饰取得含税收入 3 510 元；为个人提供带料加工金银首饰业务，取得含税收入 4 000 元。该金店就上述业务应纳消费税为(　　)。(8－11 级测试)

A. 530.97 元　　B. 398.23 元

C. 387.93 元　　D. 384.62 元

【参考答案】B

【解析】纳税人采用“以旧换新（含翻新改制）”方式销售的金银首饰，应按实际收取的不含增值税的全部价款确定计税依据征收消费税；修理、清洗金银首饰不征收消费税；为个人提供带料加工金银首饰业务，视同零售，征收消费税。应纳消费税 = (5 000 + 4 000) ÷ (1 + 13%) × 5% = 398.23 元。

60. 2022 年 6 月，某手表生产企业销售 G 牌 A 款手表 800 只，取得含税价款 480 万元；销售 G 牌 B 款手表 150 只，取得含税价款 195 万元。高档手表消费税税率 20%。该手表厂当月应纳消费税是(　　)。(8 - 11 级测试)

A. 33.33 万元　　B. 33.62 万元

C. 34.51 万元　　D. 119.47 万元

【参考答案】C

【解析】销售价格（不含增值税）每只在 10 000 元（含）以上的各类手表为高档手表，征收消费税。A 款手表不含税单价 = 480 ÷ 1.13 × 10 000 ÷ 800 = 5 309.73 元 < 10 000元，不征收消费税；B 款手表不含税单价 = 195 ÷ 1.13 × 10 000 ÷ 150 = 11 504.42 元 > 10 000元，征收消费税。该手表厂当月应纳消费税 = 195 ÷ 1.13 × 20% = 34.51 万元。

61. 2020 年 3 月，三江市宏利有限公司为支持疫情防控工作，向湖北省承担疫情防控任务的一家医院捐款 5 万元，公司在 2020 年第一季度预缴企业所得税时，该笔捐款(　　)。(8 - 11 级测试)

A. 允许在计算应纳税所得额时全额扣除

B. 允许在计算应纳税所得额时按利润额 12% 比例扣除

C. 不允许扣除，但汇算清缴时可全额扣除

D. 不允许扣除

【参考答案】A

【解析】《关于支持新型冠状病毒感染的肺炎疫情防控有关捐赠税收政策的公告》（财政部 税务总局公告 2020 年第 9 号）规定，企业和个人直接向承担疫情防治任务的医院捐赠用于应对新型冠状病毒感染的肺炎疫情的物品，允许在计算应纳税所得额时全额扣除。

62. 享受高新技术企业优惠的条件之一，是高新技术产品（服务）收入占企业当年总收入的比例不得低于(　　)。(1 - 7 级测试)

A. 40%　　B. 50%　　C. 60%　　D. 70%

【参考答案】C

【解析】享受高新技术企业优惠的条件之一，是高新技术产品（服务）收入占企业当年总收入的比例不得低于 60%。

63.《企业所得税税前扣除凭证管理办法》规定，税前扣除凭证在管理中应遵循的原则是(　　)。(1－7级测试)

A. 实质重于形式原则　　B. 权责发生制原则

C. 谨慎性、及时性、有效性原则　　D. 真实性、合法性、关联性原则

【参考答案】D

【解析】《企业所得税税前扣除凭证管理办法》。

64. 2018年1月1日后投资新设的集成电路线宽小于130纳米，且经营期在(　　)年以上的集成电路生产企业或项目，第一年至第二年免征企业所得税，第三年至第五年按照25%的法定税率减半征收企业所得税，并享受至期满为止。(8－11级测试)

A. 3　　B. 5　　C. 10　　D. 15

【参考答案】C

【解析】根据《财政部 税务总局 国家发展改革委 工业和信息化部关于集成电路生产企业有关企业所得税政策问题的通知》(财税〔2018〕27号）规定，2018年1月1日后投资新设的集成电路线宽小于130纳米，且经营期在10年以上的集成电路生产企业或项目，第一年至第二年免征企业所得税，第三年至第五年按照25%的法定税率减半征收企业所得税，并享受至期满为止。

65. 2019年，财政部、税务总局联合发布了《关于保险企业手续费及佣金支出税前扣除政策的公告》(财政部 国家税务总局公告2019年第72号)，对保险企业发生的手续费及佣金支出企业所得税进行税前扣除的比例提高至(　　)。(1－7级测试)

A. 10%　　B. 15%　　C. 18%　　D. 20%

【参考答案】C

【解析】《关于保险企业手续费及佣金支出税前扣除政策的公告》(财政部 国家税务总局公告2019年第72号)。

66. 根据现行政策规定，企业在2022年新购进的设备、器具，单位价值不超过500万元的，允许(　　)。(8－11级测试)

A. 分两个年度计算折旧在企业所得税前扣除

B. 分三个年度计算折旧在企业所得税前扣除

C. 分四个年度计算折旧在企业所得税前扣除

D. 一次性计入当期成本费用在计算应纳税所得额时扣除，不再分年度计算折旧

【参考答案】D

【解析】《财政部 税务总局关于设备、器具扣除有关企业所得税政策的通知》(财税〔2018〕54号)，《财政部 税务总局关于延长部分税收优惠政策执行期限的公告》(财政部 税务总局公告2021年第6号)，2018年1月1日至2023年12月31日，新购进的设备、器具，单位价值不超过500万元的，允许一次性计入当期成本费用在计算

应纳税所得额时扣除，不再分年度计算折旧。

67. 根据《财政部 税务总局关于中小微企业设备、器具所得税税前扣除有关政策的公告（财政部 税务总局公告 2022 年第 12 号），中小微企业在 2022 年 1 月 1 日至 2022 年 12 月 31 日期间新购置的设备、器具，单位价值在 500 万元以上的，按照单位价值的一定比例自愿选择在企业所得税税前扣除。其中（　　）（8－11 级测试）

A.《中华人民共和国企业所得税法实施条例》规定最低折旧年限为 2 年的设备器具，单位价值的 100% 可在当年一次性税前扣除；最低折旧年限为 3 年、4 年、10 年的，单位价值的 50% 可在当年一次性税前扣除，其余 50% 按规定在剩余年度计算折旧进行税前扣除

B.《中华人民共和国企业所得税法实施条例》规定最低折旧年限为 3 年的设备器具，单位价值的 100% 可在当年一次性税前扣除；最低折旧年限为 5 年、8 年、10 年的，单位价值的 50% 可在当年一次性税前扣除，其余 50% 按规定在剩余年度计算折旧进行税前扣除

C.《中华人民共和国企业所得税法实施条例》规定最低折旧年限为 3 年的设备器具，单位价值的 100% 可在当年一次性税前扣除；最低折旧年限为 4 年、5 年、10 年的，单位价值的 80% 可在当年一次性税前扣除，其余 20% 按规定在剩余年度计算折旧进行税前扣除

D.《中华人民共和国企业所得税法实施条例》规定最低折旧年限为 3 年的设备器具，单位价值的 100% 可在当年一次性税前扣除；最低折旧年限为 5 年、8 年、10 年的，单位价值的 60% 可在当年一次性税前扣除，其余 40% 按规定在剩余年度计算折旧进行税前扣除

【参考答案】A

【解析】根据《财政部 税务总局关于中小微企业设备器具所得税税前扣除有关政策的公告》（财政部 税务总局公告 2022 年第 12 号）。

68. 企业享受扩大产能新购置的相关设备一次性计入当期成本费用在企业所得税税前扣除政策的，月（季）度预缴申报时应在（　　）填报相关情况（8－11 级测试）

A.“固定资产加速折旧（扣除）优惠明细表”第 4 行“二、固定资产一次性扣除”

B.“资产折旧、摊销及纳税调整明细表”第 10 行“（三）固定资产一次性扣除”

C. 预缴时无须填写，汇算清缴时再填写

D.“资产折旧、摊销及纳税调整明细表”第 8 行“（一）重要行业固定资产加速折旧”

【参考答案】A

【解析】《国家税务总局关于支持新型冠状病毒感染的肺炎疫情防控有关税收征收

管理事项的公告》（国家税务总局公告2020年第4号）规定，疫情防控重点保障物资生产企业按照财政部 税务总局公告2020年第8号第一条规定，适用一次性企业所得税税前扣除政策的，在优惠政策管理等方面参照《国家税务总局关于设备器具扣除有关企业所得税政策执行问题的公告》（国家税务总局公告2018年第46号）的规定执行。企业在纳税申报时将相关情况填入企业所得税纳税申报表“固定资产一次性扣除”行次。

69. 企业留存备查资料应从企业享受优惠事项当年的企业所得税汇算清缴期结束次日起保留（　　）年。（1－7级测试）

A. 10　　B. 5　　C. 3　　D. 15

【参考答案】A

【解析】国家税务总局关于发布修订后的《企业所得税优惠政策事项办理办法》的公告（国家税务总局公告2018年第23号）第十条规定，企业留存备查资料应从企业享受优惠事项当年的企业所得税汇算清缴期结束次日起保留10年。

70. 根据《中华人民共和国企业所得税法》的规定，企业以买一赠一的方式组合销售的本企业商品的，正确的处理是（　　）。（1－7级测试）

A. 属于捐赠，应按各项商品的账面价值确认销售收入

B. 属于捐赠，应按各项商品的公允价值确认销售收入

C. 不属于捐赠，应将总的销售金额按各项商品的账面价值的比例来分摊确认各项的销售收入

D. 不属于捐赠，应将总的销售金额按各项商品的公允价值的比例来分摊确认各项的销售收入

【参考答案】D

【解析】《国家税务总局关于确认企业所得税收入若干问题的通知》第三条规定，企业以买一赠一等方式组合销售本企业商品的，不属于捐赠，应将总的销售金额按各项商品的公允价值的比例来分摊确认各项的销售收入。

71. 企业在办理注销登记前，应（　　）计算清算所得，并就其清算所得向税务机关申报并依法缴纳企业所得税。（8－11级测试）

A. 将整个清算期作为一个独立的纳税年度

B. 将清算期与当年度合并为一个纳税年度

C. 清算期结束时间在6月30日前的，将清算期与当年度合并为一个纳税年度

D. 清算期结束时间在6月30日后的，作为一个独立的纳税年度

【参考答案】A

【解析】《财政部 国家税务总局关于企业清算业务企业所得税处理若干问题的通知》第四条第二款规定，企业应将整个清算期作为一个独立的纳税年度计算清算所得。

72. 下列关于企业所得税税收优惠的表述，不正确的是(　　)。(1－7级测试)

A. 坚果的种植享受免征企业所得税的优惠

B. 农产品初加工享受免征企业所得税的优惠

C. 海水养殖享受免征企业所得税的优惠

D. 花卉的种植享受减半征收企业所得税的优惠

【参考答案】C

【解析】选项C，海水养殖享受减半征收企业所得税的优惠。

73. 下列关于企业所得税扣缴义务人和扣缴方法的说法，错误的是(　　)。(1－7级测试)

A. 对非居民企业在中国境内未设立机构、场所，或者虽设立机构、场所但取得的所得与其所设机构、场所没有实际联系的，应缴纳的所得税，实行源泉扣缴，以支付人为扣缴义务人

B. 税款由扣缴义务人在每次支付或者到期应支付时，从支付或者到期应支付的款项中扣缴

C. 应当扣缴的所得税，扣缴义务人未依法扣缴或者无法履行扣缴义务的，由企业在扣缴义务人机构所在地缴纳

D. 对非居民企业在中国境内取得工程作业和劳务所得应缴纳的所得税，税务机关可以指定工程价款或者劳务费的支付人为扣缴义务人

【参考答案】C

【解析】选项C，应当扣缴的所得税，扣缴义务人未依法扣缴或者无法履行扣缴义务的，由企业在所得发生地缴纳。

74. 下列关于企业所得税纳税地点的表述中，错误的是(　　)。(8－11级测试)

A. 居民企业在中国境内设立不具有法人资格的营业机构的，应当汇总计算缴纳企业所得税

B. 非居民企业在中国境内设立两个或两个以上机构、场所的，经税务机关审核批准，可以选择由其主要机构、场所汇总缴纳企业所得税

C. 非居民企业在中国境内未设立机构、场所的，以扣缴义务人所在地为纳税地点

D. 非居民企业在中国境内设立机构、场所，但发生在境外与所设机构、场所有实际联系的所得，以扣缴义务人所在地为纳税地点

【参考答案】D

【解析】选项D，非居民企业在中国境内设立机构、场所，但发生在境外与所设机构、场所有实际联系的所得，以机构、场所所在地为纳税地点。

75. 下列关于外国企业常驻代表机构经费支出的税务处理方法，符合企业所得税相关规定的是(　　)。(8－11级测试)

A. 以货币形式用于我国境内的公益救济性捐赠，发生的当期一次性作为经费支出

B. 代表机构搬迁发生的装修费用，在冲抵搬迁处置收入后分年抵减应纳税所得额

C. 代表机构设立时发生的装修费用，在发生的当期一次性作为经费支出

D. 购置固定资产的支出，通过计提折旧分别计入相应各期经费支出

【参考答案】C

【解析】选项A，以货币形式用于我国境内的公益、救济性质的捐赠、滞纳金、罚款，以及为其总机构垫付的不属于其自身业务活动所发生的费用，不应作为代表机构的经费支出额；选项B、D，购置固定资产所发生的支出，以及代表机构设立时或者搬迁等原因所发生的装修费支出，应在发生时一次性作为经费支出额换算收入计税。

76. 下列选项中不属于企业股权投资损失确认的相关证据材料的是(　　)。(1－7级测试)

A. 股权投资计税基础证明材料

B. 被投资企业破产公告、破产清偿文件

C. 工商行政管理部门注销、吊销被投资单位营业执照文件

D. 政府有关部门对投资单位的行政处理决定文件

【参考答案】D

【解析】选项D，应该是政府有关部门对被投资单位的行政处理决定文件。

77. 非居民企业拒绝代扣税款的，扣缴义务人应当暂停支付相当于非居民企业应纳税款的款项，并向其主管税务机关报告和报送书面情况说明的时限是(　　)日。(8－11级测试)

A. 1　　B. 3　　C. 5　　D. 7

【参考答案】A

【解析】非居民企业拒绝代扣税款的，扣缴义务人应当暂停支付相当于非居民企业应纳税款的款项，并在1日之内向其主管税务机关报告，并报送书面情况说明。

78. 下列关于企业所得税特殊收入的确认，说法不正确的是(　　)。(1－7级测试)

A. 以分期收款方式销售货物的，按照合同约定的收款日期确认收入的实现

B. 企业受托加工制造大型机械设备，持续时间超过12个月的，按照纳税年度内完工进度或者完成的工作量确认收入的实现

C. 采取产品分成方式取得收入的，按照企业分得产品的日期确认收入的实现，其收入额按照产品的公允价值确定

D. 企业发生非货币性资产交换，以及将货物用于在建工程，应当视同销售处理

【参考答案】D

【解析】将货物用于在建工程，属于内部移送，不确认收入。

79. 经认定的转制文化企业，欲享受相应的税收优惠政策，向主管税务机关备案不包括的材料是(　　)。(1－7级测试)

A. 转制方案申请书

B. 企业工商营业执照

C. 同在职职工签订劳动合同的相关证明

D. 按企业办法参加社会保险制度的相关证明

【参考答案】A

【解析】选项A，经认定的转制文化企业，欲享受相应的税收优惠政策，向主管税务机关备案需要包括的材料之一是转制方案批复函。

80. 下列纳税人适用核定征收企业所得税的是(　　)。(1－7级测试)

A. 上市公司　　B. 律师事务所

C. 证券公司　　D. 化妆品生产企业

【参考答案】D

【解析】不得采用核定征收企业所得税的“特殊行业、特殊类型纳税人和一定规模以上的纳税人”包括：(1) 享受《中华人民共和国企业所得税法》及其实施条例和国务院规定的一项或几项企业所得税优惠政策的企业（不包括仅享受《中华人民共和国企业所得税法》第二十六条规定免税收入优惠政策的企业）；(2) 汇总纳税企业；(3) 上市公司；(4) 银行、信用社、小额贷款公司、保险公司、证券公司、期货公司、信托投资公司、金融资产管理公司、融资租赁公司、担保公司、财务公司、典当公司等金融企业；(5) 会计、审计、资产评估、税务、房地产估价、土地估价、工程造价、律师、价格鉴证、公证机构、基层法律服务机构、专利代理、商标代理以及其他经济鉴证类社会中介机构。

81. 下列选项中，不允许在计算企业所得税应纳税所得额时扣除的是(　　)。(8－11级测试)

A. 航空企业实际发生的飞行员养成费

B. 企业依照规定提取的用于环境保护方面的专项资金

C. 以经营租赁方式租入固定资产发生的租赁费支出

D. 企业发生的所有劳动保护支出

【参考答案】D

【解析】选项D，企业发生的合理的劳动保护支出准予扣除。

82. 根据《中华人民共和国企业所得税》相关规定，一般情况下无形资产摊销年限不得低于(　　)年。(1－7级测试)

A. 3　　B. 5　　C. 7　　D. 10

【参考答案】D

【解析】根据《中华人民共和国企业所得税》相关规定，一般情况下无形资产摊销年限不得低于10年。

83. 下列关于企业从被投资单位撤回投资时取得资产的企业所得税税务处理的说法，正

确的是(　　)。(8－11 级测试)

A. 相当于初始投资的部分应确认为股息所得

B. 取得的全部资产应确认为股息所得

C. 超过初始投资的部分应确认为投资资产转让所得

D. 相当于被投资企业累计未分配利润和累计盈余公积部分应确认为股息所得

【参考答案】D

【解析】企业撤回或减少投资，其取得的资产中，相当于初始出资的部分，应确认为投资收回；相当于被投资企业累计未分配利润和累计盈余公积按减少实收资本比例计算的部分，应确认为股息所得；其余部分确认为投资资产转让所得。

84. 预约定价安排执行期间，企业发生影响预约定价安排的实质性变化，应书面报告主管税务机关，详细说明该变化对执行预约定价安排的影响，并附送相关资料。由于非主观原因而无法按期报告的，可以延期报告，但延长期限不得超过(　　)日。(1－7级测试)

A. 40　　B. 20　　C. 30　　D. 60

【参考答案】C

【解析】预约定价安排执行期间，企业发生影响预约定价安排的实质性变化，应当在发生变化之日起 30 日内书面报告主管税务机关，详细说明该变化对执行预约定价安排的影响，并附送相关资料。由于非主观原因而无法按期报告的，可以延期报告，但延长期限不得超过 30 日。

85. 实际资产损失，准予追补至该项损失发生年度扣除，其追补确认期限一般不得超过(　　)年。(8－11 级测试)

A. 5　　B. 2　　C. 3　　D. 7

【参考答案】A

【解析】属于实际资产损失，准予追补至该项损失发生年度扣除，其追补确认期限一般不得超过 5 年。

86. 下列各项收入中免征企业所得税的是(　　)。(1－7 级测试)

A. 转让国债取得转让收入

B. 非营利组织免税收入孳生的银行存款利息

C. 国际金融组织向居民企业提供一般贷款的利息收入

D. 应用种植观赏性作物并销售取得的收入

【参考答案】B

【解析】选项 A，国债利息收入免税，但国债转让所得不免；选项 C，国际金融组织向中国政府和居民企业提供优惠贷款取得的利息所得免征企业所得税；选项 D，观赏性作物的种植，减半征收企业所得税。

87. 某非居民企业在境内设立机构、场所，因会计账簿不健全，不能正确核算收入总额和成本费用，但经费支出总额 120 万元能够准确核算。税务机关决定按照核定的方法征收企业所得税，税务机关核定的利润率为 20%，计算该企业应缴纳的企业所得税额为（　　）万元。（8 – 11 级测试）

A. 8　　B. 10　　C. 7.5　　D. 20

【参考答案】C

【解析】应纳税所得额 = 经费支出总额 ÷（1 – 经税务机关核定的利润率）× 经税务机关核定的利润率 = 120 ÷（1 – 20%）× 20% = 30 万元，应缴纳企业所得税 = 30 × 25% = 7.5 万元。

88. 在中国境内设立机构场所的非居民企业取得的下列所得，实际适用 10% 的企业所得税税率的是（　　）。（8 – 11 级测试）

A. 与境内机构场所有实际联系的境内所得

B. 与境内机构场所有实际联系的境外所得

C. 与境内机构场所没有实际联系的境内所得

D. 与境内机构场所没有实际联系的境外所得

【参考答案】C

【解析】非居民企业在中国境内未设立机构、场所的，从境内取得的所得，或者虽设立机构、场所，但从境内取得的与其所设机构、场所没有实际联系的所得，减按 10% 的税率征收企业所得税。

89. 居民个人发生的公益捐赠支出，当月分类所得应扣除未扣除的，可以按照规定追补扣除。扣缴义务人已经代扣且解缴税款的，居民个人可以在公益捐赠之日起（　　）日内提请扣缴义务人向征收税款的税务机关办理更正申报追补扣除，税务机关和扣缴义务人应当予以办理。（1 – 7 级测试）

A. 90　　B. 60　　C. 30　　D. 15

【参考答案】A

【解析】根据《财政部 税务总局关于公益慈善事业捐赠个人所得税政策的公告》（财政部 税务总局公告 2019 年第 99 号）规定，居民个人发生的公益捐赠支出，可在捐赠当月取得的分类所得中扣除。当月分类所得应扣除未扣除的公益捐赠支出，可以按照以下规定追补扣除：扣缴义务人已经代扣且解缴税款的，居民个人可以在公益捐赠之日起 90 日内提请扣缴义务人向征收税款的税务机关办理更正申报追补扣除，税务机关和扣缴义务人应当予以办理。

90. 中国公民张某将位于某市的住房出租给他人居住，月不含税租金 42 000 元，张某每月租金收入应缴纳个人所得税为（　　）元。（不考虑房产税、地方教育附加和免征增值税的优惠政策）（8 – 11 级测试）

A. 3 110.47　　B. 3 220.56

C. 2 940.00　　D. 2 660.50

【参考答案】B

【解析】应缴纳个人所得税 = [42 000 − 42 000 × 1.5% × (7% + 3%) − 42 000 × 4%] × (1 − 20%) × 10% = 3 220.56（元）

91. 中国公民郑某为某上市公司独立董事（未在该公司任职），2022 年 11 月取得董事费 9 万元，当月通过中国教育发展基金会捐款 3 万元用于公益事业。郑某的董事费应预扣预缴个人所得税为(　　)元。(8 − 11 级测试)

A. 21 800　　B. 16 900　　C. 12 400　　D. 10 600

【参考答案】A

【解析】居民个人取得劳务报酬所得、稿酬所得、特许权使用费所得的，预扣预缴时不扣除公益捐赠支出，统一在汇算清缴时扣除。应预扣预缴郑某的个人所得税 = 90 000 × (1 − 20%) × 40% − 7 000 = 21 800 元。

92. 个人取得下列所得应缴纳个人所得税的是(　　)。(1 − 7 级测试)

A. 外籍个人取得外商投资企业的股息红利所得

B. 个人购买社会福利有奖募捐奖券一次中奖收入 8 000 元

C. 企业对累计消费达到一定额度，给予额外抽奖机会，个人的获奖所得

D. 个人转让自用 5 年以上的家庭唯一住房

【参考答案】C

【解析】外籍个人取得外商投资企业的股息红利所得免征个人所得税；对个人购买社会福利有奖募捐奖券一次中奖收入不超过 1 万元的，暂免征收个人所得税，超过1 万元的，按全额征税；个人转让自用 5 年以上的家庭唯一住房免征个人所得税。

93. 下列各项中，应当按照“工资、薪金所得”项目征收个人所得税的是(　　)。(1 − 7级测试)

A. 个人兼职取得的收入

B. 个人因从事彩票代销业务而取得的所得

C. 退休人员再任职取得的收入

D. 编剧从其任职的电视剧制作单位取得的剧本使用费收入

【参考答案】C

【解析】选项 A，个人兼职取得的收入，按照“劳务报酬所得”项目征收个人所得税；选项 B，个人因从事彩票代销业务而取得的所得，按照“经营所得”项目征收个人所得税；选项 D，编剧从电视剧的制作单位取得的剧本使用费，按“特许权使用费所得”项目征收个人所得税。

94. 美国人约翰在中国境内无住所，同时在中国境内、境外机构担任职务，2022 年 7 月 7

日来华，11月11日离开。期间因工作原因，曾于9月20日离境，10月4日返回。在计算个人所得税时，2022年约翰在中国境内居住天数为(　　)天。(8－11级测试)

A. 109　　B. 115　　C. 111　　D. 113

【参考答案】C

【解析】无住所个人一个纳税年度内在中国境内累计居住天数，按照个人在中国境内累计停留的天数计算。在中国境内停留的当天满24小时的，计入中国境内居住天数，在中国境内停留的当天不足24小时的，不计入中国境内居住天数。2022年约翰在中国境内居住天数＝24＋31＋19＋27＋10＝111天。

95. 下列各项中，应当按照“特许权使用费所得”项目征收个人所得税的是(　　)。(1－7级测试)

A. 作者去世后，财产继承人取得的遗作稿酬

B. 个人取得特许权的经济赔偿收入

C. 个人出租土地使用权取得的收入

D. 个人发表摄影作品取得的所得

【参考答案】B

【解析】选项A，作者去世后，财产继承人取得的遗作稿酬，应当按照“稿酬所得”项目计征个人所得税；选项C，个人出租土地使用权取得的收入，按照“财产租赁所得”项目计征个人所得税；选项D，个人文学作品、书画作品、摄影作品及其他作品以图书、报刊形式出版、发表而取得的所得，按照“稿酬所得”项目计征个人所得税。

96. 房地产开发企业与商店购买者个人签订协议，以优惠价格出售其开发的商店给购买者个人，购买者个人在一定期限内必须将购买的商店无偿提供给房地产开发企业对外出租使用。根据《中华人民共和国个人所得税法》的有关规定，对购买者个人少支出的购房价款，下列表述正确的是(　　)。(8－11级测试)

A. 不需要缴纳个人所得税

B. 按照“偶然所得”项目缴纳个人所得税

C. 按照“财产转让所得”项目缴纳个人所得税

D. 按照“财产租赁所得”项目缴纳个人所得税

【参考答案】D

【解析】房地产开发企业与商店购买者个人签订协议，以优惠价格出售其开发的商店给购买者个人，购买者个人在一定期限内必须将购买的商店无偿提供给房地产开发企业对外出租使用。该行为实质上是购买者个人以所购商店交由房地产开发企业出租而取得的房屋租赁收入支付了部分购房价款。根据《中华人民共和国个人所得税法》的有关规定，对购买者个人少支出的购房价款，应视同个人财产租赁所得，按照“财产租赁所得”项目征收个人所得税。

97. 中国居民陈某是某高校的一名教授，同时担任一股份有限公司的独立董事，2022 年 2 月取得董事费收入 100 000 元。根据《中华人民共和国个人所得税》的相关规定，陈某 2 月取得董事费收入被预扣预缴的个人所得税为(　　)元。(1 - 7 级测试)

A. 16 000　　B. 20 000　　C. 22 000　　D. 25 000

【参考答案】D

【解析】陈某 2 月取得董事费收入被预扣预缴的个人所得税 = 100 000 × (1 - 20%) × 40% - 7 000 = 25 000 元。

98. 我国公民刘某为某事业单位的职员，2022 年 6 月刘某办理了提前退休手续，取得一次性补贴收入 180 000 元，刘某办理提前退休手续至法定退休年龄之间共计 2 年。2022 年 6 月刘某应缴纳个人所得税(　　)元。(8 - 11 级测试)

A. 0　　B. 1 800　　C. 3 480　　D. 12 960

【参考答案】B

【解析】个人办理提前退休手续而取得的一次性补贴收入，应按照办理提前退休手续至法定离退休年龄之间实际年度数平均分摊，确定适用税率和速算扣除数，单独适用综合所得税率表，并计算纳税。刘某应缴纳个人所得税 = (180 000 ÷ 2 - 60 000) × 3% × 2 = 1 800 元。

99. 中国居民张某为境内上市公司的职员，张某 2022 年 12 月取得全年一次性奖金 60 000元，针对该笔收入张某选择不并入当年综合所得计税。则张某 12 月取得全年一次性奖金应缴纳的个人所得税为(　　)元。(1 - 7 级测试)

A. 0　　B. 3 480　　C. 5 790　　D. 13 840

【参考答案】C

【解析】居民个人取得全年一次性奖金，符合相关规定的，在 2023 年 12 月 31 日前，可以选择不并入当年综合所得，以全年一次性奖金收入除以 12 个月得到的数额，按照“月度税率表”，确定适用税率和速算扣除数，单独计算纳税。60 000 ÷ 12 = 5 000 元，适用税率 10%，速算扣除数为 210 元，张某 12 月取得全年一次性奖金应缴纳的个人所得税 = 60 000 × 10% - 210 = 5 790 元。

100. 国务院印发《关于设立 3 岁以下婴幼儿照护个人所得税专项附加扣除的通知》。有 3 岁以下婴幼儿的纳税人，可以从 2022 年 1 月 1 日起享受新的专项附加扣除。根据通知，纳税人照护 3 岁以下婴幼儿子女的相关支出，按照(　　)的标准定额扣除。(8 - 11 级测试)

A. 每个婴幼儿每月 1 000 元　　B. 每个婴幼儿每月 1 500 元

C. 家庭只要有婴儿按每月 1 000 元　　D. 家庭只要有婴儿按每月 1 500 元

【参考答案】A

【解析】国务院印发《关于设立 3 岁以下婴幼儿照护个人所得税专项附加扣除的通

知》。有3岁以下婴幼儿的纳税人，可以从2022年1月1日起享受新的专项附加扣除。根据通知，纳税人照护3岁以下婴幼儿子女的相关支出，按照每个婴幼儿每月1 000元的标准定额扣除。

101. 个人股权转让所得个人所得税以(　　)税务机关为主管税务机关。(8－11级测试)

A. 个人股东居住所在地　　B. 个人股东户口所在地

C. 购买方机构所在地　　D. 被投资企业所在地

【参考答案】D

【解析】个人股权转让所得个人所得税以被投资企业所在地税务机关为主管税务机关。

102. 纳税人开采或者生产应税产品过程中，因自然灾害等原因遭受重大损失，申请重大损失资源税减免的，需逐级呈报(　　)人民政府审批决定。(1－7级测试)

A. 乡（镇）　　B. 县　　C. 省辖市　　D. 省

【参考答案】C

【解析】根据《中华人民共和国资源税法》规定，纳税人开采或者生产应税产品过程中，因自然灾害等原因遭受重大损失的，由省辖市人民政府审批，酌情决定减征或者免征资源税。

103. 增值税一般纳税人按规定转登记为小规模纳税人的，自(　　)起适用小微企业普惠性减征资源税、耕地占用税优惠。(1－7级测试)

A. 办理转登记手续之日　　B. 一般纳税人失效之日

C. 批准转登记的次月　　D. 成为小规模纳税人的当月

【参考答案】D

【解析】根据《国家税务总局关于增值税小规模纳税人地方税种和相关附加减征政策有关征管问题的公告》（国家税务总局公告2019年第5号）第二条规定，缴纳资源税、城市维护建设税、房产税、城镇土地使用税、印花税、耕地占用税、教育费附加和地方教育附加的增值税一般纳税人按规定转登记为小规模纳税人的，自成为小规模纳税人的当月起适用减征优惠。增值税小规模纳税人按规定登记为一般纳税人的，自一般纳税人生效之日起不再适用减征优惠；增值税年应税销售额超过小规模纳税人标准应当登记为一般纳税人而未登记，经税务机关通知，逾期仍不办理登记的，自逾期次月起不再适用减征优惠。

104. 契税纳税人应当自纳税义务发生之日起(　　)，办理纳税申报。(8－11级测试)

A. 10日内　　B. 7日内　　C. 次月15日前　　D. 30日内

【参考答案】A

【解析】契税纳税人应当自纳税义务发生之日起10日内，办理纳税申报。

105. 自2020年5月1日至2023年12月31日，从事二手车经销的纳税人销售其收购的

二手车，下列关于其增值税税收优惠的说法正确的是(　　)。(1－7级测试)

A. 3%征收率减按0.5%征收增值税

B. 3%征收率减按2%征收增值税

C. 3%征收率减按1%征收增值税

D. 3%征收率免征增值税

【参考答案】A

【解析】《国家税务总局关于明确二手车经销等若干增值税征管问题的公告》（国家税务总局公告2020年第9号）第一条第一款规定，自2020年5月1日至2023年12月31日，从事二手车经销业务的纳税人销售其收购的二手车，纳税人减按0.5%征收率征收增值税。

106. 某房地产开发企业在计算土地增值税可扣除的房地产开发费用时，有如下资料：取得土地使用权所支付的金额为1 000万元，房地产开发成本为2 000万元，开发期间发生管理费用、销售费用、财务费用共计1 100万元；财务费用中的利息支出共计400万元，包括超过贷款期限的利息110万元及加收的罚息40万元，利息支出能够按转让房地产项目分摊且能提供金融机构贷款证明；省级人民政府确定的其他房地产开发费用扣除比例为5%。则该企业在计算土地增值税时可扣除的房地产开发费用为(　　)万元。(8－11级测试)

A. 550　　B. 1 100　　C. 396.5　　D. 400

【参考答案】D

【解析】利息支出能够按转让房地产项目分摊且能提供金融机构贷款证明，允许据实扣除，但不含超期加收的利息、罚息。

可扣除的房地产开发费用＝（400－110－40）＋（1 000＋2 000）×5%＝250＋150＝400万元。

107. 自然人在个人所得税APP端办理业务时，可对有疑问的信息发起申诉。以下属于不可以发起申诉的事项是(　　)。(1－7级测试)

A. 被收入　　B. 被任职

C. 被授权　　D. 专项附加扣除信息错误

【参考答案】D

【解析】专项附加扣除信息不属于申诉范围。

108. 自然人电子税务局扣缴端申报密码丢失的，可以由(　　)进行远程重置。(8－11级测试)

A. 法定代表人　　B. 出纳

C. 会计　　D. 审计主管

【参考答案】A

【解析】可以由法定代表人或财务负责人进行远程重置

109. 对个人购买90平方米及以下且属家庭唯一住房的普通住房，计征契税的税率为（　　）。（1－11级测试）

A. 1%　　B. 1.5%　　C. 2%　　D. 4%

【参考答案】A

【解析】2010年10月1日起，对个人购买90平方米及以下普通住房，且该住房属于家庭唯一住房的，减按1%税率征收契税。

110. 下列属于车船税法定扣缴义务人的是（　　）。（8－11级测试）

A. 车船的所有人

B. 车船的管理人

C. 从事机动车第三者责任强制保险业务的保险机构

D. 车管所

【参考答案】C

【解析】根据《中华人民共和国车船税法》，从事机动车第三者责任强制保险业务的保险机构为机动车车船税的扣缴义务人，应当在收取保险费时依法代收车船税，并出具代收税款凭证。

111. 下列关于车辆购置税申报与缴纳的说法，正确的是（　　）。（1－7级测试）

A. 车辆购置税的征税环节是使用环节（最终消费环节）

B. 购买已缴纳车辆购置税的旧机动车自用也要缴纳车辆购置税

C. 车辆购置税的纳税地点是销售应税车辆的4S店所在地

D. 免税车辆不需要办理车辆购置税申报手续

【参考答案】A

【解析】选项B，购置已征车辆购置税的车辆自用，不再征收车辆购置税；选项C，纳税人购置应税车辆应当向车辆登记注册地的主管税务机关申报纳税；选项D，符合免税条件的车辆需办理免税申请审批手续，车购办依据免税申请审批表在纳税人办理纳税申报时直接办理免税事宜。

112. 法人纳税人转让房地产需要缴纳土地增值税时，如果房屋坐落地与其经营所在地不一致，纳税地点应选择在（　　）的主管税务机关。（1－7级测试）

A. 总机构所在地　　B. 房地产坐落地

C. 生产经营所在地　　D. 办理房地产过户手续所在地

【参考答案】B

【解析】法人纳税人转让房地产，如果转让的房地产坐落地与其机构所在地或经营所在地不一致，则应在房地产坐落地的主管税务机关申报纳税。

113. 合作油（气）田应依照税收法律、法规、规章及其他有关规定，在规定的纳税期

限内填报(　　)及其他相关资料。(1－7级测试)

A. "增值税纳税申报表（一般纳税人适用）"

B. "增值税纳税申报表（小规模纳税人适用）"

C. "原油天然气增值税申报表"

D. "增值税预缴税款表"

【参考答案】C

【解析】根据《全国税务机关纳税服务规范（3.0版）》"申报纳税规范"的相关规定，合作油（气）田应依照税收法律、法规、规章及其他有关规定，在规定的纳税期限内填报"原油天然气增值税申报表"及其他相关资料，向税务机关进行原油、天然气增值税纳税申报。

114. 采用按期纳税的原油天然气增值税纳税人，应自确定的纳税期限期满之日起(　　)日内预缴税款。(1－7级测试)

A. 3　　B. 5　　C. 10　　D. 15

【参考答案】B

【解析】根据《全国税务机关纳税服务规范（3.0版）》"申报纳税规范"的相关规定，鉴于每月实际油价一般在次月10日左右才能确定，因此采用按期纳税的纳税人，应自确定的纳税期限期满之日起5日内预缴税款，于次月1日起15日内申报纳税并结清上月应纳税款。

115. 航空运输企业总机构在年度终了后(　　)内，计算分支机构发生《应税服务范围注释》所列业务年度清算的应纳税额，并向主管税务机关报送"年度航空运输企业年度清算表"，办理航空运输企业年度清算申报业务。(1－7级测试)

A. 25个工作日　　B. 40个工作日

C. 45个工作日　　D. 50个工作日

【参考答案】A

【解析】根据《全国税务机关纳税服务规范（3.0版）》"申报纳税规范"的相关规定，航空运输企业总机构在年度终了后25个工作日内，计算分支机构发生《应税服务范围注释》所列业务年度清算的应纳税额，并向主管税务机关报送"年度航空运输企业年度清算表"，办理航空运输企业年度清算申报业务。

116. 航空运输企业总机构主管税务机关受理申报，并于年度终了后(　　)内将"年度航空运输企业年度清算表"逐级报送国家税务总局。(1－7级测试)

A. 25个工作日　　B. 40个工作日

C. 45个工作日　　D. 50个工作日

【参考答案】B

【解析】根据《中华人民共和国税收征收管理法》的相关规定，总机构主管税务机关受理申报，并于年度终了后40个工作日内将“年度航空运输企业年度清算表”逐级报送国家税务总局，国家税务总局根据分支机构年度清算的应纳税额情况，通知分支机构所在地的省税务机关，在一定时期内暂停分支机构预缴增值税或在分支机构预缴增值税时补缴入库。

117. 成品油消费税纳税人在申报消费税时，除了需要报送“消费税纳税申报表”，还需要报送(　　)。(1－7级测试)

A. “本期准予扣除税额计算表”

B. “本期准予扣除税额计算表（成品油纳税人适用)”

C. “生产企业定点直供石脑油、燃料油开具普通版增值税专用发票明细表”

D. “生产企业销售含税石脑油、燃料油完税情况明细表”

【参考答案】B

【解析】根据《全国税务机关纳税服务规范（3.0版)》“申报纳税规范”的相关规定，成品油消费税纳税人在申报消费税时，除了需要报送“消费税纳税申报表”，还需要报送“本期准予扣除税额计算表（成品油纳税人适用)”。

118. 享受(　　)专项附加扣除的纳税人，由其自行向汇缴地主管税务机关办理汇算清缴申报时扣除。(1－7级测试)

A. 子女教育　　B. 婴儿照护费

C. 住房贷款利息或者住房租金　　D. 大病医疗

【参考答案】D

【解析】根据《中华人民共和国个人所得税法》和《中华人民共和国个人所得税法实施条例》的相关规定，享受大病医疗专项附加扣除的纳税人，由其自行向汇缴地的主管税务机关办理汇算清缴申报时扣除。

119. 预缴申报时，合伙企业有多个自然人合伙人的，应分别填报(　　)。(1－7级测试)

A. “个人所得税经营所得纳税申报表（A表)”

B. “个人所得税经营所得纳税申报表（B表)”

C. “个人所得税经营所得纳税申报表（C表)”

D. “个人所得税年度自行纳税申报表”

【参考答案】A

【解析】根据《中华人民共和国个人所得税法》和《中华人民共和国个人所得税法实施条例》的相关规定，取得经营所得的个人所得税纳税人预缴申报时，合伙企业有多个自然人合伙人的，应分别填报“个人所得税经营所得纳税申报表（A表)”。

120. 急速快递公司（一般纳税人）2022年5月直接接受居民个人委托并实际为其提供必需生活物资快递收派服务取得不含税收入50 000元；根据合作协议接受其他快

递公司委托为居民个人提供必需生活物资快递收派服务取得不含税收入30 000元。该公司当月应交增值税是(　　)。(1－7级测试)

A. 0元　　B. 1 800元　　C. 3 000元　　D. 4 800元

【参考答案】A

【解析】《财政部 税务总局关于快递收派服务免征增值税政策的公告》(财政部 税务总局公告2022年第18号)第五条规定，纳税人为居民提供必需生活物资快递收派服务取得的收入，免征增值税。直接接受居民个人委托并实际为其提供收派服务，付款方为居民个人的，可以按照18号公告的规定适用为居民提供必需生活物资快递收派服务免征增值税政策；不直接接受居民个人委托，而是根据合作协议接受其他快递公司委托提供收派服务，收派服务的收货方为居民个人的，可以按照18号公告的规定适用为居民提供必需生活物资快递收派服务免征增值税政策。

121. 某小型微利企业2022年企业所得税应纳税所得额为270万元，则应纳税额为(　　)。(1－7级测试)

A. 11万元　　B. 20.5万元　　C. 28万元　　D. 70万元

【参考答案】A

【解析】根据《国家税务总局关于落实支持小型微利企业和个体工商户发展所得税优惠政策有关事项的公告》(国家税务总局公告2021年第8号)第一条的规定，对小型微利企业年应纳税所得额不超过100万元的部分，减按12.5%计入应纳税所得额，按20%的税率缴纳企业所得税。根据《财政部 国家税务总局关于进一步实施小微企业所得税优惠政策的公告》(财政部 税务总局公告2022年第13号)第一条，对小型微利企业年应纳税所得额超过100万元但不超过300万元的部分，减按25%计入应纳税所得额，按20%的税率缴纳企业所得税。应纳税额 $=100\times2.5\%+170\times5\%=11$ 万元。

## 二、多项选择题

1. 自2014年6月1日起，缴纳义务人受外贸公司委托加工电器电子产品，其海关贸易方式为(　　)且由外贸公司收回后复出口的，免征废弃电器电子产品处理基金。(1－7级测试)

A. 来料加工　　B. 转厂　　C. 一般贸易　　D. 进料加工

【参考答案】AD

【解析】根据《废弃电器电子产品回收处理管理条例》的相关规定，自2014年6月1日起，缴纳义务人受外贸公司委托加工电器电子产品，其海关贸易方式为“进料加工”或“来料加工”且由外贸公司收回后复出口的，免征废弃电器电子产品处理基金。

2. 企业申报扣除各项资产损失时，应提供能够证明资产损失确属实际发生的合法证据，

下列各项中属于外部证据的有(　　)。(8－11 级测试)

A. 中介机构的经济鉴证证明　　B. 司法机关的判决或者裁定

C. 相关经济行为的业务合同　　D. 企业的破产清算公告或清偿文件

【参考答案】ABD

【解析】具有法律效力的外部证据，是指司法机关、行政机关、专业技术鉴定部门等依法出具的与本企业资产损失相关的具有法律效力的书面文件，主要包括：

(1) 司法机关的判决或者裁定；

(2) 公安机关的立案结案证明、回复；

(3) 工商部门出具的注销、吊销及停业证明；

(4) 企业的破产清算公告或清偿文件；

(5) 行政机关的公文；

(6) 专业技术部门的鉴定报告；

(7) 具有法定资质的中介机构的经济鉴定证明；

(8) 仲裁机构的仲裁文书；

(9) 保险公司对投保资产出具的出险调查单、理赔计算单等保险单据；

3. 下列可按生产领用量抵扣应税消费品已纳消费税的有(　　)。(8－11 级测试)

A. 首饰厂将委托加工收回的已税珠宝抛光打孔串成钻石项链

B. 白酒厂将委托加工收回的已税低档白酒用于生产高档白酒

C. 卷烟厂将委托加工收回的已税烟丝生产卷烟

D. 成品油厂将委托加工收回的已税润滑油为原料生产应税润滑油

【参考答案】CD

【解析】根据《中华人民共和国消费税暂行条例》第四条，纳税人用委托加工的已税珠宝玉石生产的改在零售环节征收消费税的金银首饰（含镶嵌首饰）、钻石首饰，在计税时一律不得扣除委托加工收回的珠宝玉石已纳的消费税税款。故 A 选项错误。根据《财政部 国家税务总局关于调整酒类产品消费税政策的通知》第五条，停止执行外购或委托加工已税酒和酒精生产的酒（包括以外购已税白酒加浆降度，用外购已税的不同品种的白酒勾兑的白酒，用曲香、香精对外购已税白酒进行调香、调味以及外购散装白酒装瓶出售等）外购酒及酒精已纳税款或受托方代收代缴税款准予抵扣政策，故选项 B 错误。

4. 下列车辆属于车辆购置税应税范围的是(　　)。(1－7 级测试)

A. 起重机（吊车）　　B. 小汽车

C. 电动摩托车　　D. 垃圾车

【参考答案】BD

【解析】根据《财政部 税务总局关于车辆购置税有关具体政策的公告》第一条，

地铁、轻轨等城市轨道交通车辆，装载机、平地机、挖掘机、推土机等轮式专用机械车，以及起重机（吊车）、叉车、电动摩托车，不属于应税车辆。

5. 根据现行消费税政策，下列关于白酒最低计税价格核定的表述中，正确的是(　　)。(1－7 级测试)

A. 白酒生产企业销售给销售单位的白酒，生产企业消费税计税价格低于销售单位对外不含税销售价格 70% 以下的，税务机关应核定消费税最低计税价格

B. 生产企业实际销售价格高于消费税最低计税价格的，按实际销售价格申报纳税

C. 白酒的计税价格由国家税务总局核定，送财政部备案

D. 白酒生产企业销售给销售单位的白酒，低于销售单位对外销售价格 70% 以下的，税务机关在销售单位对外销售价格的 50% 至 80% 范围内核定

【参考答案】ABC

【解析】白酒生产企业销售给销售单位的白酒，低于销售单位对外销售价格 70% 以下的，税务机关在销售单位对外销售价格的 50% 至 70% 范围内核定，故 D 选项错误。

6. 根据现行税收政策，下列关于车辆购置税计税价格及税率的表述说法正确的有(　　)。(8－11 级测试)

A. 进口自用的应税小汽车的计税价格包括关税完税价格和关税，不包括消费税

B. 购置电动摩托车，不需要缴纳车辆购置税

C. 车辆购置税价外征收，不具转嫁性

D. 车辆购置税的税率为 10%

【参考答案】BCD

【解析】根据《中华人民共和国车辆购置税法》第六条，纳税人进口自用应税车辆的计税价格，为关税完税价格加上关税和消费税，故 A 选项错误。

7. 下列有关消费税的表述，说法正确的有(　　)。(8－11 级测试)

A. 甲酒厂生产的白酒发放给本单位员工，应计算缴纳消费税

B. 甲酒厂用自产的白酒连续生产复制酒，应于移送使用时计算缴纳消费税

C. 甲酒厂委托乙酒厂生产白酒，应由乙酒厂在向甲酒厂交货时代收代缴消费税税款

D. 丙卷烟批发企业在批发销售卷烟时，需从价计算消费税，也需从量计算消费税

【参考答案】ACD

【解析】根据《中华人民共和国消费税暂行条例》第四条，纳税人生产的应税消费品，于纳税人销售时纳税。纳税人自产自用的应税消费品，用于连续生产应税消费品的，不纳税；用于其他方面的，于移送使用时纳税。故选项 A 正确，选项 B 错误。

8. 纳税人发生下列行为时，需要同时缴纳增值税和车辆购置税的有(　　)。(1－7 级测试)

A. 将进口的汽车用于对外投资

B. 将进口的汽车用于销售

C. 进口自用汽车

D. 进口自用排气量为 250 毫升的摩托车

【参考答案】CD

【解析】根据《中华人民共和国车辆购置税法》第一条，在中华人民共和国境内购置汽车、有轨电车、汽车挂车、排气量超过 150 毫升的摩托车（以下统称“应税车辆”）的单位和个人，为车辆购置税的纳税人，应当依照本法规定缴纳车辆购置税。第二条规定，本法所称购置，是指以购买、进口、自产、受赠、获奖或者其他方式取得并自用应税车辆的行为。选项 A 和 B 非自用，不需缴纳车辆购置税，故错误；选项 D 正确。

9. 下列关于车辆购置税纳税申报的规定，表述正确的有(　　)。(1－7 级测试)

A. 需要办理车辆登记注册手续的纳税人，向车辆登记注册地的主管税务机关办理纳税申报

B. 不需要办理车辆登记注册手续的纳税人，向纳税人所在地的主管税务机关办理纳税申报

C. 车辆购置税是在应税车辆上牌登记注册前的使用环节征收

D. 对因不可抗力因素无法提供机动车销售统一发票，未办理登记注册手续的车辆，主管税务机关按照车辆合格证明上标注的制造日期后 30 日确定滞纳税款之日

【参考答案】ABC

【解析】对因不可抗力因素无法提供机动车销售统一发票，未办理登记注册手续的车辆，主管税务机关按照车辆合格证明上标注的制造日期后 60 日确定滞纳税款之日。

10. 下列属于消费税纳税人的有(　　)。(1－7 级测试)

A. 钻石的进口商　　B. 高档化妆品的生产商

C. 卷烟的批发商　　D. 卷烟的零售商

【参考答案】BC

【解析】选项 A，钻石在零售环节缴纳消费税，选项 D，卷烟在批发环节加征一道消费税，零售环节不需要缴纳。

11. 纳税人销售应税消费品向购买方收取的下列各项费用，应计入销售额征收消费税的是(　　)(8－11 级测试)

A. 返还利润

B. 违约金

C. 品牌使用费

D. 由销售方转交给购买方的开具给购买方的运输发票

【参考答案】ABC

【解析】符合条件的代垫费用不属于价外费用，不计入销售额征收消费税。

12. 下列各项中，属于“营改增”交通运输服务的有(　　)。(1－7级测试)

A. 索道运输　　B. 程租　　C. 期租　　D. 光租

【参考答案】ABC

【解析】选项D，光租业务，是指运输企业将船舶在约定的时间内出租给他人使用，不配备操作人员，不承担运输过程中发生的各项费用，只收取固定租赁费的业务活动。它属于有形动产经营租赁服务。

13. 下列各项中，属于商务辅助服务的有(　　)。(1－7级测试)

A. 货物运输代理服务　　B. 代理报关服务

C. 人力资源服务　　D. 港口码头服务

【参考答案】ABC

【解析】商务辅助服务包括企业管理服务、经纪代理服务、人力资源服务、安全保护服务。选项D属于物流辅助服务。

14. 下列属于视同提供应税服务的有(　　)。(1－7级测试)

A. 为本单位员工无偿提供搬家运输服务

B. 向客户无偿提供信息咨询服务

C. 个体工商户聘用的员工为雇主提供取得工资的服务

D. 为客户无偿提供广告设计服务

【参考答案】BD

【解析】选项A，单位为员工无偿提供的服务不属于增值税的征税范围，不征增值税。选项C，单位或者个体工商户聘用的员工为本单位或者雇主提供取得工资的服务，不征收增值税。这两项都属于非经营活动，所以不属于增值税的征税范围。

15. 下列各项中，属于增值税视同销售行为的有(　　)。(1－7级测试)

A. 将货物交付其他单位或者个人代销

B. 销售代销货物

C. 实行统一核算的，位于同一县的两个机构，将货物从一个机构移送其他机构用于销售

D. 单位向社会公众无偿提供的服务

【参考答案】AB

【解析】选项C，设有两个以上机构并实行统一核算的纳税人，将货物从一个机构移送其他机构用于销售，但相关机构设在同一县（市）的除外，此时属于增值税视同销售货物行为。选项D，单位或者个体工商户向其他单位或个人无偿提供服务，视同销售服务，但用于公益事业或者以社会公众为对象的除外。

16. 下列各项中，不征收增值税的有(　　)。(1－7 级测试)

A. 被保险人获得的保险赔付

B. 存款利息

C. 房地产主管部门或者其指定机构、公积金管理中心、开发企业以及物业管理单位代收的住宅专项维修基金

D. 销售货物的同时收取的包装费

【参考答案】ABC

【解析】选项 D，属于销售货物的同时收取的价外费用，应并入销售额计算增值税。

17. 下列各项中，2019 年 4 月 1 日后，不适用 9% 增值税低税率的有(　　)。(1－7 级测试)

A. 玉米纤维　　B. 玉米胚芽　　C. 茶饮料　　D. 中成药

【参考答案】ACD

【解析】选项 ACD 不属于适用增值税低税率的农业初级产品，它们适用 13% 的基本税率。

18. 根据增值税法律制度的规定，下列各项中，免征增值税的有(　　)。(1－7 级测试)

A. 托儿所提供的保育服务　　B. 养老机构提供的养老服务

C. 学生勤工俭学提供的服务　　D. 个人销售自建自用住房

【参考答案】ABCD

【解析】选项 ABCD 均免征增值税。

19. 根据增值税的规定，下列各项免征增值税的有(　　)。(1－7 级测试)

A. 超市销售蔬菜

B. 农业生产者销售自产的水果

C. 商场销售的水产品罐头

D. 政府储备食用植物油的销售

【参考答案】ABD

【解析】销售水产品罐头不属于免征增值税的项目。

20. 关于纳税人销售额的确定，正确的有(　　)。(8－11 级测试)

A. 金融商品转让，按照卖出价扣除买入价后的余额为销售额

B. 一般纳税人提供的客运场站服务，以其取得的全部价款和价外费用，扣除支付给承运方运费后的余额为销售额

C. 贷款服务，以提供贷款服务取得的全部利息及利息性质的收入为销售额

D. 航空运输企业的销售额，包括代收的机场建设费

【参考答案】ABC

【解析】选项 D，航空运输企业的销售额，不包括代收的机场建设费和代售其他航空运输企业客票而代收转付的价款。

21. 下列关于发、供电企业销售电力产品的增值税纳税义务发生时间的表述中，正确的有(　　)。(8－11 级测试)

A. 供电企业采取直接收取电费结算方式向企事业单位销售电力产品的，增值税纳税义务发生时间为开具发票的当天

B. 供电企业采取直接收取电费结算方式向居民个人销售电力产品的，增值税纳税义务发生时间为发行电量的当天

C. 供电企业采取预收电费结算方式的，增值税纳税义务发生时间为取得预收款的当天

D. 发电企业和其他企事业单位销售电力产品的纳税义务发生时间为电力上网并开具确认单据的当天

【参考答案】AD

【解析】选项 B，供电企业采取直接收取电费结算方式向居民个人销售电力产品的，增值税纳税义务发生时间为开具电费缴纳凭证的当天；选项 C，供电企业采取预收电费结算方式的，增值税纳税义务发生时间为发行电量的当天。

22. 下列各项中，符合油气田企业增值税管理规定的有(　　)。(1－7 级测试)

A. 油气田企业生产销售原油、天然气取得的收入应缴纳增值税

B. 油气田企业将承包的生产性劳务分包给非油气田企业，应当就其总承包额计算缴纳增值税

C. 油气田企业与非油气田企业之间相互提供的生产性劳务应缴纳增值税

D. 油气田企业与其所属非独立核算单位之间移送货物或者提供应税劳务，不缴纳增值税

【参考答案】ABD

【解析】选项 C，油气田企业与非油气田企业之间相互提供的生产性劳务不缴纳增值税。

23. 下列各项中，符合黄金交易增值税征收管理规定的有(　　)。(1－7 级测试)

A. 黄金生产和经营单位销售黄金矿砂，免征增值税

B. 进口标准黄金免征进口环节增值税

C. 黄金交易所会员单位通过黄金交易所销售标准黄金，未发生实物交割的，免征增值税

D. 纳税人不通过黄金交易所销售标准黄金的，实行增值税即征即退政策

【参考答案】ABC

【解析】选项 D，黄金交易所会员单位通过黄金交易所销售标准黄金，发生实物交

割的，由税务机关按照实际成交价格代开增值税专用发票，并实行增值税即征即退政策，同时免征城市维护建设税和教育费附加；纳税人不通过黄金交易所销售标准黄金的，不享受增值税即征即退和免征城市维护建设税、教育费附加政策。

24. 下列情形中，适用增值税免税不退税政策的有（　　）。（1－7级测试）

A. 出口企业对外提供加工修理修配劳务

B. 非出口企业委托出口的货物

C. 非列名生产企业出口的非视同自产货物

D. 农业生产者销售自产农产品

【参考答案】BCD

【解析】选项A，适用增值税免税并退税政策。

25. 下列关于增值税退（免）税的计税依据，表述正确的有（　　）。（1－7级测试）

A. 生产企业进料加工复出口货物增值税退（免）税的计税依据，按出口货物的离岸价确定

B. 外贸企业出口委托加工修理修配货物增值税退（免）税的计税依据，为加工修理修配费用增值税专用发票注明的金额

C. 免税品经营企业销售的货物增值税退（免）税的计税依据，为购进货物的增值税专用发票注明的金额或者海关进口增值税专用缴款书注明的完税价格

D. 生产企业向海上石油天然气开采企业销售的自产的海洋工程结构物增值税退（免）税的计税依据，为销售海洋工程结构物的普通发票注明的金额

【参考答案】BCD

【解析】生产企业进料加工复出口货物增值税退（免）税的计税依据，按出口货物的离岸价扣除出口货物所含的海关保税进口料件的金额后确定。

26. 位于市区的甲生产企业是增值税一般纳税人（具有进出口经营权），出口货物适用的征税率为13%，退税率为9%。2019年7月购进原材料，取得的增值税专用发票上注明增值税税额68万元；当月进料加工保税进口料件的组成计税价格是150万元；本月内销货物取得含税销售收入226万元；本月出口货物离岸价折合人民币300万元；已知进料加工保税进口料件的计划分配率为75%，6月末无留抵税额；8月内销产品，取得不含税销售收入200万元，购进生产用原材料，取得增值税专用发票上注明的增值税税额1.3万元。则下列关于甲企业7月和8月增值税的相关税务处理，正确的有（　　）。（8－11级测试）

A. 甲生产企业7月应退增值税6.75万元、免抵税额为0

B. 甲生产企业7月应退增值税39万元、免抵税额为32.25万元

C. 甲生产企业7月应退增值税32.25万元、免抵税额为6.75万元

D. 甲生产企业8月留抵税额为7.55万元

【参考答案】AD

【解析】甲企业7月增值税的计算：当月耗用进料加工保税进口料件的组成计税价格 $=300\times75\%=225$ 万元，当期不得免征和抵扣税额 $=(300-225)\times(13\%-9\%)=3$ 万元；当期应纳增值税税额 $=226\div(1+13\%)\times13\%-(68-3)=-39$ 万元；当期免抵退税额 $=(300-225)\times9\%=6.75$ 万元，当期应退甲企业增值税 $=6.75$ 万元，免抵税额 $=6.75-6.75=0$，期末留抵税额 $=39-6.75=32.25$ 万元；甲企业8月应纳增值税 $=200\times13\%-1.3-32.25=-7.55$ 万元。

27. 甲企业与乙企业均为增值税一般纳税人，2019年7月甲企业用自产的不含税市场价为8 000元的A产品与乙企业生产的B产品进行等价交换（A、B两种产品均适用基本税率），甲企业将换入的B产品用于集体福利，乙企业将换入的A产品作为生产用原材料，双方互开了增值税专用发票。下列关于此项业务的增值税处理，说法正确的有(　　)。(8－11级测试)

A. 甲企业换出的A产品应视同销售计算销项税额，换入的B产品可以抵扣进项税额

B. 乙企业换出的B产品应视同销售计算销项税额，换入的A产品可以抵扣进项税额

C. 甲企业和乙企业均不缴纳增值税

D. 甲企业应缴纳增值税1 040元，乙企业应纳增值税为0

【参考答案】BD

【解析】纳税人采取以物易物方式销售货物的，双方都应做购销处理，以各自发出的货物核算销售额并计算销项税额，以各自收到的货物核算购货额及进项税额。甲企业换出的A产品的销项税额 $=8\ 000\times13\%=1\ 040$ 元，甲企业换入的B产品由于用于了集体福利，所以不得抵扣B产品的进项税额，甲企业应缴纳增值税为1 040元；乙企业换出的B产品的销项税额 $=8\ 000\times13\%=1\ 040$ 元，乙企业换入的A产品作为生产用原材料可以抵扣进项税额，可以抵扣的进项税额 $=8\ 000\times13\%=1\ 040$ 元，则乙企业应缴纳增值税 $=1\ 040-1\ 040=0$；所以选项BD正确。

28. 商业企业一般纳税人零售的下列货物中，不得开具增值税专用发票的有(　　)。(1－7级测试)

A. 烟　　B. 食品　　C. 化妆品　　D. 劳保专用的鞋帽

【参考答案】ABC

【解析】商业企业一般纳税人零售的烟、酒、食品、服装、鞋帽（不包括劳保专用部分）、化妆品等消费品不得开具增值税专用发票。

29. 根据增值税法律制度的规定，关于增值税的纳税地点下列表述中正确的有(　　)。(8－11级测试)

A. 其他个人提供建筑服务，应向建筑服务发生地申报纳税

B. 纳税人进口货物，应当向机构所在地申报纳税

C. 纳税人销售不动产，向不动产所在地进行纳税申报

D. 纳税人出租不动产，在不动产所在地预缴税款后，向机构所在地主管税务机关进行纳税申报

【参考答案】AD

【解析】选项B，进口货物，应当由进口人或其代理人向报关地海关申报纳税；选项C，纳税人销售不动产，在不动产所在地预缴税款后，向机构所在地主管税务机关进行纳税申报。

30. 在境内提供应税服务或无形资产，是指应税服务或无形资产提供方或者接受方在境内，下列情形不属于在境内提供应税服务和无形资产的有（　　）。（8－11级测试）

A. 境外单位或者个人向境内单位或者个人销售完全在境外发生的应税服务

B. 境外单位或者个人向境内单位或者个人出租完全在境外使用的有形动产

C. 境外单位或者个人向境内单位或者个人出租在境内使用的有形动产

D. 境内单位或者个人向境内单位或者个人提供的应税服务

【参考答案】AB

【解析】在境内提供应税服务或无形资产，是指应税服务或无形资产的提供方或者接受方在境内。

下列情形不属于在境内提供应税服务或无形资产：

（1）境外单位或者个人向境内单位或者个人销售完全在境外发生的应税服务；

（2）境外单位或者个人向境内单位或者个人出租完全在境外使用的有形动产；

（3）境外单位或者个人向境内单位或者个人销售完全在境外使用的无形资产；

（4）财政部和国家税务总局规定的其他情形。

31. 某广告设计企业（增值税一般纳税人）的下列进项税额，不得从销项税额中抵扣的有（　　）。（8－11级测试）

A. 购买地板装修职工食堂发生的进项税额

B. 购买办公用复印纸发生的进项税额

C. 购买办公用中轻型商务车所发生的进项税额

D. 交际应酬消费发生的进项税额

【参考答案】AD

【解析】选项AD为不得抵扣的进项税额；选项BC为可抵扣的进项税额。

32. 一般纳税人销售的下列货物或者服务中，可以选择简易计税办法计税的有（　　）。（1－7级测试）

A. 销售自产机器设备同时提供的安装服务

B. 生产销售的罕见病药

C. 生产销售的保健型药品

D. 提供的城市电影放映服务

【参考答案】ABD

【解析】选项 C 没有选择简易计税方法计税的规定。

33. 下列关于金银首饰的消费税处理中，表述正确的有（　　）。（8－11 级测试）

A. 带料加工的金银首饰，应按受托方销售同类金银首饰的销售价格确定计税依据征收消费税，没有同类金银首饰销售价格的，按照组成计税价格计算纳税

B. 纳税人采用以旧换新方式销售的金银首饰，应按实际收取的不含增值税的全部价款确定计税依据征收消费税

C. 金银首饰与其他产品组成成套消费品销售的，应按销售额全额征收消费税

D. 外购的已税珠宝玉石生产的改在零售环节征收消费税的金银首饰，在计税时，准予按照生产领用量扣除外购珠宝玉石的已纳税款

【参考答案】ABC

【解析】选项 D，外购的已税珠宝玉石生产的改在零售环节征收消费税的金银首饰，在计税时，一律不得扣除外购珠宝玉石的已纳税款。

34. 下列各项中，属于消费税应纳税额计算方法的有（　　）。（1－7 级测试）

A. 从价定率计税　　B. 从量定额计税

C. 从价从量复合计税　　D. 直接计算法

【参考答案】ABC

【解析】按照现行消费税法的基本规定，消费税应纳税额的计算分为从价定率、从量定额和复合计税 3 种计算方法。

35. 下列委托加工行为中，受托方（非个体工商户）应代收代缴消费税的有（　　）。（1－7 级测试）

A. 汽车制造厂委托加工一批摩托车收回后全部用于继续生产摩托车

B. 某企业将外购汽车底盘及配件委托加工成小货车自用

C. 某企业委托加工一批高档化妆品收回后作为福利发给职工

D. 某企业委托加工一批普通护发素收回后作为福利发给职工

【参考答案】AC

【解析】小货车、普通护发品都不属于消费税的征税范围，不征收消费税。

36. 下列可按生产领用数量抵扣应税消费品已纳消费税的有（　　）。（1－7 级测试）

A. 首饰厂将委托加工收回的已税玉珠抛光打孔串成玉珠项链

B. 白酒厂将委托加工收回的已税低档白酒用于生产高档白酒

C. 首饰厂将委托加工收回的已税蓝宝石戒面制成 18K 黄金镶嵌项坠

D. 卷烟厂将委托加工收回的已税烟丝生产卷烟

【参考答案】AD

【解析】选项B，用低档白酒连续生产高档白酒不得抵扣已纳消费税；选项C，黄金镶嵌首饰应在零售环节纳税，不能抵扣蓝宝石戒面已纳消费税税款。

37. 下列各项中，计算委托加工业务的组成计税价格应该考虑的内容有（　　）。（1－7级测试）

A. 受托加工收取的不含增值税且不含代收代缴消费税的加工费

B. 增值税销项税额

C. 不含增值税的代垫辅料成本

D. 不含委托加工业务定额征收的消费税

【参考答案】AC

【解析】增值税是价外税，所以选项B是错误的。在处理复合计税的委托加工业务时，组价＝（材料成本＋加工费＋委托加工数量×消费税定额税率）÷(1－消费税比例税率)，所以选项D也是错误的。

38. 下列关于消费税纳税地点的表述中，正确的有（　　）。（1－7级测试）

A. 进口的应税消费品，由进口人或由其代理人向报关地海关申报纳税

B. 委托加工的应税消费品，受托方为个人的，由受托方向其机构所在地或者居住地的主管税务机关报缴消费税税款

C. 纳税人委托外县（市）代销自产应税消费品，应向受托方所在地主管税务机关申报纳税

D. 纳税人自产自用的应税消费品，除国家另有规定外，应当向纳税人机构所在地或者居住地的主管税务机关申报纳税

【参考答案】AD

【解析】选项B，委托加工的应税消费品，受托方为个人的，由委托方向其机构所在地或者居住地主管税务机关申报纳税；受托方为企业等单位的，由受托方向机构所在地或者居住地的主管税务机关报缴消费税税款。选项C，纳税人到外县（市）销售或委托外县（市）代销自产应税消费品的，于应税消费品销售后，向机构所在地或者居住地主管税务机关申报纳税。

39. 某酒厂2019年4月用10吨特制粮食白酒与供货方换取原材料，合同规定，该特制粮食白酒按平均售价计价，供货方提供的原材料价款40万元，供货方开具了税款为5.2万元的增值税专用发票，酒厂开具了税款为5.72万元的增值税专用发票，差价款双方以现金结算。特制粮食白酒平均售价22元/斤；最高售价25元/斤。下列关于酒厂上述业务的表述正确的有（　　）。（8－11级测试）

A. 酒厂应按特制粮食白酒平均售价计算消费税

B. 本期应缴纳消费税为 11 万元

C. 本期计算消费税时，从价采用最高价 25 元/斤

D. 本期应该缴纳增值税为 0.52 万元

【参考答案】BCD

【解析】用应税消费品换取生产资料和消费资料，应按最高售价计算消费税；用粮食白酒换取原材料是特殊的销售方式，不是视同销售。应纳消费税 =10 ×2 000 ×0.5 ÷10 000 + 10 × 2 000 × 25 × 20% ÷ 10 000 = 11 万元，应纳增值税 = 5.72 − 5.2 = 0.52 万元。

40. 依据《中华人民共和国企业所得税》的有关规定，下列行为应视同销售确认收入的有(　　)。(1 −7 级测试)

A. 将自产货物用于职工奖励

B. 将自建商品房转为固定资产

C. 将自产货物用于职工宿舍建设

D. 将外购货物用于交际应酬

【参考答案】AD

【解析】选项 B、C，均属于内部处置资产，不属于视同销售。

41. 下列取得的所得中，属于特许权使用费收入的有(　　)。(1 −7 级测试)

A. 甲公司提供专利权取得的所得 8 600 万元

B. 乙公司提供著作权取得的所得 420 万元

C. 丙公司提供商标权取得的所得 330 万元

D. 丁公司提供非专利技术取得的所得 240 万元

【参考答案】ABCD

【解析】特许权使用费收入，是指企业提供专利权、非专利技术、商标权、著作权以及其他特许权的使用权取得的收入。

42. 下列选项中属于企业所得税中的其他收入的有(　　)。(1 −7 级测试)

A. 企业资产溢余收入

B. 逾期未退包装物押金收入

C. 已作坏账损失处理后又收回的应收款项

D. 补贴收入

【参考答案】ABCD

【解析】其他收入包括：企业资产溢余收入、逾期未退包装物押金收入、确实无法偿付的应付款项、已作坏账损失处理后又收回的应收款项、债务重组收入、补贴收入、违约金收入、汇兑收益。

43. 下列关于企业所得税纳税期限的表述中，正确的有(　　)。(1 −7 级测试)

A. 企业清算时，应当以清算期间作为1个纳税年度

B. 自年度终了之日起5个月内，汇算清缴，结清应缴应退税款

C. 企业所得税的纳税年度，自公历1月1日起至12月31日止

D. 自年度终了之日起4个月内，汇算清缴，结清应缴应退税款

【参考答案】ABC

【解析】选项D，应该是5个月。

44. 下列关于合伙企业所得税征收管理的说法，正确的有（　　）（1－7级测试）

A. 合伙企业的合伙人以合伙企业的生产经营所得和其他所得，按照合伙协议约定的分配比例确定应纳税所得额

B. 合伙协议未约定或者约定不明确的，以全部生产经营所得和其他所得，按照合伙人协商决定的分配比例确定应纳税所得额

C. 合伙协议可以约定将全部利润分配给部分合伙人

D. 合伙企业的合伙人是法人和其他组织的，合伙人在计算其缴纳企业所得税时，可以用合伙企业的亏损抵减其盈利

【参考答案】AB

【解析】选项C，合伙协议不得约定将全部利润分配给部分合伙人；选项D，合伙企业的合伙人是法人和其他组织的，合伙人在计算其缴纳企业所得税时，不得用合伙企业的亏损抵减其盈利。

45. 在计算企业所得税时，下列支出允许在税前扣除的是（　　）。（1－7级测试）

A. 企业向银行支付的罚息　　B. 企业发生的诉讼费用

C. 企业支付的合同违约金　　D. 企业缴纳的企业所得税税款

【参考答案】ABC

【解析】选项A，企业向银行支付的罚息，不属于行政性罚款，可以税前扣除；选项B、C，诉讼费用、合同违约金都可以税前扣除。在计算应纳税所得额时，下列支出不得扣除：（1）向投资者支付的股息、红利等权益性投资收益款项；（2）企业所得税税款；（3）税收滞纳金；（4）罚金、罚款和被没收财物的损失；（5）超过规定标准的捐赠支出；（6）与生产经营活动无关的各种非广告性质支出；（7）未经核定的准备金支出；（8）企业之间支付的管理费、企业内营业机构之间支付的租金和特许权使用费，以及非银行企业内营业机构之间支付的利息；（9）与取得收入无关的其他支出。

46. 下列纳税人取得的生产经营所得不缴纳企业所得税的有（　　）。（1－7级测试）

A. 由多名个人投资的有限责任公司　　B. 由一名个人投资的有限责任公司

C. 由一名个人投资的独资企业　　D. 由多名合伙投资的合伙企业

【参考答案】CD

【解析】在中华人民共和国境内，企业和其他取得收入的组织（以下统称企业）

为企业所得税的纳税人，依照本法的规定缴纳企业所得税。个人独资企业、合伙企业不适用本法

47. 下列支出中，准予在企业所得税前全额扣除的有(　　)。(1－7 级测试)

A. 企业按规定缴纳的财产保险费

B. 烟草企业实际发生的，不超过当年销售（营业）收入 15% 的广告费和业务宣传费

C. 工业企业向保险公司借入经营性资金的利息支出

D. 财产保险企业实际发生的，且占当年全部保费收入扣除退保金等后余额 12% 的手续费及佣金支出

【参考答案】ACD

【解析】选项 B，烟草企业的烟草广告费和业务宣传费支出，一律不得在计算应纳税所得额时扣除；选项 D，财产保险企业按当年全部保费收入扣除退保金等后余额的 15% 计算限额。

48. 对符合条件的从事污染防治的第三方企业减按 15% 的税率征收企业所得税，第三方防治企业应当同时符合的条件是(　　)。(1－7 级测试)

A. 在中国境内（不包括港、澳、台地区）依法注册的居民企业，具有良好的纳税信用，近 3 年内纳税信用等级未被评定为 C 级或 D 级

B. 具有 1 年以上连续从事环境污染治理设施运营实践，且能够保证设施正常运行

C. 有至少 5 名从事本领域工作且具有环保相关专业中级及以上技术职称的技术人员，或者至少 2 名从事本领域工作且具有环保相关专业高级及以上技术职称的技术人员

D. 从事环境保护设施运营服务的年度营业收入占总收入的比例不低于 50%

【参考答案】ABC

【解析】根据财政部 税务总局 国家发展改革委 生态环境部《关于从事污染防治的第三方企业所得税政策问题的公告》。

49. 依据企业所得税相关规定，固定资产大修理支出需要同时符合的条件有(　　)。(1－7级测试)

A. 修理后固定资产被用于新的或不同的用途

B. 修理后固定资产的使用年限延长 2 年以上

C. 修理后固定资产的使用年限延长 1 年以上

D. 修理支出达到取得固定资产时计税基础的 50% 以上

【参考答案】BD

【解析】企业所得税法相关规定中所指固定资产的大修理支出，是指同时符合下列条件的支出：(1) 大修理支出达到取得固定资产时的计税基础 50% 以上；(2) 修理后固定资产的使用年限延长 2 年以上。

50. 关于个人独资企业和合伙企业所得税核定征收管理的说法，正确的有(　　)。(1－7级测试)

A. 核定征收可采用定额征收、核定应税所得率征收以及其他合理方式

B. 实行核定征税的合伙企业投资者，不能享受个人所得税的优惠政策

C. 查账征收方式改为核定征税方式后，在查账征税方式下认定的年度经营亏损未弥补完的部分，可以继续弥补

D. 企业经营多业的，根据其主营项目确定其适用的应税所得率

【参考答案】ABD

【解析】选项C，实行查账征税方式的个人独资企业和合伙企业改为核定征税方式后，在查账征税方式下认定的年度经营亏损未弥补完的部分，不得再继续弥补。

51. 关于居民个人公益性捐赠的扣除正确的是(　　)。(1－7级测试)

A. 可以在财产租赁所得中扣除

B. 可以在财产转让所得中扣除

C. 可以在利息股息红利所得、偶然所得中扣除

D. 可以在综合所得或者经营所得中扣除

【参考答案】ABCD

【解析】根据《财政部 税务总局关于公益慈善事业捐赠个人所得税政策的公告》(财政部 税务总局公告2019年第99号) 规定，居民个人发生的公益捐赠支出可以在财产租赁所得，财产转让所得，利息、股息、红利所得，偶然所得，综合所得(工资、劳务费、稿酬、特许权使用费) 或者经营所得中扣除。

52. 个人独资企业的投资者缴纳所得税时，下列各项应作为经营所得的有(　　)。(1－7级测试)

A. 投资者买彩票中奖所得

B. 独资企业对外投资分回来的股息

C. 投资者个人从独资企业领取的工资

D. 独资企业分配给投资者个人的所得

【参考答案】CD

【解析】中奖所得按照“偶然所得”应税项目计算缴纳个人所得税；个人独资企业和合伙企业对外投资分回的利息或者股息、红利，不并入企业的收入，而应单独作为投资者个人取得的利息、股息、红利所得，按“利息、股息、红利所得”应税项目计算缴纳个人所得税。

53. 个体工商户进行个人所得税业务处理时，收入总额中的其他收入包括(　　)。(1－7级测试)

A. 逾期一年以上的未退包装物押金收入

B. 确实无法偿付的应付款项

C. 债务重组收入

D. 汇兑收益

【参考答案】ABCD

【解析】个体工商户进行个人所得税的业务处理时，收入总额中的其他收入包括：个体工商户资产溢余收入、逾期一年以上的未退包装物押金收入、确实无法偿付的应付款项、已作坏账损失处理后又收回的应收款项、债务重组收入、补贴收入、违约金收入、汇兑收益等。

54. 根据个人所得税规定，下列各项中属于“财产转让所得”的有(　　)。(1－7 级测试)

A. 个人将其收藏的知名作家的作品手稿拍卖取得的所得

B. 个人将自己的文字作品手稿原件拍卖取得的所得

C. 个人处置取得的“打包”债权

D. 个人转让非货币性资产的所得

【参考答案】ACD

【解析】选项 B，属于“特许权使用费所得”。

55. 下列各项所得中，说法正确的有(　　)。(1－7 级测试)

A. 个人办书法展览取得的所得按照“特许权使用费”项目征税

B. 编剧从电视剧的制作单位取得的剧本使用费按照“特许权使用费”项目征税

C. 将苏东坡的书法作品拍卖取得所得按照“特许权使用费”项目征税

D. 高校教师受出版社委托进行审稿取得的所得按照“劳务报酬所得”项目征税

【参考答案】BD

【解析】选项 A，按照“劳务报酬所得”项目征税；选项 C，按照“财产转让所得”项目征税。

56. 根据个人所得税法规定，下列说法中正确的有(　　)。(1－7 级测试)

A. 作者将自己的文字手稿原件或复印件拍卖取得的所得按“特许权使用费所得”项目缴纳个人所得税

B. 教师自行举办培训班取得的培训收入属于劳务报酬所得

C. 商品营销活动中，对于业绩突出的雇员以工作考察名义组织的旅游活动，企业承担的旅游费属于雇员的劳务报酬所得

D. 个人兼职取得的收入应按“劳务报酬所得”项目缴纳个人所得税

【参考答案】AD

【解析】选项 B，教师自行举办培训班是属于经营所得；选项 C，商品营销活动中，对于业绩突出的非雇员以工作考察名义组织的旅游活动，企业承担的旅游费属于雇员的劳务报酬所得。

57. 根据个人所得税的有关规定，下列选项中，说法正确的有（　）。（8－11级测试）

A. 个人在公司任职、受雇，同时兼任监事取得的监事费收入，按照“劳务报酬所得”项目征收个人所得税

B. 演员自己走穴演出取得的收入，按照“劳务报酬所得”项目征收个人所得税

C. 在校大学生勤工俭学取得的收入，按照“劳务报酬所得”项目征收个人所得税

D. 个人兼职取得的收入，应当按照“工资、薪金所得”项目征收个人所得税

【参考答案】BC

【解析】选项A，个人在公司任职、受雇，同时兼任董事、监事的，应将董事费、监事费与个人工资收入合并，统一按“工资、薪金所得”项目缴纳个人所得税；选项D，个人兼职取得的收入，应当按照“劳务报酬所得”项目征收个人所得税。

58. 根据个人所得税的有关规定，居民个人与非居民个人的划分标准有（　）。（8－11级测试）

A. 户籍所在地标准

B. 住所标准

C. 居住时间标准

D. 国籍标准

【参考答案】BC

【解析】为了有效地行使税收管辖权，我国根据国际惯例，对居民个人和非居民个人的划分，采用了国际上常用的住所标准和居住时间标准。

59. 下列关于个人领取年金的表述中，正确的有（　）。（8－11级测试）

A. 个人达到国家规定的退休年龄领取的年金，符合规定的，不并入综合所得，全额单独计算应纳税款

B. 按月领取的年金，适用月度税率表计算纳税

C. 按季领取的年金，平均分摊计入各月，按每月领取额适用月度税率表计算纳税

D. 个人因出境定居而一次性领取的年金个人账户资金，平均分摊计入12个月，按每月领取额适用月度税率表计算纳税

【参考答案】ABC

【解析】个人因出境定居而一次性领取的年金个人账户资金，或个人死亡后，其指定的受益人或法定继承人一次性领取的年金个人账户余额，适用综合所得税率表计算纳税。

60. 2022年1月1日至2024年12月31日，增值税小规模纳税人可享受（　）减半征收政策。（8－11级测试）

A. 城建税

B. 房产税

C. 城镇土地使用税

D. 契税

【参考答案】ABC

【解析】现行增值税小规模纳税人减半征收政策含城建税、房产税、城镇土地使用税、印花税、资源税和教育费附加、地方教育附加。

61. 在中华人民共和国境内(　　)，应依照规定申报缴纳文化事业建设费。(1 –7 级测试)

A. 提供广告服务的广告媒介单位　　B. 户外广告经营单位

C. 提供娱乐服务的单位　　D. 提供娱乐服务的个人

【参考答案】ABCD

【解析】根据《财政部 国家税务总局关于营业税改征增值税试点有关文化事业建设费政策及征收管理问题的补充通知》(财税〔2016〕60 号)的相关规定，在中华人民共和国境内提供广告服务的广告媒介单位和户外广告经营单位，以及提供娱乐服务的单位和个人，应依照法律、行政法规规定或者税务机关依照法律、行政法规规定确定的申报期限、申报内容，申报缴纳文化事业建设费。

62. 采取纳税人自行申报纳税方式个人转让限售股或发生具有转让限售股实质的其他交易有(　　)。(1 –7 级测试)

A. 个人通过证券交易所集中交易系统或大宗交易系统转让限售股

B. 个人用限售股认购或申购交易型开放式指数基金(ETF)份额

C. 个人协议转让限售股

D. 个人持有的限售股被司法扣划

【参考答案】CD

【解析】根据《中华人民共和国个人所得税法》《财政部 国家税务总局 证监会关于个人转让上市公司限售股所得征收个人所得税有关问题的通知》(财税〔2009〕167 号)和《财政部 国家税务总局 证监会关于个人转让上市公司限售股所得征收个人所得税有关问题的补充通知》(财税〔2010〕70 号)的相关规定，个人协议转让限售股、个人持有的限售股被司法扣划、个人因依法继承或家庭财产分割让渡限售股所有权、个人用限售股偿还上市公司股权分置改革中由大股东代其向流通股股东支付的对价情形的，采取纳税人自行申报纳税的方式。纳税人转让限售股后，应在次月 15 日内到主管税务机关填报“限售股转让所得个人所得税清算申报表”，自行申报纳税。

63. 采取证券机构预扣预缴、纳税人自行申报清算和证券机构直接扣缴相结合的方式征收个人转让限售股或发生具有转让限售股实质的其他交易有(　　)。(1 –7 级测试)

A. 个人通过证券交易所集中交易系统或大宗交易系统转让限售股

B. 个人用限售股认购或申购交易型开放式指数基金(ETF)份额

C. 个人用限售股接受要约收购

D. 个人行使现金选择权将限售股转让给提供现金选择权的第三方

【参考答案】ABCD

【解析】根据《中华人民共和国个人所得税法》《财政部 国家税务总局 证监会关于个人转让上市公司限售股所得征收个人所得税有关问题的通知》(财税〔2009〕167 号)和《财政部 国家税务总局 证监会关于个人转让上市公司限售股所得征收个人所得

税有关问题的补充通知》（财税〔2010〕70号）的相关规定，个人通过证券交易所集中交易系统或大宗交易系统转让限售股、个人用限售股认购或申购交易型开放式指数基金（ETF）份额、个人用限售股接受要约收购、个人行使现金选择权将限售股转让给提供现金选择权的第三方，以上4种情形，对其应纳个人所得税按照财税〔2009〕167号文件规定，采取证券机构预扣预缴、纳税人自行申报清算和证券机构直接扣缴相结合的方式征收。纳税人按照实际转让收入与实际成本计算出的应纳税额，与证券机构预扣预缴税额有差异的，纳税人应自证券机构代扣并解缴税款的次月1日起3个月内，到证券机构所在地主管税务机关提出清算申请，办理清算申报事宜。

64. 纳税人符合（　　）的情形，应进行土地增值税的清算。（1－7级测试）

A. 房地产开发项目全部竣工

B. 房地产开发项目全部竣工、完成销售的

C. 整体转让未竣工决算房地产开发项目的

D. 直接转让土地使用权的

【参考答案】BCD

【解析】根据《中华人民共和国土地增值税暂行条例》和《中华人民共和国土地增值税暂行条例实施细则》的相关规定，纳税人符合下列条件之一的，应进行土地增值税的清算：（1）房地产开发项目全部竣工、完成销售的；（2）整体转让未竣工决算房地产开发项目的；（3）直接转让土地使用权的。

65. 对（　　）的情形，主管税务机关可要求纳税人进行土地增值税清算。（1－7级测试）

A. 已竣工验收的房地产开发项目，已转让的房地产建筑面积占整个项目可售建筑面积的比例在85%以上，或该比例虽未超过85%，但剩余的可售建筑面积已经出租或自用的

B. 取得销售（预售）许可证满3年仍未销售完毕的

C. 纳税人申请注销税务登记但未办理土地增值税清算手续的，应在办理注销登记前进行土地增值税清算

D. 省税务机关规定的其他情况

【参考答案】ABCD

【解析】根据《中华人民共和国土地增值税暂行条例》和《中华人民共和国土地增值税暂行条例实施细则》的相关规定，对符合以下条件之一的，主管税务机关可要求纳税人进行土地增值税清算：（1）已竣工验收的房地产开发项目，已转让的房地产建筑面积占整个项目可售建筑面积的比例在85%以上，或该比例虽未超过85%，但剩余的可售建筑面积已经出租或自用的；（2）取得销售（预售）许可证满3年仍未销售完毕的；（3）纳税人申请注销税务登记但未办理土地增值税清算手续的，应在办理注销登记前进行土地增值税清算；（4）省（自治区、直辖市、计划单列市）税务机关规

定的其他情况。

66.（　　）属于入库减免退抵税。（1－7级测试）

A. 增值税小规模纳税人月销售额不超过10万元（按季纳税30万元）的，当期因代开增值税专用发票已经缴纳的税款，在专用发票全部联次追回或者按规定开具红字专用发票后，可以向主管税务机关申请退还

B. 增值税即征即退，按税法规定缴纳的税款，由税务机关征收入库后，再由税务机关按规定的程序给予部分或全部退还已纳税款

C. 非居民纳税人可享受但未享受协定待遇，可以申请退还多缴税款的情况

D. 其他减免税政策发布时间滞后于执行时间已入库税款的退税，也属于减免退税

【参考答案】ABCD

【解析】根据《全国税务机关纳税服务规范（3.0版）》的相关规定，以下情形也属于入库减免退抵税：（1）增值税小规模纳税人月销售额不超过10万元（按季纳税30万元）的，当期因代开增值税专用发票已经缴纳的税款，在专用发票全部联次追回或者按规定开具红字专用发票后，可以向主管税务机关申请退还；（2）增值税即征即退，按税法规定缴纳的税款，由税务机关征收入库后，再由税务机关按规定的程序给予部分或全部退还已纳税款；（3）非居民纳税人可享受但未享受协定待遇，可以申请退还多缴税款的情况；（4）其他减免税政策发布时间滞后于执行时间已入库税款的退税，也属于减免退税；（5）“营改增”试点纳税人提供应税服务在本地区试点实施之日前已缴纳营业税，本地区试点实施之日后（含）因享受减免税政策，而退还试点前发生业务的营业税，向主管税务机关申请退还已缴纳的营业税。

## 三、判断题

1. 纳税人销售自己使用过的固定资产，按照简易办法依照3%征收率减按2%缴纳增值税，并可以开具增值税专用发票。（　　）（1－7级测试）

【参考答案】×

【解析】可以放弃减税，按照简易办法依照3%征收率缴纳增值税，才可以开具增值税专用发票。

2.《车辆购置税征收管理办法》由国务院另行制定。（　　）（1－7级测试）

【参考答案】×

【解析】《车辆购置税征收管理办法》由国家税务总局另行制定。

3. 自2019年6月1日起，纳税人在全国范围内办理车辆购置税纳税业务时，税务机关不再打印和发放纸质车辆购置税完税证明。（　　）（1－7级测试）

【参考答案】√

【解析】自2019年6月1日起，纳税人在全国范围内办理车辆购置税纳税业务时，

税务机关不再打印和发放纸质车辆购置税完税证明。纳税人办理完成车辆购置税纳税业务后，在公安机关交通管理部门办理车辆注册登记时，无须向公安机关交通管理部门提交纸质车辆购置税完税证明。

4. 催化料、焦化料不征收消费税。（　）（8－11级测试）

【参考答案】×

【解析】催化料、焦化料属于燃料油，应征收消费税。

5. 纳税人用于投资入股的应税消费品，以纳税人同类应税消费品的市场平均销售价格作为计税依据。（　）（1－7级测试）

【参考答案】×

【解析】纳税人用于换取生产资料、消费资料、投资入股、抵偿债务等方面的应税消费品，以纳税人同类应税消费品的最高售价作为计税依据征收消费税。

6. 卷烟的最低计税价格由省、自治区和直辖市税务局核定。（　）（1－7级测试）

【参考答案】×

【解析】卷烟的最低计税价格由国家税务总局核定。

7. 纳税人用于职工福利的应税消费品，以同类应税消费品的最高售价作为计税依据。（　）（1－7级测试）

【参考答案】×

【解析】纳税人用于职工福利的应税消费品，以同类应税消费品的平均售价作为计税依据。

8. T设计院为非企业性单位，未办理一般纳税人资格登记，按照现行政策规定，其不能享受2019年开始实施的小微企业普惠性税收减免政策。（　）（1－7级测试）

【参考答案】×

【解析】未办理一般纳税人登记的非企业性单位可以适用财税〔2019〕13号规定的小微企业普惠性税收减免政策。

9. 按照现行政策规定，增值税一般纳税人有简易计税方法的应纳税额，其简易计税方法的应纳税额可以抵减加计抵减额。（　）（1－7级测试）

【参考答案】×

【解析】增值税一般纳税人有简易计税方法的应纳税额，不可以从加计抵减额中抵减。加计抵减额只可以抵减一般计税方法下的应纳税额。

10. 根据现行政策规定，增值税纳税人享受进项税额加计抵减政策后，加计抵减额可以申请留抵退税。（　）（1－7级测试）

【参考答案】×

【解析】加计抵减政策属于税收优惠，按照纳税人可抵扣的进项税额的10%计算，用于抵减纳税人的应纳税额。但加计抵减额并不是纳税人的进项税额，从加计抵减额的形成机制来看，加计抵减不会形成留抵税额，因而也不能申请留抵退税。

11. 按照现行政策规定，纳税人出口货物劳务、发生跨境应税行为不适用加计抵减政策，其对应的进项税额不得计提加计抵减额。（　）（8－11 级测试）

【参考答案】√

【解析】纳税人出口货物劳务、发生跨境应税行为不适用加计抵减政策，其对应的进项税额不得计提加计抵减额。

12. 增值税纳税评估补正申报应通过“申报错误更正”功能模块，对相应属期内的申报表进行补正申报。（　）（1－7 级测试）

【参考答案】×

【解析】一般情况下企业的纳税评估补正申报通过“申报错误更正”功能模块对相应属期内的申报表进行补正申报，增值税、房产税、土地增值税、2013 年度以前企业所得税以及核定征收的企业所得税的评估补正申报，应通过原申报模块申报。

13. 纳税人在减免税书面核准决定未下达之前应按规定进行纳税申报，纳税人在减免税书面核准决定下达之后，所享受的减免税应当进行申报。（　）（1－7 级测试）

【参考答案】√

【解析】根据《全国税务机关纳税服务规范（3.0 版）》规定，对税收减免核准事项，纳税人在减免税书面核准决定未下达之前应按规定进行纳税申报，纳税人在减免税书面核准决定下达之后，所享受的减免税应当进行申报。

14. 昆明铁路运输机构于 2022 年 1 月预缴了 30 万元增值税，该企业可以自 2022 年 2 月申报期退税，也可以抵缴以后应预缴的增值税税款。（　）（8－11 级测试）

【参考答案】×

【解析】自 2022 年 1 月 1 日至 2022 年 12 月 31 日，航空和铁路运输企业分支机构暂停预缴增值税。2022 年 2 月纳税申报期至《关于促进服务业领域困难行业纾困发展有关增值税政策的公告》（财政部 税务总局公告 2022 年第 11 号）发布之日（2022 年 3 月 3 日）已预缴的增值税予以退还。

15. 科技型中小企业开展研发活动中实际发生的研发费用，未形成无形资产计入当期损益的，在按规定据实扣除的基础上，自 2022 年 1 月 1 日起，再按照实际发生额的 100% 在税前加计扣除；形成无形资产的，自 2022 年 1 月 1 日起，按照无形资产成本的 200% 在税前加计扣除。（　）（8－11 级测试）

【参考答案】×

【解析】科技型中小企业开展研发活动中实际发生的研发费用，未形成无形资产计入当期损益的，在按规定据实扣除的基础上，自 2022 年 1 月 1 日起，再按照实际发生额的 100% 在税前加计扣除；形成无形资产的，自 2022 年 1 月 1 日起，按照无形资产成本的 200% 在税前摊销。

16. 自2020年6月1日起，纳税人购置应税车辆办理车辆购置税纳税申报时，以机动车销售统一发票的电子信息中的不含税价作为申报计税价格。

（　　）（1－7级测试）

【参考答案】√

【解析】自2020年6月1日起，纳税人购置应税车辆办理车辆购置税纳税申报时，以机动车销售统一发票的电子信息中的不含税价作为申报计税价格。

17. 纳税人取得的财政补贴收入，与其销售货物、劳务、服务、无形资产、不动产的收入或者数量直接挂钩的，应按规定计算缴纳增值税。（　　）（1－7级测试）

【参考答案】√

【解析】纳税人取得的财政补贴收入，与其销售货物、劳务、服务、无形资产、不动产的收入或者数量直接挂钩的，应按规定计算缴纳增值税

18.《中华人民共和国资源税法》和《中华人民共和国耕地占用税法》均为2020年10月1日起施行。（　　）（1－7级测试）

【参考答案】×

【解析】《中华人民共和国资源税法》自2020年9月1日起施行。《中华人民共和国耕地占用税法》自2019年9月1日起施行。

19. 目前申请缓缴基本养老保险费的人员不包括灵活就业人员可以。

（　　）（1－7级测试）

【参考答案】×

【解析】包括灵活就业人员。

20. 企业发行的永续债选择股息、红利企业所得税政策，即：发行方支付的永续债利息支出准予在其企业所得税税前扣除；投资方取得的永续债利息收入应当依法纳税。

（　　）（8－11级测试）

【参考答案】×

【解析】《财政部 税务总局关于永续债企业所得税政策问题的公告》（财政部 税务总局公告2019年第64号）。

21. 对企业投资者持有2019—2023年发行的铁路债券取得的利息收入，减按50%计入应纳税所得额计算征收个人所得税。（　　）（8－11级测试）

【参考答案】×

【解析】《财政部 税务总局关于铁路债券利息收入所得税政策的公告》（财政部 税务总局公告2019年第57号）。

22. 非居民企业可以享受小型微利企业所得税优惠政策。（　　）（1－7级测试）

【参考答案】×

【解析】企业所得税法

23. 在一个纳税年度内，居民企业技术转让所得不超过500万元的部分，免征企业所得税；超过500万元的部分，免征企业所得税。 （ ）（1－7级测试）

【参考答案】×

【解析】依据《中华人民共和国企业所得税法实施条例》第九十条。

24. 企业享受企业所得税优惠事项，设有非法人分支机构的居民企业以及实行汇总纳税的非居民企业机构、场所享受优惠事项的，由居民企业的总机构以及汇总纳税的主要机构、场所负责统一归集并留存备查资料。 （ ）（1－7级测试）

【参考答案】√

【解析】国家税务总局关于发布修订后的《企业所得税优惠政策事项办理办法》的公告（国家税务总局公告2018年第23号）。

25. 某单位办税人员在自然人电子税务局扣缴客户端，进行个税综合所得扣缴申报时，提示员工信息验证如果不通过，经确认，采集单位人员信息时，姓名及身份证件号码真实有效且录入无误（非曾用名情况）。该单位办税人员电话咨询办税服务厅岗位人员，答复如下：请您通知该员工携带本人身份证原件前往办税服务厅进行“特殊信息采集”处理，处理完成后，您需要点击扣缴客户端“人员信息采集”，勾选身份验证不通过的人员，选择“更多操作”——“特殊情形处理”功能，获取最新的验证状态。 （ ）（1－7级测试）

【参考答案】×

【解析】正确答复如下：请您通知该员工携带本人身份证原件前往办税服务厅进行“特殊信息采集”处理，处理完成后，您需要点击扣缴客户端“人员信息采集”，勾选身份验证不通过的人员，选择“更多操作”——“身份验证状态更新”功能，获取最新的验证状态。

26. 个人所得税综合所得年度汇算期间每月纳税人通过个税APP端远程更正、作废申报只有3次，超出后如需要更正、作废，需联系主管税务机关，前往办税服务大厅办理。 （ ）（1－7级测试）

【参考答案】×

【解析】个人所得税综合所得年度汇算期间每月纳税人通过个税APP端远程更正、作废申报只有5次，超出后如需要更正、作废，需联系主管税务机关，前往办税服务大厅办理。

27. 自然人一律不得申请代开增值税专用发票。 （ ）（1－7级测试）

【参考答案】×

【解析】自然人在以下情形可申请代开增值税专用发票：（1）转让、出租不动产，购买方或承租方不属于其他个人的；（2）个人保险代理人、证券经纪人、信用卡和旅游等行业的个人代理人。

28. 为进一步支持稳就业、保就业，减轻当年新入职人员个人所得税预扣预缴阶段的税收负担。对一个纳税年度内首次取得工资、薪金所得的居民个人，扣缴义务人在预扣预缴个人所得税时，可按照 5 000 元/月乘以纳税人当年截至本月月份数计算累计减除费用。 （　　）（8－11 级测试）

【参考答案】√

【解析】《国家税务总局关于完善调整部分纳税人个人所得税预扣预缴方法的公告》（国家税务总局公告 2020 年第 13 号）。

29. 根据《长江三角洲区域税务轻微违法行为“首违不罚”清单》的公告规定，扣缴义务人一年内首次被税务机关发现未按照规定开具税收票证的，在税务机关责令限期改正期限内改正的，符合首违不罚的条件。 （　　）（8－11 级测试）

【参考答案】√

【解析】根据《长江三角洲区域税务轻微违法行为“首违不罚”清单》的公告规定，扣缴义务人一年内首次被税务机关发现未按照规定开具税收票证的，在税务机关责令限期改正期限内改正的，符合首违不罚的条件。

30. 小规模纳税人已享受资金账簿印花税减半征收的优惠，不可以叠加享受小规模纳税人印花税减征 50% 的优惠。 （　　）（1－7 级测试）

【参考答案】×

【解析】小规模纳税人已依法享受资源税、城市维护建设税、房产税、城镇土地使用税、印花税、耕地占用税、教育费附加、地方教育附加其他优惠政策的，可叠加享受优惠政策。

31. 对于一方出地，一方出资金，双方合作建房，建成后按比例分房自用的，应征收土地增值税。 （　　）（1－7 级测试）

【参考答案】×

【解析】对于一方出地，一方出资金，双方合作建房，建成后按比例分房自用的，暂免征收土地增值税；建成后转让的，应征收土地增值税。

32. 已放弃适用出口退（免）税政策未满 36 个月的纳税人，在出口货物劳务的增值税税率或出口退税率发生变化后，可以向主管税务机关声明，对其自发生变化之日起的全部出口货物劳务，恢复适用出口退（免）税政策。 （　　）（8－11 级测试）

【参考答案】√

【解析】《国家税务总局关于支持个体工商户复工复业等税收征收管理事项的公告》（国家税务总局公告 2020 年第 5 号）第六条规定，已放弃适用出口退（免）税政策未满 36 个月的纳税人，在出口货物劳务的增值税税率或出口退税率发生变化后，可以向主管税务机关声明，对其自发生变化之日起的全部出口货物劳务，恢复适用出口退（免）税政策。

33. 依法对畜禽养殖废弃物进行综合利用和无害化处理，不属于环境保护税征税范围。（　　）（1－7 级测试）

【参考答案】√

【解析】依法对畜禽养殖废弃物进行综合利用和无害化处理的，不属于直接向环境排放污染物，不缴纳环境保护税。

34. 烟叶税的纳税义务发生时间为纳税人收购烟叶的次日。（　　）（1－7 级测试）

【参考答案】×

【解析】《中华人民共和国烟叶税法》规定，烟叶税的纳税义务发生时间为纳税人收购烟叶的当日。

35. 自 2019 年 6 月 1 日至 2025 年 12 月 31 日，提供社区养老、托育、家政服务取得的收入，免征增值税。（　　）（1－7 级测试）

【参考答案】√

【解析】《关于养老、托育、家政等社区家庭服务业税费优惠政策的公告》（财政部 税务总局 发展改革委 民政部 商务部 卫生健康委公告 2019 年第 76 号）规定，提供社区养老、托育、家政服务取得的收入，免征增值税。本公告自 2019 年 6 月 1 日起执行至 2025 年 12 月 31 日。

36. 某销售机动车的小规模纳税人本季销售额未超过 30 万元未缴纳税款，下一道环节取得的机动车销售发票不可以抵扣进项税额。（　　）（1－7 级测试）

【参考答案】×

【解析】下一道环节取得的机动车销售发票可以抵扣。

37. 保险营销员、证券经纪人可以通过税务机关进行汇总代开增值税专业发票。（　　）（1－7 级测试）

【参考答案】×

【解析】接受税务机关委托代征税款的保险业、证券业、信用卡业和旅游业企业，向代理人或经纪人支付佣金费用后，可代代理人或经纪人统一向主管税务机关申请汇总代开增值税普通发票或增值税专用发票。（汇总代开的前提是接受税务机关委托代征）

38. 专项附加扣除一个纳税年度扣除不完的，可以结转以后年度扣除。（　　）（1－7 级测试）

【参考答案】×

【解析】专项扣除、专项附加扣除和依法确定的其他扣除，以居民个人一个纳税年度的应纳税所得额为限额；一个纳税年度扣除不完的，不结转以后年度扣除。

39. 企业享受企业所得税优惠事项，设有非法人分支机构的居民企业以及实行汇总纳税的非居民企业机构、场所享受优惠事项的，由居民企业的总机构以及汇总纳税的主要机构、场所负责统一归集并留存备查资料。（　　）（1－7 级测试）

【参考答案】√

【解析】国家税务总局关于发布修订后的《企业所得税优惠政策事项办理办法》的公告（国家税务总局公告 2018 年第 23 号）。

40. 耕地占用税的纳税义务发生时间为纳税人收到自然资源主管部门办理占用耕地手续的书面通知的当日。纳税人应当自纳税义务发生之日起 30 日内申报缴纳耕地占用税。 （　　）（1－7 级测试）

【参考答案】√

【解析】《全国税务机关纳税服务规范（3.0 版）》3.9.1 耕地占用税申报相关规定，以及《中华人民共和国耕地占用税法》第十条规定，耕地占用税的纳税义务发生时间为纳税人收到自然资源主管部门办理占用耕地手续的书面通知的当日。纳税人应当自纳税义务发生之日起 30 日内申报缴纳耕地占用税。

41. 企业在筹建期间因没有取得销售收入，发生的与筹办活动有关的业务招待费支出，不能在企业所得税税前扣除。 （　　）（1－7 级测试）

【参考答案】×

【解析】企业在筹建期间，发生的与筹办活动有关的业务招待费支出，可按实际发生额的 60% 计入企业筹办费，并按有关规定在税前扣除。

42. 企业所得税的收入既包括货币形式，也包括非货币形式收入。企业在取得非货币形式的收入时，确定收入额的标准是折现价值。 （　　）（1－7 级测试）

【参考答案】×

【解析】《中华人民共和国企业所得税法》规定，非货币形式的收入，以公允价值确认收入额。

43. 对非居民企业仅就其来源于中国境内的所得征收企业所得税；对居民企业则就其来源于中国境内和境外的所得都征收企业所得税。 （　　）（1－7 级测试）

【参考答案】√

【解析】《中华人民共和国企业所得税法》第三条的规定。

44. 企业以买一赠一等方式组合销售本企业商品的，在企业所得税处理时不属于捐赠，应将总的销售金额按各项商品的公允价值的比例来分摊确认各项的销售收入。

（　　）（1－7 级测试）

【参考答案】√

【解析】《关于确认企业所得税收入若干问题的通知》第三条规定，企业以买一赠一等方式组合销售本企业商品的，不属于捐赠，应将总的销售金额按各项商品的公允价值的比例来分摊确认各项的销售收入。

45. 企业所得税税前扣除要求取得合法有效的扣税凭证。因此，企业发生的未能取得发票的支出，不能在企业所得税税前扣除。 （　　）（1－7 级测试）

【参考答案】×

【解析】企业实际发生的与取得收入有关的、合理的支出，包括成本、费用、税金损失和其他支出，准予在企业所得税税前扣除。

46. 作为企业所得税计税依据的应纳税所得额，是纳税人每一纳税年度的收入总额减去成本、费用后的余额。（　）（1－7 级测试）

【参考答案】×

【解析】作为企业所得税计税依据的应纳税所得额，是纳税人每一纳税年度的收入总额减去成本、费用、税金以及损失后的余额。

47. 如纳税人需要补税（符合规定的免予汇算情形除外），未依法办理综合所得年度汇算的，由税务机关责令限期改正，可以处 2 000 元以下的罚款；情节严重的，可以处 2 000 元以上 5 000 以下的罚款，并追缴税款、加征滞纳金。

（　）（1－7 级测试）

【参考答案】×

【解析】情节严重的，可以处 2 000 元以上 1 万元以下的罚款。

48. 纳税人享受公共交通车辆免征车船税优惠时，应在享受优惠政策之前向主管税务机关办理备案手续。（　）（1－7 级测试）

【参考答案】×

【解析】根据《国家税务总局关于城镇土地使用税等"六税一费"优惠事项资料留存备查的公告》（国家税务总局公告 2019 年第 21 号）规定，纳税人享受车船税优惠实行"自行判别、申报享受、有关资料留存备查"办理方式，申报时无须再向税务机关提供有关资料。

49. 所在地不在市区、县城或镇以外的纳税人缴纳的城市维护建设税税款，应当专用于乡镇的维护和建设。（　）（1－7 级测试）

【参考答案】√

【解析】所在地不在市区、县城或镇以外的纳税人缴纳的城市维护建设税税款，应当专用于乡镇的维护和建设。

50. 单位缴费人申报缴纳社会保险费主要有两种方式：一是缴费人自行申报缴纳；二是依据单位进行缴纳。（　）（1－7 级测试）

【参考答案】×

【解析】根据《中华人民共和国社会保险法》和《全国税务机关纳税服务规范（3.0 版）》的相关规定，单位缴费人申报缴纳社会保险费主要有两种方式：一是缴费人按照规定期限自主申报缴纳；二是依据社保经办部门核定的应缴费额进行缴纳。

51.《中华人民共和国环境保护税法》所称应税污染物，包括大气污染物、水污染物、固体废物和噪声。（　）（1－7 级测试）

【参考答案】√

【解析】《中华人民共和国环境保护税法》所称应税污染物，包括大气污染物、水污染物、固体废物和噪声。

52. 车辆因转让、改变用途等原因，其免税条件消失的，纳税人应在免税条件消失之日起 30 日内到主管税务机关重新申报纳税。　　（　　）（1－7 级测试）

【参考答案】×

【解析】免税（车辆购置税）车辆因转让、改变用途等原因，其免税条件消失的，纳税人应在免税条件消失之日起 60 日内到主管税务机关重新申报纳税。

53. 小规模纳税人转为一般纳税人后，原小规模纳税人期间购进货物的进项税额，可以登记为一般纳税人后抵扣。　　（　　）（1－7 级测试）

【参考答案】×

【解析】根据《全国税务机关纳税服务规范（3.0 版）》“申报纳税规范”的相关规定，纳税人自办理税务登记至登记为一般纳税人期间，未取得生产经营收入，未按照销售额和征收率简易计算应纳税额申报缴纳增值税的，其在此期间取得的增值税扣税凭证，可以在登记为一般纳税人后抵扣进项税额。

54. 纳税人进口货物，应当自海关填发海关进口增值税专用缴款书之日起 5 日内缴纳税款。　　（　　）（1－7 级测试）

【参考答案】×

【解析】根据《全国税务机关纳税服务规范（3.0 版）》“申报纳税规范”的相关规定，纳税人进口货物，应当自海关填发海关进口增值税专用缴款书之日起 15 日内缴纳税款。

55. 纳税人因移居境外注销中国户籍的，且在注销户籍年度取得综合所得的，应当在注销户籍后，办理当年综合所得的汇算清缴，并报送“个人所得税年度自行纳税申报表”。　　（　　）（1－7 级测试）

【参考答案】×

【解析】根据《中华人民共和国个人所得税法》和《中华人民共和国个人所得税法实施条例》的相关规定，纳税人因移居境外注销中国户籍的，且在注销户籍年度取得综合所得的，应当在注销户籍前，办理当年综合所得的汇算清缴，并报送“个人所得税年度自行纳税申报表”。

56. 限售股转让所得个人所得税，采取证券机构预扣预缴、纳税人自行申报清算的方式征收。　　（　　）（1－7 级测试）

【参考答案】×

【解析】根据《中华人民共和国个人所得税法》《财政部 国家税务总局 证监会关于个人转让上市公司限售股所得征收个人所得税有关问题的通知》（财税〔2009〕167 号）

和《财政部 国家税务总局 证监会关于个人转让上市公司限售股所得征收个人所得税有关问题的补充通知》（财税〔2010〕70 号）的相关规定，限售股转让所得个人所得税，采取证券机构预扣预缴、纳税人自行申报清算和证券机构直接扣缴相结合的方式征收。

57. 房产税由产权所有人缴纳。房屋产权属于全民所有的，由经营管理的单位缴纳。产权出典的，由承典人缴纳。产权所有人、承典人不在房产所在地的，或者产权未确定及租典纠纷未解决的，由房产代管人或者使用人缴纳。（　）（1－7 级测试）

【参考答案】√

【解析】根据《中华人民共和国房产税暂行条例》的相关规定，房产税由产权所有人缴纳。房屋产权属于全民所有的，由经营管理的单位缴纳。产权出典的，由承典人缴纳。产权所有人、承典人不在房产所在地的，或者产权未确定及租典纠纷未解决的，由房产代管人或者使用人缴纳。

58. 纳税人转让房地产坐落在两个或两个以上地区的，应按房地产所在地分别申报土地增值税。（　）（1－7 级测试）

【参考答案】√

【解析】根据《中华人民共和国土地增值税暂行条例》和《中华人民共和国土地增值税暂行条例实施细则》的相关规定，房地产所在地，是指房地产的坐落地。纳税人转让房地产坐落在两个或两个以上地区的，应按房地产所在地分别申报纳税。

59. 占用园地、林地、草地、农田水利用地、养殖水面、渔业水域滩涂以及其他工业用地建设直接为农业生产服务的生产设施的，不缴纳耕地占用税。

（　）（1－7 级测试）

【参考答案】×

【解析】根据《中华人民共和国耕地占用税法》的相关规定，占用园地、林地、草地、农田水利用地、养殖水面、渔业水域滩涂以及其他农用地建设直接为农业生产服务的生产设施的，不缴纳耕地占用税。

60. 在中华人民共和国领域及管辖海域利用取水工程或者设施直接从江河、湖泊（含水库）和地下取用地表水、地下水的单位和个人，应当依照规定缴纳水资源税。

（　）（1－7 级测试）

【参考答案】×

【解析】根据财政部 国家税务总局 水利部关于印发《水资源税改革试点暂行办法》的通知（财税〔2016〕55 号）和财政部 国家税务总局 水利部关于印发《扩大水资源税改革试点实施办法》的通知（财税〔2017〕80 号）的相关规定，在水资源税试点地区利用取水工程或者设施直接从江河、湖泊（含水库）和地下取用地表水、地下水的单位和个人，应当依照规定缴纳水资源税。

61. 非独立核算的发、供电企业结算缴纳增值税多缴不退，结转下期抵扣或抵减下期应纳税额。 （　　）（1－7级测试）

【参考答案】×

【解析】根据《全国税务机关纳税服务规范（3.0版）》的相关规定，独立核算的发、供电企业结算缴纳增值税多缴不退，结转下期抵扣或抵减下期应纳税额。

62. 符合条件的集成电路重大项目增值税留抵税额退税和对外购用于生产乙烯、芳烃类化工产品的石脑油、燃料油价格中消费税部分对应的增值税额退税事项，10个工作日内办结；其他增值税期末留抵税额退税事项，8个工作日内办结。 （　　）（1－7级测试）

【参考答案】×

【解析】根据《全国税务机关纳税服务规范（3.0版）》的相关规定，符合条件的集成电路重大项目增值税留抵税额退税和对外购用于生产乙烯、芳烃类化工产品的石脑油、燃料油价格中消费税部分对应的增值税额退税事项，15个工作日内办结；其他增值税期末留抵税额退税事项，10个工作日内办结。

63. 已经缴纳车船税的车船，因质量原因被退回生产企业或者经销商的，纳税人可以向税务机关申请退还自退货月份起至该纳税年度终了期间的税款，自受理之日起，20日内办结。 （　　）（1－7级测试）

【参考答案】√

【解析】根据《中华人民共和国车船税法》和《中华人民共和国车船税法实施条例》的相关规定，已经缴纳车船税的车船，因质量原因被退回生产企业或者经销商的，纳税人可以向税务机关申请退还自退货月份起至该纳税年度终了期间的税款，自受理之日起，20日内办结。

64. 纳税人、缴费人、扣缴义务人办理纳税申报后，发现申报表存在错误，完成修改更正或作废。申报错误更正时可以全量更正、差额更正、申报作废或补充申报。 （　　）（1－7级测试）

【参考答案】×

【解析】根据《中华人民共和国税收征收管理法》的相关规定，纳税人、缴费人、扣缴义务人办理纳税申报后，发现申报表存在错误，完成修改更正或作废。申报错误更正时（除个人所得税）只能全量更正或者申报作废，不允许差额更正或补充申报。

## 四、实务题

1. 甲企业是增值税小规模纳税人，2022年12月将自有商铺对外出租，一次性预收2021年度租金120万元（假设为不含税价），合同中约定2021年12月为免租期。（8－11级测试）

（1）2021 年 12 月免收的租金是否需要征收企业所得税？

【参考答案】

不需要。《中华人民共和国企业所得税法实施条例》第二十五条规定，企业发生非货币性资产交换，以及将货物、财产、劳务用于捐赠、偿债、赞助、集资、广告、样品、职工福利或者利润分配等用途的，应当视同销售货物、转让财产或者提供劳务。甲企业在出租商铺时约定免租期，不同于无偿提供使用，不属于捐赠行为，不需要视同销售。

（2）预收的租金何时确认收入？

【参考答案】

根据《中华人民共和国企业所得税法实施条例》第十九条规定，本法第六条第（六）项所称租金收入，是指企业提供固定资产、包装物或者其他有形资产的使用权取得的收入。租金收入，按照合同约定的承租人应付租金的日期确认收入的实现。又根据《国家税务总局关于贯彻落实企业所得税法若干税收问题的通知》（国税函〔2010〕79 号）规定，如果交易合同或协议中规定租赁期限跨年度，且租金提前一次性支付的，根据《中华人民共和国企业所得税法实施条例》第九条规定的收入与费用配比原则，出租人可对已确认的收入，在租赁期内，分期均匀计入相关年度收入。因此甲企业既可以在收取租金时于 2021 年 12 月一次性确认收入，也可以分期确认收入 120 万元。

2. 甲百货商场为增值税一般纳税人，2022 年 5 月发生以下业务：

（1）采取折扣方式销售一批货物，不含税总价格为 52 000 元，由于对方购买量大，甲商场按原价九折优惠销售，开具的发票金额栏分别注明了销售额和折扣额。

（2）采取“以旧换新”方式销售金项链一条，新项链含税销售价格 5 763 元，旧项链含税作价 1 356 元，从消费者处收取新旧含税差价款 4 407 元；采取“以旧换新”方式销售冰箱，新冰箱含税销售价格 3 616 元，旧冰箱含税作价 1 243 元，从消费者处收取新旧含税差价款 2 373 元。

（3）销售自己使用过的 2009 年购入的设备，开具普通发票，取得含税收入 47 460 元，支付不含税运输费 2 000 元，取得运输企业开具的增值税专用发票；另销售自己使用过的 2009 年购入的小汽车，开具普通发票，取得含税收入 86 520 元（该商场未放弃减税），支付不含税运输费 2 200 元，取得运输企业开具的增值税专用发票。

（4）销售自己使用过的包装箱，取得含税收入 9 040 元，支付不含税运输费 500 元，取得运输企业开具的增值税专用发票。

（5）销售代销货物，取得不含税销售额 234 000 元，尚未取得供货方开具的增值税专用发票。

（6）销售蔬菜取得销售收入 120 000 元，支付不含税运输费 1 200 元，取得运输企业开具的增值税专用发票。销售蔬菜罐头取得不含税销售收入 50 000 元，支付不含税运输费 800 元，取得运输企业开具的增值税专用发票。

（7）销售鸡蛋取得销售收入 40 000 元，支付不含税运输费 1 300 元，取得运输企业开具的增值税专用发票。

（8）以买一赠一方式销售睡衣，顾客购买一套睡衣可获赠一双袜子，睡衣的平均不含税销售价格为 85 元/套，袜子的平均不含税销售价格为 2 元/双，本月共计销售睡衣 10 套。

（9）外购一批油漆用于涂饰本商场职工宿舍墙壁，取得增值税专用发票上注明的价款 20 000 元，增值税 2 600 元，支付不含税运输费 1 300 元，取得运输企业开具的增值税专用发票。

（10）外购一批木制一次性筷子，用于本商场职工食堂，取得增值税专用发票上注明的价款 30 000 元，增值税 3 900 元，支付不含税运输费 1 400 元，取得运输企业开具的增值税专用发票。

（11）外购一批化妆品对外赠送，取得增值税专用发票上注明的价款 40 000 元，增值税 5 200 元，支付不含税运输费 1 500 元，取得运输企业开具的增值税专用发票。

（12）因管理不善导致上月购进的一箱淀粉霉烂变质，该箱淀粉的账面成本为 5 000元；因管理不善导致上月购进的一箱食用植物油丢失，该箱食用植物油的账面成本为 8 000 元。

（13）出租位于本市的一幢 4 年前取得的办公用房，价税合计收取租金 80 000 元，选择简易计税方法。

（已知：上月购进的淀粉和食用植物油均已经抵扣过进项税额；上期留抵税额 20 000元，本月取得的合法票据均在本月抵扣）

要求：根据上述资料，回答下列问题。（8－11 级测试）

（1）下列关于甲商场以旧换新业务应缴纳的增值税，正确的有（　　）。（多选）

A. 采取“以旧换新”方式销售金项链的增值税为 507 元

B. 采取“以旧换新”方式销售金项链的增值税为 663 元

C. 采取“以旧换新”方式销售冰箱的增值税为 416 元

D. 采取“以旧换新”方式销售冰箱的增值税为 273 元

【参考答案】AC

【解析】选项 AB，采取“以旧换新”方式销售金项链的增值税 $=4\ 407\div(1+13\%)\times13\%=507$ 元；选项 CD，采取“以旧换新”方式销售冰箱的增值税 $=3\ 616\div(1+13\%)\times13\%=416$ 元。

（2）甲商场当月相关业务涉及的运费，准予凭票抵扣的进项税额为（　　）元。

A. 432　　B. 630　　C. 657　　D. 900

【参考答案】A

【解析】业务（3），用于简易计税方法的项目，不得抵扣与其相关的进项税额；

业务（6）和（7），用于免征增值税项目的运输服务，不得抵扣进项税额；

业务（9）和（10），用于集体福利的运输服务，不得抵扣进项税额；

支付的运费，准予凭票抵扣的进项税额 = （2 000 + 500 + 800 + 1 500）×9% = 432 元。

（3）甲商场业务（12）应转出的进项税额为（　　）元。

A. 2 010　　B. 1 690　　C. 1 370　　D. 1 170

【参考答案】C

【解析】应转出的进项税额 = 5 000 ×13% + 8 000 ×9% = 1 370（元）

（4）甲商场准予抵扣的进项税额为（　　）元。

A. 4 262　　B. 5 430　　C. 24 379　　D. 24 262

【参考答案】D

【解析】甲商场准予抵扣的进项税额 = 5 200 + 432 − 1 370 + 20 000 = 24 262（元）

（5）甲商场当月的增值税销项税额为（　　）元。

A. 56 483.31　　B. 55 638.31　　C. 55 794.31　　D. 55 740.1

【参考答案】D

【解析】甲商场当月的增值税销项税额 = 52 000 ×90% ×13% + 507 + 416 + （47 460 + 9 040）÷（1 + 13%）×13% + （234 000 + 50 000）×13% + 87 ×10 ×13% + 5 200 = 55 740.1（元）

（6）甲商场当月应缴纳的增值税为（　　）元。

A. 31 478.1　　B. 33 158.1　　C. 36 967.62　　D. 42 065.83

【参考答案】C

【解析】甲商场当月应纳的增值税 = 55 740.1 − 24 262 + 86 520 ÷（1 + 3%）×2% + 80 000 ÷（1 + 5%）×5% = 36 967.62（元）

3. 江东市江北餐饮管理及文化服务有限公司为增值税一般纳税人，主要经营餐饮住宿，同时兼营广告服务。2021 年 12 月，发生以下业务：

业务一：从农业生产合作社采购的自产蔬菜共计 5 万元；

业务二：当月购进其他原料取得增值税专用发票，金额共 180 万元，注明税额 25.5 万元；

业务三：外购电力取得增值税专用发票，注明金额 20 万元，增值税税额 2.6 万元，职工食堂使用其中的 3%；

业务四：员工报销当月国内出差火车票 1.09 万元；另有员工出国考察的航空运输电子客票行程单注明票价和燃油附加费共计 1.09 万元；

业务五：当月共取得餐饮收入 424 万元（含税），开具增值税专用发票；取得住宿收入 212 万元（含税），开具增值税普通发票；取得广告发布收入 5.3 万元（含税）。当月取得的专用发票均已勾选确认。

2022 年 1 月，该公司餐饮住宿业务受到新冠肺炎疫情影响，收入大幅减少。当月取得餐饮住宿服务收入共计 3.18 万元。其中餐饮服务 1.06 万元，住宿服务 2.12 万元，当月无进项税额。

根据以上材料，计算 2021 年 12 月该公司进项应抵扣税额合计数。

【答案及解析】

业务一：50 000 × 9% = 4 500（元）

业务二：255 000 元

业务三：26 000 ×（1 − 3%） = 25 220（元）

业务四：10 900 ÷ 1.09 × 9% = 900 元，因为国际运输不得抵扣。

当月可抵扣的进项为 4 500 + 255 000 + 25 220 + 900 = 285 620（元）

生活服务业加计抵减 285 620 × 15% = 42 843（元）

应抵扣合计数为 285 620 + 42 843 = 328 463（元）

4. 王某是一家上市公司的高管，2022 年 1 月王某和其同事郭某去某市度假 2 个月，在此期间，主要活动如下：

（1）王某向某汽车租赁公司租赁了一辆奔驰汽车，租期 2 个月，一次性支付租金 16 000 元。

（2）去当地知名影院观看暑期档上映的影片，电影票零售价每张 55 元，合计支付 110 元。

（3）两人利用其中 4 天时间到著名景点旅游，并通过当地一家旅游公司预订了房间，支付房费 1 000 元，旅游公司将其中的 880 元房费转交给宾馆。

（4）两人通过某订餐平台，获得了某新开业酒店免费试吃活动，免费享受了售价为 168 元的双人套餐，第二天在该酒店点了 268 元的外卖。

（5）王某和郭某参观了当地的博物馆，第一道门票费用合计 80 元；游览了当地景区，合计支付门票 420 元。

（6）在度假期间，王某一直关注股票行情，将 2018 年购买的股票通过证券交易机构出售，取得收入 88 000 元，当时该股票的购买价为 46 000 元。

（7）2022 年 4 月，王某之利用业余时间通过网络为某公司提供翻译服务，在度假期间仍提供翻译服务，取得收入 5 000 元。

（8）王某在提供翻译服务时，发现其一直使用的笔记本电脑出现了问题，而且无法修复。为了追赶翻译进度，王某将其自用的笔记本电脑在当地销售，取得收入 3 000 元，另购买一台新款笔记本电脑，花费 12 000 元。

其他相关资料：汽车租赁公司、影院、旅游公司、餐厅均为一般纳税人；以上金额均含增值税。如果某项业务活动可以选择简易计税，则按照纳税人选择简易计税计算纳税。

要求：根据上述资料，按照下列序号计算回答问题，每问需计算出合计数。（8－11 级测试）

（1）计算汽车租赁公司出租汽车应缴纳的增值税。

（2）计算影院电影票收入应缴纳的增值税。

（3）计算旅游公司应缴纳的增值税。

（4）计算酒店应缴纳的增值税。

（5）计算博物馆取得的收入应缴纳的增值税。

（6）计算景区取得收入应缴纳的增值税。

（7）王某销售股票是否缴纳增值税，并说明理由，如有计算，需计算出具体金额。

（8）计算王某提供翻译服务应缴纳的增值税及个人所得税。

（9）王某销售自己使用过的电脑是否缴纳增值税，并说明理由，如有计算，需计算出具体金额。

【答案及解析】

（1）汽车租赁公司应缴纳增值税 $=16\ 000\div(1+13\%)\times13\%=1\ 840.71$（元）

（2）电影放映服务可以选择简易计税。影院电影票收入应缴纳的增值税 $=110\div(1+3\%)\times3\%=3.20$（元）

（3）旅游公司提供的代订宾馆服务应缴纳增值税 $=(1\ 000-880)\div(1+6\%)\times6\%=6.79$（元）

（4）酒店应缴纳增值税 $=(168+268)\div(1+6\%)\times6\%=24.68$（元）

（5）博物馆取得的收入应缴纳增值税为 0。

因为税法规定，纪念馆、博物馆、文化馆、文物保护单位管理机构、美术馆、展览馆、书画院、图书馆在自己的场所提供文化体育服务取得的第一道门票收入，免征增值税。

（6）提供游览场所按照文化服务缴纳增值税，文化体育服务可以选择简易计税。

景区取得收入应缴纳的增值税 $=420\div(1+3\%)\times3\%=12.23$（元）

（7）王某销售股票，不缴纳增值税。

因为税法规定，个人从事金融商品转让业务免征增值税。

（8）翻译服务按照咨询服务缴纳增值税，但其他个人按小规模纳税人纳税，适用 3% 的征收率。

应缴纳增值税 $=5\ 000\div(1+3\%)\times3\%=145.63$（元）

应缴纳个人所得税 $=(5\ 000\div1.03-5\ 000\div1.03\times3\%\times12\%)\times(1-20\%)\times20\%=773.90$（元）

（9）王某销售自己使用过的电脑不缴纳增值税。

因为税法规定，其他个人销售自己使用过的物品，免征增值税。

发生时间和税收优惠，在做本题时注意以下几点：

（1）纳税人提供租赁服务，采取预收款方式的，其纳税义务发生时间为收到预收款的当天。

（2）纳税人提供旅游服务，可以选择以取得的全部价款和价外费用，扣除向旅游服务购买方收取并支付给其他单位或者个人的住宿费、餐饮费、交通费、签证费、门票费和支付给其他接团旅游企业的旅游费用后的余额为销售额。

（3）个人从事金融商品转让业务免征增值税。

（4）翻译服务按照咨询服务缴纳增值税，其他个人按照小规模纳税人纳税，适用3%的征收率。

（5）其他个人销售自己使用过的物品，免征增值税。

5. 甲地板厂（以下简称“甲厂”）生产实木地板，2022 年 4 月发生下列业务：

（1）外购一批实木素板并支付运费，取得的增值税专用发票注明素板金额 50 万元、税额 6.5 万元，取得运输业增值税专用发票注明运费金额 1 万元、税额 0.09 万元。

（2）甲厂将外购素板 40% 加工成 A 型实木地板，当月对外销售并开具增值税专用发票注明销售金额 50 万元、税额 6.5 万元。

（3）受乙地板厂（以下简称“乙厂”）委托加工一批 A 型实木地板，双方约定由甲厂提供素板，乙厂支付加工费。甲厂将剩余的外购实木素板全部投入加工，当月将加工完毕的实木地板交付乙厂，开具的增值税专用发票注明收取材料费金额 30.6 万元、加工费 5 万元，甲厂未代收代缴消费税。

（其他相关资料：甲厂直接持有乙厂 35% 股份，实木地板消费税税率为 5%）

要求：根据上述资料，按照下列序号回答问题，如有计算需计算出合计数。（8 – 11 级测试）

（1）计算业务（2）应缴纳的消费税税额。

（2）判断业务（3）是否为消费税法规定的委托加工业务并说明理由。

（3）指出业务（3）的消费税纳税义务人，计税依据确定方法及数额。

（4）计算业务（3）应缴纳的消费税税额。

【答案及解析】

（1）业务（2）应缴纳的消费税 $=50\times5\%-50\times5\%\times40\%=2.5-1=1.5$（万元）

（2）业务（3）不是消费税法规定的委托加工业务。按照消费税法的规定，委托加工应税消费品是指委托方提供原料和主要材料，受托方只收取加工费和代垫部分辅助材料加工的应税消费品，而本例中主要材料是由受托方（甲厂）提供的，不能视为委托加工，属于甲厂销售自产实木地板。

（3）业务（3）的纳税人为甲厂。

该业务的实质是甲厂销售自产实木地板，销售价格按照最近时期同类实木地板的价格确定，即按照业务（2）对外销售价格确定。

计税依据 =50 ÷40% ×60% =75（万元）

（4）业务（3）应缴纳的消费税 =75 ×5% -50 ×5% ×60% =3.75 -1.5 =2.25（万元）

6. A 房地产开发公司位于北京，在河北廊坊设立分公司开发甲楼盘，该楼盘系 2015 年 10 月开工建设的项目。2018 年 6 月房屋取得预售许可证，预售房屋，收取了 15 000 万元的首付款。房屋 2022 年 1 月交付业主。对于该项业务 A 公司选择了简易计税方法，请回答下列问题。（8 -11 级测试）

（1）A 公司收到业主的首付款时是否发生纳税义务？是否需要预缴增值税？

（2）请问 A 公司应该在什么时间预缴税款，为什么？应该向哪个税务机关预缴税款？预缴多少增值税税款？

【参考答案】

（1）A 公司收到业主的首付款时，未发生增值税纳税义务；

A 公司收到业主的首付款属于 A 公司收到的预收款，需要预缴增值税。

（2）A 公司应该在 2018 年 7 月预缴税款，因为一般纳税人应在取得预收款的次月纳税申报期向主管税务机关预缴税款；

A 公司应该向分公司的机构所在地即河北廊坊的主管税务机关预缴税款。

应预缴税款 =15 000 ÷1.05 ×3% =428.57（万元）

7. 其他相关资料：销售货物、提供有形动产租赁的增值税税率为 13%，出口的退税率为 13%，不动产租赁的增值税税率为 9%，进口护肤品的关税税率为 10%，期初留抵税额为 0，相关票据均已比对认证。

要求：根据上述资料，按照下列顺序计算回答问题，如有计算需计算出合计数。（1 -7 级测试）

某市一家进出口公司为增值税一般纳税人，2022 年 1 月发生以下业务：

（1）从国外进口中档护肤品一批，该批货物在国外的买价为 300 万元人民币，由进出口公司支付的购货佣金 50 万元人民币，运抵我国海关卸货前发生的运输费为 30 万元人民币，保险费无法确定。该批货物已报关，取得海关开具的增值税专用缴款书。

（2）从境内某服装公司采购服装一批，增值税专用发票上注明的价款和税金分别为 120 万元和 15.6 万元。当月将该批服装全部出口，离岸价格为 225 万元人民币。

（3）将 2017 年购置的一处位于外省的房产出租，取得收入（含增值税）165 万元。

（4）在公司所在地购置房产一处，会计上按固定资产核算，取得的增值税专用发票上注明的价款和税金分别为 2 250 万元和 202.5 万元。

（5）从某境外公司承租仪器一台，支付租金（含增值税）261 万元人民币。该境外公司所属国未与我国签订税收协定，且未在我国设有经营机构，也未派人前来我国。

（6）当月将业务（1）购进的护肤品 98% 销售，取得不含增值税的销售收入 400 万元，2% 作为本公司职工的福利并发放。

要求：根据上述资料，请回答下列问题。

（1）计算业务（1）应缴纳的进口关税。

（2）计算业务（1）应缴纳的进口环节增值税。

（3）计算业务（2）的出口退税额。

（4）计算业务（3）在不动产所在地应预缴的增值税和应预缴的城市维护建设税。

（5）计算业务（5）应扣缴的增值税。

（6）计算业务（6）的增值税销项税额。

【参考答案】

（1）关税完税价格 =（300 + 30）+（300 + 30）× 0.3% = 330.99（万元）

关税应纳税额 = 330.99 × 10% = 33.10（万元）

【解析】到岸价中运输费无法核定按货价 10%，保险费无法核定按货价和运输费合计的 0.3%。

（2）增值税应纳税额 =（330.99 + 33.10）× 13% = 47.33（万元）

（3）应退税额 = 120 × 13% = 15.6（万元）

（4）应预缴的增值税 = 165 ÷（1 + 9%）× 3% = 4.54（万元）

应预缴的城市维护建设税 = 4.54 × 7% = 0.3178（万元）

（5）应扣缴增值税 = 261 ÷（1 + 13%）× 13% = 30.03（万元）

（6）销项税额 = 400 × 13% = 52（万元）

8. 居民纳税人李某为一企业员工，其 2022 年收入情况为：

（1）李某每月固定从公司取得工资 10 000 元（已经扣除个人承担符合规定的社保 2 000 元、公积金 1 680 元、企业年金 560 元）；

（2）4 月李某为外单位提供劳务取得报酬 3 500 元（不考虑增值税）；

（3）12 月取得年终奖 30 000 元。李某年初未填写专项附加扣除信息，4 月李某按照自己实际情况收集个人信息并完成专项附加扣除信息的报送，具体情况为：

①李某有 2 个未成年子女，1 个在日本读全日制研究生，1 个还在婴儿哺乳期；

②李某共有兄弟 2 人，弟弟在国外读全日制研究生，父亲 62 周岁，母亲 59 周岁；

③李某在工作城市天津婚后购买了两套自有住房，其中一套贷款购买还贷中，且享受首套住房贷款利率；

④李某因工作需要在天津市内还租有一套住房；

⑤因李某考虑自己收入较高，希望尽可能多的通过自己扣除专项附加扣除。李某任职单位每月按税法要求为李某代扣代缴个人所得税。请回答一下问题：（8－11级测试）

（1）李某每月最高可扣除专项附加是多少？

（2）李某需要留存备查的有哪些资料？

（3）李某2月是否可以领取工资时应预缴个人所得税是多少？

（4）李某4月取得劳务报酬，应预扣个人所得税多少？

（5）李某选择单独使用全年一次性奖金，年终汇算清缴后应补缴（退）个人所得税是多少？

【答案与解析】

（1）李某有2个未成年子女，1个在日本读全日制研究生，符合子女教育专项附加扣除，1个婴儿在哺乳期，符合婴儿照护费扣除，李某每月最多可扣除子女教育专项附加扣除2 000元；李某父母年满60周岁，可扣除赡养老人支出，但为非独生子女，故最多可扣除赡养老人专项附加扣除1 000元；李某可享受首套住房贷款专项附加扣除1 000元；李某因在工作城市有自有住房，故不能享受租房专项附加扣除。李某希望尽可能由自己扣除，故可享受专项附加扣除4 000元/月。

（2）根据国家税务总局关于发布《个人所得税专项附加扣除操作办法（试行）》的公告（国家税务总局公告2018年第60号），纳税人需要留存备查资料包括：子女在境外接受教育的，应当留存境外学校录取通知书、留学签证等境外教育佐证资料；住房贷款合同、贷款还款支出凭证等资料；约定或指定分摊的书面分摊协议等资料。

因此，李某需留存备查子女在日本读书的学校录取通知书，留学签证等相关教育证明材料；李某的住房贷款合同、贷款还款支出凭证。

（3）李某1、2月取得工资10 000元，因李某未填报专项附加扣除信息，故无法享受专项附加扣除。李某1月应缴纳个人所得税＝（10 000－5 000）×3%＝150元；2月应缴纳个人所得税＝（20 000－5 000×2）×3%－150＝150元。

（4）李某在外单位兼职收入3 500元，应预缴个人所得税（3 500－800）×20%＝540元。故本期共需预缴个人所得税540元。

（5）李某选择年终奖单独计算个人所得税，李某全年取得综合所得10 000×12＋3 500×80%＝122 800元。全年应纳税所得额＝122 800－5 000×12－4 000×12＝14 800元。应缴纳个人所得税＝14 800×3%＝444元。

年终奖需缴纳个人所得税：30 000÷12＝2 500元，适用3%税率，速算扣除数为0。个人所得税30 000×3%＝900元。

已实际预扣预缴：360＋540＝900元，

应退税＝900－444＝456元。

9. 甲公司（非房地产开发企业）为增值税一般纳税人，2019年1月转让一栋2012年自建的办公楼，取得含税收入9 000万元，已按规定缴纳转让环节的有关税金，并取得完税凭证。该办公楼造价为800万元，其中包含为取得土地使用权支付的地价款300万元，契税9万元以及按国家规定统一缴纳的其他有关费用1万元。经房地产评估机构评定，该办公楼重新构建价格为5 000万元，成新度折扣率为五成，支付房地产评估费用10万元，该公司的评估价格已经税务机关认定。甲公司对于转让营改增之前自建的办公楼选择“简易征收”方式；转让该办公楼缴纳的印花税税额为4.5万元。甲公司适用的城市维护建设税税率为7%，教育费附加征收比率为3%。请根据上述资料，回答下列问题：（8－11级测试）

（1）计算该公司转让办公楼应纳增值税。

（2）计算土地增值税可扣除转让环节的税金。

（3）计算土地增值税可扣除项目金额合计。

（4）计算甲公司应纳土地增值税额。

（5）需要对房地产进行评估，并以评估价格确定转让房地产收入，扣除项目金额的有哪些？

【答案与解析】

（1）一般纳税人转让其2016年4月30日前自建的不动产，可以选适用简易计税方法计税，以取得的全部价款和价外费用为销售额，按照5%的征收率计算应额。纳税人应按照上述计税方法向不动产所在地主管税务机关预缴税款，向机构所主管税务机关申报纳税。该公司转让办公楼应纳增值税＝9 000÷（1＋5%）×5%＝428.57万元。

（2）与转让房地产有关的税金，是指在转让房地产时缴纳的增值税、城市维建设税、印花税。因转让房地产缴纳的教育费附加，也视同税金予以扣除。营改增后与转让房地产有关的税金，是指在转让房地产时缴纳的城市维护建设税、教育费附加、印花税。

可扣除转让环节税金＝428.57×（7%＋3%）＋4.5＝47.36（万元）

（3）为取得土地使用权所支付的金额＝300＋9＋1＝310万元；评估价格为5 000×50%＝2 500万元；支付房地产评估10万元，可以扣除；可扣除转让环节税金＝47.36万元。可扣除项目金额合计＝310＋2 500＋10＋47.36＝2 867.36万元。

（4）不含增值税收入＝9 000－428.57＝8 571.43（万元）

增值额＝8 571.43－2 867.36＝5 704.07（万元）

增值率＝5 704.07÷2 867.36×100%＝198.93%，适用税率为50%，速算扣除系数为15%

应纳土地增值税＝5 704.07×50%－2 867.36×15%＝2 421.93（万元）

（5）纳税人有下列情形之一的，按照房地产评估价格计算征收：①隐瞒、虚报房地产成交价格的；②提供扣除项目金额不实的；③转让房地产的成交价格低于房地产评估价格，又无正当理由的。

# 第五章　优惠办理

## ★知识要点归纳

优惠办理规范是指税务机关和税务人员在为符合条件的纳税人办理部分减少或全部免除纳税义务的过程中提供的服务规范，包括3类5个事项。

减免税享受形式分为申报享受税收减免、税收减免备案、税收减免核准3种。其中，申报享受税收减免的优惠办理分为需在申报享受时随申报表报送附列资料和无须报送附列资料两种情形。享受税收优惠的纳税人，按规定到税务机关办理减税、免税，税务机关按规定办理并及时录入信息管理系统。

### 一、申报享受税收减免

符合申报享受税收减免条件的纳税人，在首次申报享受时随申报表报送附列资料，或直接在申报表中填列减免税信息无须报送资料。

符合税收优惠条件的纳税人，在减税、免税期间，应按规定办理纳税申报，填写申报表及其附表上的优惠栏目。享受减税、免税优惠的纳税人，减税、免税期满，应当自期满次日起恢复纳税；不再符合减税、免税条件的，应当依法履行纳税义务；未依法纳税的，税务机关应当予以追缴。纳税人兼营免税、减税项目的，应当分别核算免税、减税项目的销售额；未分别核算销售额的，不得免税、减税。

最新减免税政策代码可在国家税务总局“办税指南”栏目查询。举例如下：

1. 上海期货保税交割免征增值税（减免性质代码：01081503，政策依据：财税〔2010〕108号），应报送：

（1）当期期货保税交割的书面说明；

（2）上海期货交易所交割单、保税仓单等资料。

2. 原油和铁矿石期货保税交割业务免征增值税（减免性质代码：01081506，政策依据：财税〔2015〕35号），应报送：

（1）当期期货保税交割的书面说明；

（2）上海国际能源交易中心股份有限公司或大连商品交易所的交割结算单、保税仓单等资料。

3. 熊猫普制金币免征增值税（减免性质代码：01083907，政策依据：财税

〔2012〕97号），应报送：

（1）“中国熊猫普制金币授权经销商”相关资格证书复印件。（属于“中国熊猫普制金币授权经销商”的纳税人报送）

（2）《中国熊猫普制金币经销协议》复印件。（属于“中国熊猫普制金币授权经销商”的纳税人报送）

（3）中国银行业监督管理委员会批准其开办个人黄金买卖业务的相关批件材料复印件。（金融机构报送）

4. 有机肥免征增值税（减免性质代码：01092203，政策依据：财税〔2008〕56号），应报送：

（1）由农业农村部或省、自治区、直辖市农业行政主管部门批准核发的在有效期内的肥料登记证复印件。（生产有机肥产品的纳税人报送）

（2）生产企业提供的在有效期内的肥料登记证复印件。（批发、零售有机肥产品的纳税人报送）

## 二、税收减免备案

符合备案类税收减免的纳税人，如需享受相应税收减免，应在首次享受减免税的申报阶段或在申报征期后的其他规定期限内提交相关资料向主管税务机关申请办理税收减免备案。纳税人在符合减免税条件期间，备案材料一次性报备，在政策存续期可一直享受，当减免税情形发生变化时，应当及时向税务机关报告。

## 三、税收减免核准

符合核准类税收减免的纳税人，应当提交核准材料，提出申请，经依法具有批准权限的税务机关按规定核准确认后方可享受。未按规定申请或虽申请但未经有批准权限的税务机关核准确认的，纳税人不得享受。

税务机关对核准类减免税的审核是对纳税人提供材料与减免税法定条件的相关性进行审核，不改变纳税人真实申报责任。

纳税人在减免税书面核准决定未下达之前应按规定进行纳税申报。纳税人在减免税书面核准决定下达之后，所享受的减免税应当进行申报。纳税人享受减免税的情形发生变化时，应当及时向税务机关报告，税务机关对纳税人的减免税资质进行重新审核。纳税人享受核准类减免税的，对符合政策规定条件的材料需留存备查。纳税人实际经营情况不符合减免税规定条件的或者采用欺骗手段获取减免税的、享受减免税条件发生变化未及时向税务机关报告的，以及未按照规定履行相关程序自行减免税的，税务机关依照《中华人民共和国税收征收管理法》有关规定予以处理。

最新减免税政策代码可在国家税务总局“办税指南”栏目查询。

## 四、纳税人放弃免（减）税权声明

纳税人销售货物、应税劳务或者发生应税行为适用免税、减税规定的，可以放弃免税、减税，报主管税务机关备案。适用增值税免税政策的出口货物劳务，出口企业或其他单位如果放弃免税，实行按内销货物征税的，应向主管税务机关提出书面报告。

纳税人发生应税行为适用免税、减税规定的，可以放弃免税、减税；出口企业或其他单位发生适用增值税免税政策的出口货物劳务，可以放弃免税，实行按内销货物征税。纳税人放弃减税、免税的，应当以书面形式提交放弃免税权声明，报主管税务机关备案，自提交备案资料的次月起，按照现行有关规定计算缴纳增值税，36 个月内不得再申请免税、减税。

纳税人一经放弃免税权，其生产销售的全部增值税应税行为均应按照适用税率征税，不得选择某一免税项目放弃免税权，也不得根据不同的销售对象选择部分应税行为放弃免税权。纳税人在免税期内购进用于免税项目的应税行为所取得的增值税扣税凭证，一律不得抵扣。

纳税人在免税期内购进用于免税项目的应税行为所取得的增值税扣税凭证，一律不得抵扣。

纳税人销售自己使用过的固定资产，适用简易办法依照 3% 征收率减按 2% 征收增值税政策的，可以放弃减税，按照简易办法依照 3% 征收率缴纳增值税，并可以开具增值税专用发票。

## 五、一般性规定

纳税人对报送材料的真实性和合法性承担责任。税务机关提供“最多跑一次”服务。纳税人在资料完整且符合法定受理条件的前提下，最多只需要到税务机关去一次。纳税人使用符合电子签名法规定条件的电子签名，与手写签名或者盖章具有同等法律效力。纳税人提供的各项资料为复印件的，均须注明“与原件一致”并签章。

办税服务厅接收资料信息，核对资料信息是否齐全、是否符合法定形式、填写内容是否完整，符合的即时受理；对资料不齐全、不符合法定形式或填写内容不完整的，当场一次性告知应补正资料或不予受理原因。

## 六、组合式税费政策

今年党中央、国务院部署实施新的组合式税费支持政策，对稳定市场预期、提振市场信心、助力企业纾困发展具有重要意义。

## （一）新出台的税费支持政策

1. 2022 年增值税期末留抵退税政策

（1）符合条件的小微企业，可以自 2022 年 4 月纳税申报期起向主管税务机关申请退还增量留抵税额。

（2）符合条件的微型企业，可以自 2022 年 4 月纳税申报期起向主管税务机关申请一次性退还存量留抵税额；符合条件的小型企业，可以自 2022 年 5 月纳税申报期起向主管税务机关申请一次性退还存量留抵税额。

（3）符合条件的制造业等行业企业，可以自 2022 年 4 月纳税申报期起向主管税务机关申请退还增量留抵税额。

（4）符合条件的制造业等行业中型企业，可以自 2022 年 5 月纳税申报期起向主管税务机关申请一次性退还存量留抵税额；符合条件的制造业等行业大型企业，可以自 2022 年 6 月纳税申报期起向主管税务机关申请一次性退还存量留抵税额。

（5）符合条件的批发零售业等行业企业，可以自 2022 年 7 月纳税申报期起向主管税务机关申请退还增量留抵税额。

（6）符合条件的批发零售业等行业企业，可以自 2022 年 7 月纳税申报期起向主管税务机关申请一次性退还存量留抵税额。

【政策依据】

（1）《财政部 税务总局关于进一步加大增值税期末留抵退税政策实施力度的公告》（财政部 税务总局公告 2022 年第 14 号）。

（2）《财政部 税务总局关于进一步加快增值税期末留抵退税政策实施进度的公告》（财政部 税务总局公告 2022 年第 17 号）。

（3）《财政部 税务总局关于进一步持续加快增值税期末留抵退税政策实施进度的公告》（财政部 税务总局公告 2022 年第 19 号）。

（4）《财政部 税务总局关于扩大全额退还增值税留抵税额政策行业范围的公告》（财政部 税务总局公告 2022 年第 21 号）。

2. 中小微企业设备器具所得税税前扣除政策

中小微企业在 2022 年 1 月 1 日至 2022 年 12 月 31 日期间新购置的设备、器具，单位价值在 500 万元以上的，最低折旧年限为 3 年的设备、器具可在当年一次性税前扣除；最低折旧年限为 4 年、5 年、10 年的，单位价值的 50% 可在当年一次性税前扣除，其余 50% 在剩余年度扣除。企业选择适用上述政策当年不足扣除形成的亏损，可在以后 5 个纳税年度结转弥补，享受其他延长亏损结转年限政策的企业可按现行规定执行。

【政策依据】

《财政部 税务总局关于中小微企业设备器具所得税税前扣除有关政策的公告》（财

政部 税务总局公告2022年第12号）。

3. 航空和铁路运输企业分支机构暂停预缴增值税政策

自2022年1月1日至2022年12月31日，航空和铁路运输企业分支机构暂停预缴增值税。

【政策依据】

《财政部 税务总局关于促进服务业领域困难行业纾困发展有关增值税政策的公告》（财政部 税务总局公告2022年第11号）。

4. 公共交通运输服务收入免征增值税政策

自2022年1月1日至2022年12月31日，对纳税人提供公共交通运输服务取得的收入，免征增值税。

【政策依据】

《财政部 税务总局关于促进服务业领域困难行业纾困发展有关增值税政策的公告》（财政部 税务总局公告2022年第11号）。

5. 3岁以下婴幼儿照护个人所得税专项附加扣除政策

自2022年1月1日起，实施3岁以下婴幼儿照护个人所得税专项附加扣除政策：

（1）纳税人照护3岁以下婴幼儿子女的相关支出，按照每个婴幼儿每月1 000元的标准定额扣除。

（2）父母可以选择由其中一方按扣除标准的100%扣除，也可以选择由双方分别按扣除标准的50%扣除，具体扣除方式在一个纳税年度内不能变更。

【政策依据】

《国务院关于设立3岁以下婴幼儿照护个人所得税专项附加扣除的通知》（国发〔2022〕8号）。

6. 增值税小规模纳税人免征增值税政策

自2022年4月1日至2022年12月31日，增值税小规模纳税人适用3%征收率的应税销售收入，免征增值税；适用3%预征率的预缴增值税项目，暂停预缴增值税。（注：自2021年4月1日至2022年3月31日，增值税小规模纳税人适用3%征收率的应税销售收入，减按1%征收率征收增值税；适用3%预征率的预缴增值税项目，减按1%预征率预缴增值税。）

【政策依据】

《财政部 税务总局关于对增值税小规模纳税人免征增值税的公告》（财政部 税务总局公告2022年第15号）。

7. 科技型中小企业研发费用加计扣除政策

科技型中小企业开展研发活动中实际发生的研发费用，未形成无形资产计入当期损益的，在按规定据实扣除的基础上，自2022年1月1日起，再按照实际发生额的

100%在税前加计扣除；形成无形资产的，自2022年1月1日起，按照无形资产成本的200%在税前摊销。

【政策依据】

《关于进一步提高科技型中小企业研发费用税前加计扣除比例的公告》（财政部 税务总局 科技部2022年第16号）。

8. 快递收派服务收入免征增值税政策

自2022年5月1日至2022年12月31日，对纳税人为居民提供必需生活物资快递收派服务取得的收入，免征增值税。

【政策依据】

（1）《财政部 税务总局关于快递收派服务免征增值税政策的公告》（财政部 税务总局公告2022年第18号）。

（2）《财政部 国家税务总局关于全面推开营业税改征增值税试点的通知》（财税〔2016〕36号）。

9. 减征部分乘用车车辆购置税政策

对购置日期在2022年6月1日至2022年12月31日期间内且单车价格（不含增值税）不超过30万元的2.0升及以下排量乘用车，减半征收车辆购置税。

【政策依据】

《财政部 税务总局关于减征部分乘用车车辆购置税的公告》（财政部 税务总局公告2022年第20号）。

10. 小微企业"六税两费"减免政策

自2022年1月1日至2024年12月31日，由省、自治区、直辖市人民政府根据本地区实际情况，以及宏观调控需要确定，对增值税小规模纳税人、小型微利企业和个体工商户可以在50%的税额幅度内减征资源税、城市维护建设税、房产税、城镇土地使用税、印花税（不含证券交易印花税）、耕地占用税和教育费附加、地方教育附加。

【政策依据】

《财政部 税务总局关于进一步实施小微企业"六税两费"减免政策的公告》（财政部 税务总局公告2022年第10号）。

11. 小型微利企业减免企业所得税政策

2022年1月1日至2024年12月31日，对小型微利企业年应纳税所得额超过100万元但不超过300万元的部分，减按25%计入应纳税所得额，按20%的税率缴纳企业所得税。

【政策依据】

《财政部 税务总局关于进一步实施小微企业所得税优惠政策的公告》（财政部 税务总局公告2022年第13号）。

12. 制造业中小微企业延缓缴纳部分税费政策

在继续延缓缴纳2021年第四季度部分税费基础上，延缓缴纳2022年第一季度、第二季度部分税费：在依法办理纳税申报后，制造业中型企业可以延缓缴纳本政策规定的各项税费金额的50%，制造业小微企业可以延缓缴纳本政策规定的全部税费，延缓的期限为6个月。延缓期限届满，纳税人应依法缴纳相应月份或者季度的税费。

【政策依据】

《国家税务总局 财政部关于延续实施制造业中小微企业延缓缴纳部分税费有关事项的公告》（国家税务总局公告2022年第2号）

13. 阶段性缓缴企业基本养老保险费、失业保险费、工伤保险费政策

（1）统筹基金累计结存可支付月数大于6个月的统筹地区，自2022年7月起，对中小困难行业所属企业，可申请缓缴企业职工基本养老保险费、失业保险费、工伤保险费（以下简称“三项社保费”）单位缴费部分，其中养老保险费缓缴实施期限到2022年年底，工伤保险费、失业保险费缓缴期限不超过1年。缓缴期间免收滞纳金。

（2）受疫情影响严重地区生产经营出现暂时困难的所有中小微企业、以单位方式参保的个体工商户，可申请缓缴三项社保费单位缴费部分，缓缴实施期限到2022年年底，期间免收滞纳金。

（3）以个人身份参加企业职工基本养老保险的个体工商户和各类灵活就业人员，2022年缴纳费款有困难的，可自愿暂缓缴费，2022年未缴费月度可于2023年底前进行补缴，缴费基数在2023年当地个人缴费基数上下限范围内自主选择，缴费年限累计计算。

具体落实以本地实施办法为准。

【政策依据】

（1）《人力资源社会保障部 财政部 国家税务总局关于做好失业保险稳岗位提技能防失业工作的通知》（人社部发〔2022〕23号）。

（2）《人力资源社会保障部办公厅 国家税务总局办公厅关于特困行业阶段性实施缓缴企业社会保险费政策的通知》（人社厅发〔2022〕16号）。

（3）《人力资源社会保障部 国家发展改革委 财政部 税务总局关于扩大阶段性缓缴社会保险费政策实施范围等问题的通知》（人社部发〔2022〕31号）。

14. 阶段性缓缴职工基本医疗保险费政策

（1）统筹基金累计结存可支付月数大于6个月的统筹地区，自2022年7月起，对中小微企业、以单位方式参保的个体工商户缓缴3个月职工基本医疗保险单位缴费，缓缴期间免收滞纳金。社会团体、基金会、社会服务机构、律师事务所、会计师事务所等社会组织参照执行。

（2）中小微企业缓缴职工医保单位缴费，不影响该企业参保人就医正常报销医疗

费用。缓缴期间，相关企业参保人发生的符合基本医保政策规定的医疗费用应及时报销、应报尽报，确保基本医保报销水平保持稳定不降低。

（3）该政策享受主体全面推行“免申即享”经办模式，符合条件的中小微企业无须提出缓缴申请即可享受缓缴单位缴费政策。

【政策依据】

《国家医保局 国家发展改革委 财政部 国家税务总局关于阶段性缓缴职工基本医疗保险单位缴费的通知》（医保发〔2022〕21 号）。

### （二）延续实施的税费支持政策

1. 重点群体创业税费扣减政策

自 2019 年 1 月 1 日至 2025 年 12 月 31 日，上述人员从事个体经营的，自办理个体工商户登记当月起，在 3 年（36 个月）内按每户每年 12 000 元为限额依次扣减其当年实际应缴纳的增值税、城市维护建设税、教育费附加、地方教育附加和个人所得税。限额标准最高可上浮 20%，各省、自治区、直辖市人民政府可根据本地区实际情况在此幅度内确定具体限额标准。

【政策依据】

（1）《财政部 税务总局 人力资源社会保障部 国家乡村振兴局关于延长部分扶贫税收优惠政策执行期限的公告》（财政部 税务总局 人力资源社会保障部 国家乡村振兴局公告 2021 年第 18 号）。

（2）《财政部 税务总局 人力资源社会保障部 国务院扶贫办关于进一步支持和促进重点群体创业就业有关税收政策的通知》（财税〔2019〕22 号）。

2. 吸纳重点群体就业税费扣减政策

自 2019 年 1 月 1 日至 2025 年 12 月 31 日，企业招用建档立卡贫困人口，以及在人力资源社会保障部门公共就业服务机构登记失业半年以上且持就业创业证或就业失业登记证（注明“企业吸纳税收政策”）的人员，与其签订 1 年以上期限劳动合同并依法缴纳社会保险费的，自签订劳动合同并缴纳社会保险当月起，在 3 年（36 个月）内按实际招用人数予以定额依次扣减增值税、城市维护建设税、教育费附加、地方教育附加和企业所得税优惠。

定额标准为每人每年 6 000 元，最高可上浮 30%，各省、自治区、直辖市人民政府可根据本地区实际情况在此幅度内确定具体定额标准。

【政策依据】

（1）《财政部 税务总局 人力资源社会保障部 国家乡村振兴局关于延长部分扶贫税收优惠政策执行期限的公告》（财政部 税务总局 人力资源社会保障部 国家乡村振兴局公告 2021 年第 18 号）。

（2）《财政部 税务总局 人力资源社会保障部 国务院扶贫办关于进一步支持和促进重点群体创业就业有关税收政策的通知》（财税〔2019〕22 号）。

3. 企业扶贫捐赠所得税税前扣除政策

自 2019 年 1 月 1 日至 2025 年 12 月 31 日，企业通过公益性社会组织或者县级（含县级）以上人民政府及其组成部门和直属机构，用于目标脱贫地区的扶贫捐赠支出，准予在计算企业所得税应纳税所得额时据实扣除。在政策执行期限内，目标脱贫地区实现脱贫的，可继续适用上述政策。

【政策依据】

（1）《财政部 税务总局 人力资源社会保障部 国家乡村振兴局关于延长部分扶贫税收优惠政策执行期限的公告》（财政部 税务总局 人力资源社会保障部 国家乡村振兴局公告 2021 年第 18 号）。

（2）《关于企业扶贫捐赠所得税税前扣除政策的公告》（财政部 税务总局 国务院扶贫办 2019 年第 49 号）。

4. 扶贫货物捐赠免征增值税政策

自 2019 年 1 月 1 日至 2025 年 12 月 31 日，对单位或者个体工商户将自产、委托加工或购买的货物通过公益性社会组织、县级及以上人民政府及其组成部门和直属机构，或直接无偿捐赠给目标脱贫地区的单位和个人，免征增值税。在政策执行期限内，目标脱贫地区实现脱贫的，可继续适用上述政策。

【政策依据】

（1）《财政部 税务总局 人力资源社会保障部 国家乡村振兴局关于延长部分扶贫税收优惠政策执行期限的公告》（财政部 税务总局 人力资源社会保障部 国家乡村振兴局公告 2021 年第 18 号）。

（2）《财政部 税务总局 国务院扶贫办关于扶贫货物捐赠免征增值税政策的公告》（2019 年第 55 号）。

5. 自主就业退役士兵创业税费扣减政策

自 2019 年 1 月 1 日至 2023 年 12 月 31 日，自主就业退役士兵从事个体经营的，自办理个体工商户登记当月起，在 3 年（36 个月）内按每户每年 12 000 元为限额依次扣减其当年实际应缴纳的增值税、城市维护建设税、教育费附加、地方教育附加和个人所得税。限额标准最高可上浮 20%，各省、自治区、直辖市人民政府可根据本地区实际情况在此幅度内确定具体限额标准。

【政策依据】

（1）《财政部 税务总局关于延长部分税收优惠政策执行期限的公告》（财政部 税务总局公告 2022 年第 4 号）。

（2）《财政部 税务总局 退役军人部关于进一步扶持自主就业退役士兵创业就业有

关税收政策的通知》（财税〔2019〕21号）。

6. 吸纳退役士兵就业税费扣减政策

2019年1月1日至2023年12月31日，招用自主就业退役士兵，与其签订1年以上期限劳动合同并依法缴纳社会保险费的，自签订劳动合同并缴纳社会保险当月起，在3年（36个月）内按实际招用人数予以定额依次扣减增值税、城市维护建设税、教育费附加、地方教育附加和企业所得税优惠。定额标准为每人每年6 000元，最高可上浮50%，各省、自治区、直辖市人民政府可根据本地区实际情况在此幅度内确定具体定额标准。

【政策依据】

（1）《财政部 税务总局关于延长部分税收优惠政策执行期限的公告》（财政部 税务总局公告2022年第4号）。

（2）《财政部 税务总局 退役军人部关于进一步扶持自主就业退役士兵创业就业有关税收政策的通知》（财税〔2019〕21号）。

7. 科技企业孵化器等免征房产税、城镇土地使用税和增值税政策

（1）自2019年1月1日至2023年12月31日，对国家级、省级科技企业孵化器、大学科技园和国家备案众创空间自用以及无偿或通过出租等方式提供给在孵对象使用的房产、土地，免征房产税和城镇土地使用税。

（2）自2019年1月1日至2023年12月31日，对国家级、省级科技企业孵化器、大学科技园和国家备案众创空间向在孵对象提供孵化服务取得的收入，免征增值税。

【政策依据】

（1）《财政部 税务总局关于延长部分税收优惠政策执行期限的公告》（财政部 税务总局公告2022年第4号）。

（2）《财政部 税务总局 科技部 教育部关于科技企业孵化器大学科技园和众创空间税收政策的通知》（财税〔2018〕120号）。

8. 高校学生公寓免征房产税、印花税政策

（1）自2019年1月1日至2023年12月31日，对高校学生公寓免征房产税。

（2）自2019年1月1日至2023年12月31日，对与高校学生签订的高校学生公寓租赁合同，免征印花税。

【政策依据】

（1）《财政部 税务总局关于延长部分税收优惠政策执行期限的公告》（财政部 税务总局公告2022年第4号）。

（2）《财政部 税务总局关于高校学生公寓房产税印花税政策的通知》（财税〔2019〕14号）。

9. 城市公交站场等运营用地免征城镇土地使用税政策

自2019年1月1日至2023年12月31日，对城市公交站场、道路客运站场、城市

轨道交通系统运营用地，免征城镇土地使用税。

【政策依据】

（1）《财政部 税务总局关于延长部分税收优惠政策执行期限的公告》（财政部 税务总局公告 2022 年第 4 号）。

（2）《财政部 税务总局关于继续对城市公交站场道路客运站场城市轨道交通系统减免城镇土地使用税优惠政策的通知》（财税〔2019〕11 号）。

10. 农产品批发市场、农贸市场免征房产税、城镇土地使用税政策

自 2019 年 1 月 1 日至 2023 年 12 月 31 日，对农产品批发市场、农贸市场（包括自有和承租，下同）专门用于经营农产品的房产、土地，暂免征收房产税和城镇土地使用税。对同时经营其他产品的农产品批发市场和农贸市场使用的房产、土地，按其他产品与农产品交易场地面积的比例确定免征房产税和城镇土地使用税。

【政策依据】

（1）《财政部 税务总局关于延长部分税收优惠政策执行期限的公告》（财政部 税务总局公告 2022 年第 4 号）。

（2）《财政部 税务总局关于继续实行农产品批发市场农贸市场房产税城镇土地使用税优惠政策的通知》（财税〔2019〕12 号）。

11. 从事污染防治的第三方企业减免企业所得税政策

自 2019 年 1 月 1 日至 2023 年 12 月 31 日，对符合条件的从事污染防治的第三方企业（以下称“第三方防治企业”）减按 15% 的税率征收企业所得税。

【政策依据】

（1）《财政部 税务总局关于延长部分税收优惠政策执行期限的公告》（财政部 税务总局公告 2022 年第 4 号）。

（2）《财政部 税务总局 国家发展改革委 生态环境部关于从事污染防治的第三方企业所得税政策问题的公告》（财政部公告 2019 年第 60 号）。

12. 支持疫情防护救治等免征个人所得税政策

（1）自 2020 年 1 月 1 日至 2023 年 12 月 31 日，对参加疫情防治工作的医务人员和防疫工作者按照政府规定标准取得的临时性工作补助和奖金，免征个人所得税。政府规定标准包括各级政府规定的补助和奖金标准。对省级及以上人民政府规定的对参与疫情防控人员的临时性工作补助和奖金，比照执行。

（2）自 2020 年 1 月 1 日至 2023 年 12 月 31 日，单位发给个人用于预防新型冠状病毒感染的肺炎的药品、医疗用品和防护用品等实物（不包括现金），不计入工资、薪金收入，免征个人所得税。

【政策依据】

（1）《财政部 税务总局关于延长部分税收优惠政策执行期限的公告》（财政部 税

务总局公告 2022 年第 4 号）。

（2）《财政部 税务总局关于支持新型冠状病毒感染的肺炎疫情防控有关个人所得税政策的公告》（财政部 税务总局公告 2020 年第 10 号）。

13. 商品储备免征印花税和房产税、城镇土地使用税政策

（1）自 2019 年 1 月 1 日至 2023 年 12 月 31 日，对商品储备管理公司及其直属库资金账簿免征印花税；对其承担商品储备业务过程中书立的购销合同免征印花税，对合同其他各方当事人应缴纳的印花税照章征收。

（2）自 2019 年 1 月 1 日至 2023 年 12 月 31 日，对商品储备管理公司及其直属库自用的承担商品储备业务的房产、土地，免征房产税、城镇土地使用税。

【政策依据】

（1）《财政部 税务总局关于延续执行部分国家商品储备税收优惠政策的公告》（财政部 税务总局公告 2022 年第 8 号）。

（2）《财政部 税务总局关于部分国家储备商品有关税收政策的公告》（财政部 税务总局公告 2019 年第 77 号）。

14. 制造业中小微企业继续延缓缴纳

《国家税务总局 财政部关于制造业中小微企业延缓缴纳 2021 年第四季度部分税费有关事项的公告》（国家税务总局公告 2021 年第 30 号）规定，制造业中小微企业延缓缴纳 2021 年第四季度部分税费政策，缓缴期限继续延长 6 个月。

2022 年 9 月 1 日起，按照《国家税务总局 财政部关于延续实施制造业中小微企业延缓缴纳部分税费有关事项的公告》（国家税务总局公告 2022 年第 2 号）已享受延缓缴纳税费 50% 的制造业中型企业和延缓缴纳税费 100% 的制造业小微企业，其已缓缴税费的缓缴期限届满后继续延长 4 个月。

延缓缴纳的税费包括所属期为 2021 年 11 月、12 月，2022 年 2 月、3 月、4 月、5 月、6 月（按月缴纳）或者 2021 年第四季度，2022 年第一季度、第二季度（按季缴纳）已按规定缓缴的企业所得税、个人所得税、国内增值税、国内消费税及附征的城市维护建设税、教育费附加、地方教育附加，不包括代扣代缴、代收代缴以及向税务机关申请代开发票时缴纳的税费。

【政策依据】

（1）《国家税务总局 财政部关于延续实施制造业中小微企业延缓缴纳部分税费有关事项的公告》（国家税务总局公告 2022 年第 2 号）。

（2）《国家税务总局 财政部关于制造业中小微企业延缓缴纳 2021 年第四季度部分税费有关事项的公告》（国家税务总局公告 2021 年第 30 号）。

（3）《国家税务总局 财政部关于制造业中小微企业继续延缓缴纳部分税费有关事项的公告》（国家税务总局 财政部公告 2022 年第 17 号）。

15. 生产、生活性服务业增值税加计抵减政策

（1）自 2019 年 4 月 1 日至 2022 年 12 月 31 日，允许生产、生活性服务业纳税人按照当期可抵扣进项税额加计 10%，抵减应纳税额。

（2）2019 年 10 月 1 日至 2022 年 12 月 31 日，允许生活性服务业纳税人按照当期可抵扣进项税额加计 15%，抵减应纳税额。

【政策依据】

（1）《财政部 税务总局关于促进服务业领域困难行业纾困发展有关增值税政策的公告》（财政部 税务总局 2022 年第 11 号）。

（2）《财政部 税务总局 海关总署关于深化增值税改革有关政策的公告》（财政部 税务总局 海关总署公告 2019 年 39 号）。

（3）《财政部 税务总局关于明确生活性服务业增值税加计抵减政策的公告》（财政部 税务总局公告 2019 年第 87 号）。

16. 创业投资企业和天使投资个人有关税收优惠政策

（1）公司制创业投资企业采取股权投资方式直接投资于种子期、初创期科技型企业（以下简称“初创科技型企业”）满 2 年（24 个月，下同）的，可以按照投资额的 70% 在股权持有满 2 年的当年抵扣该公司制创业投资企业的应纳税所得额；当年不足抵扣的，可以在以后纳税年度结转抵扣。

（2）有限合伙制创业投资企业（以下简称“合伙创投企业”）采取股权投资方式直接投资于初创科技型企业满 2 年的，该合伙创投企业的合伙人分别按以下方式处理：①法人合伙人可以按照对初创科技型企业投资额的 70% 抵扣法人合伙人从合伙创投企业分得的所得；当年不足抵扣的，可以在以后纳税年度结转抵扣。②个人合伙人可以按照对初创科技型企业投资额的 70% 抵扣个人合伙人从合伙创投企业分得的经营所得；当年不足抵扣的，可以在以后纳税年度结转抵扣。

（3）天使投资个人采取股权投资方式直接投资于初创科技型企业满 2 年的，可以按照投资额的 70% 抵扣转让该初创科技型企业股权取得的应纳税所得额；当期不足抵扣的，可以在以后取得转让该初创科技型企业股权的应纳税所得额时结转抵扣。

（4）天使投资个人投资多个初创科技型企业的，对其中办理注销清算的初创科技型企业，天使投资个人对其投资额的 70% 尚未抵扣完的，可自注销清算之日起 36 个月内抵扣天使投资个人转让其他初创科技型企业股权取得的应纳税所得额。

【政策依据】

（1）《财政部 税务总局关于延续执行创业投资企业和天使投资个人投资初创科技型企业有关政策条件的公告》（财政部 税务总局公告 2022 年第 6 号）。

（2）《财政部 税务总局关于实施小微企业普惠性税收减免政策的通知》（财税〔2019〕13 号）。

（3）《财政部 税务总局关于创业投资企业和天使投资个人有关税收政策的通知》（财税〔2018〕55号）。

17. 全年一次性奖金个人所得税优惠政策

居民个人取得全年一次性奖金，在2023年12月31日前，不并入当年综合所得，以全年一次性奖金收入除以12个月得到的数额，按照按月换算后的综合所得税率表，确定适用税率和速算扣除数，单独计算纳税。计算公式为：

应纳税额 = 全年一次性奖金收入 × 适用税率 - 速算扣除数

居民个人取得全年一次性奖金，也可以选择并入当年综合所得计算纳税。

【政策依据】

（1）《财政部 税务总局关于延续实施全年一次性奖金等个人所得税优惠政策的公告》（财政部 税务总局公告2021年第42号）。

（2）《财政部 税务总局关于个人所得税法修改后有关优惠政策衔接问题的通知》（财税〔2018〕164号）。

18. 上市公司股权激励个人所得税优惠政策

居民个人取得股票期权、股票增值权、限制性股票、股权奖励等股权激励，符合相关政策条件的，在2022年12月31日前，不并入当年综合所得，全额单独适用综合所得税率表，计算纳税。计算公式为：

应纳税额 = 股权激励收入 × 适用税率 - 速算扣除数

居民个人一个纳税年度内取得两次以上（含两次）股权激励的，应合并按规定计算纳税。

【政策依据】

（1）《财政部 税务总局关于延续实施全年一次性奖金等个人所得税优惠政策的公告》（财政部 税务总局公告2021年第42号）。

（2）《财政部 税务总局关于个人所得税法修改后有关优惠政策衔接问题的通知》（财税〔2018〕164号）。

19. 外籍个人津补贴个人所得税优惠政策

自2019年1月1日至2023年12月31日，外籍个人符合居民个人条件的，可以选择享受个人所得税专项附加扣除，也可以选择按照《财政部 国家税务总局关于个人所得税若干政策问题的通知》（财税〔1994〕20号）、《国家税务总局关于外籍个人取得有关补贴征免个人所得税执行问题的通知》（国税发〔1997〕54号）和《财政部 国家税务总局关于外籍个人取得港澳地区住房等补贴 征免个人所得税的通知》（财税〔2004〕29号）规定，享受住房补贴、语言训练费、子女教育费等津补贴免税优惠政策。

【政策依据】

（1）《财政部 税务总局关于延续实施外籍个人津补贴等有关个人所得税优惠政策

的公告》（财政部 税务总局公告2021年第43号）。

（2）《财政部 税务总局关于个人所得税法修改后有关优惠政策衔接问题的通知》（财税〔2018〕164号）。

20. 阶段性降低失业保险、工伤保险费率政策

自2022年5月1日，延续实施阶段性降低失业保险、工伤保险费率政策1年，执行期限至2023年4月30日。按照现行阶段性降率政策规定，失业保险总费率为1%。在省（区、市）行政区域内，单位及个人的费率应当统一，个人费率不得超过单位费率。本地具体费率由各省（区、市）确定。工伤保险基金累计结余可支付月数在18至23个月的统筹地区可以现行费率为基础下调20%，累计结余可支付月数在24个月以上的统筹地区可以现行费率为基础下调50%。

【政策依据】

（1）《人力资源社会保障部 财政部 国家税务总局关于做好失业保险稳岗位提技能防失业工作的通知》（人社部发〔2022〕23号）。

（2）《人力资源社会保障部 财政部关于继续阶段性降低社会保险费率的通知》（人社部发〔2018〕25号）。

（3）《人力资源社会保障部 财政部关于阶段性降低失业保险费率有关问题的通知》（人社部发〔2017〕14号）。

21. 缓缴社会保险费政策实施工作有关问题的通知

（1）自2022年9月起，各省、自治区、直辖市及新疆生产建设兵团（以下统称地区）可根据本地区受疫情影响情况和社会保险基金状况，进一步扩大缓缴政策实施范围，覆盖本地区所有受疫情影响较大、生产经营困难的中小微企业、以单位方式参保的个体工商户、参加企业职工基本养老保险的事业单位及各类社会组织，使阶段性缓缴社会保险费政策惠及更多市场主体。

（2）阶段性缓缴社会保险费政策到期后，可允许企业在2023年底前采取分期或逐月等方式补缴缓缴的社会保险费。补缴期间免收滞纳金。

【政策依据】

《人力资源社会保障部办公厅 国家发展改革委办公厅 财政部办公厅 国家税务总局办公厅关于进一步做好阶段性缓缴社会保险费政策实施工作有关问题的通知》（人社厅发〔2022〕50号）。

22. 加大支持科技创新税前扣除力度

（1）高新技术企业在2022年10月1日至2022年12月31日期间新购置的设备、器具，允许当年一次性全额在计算应纳税所得额时扣除，并允许在税前实行100%加计扣除。企业享受该项政策的税收征管事项按现行征管规定执行。

（2）现行适用研发费用税前加计扣除比例75%的企业，在2022年10月1日至

2022 年 12 月 31 日期间，税前加计扣除比例提高至 100%。

【政策依据】

《财政部 税务总局 科技部关于加大支持科技创新税前扣除力度的公告》（财政部 税务总局 科技部公告 2022 年第 28 号）。

## ★习题精练及答案解析

### 一、单项选择题

1. 2020 年 2 月 23 日，习近平总书记在统筹推进新冠肺炎疫情防控和经济社会发展工作部署会议上强调，“要继续研究出台阶段性、有针对性的(　　)政策，加大对一些行业复工复产的支持力度，帮助中小微企业渡过难关”。(1 －7 级测试)

A. 大规模降费　　B. 财政贴息　　C. 缓缴税款　　D. 减税降费

【参考答案】D

【解析】习近平总书记在统筹推进新冠肺炎疫情防控和经济社会发展工作部署会议上的讲话。

2. 对自主就业退役士兵从事个体经营的，自办理个体工商户登记当月起，在 3 年（36 个月）内按每户每年(　　)元为限额依次扣减其当年实际应缴纳的增值税、城市维护建设税、教育费附加、地方教育附加和个人所得税。(1 －7 级测试)

A. 6 000　　B. 9 000　　C. 12 000　　D. 14 400

【参考答案】D

【解析】对自主就业退役士兵从事个体经营的，在 3 年（36 个月）内按每户每年 14 400 元为限额依次扣减其当年实际应缴纳的增值税、城市维护建设税、教育费附加、地方教育附加和个人所得税。

3. 根据政策规定，疫情防控重点保障物资生产企业可以按月向主管税务机关申请全额退还增值税增量留抵税额。这里的增量留抵税额，是指与(　　)底相比新增加的期末留抵税额。(1 －7 级测试)

A. 2019 年 3 月　　B. 2019 年 4 月

C. 2019 年 12 月　　D. 2020 年 1 月

【参考答案】C

【解析】疫情防控重点保障物资生产企业可以按月向主管税务机关申请全额退还增值税增量留抵税额。《财政部 税务总局关于支持新型冠状病毒感染的肺炎疫情防控有关税收政策的公告》所称增量留抵税额，是指与 2019 年 12 月底相比新增加的期末留抵税额。

4. 受疫情影响较大的困难行业企业 2020 年度发生的亏损最长结转年限延长至(　　)年。(1 －7 级测试)

A. 7　　B. 8　　C. 9　　D. 10

【参考答案】B

【解析】受疫情影响较大的困难行业企业2020年度发生的亏损，最长结转年限由5年延长至8年。

5. 自2020年5月1日至2023年12月31日，从事二手车经销的纳税人销售其收购的二手车，按照简易办法依3%征收率减按(　　)征收增值税。(1-7级测试)

A. 0.5%　　B. 1%　　C. 1.5%　　D. 2%

【参考答案】A

【解析】自2020年5月1日至2023年12月31日，从事二手车经销的纳税人销售其收购的二手车，由原按照简易办法依3%征收率减按2%征收增值税，改为减按0.5%征收增值税。

6. 疫情期间，纳税人提供公共交通运输服务收入免征增值税，以下不属于公共交通运输服务的是(　　)。(1-7级测试)

A. 轮客渡　　B. 铁路　　C. 班车　　D. 网约车

【参考答案】B

【解析】公共交通运输服务包括轮客渡、公交客运、地铁、城市轻轨、出租车、长途客运、班车。其中，班车是指按固定路线、固定时间运营并在固定站点停靠的运送旅客的陆路运输服务。

7. 根据《中华人民共和国企业所得税法》规定，企业购置符合条件的安全生产设备，可以按投资额的10%抵免(　　)。(1-7级测试)

A. 应纳税额　　B. 营业收入

C. 利润总额　　D. 应纳税所得额

【参考答案】A

【解析】依据《中华人民共和国企业所得税法》。

8. 下列各项中，关于印花税减免说法错误的是(　　)。(8-11级测试)

A. 自2018年5月1日起，对按件贴花5元的其他账簿免征印花税

B. 2019年1月1日至2022年12月31日，小规模纳税人证券交易印花税减半征收

C. 2019年1月1日至2023年12月31日，对与高校学生签订的高校学生公寓租赁合同，免征印花税

D. 2019年1月1日至2020年12月31日，对公租房经营管理单位购买住房作为公租房，免征印花税

【参考答案】B

【解析】印花税减半征收不含证券交易印花税。

9. 根据最新政策，自2019年1月1日至(　　)，对城市公交站场、道路客运站场、城

市轨道交通系统运营用地，免征城镇土地使用税。（1－7 级测试）

A. 2022 年 12 月 31 日　　B. 2021 年 12 月 31 日

C. 2023 年 12 月 31 日　　D. 2024 年 12 月 31 日

【参考答案】C

【解析】《财政部 税务总局关于延长部分税收优惠政策执行期限的公告》（2022 年第 4 号）。

10. 根据最新政策自 2019 年 1 月 1 日至（　　），对农产品批发市场、农贸市场（包括自有和承租）专门用于经营农产品的房产、土地，暂免征收房产税和城镇土地使用税。（1－7 级测试）

A. 2022 年 12 月 31 日　　B. 2021 年 12 月 31 日

C. 2023 年 12 月 31 日　　D. 2024 年 12 月 31 日

【参考答案】C

【解析】《财政部 税务总局关于延长部分税收优惠政策执行期限的公告》（2022 年第 4 号）。

11. 自 2019 年 1 月 1 日至 2023 年 12 月 31 日，对符合条件的从事污染防治的第三方企业减按（　　）的税率征收企业所得税。（1－7 级测试）

A. 5%　　B. 10%　　C. 15%　　D. 20%

【参考答案】C

【解析】《财政部 税务总局关于延长部分税收优惠政策执行期限的公告》（2022 年第 4 号）规定，自 2019 年 1 月 1 日至 2023 年 12 月 31 日，对符合条件的从事污染防治的第三方企业减按 15% 的税率征收企业所得税。

12. 江东市天天快递公司（一般纳税人）2022 年 5 月直接接受居民个人委托并实际为其提供必需生活物资快递收派服务取得不含税收入 50 000 元；根据合作协议接受其他快递公司委托为居民个人提供必需生活物资快递收派服务取得不含税收入 30 000元。该公司当月应交增值税是（　　）。（1－7 级测试）

A. 0 元　　B. 1 800 元　　C. 3 000 元　　D. 4 800 元

【参考答案】A

【解析】《财政部 税务总局关于快递收派服务免征增值税政策的公告》（财政部 税务总局公告 2022 年第 18 号）第五条规定，纳税人为居民提供必需生活物资快递收派服务取得的收入，免征增值税。直接接受居民个人委托并实际为其提供收派服务，付款方为居民个人的，可以按照第 18 号公告的规定适用为居民提供必需生活物资快递收派服务免征增值税政策；不直接接受居民个人委托，而是根据合作协议接受其他快递公司委托提供收派服务，收派服务的收货方为居民个人的，可以按照第 18 号公告的规定适用为居民提供必需生活物资快递收派服务免征增值税政策。

13. 科技型中小企业开展研发活动中实际发生的研发费用，形成无形资产的，自 2022 年 1 月 1 日起，按照无形资产成本在税前摊销的比例是(　　)。(1－7 级测试)

A. 100%　　B. 150%　　C. 175%　　D. 200%

【参考答案】D

【解析】《关于进一步提高科技型中小企业研发费用税前加计扣除比例的公告》(财政部 税务总局 科技部公告 2022 年第 16 号)。

14. 江东市农产品贸易有限公司，是增值税小规模纳税人。2022 年 4 月至 6 月批发鲜牛肉开具增值税普通发票价税合计 35 万元，批发水果开具增值税专用发票注明金额 10 万元，批发鲜鸡蛋开具增值税普通发票价税合计 5 万元，将空闲的一间店面房出租开具增值税普通发票价税合计 10 万元。假设未发生其他业务，则 2022 年第二季度“增值税及附加税费申报表（小规模纳税人适用）”填写正确的是(　　)。(1－7 级测试)

A. “应征增值税不含税销售额（3% 征收率）”10 万元，“应征增值税不含税销售额（5% 征收率）”9.52 万元，“其他免税销售额”40 万元

B. “应征增值税不含税销售额（3% 征收率）”10 万元，“应征增值税不含税销售额（5% 征收率）”9.52 万元，“其他免税销售额”38.83 万元

C. “应征增值税不含税销售额（3% 征收率）”10 万元，“应征增值税不含税销售额（5% 征收率）”9.52 万元，“小微企业免税销售额”40 万元

D. “应征增值税不含税销售额（3% 征收率）”10 万元，“应征增值税不含税销售额（5% 征收率）”9.52 万元，“小微企业免税销售额”38.83 万元

【参考答案】A

【解析】《国家税务总局关于小规模纳税人免征增值税等征收管理事项的公告》(国家税务总局公告 2022 年第 6 号)。

15. 下列小规模纳税人提供服务取得收入免征增值税的是(　　)。(1－7 级测试)

A. 2022 年 1 月提供的仓储服务 50 万元

B. 2022 年 3 月提供的广告服务 50 万元

C. 2022 年 4 月提供的装卸搬运服务 50 万元

D. 2022 年 5 月提供的不动产租赁服务 50 万元

【参考答案】C

【解析】《财政部 税务总局关于对增值税小规模纳税人免征增值税的公告》(财政部 税务总局公告 2022 年第 15 号) 规定，自 2022 年 4 月 1 日至 2022 年 12 月 31 日，增值税小规模纳税人适用 3% 征收率的应税销售收入，免征增值税。

16. 2022 年 5 月，一般纳税人提供下列服务，按照当期可抵扣进项税额加计 15% 抵减应纳税额的是(　　)。(1－7 级测试)

A. 提供的租赁服务
B. 提供的摄影扩印服务
C. 提供的装卸搬运服务
D. 提供的货物运输代理服务

【参考答案】B

【解析】《财政部 税务总局关于促进服务业领域困难行业纾困发展有关增值税政策的公告》（财政部 税务总局公告 2022 年第 11 号）。

17. 江东市公路线路建设公司，是一般纳税人，不符合小型微利企业条件。2022 年 5 月占用农田水利用地 4 万平方米用于建设办公楼，另占用牧草地 3 万平方米用于建设公路线路，所占耕地适用税额为 10 元/平方米。该公司应缴纳耕地占用税是(　　)。(1－7 级测试)

A. 14 万元　B. 35 万元　C. 46 万元　D. 70 万元

【参考答案】C

【解析】占用耕地、牧草地、农田水利用地、养殖水面等其他农用地建房或者从事非农业建设的，按规定征收耕地占用税；铁路线路、公路线路、飞机场跑道、停机坪、港口、航道占用耕地，减按每平方米 2 元的税额征收耕地占用税。应缴纳耕地占用税 $=4\times10+2\times3=46$ 万元。

18. 中国居民王先生 2021 年全年发生与基本医保相关的医药费用支出 132 000 元，按照当地医保报销政策报销费用支出 97 550 元。王先生在 2022 年办理 2021 年度个人所得税汇算清缴时，可以申报扣除(　　)。(8－11 级测试)

A. 19 450 元　B. 32 450 元　C. 34 450 元　D. 80 000 元

【参考答案】A

【解析】根据《个人所得税专项附加扣除暂行办法》第十一条规定，在一个纳税年度内，纳税人发生的与基本医保相关的医药费用支出，扣除医保报销后个人负担（指医保目录范围内的自付部分）累计超过 15 000 元的部分，由纳税人在办理年度汇算清缴时，在 80 000 元限额内据实扣除。王先生可以申报扣除 $132\,000-97\,550-15\,000=19\,450$元。

19. 2022 年 5 月，一般纳税人提供服务取得收入免征增值税的是(　　)。(8－11 级测试)

A. 提供的仓储服务
B. 提供的摄影扩印服务
C. 提供的装卸搬运服务
D. 提供的长途客运服务

【参考答案】D

【解析】《财政部 税务总局关于促进服务业领域困难行业纾困发展有关增值税政策的公告》（财政部 税务总局公告 2022 年第 11 号）。

20. 纳税人办理出口退（免）税备案时间是(　　)。(8－11 级测试)

A. 出口企业或其他单位应于首笔出口业务后，向主管税务机关办理出口退（免）

税备案手续

B. 出口企业或其他单位应于首次申报出口退（免）税时，向主管税务机关办理出口退（免）税备案手续

C. 出口企业应在办理对外贸易经营者备案登记或签订首份委托出口协议之日起15日内，到主管税务机关办理出口退（免）税备案

D. 出口企业应在办理对外贸易经营者备案登记或签订首份委托出口协议之日起30日内，到主管税务机关办理出口退（免）税备案

【参考答案】B

【解析】出口企业或其他单位应于首次申报出口退（免）税时，向主管税务机关办理出口退（免）税备案手续。

21. 中小微企业设备、器具所得税税前扣除政策执行时间是（ ）。（8－11级测试）

A. 2022年4月1日至2022年12月31日

B. 2022年1月1日至2023年12月31日

C. 2022年1月1日至2022年12月31日

D. 2022年4月1日至2023年12月31日

【参考答案】C

【解析】中小微企业设备器具所得税税前扣除政策有效期是2022年1月1日至2022年12月31日。

22. 下列关于减征部分乘用车车辆购置税政策说法错误的是（ ）。（8－11级测试）

A. 购置日期在2022年6月1日至2022年12月31日期间内且单车价格（不含增值税）不超过30万元的2.0升及以下排量乘用车

B. 乘用车，是指在设计、制造和技术特性上主要用于载运乘客及其随身行李和（或）临时物品，不包括驾驶员座位在内最多不超过9个座位的汽车

C. 单车价格，以车辆购置税应税车辆的计税价格为准

D. 乘用车购置日期按照机动车销售统一发票或海关关税专用缴款书等有效凭证的开具日期确定

【参考答案】B

【解析】乘用车，是指在设计、制造和技术特性上主要用于载运乘客及其随身行李和（或）临时物品，包括驾驶员座位在内最多不超过9个座位的汽车。

23. 下列不能享受生产性、生活性服务业增值税加计抵减政策的行业是（ ）。（1－7级测试）

A. 中国邮政集团江东市分公司

B. 中国建设银行江东市分行

C. 江东市金陵大酒店

D. 中国电信江东市分公司

【参考答案】B

【解析】生产、生活性服务业纳税人，是指提供邮政服务、电信服务、现代服务、生活服务取得的销售额占全部销售额的比重超过50%的纳税人。

24. 城市公交企业购置公共汽电车辆（汽车）免征车辆购置税，办理减免税备案时报送(　　)。(1－7级测试)

A. “减免税备案表”

B. “免征车辆购置税减免税备案表”

C. “免征车辆购置税减免税审批表”

D. 所在地县级以上（含县级）交通运输主管部门出具的“公共汽电车辆认定表”原件及复印件（原件查验后退回）

【参考答案】D

【解析】依据《中华人民共和国车辆购置税法》《国家税务总局 交通运输部关于城市公交企业购置公共汽电车辆免征车辆购置税有关事项的公告》和《财政部 税务总局关于车辆购置税有关具体政策的公告》，城市公交企业购置公共汽电车辆（汽车）免征车辆购置税应报送所在地县级以上（含县级）交通运输主管部门出具的“公共汽电车辆认定表”原件及复印件（原件查验后退回）。

25. 小规模纳税人享受“六税两费”减半优惠，需在电子税务局办理(　　)手续。(1－7级测试)

A. 自行申报、资料留存备查　　B. 备案

C. 审核　　D. 审批

【参考答案】A

【解析】小规模纳税人享受“六税两费”减半优惠，应自行申报，资料留存备查。

26. 下列情形中，可能适用加计抵减政策的是(　　)。(1－7级测试)

A. 月销售额15万元以上的小规模纳税人

B. 月销售额15万元以下的小规模纳税人

C. 增值税一般纳税人简易计税方法

D. 增值税一般纳税人一般计税方法

【参考答案】D

【解析】加计抵减政策是按照一般纳税人当期可抵扣的进项税额的10%计算的，只有增值税一般纳税人才可以享受增值税加计抵减政策。且增值税一般纳税人有简易计税方法的应纳税额，不可以从加计抵减额中抵减。

27. 增值税小规模纳税人符合小微企业普惠性减征资源税、耕地占用税条件，但未及时申报享受减征优惠的，(　　)。(1－7级测试)

A. 不得再享受优惠

B. 可依法申请退税或者抵减以后纳税期的应纳税款

C. 可以以后纳税期少申报税款

D. 可以申请延长享受减税政策时间

【参考答案】B

【解析】根据《国家税务总局关于增值税小规模纳税人地方税种和相关附加减征政策有关征管问题的公告》（国家税务总局公告 2019 年第 5 号）第四条规定，纳税人符合条件但未及时申报享受减征优惠的，可依法申请退税或者抵减以后纳税期的应纳税款。

28. 纳税人排放应税大气污染物或者水污染物的浓度值低于国家和地方规定的污染物排放标准 50% 的，减按（　　）征收环境保护税。（1－7 级测试）

A. 5%　　B. 50%　　C. 75%　　D. 100%

【参考答案】B

【解析】纳税人排放应税大气污染物或者水污染物的浓度值低于国家和地方规定的污染物排放标准 30% 的，减按 75% 征收环境保护税。纳税人排放应税大气污染物或者水污染物的浓度值低于国家和地方规定的污染物排放标准 50% 的，减按 50% 征收环境保护税。

27. 下列优惠事项属于自行申报享受的是（　　）。（8－11 级测试）

A. 新型墙体材料增值税即征即退

B. 残疾人取得工资减征个人所得税

C. 对个人销售住房暂免征收土地增值税

D. 个人购买经济适用住房减半征收契税

【参考答案】D

【解析】根据《全国税务机关纳税服务规范（3.0 版）》规定，个人购买经济适用住房减半征收契税属于申报享受税收减免事项。

28. 下列税收优惠，属于申报享受、无须报送资料的是（　　）。（8－11 级测试）

A. 小型微利企业所得税减免政策

B. 合作建房自用的土地增值税减免

C. 对个人销售住房暂免征收土地增值税

D. 残疾、孤老、烈属减征个人所得税优惠

【参考答案】A

【解析】根据《全国税务机关纳税服务规范（3.0 版）》规定，合作建房自用的土地增值税减免，残疾、孤老、烈属减征个人所得税优惠，对个人销售住房暂免征收土地增值税属于税收优惠备案。

29. 下列关于环境保护税税收优惠的表述，不正确的是(　　)。(8－11级测试)

A. 农业生产（不包括规模化养殖）排放应税污染物的，暂予免征环境保护税

B. 依法设立的生活垃圾集中处理场所排放相应应税污染物，不超过国家和地方规定的排放标准的，暂予免征环境保护税

C. 机动车、铁路机车等流动污染源排放应税污染物的，暂予免征环境保护税

D. 纳税人排放应税大气污染物或者水污染物的浓度值低于国家和地方规定的污染物排放标准30%的，减按50%征收环境保护税

【参考答案】D

【解析】纳税人排放应税大气污染物或者水污染物的浓度值低于国家和地方规定的污染物排放标准30%的，减按75%征收环境保护税。

30. 2022年6月1日，小王从事私家出租车服务，前来办税服务厅申请代开增值税普通发票2万元，小王需要缴纳增值税是(　　)元。(8－11级测试)

A. 0　　B. 100　　C. 600　　D. 300

【参考答案】A

【解析】2022年4月至12月，个人取得征收率为3%的增值税应税收入免征增值税。

## 二、多项选择题

1. 下列关于留抵退税说法不正确的有(　　)。(1－7级测试)

A. 符合条件的小型企业，可以自2022年4月申请一次性退还存量留抵退税

B. 符合条件的制造业等行业中型企业，可以自2022年5月纳税申报期起向主管税务机关申请一次性退还存量留抵税额

C. 符合条件的批发零售业等行业企业，可以自2022年7月纳税申报期起向主管税务机关申请一次性退还存量留抵税额

D. 符合条件的中小微企业可于2022年4月起申请增值税增量留抵退税

【参考答案】AD

【解析】A选项为5月；D符合条件的小微企业，可以自2022年4月纳税申报期起向主管税务机关申请退还增量留抵税额。

2. 以下不可以享受留抵退税的企业有(　　)。(1－7级测试)

A. 甲企业信用等级为M级，其他条件符合

B. 乙企业2020年和2021年全部应纳税额均为200万元，2022年1月被税务机关查处2020年少申报销项税额10万元，处以5万元罚款；2022年3月被税务查处2021年少申报销项税额11万元，处以5.5万元罚款，其他条件符合

C. 丙企业2019年4月10日前享受即征即退、先征后返（退）政策，此后再未享受，其他条件符合

D. 丁企业2020年发生过虚开增值税专用发票，其他条件符合

【参考答案】ACD

【解析】在2022年12月31日前，纳税人享受退税需同时符合以下条件：

（1）纳税信用等级为A级或者B级；

（2）申请退税前36个月未发生骗取留抵退税、骗取出口退税或虚开增值税专用发票情形；

（3）申请退税前36个月未因偷税被税务机关处罚两次及以上；

（4）2019年4月1日起未享受即征即退、先征后返（退）政策。

3. 2022年某企业选择中小微企业设备、器具所得税税前扣除政策形成的亏损，可以弥补亏损的年份包括（　　）（1－7级测试）

A. 2025年形成的亏损　　B. 2027年形成的亏损

C. 2030年形成的亏损　　D. 2032年形成的亏损

【参考答案】AB

【解析】企业选择适用中小微企业设备、器具所得税税前扣除政策当年不足扣除形成的亏损，可在以后5个纳税年度结转弥补，享受其他延长亏损结转年限政策的企业可按现行规定执行。

4. 下列属于享受重点群体创业税费扣减政策人员的有（　　）。（1－7级测试）

A. 纳入江东市扶贫开发信息系统的建档立卡贫困人口甲

B. 乙于2021年3月失业，在2022年3月到江东市人力资源和社会保障局公共就业服务机构登记失业

C. 零就业家庭人员未成年人丁

D. 2022年6月刚刚大学毕业的戊

【参考答案】BD

【解析】建档立卡贫困人口、持就业创业证（注明“自主创业税收政策”或“毕业年度内自主创业税收政策”）或就业失业登记证（注明“自主创业税收政策”）的人员，具体包括：（1）纳入全国扶贫开发信息系统的建档立卡贫困人口。（2）在人力资源社会保障部门公共就业服务机构登记失业半年以上的人员。（3）零就业家庭、享受城市居民最低生活保障家庭劳动年龄内的登记失业人员。（4）毕业年度内高校毕业生，高校毕业生是指实施高等学历教育的普通高等学校、成人高等学校应届毕业的学生；毕业年度是指毕业所在自然年，即1月1日至12月31日在人力资源社会保障部门公共就业服务机构登记失业半年以上的人员。

5. 关于3岁以下婴幼儿照护个人所得税专项附加扣除政策，以下说法正确的有（　　）。（1－7级测试）

A. 有多个婴幼儿的父母，可以对不同的婴幼儿选择不同的扣除方式

B. 纳税人照护3岁以下婴幼儿子女的相关支出，按照每个婴幼儿每月2 000元的标准定额扣除

C. 婴幼儿子女包括婚生子女、非婚生子女、养子女、继子女等受到本人监护的3岁以下婴幼儿

D. 扣除主体是3岁以下婴幼儿的监护人，包括生父母、继父母、养父母，父母之外的其他人担任未成年人的监护人的

【参考答案】ACD

【解析】《国务院关于设立3岁以下婴幼儿照护个人所得税专项附加扣除的通知》（国发〔2022〕8号）。

6. 中小微企业在2022年新购置的单位价值在500万元以上的下列与生产经营有关的固定资产，单位价值的50%可在当年一次性税前扣除的有（　　）。（1－7级测试）

A. 厂房　　B. 汽车　　C. 生产工具　　D. 电子设备

【参考答案】BC

【解析】《财政部 税务总局关于中小微企业设备器具所得税税前扣除有关政策的公告》（财政部 税务总局公告2022年第12号）规定，中小微企业在2022年1月1日至2022年12月31日期间新购置的设备、器具，单位价值在500万元以上的，按照单位价值的一定比例自愿选择在企业所得税税前扣除。其中，企业所得税法实施条例规定最低折旧年限为3年的设备器具，单位价值的100%可在当年一次性税前扣除；最低折旧年限为4年、5年、10年的，单位价值的50%可在当年一次性税前扣除，其余50%按规定在剩余年度计算折旧进行税前扣除。本公告所称设备、器具，是指除房屋、建筑物以外的固定资产。

7. 为助力外贸企业缓解困难，促进进出口平稳发展，税务总局等十部门下发了《关于进一步加大出口退税支持力度 促进外贸平稳发展的通知》。下列说法正确的有（　　）。（1－7级测试）

A. 进一步压缩出口退税办理时间，2022年进一步压缩至6个工作日内

B. 对于风险可控的出口退税申报，采用“容缺”方式先行办理退税，事后再补办实地核查手续

C. 支持出口企业根据自身实际，灵活选择电子化或者纸质化的方式留存保管出口货物提单等出口退税备案单证，提高单证收集整理效率

D. 企业出口货物申报出口退税，受自然灾害、疫情等因素影响无法按期收汇的，事前报送举证资料，按照包容审慎、风险可控原则适当放宽举证资料范围

【参考答案】ABC

【解析】《税务总局等十部门关于进一步加大出口退税支持力度 促进外贸平稳发展的通知》规定，企业出口货物申报出口退税，受自然灾害、疫情等因素影响无法按期

收汇的，取消事前报送举证资料，企业留存备查相关资料即可，同时按照包容审慎、风险可控原则适当放宽举证资料范围。

8. 自2022年1月1日起，安徽省将车船税年税额标准降至法定最低标准的有(　　)。(8－11级测试)

A. 货车　　B. 挂车　　C. 乘用车　　D. 摩托车

【参考答案】ABD

【解析】自2022年1月1日起，安徽省将货车、挂车、专用作业车、轮式专用机械车、摩托车和1.0升（含）以下的乘用车的车船税年税额标准降至法定最低标准。

9.《关于进一步扶持自主就业退役士兵创业就业有关税收政策的通知》规定，自主就业退役士兵从事个体经营的，自办理个体工商户登记当月起，在3年内依法享受税收优惠。下列税费可按规定扣减的有(　　)。(1－7级测试)

A. 增值税　　B. 教育费附加

C. 水利建设基金　　D. 文化事业建设费

【参考答案】AB

【解析】《关于进一步扶持自主就业退役士兵创业就业有关税收政策的通知》（财税〔2019〕21号）规定，自主就业退役士兵从事个体经营的，自办理个体工商户登记当月起，在3年（36个月）内按每户每年12 000元为限额依次扣减其当年实际应缴纳的增值税、城市维护建设税、教育费附加、地方教育附加和个人所得税。

10.《财政部 税务总局 人力资源社会保障部 国务院扶贫办关于进一步支持和促进重点群体创业就业有关税收政策的通知》（财税〔2019〕22号）中重点群体有(　　)。(1－7级测试)

A. 毕业年度内普通高等学校应届毕业的学生

B. 毕业年度内成人高等学校应届毕业的学生

C. 纳入全国扶贫开发信息系统的建档立卡贫困人口

D. 在人力资源社会保障部门公共就业服务机构登记失业一年以上的人员

【参考答案】ABC

【解析】《财政部 税务总局 人力资源社会保障部 国家乡村振兴局关于延长部分扶贫税收优惠政策执行期限的公告》（财政部 税务总局 人力资源社会保障部 国家乡村振兴局公告2021年第18号）和《财政部 税务总局 人力资源社会保障部 国务院扶贫办关于进一步支持和促进重点群体创业就业有关税收政策的通知》（财税〔2019〕22号）相关规定。

11. 非居民企业享受税收股息、利息、特许权使用费条款待遇的，应该在纳税申报时，向税务机关报送的资料有(　　)。(8－11级测试)

A. 税收居民身份证明

B. “非居民纳税人税收居民身份信息报告表（企业适用）”

C. 与取得相关所得有关的合同、协议、董事会决议、支付凭证等权属证明资料

D. “非居民纳税人享受税收协定待遇情况报告表（企业所得税 B 表）”

【参考答案】ABC

【解析】根据《全国税务机关纳税服务规范（3.0 版）》规定，非居民企业享受税收股息、利息、特许权使用费条款待遇的，应该在纳税申报时，向税务机关报送的资料包括：税收居民身份证明；“非居民纳税人税收居民身份信息报告表（企业适用）”“非居民纳税人享受税收协定待遇情况报告表（企业所得税 A 表）”；取得相关所得有关的合同、协议、董事会或股东会决议、支付凭证等权属证明资料。

12. 自 2019 年 1 月 1 日至 2025 年 12 月 31 日，对单位或者个体工商户将自产、委托加工或购买的货物无偿捐赠给目标脱贫地区的单位和个人，免征增值税。关于捐赠方式，以下说法正确的有(　　)。(1－7 级测试)

A. 直接捐赠

B. 通过乡镇人民政府捐赠

C. 通过街道居委会捐赠

D. 通过县级人民政府组成部门捐赠

【参考答案】AD

【解析】《财政部 税务总局 人力资源社会保障部 国家乡村振兴局关于延长部分扶贫税收优惠政策执行期限的公告》（财政部 税务总局 人力资源社会保障部 国家乡村振兴局公告 2021 年第 18 号）和《关于扶贫货物捐赠免征增值税政策的公告》（财政部 税务总局 国务院扶贫办公告 2019 年第 55 号）相关规定。

13. 下列各项所得，免征个人所得税的有(　　)。(1－7 级测试)

A. 按照国家统一规定发放的补贴、津贴

B. 保险赔款

C. 军人的转业费、复员费、退役金

D. 年终加薪、劳动分红

【参考答案】ABC

【解析】年终加薪、劳动分红不分种类和取得情况，一律按“工资、薪金所得”项目课税。

14. 对于疫情期间，无法办理纳税申报或延期申报的纳税人，税务机关的“四不”措施指(　　)。

A. 不加收税款滞纳金

B. 不给予行政处罚

C. 不调整纳税信用评价

D. 不认定为非正常户

【参考答案】ABCD

【解析】《国家税务总局关于进一步延长 2020 年 2 月份纳税申报期限有关事项的通知》（税总函〔2020〕27）。

15. 三江市某小规模纳税人2022年3月销售一批应税货物并按1%开具发票，但在4月发现该发票开具错误需要重新开具，该纳税人应当(　　)。(1－7级测试)

A. 按照1%征收率开具红字发票　　B. 重新开具税率3%的蓝字发票

C. 重新开具税率1%的蓝字发票　　D. 由于征收率变化无法重新开具

【参考答案】AC

【解析】国家税务总局公告2022年第15号。

16. 以下企业的享受优惠事项中，采取“自行判断、申报享受、相关资料留存备查”办理方式的有(　　)。(1－7级测试)

A. 企业所得税优惠政策　　B. “六税一费”优惠政策

C. 非居民享受协定待遇　　D. 企业困难性减免城镇土地使用税优惠

【参考答案】ABC

【解析】企业所得税优惠政策、“六税一费”优惠政策、非居民享受协定待遇等税收优惠政策，采取“自行判断、申报享受、相关资料留存备查”方式。

17. 下列关于增值税加计抵减政策说法，正确的有(　　)。(1－7级测试)

A. 2019年10月1日至2022年12月31日，允许生活性服务业纳税人按照当期可抵扣进项税额加计15%，抵减应纳税额

B. 2019年10月1日后设立的纳税人，自设立之日起3个月的销售额符合上述规定条件的，自登记为一般纳税人之日起适用加计抵减15%的政策

C. 生活性服务业纳税人，是指提供生活服务取得的销售额占全部销售额的比重超过50%的纳税人

D. 已计提加计抵减额的进项税额后期发生转出的，不需要调减加计抵减额

【参考答案】ABC

【解析】已计提加计抵减额的进项税额，按规定作进项税额转出的，应在进项税额转出当期相应调减加计抵减额。

18. 减免税享受形式包括以下(　　)情形。(1－7级测试)

A. 申报享受税收减免　　B. 税收减免

C. 税收减免核准　　D. 税收减免审批

【参考答案】ABC

【解析】减免税享受形式分为申报享受税收减免、税收减免备案、税收减免核准3种。

19. 社区养老、托育、家政机构承受房屋、土地用于社区养老、托育、家政免征契税，办理减免税报送(　　)材料。(1－7级测试)

A. “契税减免税备案表”

B. “契税减免税申报测算表”

C. 社区养老、托育、家政机构相关材料原件及复印件

D. 房屋、土地用于社区养老、托育、家政相关材料原件及复印件

【参考答案】CD

【解析】社区养老、托育、家政机构承受房屋、土地用于社区养老、托育、家政免征契税（减免性质代码：15012701，政策依据：财政部 税务总局公告 2019 年第 76 号），应报送：（1）社区养老、托育、家政机构相关材料原件及复印件。（2）房屋、土地用于社区养老、托育、家政相关材料原件及复印件。

20. 以下关于出口企业放弃退（免）税权说法不正确的有(　　)。(1－7 级测试)

A. 出口企业放弃退（免）税权报告事项包括出口货物劳务放弃退（免）税备案、出口货物劳务放弃免税权备案和放弃适用增值税税率备案

B. 出口企业可以放弃全部适用退（免）税政策出口货物劳务的退（免）税，并只能选择适用增值税征税政策

C. 放弃适用退（免）税政策的出口企业，应向主管税务机关办理备案手续。自备案次日起 36 个月内，其出口的适用增值税退（免）税政策的出口货物劳务，适用增值税免税政策或征税政策

D. 适用增值税免税政策的出口货物劳务，出口企业或其他单位如果放弃免税，实行按内销货物征税的，应向主管税务机关办理备案手续。自备案次月起执行征税政策，36 个月内不得变更

【参考答案】AB

【解析】选项 A，应为出口企业放弃退（免）税权报告事项包括出口货物劳务放弃退（免）税备案、出口货物劳务放弃免税权备案和放弃适用增值税零税率备案。

选项 B，出口企业可以放弃全部适用退（免）税政策出口货物劳务的退（免）税，并选择适用增值税免税政策或征税政策。

21. 免征车船税的新能源汽车范围包括(　　)。(1－7 级测试)

A. 纯电动商用车

B. 纯电动乘用车

C. 插电式（含增程式）混合动力汽车

D. 燃料电池乘用车

【参考答案】AC

【解析】免征车船税的新能源汽车是指纯电动商用车、插电式（含增程式）混合动力汽车、燃料电池商用车。纯电动乘用车和燃料电池乘用车不属于车船税征税范围，对其不征车船税。

22. 在以下(　　)期间内，农产品批发市场、农贸市场（包括自有和承租）专门用于经营农产品的房产、土地，可以享受暂免征收房产税和城镇土地使用税。(1－7 级测试)

A. 2018 年 1 月 1 日—2019 年 12 月 31 日

B. 2019 年 1 月 1 日—2020 年 12 月 31 日

C. 2020 年 1 月 1 日—2022 年 12 月 31 日

D. 2022 年 1 月 1 日—2023 年 12 月 31 日

【参考答案】BCD

【解析】自 2019 年 1 月 1 日至 2023 年 12 月 31 日，对农产品批发市场、农贸市场（包括自有和承租）专门用于经营农产品的房产、土地，暂免征收房产税和城镇土地使用税。

23. 在以下（　　）期间内，对商品储备管理公司及其直属库资金账簿免征印花税；对其承担商品储备业务过程中书立的购销合同免征印花税，对合同其他各方当事人应缴纳的印花税照章征收。（1－7 级测试）

A. 2018 年 1 月 1 日—2019 年 12 月 31 日

B. 2019 年 1 月 1 日—2020 年 12 月 31 日

C. 2020 年 1 月 1 日—2022 年 12 月 31 日

D. 2022 年 1 月 1 日—2023 年 12 月 31 日

【参考答案】BCD

【解析】自 2019 年 1 月 1 日至 2023 年 12 月 31 日，对商品储备管理公司及其直属库资金账簿免征印花税；对其承担商品储备业务过程中书立的购销合同免征印花税，对合同其他各方当事人应缴纳的印花税照章征收。

24. 自 2019 年 1 月 1 日至 2023 年 12 月 31 日，对商品储备管理公司及其直属库自用的承担商品储备业务的房产、土地，免征（　　）。（1－7 级测试）

A. 房产税　　B. 城镇土地使用税

C. 土地增值税　　D. 增值税

【参考答案】AB

【解析】自 2019 年 1 月 1 日至 2023 年 12 月 31 日，对商品储备管理公司及其直属库自用的承担商品储备业务的房产、土地，免征房产税、城镇土地使用税。

25. 下列情形中，暂予免征环境保护税的是（　　）。（1－7 级测试）

A. 农业生产排放应税污染物的

B. 机动车、铁路机车、非道路移动机械、船舶和航空器等流动污染源排放应税污染物的

C. 依法设立的城乡污水集中处理、生活垃圾集中处理场所排放相应应税污染物的

D. 纳税人综合利用的固体废物，符合国家和地方环境保护标准的

【参考答案】BD

【解析】《中华人民共和国环境保护税法》第十二条规定，下列情形，暂予免征环

境保护税：（1）农业生产（不包括规模化养殖）排放应税污染物的；（2）机动车、铁路机车、非道路移动机械、船舶和航空器等流动污染源排放应税污染物的；（3）依法设立的城乡污水集中处理、生活垃圾集中处理场所排放相应应税污染物，不超过国家和地方规定的排放标准的；（4）纳税人综合利用的固体废物，符合国家和地方环境保护标准的；（5）国务院批准免税的其他情形。

26. 建档立卡贫困人口、持就业创业证（注明“自主创业税收政策”或“毕业年度内自主创业税收政策”）或《就业失业登记证》（注明“自主创业税收政策”）的人员，从事个体经营的，自办理个体工商户登记当月起，在3年（36个月，下同）内按每户每年12 000元为限额依次扣减其当年实际应缴纳的(　　)。(1－7级测试)

A. 增值税　　B. 企业所得税

C. 城市维护建设税　　D. 教育费附加

【参考答案】ACD

【解析】建档立卡贫困人口、持《就业创业证》（注明“自主创业税收政策”或“毕业年度内自主创业税收政策”）或《就业失业登记证》（注明“自主创业税收政策”）的人员，从事个体经营的，自办理个体工商户登记当月起，在3年（36个月，下同）内按每户每年12 000元为限额依次扣减其当年实际应缴纳的增值税、城市维护建设税、教育费附加、地方教育附加和个人所得税。

27. 以下关于手续费及佣金企业所得税税前扣除政策，说法正确的是(　　)。(8－11级测试)

A. 保险企业发生与其经营活动有关的手续费及佣金支出，不超过当年全部保费收入扣除退保金等后余额的15%（含本数）的部分，在计算应纳税所得额时准予扣除；超过部分，允许结转以后年度扣除

B. 其他企业发生手续费及佣金支出，按与具有合法经营资格中介服务机构或个人（不含交易双方及其雇员、代理人和代表人等）所签订服务协议或合同确认的收入金额的5%计算限额，在计算应纳税所得额时准予扣除；超过部分，允许结转以后年度扣除

C. 企业不得将手续费及佣金支出计入回扣、业务提成、返利、进场费等费用；企业支付的手续费及佣金不得直接冲减服务协议或合同金额，并如实入账

D. 保险企业应建立健全手续费及佣金的相关管理制度，并加强手续费及佣金结转扣除的台账管理

【参考答案】CD

【解析】选项A，保险企业发生与其经营活动有关的手续费及佣金支出，不超过当年全部保费收入扣除退保金等后余额的18%（含本数）的部分，在计算应纳税所得额时准予扣除；超过部分，允许结转以后年度扣除，故A错误。选项B，其他企业，按

与具有合法经营资格中介服务机构或个人（不含交易双方及其雇员、代理人和代表人等）所签订服务协议或合同确认的收入金额的5%计算限额，准予扣除；超过限额部分，不得扣除，故B错误。

28. 甲房地产企业申请因国家建设需要依法收回的房地产土地增值税减免时，需要提供的资料有(　　)。(8－11级测试)

A. 减免税申请报告

B. 不动产权属资料复印件

C. “纳税人减免税申请核准表”

D. 政府收回土地使用权补偿协议复印件

【参考答案】ABCD

【解析】根据《全国税务机关纳税服务规范（3.0版)》规定，因国家建设需要依法征用、收回的房地产土地增值税减免（减免性质代码：11129905，政策依据：《中华人民共和国土地增值税暂行条例》)，应报送：(1) “纳税人减免税申请核准表”1份；(2) 减免税申请报告；(3) 不动产权属资料复印件；(4) 政府征用、收回土地使用权补偿协议复印件。

## 三、判断题

1. 第十三届全国人民代表大会常务委员会第二十九次会议通过《中华人民共和国印花税法》，该法自2022年7月1日起施行。　　(　　)(1－7级测试)

【参考答案】√

【解析】《中华人民共和国印花税法》，本法自2022年7月1日起施行。1988年8月6日国务院发布的《中华人民共和国印花税暂行条例》同时废止。

2. 自2019年1月1日至2025年12月31日，对国家级、省级科技企业孵化器、大学科技园和国家备案众创空间自用以及无偿或通过出租等方式提供给在孵对象使用的房产、土地，免征房产税和城镇土地使用税。　　(　　)(1－7级测试)

【参考答案】×

【解析】自2019年1月1日至2023年12月31日，对国家级、省级科技企业孵化器、大学科技园和国家备案众创空间自用以及无偿或通过出租等方式提供给在孵对象使用的房产、土地，免征房产税和城镇土地使用税。

3. 自2020年1月1日至2023年12月31日，单位发给个人用于预防新型冠状病毒感染的肺炎的药品、医疗用品、防护用品等实物和现金，不计入工资、薪金收入，免征个人所得税。　　(　　)(1－7级测试)

【参考答案】×

【解析】《财政部 税务总局关于延长部分税收优惠政策执行期限的公告》(财政部

税务总局公告2022年第4号)《财政部 税务总局关于支持新型冠状病毒感染的肺炎疫情防控有关个人所得税政策的公告》(财政部 税务总局公告2020年第10号)规定,单位发给个人用于预防新型冠状病毒感染的肺炎的药品、医疗用品和防护用品等实物(不包括现金),不计入工资、薪金收入,免征个人所得税。

4. 在国外出生的婴幼儿,其父母不可以享受3岁以下婴幼儿照护专项附加扣除政策。

( )(1-7级测试)

【参考答案】×

【解析】《国务院关于设立3岁以下婴幼儿照护个人所得税专项附加扣除的通知》(国发〔2022〕8号)规定,无论在国内出生还是在国外出生,其父母均可以享受3岁以下婴幼儿照护专项附加扣除政策。

5. 自2019年1月1日至2025年12月31日,对道路客运站场运营用地,包括站前广场、停车场、发车位、站务用地、站场办公用地、生产辅助用地,免征城镇土地使用税。 ( )(1-7级测试)

【参考答案】×

【解析】自2019年1月1日至2023年12月31日,对城市公交站场、道路客运站场、城市轨道交通系统运营用地,免征城镇土地使用税。道路客运站场运营用地,包括站前广场、停车场、发车位、站务用地、站场办公用地、生产辅助用地。

6. 自2019年1月1日至2023年12月31日,对与高校学生签订的高校学生公寓租赁合同,减半征收印花税。 ( )(1-7级测试)

【参考答案】×

【解析】自2019年1月1日至2023年12月31日,对与高校学生签订的高校学生公寓租赁合同,免征印花税。

7. 自2019年6月1日至2025年12月31日,提供社区养老、托育、家政服务取得的收入,免征增值税。 ( )(1-7级测试)

【参考答案】√

【解析】《关于养老、托育、家政等社区家庭服务业税费优惠政策的公告》(财政部 税务总局 发展改革委 民政部 商务部 卫生健康委公告2019年第76号)规定,提供社区养老、托育、家政服务取得的收入,免征增值税。本公告自2019年6月1日起执行至2025年12月31日。

8. 自2019年1月1日至2023年12月31日,对农产品批发市场、农贸市场(包括自有和承租)专门用于经营农产品的房产、土地,暂免征收房产税和城镇土地使用税。对同时经营其他产品的农产品批发市场和农贸市场使用的房产、土地,按其他产品与农产品交易金额的比例确定征免房产税和城镇土地使用税。

( )(1-7级测试)

【参考答案】×

【解析】自2019年1月1日至2023年12月31日，对农产品批发市场、农贸市场（包括自有和承租）专门用于经营农产品的房产、土地，暂免征收房产税和城镇土地使用税。对同时经营其他产品的农产品批发市场和农贸市场使用的房产、土地，按其他产品与农产品交易场地面积的比例确定征免房产税和城镇土地使用税。

9. 自2019年1月1日至2024年12月31日，对符合条件的从事污染防治的第三方企业减按15%的税率征收企业所得税。（　　）（1－7级测试）

【参考答案】×

【解析】《财政部 税务总局关于延长部分税收优惠政策执行期限的公告》（财政部 税务总局公告2022年第4号）《财政部 税务总局国家 发展改革委 生态环境部关于从事污染防治的第三方企业所得税政策问题的公告》（财政部公告2019年第60号）规定，自2019年1月1日至2023年12月31日，对符合条件的从事污染防治的第三方企业减按15%的税率征收企业所得税。

10. 自2019年1月1日至2023年12月31日，对商品储备管理公司及其直属库资金账簿免征印花税；对其承担商品储备业务过程中书立的购销合同免征印花税，对合同其他各方当事人应缴纳的印花税照章征收。（　　）（1－7级测试）

【参考答案】√

【解析】《财政部 税务总局关于延续执行部分国家商品储备税收优惠政策的公告》（财政部 税务总局公告2022年第8号）《财政部 税务总局关于部分国家储备商品有关税收政策的公告》（财政部 税务总局公告2019年第77号）规定，自2019年1月1日至2023年12月31日，对商品储备管理公司及其直属库资金账簿免征印花税；对其承担商品储备业务过程中书立的购销合同免征印花税，对合同其他各方当事人应缴纳的印花税照章征收。

11. 申报享受税收减免的优惠办理分为需在申报享受时随申报表报送附列资料和无须报送附列资料两种情形。（　　）（1－7级测试）

【参考答案】√

【解析】申报享受税收减免的优惠办理分为需在申报享受时随申报表报送附列资料和无须报送附列资料两种情形。

12. 纳税人一经放弃免税权，其生产销售的全部增值税应税行为均应按照适用税率征税，不得选择某一免税项目放弃免税权，但可以根据不同的销售对象选择部分应税行为放弃免税权。（　　）（1－7级测试）

【参考答案】×

【解析】纳税人一经放弃免税权，其生产销售的全部增值税应税行为均应按照适用税率征税，不得选择某一免税项目放弃免税权，也不得根据不同的销售对象选择部分应税行为放弃免税权。

13. 已放弃适用出口退（免）税政策未满36个月的纳税人，在出口货物劳务的增值税税率或出口退税率发生变化后，可以向主管税务机关声明，对其自发生变化之日起的全部出口货物劳务，恢复适用出口退（免）税政策。（　）（1－7级测试）

【参考答案】√

【解析】《国家税务总局关于支持个体工商户复工复业等税收征收管理事项的公告》（国家税务总局公告2020年第5号）第六条规定，已放弃适用出口退（免）税政策未满36个月的纳税人，在出口货物劳务的增值税税率或出口退税率发生变化后，可以向主管税务机关声明，对其自发生变化之日起的全部出口货物劳务，恢复适用出口退（免）税政策。

14. 纳税人在免税期内购进用于免税项目的应税行为所取得的增值税扣税凭证，一律不得抵扣。（　）（1－7级测试）

【参考答案】√

【解析】纳税人在免税期内购进用于免税项目的应税行为所取得的增值税扣税凭证，一律不得抵扣。

15. 2021年4月，小规模纳税人甲公司因下游企业要求3%增值税专用发票，打算放弃减免税，如果放弃减免税优惠，需填写《纳税人放弃免（减）税权声明》。（　）（1－7级测试）

【参考答案】√

【解析】《财政部 税务总局关于支持个体工商户复工复业增值税政策的公告》（财政部 税务总局公告2020年第13号）规定的减免税优惠，小规模纳税人也可以选择放弃减免税。放弃减免税优惠不需要填写《纳税人放弃免（减）税权声明》，也不影响享受其他增值税优惠政策。

16. 一般纳税人提供的城市电影放映服务，按照简易计税办法计算缴纳增值税。（　）（1－7级测试）

【参考答案】×

【解析】一般纳税人提供的城市电影放映服务，可以按现行政策规定，选择按照简易计税办法计算缴纳增值税。

17. 自2019年7月1日至2024年12月31日，对归属中央收入的文化事业建设费，按照缴纳义务人应缴费额的60%减征；对归属地方收入的文化事业建设费，各省（区、市）财政、党委宣传部门可以结合当地经济发展水平、宣传思想文化事业发展等因素，在应缴费额60%的幅度内减征。（　）（8－11级测试）

【参考答案】×

【解析】自2019年7月1日至2024年12月31日，对归属中央收入的文化事业建设费，按照缴纳义务人应缴费额的 50% 减征；对归属地方收入的文化事业建设费，各省（区、市）财政、党委宣传部门可以结合当地经济发展水平、宣传思想文化事业发展等因素，在应缴费额 50% 的幅度内减征。

18. 纳税人开采或者生产应税产品过程中，因意外事故或者自然灾害等原因遭受重大损失，省、州、市可以决定免征或者减征资源税。　（　）（8－11 级测试）

【参考答案】×

【解析】纳税人开采或者生产应税产品过程中，因意外事故或者自然灾害等原因遭受重大损失，省、自治区、直辖市可以决定免征或者减征资源税。

19. 为进一步支持稳就业、保就业，减轻当年新入职人员个人所得税预扣预缴阶段的税收负担。对一个纳税年度内首次取得工资、薪金所得的居民个人，扣缴义务人在预扣预缴个人所得税时，可按照 5 000 元/月乘以纳税人当年截至本月月份数计算累计减除费用。　（　）（8－11 级测试）

【参考答案】√

【解析】《国家税务总局关于完善调整部分纳税人个人所得税预扣预缴方法的公告》（国家税务总局公告 2020 年第 13 号）。

20. 委托境外进行研发活动所发生的费用，按照费用实际发生额的 75% 计入委托方的委托境外研发费用。　（　）（8－11 级测试）

【参考答案】×

【解析】根据《财政部 税务总局 科技部关于企业委托境外研究开发费用税前加计扣除有关政策问题的通知》规定，委托境外进行研发活动所发生的费用，按照费用实际发生额的 80% 计入委托方的委托境外研发费用。

## 四、实务题

1. 江东市建筑服务有限责任公司（以下简称“江东建司”），2021 年 12 月 1 日成立，从事建筑类、工程类服务，2022 年 2 月登记为增值税一般纳税人并于当月 1 日生效。2022 年 1 月至 3 月的资产总额、从业人数情况如表 5－1 所示。

**表 5－1　江东建司 1 月至 3 月的资产总额及从业人数**

| 月份 | 从业人数（人次） | | 资产总额（万元） | |
|---|---|---|---|---|
| | 月初 | 月末 | 月初 | 月末 |
| 2022 年 1 月 | 290 | 320 | 2 000 | 3 000 |
| 2022 年 2 月 | 320 | 290 | 3 000 | 3 000 |
| 2022 年 3 月 | 290 | 280 | 3 000 | 4 000 |

江东建司 2022 年 4 月 20 日办理了 2021 年度企业所得税汇算清缴，结果确定不属于小型微利企业。假设 2023 年 5 月 8 日办理 2022 年度汇算清缴申报，确定是小型微利

企业。(8－11 级测试)

请根据上述材料，回答以下问题：

(1) 江东建司申报享受“六税两费”减免优惠的有(　　)。(多选)

A. 2022 年 2 月 15 日申报 2022 年 1 月的印花税

B. 2022 年 3 月 15 日申报 2022 年 2 月的水利建设基金

C. 2022 年 3 月 15 日申报 2022 年 2 月的城市维护建设税

D. 2022 年 4 月 10 日申报 2022 年第一季度的房产税

【参考答案】ACD

【解析】根据《国家税务总局关于进一步实施小微企业“六税两费”减免政策有关征管问题的公告》(国家税务总局公告 2022 年第 3 号)：江东建司 2 月征期申报 1 月的“六税两费”时，可以按照增值税小规模纳税人申报享受减免优惠。增值税小规模纳税人按规定登记为一般纳税人的，自一般纳税人生效之日起不再按照增值税小规模纳税人适用“六税两费”减免政策。江东建司在 2 月登记为增值税一般纳税人并于当月 1 日生效，因此于 3 月 15 日申报 2 月的“六税两费”时，不再按照增值税小规模纳税人享受减免优惠。但是，由于江东建司 3 月申报期上月末的从业人数小于 300 人，并且资产总额小于 5 000 万，符合该《公告》第一条第（二）项新设立企业按小型微利企业享受减免优惠的标准。因此，可以按照小型微利企业享受减免优惠。4 月申报 3 月的“六税两费”同理。环境保护税和水利建设基金不属于“六税两费”减免范围。

(2) 江东建司于 2022 年 4 月 20 日办理了 2021 年度企业所得税汇算清缴，结果确定不属于小型微利企业。江东建司需要对 2022 年 1 至 4 月申报享受的“六税两费”减免进行更正吗？简要说明理由。

【参考答案】

不需要。首次办理汇算清缴申报前，已按规定申报缴纳“六税两费”的，不再根据首次汇算清缴结果进行更正。

【解析】《国家税务总局关于进一步实施小微企业“六税两费”减免政策有关征管问题的公告》(国家税务总局公告 2022 年第 3 号) 第一条第（二）项规定，首次办理汇算清缴申报前，已按规定申报缴纳“六税两费”的，不再根据首次汇算清缴结果进行更正。

(3) 假设江东建司于 2023 年 5 月 8 日办理 2022 年度汇算清缴申报，确定是小型微利企业，下列不可以享受“六税两费”减免优惠的有(　　)。(多选)

A. 2022 年 6 月 15 日申报 2022 年 5 月的印花税

B. 2022 年 7 月 15 日申报 2022 年 6 月的城建税

C. 2023 年 3 月 15 日申报 2023 年 2 月的教育费附加

D. 2024 年 4 月 10 日申报 2024 年第一季度的房产税

【参考答案】ABC

【解析】根据《国家税务总局关于进一步实施小微企业“六税两费”减免政策有关征管问题的公告》（国家税务总局公告 2022 年第 3 号）第一条第（二）项，新设立企业办理首次汇算清缴申报后，确定不属于小型微利企业的，自办理汇算清缴的次月 1 日至次年 6 月 30 日，不得申报享受“六税两费”减免优惠。由于 2022 年 4 月 20 日办理了 2021 年度企业所得税汇算清缴，结果确定不属于小型微利企业，所以 2022 年 5 月 1 日至 2023 年 6 月 30 日，不得申报享受“六税两费”减免优惠。

(4) 假设江东建司一直到 2022 年 8 月 8 日才办理 2021 年度企业所得税汇算清缴申报，并且汇算清缴结果确定不属于小型微利企业，对前期申报享受的“六税两费”减免优惠政策，下列说法正确的是(　　)。(单选)

A. 2022 年 4 月征期申报 2022 年 1—3 月的“六税两费”不必进行更正

B. 2022 年 7 月征期申报 2022 年 4—6 月的“六税两费”不必进行更正

C. 2022 年 4 月征期申报 2022 年 1—3 月和 2022 年 7 月征期申报 2022 年 4—6 月的“六税两费”都不必进行更正

D. 2022 年 4 月征期申报 2022 年 1—3 月和 2022 年 7 月征期申报 2022 年 4—6 月的“六税两费”都必须进行更正

【参考答案】A

【解析】按照企业所得税有关规定，江东建司应当于 2022 年 5 月底前办理首次汇算清缴，且根据《国家税务总局关于进一步实施小微企业“六税两费”减免政策有关征管问题的公告》第一条第（二）项规定，江东建司 7 月征期申报 4—6 月的“六税两费”时，应当依据首次汇算清缴结果确定是否可享受税收优惠。逾期办理首次汇算清缴后，确定江东建司不属于小型微利企业。因此，江东建司 7 月征期申报的 4—6 月的“六税两费”不能享受减免优惠，应当进行更正申报，补缴减征的税款。根据《国家税务总局关于进一步实施小微企业“六税两费”减免政策有关征管问题的公告》第一条第（二）项、第（三）项规定，江东建司在规定的首次汇算清缴期截止时间前于 4 月征期申报 2022 年 1—3 月的“六税两费”不必进行更正。

2. 江南市徽光电子科技有限公司（以下简称“徽光公司”)，2019 年 1 月 1 日成立，是制造业中型企业，增值税一般纳税人，主要从事电子元器件的生产，产品全部在国内销售。由于是新产品，销路畅通，公司决定扩大生产规模，从 2019 年 2 月开始至 2021 年 12 月，公司一直在新建厂房，采购新生产线，计划投资 6 000 万元。从 2019 年 2 月起，徽光公司陆续取得采购设备、建筑安装等项目的增值税进项抵扣凭证。由于投资规模较大，加上疫情影响，2019 年 2 月开始出现增值税进项大于销项的情形，形成期末留抵。该公司 2019 年 1—12 月期末留抵、2022 年 1—6 月期末留抵、2019 年 1—12 月已抵扣进项税构成情况、2020 年 1 月 - 2022 年 6 月已抵扣进项税构成情况如表 5 - 2 至 5 - 5 所示。

**表 5－2　　2019 年 1—12 月增值税期末留抵情况表**　　单位：万元

| 税款所属期 | 1 月 | 2 月 | 3 月 | 4 月 | 5 月 | 6 月 | 7 月 | 8 月 | 9 月 | 10 月 | 11 月 | 12 月 |
|---|---|---|---|---|---|---|---|---|---|---|---|---|
| 期末留抵 | 0 | 20 | 40 | 30 | 45 | 50 | 60 | 65 | 90 | 95 | 100 | 50 |

**表 5－3　　2022 年 1—6 月增值税期末留抵情况表**　　单位：万元

| 税款所属期 | 1 月 | 2 月 | 3 月 | 4 月 | 5 月 | 6 月 |
|---|---|---|---|---|---|---|
| 期末留抵 | 50 | 60 | 60 | 60 | 50 | 50 |

**表 5－4　　2019 年 1—12 月增值税进项税构成情况表**　　单位：万元

| 抵扣凭证种类 | 税款所属期 | | | | | | | | | | | |
|---|---|---|---|---|---|---|---|---|---|---|---|---|
| | 1 月 | 2 月 | 3 月 | 4 月 | 5 月 | 6 月 | 7 月 | 8 月 | 9 月 | 10 月 | 11 月 | 12 月 |
| 增值税专用发票 | 20 | 20 | 20 | 49.8 | | 109.6 | 124 | 117 | 151.6 | 150 | 155 | 140 |
| 海关进口增值税专用缴款书 | | | 120 | | 110 | | | | | | | |
| 税控机动车销售统一发票 | | | | | 2 | | | 8 | | | | |
| 农产品销售发票 | | 2 | | | 3 | | 6 | | 8 | | | 5 |
| 航空运输电子客票行程单 | | | | 0.2 | | 0.4 | | | 0.4 | | | |
| 合计 | 20 | 22 | 140 | 50 | 115 | 110 | 130 | 125 | 160 | 150 | 155 | 145 |

**表 5－5　　2020 年 1 月—2022 年 6 月增值税进项税构成情况表**　　单位：万元

| 抵扣凭证种类 | 税款所属期 | | | | | | | |
|---|---|---|---|---|---|---|---|---|
| | 2020 年度 | 2021 年度 | 2022 年 1 月 | 2022 年 2 月 | 2022 年 3 月 | 2022 年 4 月 | 2022 年 5 月 | 2022 年 6 月 |
| 增值税专用发票 | 1 100 | 900 | 50 | 50 | 50 | 50 | 50 | 50 |
| 海关进口增值税专用缴款书 | | | 20 | 30 | 30 | 30 | 20 | 20 |
| 税控机动车销售统一发票 | | | | | | | | |
| 农产品销售发票 | 20 | 10 | | | | | | |
| 航空运输电子客票行程单 | 2 | 1 | | | | | | |
| 合计 | 1 122 | 911 | 70 | 80 | 80 | 80 | 70 | 70 |

徽光公司 2020 年度纳税信用等级为 C 级，2022 年 5 月 17 日经过省税务局发布的 2021 年度纳税信用等级为 A 级，取得的各类增值税抵扣凭证均符合税法规定。该公司

成立以来无任何涉税违法行为，未享受即征即退、先征后返（退）政策。2021 年 12 月，徽光公司因发生非正常损失，此前已抵扣的增值税专用发票中，有 50 万元进项税额按规定作进项税额转出处理。（8－11 级测试）

请根据上述材料，回答以下问题：

（1）徽光公司可以向主管税务机关申请一次性退还存量留抵税额的最早的纳税申报期是(　　)。

A. 2022 年 4 月　　B. 2022 年 5 月

C. 2022 年 7 月　　D. 2022 年 10 月

【参考答案】B

【解析】《财政部 税务总局关于进一步加快增值税期末留抵退税政策实施进度的公告》（财政部 税务总局公告 2022 年第 17 号）第二条规定，提前退还中型企业存量留抵税额，将财政部 税务总局 2022 年第 14 号公告第二条第二项规定的“符合条件的制造业等行业中型企业，可以自 2022 年 7 月纳税申报期起向主管税务机关申请一次性退还存量留抵税额”调整为“符合条件的制造业等行业中型企业，可以自 2022 年 5 月纳税申报期起向主管税务机关申请一次性退还存量留抵税额”。

（2）徽光公司自符合条件即申请一次性退还存量留抵税额，请计算允许退还的存量留抵税额的进项构成比例和允许退还的存量留抵税额。

【参考答案】

①2019 年 4 月至 2022 年 4 月进项构成比例 = 3 427 ÷ 3 483 = 98.39%；

②允许退还的存量留抵税额 = 40 万元 × 98.39% × 100% = 39.36 万元

【解析】①徽光公司可以自 2022 年 5 月纳税申报期起向主管税务机关申请一次性退还存量留抵税额，计算 2019 年 4 月至 2022 年 4 月的进项构成比例，即 2019 年 4 月至 2022 年 4 月已抵扣的增值税专用发票（含带有“增值税专用发票”字样全面数字化的电子发票、税控机动车销售统一发票），收费公路通行费增值税电子普通发票，海关进口增值税专用缴款书、解缴税款完税凭证注明的增值税额占同期全部已抵扣进项税额的比重。《国家税务总局关于进一步加大增值税期末留抵退税政策实施力度有关征管事项的公告》（国家税务总局公告 2022 年第 4 号）解读中指出，为减轻纳税人退税核算负担，在计算进项构成比例时，纳税人在上述计算期间内发生的进项税额转出部分无须扣减。即 3 427 ÷ 3 483 = 98.39%

②允许退还的存量留抵税额 = 存量留抵税额 × 进项构成比例 × 100%。首先，纳税人获得一次性存量留抵退税前，当期期末留抵税额大于或等于 2019 年 3 月 31 日期末留抵税额的，存量留抵税额为 2019 年 3 月 31 日期末留抵税额；当期期末留抵税额小于 2019 年 3 月 31 日期末留抵税额的，存量留抵税额为当期期末留抵税额。其次，纳税人获得一次性存量留抵退税后，存量留抵税额为零。2022 年 4 月底的期末留抵

税额60万元大于2019年3月底的期末留抵税额40万元，则存量留抵税额为2019年3月31日期末留抵税额40万元。允许退还的存量留抵税额 = 40 × 98.39% × 100% = 39.36万元。

（3）徽光公司向主管税务机关申请退还增量留抵税额的最早的纳税申报期是（　　）。

A. 2022年4月　　B. 2022年5月

C. 2022年7月　　D. 2022年10月

【参考答案】B

【解析】按照财政部 税务总局公告2022年第14号规定，符合条件的小微企业和制造业等行业纳税人，均可以自2022年4月纳税申报期起向主管税务机关申请退还增量留抵税额。但由于该公司4月纳税申报期纳税信用级别为C级，5月为A级，所以自5月纳税申报期起向主管税务机关申请退还增量留抵税额。

（4）徽光公司申请留抵退税提交的资料不包括（　　）。（多选）

A. “退（抵）税申请表”　　B. 经办人身份证明复印件

C. 申请退还留抵税额申明　　D. 三证合一营业执照复印件

【参考答案】BCD

【解析】纳税人适用14号公告规定的留抵退税政策，在申请办理留抵退税时提交的退税申请资料无变化，仅需要提交一张“退（抵）税申请表”。

（5）徽光公司从电子税务局发起留抵退税申请，下列流程正确的有（　　）。（多选）

A. 办税服务厅人员从电子税务局内网同意受理后，流程自动推送到办税服务厅人员金三系统待办任务

B. 办税服务厅人员推送到税源管理部门，税源管理部门经过一次审核后推送至分管领导核准

C. 办税服务厅人员推送到税源管理部门，税源管理部门经过二次审核后推送至分管领导核准

D. 分管领导核准后推送至办税服务厅人员发放

【参考答案】ACD

【解析】退税操作流程的相关规定。

（6）关于纳税人按规定向主管税务机关申请缴回已退还的全部留抵退税款，下列说法正确的有（　　）。（多选）

A. 纳税人按规定向主管税务机关申请缴回已退还的全部留抵退税款时，可通过电子税务局或办税服务厅提交“缴回留抵退税申请表”

B. 纳税人按规定向主管税务机关申请缴回已退还的全部留抵退税款时，目前只能通过办税服务厅提交“缴回留抵退税申请表”，电子税务局暂未开通此项功能

C. 纳税人按规定向主管税务机关申请缴回已退还的全部留抵退税款时，纳税人可

以分次缴回全部留抵退税款，可在办理增值税纳税申报时，相应调增期末留抵税额，并可继续用于进项税额抵扣

D. 纳税人按规定向主管税务机关申请缴回已退还的全部留抵退税款时，纳税人在一次性缴回全部留抵退税款后，可在办理增值税纳税申报时，相应调增期末留抵税额，并可继续用于进项税额抵扣

【参考答案】AD

【解析】国家税务总局2022年第4号公告解读相关规定。

3. 资料一：江北市月月红制衣有限公司（以下简称“月月红公司”）于2021年4月28日成立，当天登记为增值税一般纳税人。2021年所属期4月至2022年6月的增值税销售额、应纳增值税、城建税、教育费附加、地方教育附加、水利建设基金、印花税、企业所得税如表5-6、5-7所示。

**表5-6　2021年4—12月销售额及税费缴纳情况表**　单位：万元

| 月份 | 4月 | 5月 | 6月 | 7月 | 8月 | 9月 | 10月 | 11月 | 12月 |
|---|---|---|---|---|---|---|---|---|---|
| 销售额 | 100 | 200 | 200 | 200 | 200 | 200 | 100 | 100 | 100 |
| 增值税 | 10 | 10 | 10 | 10 | 10 | 10 | 10 | 10 | 10 |
| 城建税 | 7 | 7 | 7 | 7 | 7 | 7 | 7 | 7 | 7 |
| 教育费附加 | 3 | 3 | 3 | 3 | 3 | 3 | 3 | 3 | 3 |
| 地方教育附加 | 2 | 2 | 2 | 2 | 2 | 2 | 2 | 2 | 2 |
| 水利建设基金 | 0.06 | 0.12 | 0.12 | 0.12 | 0.12 | 0.12 | 0.06 | 0.06 | 0.06 |
| 印花税 | 0.03 | 0.06 | 0.06 | 0.06 | 0.06 | 0.06 | 0.03 | 0.03 | 0.03 |
| 企业所得税 | 1.5 | | | 2 | | | 1 | | |

**表5-7　2022年1—6月销售额及税费缴纳情况表**　单位：万元

| 月份 | 1月 | 2月 | 3月 | 4月 | 5月 | 6月 |
|---|---|---|---|---|---|---|
| 销售额 | 200 | 200 | 200 | 200 | 200 | 200 |
| 增值税 | 10 | 10 | 10 | 10 | 10 | 10 |
| 城建税 | 7 | 7 | 7 | 7 | 7 | 7 |
| 教育费附加 | 3 | 3 | 3 | 3 | 3 | 3 |
| 地方教育附加 | 2 | 2 | 2 | 2 | 2 | 2 |
| 水利建设基金 | 0.12 | 0.12 | 0.12 | 0.12 | 0.12 | 0.12 |
| 印花税 | 0.06 | 0.06 | 0.06 | 0.06 | 0.06 | 0.06 |
| 企业所得税 | 2 | | | 2 | | |

请根据上述材料，回答以下问题。(8 - 11 级测试)

(1) 月月红公司申请缓缴 2021 年税费，请判断该公司属于制造业中型企业还是制造业小微企业，并说明理由。

【参考答案】

制造业中型企业。(1 分) 月月红公司于 2021 年 4 月 28 日成立，截至 2021 年 9 月 30 日成立不满一年，其实际经营月份为 6 个月，总销售额为 1 100 万元，则年销售额为 1 100 万元 ÷6 ×12 =2 200 万元。制造业中型企业是指国民经济行业分类中行业门类为制造业，且年销售额 2 000 万元以上（含 2 000 万元）4 亿元以下（不含 4 亿元）的企业。

【解析】依据《国家税务总局 财政部关于制造业中小微企业延缓缴纳 2021 年第四季度部分税费有关事项的公告》(国家税务总局公告 2021 年第 30 号)，月月红公司于 2021 年 4 月 28 日成立，截至 2021 年 9 月 30 日成立不满一年，其实际经营月份为 6 个月，总销售额为 1 100 万元，则年销售额为 1 100 万元 ÷6 ×12 =2 200 万元。制造业中型企业是指国民经济行业分类中行业门类为制造业，且年销售额 2 000 万元以上（含2 000万元）4 亿元以下（不含 4 亿元）的企业。制造业小微企业是指国民经济行业分类中行业门类为制造业，且年销售额 2 000 万元以下（不含 2 000 万元）的企业。

(2) 月月红公司可以申请缓缴 2021 年税费的月份，根据最新规定，分别可以延缓到几月缴纳。

【参考答案】

月月红公司所属期为 2021 年 10 月、11 月、12 月的税费可以延缓缴纳。根据最新规定，分别可以延缓到 2022 年 8 月、9 月、10 月缴纳。

【解析】根据《国家税务总局 财政部关于制造业中小微企业延缓缴纳 2021 年第四季度部分税费有关事项的公告》(国家税务总局公告 2021 年第 30 号)，延缓缴纳的税费包括所属期为 2021 年 10 月、11 月、12 月（按月缴纳）或者 2021 年第四季度（按季缴纳）的企业所得税、个人所得税（代扣代缴除外）、国内增值税、国内消费税及附征的城市维护建设税、教育费附加、地方教育附加，不包括向税务机关申请代开发票时缴纳的税费。延缓的期限为 3 个月。

《国家税务总局 财政部关于延续实施制造业中小微企业延缓缴纳部分税费有关事项的公告》(国家税务总局 财政部公告 2022 年第 2 号) 规定，《国家税务总局 财政部关于制造业中小微企业延缓缴纳 2021 年第四季度部分税费有关事项的公告》(国家税务总局公告 2021 年第 30 号) 规定的制造业中小微企业延缓缴纳 2021 年第四季度部分税费政策，缓缴期限继续延长 6 个月。

(3) 月月红公司可以申请缓缴 2022 年税费的月份、缓缴期限，并分别计算各税

（费）种延缓缴纳金额合计数。

【参考答案】

月月红公司所属期为2022年1月至6月的税费可以延缓缴纳。延缓的期限为6个月。各税费种延缓缴纳金额合计分别为：增值税60万元；城建税42万元；教育费附加18万元；地方教育附加12万元；企业所得税4万元。

【解析】《国家税务总局 财政部关于延续实施制造业中小微企业延缓缴纳部分税费有关事项的公告》（国家税务总局 财政部公告2022年第2号）规定，符合本公告规定条件的制造业中小微企业，在依法办理纳税申报后，制造业中型企业可以延缓缴纳本公告规定的各项税费金额的50%，制造业小微企业可以延缓缴纳本公告规定的全部税费，延缓的期限为6个月。延缓期限届满，纳税人应依法缴纳相应月份或者季度的税费。

根据《国家税务总局 财政部关于延续实施制造业中小微企业延缓缴纳部分税费有关事项的公告》（国家税务总局 财政部公告2022年第2号），月月红公司于2021年4月28日成立，截至2021年12月31日成立不满一年，按照所属期截至2021年12月31日的销售额除以实际经营月份再乘以12个月的销售额确定。其实际经营月份为9个月，总销售额为1 400万元，则年销售额为1 400万元÷9×12＝1 866.67万元。属于制造业小微企业。延缓缴纳的税费包括所属期为2022年1月至6月（按月缴纳）或者2022年第一季度、第二季度（按季缴纳）的企业所得税、个人所得税、国内增值税、国内消费税及附征的城市维护建设税、教育费附加、地方教育附加，不包括代扣代缴、代收代缴以及向税务机关申请代开发票时缴纳的税费。

（4）2022年4月15日，月月红公司完成2021年度的企业所得税年度纳税申报，结果显示汇算清缴需要补税2万元。请问该笔汇算清缴税款最迟何时缴纳入库。

【参考答案】

该笔2万元的汇算清缴补税可与2021年第四季度的企业所得税1万元缓税一并在2022年10月缴纳入库。

【解析】2022年1月申报税款属期为2021年第四季度的企业所得税时，应缴纳税款1万元，按照最新政策规定，其缓缴期再延长6个月可推迟至2022年10月缴纳入库。2022年4月15日，月月红公司完成2021年度的企业所得税年度纳税申报，结果显示汇算清缴需要补税2万元。由于其享受了2021年度第四季度企业所得税缓缴政策，该笔2万元的汇算清缴补税可与此前的1万元缓税一并在2022年10月缴纳入库。

资料二：江东市天籁科技有限公司（以下简称“天籁公司”）是一家功能膜制造企业，于2022年1月20日成立，当月登记为增值税一般纳税人。2022年所属期1月的增值税及附加税费申报表部分项目如表5－8所示。

**表 5-8　　天籁公司增值税及附加税申报表部分项目**　　单位：元

| 项目 | | 栏次 | 一般项目 | | 即征即退项目 | |
|---|---|---|---|---|---|---|
| | | | 本月数 | 本年累计 | 本月数 | 本年累计 |
| 销售额 | （一）按适用税率计税销售额 | 1 | 1 000 000 | | | |
| | 其中：应税货物销售额 | 2 | 1 000 000 | | | |
| | 应税劳务销售额 | 3 | | | | |
| | 纳税检查调整的销售额 | 4 | | | | |
| | （二）按简易办法计税销售额 | 5 | 500 000 | | | |
| | 其中：纳税检查调整的销售额 | 6 | | | | |
| | （三）免、抵、退办法出口销售额 | 7 | 100 000 | | — | — |
| | （四）免税销售额 | 8 | 100 000 | | — | — |
| | 其中：免税货物销售额 | 9 | 100 000 | | — | — |
| | 免税劳务销售额 | 10 | | | — | — |

| 项目及栏次 | | 本期服务、不动产和无形资产价税合计额（免税销售额） | 服务、不动产和无形资产扣除项目 | | | | |
|---|---|---|---|---|---|---|---|
| | | | 期初余额 | 本期发生额 | 本期应扣除金额 | 本期实际扣除金额 | 期末余额 |
| | | 1 | 2 | 3 | 4=2+3 | 5(5≤1 且 5≤4) | 6=4-5 |
| 13%税率的项目 | 1 | | | | | | |
| 9%税率的项目 | 2 | | | | | | |
| 6%税率的项目（不含金融商品转让） | 3 | | | | | | |
| 6%税率的金融商品转让项目 | 4 | | | | | | |
| 5%征收率的项目 | 5 | | | | | | |
| 3%征收率的项目 | 6 | 515 000 | | 206 000 | 206 000 | 206 000 | |
| 免抵退税的项目 | 7 | | | | | | |
| 免税的项目 | 8 | | | | | | |

请根据上述材料，回答以下问题：（8-11 级测试）

（1）请按制造业中小微企业口径计算天籁公司 2022 年年销售额，并据此判断该公司属于制造业中型企业还是制造业小微企业。

【参考答案】

天籁公司 2022 年年销售额为 150 万元 ×12 = 1 800 万元。制造业小微企业是指国民经济行业分类中行业门类为制造业，且年销售额 2 000 万元以下（不含2 000万元）的企业。因此，天籁公司属于制造业小微企业。

【解析】根据《国家税务总局 财政部关于延续实施制造业中小微企业延缓缴纳部分税费有关事项的公告》（国家税务总局 财政部公告2022年第2号），销售额是指应征增值税销售额，包括纳税申报销售额、稽查查补销售额、纳税评估调整销售额。适用增值税差额征税政策的，以差额后的销售额确定。2022年1月1日及以后成立的企业，按照实际申报期销售额除以实际经营月份再乘以12个月的销售额确定。天籁公司于2022年1月20日成立，销售额为150万元，其实际经营1个月，则《公告》所称年销售额为150万元×12＝1 800万元。按照《公告》规定，天籁公司属于制造业小微企业。

（2）天籁公司2022年2月15日已申报缴纳了增值税10万元，如何处理该公司选择享受制造业中小微企业延缓缴纳政策（不考虑其他税费）。同时辅导该公司从电子税务局操作，并简要说明操作模块和步骤。

【参考答案】

申请办理退税（费）并享受缓缴政策。①纳税人从电子税务局“误收多缴退抵税（制造业缓缴专用）”模块申请退税；②从电子税务局“更正申报”模块对1月增值税申报表进行更正，不更改数据，直接点击保存；③界面自动弹出是否延缓缴纳《公告》规定各项税费的提示，纳税人确认缓缴即可。

# 第六章　证明办理

## ★知识要点归纳

税务机关根据纳税人、缴费人、其他部门以及社会中介机构提出的出具一定时期内纳税状况和一定时期内的缴费状况证明的申请，或者根据纳税人一定时期申报纳税信息，主动为纳税人出具相应的纳税证明和缴费证明。证明开具包括：开具税收完税（费）证明、中国税收居民身份证明、出口退（免）税相关证明开具等。对税收证明事项，税务机关提供“最多跑一次”服务，即纳税人在资料完整且符合法定受理条件的前提下，最多只需要到税务机关跑一次。税收证明办理均为即时办结事项，办税服务厅接收纳税人报送的资料，核对资料是否齐全、是否符合法定形式、填写内容是否完整。符合的即时办结；不符合的当场一次性告知应补正资料或不予受理原因。

### 一、税收完税（费）证明

开具税收完税（费）证明包括：开具税收完税证明、开具个人所得税纳税记录、开具社会保险费缴费证明、转开印花税票销售凭证、转开税收缴款书（出口货物劳务专用）、开具无欠税证明。《税收完税证明》分为表格式和文书式两种。

1. 税收完税证明

纳税人符合下列情形之一的，可以申请开具《税收完税证明》：

（1）通过横向联网电子缴税系统划缴税款到国库（经收处）后或收到从国库退还的税款后，当场或事后需要取得税收票证的（表格式）；

（2）扣缴义务人代扣、代收税款后，已经向纳税人开具税法规定或国家税务总局认可的记载完税情况的其他凭证，纳税人需要换开正式完税凭证的（表格式）；

（3）纳税人遗失已完税的各种税收票证（“出口货物完税分割单”、印花税票和“印花税票销售凭证”除外），需要重新开具的（表格式）；

（4）对纳税人特定期间完税情况出具证明（文书式）；

（5）国家税务总局规定的其他需要为纳税人开具完税凭证情形。

需要注意的是，第（1）项、第（2）项、第（3）项以及第（5）项开具的《税收完税证明》为表格式；第（4）项规定开具的《税收完税证明》为文书式，文书式《税收完税证明》不得作为纳税人的记账或抵扣凭证。

第（2）项所称扣缴义务人已经向纳税人开具的税法规定和第（5）项国家税务总局认可的记载完税情况的其他凭证，是指记载车船税完税情况的交强险保单、记载储蓄存款利息所得税完税情况的利息清单等税法或国家税务总局认可的能够作为已完税情况证明的凭证。

第（4）项所称“对纳税人特定期间完税情况出具证明”，是指税务机关为纳

税人连续期间的纳税情况汇总开具完税证明的情形。

扣缴义务人未按规定为纳税人开具税收票证的，税务机关核实税款缴纳情况后，应当为纳税人开具《税收完税证明》（表格式）。纳税人遗失“出口货物完税分割单”、印花税票和“印花税票销售凭证”，不能重新开具《税收完税证明》。

对于限售股转让所得征收个人所得税征缴方式采取预缴税款方式的，主管税务机关向证券机构开具纸质缴款书或以横向联网电子缴税方式将证券机构预扣预缴的个人所得税税款缴入国库的同时，根据“限售股转让所得扣缴个人所得税报告表”为纳税人开具《税收完税证明》（表格式），作为纳税人预缴个人所得税的完税凭证。

纳税人提供加盖开具单位的相关业务章戳并已注明扣收税款信息的“成交过户交割凭单”或《过户登记确认书》，可以向证券交易场所和证券登记结算机构所在地的主管税务机关申请出具《税收完税证明》。

环境保护税纳税人在完成税款缴纳后，申请换开税收票证的，税务机关核实税款缴纳情况后，为纳税人汇总开具《税收完税证明》。允许换开的次数，按现行票证管理相关规定处理。《税收完税证明》用于环境保护税完税情况的证明时，对同一类别的应税污染物、同一税款所属期、同一入（退）库时间的税款，进行汇总合计开具。同一类别的应税污染物是指：大气污染物、水污染物、固体废物、噪声。

办理材料包括：（1）已办理税务登记的纳税人需加载统一社会信用代码的营业执照（或税务登记证、组织机构代码证等）原件和自然人身份证原件，查验后退回。

（2）若是证券交易场所和证券登记结算机构扣缴证券交易印花税后，需要换开《税收完税证明》的，还需提供一份加盖开具单位的相关业务章戳的“成交过户交割凭单”或《过户登记确认书》。

（3）若是通过保险机构缴纳车船税后，需要换开《税收完税证明》，还需提供一份记载车船税完税情况的“交强险”保险单复印件。

（4）若是储蓄机构扣缴储蓄存款利息所得税后，需要换开《税收完税证明》，还需提供一份记载储蓄存款利息所得税完税情况的利息清单。

2. 个人所得税纳税记录

个人所得税税款所属期为2019年1月1日（含）以后的，税务机关开具个人所得税《纳税记录》；税款所属期为2018年12月31日（含）以前的，税务机关开具个人所得税《税收完税证明》（文书式）。

纳税人2019年1月1日以后取得个人所得税应税所得并由扣缴义务人向税务机关办理了全员全额扣缴申报，或根据税法规定自行向税务机关办理纳税申报的，不论是否实际缴纳税款，均可以申请开具个人所得税《纳税记录》。如“零纳税”纳税人取得了应税收入但未达到起征点而没有实际缴纳税款的情形，在这种情形下仍然可以开具《纳税记录》，不会因税法修订或起征点提高而中断纳税人的纳税记录。

纳税人可以通过电子税务局、手机APP申请开具本人的个人所得税《纳税记录》，也可到办税服务厅申请开具。

纳税人可以委托他人持下列证件和资料到办税服务厅代为开具个人所得税《纳税记录》：

（1）委托人及受托人有效身份证件原件（查验后退回）；

（2）委托人书面授权资料。

为防止篡改、伪造个人所得税《纳税记录》，税务机关提供两种个人所得税《纳税记录》验证服务。一是通过手机APP扫描个人所得税《纳税记录》中的二维码进行验证；二是通过自然人税收管理系统输入个人所得税《纳税记录》中的验证码进行验证。

纳税人对个人所得税《纳税记录》存在异议的，可以向该项记录中列明的税务机关申请核实。

个人所得税《纳税记录》因不同打印设备造成的色差，不影响使用效力，因其涉及纳税人敏感信息，应妥善保存。

个人所得税《纳税记录》不作纳税人记账、抵扣凭证。

3. 开具社会保险费缴费证明

对于缴费人需要开具缴费证明并向税务机关提出申请的，经税务机关核实后，开具其相应期间实际缴纳社会保险费的缴费证明（不体现社保部门退费结果信息）。对同一期间的缴费情况，缴费人可多次申请开具缴费证明。

缴费证明所指的社保费是指缴费人已申报且缴纳的社会保险费。证明分险种（可选择分险种分品目）、分时段开具，缴费证明应含有缴费单位信息。

4. 转开印花税票销售凭证

印花税专用税收票证是税务机关或印花税票代售人在征收印花税时向纳税人交付、开具的纸质税收票证。具体包括：

（1）印花税票。印有固定金额，专门用于征收印花税的有价证券。纳税人缴纳印花税，可以购买印花税票贴花缴纳，也可以开具税收缴款书缴纳。采用开具税收缴款书缴纳的，应当将纸质税收缴款书或《税收完税证明》粘贴在应税凭证上，或者由税务机关在应税凭证上加盖印花税收讫专用章。

（2）“印花税票销售凭证”。税务机关和印花税票代售人销售印花税票时一并开具的专供购买方报销的纸质凭证。

纳税人通过横向联网方式完成印花税款的缴纳或退还后，向主管税务机关申请开具“中华人民共和国印花税票销售凭证”（证明凭证）。办理资料方面，经过实名信息验证的办税人员，不再提供登记证件和身份证件复印件等资料。

5. 转开税收缴款书（出口货物劳务专用）

对于仍须将《税收缴款书（出口货物劳务专用）》第二联（收据乙）转交购货企业的纳税人，税务机关必须在纳税人通过横向联网电子缴税系统缴税后，及时给纳税人开具《中华人民共和国税收缴款书（出口货物劳务专用）》。

6. 开具无欠税证明

无欠税证明是指税务机关依纳税人申请，根据税收征管信息系统所记载的信息，为纳税人开具的表明其不存在欠税情形的证明。

“不存在欠税情形”是指纳税人在税收征管信息系统中，不存在应申报未申报记录且无下列应缴未缴的税款：一是办理纳税申报后，纳税人未在税款缴纳期限内缴纳的税款；二是经批准延期缴纳的税款期限已满，纳税人未在税款缴纳期限内缴纳的税款；三是税务检查已查定纳税人的应补税额，纳税人未缴纳的税款；四是税务机关根据《中华人民共和国税收征收管理法》第二十七条、第三十五条核定纳税人的应纳税额，纳税人未在税款缴纳期限内缴纳的税款；五是纳税人的其他未在税款缴纳期限内缴纳的税款，包括作为扣缴义务人或纳税担保人未按期缴纳的税款。

纳税人因境外投标、企业上市等需要，确需开具无欠税证明的，可以向主管税务机关申请办理。

已实行实名办税的纳税人到主管税务机关申请开具无欠税证明的，办税人员持有效身份证件直接申请开具，无须提供登记证照副本或税务登记证副本。

未办理实名办税的纳税人到主管税务机关申请开具无欠税证明的，区分以下情况提供相关有效证件：

（1）单位纳税人和个体工商户，提供市场监管部门或其他登记机关发放的登记证照副本或税务登记证副本，以及经办人有效身份证件；

（2）自然人纳税人，提供本人有效身份证件；委托他人代为申请开具的，还需一并提供委托书、委托人及受托人有效身份证件。

## 二、中国税收居民身份证明的开具

企业或个人（以下称“申请人”）为享受中国政府与其他国家政府签署的税收协定，内地与香港、澳门签署的税收安排以及大陆与台湾签署的税收协议、航空协定税收条款、海运协定税收条款、汽车运输协定税收条款、互免国际运输收入税收协议或者换函的协定待遇，就其构成中国税收居民身份的任一公历年度向主管税务机关申请开具中国税收居民身份证明。

中国居民企业的境内、外分支机构应当通过其总机构向总机构主管税务机关提出申请。合伙企业应当以其中国居民合伙人作为申请人，向合伙人主管税务机关提出申请。

申请人可以就其构成中国税收居民的任一公历年度申请开具居民身份证明。缔约对方税务主管当局对居民身份证明样式有特殊要求的，申请人应当提供书面说明以及居民身份证明样式，主管税务机关可以按照有关规定予以办理。

报送材料包括：

（1）“中国税收居民身份证明申请表”（1份）；

（2）与拟享受税收协定待遇的收入有关的合同、协议、董事会或者股东会决议、支付凭证等证明资料（1份）；

（3）申请人为个人且在中国境内有住所的提供因户籍、家庭、经济利益关系而在中国境内习惯性居住的证明材料，证明材料包括申请人身份信息、说明材料或者其他材料（1份）；

（4）申请人为个人且无住所，而一个纳税年度内在中国境内居住累计满183天的，提供在中国境内实际居住时间的证明材料，包括出入境信息等资料（1份）；

（5）境内、外分支机构通过其总机构提出申请时需提供总分机构的登记注册情况（1份）；

（6）以合伙企业的中国居民合伙人提出申请时需提供合伙企业登记注册情况1份；

（7）缔约对方税务主管当局对税收居民证明样式有特殊要求的，需要特殊要求书面说明以及税收居民证明样式1份；

申请人填报或提供的资料应提交中文文本，相关资料原件为外文文本的，应当同时提供中文译本。申请人向主管税务机关提交上述资料的复印件时，应在复印件上加盖申请人印章或签字，主管税务机关核验原件后留存复印件。

## 三、出口退（免）税相关证明开具

出口退（免）税相关证明开具是指出口企业为办理出口货物劳务及服务退（免）税业务或者其他涉税事项，向主管税务机关申请开具出口退（免）税相关证明或办理证明的作废与补办事项。其主管税务机关应按照有关规定及时办结相关业务。

出口退（免）税证明开具事项包括：代理出口货物证明开具、代理进口货物证明开具、出口货物退运已补税（未退税）证明开具、出口货物转内销证明开具、委托出口货物证明开具及中标证明通知书开具。

1. 代理出口货物证明开具

受托方代理委托方企业出口业务后，需在自货物报关出口之日起至次年4月15日前向其主管税务机关申请开具《代理出口货物证明》，并及时转交给委托方。逾期的，受托方不得申报开具《代理出口货物证明》。代理出口业务如发生在受托方被停止出口退税权期间的，按规定不予出具证明。

2. 代理进口货物证明开具

以双委托方式（生产企业进口料件、出口成品均委托出口企业办理）从事的进料加工业务，委托进口加工贸易料件，受托进口企业及时向其主管税务机关申请开具《代理进口货物证明》，并及时转交给委托方，委托方据此向其主管税务机关申请办理退（免）税相关业务。

3. 委托出口货物证明开具

委托出口货物属于国家取消出口退税的，委托方应自货物报关出口之日起至次年3月15日前，凭委托代理出口协议（复印件）向主管税务机关申请开具《委托出口货物证明》，对于委托出口货物不属于国家取消出口退税的，税务机关不予办理。

4. 出口货物已补税/未退税证明开具

出口货物报关离境、发生退运，且海关已签发出口货物报关单（出口退税专用）的，出口企业应先向主管税务机关申请开具《出口货物已补税/未退税证明》，并携其到海关申请办理退运手续。委托出口的货物发生退运的，应由委托方向主管税务机关申请开具《出口货物已补税/未退税证明》转交受托方，受托方凭该证明向主管税务机关申请开具《出口货物已补税/未退税证明》。

5. 出口货物转内销证明开具

外贸企业发生原记入出口库存账的出口货物转内销或视同内销征税的，以及已申报退（免）税的出口货物发生退运并转内销的，外贸企业应于发生内销或视同内销的当月向主管税务机关申请开具《出口货物转内销证明》，并在取得出口货物转内销证明的下一个增值税纳税申报期内作为进项税额的抵扣凭证使用。

原执行免退税办法的企业，在批准变更次月的增值税纳税申报期内可将原计入出口库存账的且未申报免退税的出口货物向主管税务机关申请开具《出口货物转内销证明》。

6. 中标证明通知书开具

利用外国政府贷款或国际金融组织贷款建设的项目，招标机构需在中标企业签订的供货合同生效后，向其所在地主管税务机关申请办理《中标证明通知书》。《中标证明通知书》是中标企业主管税务机关对中标企业销售中标机电产品申请退（免）税业务的审核内容之一。不属于规定范围的贷款机构和中标机电产品的，不予办理。

出口企业或其他单位认为出口退税有关证明出具有误需要作废的，应向原出具证明的税务机关提申请作废已出具证明，并提供已出具的纸质证明全部联次。纳税人需要作废上述出口退（免）税电子证明的，应先行确认证明使用情况，已用于申报出口退（免）税相关事项的，不得作废证明；未用于申报出口退（免）税相关事项的，应向税务机关提出作废证明申请，税务机关核对无误后，予以作废。

## ★习题精练及答案解析

### 一、单项选择题

1. 张先生申请开具所属期为 2021 年 1 月 1 日至 2021 年 12 月 31 日的个人所得税缴(退)税情况证明，税务机关应为其开具(　　)。(1－7 级测试)

A. 《税收完税证明》(表格式)　　B. 《税收完税证明》(文书式)

C. 税收电子缴款书　　D. 《纳税记录》

【参考答案】D

【解析】国家税务总局关于将个人所得税《税收完税证明》(文书式)调整为《纳税记录》有关事项的公告》(国家税务总局公告 2018 年第 55 号)规定，个人所得税税款所属期为 2019 年 1 月 1 日(含)以后的，税务机关开具个人所得税《纳税记录》；税款所属期为 2018 年 12 月 31 日(含)以前的，税务机关开具个人所得税《税收完税证明》(文书式)。

2. 自 2019 年 1 月 1 日起，《税收完税证明》(文书式)不再作为税收票证管理，不再套印”国家税务总局税收票证监制章”，加盖的税务机关印章调整为(　　)。(1－7 级测试)

A. 行政公章　　B. 业务专用章

C. 征税专用章　　D. 经办人手章

【参考答案】B

【解析】依据《税收票证管理办法》(国家税务总局令第 28 号)，税务总局决定自 2019 年 1 月 1 日起，对《税收完税证明》(文书式，下同)的开具进行调整。有关事项通知如下：自 2019 年 1 月 1 日起，《税收完税证明》不再作为税收票证管理，不再套印“国家税务总局税收票证监制章”，加盖的税务机关印章由“征税专用章”调整为“业务专用章”。

3. 纳税人可以重新开具遗失的已完税证明是(　　)。(1－7 级测试)

A. “出口货物完税分割单”　　B. 印花税票

C. “印花税票销售凭证”　　D. “税收完税证明”

【参考答案】D

【解析】根据《全国税务机关纳税服务规范(3.0 版)》，“证明办理规范”开具《税收完税证明》相关规定，纳税人遗失“出口货物完税分割单”、印花税票和“印花税票销售凭证”的，不能重新开具。

4. 扣缴义务人未按规定为纳税人开具税收票证的，税务机关核实税款缴纳情况后，应当为纳税人开具(　　)。(1－7 级测试)

A. 《税收完税证明》
B. 《税收完税证明》(文书式)
C. 《税收完税证明》(表格式)
D. 《纳税记录》

【参考答案】C

【解析】根据《税收票证管理办法》(国家税务总局令第28号公布，国家税务总局令第48号修改)规定，扣缴义务人未按规定为纳税人开具税收票证的，税务机关核实税款缴纳情况后，应当为纳税人开具《税收完税证明》(表格式)。

5. 在办理出口退(免)税证明开具时，出口企业或其他单位认为出口退税有关证明出具有误需要作废的，应向原出具证明的税务机关提出申请，作废已出具证明，并提供(　　)。(1－7级测试)

A. 海关证明
B. 已出具的纸质证明全部联次
C. 出口发票
D. 增值税专用发票

【参考答案】B

【解析】出口企业或其他单位认为出口退税有关证明出具有误需要作废的，应向原出具证明的税务机关提出申请，作废已出具证明，并提供已出具的纸质证明全部联次。

6. 纳税人对个人所得税《纳税记录》存在异议的，可以向(　　)申请核实。(1－7级测试)

A. 省级税务机关
B. 市级税务机关
C. 主管税务机关
D. 该项记录中列明的税务机关

【参考答案】D

【解析】根据《国家税务总局关于将个人所得税〈税收完税证明〉(文书式)调整为〈纳税记录〉有关事项的公告》(国家税务总局公告2018年第55号)，纳税人对个人所得税《纳税记录》存在异议的，可以向该项记录中列明的税务机关申请核实。

7. 开具中国税收居民身份证明时，主管税务机关或者上级税务机关根据申请人提交资料无法作出判断的，可以要求申请人补充提供相关资料，需要补充的内容应当一次性书面告知。申请人补充资料的时间是(　　)。(1－7级测试)

A. 延长5日
B. 延长10日
C. 计入工作时限
D. 不计入工作时限

【参考答案】D

【解析】根据2019年5月1日起开始实施的最新《中国税收居民身份证明》的相关政策，主管税务机关在受理申请之日起10个工作日内，由负责人签发《税收居民证明》并加盖公章，或者将不予开具的理由书面告知申请人。主管税务机关无法准确判断居民身份的，应当及时报告上级税务机关。需要报告上级税务机关的，主管税务机关应当在受理申请之日起20个工作日内办结。主管税务机关或者上级税务机关根据申请人提交资料无法作出判断的，可以要求申请人补充提供相关资料，需要补充的内容应当一次性书面告知。申请人补充资料的时间不计入上述工作时限。

8. 以下完税证明不得作为纳税人的记账或抵扣凭证的是(　　)。(1－7 级测试)

A.《税收完税证明》(表格式)　　B.《税收缴款书（银行经收专用)》

C.《税收完税证明》(文书式)　　D.《税收电子缴款书》

【参考答案】C

【解析】根据《税收票证管理办法》第十七条第四项,《税收完税证明》(文书式)是对纳税人特定期间完税情况出具证明的，这里是指税务机关为纳税人连续期间的纳税情况汇总开具完税证明的情形，不得作为纳税人的记账或抵扣凭证。

9. 纳税人可以委托他人为其开具个人所得税《纳税记录》，所持资料除委托人书面授权资料外，还需要提供的资料是(　　)。(1－7 级测试)

A. 税务登记证原件及复印件　　B. 工商营业执照原件及复印件

C. 委托人及受托人有效身份证件原件　　D. 税收征收缴款书

【参考答案】C

【解析】根据国家税务总局关于将个人所得税《税收完税证明》(文书式）调整为《纳税记录》有关事项的公告（国家税务总局公告 2018 年第 55 号)，纳税人可以委托他人持下列证件和资料到办税服务厅代为开具个人所得税《纳税记录》:（1）委托人及受托人有效身份证件原件;（2）委托人书面授权资料。

10. 企业通过电子税务局申报缴纳印花税后，向主管税务机关申请开具完税凭证，税务机关应开具(　　)。(1－7 级测试)

A. “税收完税证明”(表格式)

B. “税收完税证明”(文书式)

C. 印花税票

D. “中华人民共和国印花税票销售凭证”(证明凭证)

【参考答案】D

【解析】纳税人通过横向联网方式完成印花税款的缴纳或退还后，向主管税务机关申请开具“中华人民共和国印花税票销售凭证”(证明凭证)。

11. 纳税人提供加盖开具单位的相关业务章戳并已注明扣收税款信息的“成交过户交割凭单”或《过户登记确认书》，可以向(　　)申请出具《税收完税证明》。(8－11 级测试)

A. 国家税务总局

B. 纳税人的主管税务机关

C. 证券交易场所和证券登记结算机构所在地的主管税务机关

D. 纳税人与证券交易场所和证券登记结算机构共同的上级税务机关

【参考答案】C

【解析】根据《税收票证管理办法》（国家税务总局令第 28 号公布，国家税务总局令第 48 号修改）相关事项规定，纳税人提供加盖开具单位的相关业务章戳并已注明扣收税款信息的“成交过户交割凭单”或《过户登记确认书》，可以向证券交易场所和证券登记结算机构所在地的主管税务机关申请出具《税收完税证明》。

12. 出口企业向主管税务机关退税部门申请出具《来料加工免税证明》，其期限应在加工费的（　　）。（8－11 级测试）

A. 专用发票开具之日起至当月的增值税纳税申报期内

B. 专用发票开具之日起至次月的增值税纳税申报期内

C. 普通发票开具之日起至当月的增值税纳税申报期内

D. 普通发票开具之日起至次月的增值税纳税申报期内

【参考答案】D

【解析】出口企业应在加工费的普通发票开具之日起至次月的增值税纳税申报期内，向主管税务机关退税部门申请出具《来料加工免税证明》。

13. 委托出口货物属于国家取消出口退税的，委托方应在规定期限内凭委托代理出口协议（复印件）向主管税务机关申请开具《委托出口货物证明》，规定期限是（　　）。（8－11 级测试）

A. 自货物报关出口之日起至次年 4 月 15 日前

B. 自货物报关出口之日起至次年 3 月 15 日前

C. 自货物报关出口之日起至当年 12 月 31 日前

D. 自货物报关出口之日起至次年 12 月 31 日前

【参考答案】B

【解析】委托出口货物属于国家取消出口退税的，委托方应自货物报关出口之日起至次年 3 月 15 日前，凭委托代理出口协议（复印件）向主管税务机关申请开具《委托出口货物证明》，对于委托出口货物不属于国家取消出口退税的，税务机关不予办理。

## 二、多项选择题

1. 纳税人符合（　　）条件的情形，可以向税务机关申请开具税收完税证明。（1－7 级测试）

A. 已经缴纳的税款　　B. 无欠税

C. 已申请的延期缴纳税款　　D. 已经退还的纳税人税款

【参考答案】AD

【解析】税收完税证明是税务机关为证明纳税人已经缴纳税款或者已经退还纳税人税款而开具的凭证。纳税人符合条件的，可以向税务机关申请开具税收完税证明。

2. 办理转开印花税票销售凭证时，下列说法正确的是(　　)。(1－7 级测试)

A. 自然人需提供身份证原件，税务机关查验后退回

B. 已办理税务登记的纳税人但未做实名认证的，无须提供加载统一社会信用代码的营业执照（或税务登记证、组织机构代码证等）原件

C. 可通过办税服务厅（场所）、电子税务局办理

D. 需要缴纳工本费

【参考答案】AC

【解析】经过实名信息验证的办税人员，不再提供登记证件和身份证件复印件等资料。收费标准为不收费。

3. 税务机关提供个人所得税《纳税记录》验证服务的方式有(　　)。(1－7 级测试)

A. 通过手机 APP 扫描个人所得税《纳税记录》中的二维码进行验证

B. 通过办税服务厅金税三期系统进行验证

C. 通过自然人税收管理系统输入个人所得税《纳税记录》中的验证码进行验证

D. 拨打 12366 进行人工验证

【参考答案】AC

【解析】税务机关提供两种个人所得税《纳税记录》验证服务。一是通过手机 APP 扫描个人所得税《纳税记录》中的二维码进行验证；二是通过自然人税收管理系统输入个人所得税《纳税记录》中的验证码进行验证。

4. 下列可以申请开具《税收完税证明》（表格式）的情形有(　　)。(1－7 级测试)

A. 通过横向联网电子缴税系统划缴税款到国库（经收处）后或收到从国库退还的税款后，当场或事后需要取得税收票证的。

B. 扣缴义务人代扣、代收税款后，已经向纳税人开具税法规定或国家税务总局认可的记载完税情况的其他凭证，纳税人需要换开正式完税凭证的。

C. 纳税人遗失已完税的各种税收票证（“出口货物完税分割单”、印花税票和“印花税票销售凭证”除外），需要重新开具的。

D. 对纳税人特定期间完税情况出具证明的。

【参考答案】ABC

【解析】对纳税人特定期间完税情况按规定开具的《税收完税证明》为文书式。

5. 出口退（免）税证明开具事项包括(　　)。(1－7 级测试)

A. 代理出口货物证明开具

B. 出口货物退运已补税（未退税）证明开具

C. 出口货物转内销证明开具

D. 进口货物证明开具

【参考答案】ABC

【解析】出口退（免）税证明开具事项包括：代理出口货物证明开具、代理进口货物证明开具、出口货物退运已补税（未退税）证明开具、出口货物转内销证明开具、委托出口货物证明开具及中标证明通知书开具。

6. 纳税人到税务机关申请开具无欠税证明，需提供的资料包括（　　）。（1－7级测试）

A. 已实名办税的纳税人，办税人员持有效身份证件

B. 未办理实名办税的单位纳税人，提供市场监管部门或其他登记机关发放的登记证照副本或税务登记证副本，以及经办人有效身份证件

C. 未办理实名办税的个体工商户，提供经办人有效身份证件

D. 未办理实名办税的自然人，提供本人有效身份证件；委托他人代为申请办理的自然人，提供委托书、委托人及受托人有效身份证件

【参考答案】ABD

【解析】已实行实名办税的纳税人到主管税务机关申请开具《无欠税证明》的，办税人员持有效身份证件直接申请开具，无须提供登记证照副本或税务登记证副本。未办理实名办税的纳税人到主管税务机关申请开具《无欠税证明》的，区分以下情况提供相关有效证件：（1）单位纳税人和个体工商户，提供市场监管部门或其他登记机关发放的登记证照副本或税务登记证副本，以及经办人有效身份证件；（2）自然人纳税人，提供本人有效身份证件；委托他人代为申请开具的，还需一并提供委托书、委托人及受托人有效身份证件。

7. 扣缴义务人代扣、代收税款后，已经向纳税人开具税法规定或国家税务总局认可的记载完税情况的其他凭证，纳税人需要换开正式完税凭证的，税务机关为其开具《税收完税证明》。国家税务总局认可的记载完税情况的其他凭证，是指（　　）。（1－7级测试）

A. 记载车船税完税情况的交强险保单

B. 记载储蓄存款利息所得税完税情况的利息清单

C. 加盖开具单位的相关业务章戳的“成交过户交割凭单”或《过户登记确认书》

D. 国家税务总局认可的其他能够作为已完税情况证明的凭证

【参考答案】ABD

【解析】根据《全国税务机关纳税服务规范（3.0版）》“证明办理规范”相关事项规定，扣缴义务人已经向纳税人开具的税法规定和国家税务总局认可的记载完税情况的其他凭证，是指记载车船税完税情况的交强险保单、记载储蓄存款利息所得税完税情况的利息清单等税法或国家税务总局认可的能够作为已完税情况证明的凭证。

8. 下列向纳税人提供《无欠税证明》开具服务有关事项中，表述正确的有（　　）。（8－11级测试）

A. 不存在欠税情形，是指纳税人在税收征管信息系统中，不存在应申报未申报记

录且无应缴未缴的税款

B. 已实行实名办税的纳税人到主管税务机关申请开具《无欠税证明》，提供市场监管部门或其他登记机关发放的登记证照副本或税务登记证副本，以及经办人有效身份证件

C. 自然人纳税人，提供本人有效身份证件；委托他人代为申请开具的，还需一并提供委托书、委托人及受托人有效身份证件

D. 存在经批准延期缴纳的税款期限已满，纳税人未在税款缴纳期限内缴纳的税款，不影响《无欠税证明》开具

【参考答案】AC

【解析】根据国家税务总局关于开具《无欠税证明》有关事项的公告（国家税务总局公告2019年第47号）规定，已实行实名办税的纳税人到主管税务机关申请开具《无欠税证明》的，办税人员持有效身份证件直接申请开具，无须提供登记证照副本或税务登记证副本。“不存在欠税情形”是指纳税人在税收征管信息系统中，不存在应申报未申报记录且无下列应缴未缴的税款：（1）经批准延期缴纳的税款期限已满；（2）纳税人未在税款缴纳期限内缴纳的税款。

9. 下列关于开具税收完税证明说法正确的是(　　)。(8－11级测试)

A. 扣缴义务人未按规定为纳税人开具税收票证的，税务机关核实税款缴纳情况后，应当为纳税人开具税收完税证明（表格式）

B. 纳税人遗失已完税税收票证需要税务机关另行提供的，税款经核实确已缴纳入库或从国库退还的，税务机关应当开具税收完税证明或提供原完税税收票证复印件

C. 税务机关依纳税人申请，就其2019年1月1日以后发生的个人所得税纳税义务，在全国范围内进行的纳税申报和税款缴纳情况开具个人所得税纳税记录

D. 环境保护税纳税人在完成税款缴纳后，申请换开税收票证的，税务机关核实税款缴纳情况后，为纳税人汇总开具税收完税证明。允许换开的次数，按现行票证管理相关规定处理

【参考答案】ABCD

【解析】见《全国税务机关纳税服务规范（3.0版）》“证明办理规范”章节。

10. 根据个人所得税的有关规定，下列关于个人财产对外转移提交税收证明或完税证明的表述中，正确的有(　　)。(8－11级测试)

A. 申请人拟转移的财产已取得完税凭证的，可直接向外汇管理部门提供完税凭证，无须向税务机关另外申请税收证明

B. 申请人拟转移的财产总价值在人民币15万元以上的，无须向税务机关申请税收证明

C. 税务机关有根据认为申请人有偷税、骗税等情形，需要立案稽查的，在稽查结案并完税后可开具税收证明

D. 申请人与纳税人姓名、名称不一致的，税务机关只对纳税人出具证明，申请人应向外汇管理部门提供其与纳税人关系的证明

【参考答案】ACD

【解析】选项 B，申请人拟转移的财产总价值在人民币 15 万元以下的，无须向税务机关申请税收证明。

## 三、判断题

1. 纳税人提交申请开具《税收完税证明》，只能主管税务机关开具。（　　）（1－7 级测试）

【参考答案】×

【解析】根据《全国税务机关纳税服务规范（3.0 版）》规定，“纳税人可在主管税务机关办税服务厅（场所）办理，也可在税务机关公布的同城通办的办税服务厅（场所）办理”。

2. 扣缴义务人未按规定为纳税人开具税收票证的，税务机关核实税款缴纳情况后，应当为纳税人开具税收缴款书。（　　）（1－7 级测试）

【参考答案】×

【解析】根据《税收票证管理办法》（国家税务总局令第 28 号公布，国家税务总局令第 48 号修改）相关规定，扣缴义务人未按规定为纳税人开具税收票证的，税务机关核实税款缴纳情况后，应当为纳税人开具税收完税证明。

3. 扣缴义务人代扣、代收税款后，已经向纳税人开具税法规定或国家税务总局认可的记载完税情况的其他凭证，纳税人需要换开正式完税凭证的，税务机关为其开具《税收完税证明》（表格式）。（　　）（1－7 级测试）

【参考答案】√

【解析】根据《税收票证管理办法》（国家税务总局令第 28 号公布，国家税务总局令第 48 号修改）相关事项规定，纳税人符合下列情形之一的，可以申请开具《税收完税证明》：

（1）通过横向联网电子缴税系统划缴税款到国库（经收处）后或收到从国库退还的税款后，当场或事后需要取得税收票证的。

（2）扣缴义务人代扣、代收税款后，已经向纳税人开具税法规定或国家税务总局认可的记载完税情况的其他凭证，纳税人需要换开正式完税凭证的。

（3）纳税人遗失已完税的各种税收票证（“出口货物完税分割单”、印花税票和“印花税票销售凭证”除外），需要重新开具的。

（4）对纳税人特定期间完税情况出具证明的。

（5）国家税务总局规定的其他需要为纳税人开具完税凭证情形。

税收完税证明分为表格式和文书式两种。第（1）项、第（2）项、第（3）项以及第（5）项开具的《税收完税证明》为表格式；第（4）项规定开具的《税收完税证明》为文书式，文书式《税收完税证明》不得作为纳税人的记账或抵扣凭证。

4. 某公司为申请高新技术企业资格需要提供2021年度的纳税情况，税务机关应为其开具《税收完税证明》（文书式）。（　）（1－7级测试）

【参考答案】√

【解析】同第3题。

5. 王某到税务机关申请开具税款所属期为2022年1月的个人所得税纳税情况证明，税务机关应为其开具《税收完税证明》（文书式）。（　）（1－7级测试）

【参考答案】×

【解析】根据国家税务总局关于将个人所得税《税收完税证明》（文书式）调整为《纳税记录》有关事项的公告（国家税务总局公告2018年第55号）相关规定，个人所得税纳税人就税款所属期为2019年1月1日（含）以后的，税务机关开具个人所得税《纳税记录》；税款所属期为2018年12月31日（含）以前的，税务机关开具个人所得税《税收完税证明》（文书式）。

6. 段某向办税服务厅申请开具2018年6月至2019年5月缴纳个人所得税情况证明，办税服务厅开具了1份个人所得税《纳税记录》。（　）（1－7级测试）

【参考答案】×

【解析】同第5题。

7. 纳税人可以通过扣缴客户端自行开具税收完税证明，但不支持重复开具。

（　）（1－7级测试）

【参考答案】×

【解析】纳税人可以在客户端自行开具（如果丢失的话，支持重复开具）；也可以到税务大厅进行开具。

8. 纳税人遗失“出口货物完税分割单”、印花税票和“印花税票销售凭证”，不能重新开具。（　）（1－7级测试）

【参考答案】√

【解析】根据《税收票证管理办法》（国家税务总局令第28号公布，国家税务总局令第48号修改）相关规定，纳税人遗失“出口货物完税分割单”、印花税票和“印花税票销售凭证”，不能重新开具。

9. 个人所得税《纳税记录》不作纳税人记账、抵扣凭证。（　）（1－7级测试）

【参考答案】√

【解析】根据国家税务总局关于将个人所得税《税收完税证明》（文书式）调整为《纳税记录》有关事项的公告（国家税务总局公告2018年第55号）相关规定，个人所得税《纳税记录》不作纳税人记账、抵扣凭证。

10. 代理出口业务如发生在受托方被停止出口退税权期间的，提出申请并提交对方证明材料可以出具《代理出口货物证明》。（　）（8－11级测试）

【参考答案】×

【解析】代理出口业务如发生在受托方被停止出口退税权期间的，按规定不予出具证明。

11. “零纳税”纳税人取得了应税收入但未达到起征点而没有实际缴纳税款，在这种情形下不可以开具《纳税记录》。（　）（8－11级测试）

【参考答案】×

【解析】纳税人2019年1月1日以后取得个人所得税应税所得并由扣缴义务人向税务机关办理了全员全额扣缴申报，或根据税法规定自行向税务机关办理纳税申报的，不论是否实际缴纳税款，均可以申请开具个人所得税《纳税记录》。

12. 中国税收居民身份证明的开具为即时办结业务。（　）（8－11级测试）

【参考答案】×

【解析】中国税收居民身份证明的开具办理时间为主管税务机关自受理申请之日起10个工作日内办结；无法准确判断居民身份的，需要报告上级税务机关的，20个工作日内办结。

13. 缴费人通过税务机关信息系统完成申报缴费的，可以申请开具社会保险费缴费证明，税务机关出具的缴费证明，不体现社保部门的退费结果信息。

（　）（8－11级测试）

【参考答案】√

【解析】缴费人通过税务机关信息系统完成申报缴费的，可以申请开具社会保险费缴费证明，税务机关出具的缴费证明，不体现社保部门的退费结果信息。

## 四、简答题

1. 纳税人咨询12366热线如何开具自己的个人所得税纳税记录，如果你是接线员，应该怎么回答？（8－11级测试）

【参考答案】

纳税人可以通过电子税务局、手机APP申请开具本人的个人所得税《纳税记录》，也可到办税服务厅申请开具。纳税人可以委托他人持下列证件和资料到办税服务厅代为开具个人所得税《纳税记录》：

（1）委托人及受托人有效身份证件原件（查验后退回）；

（2）委托人书面授权资料。

【解析】根据国家税务总局关于将个人所得税《税收完税证明》（文书式）调整为《纳税记录》有关事项的公告（国家税务总局公告2018年第55号）相关规定。

2. 纳税人在税收征管信息系统中，不存在应申报未申报记录且无哪些应缴未缴的税款时，可以为其开具无欠税证明？（8－11级测试）

【参考答案】

“不存在欠税情形”是指纳税人在税收征管信息系统中，不存在应申报未申报记录且无下列应缴未缴的税款：一是办理纳税申报后，纳税人未在税款缴纳期限内缴纳的税款；二是经批准延期缴纳的税款期限已满，纳税人未在税款缴纳期限内缴纳的税款；三是税务检查已查定纳税人的应补税额，纳税人未缴纳的税款；四是税务机关根据《中华人民共和国税收征收管理法》第二十七条、第三十五条核定纳税人的应纳税额，纳税人未在税款缴纳期限内缴纳的税款；五是纳税人的其他未在税款缴纳期限内缴纳的税款，包括作为扣缴义务人或纳税担保人未按期缴纳的税款。

【解析】根据国家税务总局关于开具《无欠税证明》有关事项的公告（国家税务总局公告2019年第47号）规定。

3. 申请开具《中国税收居民身份证明》的报送材料有哪些？（8－11级测试）

【参考答案】

（1）“中国税收居民身份证明申请表”（1份）；

（2）与拟享受税收协定待遇的收入有关的合同、协议、董事会或者股东会决议、支付凭证等证明资料（1份）；

（3）申请人为个人且在中国境内有住所地提供因户籍、家庭、经济利益关系而在中国境内习惯性居住的证明材料，证明材料包括申请人身份信息、说明材料或者其他材料（1份）；

（4）申请人为个人且无住所，而一个纳税年度内在中国境内居住累计满183天的提供在中国境内实际居住时间的证明材料，包括出入境信息等资料（1份）；

（5）境内、外分支机构通过其总机构提出申请时需提供总分机构的登记注册情况（1份）；

（6）以合伙企业的中国居民合伙人提出申请时需提供合伙企业登记注册情况（1份）；

（7）缔约对方税务主管当局对《税收居民证明》样式有特殊要求的，需要特殊要求的，书面说明以及《税收居民证明》样式（1份）；

申请人填报或提供的资料应提交中文文本，相关资料原件为外文文本的，应当同时提供中文译本。申请人向主管税务机关提交上述资料的复印件时，应在复印件上加盖申请人印章或签字，主管税务机关核验原件后留存复印件。

4. 请列举纳税人可以办理的出口退（免）税证明开具事项。（至少四项）（8－11级测试）

【参考答案】

出口退（免）税证明开具事项包括：代理出口货物证明开具、代理进口货物证明开具、出口货物退运已补税（未退税）证明开具、出口货物转内销证明开具、委托出口货物证明开具及中标证明通知书开具。

# 第七章　税务注销

## ★知识要点归纳

税务注销，是指纳税人、扣缴义务人由于法定的原因终止纳税义务、扣缴义务时，持有关证件和资料向主管税务机关申报办理税务注销手续。本章内容包括一照一码户清税申报、两证整合个体工商户清税申报、注销税务登记（适用于“一照一码”“两证整合”以外的纳税人）、税务注销即时办理、注销扣缴税款登记。

### 一、“一照一码”户清税申报

已实行“一照一码”登记模式的纳税人向市场监督管理等部门申请办理注销登记前，须先向税务机关申报清税。清税完毕后，税务机关向纳税人出具清税证明，纳税人持清税证明到原登记机关办理注销。

1. 经过实名信息验证的办税人员，不再提供登记证件、身份证件复印件、发票领用簿等资料。

2. 纳税人办理“一照一码”户清税申报，应结清应纳税款、多退（免）税款、滞纳金和罚款，缴销发票和其他税务证件，其中：(1) 企业所得税纳税人办理“一照一码”户清税申报，就其清算所得向税务机关申报并依法缴纳企业所得税。(2) 纳税人未办理土地增值税清算手续的，应在办理“一照一码”户清税申报前进行土地增值税清算。(3) 出口企业应在结清出口退（免）税款后，办理“一照一码”户清税申报。

3. 处于非正常状态纳税人在办理“一照一码”户清税申报前，需先解除非正常状态，补办申报纳税手续。符合以下情形的，税务机关可打印相应税种和相关附加的“批量零申报确认表”，经纳税人确认后，进行批量处理：

(1) 非正常状态期间增值税、消费税和相关附加需补办的申报均为零申报的；

(2) 非正常状态期间企业所得税月（季）度预缴需补办的申报均为零申报，且不存在弥补前期亏损情况的。

4. 被调查企业在税务机关实施特别纳税调查调整期间申请注销税务登记的，税务机关在调查结案前原则上不予办理注销手续。

5. 纳税人办理“一照一码”户清税申报，无须向税务机关提出终止银税三方（委托）划缴协议。税务机关办结“一照一码”户清税申报后，银税三方（委托）划缴协议自动终止。

6. 增值税一般纳税人税务注销10个工作日内办结，增值税小规模纳税人和其他纳税人在税务注销5个工作日内办结。税务机关在核查、检查过程中发现涉嫌偷、逃、骗、抗税或虚开发票的，或者需要进行纳税调整等情形的，办理时限中止。

## 二、两证整合个体工商户清税申报

已实行"两证整合"登记模式的个体工商户向市场监督管理部门申请办理注销登记前，先向税务机关申报清税。清税完毕后，税务机关向纳税人出具清税证明，纳税人持清税证明到原登记机关办理注销。

## 三、注销税务登记（适用于"一照一码""两证整合"以外的纳税人）

"一照一码""两证整合"以外的纳税人发生以下情形的，向主管税务机关办理注销税务登记：

（1）因解散、破产、撤销等情形，依法终止纳税义务的。

（2）按规定不需要在市场监督管理机关或者其他机关办理注销登记的，但经有关机关批准或者宣告终止的。

（3）被市场监督管理机关吊销营业执照或者被其他机关予以撤销登记的。

（4）境外企业在中华人民共和国境内承包建筑、安装、装配、勘探工程和提供劳务，项目完工、离开中国的。

（5）外国企业常驻代表机构驻在期届满、提前终止业务活动的。

（6）非境内注册居民企业经国家税务总局确认终止居民身份的。

## 四、税务注销即时办理

未办理过涉税事宜的纳税人，办理过涉税事宜但没领用过发票（含代开发票）、没有欠税和没有其他未办结事项的纳税人，查询时已办结缴销发票、结清应纳税款等清税手续的纳税人，可免予到税务机关办理清税证明，直接向市场监管部门申请办理注销登记。未办理过涉税事宜的纳税人，主动到税务机关办理清税的，税务机关可根据纳税人提供的营业执照即时出具清税文书。

1. 经人民法院裁定宣告破产的纳税人，持人民法院终结破产程序裁定书向税务机关申请税务注销的，税务机关即时出具清税文书，按照有关规定核销"死欠"。

2. 未处于税务检查状态、无欠税（滞纳金）及罚款、已缴销发票和税控专用设备的企业分支机构，若由总机构汇总缴纳增值税、企业所得税，并且不就地预缴或分配缴纳增值税、企业所得税的，税务机关即时出具清税文书。

3. 符合下列条件的纳税人在办理税务注销时，税务机关提供即时办结服务，采取"承诺制"容缺办理，即时出具清税文书：

（1）办理过涉税事宜但未领用发票、无欠税（滞纳金）及罚款的纳税人，主动到税务机关办理清税。

（2）对未处于税务检查状态、无欠税（滞纳金）及罚款、已缴销增值税专用发票及税控专用设备，且符合下列情形之一的纳税人：

①纳税信用级别为 A 级和 B 级的纳税人；

②控股母公司纳税信用级别为 A 级的 M 级纳税人；

③省级人民政府引进人才或经省级以上行业协会等机构认定的行业领军人才等创办的企业；

④未纳入纳税信用级别评价的定期定额个体工商户；

⑤未达到增值税纳税起征点的纳税人。

4. 对适用税务注销即办流程的纳税人，资料不齐的，税务机关可在纳税人作出承诺后，采取“承诺制”容缺办理，即时出具清税文书。纳税人应按承诺的时限补齐资料，并办结相关事项。若未履行承诺的，税务机关将对其法定代表人、财务负责人纳入纳税信用 D 级管理。

对符合即办条件但有未结事项的，纳税人可签署《即办清税证明承诺书》，税务机关即时出具清税证明，将纳税人状态设置为“清算”；纳税人不选择“承诺制”容缺办理的，税务机关制作《税务事项通知书（未结事项告知书）》。若纳税人符合即办条件且无未结事项的，税务机关即时出具清税证明，将纳税人状态设置为“注销”。

### 五、注销扣缴税务登记

未办理信息报告的扣缴义务人发生解散、破产、撤销以及其他情形，依法终止扣缴义务的，或者已办理信息报告的扣缴义务人未发生解散、破产、撤销以及其他情形，未依法终止纳税义务，仅依法终止扣缴义务的，应当持有关证件和资料向税务机关申报办理注销扣缴税款登记。

已办理信息报告的扣缴义务人发生解散、破产、撤销以及其他情形，依法终止纳税义务的，申报办理税务注销时，无须单独提出申请，税务机关在办理税务注销的同时，注销扣缴税款登记。

## ★习题精练及答案解析

### 一、单项选择题

1. 增值税一般纳税人税务注销一般流程办理时限压缩至（　　）个工作日，增值税小规模纳税人和其他纳税人税务注销一般流程办理时限压缩至（　　）个工作日。（1－7级测试）

A. 15　10　　B. 10　5　　C. 10　7　　D. 7　5

【参考答案】B

【解析】《国家税务总局关于开展 2021 年“我为纳税人缴费人实事暨便民办税春风行动”的意见》（税总发〔2021〕14 号）。

2. 办理税务注销时，已实行“一照一码”“两证整合”登记模式的纳税人提交(　　)；未实行“一照一码”“两证整合”登记模式的纳税人提交(　　)。(1－7 级测试)

A. “清税申报表”；“清税申报表”

B. “注销税务登记申请表”；“清税申报表”

C. “注销税务登记申请表”；“注销税务登记申请表”

D. “清税申报表”；“注销税务登记申请表”

【参考答案】D

【解析】已实行“一照一码”“两证整合”登记模式的纳税人提交“清税申报表”；未实行“一照一码”“两证整合”登记模式的纳税人提交“注销税务登记申请表”。

3. 下列有关税务注销前置程序，说法不正确的是(　　)。(1－7 级测试)

A. 纳税人申报办理税务注销前，应结清应纳税款、多退（免）税款、滞纳金和罚款，缴销发票和其他税务证件

B. 企业所得税纳税人在办理税务注销前，就其清算所得向税务机关申报并依法缴纳企业所得税

C. 纳税人未办理土地增值税清算手续的，应在申报办理税务注销前进行土地增值税清算

D. 出口企业应在结清出口退（免）税款前，申报办理税务注销

【参考答案】D

【解析】纳税人申报办理税务注销前，应结清应纳税款、多退（免）税款、滞纳金和罚款，缴销发票和其他税务证件，其中：（1）企业所得税纳税人在办理税务注销前，就其清算所得向税务机关申报并依法缴纳企业所得税；（2）纳税人未办理土地增值税清算手续的，应在申报办理税务注销前进行土地增值税清算；（3）出口企业应在结清出口退（免）税款后，申报办理税务注销。

4. 办理税务注销时，税务机关在核查、检查过程中发现涉嫌偷、逃、骗、抗税或虚开发票的，或者需要进行纳税调整等情形的，(　　)。(1－7 级测试)

A. 办理事项中止　　B. 办理事项终止

C. 办理时限中止　　D. 办理时限终止

【参考答案】C

【解析】税务机关在核查、检查过程中发现涉嫌偷、逃、骗、抗税或虚开发票的，或者需要进行纳税调整等情形的，办理时限中止。

5. 非正常户注销的个体工商户，申请恢复其税务登记的，税务人员应在金税三期核心征管系统(　　)办理该功能。(1－7 级测试)

A. “临时税务登记纳税人登记”

B. “组织临时登记”

C. “工商部门登记信息查询确认”

D. “两证整合个体工商户登记信息确认”

【参考答案】D

【解析】非正常户注销的个体工商户，申请恢复其税务登记的，直接通过“两证整合个体工商户登记信息确认”处理。

6. 某有限公司财务负责人小王拨打 12366 纳税服务热线咨询税务注销相关手续，以下回答正确的是(　　)。(1－7 级测试)

A. 办理清税证明是纳税人向市场监管部门申请注销的必经程序

B. 经过实名信息验证的办税人员，不再提供登记证件、身份证件复印件等资料

C. 处于非正常状态纳税人在出具书面承诺书并经主管机务机关审核同意后可以办理税务注销

D. 对控股母公司纳税信用级别为 B 级的 M 级纳税人，符合即时办结其他条件的应即时办结

【参考答案】B

【解析】根据《全国税务机关纳税服务规范（3.0 版)》规定，符合规定条件的纳税人在向市场监管部门申请注销前可免予办理清税证明；处于非正常状态纳税人在申报办理税务注销前，需先解除非正常状态，补办申报纳税手续。对控股母公司纳税信用级别为 A 级的 M 级纳税人，符合即时办结其他条件的应即时办结。

7. 关于被人民法院裁定宣告破产后的税务注销，以下说法正确的是(　　)。(1－7 级测试)

A. 按照清算程序限时办理

B. 按照税务注销即时办理

C. 企业无须办理相关税务注销手续

D. 按照简易注销处理

【参考答案】B

【解析】根据规定，纳税人经人民法院裁定宣告破产，持人民法院终结破产程序裁定书，可向税务机关申请税务注销即时办理。

8. 国外一公司驻我国常设机构驻在期限届满办理税务注销时，以下表格应填报的是(　　)。(1－7 级测试)

A. “注销税务登记申请表”

B. “清税申报表”

C. “非居民企业注销税务登记申请表”

D. “注销扣缴税款登记申请表”

【参考答案】A

【解析】外国企业常驻代表机构驻在期届满、提前终止业务活动的，填报“注销税务登记申请表”。

9. 国外一公司驻我国常设机构驻在期限届满，应申请办理注销的时限是(　　)。(1－7级测试)

A. 驻在期限届满15日内　　B. 驻在期限届满30日内

C. 驻在期限届满60日内　　D. 驻在期限届满90日内

【参考答案】C

【解析】外国企业常驻代表机构驻在期届满终止业务活动的，应在驻在期限届满60日内办理注销手续。

10. 某房地产开发有限公司于2022年8月31日经A市中级人民法院裁定宣告破产，该公司向主管税务机关申请注销税务登记，应提供的资料是(　　)。(1－7级测试)

A. 法人身份证　　B. 营业执照复印件

C. 人民法院终结破产程序裁定书　　D. 法人身份证和营业执照复印件

【参考答案】C

【解析】经人民法院裁定宣告破产的纳税人，持人民法院终结破产程序裁定书向税务机关申请税务注销的，税务机关即时出具清税文书，按照有关规定核销“死欠”。

11. 纳税人申报办理税务注销前，需要办理的事项不含(　　)。(1－7级测试)

A. 企业所得税纳税人，就其清算所得向税务机关申报并依法缴纳企业所得税

B. 纳税人未办理土地增值税清算手续的，应在申报办理税务注销前进行土地增值税清算

C. 出口企业结清出口退（免）税款

D. 向税务机关提出终止银税三方（委托）划缴协议

【参考答案】D

【解析】纳税人申报办理税务注销，无须向税务机关提出终止银税三方（委托）划缴协议。税务机关办结税务注销后，银税三方（委托）划缴协议自动终止。

12. 以下(　　)情形的纳税人，不符合税务注销即时办理服务？(1－7级测试)

A. 纳税信用级别为A级和B级的纳税人

B. 控股母公司纳税信用级别为A级的M级纳税人

C. 未纳入纳税信用级别评价的定期定额个体工商户

D. 市级人民政府引进人才或经市级以上行业协会等机构认定的行业领军人才等创办的企业

【参考答案】D

【解析】省级人民政府引进人才或经省级以上行业协会等机构认定的行业领军人才

等创办的企业符合税务注销即时办理服务。

13. 一企业税务已注销但社会信用代码营业执照未注销，因有业务继续经营需要恢复税务登记，应通过(　　)模块操作。(1－7级测试)

A. 工商部门登记查询确认　　B. 单位纳税人税务登记

C. “一照一码”户登记信息确认　　D. 停复业登记

【参考答案】C

【解析】根据《税收征管操作规范2.0》《安徽省税务局税收业务岗责体系(2019)版的通知》。

14. 企业在办理注销登记前，应(　　)计算清算所得，并就其清算所得向税务机关申报并依法缴纳企业所得税。(8－11级测试)

A. 将整个清算期作为一个独立的纳税年度

B. 将清算期与当年度合并为一个纳税年度

C. 清算期结束时间在6月30日前的，将清算期与当年度合并为一个纳税年度

D. 清算期结束时间在6月30日后的，作为一个独立的纳税年度

【参考答案】A

【解析】《财政部 国家税务总局关于企业清算业务企业所得税处理若干问题的通知》第四条第二款规定，企业应将整个清算期作为一个独立的纳税年度计算清算所得。

15. 某纳税人为非正常户注销状态，想办理注销恢复时，提示已存在非正常户注销纳税人，无法办理登记，只能办理临时税务登记的原因是(　　)。(8－11级测试)

A. 纳税人组织机构代码为空　　B. 课征主体为单位纳税人

C. 课征主体为个体工商户　　D. 登记注册类型不正确

【参考答案】A

【解析】该纳税人组织机构代码为空，导致办理单位纳税人登记时，系统认为是重新办理税务登记，而不是办理注销恢复，系统监控已存在非正常户注销纳税人信息。

16. 某企业系“一照一码”登记户，企业现申请办理清税申报，以下说法错误的是(　　)。(8－11级测试)

A. 未办理过涉税事宜的“一照一码”户可免予到税务机关办理清税证明

B. 纳税人办理“一照一码”户清税申报，应结清应纳税款、多退(免)税款、滞纳金和罚款，缴销发票和其他税务证件

C. 经过实名信息验证的办税人员，不再提供登记证件、身份证件复印件、发票领用簿等资料

D. 税务机关在核查、检查过程中发现涉嫌偷、逃、骗、抗税或虚开发票的，或者需要进行纳税调整等情形的，办理时限终止

【参考答案】D

【解析】根据《全国税务机关纳税服务规范（3.0 版）》规定，税务机关在核查、检查过程中发现涉嫌偷、逃、骗、抗税或虚开发票的，或者需要进行纳税调整等情形的，办理时限中止。

17. 纳税人为注销状态，前来恢复税务登记，不能从金三系统（　　）处理。（8－11 级测试）

A. 单位纳税人税务登记
B. 个体经营纳税人税务登记
C. 组织临时登记
D. 工商部门查询信息确认

【参考答案】C

【解析】组织临时登记不能恢复，前台也不能注销。

18. 某定期定额个体工商户，未处于税务检查状态、无欠税（滞纳金）及罚款、已缴销发票及税控专用设备，但该纳税人有其他未办结事项，办税服务厅工作人员通过"注销税务登记（优化版）"进行注销受理，该纳税人对未办结事项进行容缺办理承诺，承诺后开具清税证明，此时系统中该纳税人的状态为（　　）。（8－11 测试）

A. 清算　B. 正常　C. 报验　D. 注销

【参考答案】A

【解析】依据《优化注销操作指南》附件 1《核心征管系统业务需求》。

19. 关于非正常状态纳税人办理"一照一码"户清税申报，以下说法正确的是（　　）。（8－11 级测试）

A. 若非正常状态期间增值税、消费税和相关附加需补办的申报均为零申报的，纳税人应逐月完成补申报后，方可继续办理
B. 若非正常状态期间增值税、消费税和相关附加需补办的申报均为零申报的，税务机关可直接后台批量处理
C. 若非正常状态期间增值税、消费税和相关附加需补办的申报均为零申报的，纳税人可打印"批量零申报确认表"，经税务机关审核确认后，进行批量处理
D. 若非正常状态期间增值税、消费税和相关附加需补办的申报均为零申报的，税务机关可打印"批量零申报确认表"，经纳税人确认后，进行批量处理

【参考答案】D

【解析】根据《全国税务机关纳税服务规范（3.0 版）》规定，纳税人非正常状态期间增值税、消费税和相关附加需补办的申报均为零申报的，税务机关可打印相应税种和相关附加的"批量零申报确认表"，经纳税人确认后，进行批量处理。

## 二、多项选择题

1. 税务注销"套餐式"服务模式包括（　　）。（1－7 级测试）

A. 一窗受理　B. 内部流转　C. 限时办结　D. 窗口出件

【参考答案】ABCD

【解析】《全国税务机关纳税服务规范（3.0版）》税务注销指南。

2. 根据《全国税务机关纳税服务规范（3.0版）》，关于税务注销规范说法正确的是（　　）。(1-7级测试)

A. 纳税人对报送材料的真实性和合法性承担责任

B. 纳税人使用符合《中华人民共和国电子签名法》规定条件的电子签名，与手写签名或者盖章具有同等法律效力

C. 纳税人提供的各项资料为复印件的，在资料首页注明“与原件一致”并签章

D. 经过实名信息验证的办税人员，不再提供登记证件、身份证件复印件等资料

【参考答案】ABD

【解析】纳税人提供的各项资料为复印件的，均须注明“与原件一致”并签章。

3. 经过实名信息验证的办税人员办理税务注销，可免于报送的资料包括（　　）。(1-7级测试)

A. 登记证件

B. 上级主管部门批复文件或董事会决议复印件

C. 结存未使用的空白发票

D. 发票领用簿

【参考答案】ABD

【解析】经过实名信息验证的办税人员，不再提供登记证件、身份证件复印件、上级主管部门批复文件或董事会决议复印件、《项目完工证明》《验收证明》等相关文件复印件、发票领用簿等资料。

4. “一照一码”“两证整合”以外的纳税人发生（　　）情形的，向主管税务机关办理注销税务登记。(1-7级测试)

A. 因解散、破产、撤销等情形，依法终止纳税义务的

B. 按规定不需要在市场监督管理机关或者其他机关办理注销登记的，但经有关机关批准或者宣告终止的

C. 被市场监督管理机关吊销营业执照或者被其他机关予以撤销登记的

D. 境外企业在中华人民共和国境内承包建筑、安装、装配、勘探工程和提供劳务，项目完工、离开中国的

【参考答案】ABCD

【解析】选项中情形均应向主管税务机关办理注销税务登记。

5. “一照一码”“两证整合”以外的纳税人注销税务登记，说法正确的有（　　）。(1-7级测试)

A. 纳税人申报办理注销税务登记，应结清应纳税款、多退（免）税款、滞纳金和

罚款，缴销发票和其他税务证件

B. 处于非正常状态纳税人在办理注销税务登记前，需先解除非正常状态，补办申报纳税手续

C. 纳税人办理注销税务登记，无须先向税务机关提出终止银税三方（委托）划缴协议

D. 被调查企业在税务机关实施特别纳税调查调整期间申请注销税务登记的，税务机关原则上不予办理注销手续

【参考答案】ABC

【解析】被调查企业在税务机关实施特别纳税调查调整期间申请注销税务登记的，税务机关在调查结案前原则上不予办理注销手续。

6. 处于非正常状态纳税人办理“一照一码”户清税申报，须同时符合(　　)情形的，税务机关可打印相应税种和相关附加的“批量零申报确认表”，经纳税人确认后，进行批量处理。(1－7 级测试)

A. 非正常状态期间增值税、消费税和相关附加需补办的申报均为零申报

B. 非正常状态期间企业所得税月（季）度预缴需补办的申报均为零申报

C. 不存在弥补前期亏损情况

D. 无欠缴税款（滞纳金）、罚款和未缴销发票

【参考答案】ABC

【解析】依据《关于深化“放管服”改革更大力度推进优化税务注销办理程序工作的通知》（税总发〔2019〕64 号），处于非正常状态纳税人办理“一照一码”户清税申报，符合以下情形的，税务机关可打印相应税种和相关附加的“批量零申报确认表”，经纳税人确认后，进行批量处理：(1) 非正常状态期间增值税、消费税和相关附加需补办的申报均为零申报；(2) 非正常状态期间企业所得税月（季）度预缴需补办的申报均为零申报，且不存在弥补前期亏损情况的。

7. 对未处于税务检查状态、无欠税（滞纳金）及罚款、已缴销增值税专用发票及税控专用设备，且符合下列(　　)情形之一的纳税人，优化即时办结服务，采取“承诺制”容缺办理。(1－7 级测试)

A. 纳税信用级别为 A 级和 B 级的纳税人

B. 控股母公司纳税信用级别为 A 级的 M 级纳税人

C. 未纳入纳税信用级别评价的纳税人

D. 未达到增值税纳税起征点的纳税人

【参考答案】ABD

【解析】依据《国家税务总局关于进一步优化办理企业税务注销程序的通知》（税总发〔2018〕149 号），对未处于税务检查状态、无欠税（滞纳金）及罚款、已缴销增

值税专用发票及税控专用设备，且符合下列情形之一的纳税人，优化即时办结服务，采取“承诺制”容缺办理，即纳税人在办理税务注销时，若资料不齐，可在其作出承诺后，税务机关即时出具清税文书。（1）纳税信用级别为A级和B级的纳税人；（2）控股母公司纳税信用级别为A级的M级纳税人；（3）省级人民政府引进人才或经省级以上行业协会等机构认定的行业领军人才等创办的企业；（4）未纳入纳税信用级别评价的定期定额个体工商户；（5）未达到增值税纳税起征点的纳税人。

8. 依据《全国税务机关纳税服务规范（3.0版）》“税务注销规范”，税务人员操作流程说法正确的是（　　）。（1-7级测试）

A. 办税服务厅或电子税务局接收资料信息，核对资料信息是否齐全、是否符合法定形式、填写内容是否完整，符合的即时受理；对资料不齐全、不符合法定形式或填写内容不完整的，1个工作日内告知应补正资料或不予受理原因。并对办税人员进行实名信息验证

B. 按照纳税人报送材料录入数据。根据信息系统的提示信息，提醒纳税人更正纠错

C. 办理结束后，制作清税证明或《注销税务事项通知书》，发放给纳税人；电子税务局办理的，将办理结果通过电子税务局反馈给纳税人

D. 办结后将资料进行归档，不得将纳税人的办理材料用于与注销事项办理无关的用途

【参考答案】BC

【解析】选项A，办税服务厅或电子税务局接收资料信息，核对资料信息是否齐全、是否符合法定形式、填写内容是否完整，符合的即时受理；对资料不齐全、不符合法定形式或填写内容不完整的，一次性告知应补正资料或不予受理原因。选项D，办结后将资料进行归档。不得将纳税人的办理材料用于与政务服务无关的用途。

9. 关于非正常户注销，以下表述正确的有（　　）。（1-7级测试）

A. 对没有欠税且没有未缴销发票的纳税人，认定为非正常户超过一年的，税务机关可以注销其税务登记证件

B. 对没有欠税且没有未缴销发票的纳税人，认定为非正常户超过两年的，税务机关可以注销其税务登记证件

C. 非正常户注销后，金三系统不再保留该纳税人的未申报记录

D. 非正常户注销后，金三系统仍然保留该纳税人的未申报记录

【参考答案】BD

【解析】对没有欠税且没有未缴销发票的纳税人，认定为非正常户超过两年的，税务机关可以注销其税务登记证件。非正常户注销后，金三系统仍然保留该纳税人的未申报记录。

10. 在“承诺制”容缺办理税务注销后，纳税人未履行承诺，将被税务机关纳入纳税信用D级管理的人员是(　　)。(1－7级测试)

A. 企业股东　　B. 办税人员

C. 纳税人的法定代表人　　D. 纳税人的财务负责人

【参考答案】CD

【解析】若纳税人未履行承诺的，税务机关将对其法定代表人、财务负责人纳入纳税信用D级管理。

11. 下列属于纳税人申请开具清税证明前置条件的是(　　)。(1－7级测试)

A. 结清应纳税款　　B. 法定代表人须实名认证

C. 缴销发票及税控专用设备　　D. 无欠税（滞纳金）及罚款

【参考答案】ACD

【解析】根据《全国税务机关纳税服务规范（3.0版）》税务注销指南规定。

12. 一般纳税人的办理税务注销后，原纳税人在办理注销登记前尚未抵扣的进项税额可结转至新纳税人处继续抵扣，其“注销原因”一栏应选择的原因包括(　　)。(8－11级测试)

A. 资产重组

B. 依法破产

C. 因住所经营地址变动而改变主管税务机关

D. 依法终止纳税义务

【参考答案】AC

【解析】《国家税务总局关于一般纳税人迁移有关增值税问题的公告》（国家税务总局公告2011年第71号）明确，增值税一般纳税人因住所、经营地点变动，按照相关规定，在工商行政管理部门（现市场监督管理部门）作变更登记处理，但因涉及改变税务登记机关，需要办理注销税务登记并重新办理税务登记的，在迁达地重新办理税务登记后，其增值税一般纳税人资格予以保留，办理注销税务登记前尚未抵扣的进项税额允许继续抵扣。根据《国家税务总局关于纳税人资产重组增值税留抵税额处理有关问题的公告》（国家税务总局公告2012年第55号），增值税一般纳税人（以下称“原纳税人”）在资产重组过程中，将全部资产、负债和劳动力一并转让给其他增值税一般纳税人（以下称“新纳税人”），并按程序办理注销税务登记的，其在办理注销登记前尚未抵扣的进项税额可结转至新纳税人处继续抵扣。

13. 下列税务注销情形，应进行企业所得税清算申报的所得税处理的有(　　)。(8－11级测试)

A. 由法人转变为个人独资企业、合伙企业等非法人组织

B. 企业将登记注册地转移至中华人民共和国境外

C. 企业发生符合特殊性税务处理规定的合并或分立

D. 企业被市场监督管理机关吊销营业执照办理注销的

【参考答案】ABD

【解析】不符合《财政部 国家税务总局关于企业重组业务企业所得税处理若干问题的通知》规定的适用特殊税务处理原则的重组业务，如企业由法人转变为个人独资企业、合伙企业、个体工商户等非法人组织、或将登记注册地转移至中华人民共和国境外（包括港澳台地区）；不适用特殊性税务处理的企业合并、分立等，改组企业不需要履行上述清算程序，但需要视同清算进行所得税处理。

14. 下列税务注销情形，不需要进行企业所得税清算申报的是(　　)。(8－11级测试)

A. 企业合并　　B. 企业分立　　C. 跨区迁移　　D. 依法解散

【参考答案】ABC

【解析】根据《公司法》的规定，公司的合并或者分立，只需有各方协议，以及编制资产负债表及财产清单，再按时通知债权人即可，并不需要成立清算组进行清算。纳税人因住所、经营地点变动，涉及改变税务登记机关的而进行税务登记注销时，一般是不需要进行企业所得税清算的。除企业将登记注册地转移至中华人民共和国境外(包括港澳台地区)，应进行企业所得税清算，其他仅涉及企业登记注册地在中国境内转移的，不需要进行企业所得税清算。

15. 关于税务注销金三操作，以下说法正确的有(　　)。(8－11级测试)

A. 对纳税人在非正常状态期间未开展生产经营活动、无相关纳税义务的，税务机关可以对相关税（费）种进行批量零申报处理

B. “非正常户”状态的纳税人申请税务注销的，需先解除非正常状态，补办纳税申报手续

C. 企业所得税清算报备，“清算登记日”若选择当日之前的日期，纳税人状态仍显示为“正常”

D. 纳税人有欠税的，只有当纳税人注销原因为破产且剩余资产不足缴税时，注销核准人员选择核准意见时，可选“同意”

【参考答案】ABD

【解析】企业所得税清算报备，“清算登记日”若选择当日之前的日期，纳税人状态仍显示为“清算”。

16. 下列关于税务注销即时办理，说法正确的是(　　)。(8－11级测试)

A. 未办理过涉税事宜的纳税人，主动到税务机关办理清税的，税务机关可根据纳税人提供的营业执照即时出具清税文书

B. 办理过涉税事宜但未领用发票、无欠税（滞纳金）的纳税人，主动到税务机关办理清税，资料齐全的，税务机关即时出具清税文书；资料不齐的，可采取

“承诺制”容缺办理，在其作出承诺后，即时出具清税文书

C. 人民法院裁定宣告破产的纳税人，持人民法院终结破产程序裁定书向税务机关申请税务注销的，税务机关即时出具清税文书，按照有关规定核销“死欠”

D. 因变更登记地址，申请注销旧户的纳税人，办结当期各税种申报，无欠税（滞纳金）的，税务机关即时出具清税文书

【参考答案】AC

【解析】选项B，办理过涉税事宜但未领用发票、无欠税（滞纳金）及罚款的纳税人，主动到税务机关办理清税，资料齐全的，税务机关即时出具清税文书；资料不齐的，可采取“承诺制”容缺办理，在其作出承诺后，即时出具清税文书。选项D，税务机关不即时出具清税文书。

17. 关于税务注销办理和反馈环节的相关要求，以下说法正确的有（　　）（8－11级测试）

A. 按照纳税人报送材料录入数据，根据信息系统的提示，帮助纳税人更正纠错

B. 实行“一窗受理、内部流转、限时办结、窗口出件”的“套餐式”服务模式

C. 办税服务厅2个工作日内将资料信息流转至相关责任部门

D. 办税服务厅接收到相关责任部门反馈后，1个工作日内通知纳税人领取办理结果

【参考答案】BD

【解析】根据《全国税务机关纳税服务规范（3.0版）》规定，办理环节要按照纳税人报送材料录入数据，根据信息系统的提示，提醒纳税人更正纠错。办税服务厅1个工作日内要将资料信息流转至相关责任部门。

18. 关于两证整合个体工商户清税申报业务，以下说法错误的有（　　）。（8－11级测试）

A. 定期定额个体工商户要在5个工作日内办结

B. 税务机关在核查、检查过程中发现涉嫌偷、逃、骗、抗税或虚开发票的，或者需要进行纳税调整等情形的，办理时限终止

C. 处于非正常状态纳税人在办理两证整合个体工商户清税申报前，需先解除非正常状态，补办申报纳税手续

D. 处于非正常状态纳税人办理两证整合个体工商户清税申报，若非正常状态期间增值税、消费税和相关附加需补办申报的，税务机关可进行批量处理

【参考答案】BD

【解析】税务机关在核查、检查过程中发现涉嫌偷、逃、骗、抗税或虚开发票的，或者需要进行纳税调整等情形的，办理时限中止；处于非正常状态纳税人办理“一照一码”户清税申报，若非正常状态期间增值税、消费税和相关附加需补办的申报均为零申报的，税务机关可打印相应税种和相关附加的“批量零申报确认表”，经纳税人确认后，进行批量处理。

## 三、判断题

1. 对适用税务注销即办流程的纳税人，资料不齐的，税务机关可在纳税人作出承诺后，采取“承诺制”容缺办理，即时出具清税文书。纳税人后期无须另行提交材料。

（　　）（1－7级测试）

【参考答案】×

【解析】对适用税务注销即办流程的纳税人，资料不齐的，税务机关可在纳税人作出承诺后，采取“承诺制”容缺办理，即时出具清税文书。纳税人应按承诺的时限补齐资料，并办结相关事项。

2. 经人民法院裁定宣告破产的纳税人，持人民法院终结破产程序裁定书向税务机关申请税务注销的，税务机关即时出具清税文书，按照有关规定核销“死欠”。

（　　）（1－7级测试）

【参考答案】√

【解析】《全国税务机关纳税服务规范（3.0版）》税务注销相关规定。

3. 对未处于税务检查状态、无欠税（滞纳金）及罚款、已缴销增值税专用发票及税控专用设备的A级或B级纳税人申请办理税务注销时，税务机关提供即时办结服务，采取“承诺制”容缺办理，及时出具清税文书。（　　）（1－7级测试）

【参考答案】√

【解析】《全国税务机关纳税服务规范（3.0版）》税务注销即时办理规定。

4. 2021年“便民办税春风行动”推出便利注销办理。压缩税务注销一般流程办理时限，将增值税一般纳税人税务注销一般流程办理时限进一步压缩至10个工作日，增值税小规模纳税人和其他纳税人税务注销一般流程办理时限进一步压缩至7个工作日。（　　）（1－7级测试）

【参考答案】×

【解析】《国家税务总局关于开展2021年“我为纳税人缴费人办实事暨便民办税春风行动”的意见》规定，压缩税务注销一般流程办理时限，将增值税一般纳税人税务注销一般流程办理时限进一步压缩至10个工作日，增值税小规模纳税人和其他纳税人税务注销一般流程办理时限进一步压缩至5个工作日。

5. 已办理信息报告的扣缴义务人发生解散、破产、撤销以及其他情形，依法终止纳税义务的，在申报办理税务注销时，不单独提出注销扣缴税款登记。

（　　）（1－7级测试）

【参考答案】√

【解析】已办理信息报告的扣缴义务人发生解散、破产、撤销以及其他情形，依法终止纳税义务的，申报办理税务注销时，不需单独提出申请，税务机关在办理税务注销的同时，注销扣缴税款登记。

6. 税务机关办结税务注销后，银税三方（委托）划缴协议自动终止。
（　　）（1－7 级测试）

【参考答案】√

【解析】纳税人申报办理税务注销，无须向税务机关提出终止银税三方（委托）划缴协议。税务机关办结税务注销后，银税三方（委托）划缴协议自动终止。

7. 为进一步优化注销流程，办税服务厅应当设置注销专窗。（　　）（1－7 级测试）

【参考答案】√

【解析】根据税总发〔2018〕149 号第三条简化税务注销办理的资料和流程规定，开设专门窗口。在办税服务厅设置注销业务专门服务窗口，并根据情况及时增加专门服务窗口数量。

8. 被市场监督管理机关吊销营业执照的纳税人，办理税务注销，还需提供市场监督管理机关发出的吊销工商营业执照决定原件及复印件，已实行实名办税的纳税人可以取消报送。（　　）（1－7 级测试）

【参考答案】×

【解析】被市场监督管理机关吊销营业执照的纳税人，办理税务注销，还需提供市场监督管理机关发出的吊销工商营业执照决定复印件。

9. 境外企业在中国境内承包建筑、安装、装配、勘探工程和提供劳务，办理税务注销还须提供项目完工证明、验收证明等相关文件复印件，已实行实名办税的纳税人可以取消报送。（　　）（1－7 级测试）

【参考答案】√

【解析】境外企业在中国境内承包建筑、安装、装配、勘探工程和提供劳务，办理税务注销还须提供项目完工证明、验收证明等相关文件复印件。

10. 上级主管、董事会决议注销，办理税务注销须提供上级主管部门批复文件或董事会决议原件及复印件，已实行实名办税的纳税人可以取消报送。
（　　）（1－7 级测试）

【参考答案】×

【解析】上级主管、董事会决议注销，办理税务注销须提供上级主管部门批复文件或董事会决议复印件。

11. 按照规定不需要在市场监管部门或者其他机关办理注册登记的，应当自有关机关批准或者宣告终止之日起 30 日内，持有关证件向原税务登记机关申报办理注销税务登记。（　　）（1－7 级测试）

【参考答案】×

【解析】按照规定不需要在市场监管部门或者其他机关办理注册登记的，应当自有关机关批准或者宣告终止之日起 15 日内，持有关证件向原税务登记机关申报办理注销税务登记。

12. 纳税人被市场监管部门吊销营业执照或者被其他机关予以撤销登记的，应当自营业执照被吊销或者被撤销登记之日起 15 日内，向原税务登记机关申报办理注销税务登记。（　　）（1－7 级测试）

【参考答案】√

【解析】纳税人被市场监管部门吊销营业执照或者被其他机关予以撤销登记的，应当自营业执照被吊销或者被撤销登记之日起 15 日内，向原税务登记机关申报办理注销税务登记。

13. 对没有欠税也没有未缴销发票的纳税人，认定为非正常户超过一年的，主管税务机关通过“非正常户注销”模块注销其税务登记证件，但系统仍保留该纳税人所有未申报记录，税务机关对其实施追踪管理。（　　）（8－11 级测试）

【参考答案】×

【解析】对没有欠税也没有未缴销发票的纳税人，认定为非正常户超过两年的，主管税务机关依职权注销其税务登记证件，但系统仍保留该纳税人所有未申报记录，税务机关对其实施追踪管理。

14. 一户公司想要进行清税注销，可以在电子税务局内通过“我的信息”—“用户管理”—“用户注销”自主注销该公司。（　　）（8－11 级测试）

【参考答案】×

【解析】电子税务局内“用户注销”菜单只能注销电子税务局的使用权限，通过本功能进行操作后，纳税人将无法登录电子税务局。题中纳税人诉求是进行清税注销，应使用“注销税务登记”模块或“清税注销套餐”进行操作。

15. 总分机构纳税人登记有分支机构的，应当先办理分支机构注销登记。

（　　）（8－11 级测试）

【参考答案】√

【解析】总分机构纳税人登记有分支机构的，应当先办理分支机构注销登记。

16. 未办理过涉税事宜的纳税人，办理过涉税事宜但没领用过发票（含代开发票）没有欠税和没有其他未办结事项的纳税人，查询时已办结缴销发票、结清应纳税款等清税手续的纳税人，可免于到税务机关办理清税证明，直接向市场监管部门申请办理注销登记。（　　）（8－11 级测试）

【参考答案】√

【解析】《全国税务机关纳税服务规范（3.0 版）》税务注销即时办理规定。

17. 对税务注销即办流程采取“承诺制”容缺办理的，纳税人应按承诺的时限补齐资料，并办结相关事项。若未履行承诺的，税务机关将对其法定代表人、投资人、财务负责人纳入纳税信用 D 级管理。（　　）（8－11 级测试）

【参考答案】×

【解析】根据规定，对适用税务注销即办流程的纳税人，资料不齐的，税务机关可在纳税人作出承诺后，采取“承诺制”容缺办理，即时出具清税文书。纳税人应按承诺的时限补齐资料，并办结相关事项。若未履行承诺的，税务机关将对其法定代表人、财务负责人纳入纳税信用 D 级管理。

18. 税务即办注销容缺承诺情况下，若未履行承诺，法定代表人和财务负责人都将被纳入纳税信用 D 级管理以及相关部门的“联合惩戒”。（　　）（8 – 11 级测试）

【参考答案】×

【解析】容缺承诺情况下，若未履行承诺的，税务机关将对其法定代表人、财务负责人纳入纳税信用 D 级管理，但仅将法定代表人纳入 D 级管理以及相关部门的“联合惩戒”。

## 四、简答题

1. “一照一码”“两证整合”以外的纳税人发生哪些情形的，需向主管税务机关办理注销税务登记？（8 – 11 级测试）

【参考答案】

（1）因解散、破产、撤销等情形，依法终止纳税义务的。

（2）按规定不需要在市场监督管理机关或者其他机关办理注销登记的，但经有关机关批准或者宣告终止的。

（3）被市场监督管理机关吊销营业执照或者被其他机关予以撤销登记的。

（4）境外企业在中华人民共和国境内承包建筑、安装、装配、勘探工程和提供劳务，项目完工、离开中国的。

（5）外国企业常驻代表机构驻在期届满、提前终止业务活动的。

（6）非境内注册居民企业经国家税务总局确认终止居民身份的。

【解析】根据《全国税务机关纳税服务规范（3.0 版）》“税务注销—注销税务登记”（适用于“一照一码”“两证整合”以外的纳税人）相关规定。

2. 符合哪些条件的纳税人，税务注销即时办理即时出具清税文书？（8 – 11 级测试）

【参考答案】

未办理过涉税事宜的纳税人，主动到税务机关办理清税的，税务机关可根据纳税人提供的营业执照即时出具清税文书。

经人民法院裁定宣告破产的纳税人，持人民法院终结破产程序裁定书向税务机关申请税务注销的，税务机关即时出具清税文书。

未处于税务检查状态、无欠税（滞纳金）及罚款、已缴销发票和税控专用设备的企业分支机构，若由总机构汇总缴纳增值税、企业所得税，并且不就地预缴或分配缴纳增值税、企业所得税的，税务机关即时出具清税文书。

符合下列条件的纳税人在办理税务注销时，税务机关提供即时办结服务，采取“承诺制”容缺办理，即时出具清税文书：

（1）办理过涉税事宜但未领用发票、无欠税（滞纳金）及罚款的纳税人，主动到税务机关办理清税。

（2）对未处于税务检查状态、无欠税（滞纳金）及罚款、已缴销增值税专用发票及税控专用设备，且符合下列情形之一的纳税人。

①纳税信用级别为A级和B级的纳税人；

②控股母公司纳税信用级别为A级的M级纳税人；

③省级人民政府引进人才或经省级以上行业协会等机构认定的行业领军人才等创办的企业；

④未纳入纳税信用级别评价的定期定额个体工商户；

⑤未达到增值税纳税起征点的纳税人。

【解析】依据《国家税务总局关于深化“放管服”改革更大力度推进优化税务注销办理程序工作的通知》（税总发〔2019〕64号）、《国家税务总局关于进一步优化办理企业税务注销程序的通知》（税总发〔2018〕149号）。

3. 在金税三期系统“注销税务登记”（优化版）模块进行注销预检时，即办资格所监控的项目有哪些？（8－11级测试）

【参考答案】

（1）是否为省级人民政府引进人才或经省级以上行业协会等机构认定的行业领军人才等创办的企业；

（2）纳税人是否领取过发票；

（3）是否为纳税信用级别为A级和B级的纳税人；

（4）是否属于未纳入纳税信用级别评价的定期定额个体工商户；

（5）是否达到增值税纳税起征点的纳税人；

（6）是否为控股母公司纳税信用级别为A级的M级纳税人；

（7）动态信用级别是否为高级；

【解析】金税三期系统“注销税务登记”（优化版）模块监控信息。

## 五、实务题

A公司，企业创办人王先生是省行业协会认定的行业领军人才，2022年9月1日，企业法定代表人王先生到市税务局办税服务厅办理税务注销，由于企业财务主管外出，注销清算工作未完成，尚未进行企业所得税清算申报，但因业务原因急需办结注销手续，王先生咨询是否可以即时办理。如果你是办税服务人员，请你回答下列问题。

（1）对于A公司，税务人员如果为其容缺办理，即时出具清税证明，金税三期税收管理系统必须校验通过的即办条件包括(　　)。(多选)

A. 纳税信用级别应为A级和B级

B. 纳税人应无欠税（滞纳金）及罚款

C. 纳税人不存在未完成的纳税评估

D. 纳税人应已缴销增值税专用发票及税控专用设备

【参考答案】BCD

【解析】符合下列条件的纳税人在办理税务注销时，税务机关提供即时办结服务，采取“承诺制”容缺办理，即时出具清税文书：（1）办理过涉税事宜但未领用发票、无欠税（滞纳金）及罚款的纳税人，主动到税务机关办理清税。（2）对未处于税务检查状态、无欠税（滞纳金）及罚款、已缴销增值税专用发票及税控专用设备，且符合即办资格情形之一的纳税人。

（2）对符合容缺办理的纳税人，办税服务厅人员通过“注销税务登记”（优化版）采集并打印承诺书，经纳税人签署确认后，即时开具清税证明，此时纳税人在金税三期税收管理系统中的状态是(　　)。

A. 正常　　　B. 清算　　　C. 注销　　　D. 停业

【参考答案】B

【解析】依据《优化注销操作指南》附件1《核心征管系统业务需求》。

（3）对于符合容缺即办资格和即办条件的纳税人，纳税人自愿选择的前提下，税务人员可以采集并打印承诺书，经纳税人签署确认后，即时开具清税证明，关于承诺书的签署，以下说法正确的是(　　)。

A. 纳税人现场提交承诺书，必须由法定代表人和财务负责人共同签署承诺，不允许容缺

B. 允许容缺承诺，即财务负责人可以容缺（法定代表人必须承诺）

C. 允许容缺承诺，即法定代表人可以容缺（财务负责人必须承诺）

D. 容缺承诺情况下，若未履行或未全部履行承诺，法定代表人和财务负责人都将纳入D类管理以及相关部门的“联合惩戒”

【参考答案】B

【解析】允许容缺承诺，即财务负责人可以容缺（法定代表人必须承诺）。容缺承诺情况下，若未履行承诺的，税务机关将对其法定代表人、财务负责人纳入纳税信用D级管理；若未履行或未全部履行承诺，仅将法定代表人纳入D类管理以及相关部门的“联合惩戒”。

（4）对容缺办理清税证明的纳税人，超过承诺期未来办理相关事项的，税务机关对其法定代表人、财务负责人纳入纳税信用D级管理。在金税三期税收管理系统中是

一个自动触发的定时任务，触发时间是(　　)。

A. 超过承诺期第 5 个工作日　　B. 超过承诺期第 7 个工作日

C. 超过承诺期第 10 个工作日　　D. 超过承诺期第 16 个工作日

【参考答案】D

【解析】依据金税三期核心征管系统业务需求。

(5) 对于签署承诺书，容缺办理注销事项的纳税人，金税三期税收管理系统设置的后续监管包括(　　)。(多选)

A. 对承诺期限已到期的纳税人刷新监控，对已完成所有未办结事项监控的，自动将纳税人登记状态设置为“注销”，定时任务在承诺书到期后执行一次

B. 自动转注销的定时任务执行前，承诺纳税人已结清所有税务事项，可以由前台提前点击即办界面的“注销”按钮，变更纳税人状态为注销

C. 在定时任务执行后，纳税人逾期结清所有未结事项的，定时任务不再跟踪办理情况，也由前台手动发起注销，变更纳税人状态，但不改变法人、财务负责人纳入 D 级管理的要求

D. 超过承诺期未来办理相关事项的第 10 个工作日自动触发定时任务，对其法定代表人、财务负责人纳入纳税信用 D 级管理

【参考答案】ABC

【参考答案】超过承诺期未来办理相关事项的第 16 个工作日自动触发定时任务，对其法定代表人、财务负责人纳入纳税信用 D 级管理。

# 第八章　纳税人权益保护与纳税信用管理

## ★知识要点归纳

纳税人权益是纳税人依法享有的权益，是法律赋予并受法律保护的。税务机关推进依法治税，维护纳税人合法权益，必须牢固树立征纳双方法律面前平等的理念，要切实尊重纳税人的平等主体地位，在依法向纳税人行使征税权利的同时，也要为纳税人提供优质服务。纳税信用管理是指税务机关对纳税人的纳税信用信息开展的采集、评价、确定、发布和应用等活动，并根据反映企业纳税信用状况的各项指标，对企业纳税信用进行综合评价，并将评价的结果进行监管、推广和应用的过程。

### 一、纳税人权益保护概述

2009 年 11 月 6 日，国家税务总局发布了《关于纳税人权利与义务的公告》（国家税务总局公告 2009 年第 1 号），明确了纳税人在履行纳税义务中拥有的十四项权利和应承担的十项义务。

纳税人的权利包括：知情权；保密权；税收监督权；纳税申报方式选择权；申请延期申报权；申请延期缴纳税款权；申请退还多缴税款权；依法享受税收优惠权；委托税务代理权；陈述与申辩权；对未出示税务检查证和税务检查通知书的拒绝检查权；税收法律救济权；依法要求听证的权利；索取有关税收凭证的权利。

纳税人的义务包括：依法进行税务登记的义务；依法设置账簿、保管账簿和有关资料以及依法开具、使用、取得和保管发票的义务；财务会计制度和会计核算软件备案的义务；纳税人的财务、会计制度或者财务、会计处理办法和会计核算软件，应当报送税务机关备案、按照规定安装、使用税控装置的义务；按时、如实申报的义务；按时缴纳税款的义务；代扣、代收税款的义务；接受依法检查的义务；及时提供信息的义务；报告其他涉税信息的义务。

### 二、纳税人需求管理

纳税人需求是指纳税人在依法履行义务和权利过程中涉及法律、政策、程序、权益等问题时对税务机关提出的诉求，或需要税务机关提供帮助的事项。

### （一）纳税人需求来源

1. 纳税人通过网站、局长信箱、“互联网＋税务督查”、热线、微信、微博及办税服务厅等线上线下渠道，采取口头、书面等方式向税务机关提出的各类税费服务需求。

2. 税务机关以问卷调查、座谈调研、上门走访等适当方式，主动向纳税人征集的各类税费服务需求；税务机关在办理局长信箱、“互联网＋税务督查”留言时，分析研判出的纳税人税费服务需求；税务机关借助信息化手段，运用纳税人基础信息、涉税行为、办税结果、征收管理信息等数据，分析发掘的纳税人税费服务需求；税务机关通过办税服务厅、小微企业直联及基层联系点等收集到的纳税人税费服务需求。

3. 涉税专业服务机构等第三方机构及社会团体收集的税费服务需求。

4. 国务院相关部门、地方政府及其相关部门交办、转办的纳税人税费服务需求。

### （二）纳税人需求响应要求

1. 纳税人提出的合理合法需求，在规定时限内处理反馈。暂不能响应的，建立专项台账，并联系纳税人说明情况理由，待条件具备时，主动采取措施予以响应。

2. 对违反法律、法规、规章有关规定等非合理合法需求，税务机关不予响应，并向纳纳税人做好沟通解释。

3. 对超出本级职责范围的纳税人需求，报上级税务机关协调办理。不属于税务机关工作范围的及时告知引导纳税人通过其他渠道反映。上级税务机关认为下级税务机关应当办理而未办理的，可以责令其办理。上级税务机关认为有必要的，可以直接办理应当由下级税务机关办理的纳税人需求。

4. 对通过税收大数据应用分析获取的需求，研究提出切实可行的改进工作意见。

### （三）纳税人需求响应时限

1. 对涉及税收政策、征管流程明确的一般涉税需求，需求响应部门应当在收到需求后的15个工作日内办结。

2. 对涉及事项需跨区域、多部门协同办理的复杂涉税需求，需求响应部门应当在收到需求后的30个工作日内办结。

3. 对纳税人提出的涉及完善制度和政策措施的，需求响应部门经研究确需修订的，应当纳入部门工作计划安排，并通过适当方式向纳税人说明情况。

4. 确因情况复杂不能按期办结的，经纳税服务部门或者牵头办理部门负责人批准，可以适当延长办理期限，并向纳税人说明原因。

5. 涉及涉税事项办理、投诉、咨询等有明确时限规定的按照有关规定执行。

## 三、纳税人满意度调查

### （一）调查类型

1. 全面调查

全面调查是围绕税收工作重点，覆盖总局、省、市、县四级税务机关，涉及多项调查指标的常态化调查。全面调查由税务总局、省税务机关组织开展，原则上两年开展一次，省级以下税务机关不得开展。税务总局开展全面调查年度，省税务机关不再开展全面调查。

2. 日常调查

日常调查是各级税务机关针对具体税收管理、服务行为及纳税人办税体验的实时调查。日常调查包括政务服务“好差评”中的“一次一评”“一事一评”等。

3. 专项调查

专项调查是各级税务机关针对重点税收工作，纳税人普遍关切的税收政策、服务措施，以及全面调查、日常调查反映的突出问题开展的专门性调查。

### （二）调查指标

1. 调查内容

分为政策落实、规范执法、便捷服务、信息化建设、廉洁自律五类指标。

2. 内容属性

分为基础类、动态类两类指标。基础类指标是指反映税收工作根本要求，具有一定的连贯性、可对比性的指标，属于调查常用指标；动态类指标是指反映一段时期税收工作重点和社会热点的指标。

3. 调查对象

分为适用法定代表人、财务负责人、办税人员、涉税中介从业人员、自然人纳税人五类指标。

4. 评价层级

分为适用税务总局、省税务机关、市税务机关、县（区）税务机关四类指标。

5. 评价部门

按照满意度调查指标涉及税收工作的承接职能部门设置。

6. 评价方式

分为量表类、判断类、开放类指标。量表类指标评价选项中设置“非常满意”“满意”“基本满意”“不满意”“非常不满意”等选项，由调查对象根据主观感受选择；判断类指标评价选项中设置“是否”“有无”“数值”等选项，由调查对象根据客观事实选择；开放类指标采用文字描述方式展现调查内容和结果。

7. 其他

根据税收工作发展和调查需要，设置相应标签类型。

税务机关进行纳税人满意度调查，可自行组织或委托第三方专业机构实施调查，可采用电话、网络、信函、入户走访、窗口服务评价等方式开展。相关方式的调查在同一年度内最多只能进行一次。纳税人满意度调查实施按顺序共分制订方案、调查准备、调查实施、统计汇总、数据分析、形成报告、资料归档六个步骤。

## 四、纳税人涉税信息查询

涉税信息查询包括社会公众涉税公开信息查询、纳税人涉税信息查询、第三方涉税保密信息查询等 3 个事项。

### （一）社会公众涉税公开信息查询

社会公众可以通过报刊、网站、信息公告栏等公开渠道查询税收政策、重大税收违法案件信息、非正常户认定信息等依法公开的涉税信息。税务机关应当按照办税公开要求的范围、程序和时限，公开相关涉税事项和具体规定，并向社会公众提供查询服务。

### （二）纳税人涉税信息查询

纳税人可以通过网站、客户端软件、自助办税终端、移动办税终端等渠道，经过有效身份认证和识别，自行查询税费缴纳情况、纳税信用评价结果、涉税事项办理进度等自身涉税信息。

1. 纳税人无法自行获取所需自身涉税信息，可以向税务机关提出书面申请，提交涉税信息查询申请表、纳税人本人（法定代表人或主要负责人）有效身份证件原件及复印件等资料。税务机关应当在本单位职责权限内予以受理。

2. 纳税人本人（法定代表人或主要负责人）授权其他人员代为书面申请查询的，提交涉税信息查询申请表、纳税人本人（法定代表人或主要负责人）有效身份证件复印件、经办人员有效身份证件原件及复印件、由纳税人本人（法定代表人或主要负责人）签章的授权委托书等资料。

3. 纳税人书面申请查询，要求税务机关出具书面查询结果的，税务机关应当出具《涉税信息查询结果告知书》，涉税信息查询结果不作为涉税证明使用。

### （三）第三方涉税保密信息查询

纳税人涉税保密信息，是指税务机关在税收征收管理工作中依法制作或者采集的以一定形式记录、保存的涉及纳税人商业秘密和个人隐私的信息。主要包括纳税人的技术信息、经营信息和纳税人、主要投资人以及经营者不愿公开的个人事项。纳税人的税收违法行为信息不属于保密信息范围。

税务机关在职责范围内，根据法律、法规规定，依申请向人民法院、人民检察院、公安机关和审计机关根据法律规定办案查询，以及抵押权人、质权人请求税务机关提供纳税人欠税有关情况的查询，提供涉税保密信息查询服务。

人民法院、人民检察院和公安机关依法查询纳税人涉税保密信息的，应当向被查询纳税人所在地的县级或县级以上税务机关提出查询申请，应当由两名以上工作人员到主管税务机关办理，并提交“纳税人、扣缴义务人涉税保密信息查询申请表”、单位介绍信、有效身份证件原件等资料。抵押权人、质权人申请查询纳税人的欠税有关情况时，还需提交合法有效的抵押合同或者质押合同的原件。

## 五、纳税服务投诉

纳税服务投诉是指，纳税人认为税务机关及其工作人员在履行纳税服务职责过程中未提供规范、文明的纳税服务或者有其他侵犯其合法权益的情形，向税务机关进行的投诉。

### （一）纳税服务投诉

1. 纳税人对税务机关工作人员服务言行进行的投诉，是指纳税人认为税务机关工作人员在履行纳税服务职责过程中服务言行不符合文明服务规范要求而进行的投诉。具体包括：

（1）税务机关工作人员服务用语不符合文明服务规范要求的。

（2）税务机关工作人员行为举止不符合文明服务规范要求的。

2. 纳税人对税务机关及其工作人员服务质效进行的投诉，是指纳税人认为税务机关及其工作人员在履行纳税服务职责过程中未能提供优质便捷的服务而进行的投诉。具体包括：

（1）税务机关及其工作人员未准确掌握税收法律法规等相关规定，导致纳税人应享受未享受税收优惠政策的。

（2）税务机关及其工作人员未按规定落实首问责任、一次性告知、限时办结、办税公开等纳税服务制度的。

（3）税务机关及其工作人员未按办税事项“最多跑一次”服务承诺办理涉税业务的。

（4）税务机关未能向纳税人提供便利化办税渠道的。

（5）税务机关及其工作人员擅自要求纳税人提供规定以外资料的。

(6) 税务机关及其工作人员违反规定强制要求纳税人出具涉税鉴证报告，违背纳税人意愿强制代理、指定代理的。

3. 纳税人对税务机关及其工作人员在履行纳税服务职责过程中侵害其合法权益的行为进行的其他投诉，是指纳税人认为税务机关及其工作人员在履行纳税服务职责过程中未依法执行税收法律法规等相关规定，侵害纳税人的合法权益而进行的其他投诉。

投诉内容存在以下情形的，不属于纳税服务投诉的范围：违反法律、法规、规章有关规定的；针对法律、法规、规章和规范性文件规定进行投诉的；超出税务机关法定职责和权限的；不属于《纳税服务投诉管理办法》投诉范围的其他情形。

### (二) 纳税服务投诉的提交与受理

纳税人可以通过网络、电话、信函或者当面等方式，向本级税务机关，也可以向上级税务机关提出投诉。纳税人进行纳税服务投诉原则上以实名提出。

纳税人进行实名投诉，应当列明下列事项：投诉人的姓名（名称）、有效联系方式；

被投诉单位名称或者被投诉个人的相关信息及其所属单位；投诉请求、主要事实、理由。

税务机关收到投诉后应于1个工作日内决定是否受理，并按照“谁主管、谁负责”的原则办理或转办。

1. 应当受理的情形

(1) 纳税服务投诉符合投诉范围，且纳税人实名投诉，投诉材料符合需列明事项要求的。

(2) 纳税服务投诉符合投诉范围，纳税人虽进行匿名投诉，但投诉的事实清楚、理由充分，有明确的被投诉人，投诉内容具有典型性的。

2. 不予受理的情形

(1) 对税务机关已经处理完毕且经上级税务机关复核的相同投诉事项再次投诉的。

(2) 对税务机关依法、依规受理，且正在办理的服务投诉再次投诉的。

(3) 不属于《纳税服务投诉管理办法》投诉范围的其他情形。

对于不予受理的实名投诉，税务机关应当以适当形式告知投诉人，并说明理由。逾期未告知的，视同自收到投诉后1个工作日内受理。

税务机关应当建立纳税服务投诉事项登记制度，记录投诉时间、投诉人、被投诉人、联系方式、投诉内容、受理情况以及办理结果等有关内容。

### (三) 纳税服务投诉调查处理

1. 税务机关调查处理投诉事项，应依法依规、实事求是、注重调解，化解征纳争议。税务机关调查人员与投诉事项或者投诉人、被投诉人有利害关系的，应当回避。调查纳税服务投诉事项，应当由两名以上工作人员参加。

2. 税务机关对各类服务投诉应限期办结。对服务言行类投诉，自受理之日起5个工作日内办结；对服务质效类、其他侵害纳税人合法权益类投诉，自受理之日起10个工作日内办结。属于下列情形的，税务机关应快速处理，自受理之日起3个工作日内办结：

（1）税务机关及其工作人员未准确掌握税收法律法规等相关规定，导致纳税人应享受未享受税收优惠政策的；

（2）自然人纳税人提出的个人所得税服务投诉；

（3）自然人缴费人提出的社会保险费和非税收入征缴服务投诉；

（4）涉及其他重大政策落实的服务投诉。

服务投诉因情况复杂不能按期办结的，经受理税务机关纳税服务部门负责人批准，可适当延长办理期限，最长不得超过10个工作日，同时向转办部门进行说明并向投诉人做好解释。

3. 纳税服务投诉即时处理的情形

（1）纳税人当场提出投诉，事实简单、清楚，不需要进行调查的。

（2）一定时期内集中发生的同一投诉事项且已有明确处理意见的。

纳税人当场投诉事实成立的，被投诉人应当立即停止或者改正被投诉的行为，并向纳税人赔礼道歉，税务机关应当视情节轻重给予被投诉人相应处理；投诉事实不成立的，处理投诉事项的税务机关工作人员应当向纳税人说明理由。

4. 纳税服务投诉终结调查情形

（1）投诉事实经查不属于纳税服务投诉事项的。

（2）投诉内容不具体，无法联系投诉人或者投诉人拒不配合调查，导致无法调查核实的。

（3）投诉人自行撤销投诉，经核实确实不需要进一步调查的。

（4）已经处理反馈的投诉事项，投诉人就同一事项再次投诉，没有提供新证据的。

（5）调查过程中发现不属于税务机关职责范围的。

5. 纳税服务投诉的处理

（1）投诉情况属实的，责令被投诉人限期改正，并视情节轻重分别给予被投诉人相应的处理。

（2）投诉情况不属实的，向投诉人说明理由。

税务机关应在规定时限内将处理结果以适当形式向投诉人反馈。反馈时应告知投诉人投诉是否属实，对投诉人权益造成损害的行为是否终止或改正；不属实的投诉应说明理由。

投诉人对税务机关反馈的处理情况有异议的，税务机关应当决定是否开展补充调查以及是否重新作出处理结果。投诉人认为处理结果显失公正的，可向上级税务机关提出复核申请。上级税务机关自受理之日起，10个工作日内作出复核意见。

## 六、纳税人法律救济

纳税人对税务机关作出的决定，依法享有申请行政复议、提起行政诉讼、请求国家赔偿等权利。

纳税人、纳税担保人同税务机关在纳税上发生争议时，必须先依照税务机关的纳税决定缴纳或者解缴税款及滞纳金或者提供相应的担保，然后可以依法申请行政复议；对行政复议决定不服的，可以依法向人民法院起诉。如纳税人对税务机关的处罚决定、强制执行措施或者税收保全措施不服的，可以依法申请行政复议，也可以依法向人民法院起诉。

当税务机关的职务违法行为给纳税人和其他税务当事人的合法权益造成侵害时，纳税人和其他税务当事人可以要求税务行政赔偿。主要包括：纳税人在限期内已缴纳税款，税务机关未立即解除税收保全措施，使纳税人的合法权益遭受损失的；税务机关滥用职权违法采取税收保全措施、强制执行措施或者采取税收保全措施、强制执行措施不当，使纳税人或者纳税担保人的合法权益遭受损失的。

对纳税人作出规定金额以上罚款的行政处罚之前，税务机关应向纳税人送达《税务行政处罚事项告知书》，告知纳税人已经查明的违法事实、证据、行政处罚的法律依据和拟将给予的行政处罚。对此，纳税人有权要求举行听证。税务机关将应纳税人的要求组织听证。如纳税人认为税务机关指定的听证主持人与本案有直接利害关系，纳税人有权申请主持人回避。对应当进行听证的案件，税务机关不组织听证，行政处罚决定不能成立。但纳税人放弃听证权利或者被正当取消听证权利的除外。

## 七、纳税信用评价

纳税信用评价，是指税务机关根据采集的纳税人纳税信用信息，按照纳税信用管理相关规定，对纳税人在一定周期内的纳税信用状况所进行的评价。

1. 纳税信用评价的方法

纳税信用评价采取年度评价指标得分和直接判级方式。

年度评价指标得分采取扣分方式。自开展2020年度评价时起，调整纳税信用评价计分方法中的起评分规则：近三个评价年度内存在非经常性指标信息的，从100分起评；近三个评价年度内没有非经常性指标信息的，从90分起评。非经常性指标缺失，是指在评价年度内，税务管理系统中没有纳税评估、大企业税务审计、反避税调查或税务稽查出具的决定（结论）文书的记录。

直接判级适用于有严重失信行为的纳税人。在现行纳税信用评价指标中，直接判级主要表现为纳税信用等级直接判为 D 级的情形。

2. 纳税信用级别的设定

纳税信用级别设 A、B、M、C、D 五级。

A 级纳税信用为年度评价指标得分 90 分以上的；

B 级纳税信用为年度评价指标得分 70 分以上不满 90 分的；

C 级纳税信用为年度评价指标得分 40 分以上不满 70 分的；

D 级纳税信用为年度评价指标得分不满 40 分或者直接判级确定的；

M 级纳税信用为未发生《纳税信用管理办法（试行）》第二十条所列失信行为的新设立企业和评价年度内无生产经营业务收入且年度评价指标得分 70 分以上的企业。

3. 不能评为 A 级的情形

（1）实际生产经营期不满 3 年的；

（2）上一评价年度纳税信用评价结果为 D 级的；

（3）非正常原因一个评价年度内增值税或营业税连续 3 个月或者累计 6 个月零申报、负申报的。正常原因是指，季节性生产经营、享受政策性减免税等正常情况原因。非正常性原因是指除上述原因外的其他原因。按季申报视同连续 3 个月。

（4）不能按照国家统一的会计制度规定设置账簿，并根据合法、有效凭证核算，向税务机关提供准确税务资料的。

4. 直接判为 D 级的情形

（1）存在逃避缴纳税款、逃避追缴欠税、骗取出口退税、虚开增值税专用发票等行为，经判决构成涉税犯罪的。

（2）存在前项所列行为，未构成犯罪，但偷税（逃避缴纳税款）金额 10 万元以上且占各税种应纳税总额 10% 以上，或者存在逃避追缴欠税、骗取出口退税、虚开增值税专用发票等税收违法行为，已缴纳税款、滞纳金、罚款的。

（3）在规定期限内未按税务机关处理结论缴纳或者足额缴纳税款、滞纳金和罚款的。

（4）以暴力、威胁方法拒不缴纳税款或者拒绝、阻挠税务机关依法实施税务稽查执法行为的。

（5）存在违反增值税发票管理规定或者违反其他发票管理规定的行为，导致其他单位或者个人未缴、少缴或者骗取税款的。

（6）提供虚假申报材料享受税收优惠政策的。

（7）骗取国家出口退税款，被停止出口退（免）税资格未到期的。

（8）有非正常户记录或者由非正常户直接责任人员注册登记或者负责经营的。

（9）由 D 级纳税人的直接责任人员注册登记或者负责经营的。

（10）存在税务机关依法认定的其他严重失信情形的。

5. 关于D级的保留

自开展2019年度评价时起，调整税务机关对D级纳税人采取的信用管理措施。对于因评价指标得分评为D级的纳税人，次年由直接保留D级评价调整为评价时加扣11分，2019年度以前的纳税信用级别不作追溯调整。对于因直接判级评为D级的纳税人，维持D级评价保留2年、第3年纳税信用不得评价为A级。D级企业直接责任人在企业被评价为D级之后注册登记或者负责经营的企业评价为D级（以下简称“关联D”），关联D只保留一年，次年度根据《纳税信用管理办法（试行）》规定重新评价但不得评为A级。

6. 不影响纳税信用评价的情形

（1）由于税务机关原因或者不可抗力，造成纳税人未能及时履行纳税义务的；

（2）非主观故意的计算公式运用错误以及明显的笔误造成未缴或者少缴税款的；

（3）国家税务总局认定的其他不影响纳税信用评价的情形。

## 八、纳税信用评价结果确定发布及补评、复评

1. 纳税信用评价结果的确定发布

税务机关每年4月确定上一年度纳税信用评价结果，并为纳税人提供自我查询服务。税务机关对纳税人的纳税信用级别实行动态调整。纳税人信用评价状态交化时，税务机关可采取适当方式通知、提醒纳税人。

税务机关对纳税信用评价结果，按分级分类原则，依法有序开放。

（1）主动公开A级纳税人名单及相关信息。主管税务机关每年4月按照税务总局统一规定的时间以通告的形式对外发布A级纳税人信息，发布内容包括：纳税人识别号、纳税人名称、评价年度、纳税人主管税务机关。税务总局、省税务机关、市税务机关通过门户网站（或子网站）汇总公布管辖范围内的A级纳税人信息。在评价结果公布前（每年1月至4月），发现评价为A级的纳税人已注销或被税务机关认定为非正常户的，其评价结果不予发布。

（2）根据社会信用体系建设需要，以及与相关部门信用信息共建共享合作备忘录、协议等规定，逐步开放B、M、C、D级纳税人名单及相关信息。

（3）定期或者不定期公布重大税收违法案件信息。

2. 纳税信用补评

纳税人可在纳税信用评价结果公布后的任意时间申请补充该年度纳税信用评价。纳税人因涉嫌税收违法被立案查处尚未结案，或被审计、财政部门依法查出税收违法行为，税务机关正在依法处理，尚未办结，或已申请税务行政复议、提起行政诉讼尚未结案等原因未予纳税信用评价，可待上述情形解除后，向主管税务机关申请补充评

价。纳税人对未予纳税信用评价的原因有异议的，也可向主管税务机关申请补充评价。主管税务机关应自受理申请之日起15个工作日内完成补评工作，并向纳税人反馈纳税信用评价信息或提供评价结果的自我查询服务。

3. 纳税信用复评

纳税人对指标评价情况有异议的，可在评价年度次年3月填写“纳税信用复评（核）申请表”，向主管税务机关提出复核，主管税务机关在开展年度评价时审核调整，并随评价结果向纳税人提供复核情况的自我查询服务。纳税人对纳税信用评价结果有异议的，可在纳税信用评价结果确定的当年内，向主管税务机关申请复评。作出评价的税务机关应对评价结果进行复核，且自受理申请之日起15个工作日内完成复评工作，并向纳税人反馈纳税信用复评信息或提供复评结果的自我查询服务。

## 九、纳税信用评价结果的应用

1. 守信激励和失信惩戒措施

对纳税信用评价为A级的纳税人，税务机关予以下列激励措施：

（1）主动向社会公告年度A级纳税人名单。

（2）一般纳税人可单次领取3个月的增值税发票用量，需要调整增值税发票用量时即时办理。

（3）普通发票按需领用。

（4）连续3年被评为A级信用级别（简称“3连A”）的纳税人，除享受以上措施外，还可以由税务机关提供绿色通道或专门人员帮助办理涉税事项。

（5）税务机关与相关部门实施的联合激励措施，以及结合当地实际情况采取的其他激励措施。

对纳税信用评价为D级的纳税人，税务机关应采取以下措施：

（1）公开D级纳税人及其直接责任人员名单，对直接责任人员注册登记或者负责经营的其他纳税人纳税信用直接判为D级。

（2）增值税专用发票领用按辅导期一般纳税人政策办理，普通发票的领用实行交（验）旧供新、严格限量供应。

（3）加强出口退税审核。

（4）加强纳税评估，严格审核其报送的各种资料。

（5）列入重点监控对象，提高监督检查频次，发现税收违法违规行为的，不得适用规定处罚幅度内的最低标准。

（6）将纳税信用评价结果通报相关部门，建议在经营、投融资、取得政府供应土地、进出口、出入境、注册新公司、工程招投标、政府采购、获得荣誉、安全许可、生产许可、从业任职资格、资质审核等方面予以限制或禁止。

（7）税务机关与相关部门实施的联合惩戒措施，以及结合实际情况依法采取的其他严格管理措施。

2. 开展“银税互动”助力小微企业发展

为支持小微企业发展，促进大众创业、万众创新，国家税务总局和中国银行保险业监督管理委员会（以下简称“银保监会”）在全国范围内共同建立银税合作机制，开展“银税互动”助力小微企业发展活动，在依法合规的基础上，由税务部门、银保监会派出机构和银行业金融机构通过协商，共享区城内小微企业纳税信用评价结果，通过建立合作机制、搭建合作平台、共享交换信息、创新融资方式，将企业的纳税信用与融资信用相结合，破解小微企业融资难题，有利于纳税信用评价结果的增值运用，促进小微企业依法诚信纳税，助力小微企业健康发展。2019 年 11 月，扩大“银税互动”受惠企业范围，逐步将申请“银税互动”贷款的受惠企业范围由纳税信用 A 级和 B 级企业扩大至 M 级企业。

## ★习题精练及答案解析

### 一、单项选择题

1. 现阶段，为了加强纳税人权益保护，税务机关应当持续推进办税公开，坚持以公开为原则，不公开为例外。下列内容中，目前暂不宜通过办税服务厅、税务网站等渠道公开的内容是(　　)。(1 –7 级测试)

A. 行政许可事项　　B. 欠税公告

C. B 级纳税人名单　　D. 税款核定

【参考答案】C

【解析】根据《国家税务总局关于进一步推行办税公开工作的意见》规定，推进办税公开坚持以公开为原则，不公开为例外。通过办税服务厅、税务网站等渠道向社会公开纳税人的权利与义务、税收政策与办税流程、服务时限与承诺、行政审批事项、纳税信用等级评定、欠税公告、税款核定、投诉举报电话等。但纳税信用等级评定公开，目前纳税信用评价暂时只公开 A 级纳税人名单，对 B、C、D 级名单暂未公开，今后随着社会信用体系建设的需要，也将逐步对外公开。

2. 如果纳税人对税务人员服务言行不满进行投诉，下列程序符合服务基本规范的是(　　)。(1 –7 级测试)

A. 审查——受理——调查——处理——结果反馈

B. 受理——调查——处理——结果反馈

C. 调查——受理——处理——结果反馈

D. 受理——审查——调查——处理——结果反馈

【参考答案】A

【解析】依据国家税务总局关于修订《纳税服务投诉管理办法》的公告（国家税务总局公告2015年第49号）和国家税务总局关于修订《纳税服务投诉管理办法》的公告（国家税务总局公告2019年第27号）规定。

3. 下列有关纳税服务投诉管理制度的描述，说法正确的是(　　)。(1－7级测试)

A. 纳税人匿名投诉，税务机关对此可以不予受理

B. 对依法应当通过税务行政复议、诉讼等法定途径解决的事项，应当依照有关法律、行政法规的规定办理

C. 税务机关收到投诉后应于2个工作日内决定是否受理

D. 投诉调查中，投诉人自行撤销投诉的，税务机关应当终结调查

【参考答案】B

【解析】选项A错误，正确表述为“纳税人虽进行匿名投诉，但投诉的事实清楚、理由充分，有明确的被投诉人，投诉内容具有典型性。税务机关应当受理”；选项B正确，该表述为《投诉管理办法》原文；选项C错误，税务机关收到投诉后应于1个工作日内决定是否受理，并按照“谁主管、谁负责”的原则办理或转办；选项D错误，投诉人自行撤销投诉，经核实，确实不需要进一步调查的，应当终结调查。

4. 纳税人进行实名投诉，不需要提供(　　)。(1－7级测试)

A. 投诉人的姓名（名称）、有效联系方式

B. 被投诉人的职务及其所属单位

C. 被投诉单位名称或者被投诉个人的姓名及其所属单位

D. 投诉请求、主要事实、理由

【参考答案】B

【解析】纳税人实名投诉，应提供下列事项：投诉人的姓名（名称）、有效联系方式；被投诉单位名称或者被投诉个人的姓名及其所属单位；投诉请求、主要事实、理由。

5. 某县税务机关纳税服务部门负责人正在制订下一年纳税服务需求管理年度工作计划，根据纳税服务需求管理的规定，下列不由县级税务机关开展的是(　　)。(1－7级测试)

A. 按地域、规模、行业等要素选择有代表性的纳税人作为定向征集对象

B. 将全体纳税人作为非定向征集对象

C. 开展纳税人需求专项征集

D. 开展纳税人需求全面征集

【参考答案】D

【解析】《国家税务总局关于加强纳税人需求管理工作的通知》(税总发〔2016〕128号）规定：“全面征集是税务总局、各省税务机关针对整体税收工作情况开展的较

大范围纳税人需求征集，原则上每年开展一次。”

6. 对于收集的纳税人需求，各级税务机关经过深度分析和响应办理并采用合适的方式进行结果运用，下列各项中，结果运用不能采取的方式是（　　）。（1－7级测试）

A. 考核通报　　B. 改进工作　　C. 辅助决策　　D. 定期公开

【参考答案】A

【解析】根据《国家税务总局关于加强纳税人需求管理工作的通知》（税总发〔2016〕128号）规定，纳税人需求的结果运用方式为改进工作、辅助决策、定期公开。

7. 某甲公司为增值税一般纳税人，在2021年度信用等级评定中，被评为A级信用等级企业，税务机关核定该企业月使用增值税专用发票份数为50份，限额为10万元。2022年8月1日，该企业携带相关资料到办税服务厅，要求领取120份增值税专用发票，单张开具限额为10万元。以下说法正确的是（　　）。（1－7级测试）

A. 对该纳税人首先要进行票种核定调整，5个工作日办结；办结后，对纳税人进行最高开票限额审批，20个工作日办结；办结后，对纳税人进行金税设备变更发行，然后发放120份发票

B. 对该纳税人首先应进行票种核定，即时办结；办结后，对纳税人进行最高开票限额审批，20个工作日办结；办结后，对纳税人进行金税设备变更发行，然后发放120份发票

C. 对该纳税人首先应进行票种核定，5个工作日办结；办结后，对纳税人进行最高开票限额审批，即时办结；办结后，对纳税人进行金税设备变更发行，然后发放120份发票

D. 对该纳税人首先应进行票种核定，即时办结；办结后，对纳税人进行最高开票限额审批，即时办结；办结后，对纳税人进行金税设备变更发行，然后发放120份发票

【参考答案】D

【解析】纳税信用为A级的纳税人，可一次领取不超过3个月的增值税专用发票用量，手续齐全的，办税服务厅即时办结票种核定和最高开票限额审批事项。

8. 对A级纳税人的激励措施不包括（　　）。（1－7级测试）

A. 主动向社会公告年度A级纳税人名单

B. 一般纳税人可单次领取3个月的增值税发票用量，需要调整增值税发票用量时即时办理

C. 普通发票按需领用

D. 连续5年被评为A级信用级别的纳税人，除享受以上措施外，还可以由税务机关提供“绿色通道”或专门人员帮助办理涉税事项

【参考答案】D

【解析】对A级纳税人的激励措施包括：①主动向社会公告年度A级纳税人名单。②一般纳税人可单次领取3个月的增值税发票用量，需要调整增值税发票用量时即时办理。③普通发票按需领用。④连续3年被评为A级信用级别（简称“3连A”）的纳税人，除享受以上措施外，还可以由税务机关提供“绿色通道”或专门人员帮助办理涉税事项。⑤税务机关与相关部门实施联合激励措施，以及结合当地实际情况采取其他激励措施。

9. 下列关于纳税信用级别动态调整的表述，错误的是(　　)。(1－7级测试)

A. 因税务检查等发现纳税人以前评价年度存在直接判为D级情形的，主管税务机关应调整其相应评价年度纳税信用级别为D级，并记录动态调整信息，该D级评价保留至下一年度

B. 主管税务机关按月开展纳税信用级别动态调整工作

C. 主管税务机关完成动态调整工作后，于次月初5个工作日内将动态调整情况层报至省税务机关备案，并发布A级纳税人变动情况通告

D. 纳税信用年度评价结果发布前，主管税务机关发现纳税人在评价年度存在动态调整情形的，应调整后再发布评价结果

【参考答案】A

【解析】因税务检查等发现纳税人以前评价年度存在直接判为D级情形的，主管税务机关应调整其相应评价年度纳税信用级别为D级，并记录动态调整信息，该D级评价不保留至下一年度。

10. 纳税信用级别设A、B、M、C、D五级。B级纳税信用为年度评价指标得分(　　)。(1－7级测试)

A. 90分及以上　　B. 70分及以上不满90分

C. 40分及以上不满70分　　D. 不满40分或者直接判级确定

【参考答案】B

【解析】纳税信用级别设A、B、M、C、D五级。A级纳税信用为年度评价指标得分90分及以上的；B级纳税信用为年度评价指标得分70分及以上不满90分的；C级纳税信用为年度评价指标得分40分及以上不满70分的；D级纳税信用为年度评价指标得分不满40分或者直接判级确定的；M级新企业年度内无收入且70分以上。

11. 某纳税人2021年6月1日被认定为非正常户，2021年11月1日被税务机关取消了非正常户认定，并在2021年度纳税信用评价获得了评价结果。该纳税人应依(　　)参评。(1－7级测试)

A. 正常户　　B. 注销户　　C. 非正常户　　D. 非正常注销户

【参考答案】A

【解析】根据《国家税务总局关于明确纳税信用管理若干业务口径的公告》（国家税务总局公告2015年第85号）规定，有非正常户记录是指在评价年度12月31日为非正常状态。

12. 下列情形中，纳税人在本评价年度不能评为A级的是(　　)。(1－7级测试)

A. 某公司成立3年，实际生产经营期2年

B. 某公司上一评价年度纳税信用评价结果是C

C. 某公司因为会计离职，无人申报做账，其增值税申报连续2个月零申报，在第3个月恢复正常申报，并对前面属期报表进行了更正

D. 某公司按照国家统一的会计制度规定设置账簿，并根据合法、有效凭证核算，向税务机关提供准确的税务资料

【参考答案】A

【解析】根据国家税务总局关于发布《纳税信用管理办法（试行）》的公告（国家税务总局公告2014年第40号）规定，实际生产经营不满3年的纳税人不能在本评价年度评为A级。

13. 下列纳税服务投诉事项属于即时办结的是(　　)。(8－11级测试)

A. 自然人纳税人提出的个人所得税服务投诉

B. 涉及其他重大政策落实的服务投诉

C. 自然人缴费人提出的社会保险费和非税收入征缴服务投诉

D. 纳税人当场提出投诉，事实简单、清楚，不需要进行调查的

【参考答案】D

【解析】自然人纳税人提出的个人所得税服务投诉、涉及其他重大政策落实的服务投诉、自然人缴费人提出的社会保险费和非税收入征缴服务投诉自受理之日起3个工作日内办结。

14. 下列关于纳税信用评价，说法正确的是(　　)。(1－7级测试)

A. 税务机关应主动公开A、B、C、D级纳税人名单

B. 纳税信用A级的纳税人可一次领取不超过2个月的增值税发票用量

C. D级的纳税人增值税专用发票领用按辅导期一般纳税人政策办理

D. 关联D只保留一年，次年度重新评价，可评为A级

【参考答案】C

【解析】税务机关应主动公开A级纳税人名单；纳税信用A级的纳税人可一次领取不超过3个月的增值税发票用量；关联D只保留一年，次年度重新评价，但不得评为A级。

15. 纳税人对税务机关工作人员未落实首问责任服务制度而进行的投诉属于(　　)。(1－7级测试)

A. 对税务机关工作人员服务言行进行的投诉

B. 对税务机关工作人员服务态度进行的投诉

C. 对税务机关及其工作人员服务质效进行的投诉

D. 对税务机关及其工作人员在履行纳税服务职责过程中侵害其合法权益的行为进行的其他投诉。

【参考答案】C

【解析】对税务机关及其工作人员未按规定落实首问责任、一次性告知、限时办结、办税公开等纳税服务制度进行的投诉属于对服务质效的投诉。

16. 下列(　　)企业纳税人会直接被判为D级信用级别。(1－7级测试)

A. 欠税企业

B. 连续6个月增值税未申报

C. 重大违法案件当事人

D. 非经常性指标缺失

【参考答案】C

【解析】根据重大税务违法案件信息公布登记信息确定黑名单，黑名单企业纳税信用直接判D级。

17. 企业纳税人有(　　)情形的，不影响其纳税信用评价。(1－7级测试)

A. 纳税人非主观故意造成的违规

B. 纳税人首次违规，情形轻微的

C. 评价前，纳税人已主动改正违规行为

D. 由于税务机关原因或者不可抗力，造成纳税人未能及时履行纳税义务的

【参考答案】D

【解析】纳税人有下列情形的，不影响其纳税信用评价：

(1) 由于税务机关原因或者不可抗力，造成纳税人未能及时履行纳税义务的；

(2) 非主观故意的计算公式运用错误以及明显的笔误造成未缴或者少缴税款的；

(3) 国家税务总局认定的其他不影响纳税信用评价的情形。

18. 纳税信用评价为D级的企业纳税人适用的措施有(　　)。(1－7级测试)

A. 停止使用发票

B. 按需领用普通发票

C. 严格限量供应专用发票

D. 专用发票领用按辅导期一般纳税人政策办理

【参考答案】D

【解析】对纳税信用评价为D级的纳税人，税务机关应采取以下措施：

(1) 按照《纳税信用管理办法（试行）》第二十七条的规定，公开D级纳税人及其直接责任人员名单，对直接责任人员注册登记或者负责经营的其他纳税人纳税信用直接判为D级；

（2）增值税专用发票领用按辅导期一般纳税人政策办理，普通发票的领用实行交（验）旧供新、严格限量供应；

（3）加强出口退税审核；

（4）加强纳税评估，严格审核其报送的各种资料；

（5）列入重点监控对象，提高监督检查频次，发现税收违法违规行为的，不得适用规定处罚幅度内的最低标准；

（6）将纳税信用评价结果通报相关部门，建议在经营、投融资、取得政府供应土地、进出口、出入境、注册新公司、工程招投标、政府采购、获得荣誉、安全许可、生产许可、从业任职资格、资质审核等方面予以限制或禁止；

（7）D 级评价保留 2 年，第三年纳税信用不得评价为 A 级；

（8）税务机关与相关部门实施的联合惩戒措施，以及结合实际情况依法采取的其他严格管理措施。

19. 下列适用于《纳税信用管理办法（试行）》的纳税人是（　　）。（1－7 级测试）

A. 扣缴义务人和自然人

B. 个体工商户

C. 已办理税务登记，从事生产、经营并适用查账征收的企业纳税人

D. 其他类型纳税人

【参考答案】C

【解析】根据《纳税信用管理办法（试行）》（国家税务总局公告 2014 年第 40 号）第三条规定，本办法适用于已办理税务登记，从事生产、经营并适用查账征收的企业纳税人。扣缴义务人、自然人纳税信用管理办法由国家税务总局另行规定。个体工商户和其他类型纳税人的纳税信用管理办法由省税务机关制定。

20. 下列选项中不属于纳税人的纳税信用信息的是（　　）。（1－7 级测试）

A. 经营信息　　B. 信用历史信息

C. 税务内部信息　　D. 外部信息

【参考答案】A

【解析】根据《纳税信用管理办法（试行）》（国家税务总局公告 2014 年第 4 号）第十条规定，纳税信用信息包括纳税人信用历史信息、税务内部信息、外部信息。

21. 企业纳税人对纳税信用评价结果有异议的，可以向作出评价的税务机关申请（　　）。（1－7 级测试）

A. 补评　　B. 复评　　C. 复核　　D. 修复

【参考答案】B

【解析】纳税人对纳税信用评价结果有异议的，可以向作出评价的税务机关申请复评。

22. 某税务机关接到纳税人投诉，该局所属办税服务厅，拒绝在窗口为到现场的纳税人办理纳税申报业务，以疫情期间落实“非接触”办税为由，强制要求纳税人通过电子税务局网上办理纳税申报，纳税人投诉该行为侵害的权利是(　　)。(1－7级测试)

A. 知情权　　B. 保密权

C. 纳税申报方式选择权　　D. 依法享受税收优惠权

【参考答案】C

【解析】根据《关于纳税人权利与义务的公告》(国家税务总局公告2009年第1号)，纳税申报方式选择权是指纳税人可以直接到办税服务厅办理纳税申报或者报送代扣代缴、代收代缴税款报告表，也可以按照规定采取邮寄、数据电文或者其他方式办理上述申报、报送事项。数据电文方式是指税务机关确定的电话语音、电子数据交换和网络传输等电子方式。纳税人如采用电子方式办理纳税申报，应当按照税务机关规定的期限和要求保存有关资料，并定期书面报送给税务机关。落实疫情常态化“非接触”办税要求，必须在保障纳税人权益条件下，合理引导纳税人优先采取电子化办税方式，但不得强制或拒绝为纳税人现场办税。

23. 下列关于纳税人缴费人税费服务需求响应时限，说法错误的是(　　)。(1－7级测试)

A. 对涉及税收政策、征管流程明确的一般涉税需求，需求响应部门应当在收到需求后的15个工作日内办结

B. 对涉及事项需跨区域、多部门协同办理的复杂涉税需求，需求响应部门应当在收到需求后的30个工作日内办结

C. 确因情况复杂不能按期办结的，经归集需求税务机关负责人批准，可以适当延长办理期限，并向纳税人说明原因

D. 对纳税人提出的涉及完善制度和政策措施的，需求响应部门经研究确需修订的，应当纳入部门工作计划安排，并通过适当方式向纳税人说明情况

【参考答案】C

【解析】《纳税人缴费人税费服务需求管理办法（试行）》规定，确因情况复杂不能按期办结的，经纳税服务部门或者牵头办理部门负责人批准，可以适当延长办理期限，并向纳税人说明原因。

24. 下列关于纳税人、缴费人满意度调查指标说法错误的是(　　)。(1－7级测试)

A. 调查指标内容属性包括基础类、动态类两类指标

B. 调查对象包括法定代表人、财务负责人、办税人员、涉税中介从业人员、自然人纳税人、社会公众六类指标

C. 调查评价层级包括适用税务总局、省税务机关、市税务机关、县（区）税务机

关四类指标

D. 调查评价方式包括量表类、判断类、开放类指标

【参考答案】B

【解析】《关于纳税人、缴费人满意度调查工作的指导意见》规定，根据调查对象，分为适用法定代表人、财务负责人、办税人员、涉税中介从业人员、自然人纳税人五类指标。

25. 纳税人向税务机关提出书面申请查询的，税务机关应该在规定时限内办结，规定时限为(　　)。(1－7级测试)

A. 即时

B. 10个工作日

C. 15个工作日

D. 20个工作日

【参考答案】D

【解析】根据《全国税务机关纳税服务规范（3.0版)》规定，自行获取的，即时查询；提出书面申请的，本事项在20个工作日内办结。

26. 抵押权人、质权人申请查询纳税人欠税有关情况时，不需要提供的资料是(　　)。(1－7级测试)

A. “纳税人、扣缴义务人涉税保密信息查询申请表”

B. 合法有效的抵押合同或者质押合同的原件

C. 涉税信息查询申请说明

D. 查询人本人有效身份证明原件

【参考答案】C

【解析】根据《纳税人涉税保密信息管理暂行办法》(国税发〔2008〕93号）规定，抵押权人、质权人申请查询纳税人欠税有关情况时，应提供“纳税人、扣缴义务人涉税保密信息查询申请表”、合法有效的抵押合同或者质押合同的原件、查询人本人有效身份证明原件。

27. 关于纳税服务投诉，下列说法错误的是(　　)。(1－7级测试)

A. 纳税人对纳税服务的投诉，可以向本级税务机关提交

B. 纳税人对纳税服务的投诉，可以向其上级税务机关提交

C. 纳税人进行纳税服务投诉原则上以实名提出

D. 对税务机关依法、依规受理，且正在办理的服务投诉再次投诉的，上级税务机关应按规定办理

【参考答案】D

【解析】根据国家税务总局关于修订《纳税服务投诉管理办法》的公告（国家税务总局公告2019年第27号）规定，对税务机关依法、依规受理，且正在办理的服务投诉再次投诉的，税务机关不予受理。

28. 对不予受理的实名投诉，下列说法正确的是(　　)。(1－7 级测试)

A. 应填写《纳税服务投诉不予受理通知书》，说明不予受理的理由，并书面反馈纳税人

B. 应填写《纳税服务投诉处理决定书》，说明不予受理的理由，并书面反馈纳税人

C. 税务机关应以适当形式告知投诉人，并说明理由

D. 不予受理，也不必告知纳税人

【参考答案】C

【解析】根据国家税务总局关于修订《纳税服务投诉管理办法》的公告（国家税务总局公告 2019 年第 27 号）规定，税务机关不予受理的情形包括：违反法律、法规、规章有关规定的；针对法律、法规、规章和规范性文件规定进行投诉的；超出税务机关法定职责和权限的；对税务机关已经处理完毕且经上级税务机关复核的相同投诉事项再次投诉的；对税务机关依法、依规受理，且正在办理的服务投诉再次投诉的；不属于《纳税服务投诉管理办法》投诉范围的其他情形。对于不予受理的实名投诉，税务机关应以适当形式告知投诉人，并说明理由。

29. 各级税务机关应当积极采取各种措施，不断提高纳税服务投诉处理质效。下列不属于税务机关采用的措施是(　　)。(8－11 级测试)

A. 依托信息化手段　　B. 规范流程

C. 强化监督　　D. 严格管理

【参考答案】D

【解析】根据国家税务总局关于修订《纳税服务投诉管理办法》的公告（国家税务总局公告 2019 年第 27 号）规定，各级税务机关应当积极依托信息化手段，规范流程、强化监督，不断提高纳税服务投诉处理质效。

30. 纳税人对税务机关及其工作人员未按办税事项“最多跑一次”服务承诺办理涉税业务进行投诉的，税务机关应自受理之日的规定时限内办结。规定时限是指(　　)。(8－11 级测试)

A. 3 个工作日　　B. 5 个工作日

C. 10 个工作日　　D. 20 个工作日

【参考答案】C

【解析】根据国家税务总局关于修订《纳税服务投诉管理办法》的公告（国家税务总局公告 2019 年第 27 号）规定，纳税人对税务机关及其工作人员未按办税事项“最多跑一次”服务承诺办理涉税业务进行投诉的，属于服务质效类投诉。税务机关对各类服务投诉应限期办结，对服务言行类投诉，自受理之日超 5 个工作日内办结。服务质效类、其他侵害纳税人合法权益类投诉，自受理之日起 10 个工作日内办结。

31. 某法人注册的甲企业在A地经营，2021年5月甲企业被A地主管税务机关列为非正常户。该法人2021年8月在B地重新注册了乙企业，乙企业在2021年度的纳税信用评价中没有扣分项。请问，乙企业2021年度的纳税信用级别应为（　　）级。（8－11级测试）

A. A级　　B. M级　　C. C级　　D. D级

【参考答案】D

【解析】有下列情形之一的纳税人，本评价年度直接判为D级：

（1）存在逃避缴纳税款、逃避追缴欠税、骗取出口退税、虚开增值税专用发票等行为，经判决构成涉税犯罪的；

（2）存在前项所列行为，未构成犯罪，但偷税（逃避缴纳税款）金额10万元以上且占各税种应纳税总额10%以上，或者存在逃避追缴欠税、骗取出口退税、虚开增值税专用发票等税收违法行为，已缴纳税款、滞纳金、罚款的；

（3）在规定期限内未按税务机关处理结论缴纳或者足额缴纳税款、滞纳金和罚款的；

（4）以暴力、威胁方法拒不缴纳税款或者拒绝、阻挠税务机关依法实施税务稽查执法行为的；

（5）存在违反增值税发票管理规定或者违反其他发票管理规定的行为，导致其他单位或者个人未缴、少缴或者骗取税款的；

（6）提供虚假申报材料享受税收优惠政策的；

（7）骗取国家出口退税款，被停止出口退（免）税资格未到期的；

（8）有非正常户记录或者由非正常户直接责任人员注册登记或者负责经营的；

（9）由D级纳税人的直接责任人员注册登记或者负责经营的；

（10）存在税务机关依法认定的其他严重失信情形的。

32. 纳税信用评价结果发布的原则是（　　）。（8－11级测试）

A. 谁评价、谁确定、谁公布　　B. 谁评价、谁确定、谁发布

C. 谁审核、谁确定、谁发布　　D. 谁审核、谁评价、谁发布

【参考答案】B

【解析】依据国家税务总局关于发布《纳税信用管理办法（试行）》的公告（国家税务总局公告2014年第40号）文件要求，纳税信用评价结果的确定和发布遵循谁评价、谁确定、谁发布的原则。

33. 服务投诉因情况复杂不能按期办结的，经受理税务机关纳税服务部门负责人批准，可适当延长办理期限，最长不得超过（　　）个工作日。（8－11级测试）

A. 5　　B. 10　　C. 15　　D. 20

【参考答案】B

【解析】根据《纳税服务投诉管理办法》（国家税务总局公告 2019 年第 27 号）第三十三条的规定，服务投诉因情况复杂不能按期办结的，经受理税务机关纳税服务部门负责人批准，可适当延长办理期限，最长不得超过 10 个工作日，同时向转办部门进行说明并向投诉人做好解释。

34. 企业发生下列行为，纳税信用将被直接判为 D 级的是(　　)。(8－11 级测试)

A. 上一评价年度纳税信用评价结果为 D 级的

B. 非正常原因一个评价年度内增值税或营业税连续 3 个月或者累计 6 个月零申报、负申报的

C. 不能按照国家统一的会计制度规定设置账簿，并根据合法、有效凭证核算，向税务机关提供准确税务资料的

D. 提供虚假申报材料享受税收优惠政策的

【参考答案】D

【解析】有下列情形之一的纳税人，本评价年度直接判为 D 级：

(1) 存在逃避缴纳税款、逃避追缴欠税、骗取出口退税、虚开增值税专用发票等行为，经判决构成涉税犯罪的；

(2) 存在前项所列行为，未构成犯罪，但偷税（逃避缴纳税款）金额 10 万元以上且占各税种应纳税总额 10% 以上，或者存在逃避追缴欠税、骗取出口退税、虚开增值税专用发票等税收违法行为，已缴纳税款、滞纳金、罚款的；

(3) 在规定期限内未按税务机关处理结论缴纳或者足额缴纳税款、滞纳金和罚款的；

(4) 以暴力、威胁方法拒不缴纳税款或者拒绝、阻挠税务机关依法实施税务稽查执法行为的；

(5) 存在违反增值税发票管理规定或者违反其他发票管理规定的行为，导致其他单位或者个人未缴、少缴或者骗取税款的；

(6) 提供虚假申报材料享受税收优惠政策的；

(7) 骗取国家出口退税款，被停止出口退（免）税资格未到期的；

(8) 有非正常户记录或者由非正常户直接责任人员注册登记或者负责经营的；

(9) 由 D 级纳税人的直接责任人员注册登记或者负责经营的；

(10) 存在税务机关依法认定的其他严重失信情形的。

35. 在未发生《纳税信用管理办法（试行）》第二十条所列失信行为的情况下，企业会直接被评为 M 级的是(　　)。(8－11 级测试)

A. 评价年度内无生产经营业务收入的

B. 从首次在税务机关办理涉税事宜之日起时间不满一个评价年度的

C. 适用企业所得税核定征收办法的

D. 非正常原因一个评价年度内增值税或营业税连续3个月或者累计6个月零申报、负申报的

【参考答案】B

【解析】未发生《纳税信用管理办法（试行）》第二十条所列失信行为的下列企业适用M级纳税信用：

（1）新设立企业。

（2）评价年度内无生产经营业务收入且年度评价指标得分70分以上的企业。

36. 某企业使用同一个统一社会信用代码在A、B两地同时经营，在2022年4月开展的年度信用评价中，该企业2021年度纳税信用级别被B地主管税务机关评为D级，导致该企业在A地的2021年度纳税信用级别为D级，该企业应向(　　)申请复评2021年度的纳税信用级别。(8－11级测试)

A. A地主管税务机关

B. B地主管税务机关

C. A、B地任一主管税务机关

D. A、B地主管税务机关同时申请

【参考答案】B

【解析】该纳税人使用同一社会信用代码经营，属于重复纳税人，两地税务机关共同评价，复评时只需向扣分地税务机关申请复评即可，同时变更两处结果。

37. 某建筑安装企业为增值税一般纳税人，该企业2020年度纳税信用评价为B级，2021年度纳税信用评价为A级，2022年5月税务稽查发现该企业2020年有虚开增值税专用发票的情况，对其进行了处罚，并补缴了相应的税款、滞纳金和罚款。其2020年、2021年度的纳税信用等级应为(　　)。(8－11级测试)

A. B级、B级

B. B级、D级

C. D级、D级

D. D级、B级

【参考答案】D

【解析】根据《纳税信用管理办法（试行）》（国家税务总局公告2014年第40号）第二十条规定，虚开增值税专用发票等税收违法行为，已缴纳税款、滞纳金、罚款的，本评价年度直接判为D级。根据《国家税务总局关于完善纳税信用管理有关事项的公告》（国家税务总局公告2016年第9号）第一条第一项规定，因税务检查等发现纳税人以前评价年度存在直接判为D级情形的，主管税务机关应调整其相应评价年度纳税信用级别为D级，并记录动态调整信息，该D级评价不保留至下一年度。对税务检查等发现纳税人以前评价年度存在需扣减纳税信用评价指标得分情形的，主管税务机关暂不调整其相应年度纳税信用评价结果和记录。

38. 税务机关按照守信激励、失信惩戒的原则，对不同信用级别的纳税人实施分类服务和管理。下列说法正确的是(　　)。(8－11级测试)

A. 对纳税信用评价为A级的纳税人可按需领用增值税发票用量

B. 对纳税信用评价为 B 级的纳税人，税务机关应适时进行税收政策和管理规定的辅导

C. 对纳税信用评价为 C 级的纳税人，税务机关实施正常管理

D. 对因直接判级评为 D 级的纳税人，D 级评价保留 1 年，第二年纳税信用不得评价为 A 级

【参考答案】B

【解析】根据《纳税信用管理办法（试行）》（国家税务总局公告 2014 年第 40 号）规定，对纳税信用评价为 A 级的纳税人，一般纳税人可单次领取 3 个月的增值税发票用量，需要调整增值税发票用量时即时办理，选项 A 错误；对纳税信用评价为 C 级的纳税人，税务机关应依法从严管理，并视信用评价状态变化趋势选择性地实行更为严格的管理措施，选项 C 错误。对纳税信用评价为 D 级的纳税人，维持 D 级评价保留 2 年、第三年纳税信用不得评价为 A 级，选项 D 错误。因此，只有选项 B 符合题意。

## 二、多项选择题

1. 下列各项，属于对纳税服务质效投诉范围的有（　　）。（1－7 级测试）

A. 税务机关工作人员服务用语不符合文明服务规范要求的

B. 同一税务机关违反规定，在一个纳税年度，对同一纳税人就同一事项实施超过一次纳税评估的

C. 税务机关及工作人员未准确掌握税收法律、法规等相关规定，导致纳税人应享受未享受税收优惠政策的

D. 税务机关未能向纳税人提供便利化办税渠道的

【参考答案】CD

【解析】A 选项属于对服务言行的投诉，B 选项属于对侵害纳税人合法权益的投诉。

2. 为保障纳税人权益，税务机关要求正确对待纳税人的投诉，重视和加强纳税服务投诉管理，制定了纳税服务投诉的相关制度。下列做法正确的有（　　）。（1－7 级测试）

A. 纳税人进行实名投诉，并提供符合要求的材料，税务机关应当受理

B. 小李拨打 12366 咨询电话要求匿名投诉，但是其投诉事实不清楚、理由牵强，税务机关可以不受理

C. “营改增”以后，A 建筑公司会计小刘对《关于全面推开营业税改征增值税试点的通知》中的某些规定不认同，要求投诉，税务机关应当受理

D. 小王对税务机关已处理完毕且经上级税务机关复核的相同投诉事项再次投诉，税务机关不应当受理

【参考答案】ABD

【解析】纳税服务投诉属于下列 5 种情形的，税务机关不予受理：（1）违反法律、法规、规章有关规定的；（2）针对出台的法律、法规、规章和规范性文件规定进行投

诉的；（3）投诉人就税务机关已处理完毕的相同事项进行投诉，经上级税务机关复核后维持原处理决定的；（4）投诉事实不清，没有具体诉求或者有效联络方式，无法核实办理的；（5）不属于《纳税服务投诉管理办法（试行）》投诉范围的其他情形。

3. 税务机关应当对纳税人投诉的具体事项进行调查、核实，但出现下列（　）情形，应当终结调查过程。（1－7 级测试）

A. 投诉人自行撤销投诉

B. 投诉事实经查不属于纳税服务投诉事项的

C. 投诉内容不具体，无法联系投诉人

D. 投诉人拒不配合调查，导致无法调查核实的

【参考答案】BCD

【解析】根据《纳税服务投诉管理办法（试行）》（国家税务总局公告 2019 年第 27 号）规定，调查过程中发生下列情形之一的，应当终结调查：（1）投诉事实经查不属于纳税服务投诉事项的；（2）投诉内容不具体，无法联系投诉人或者投诉人拒不配合调查，导致无法调查核实的；（3）投诉人自行撤销投诉，经核实，确实不需要进一步调查的；（4）已经处理反馈的投诉事项，投诉人就同一事项再次投诉，没有提供新证据的；（5）调查过程中发现不属于税务机关职责范围的。

4. 各级税务机关对纳税人需求进行分析评估，应分别采取不同的处理方式。下列说法中，正确的有（　）。（1－7 级测试）

A. 对违反法律、法规、规章有关规定，超越现实资源和条件，反映事实不清等非正当纳税人需求，税务机关也要作出响应

B. 立即改进重要性高、满意度低的项目

C. 持续关注重要性和满意度“双低”的项目

D. 稳定发展重要性低、满意度高的项目

【参考答案】BCD

【解析】对违反法律、法规、规章有关规定，超越现实资源和条件，反映事实不清等非正当纳税人需求，税务机关不作响应。对纳税人的正当需求，税务机关在充分参考政策法规、服务资源和职责范围的条件下，提出切实可行的改进工作意见，从重要性和满意度两个方面，形成不同的服务改进策略。立即改进重要性高、满意度低的项目；持续关注重要性和满意度“双低”的项目；稳定发展重要性低、满意度高的项目；继续保持重要性和满意度“双高”的项目。

5. 为了切实了解纳税人评价，积极响应纳税人合理诉求，持续推动税收工作改进提升，各级税务机关应开展纳税人满意度调查，下列属于纳税人满意度调查类型的有（　）。（1－7 级测试）

A. 专项调查　　B. 日常调查　　C. 定向调查　　D. 全面调查

【参考答案】ABD

【解析】根据《国家税务总局关于进一步规范纳税人满意度调查工作的指导意见》规定，纳税人满意度调查分为全面调查、专项调查和日常调查。

6. 纳税人信用历史信息包括(　　)。(1－7级测试)

A. 基本信息
B. 评价年度之前的优良信息记录
C. 评价年度之前的不良信息记录
D. 外部评价信息

【参考答案】ABC

【解析】纳税人信用历史信息包括基本信息、评价年度之前的优良信息记录、评价年度之前的不良信息记录三部分。

7. 下列关于纳税人需求管理，说法正确的有(　　)。(1－7级测试)

A. 纳税人需求征集类型分为全面征集、日常征集和专项征集，其中日常征集是省以下税务机关对税收管理服务各个环节开展的纳税人需求征集，原则上每季度归集整理一次
B. 纳税人需求包括政策落实、征管执法、服务规范、法律救济、信息化建设、人员素质和其他需求
C. 对涉及多个部门的需求，由纳税服务部门牵头，相关部门协同办理
D. 对超出本级职责范围的纳税人需求，报上级主管部门协调办理

【参考答案】BCD

【解析】纳税人需求日常征集原则上每半年归集整理一次。

8. 税务机关应当建立纳税服务投诉事项登记制度，记录内容包括(　　)。(1－7级测试)

A. 投诉时间、投诉内容
B. 投诉人姓名及联系方式
C. 被投诉人姓名
D. 受理情况、办理结果

【参考答案】ABCD

【解析】税务机关应当建立纳税服务投诉事项登记制度，记录投诉时间、投诉人、被投诉人、联系方式、投诉内容、受理情况以及办理结果等有关内容。

9. 纳税人需要申请纳税信用补评的，可以填写“纳税信用补评申请表”，向主管税务机关申请补充纳税信用评价，下列情形解除后，可以申请补充纳税信用评价的有(　　)。(1－7级测试)

A. 纳税人因涉嫌税收违法被立案查处尚未结案的
B. 纳税人因被审计、财政部门依法查出税收违法行为，税务机关正在依法处理，尚未办结的
C. 纳税人已申请税务行政复议、提起行政诉讼尚未结案的
D. 对当期评价结果有异议的

【参考答案】ABC

【解析】根据《国家税务总局关于明确纳税信用补评和复评事项的公告》（国家税务总局公告2015年第46号）规定，纳税人因《纳税服务投诉管理办法》第十七条第（三）、（四）、（五）项所列情形解除，或对当期未予评价有异议的，可填写“纳税信用补评申请表”，向主管税务机关申请补充纳税信用评价。国家税务总局关于发布《纳税信用管理办法（试行）》的公告第十七条第（三）、（四）、（五）项为因涉嫌税收违法被立案查处尚未结案的；被审计、财政部门依法查出税收违法行为，税务机关正在依法处理，尚未办结的；已申请税务行政复议、提起行政诉讼尚未结案的。

10. 下列关于税务机关处理投诉的做法，正确的有（　　）。（1－7级测试）

A. 税务机关接到外部门转办投诉后，审核是否符合受理条件

B. 税务机关调查后，认为投诉情况属实的，责令被投诉人限期改正，向投诉人告知处理结果；投诉情况不属实的，向投诉人做好解释工作

C. 对服务言行投诉应自受理之日起10个工作日内办结

D. 对于服务质效和侵犯权益类的投诉，自受理之日起10个工作日内办结

【参考答案】ABD

【解析】对于服务言行不满进行的投诉应在5个工作日内办结。

11. 属于下列（　　）情形的纳税服务投诉，税务机关可不予受理。（1－7级测试）

A. 违反法律、法规、规章有关规定的

B. 对税务机关依法、依规受理，且正在办理的服务投诉再次投诉的

C. 针对出台的法律、法规、规章和规范性文件规定进行投诉的

D. 投诉事实不清，但没有有效联络方式的

【参考答案】ABC

【解析】纳税服务投诉不予受理的情形：违反法律、法规、规章有关规定的；针对出台的法律、法规、规章和规范性文件规定进行投诉的；投诉人就税务机关已处理完毕的相同事项进行投诉，经上级税务机关复核后维持原处理决定的；投诉事实不清，没有具体诉求或者有效联络方式，无法核实办理的；不属于投诉范围的其他情形；纳税人已就具体行政行为申请税务行政复议或者提起税务行政诉讼，且被依法受理的，不可同时进行纳税服务投诉。但具体行政行为同时涉及纳税服务言行问题的，可就纳税服务言行问题单独向税务机关进行投诉。

12. 税务师事务所等机构围绕纳税人的涉税需求展开的服务，一般分为（　　）。（1－7级测试）

A. 涉税鉴证类服务　　　　B. 第三方独立鉴证类服务

C. 税务司法鉴定服务　　　　D. 非涉税鉴证类服务

【参考答案】AD

【解析】税务师事务所等营利性专业机构服务围绕纳税人的涉税需求展开，一般分为涉税鉴证类服务和非涉税鉴证类服务。

13.《纳税服务投诉管理办法》所称纳税服务投诉包括(　　)。(1－7级测试)

A. 针对法律、法规、规章和规范性文件规定进行的投诉

B. 对税务机关工作人员服务言行进行的投诉

C. 对税务机关及其工作人员服务质效进行的投诉

D. 对税务机关及其工作人员在履行纳税服务职责过程中侵害其合法权益的行为进行的其他投诉

【参考答案】BCD

【解析】《纳税服务投诉管理办法》(国家税务总局公告2019年第27号)第九条。

14. 税务机关在纳税服务投诉调查过程中，发生下列(　　)情形，可以终结调查。(1－7级测试)

A. 投诉内容不具体，无法联系投诉人或者投诉人拒不配合调查，导致无法调查核实的

B. 投诉人自行撤销投诉，经核实确实不需要进一步调查的

C. 已经处理反馈的投诉事项，投诉人就同一事项再次投诉，没有提供新证据的

D. 投诉事实经查不属于纳税服务投诉事项的

【参考答案】ABCD

【解析】国家税务总局关于修订《纳税服务投诉管理办法》的公告(国家税务总局公告2019年第27号)第三十六条规定。

15. 为进一步提升纳税服务质量，税务机关可以选择(　　)方式广泛征集纳税人需求。(1－7级测试)

A. 入户走访　　B. 电话征集

C. 培训会　　D. 设置意见箱或意见簿

【参考答案】ABD

【解析】纳税人需求征集方式分为：互联网智能推送、电话征集、移动终端、纸质问卷、外部门信息采集、数据分析提取、座谈会、入户走访、设置意见箱或意见簿。

16. 纳税信用内部评价信息从税务管理系统中采集，包含(　　)。(1－7级测试)

A. 经常性指标信息　　B. 一般性指标信息

C. 非经常性指标信息　　D. 特殊性指标信息

【参考答案】AC

【解析】纳税信用内部评价信息从税务管理系统中采集包含：(1) 经常性指标信息；(2) 非经常性指标信息。

17. 下列不影响纳税信用评价的情形有(　　)。(1－7级测试)

A. 由于税务机关原因或者不可抗力，造成纳税人未能及时履行纳税义务的

B. 非主观故意的计算公式运用错误以及明显的笔误造成未缴或者少缴税款的

C. 本评价年度内无生产经营业务收入的纳税人

D. 国家税务总局认定的其他不影响纳税信用评价的情形

【参考答案】ABD

【解析】纳税人有下列3种情形的，不影响其纳税信用评价。

（1）由于税务机关原因或者不可抗力，造成纳税人未能及时履行纳税义务的；

（2）非主观故意的计算公式运用错误以及明显的笔误造成未缴或者少缴税款的（此项依据《中华人民共和国税收征收管理法》第五十二条和《中华人民共和国税收征收管理法实施细则》第八十一条的规定）；

（3）国家税务总局认定的其他不影响纳税信用评价的情形。

18. 纳税信用评价采取年度评价指标得分和直接判级方式。下列属于本评价年度直接判为D级情形的有（　　）。（1－7级测试）

A. 有非正常户记录或者由非正常户直接责任人员注册登记或者负责经营的

B. 上一评价年度纳税信用评价结果为D级的

C. 存在逃避追缴欠税、骗取出口退税、虚开增值税专用发票等税收违法行为，已缴纳税款、滞纳金、罚款的

D. 提供虚假申报材料享受税收优惠政策的

【参考答案】ACD

【解析】根据《纳税信用管理办法（试行）》（国家税务总局公告2014年第40号）第十九条、第二十条的规定。

19. 有下列（　　）情形之一的纳税人，本评价年度信用级别不能评为A级。（1－7级测试）

A. 实际生产经营期不满3年的

B. 不能按照国家统一的会计制度规定设置账簿

C. 非正常原因一个评价年度内，增值税连续3个月或者累计6个月零申报、负申报的

D. 本评价年度内无生产经营业务收入的

【参考答案】ABC

【解析】有下列4种情形之一的纳税人，本评价年度不能评为A级：（1）实际生产经营期不满3年的；（2）上一评价年度纳税信用评价结果为D级的；（3）非正常原因一个评价年度内，增值税连续3个月或者累计6个月零申报、负申报的；（4）不能按照国家统一的会计制度规定设置账簿，并未根据合法、有效凭证核算，不能向税务机关提供准确税务资料的。选项D为不参评。

20. 有下列（　　）情形之一的纳税人，本评价年度信用级别直接判为D级。（1－7级测试）

A. 在规定期限内未按税务机关处理结论缴纳或者足额缴纳税款、滞纳金和罚款的

B. 存在逃避缴纳税款、逃避追缴欠税、骗取出口退税、虚开增值税专用发票等行为，经判决构成涉税犯罪的

C. 骗取国家出口退税款，被停止出口退（免）税资格未到期的

D. 存在违反增值税发票管理规定或者违反其他发票管理规定的行为，导致其他单位或者个人未缴、少缴或者骗取税款的

【参考答案】ABCD

【解析】信用等级直接判为D级的10种情形：(1) 存在逃避缴纳税款、逃避追缴欠税、骗取出口退税、虚开增值税专用发票等行为，经判决构成涉税犯罪的。(2) 存在前项所列行为，未构成犯罪，但偷税（逃避缴纳税款）金额10万元以上且占各税种应纳税总额10%以上，或者存在逃避追缴欠税、骗取出口退税、虚开增值税专用发票等税收违法行为，已缴纳税款、滞纳金、罚款的。(3) 在规定期限内未按税务机关处理结论缴纳或者足额缴纳税款、滞纳金和罚款的。(4) 以暴力、威胁方法拒不缴纳税款或者拒绝、阻挠税务机关依法实施税务稽查执法行为的。(5) 存在违反增值税发票管理规定或者违反其他发票管理规定的行为，导致其他单位或者个人未缴、少缴或者骗取税款的。(6) 提供虚假申报材料享受税收优惠政策的。(7) 骗取国家出口退税款，被停止出口退（免）税资格未到期的。(8) 有非正常户记录或者由非正常户直接责任人员注册登记或者负责经营的。(9) 由D级纳税人的直接责任人员注册登记或者负责经营的。(10) 存在税务机关依法认定的其他严重失信情形的。

21. 纳税信用内部评价信息包括经常性指标信息和非经常性指标信息，以下各项，属于非经常性指标信息的有(　　)。(1－7级测试)

A. 纳税评估信息　　B. 税务稽查信息

C. 发票与税款器具信息　　D. 税务审计信息

【参考答案】ABD

【解析】非经常性指标信息是指税务检查信息等纳税人在评价年度内不经常产生的指标信息。包括纳税评估、税务审计、反避税调查信息、税务稽查信息等。

22. 社会公众可以通过报刊、网站、信息公告栏等公开渠道查询依法公开的涉税信息，这些信息包括(　　)。(1－7级测试)

A. 税收政策　　B. 纳税信用评价结果

C. 重大税收违法案件信息　　D. 非正常户认定信息

【参考答案】ACD

【解析】根据《全国税务机关纳税服务规范（3.0版）》规定，社会公众可以通过报刊、网站、信息公告栏等公开渠道查询税收政策、重大税收违法案件信息、非正常户认定信息等依法公开的涉税信息。

23. 下列需自受理之日起3个工作日内办结的投诉有(　　)。(8－11级测试)

A. 纳税人认为税务机关及其工作人员未准确掌握税收法律、法规等相关规定，导致纳税人应享受未享受税收优惠政策的

B. 自然人纳税人提出的个人所得税服务投诉

C. 自然人缴费人提出的社会保险费和非税收入征缴服务投诉

D. 涉及其他重大政策落实的服务投诉

【参考答案】ABCD

【解析】根据《全国税务机关纳税服务规范（3.0版）》规定，属于下列情形的，自受理之日起了3工作日内办结：纳税人认为税务机关及其工作人员未准确掌握税收法律、法规等相关规定，导致纳税人应享受未享受税收优惠政策的；自然人纳税人提出的个人所得税服务投诉；自然人缴费人提出的社会保险费和非税收入征缴服务投诉；涉及其他重大或策落实的服务投诉。

24. 关于投诉处理和结果反馈，下列说法正确的有(　　)。(8－11级测试)

A. 对投诉查证属实的，责令被投诉人限期改正，并视情节轻重分别给予被投诉人相应的处理

B. 投诉情况不属实的，税务机关可不予受理，填写“纳税服务投诉不予受理登记表”

C. 投诉人对处理情况有异议的，税务机关应当决定是否开展补充调查以及是否重新作出处理结果

D. 投诉人认为处理结果显失公正的，可向上级税务机关提出复核申请。上级税务机关自受理之日起，20个工作日内作出复核意见

【参考答案】AC

【解析】根据《全国税务机关纳税服务规范（3.0版）》规定，处理和结果反馈：对投诉查证属实的，责令被投诉人限期改正，并视情节轻重分别给予被投诉人相应的处理；投诉情况不属实的，向投诉人说明理由。投诉人对处理情况有异议的，税务机关应当决定是否开展补充调查以及是否重新作出处理结果。投诉人认为处理结果显失公正的，可向上级税务机关提出复核申请。上级税务机关自受理之日起，10个工作日内作出复核意见。

25. 纳税信用信息包括纳税人信用历史信息、税务内部信息、外部信息三个部分。下列属于税务内部信息的有(　　)。(8－11级测试)

A. 税务登记信息　　B. 税费申报信息

C. 反避税调查信息　　D. 不良信用记录信息

【参考答案】BC

【解析】纳税人信用历史信息包括基本信息、评价年度之前的优良信息记录、评价年度之前的不良信息记录三部分。基本信息包括税务登记信息、人员信息、经营信息；税务内部信息分为经常性指标信息和非经常性指标信息。经常性指标信息主要包括涉

税申报信息、税（费）款缴纳信息、发票与税控器具信息、登记与账簿信息等。非经常性指标信息主要包括以下两种：(1）纳税评估、税务审计、反避税调查信息。(2）税务稽查信息，包括涉税犯罪信息，涉税违法被行政处罚信息，发现少缴税款行为作出补缴税款处理的信息，拒绝、阻挠税务机关执法的信息。外部信息包括外部参考信息和外部评价信息。外部参考信息包括评价年度相关部门评定的优良信用记录和不良信用记录；外部评价信息是指从相关部门取得的影响纳税人纳税信用评价的指标信息。

26. 纳税服务投诉分为对服务言行的投诉、对服务质效的投诉、侵害纳税人合法权益的投诉，下列属于对服务质效投诉的有(　　)。(8－11 级测试)

A. 办税服务厅工作人员一边办理业务一边看手机

B. 纳税人咨询涉税业务，税务人员未一次性告知其所需资料

C. 纳税人到办税服务厅咨询，一个月过去了没有收到回复

D. 纳税人到办税服务厅查询最新政策文件，在办税服务厅公告栏没有查询到，查询设备损坏也无法提供查询

【参考答案】BCD

【解析】《纳税服务投诉管理办法》（国家税务总局公告 2019 年第 27 号）规定，对服务质效的投诉，是指纳税人认为税务机关及其工作人员办理涉税业务时，未能提供规范、高效的服务而进行的投诉。具体包括：税务机关及其工作人员未按规定时限办理、回复涉税事项的；税务机关及其工作人员受理纳税人涉税事项或者接受纳税人涉税咨询，按规定应当一次性告知而未能一次性告知的；在涉税业务办理、纳税咨询、服务投诉和税收工作建议方面，税务机关工作人员未履行首问责任制的；税务机关未按照办税公开要求的范围、程序或者时限，公开相关税收事项和具体规定，未能为纳税人提供适当的查询服务的；税务机关及其工作人员违反纳税服务规范其他要求的。

27. 人民法院、人民检察院、公安机关和审计机关向税务机关提出涉税保密信息查询申请，需提供的资料有(　　)。(8－11 级测试)

A. “纳税人、扣缴义务人涉税保密信息查询申请表”

B. 单位介绍信

C. 纳税人营业执照复印件

D. 查询人有效身份证原件

【参考答案】ABD

【解析】根据《全国税务机关纳税服务规范（3.0 版）》，人民法院、人民检察院、公安机关和审计机关向税务机关提出查询申请，应提供“纳税人、扣缴义务人涉税保密信息查询申请表”、单位介绍信、查询人有效身份证原件。

28. 下列企业如未发生失信行为，则适用 M 级纳税信用等级的有(　　)。(8－11 级测试)

A. 非独立核算企业

B. 新设立企业

C. 评价年度内无生产经营业务收入且年度评价指标得分70分以上的企业

D. 不能按照国家统一的会计制度规定设置账簿的企业

【参考答案】BC

【解析】未发生《纳税信用管理办法》第二十条所列失信行为的下列企业适用M级纳税信用：(1) 新设立企业。(2) 评价年度内无生产经营业务收入且年度评价指标得分70分以上的企业。

29. 下列(　　)信用级别的企业纳税人不得享受资源综合利用即征即退税收优惠。(8－11级测试)

A. B级　　B. M级　　C. C级　　D. D级

【参考答案】CD

【解析】财政部 国家税务总局关于印发《资源综合利用产品和劳务增值税优惠目录》的通知（财税〔2015〕78号）第二条规定，纳税人从事《目录》所列的资源综合利用项目，其申请享受本通知规定的增值税即征即退政策时，应符合纳税信用等级不属于税务机关评定的C级或D级。

30. 下列(　　)情况可以申请纳税信用复评。(8－11级测试)

A. 未按规定期限纳税申报

B. 未按规定期限填报财务报表

C. 有非正常户记录的纳税人

D. 在规定期限内未补交或足额补缴税款、滞纳金和罚款

【参考答案】ABCD

【解析】纳入纳税信用管理的企业纳税人，符合下列条件之一的，可在规定期限内向主管税务机关申请纳税信用修复。

(1) 纳税人发生未按法定期限办理纳税申报、税款缴纳、资料备案等事项且已补办的。

(2) 未按税务机关处理结论缴纳或者足额缴纳税款、滞纳金和罚款，未构成犯罪，纳税信用级别被直接判为D级的纳税人，在税务机关处理结论明确的期限期满后60日内足额缴纳、补缴的。

(3) 纳税人履行相应法律义务并由税务机关依法解除非正常户状态的。

31. 下列措施中，适用于对纳税信用评级为M级的纳税人的有(　　)。(8－11级测试)

A. 需要调整增值税发票用量时即时办理

B. 取消增值税专用发票认证

C. 适时进行税收政策和管理规定的辅导

D. 列入重点监控对象，提高监督检查频次

【参考答案】BC

【解析】《全国税务机关纳税服务规范（3.0版）》规定，A选项为对A级纳税人的激励措施，D选项为对D级纳税人的监管措施。

32. 下列情形属于服务质效投诉的有（　　）。（8－11级测试）

A. 税务人员小李，未准确答复纳税人咨询的问题，导致纳税人办税资料准确不齐全，跑了2次才办理好业务

B. 税务人员小王，擅自要求纳税人提供规定以外资料的，导致投诉

C. 税务人员小张，没有同意纳税人插队办税要求，被纳税人投诉不懂变通，服务有问题

D. 某税务局自助办税厅2台自助办税终端损坏，无法使用，导致纳税人在自助办税终端机上无法开票

【参考答案】ABD

【解析】国家税务总局关于修订《纳税服务投诉管理办法》的公告（国家税务总局2019年第27号）第十一条明确了服务质效投诉的6种情形。

## 三、判断题

1. 税务机关应当建立纳税服务投诉事项登记制度，将投诉时间、投诉人、被投诉人、联系方式、投诉内容、受理情况以及办理结果等有关内容录入“纳税服务投诉事项处理表”。（　　）（1－7级测试）

【参考答案】√

【解析】依据国家税务总局关于修订《纳税服务投诉管理办法》的公告（国家税务总局公告2019年第27号）的规定。

2. 纳税人当场提出投诉，事实简单、清楚，不需要进行调查的，税务机关可以即时进行处理。（　　）（1－7级测试）

【参考答案】√

【解析】依据国家税务总局关于修订《纳税服务投诉管理办法》的公告（国家税务总局公告2019年第27号）的规定。

3. 纳税人采取电话或者当面方式提出投诉的，税务机关在没有告知纳税人的情况下可以对投诉内容进行录音或录像。（　　）（1－7级测试）

【参考答案】×

【解析】纳税人采取电话或者当面方式提出投诉的，税务机关在告知纳税人的情况下可以对投诉内容进行录音或录像。

4. 纳税服务投诉情况属实的，责令被投诉人限期改正，并视情节轻重分别给予被投诉人相应的处理：被投诉人应当按照责令改正要求的限期，对投诉事项予以改正，并自限期期满之日起3个工作日内将改正结果书面报告作出处理决定的税务机关。（　　）（1－7级测试）

【参考答案】√

【解析】依据国家税务总局关于修订《纳税服务投诉管理办法》的公告（国家税务总局公告2019年第27号）的规定。

5. 税务机关对服务言行类进行的投诉事项，应当自受理之日起5个工作内办结；情况复杂不能按期办结的，经受理税务机关纳税服务部门负责人批准，可以适当延长办理期限，但最长不得超过15个工作日。（　）（1－7级测试）

【参考答案】×

【解析】根据国家税务总局关于修订《纳税服务投诉管理办法》的公告（国家税务总局公告2019年第27号）的相关规定，对服务言行类投诉，自受理之日起5个工作日内办结；服务质效类、其他侵害纳税人合法权益类投诉，自受理之日起10个工作日内办结。服务投诉因情况复杂不能按期办结的，经受理税务机关纳税服务部门负责人批准，可适当延长办理期限，最长不得超过10个工作日。

6. 税务机关应遵循基本公共服务均等化的理念，立足经济欠发达地区，重点维护和满足弱势群体的需求，以寻求纳税服务的均等化。（　）（1－7级测试）

【参考答案】×

【解析】纳税服务的性质是税务机关依法提供的一种无偿的公共服务，提供过程中，税务机关应遵循基本公共服务均等化的理念，满足所有纳税人办理涉税事项的合理需要，税务机关应当按照公平、普遍的原则来提供。

7. 纳税人认为省税务机关出台的某规范性文件不合理，提出投诉，省税务局纳税服务处应予受理。（　）（1－7级测试）

【参考答案】×

【解析】国家税务总局关于修订《纳税服务投诉管理办法》的公告（国家税务总局公告2019年第27号）第十三条。

8. 纳税人对纳税服务的投诉，可以向本级税务机关提交，也可以向其上级税务机关提交。（　）（1－7级测试）

【参考答案】√

【解析】国家税务总局关于修订《纳税服务投诉管理办法》的公告（国家税务总局公告2019年第27号）第十三条。

9. 对纳税人的正当需求，税务机关在充分参考政策法规、服务资源和职责范围的条件下，提出切实可行的改进工作意见，从合理性和合法性两个方面，形成不同的服务改进策略。（　）（1－7级测试）

【参考答案】×

【解析】对纳税人的正当需求，税务机关在充分参考政策法规、服务资源和职责范围的条件下，提出切实可行的改进工作意见，从重要性和满意度两个方面，形成不同的服务改进策略。

10. 上级税务机关认为有必要的，可以直接受理、调查和处理应由下级税务机关受理、调查和处理的纳税服务投诉。 （　　）（1－7 级测试）

【参考答案】√

【解析】国家税务总局关于修订《纳税服务投诉管理办法》的公告（国家税务总局公告 2019 年第 27 号）第十三条。

11. 某企业办税人员小王想几天后到办税服务厅领购发票和税控设备器具，小王应当至少提前 5 个工作日向当地办税服务厅提出预约申请。 （　　）（1－7 级测试）

【参考答案】×

【解析】根据《全国税务机关纳税服务规范（3.0 版）》规定，根据纳税人的合理需求，办税服务厅可与纳税人约定适当时间办理涉税事项。纳税人可采取当面预约、电话预约等多种预约形式，预约申请一般应提前 1—3 个工作日提交。

12. 各级税务机关根据税收工作现状，可自行组织或委托第三方专业机构开展纳税人满意度调查，相关方式的调查在同一年度内最多只能进行 1 次。

（　　）（1－7 级测试）

【参考答案】×

【解析】各级税务机关根据税收工作现状，可自行组织或委托第三方专业机构对税务机关在政务公开、纳税服务、涉税审批、税收征管、税务检查、法律救济、廉政建设等方面情况开展纳税人满意度调查。相关方式的调查在同一年度内最多只能进行 1 次。

13. 纳税信用管理信息化包括纳税信用信息采集、评价、确定、发布 4 个方面的内容。

（　　）（1－7 级测试）

【参考答案】×

【解析】纳税信用管理信息化包括纳税信用信息采集、评价、确定、发布和应用等内容。

14. 对 B 级纳税人税务机关实施正常管理，适时进行税收政策和管理规定的辅导，并视信用评价状态变化趋势选择性地提供对 A 级纳税人的激励措施。

（　　）（1－7 级测试）

【参考答案】√

【解析】依据国家税务总局关于发布《纳税信用管理办法（试行）》的公告（国家税务总局公告 2014 年第 40 号）的规定。

15. 纳税人因非主观故意的计算公式运用错误以及明显的笔误造成未缴或者少缴税款的，也将影响其纳税信用评价。 （　　）（1－7 级测试）

【参考答案】×

【解析】依据国家税务总局关于发布《纳税信用管理办法（试行）》的公告（国家

税务总局公告 2014 年第 40 号）规定，纳税人有下列情形的，不影响其纳税信用评价：（1）由于税务机关原因或者不可抗力，造成纳税人未能及时履行纳税义务的；（2）非主观故意的计算公式运用错误以及明显的笔误造成未缴或者少缴税款的；（3）国家税务总局认定的其他不影响纳税信用评价的情形。

16. 纳税信用为 D 级的，增值税专用发票领用按辅导期一般纳税人政策办理，增值税普通发票领用实行交（验）旧供新、严格限量供应。（　　）（1－7 级测试）

【参考答案】√

【解析】依据国家税务总局关于发布《纳税信用管理办法（试行）》的公告（国家税务总局公告 2014 年第 40 号）的规定。

17. 纳税信用是指纳税人依法履行涉税事项而应享有权利的诚信度。

（　　）（1－7 级测试）

【参考答案】×

【解析】纳税信用是指纳税人依法履行涉税应尽义务的诚信度。

18. 纳税人在申请纳税信用修复后，可对有异议的指标申请纳税信用复评。

（　　）（1－7 级测试）

【参考答案】×

【解析】《国家税务总局关于纳税信用修复有关事项的公告》（国家税务总局公告 2019 年第 37 号）附件 2 中明确要求，纳税人申请修复前，需对申请修复年度纳税信用评价结果无异议，且已对失信行为进行纠正。

19. 纳税信用修复后纳税信用级别不再为 D 级的纳税人，其直接责任人注册登记或者负责经营的其他纳税人之前被关联为 D 级的，不可申请解除 D 级关联。

（　　）（8－11 级测试）

【参考答案】×

【解析】根据《国家税务总局关于纳税信用修复有关事项的公告》（国家税务总局公告 2019 年第 37 号）第二条规定，纳税信用修复后纳税信用级别不再为 D 级的纳税人，其直接责任人注册登记或者负责经营的其他纳税人之前被关联为 D 级的，可向主管税务机关申请解除纳税信用 D 级关联。

20. 纳税人的同一投诉事项涉及两个以上税务机关的，应当向两个以上税务机关的上级税务机关进行投诉申请处理。（　　）（8－11 级测试）

【参考答案】×

【解析】根据国家税务总局关于修订《纳税服务投诉管理办法》的公告（国家税务总局公告 2019 年第 27 号）规定，纳税人的同一投诉事项涉及两个以上税务机关的，应当由首诉税务机关牵头协调处理。首诉税务机关协调不成功的，应当向上级税务机关申请协调处理。

21. 申请人可以携带有效身份证明或者证明文件，直接到税务机关政府信息公开工作机构当面提出政府信息公开申请。申请人采用书面形式确有困难的，可以口头提出由信息公开机构代为填写政府信息公开申请表，并由申请人签字确认。

（　　）（8－11 级测试）

【参考答案】√

【解析】根据《税务机关政府信息公开申请办理规范》（税总办发〔2020〕35 号）规定，申请人可以携带有效身份证明或者证明文件，直接到税务机关政府信息公开工作机构当面提出政府信息公开申请。申请人采用书面形式确有困难的，可以口头提出，由信息公开机构代为填写政府信息公开申请表，并由申请人签字确认，

22. 新设立企业无法参与纳税信用等级评价，同样也无纳税信用级次。

（　　）（8－11 级测试）

【参考答案】×

【解析】根据《国家税务总局关于纳税信用评价有关事项的公告》（国家税务总局公告 2018 年第 8 号）规定，新设立企业和评价年度内无生产经营业务收入且年度评价指标得分 70 分以上的企业适用于 M 级纳税信用。

23. 2021 年 3 月申报期内，纳税人发生未按法定期限办理增值税纳税申报的行为，2021 年 3 月 28 日纳税人进行了补充申报。针对该项失信行为，纳税人需要向主管税务机关申请纳税信用修复，并提交“纳税信用修复申请表”。（　　）（8－11 级测试）

【参考答案】×

【解析】符合国家税务总局关于纳税信用修复有关事项的公告（国家税务总局公告 2019 年第 37 号）第一条第（一）项所列条件且失信行为已纳入纳税信用评价的，纳税人可在失信行为被税务机关列入失信记录的次年年底前向主管税务机关提出信用修复申请，税务机关按照《纳税信用修复范围及标准》调整该项纳税信用评价指标分值，重新评价纳税人的纳税信用级别；符合本公告第一条第（一）项所列条件但失信行为尚未纳入纳税信用评价的，纳税人无需提出申请，税务机关按照《纳税信用修复范围及标准》调整纳税人该项纳税信用评价指标分值并进行纳税信用评价。

24. 纳税人对税务人员服务言行或服务质效不满，可以拨打 12366 纳税服务热线进行投诉，也可以当面向办税服务厅负责人进行投诉。（　　）（8－11 级测试）

【参考答案】√

【解析】国家税务总局关于修订《纳税服务投诉管理办法》的公告（国家税务总局公告 2019 年第 27 号）第十四条。

25. 已就具体行政行为申请税务行政复议或者提起税务行政诉讼，也可同时向税务机关进行服务投诉。（　　）（8－11 级测试）

【参考答案】√

【解析】国家税务总局关于修订《纳税服务投诉管理办法》的公告（国家税务总局公告2019年第27号）第十三条。

26. 对纳税人提出的简单需求，及时反馈；对一般涉税需求，应于15个工作日内响应或反馈；对复杂涉税需求，应于30个工作日内响应或反馈；对存在困难不能在规定期限内响应或反馈的，经本级税务机关纳税服务部门负责人批准，可以适当延长，并向纳税人说明原因。（　）（8－11级测试）

【参考答案】√

【解析】依据《国家税务总局关于加强纳税人需求管理工作的通知》（税总发〔2016〕128号）的规定。

## 四、简答题

1. 说出符合纳税服务投诉终结调查的几类情形。（8－11级测试）

【参考答案】

（1）投诉事实经查不属于纳税服务投诉事项的。

（2）投诉内容不具体，无法联系投诉人或者投诉人拒不配合调查，导致无法调查核实的。

（3）投诉人自行撤销投诉，经核实确实不需要进一步调查的。

（4）已经处理反馈的投诉事项，投诉人就同一事项再次投诉，没有提供新证据的。

（5）调查过程中发现不属于税务机关职责范围的。

【解析】国家税务总局关于修订《纳税服务投诉管理办法》的公告（国家税务总局公告2019年第27号）。

2. 纳税信用级别不能被评为A级情形有哪些？（8－11级测试）

【参考答案】

（1）实际生产经营期不满3年的；

（2）上一评价年度纳税信用评价结果为D级的；

（3）非正常原因一个评价年度内增值税或营业税连续3个月或者累计6个月零申报、负申报的。正常原因是指，季节性生产经营、享受政策性减免税等正常情况原因。非正常性原因是指除上述原因外的其他原因。按季申报视同连续3个月。

（4）不能按照国家统一的会计制度规定设置账簿，并根据合法、有效凭证核算，向税务机关提供准确税务资料的。

【解析】根据国家税务总局关于发布《纳税信用管理办法（试行）》的公告（国家税务总局公告2014年第40号）规定。

## 五、实务题

1. 某市红星公司为增值税一般纳税人，属出口免抵退企业，纳税信用级别为A级。

2022 年 7 月，因流动资金周转发生严重困难，支付当期工资、社保和职工福利后，不足以缴纳第二季度的企业所得税 30 万元。同时该公司申报 2022 年 6 月出口货物应退税款 40 万元。2022 年 7 月 4 日红星公司办税员张丽娟电话咨询省局纳税服务处，工作人员王亮接听了电话，具体通话内容如下：

办税员张丽娟："您好，我们企业本月资金周转困难，不足以缴纳税款，但本月申请了 6 月出口货物应退税款，请问能否用出口货物应退税款抵减本季应缴企业所得税款？"

工作人员王亮："您好，企业出口货物退税申请经税务机关核准后才能办理，不能直接抵减应缴企业所得税。建议贵公司申请延期缴纳税款。"

张丽娟于 7 月 4 日按规定提供相关资料后，大厅受理了该项业务。2022 年 7 月 31 日红星公司收到主管税务机关《税务事项告知书》，被告知：（1）该公司延期缴纳税款申请省局未予批准；（2）红星公司应于收到告知书之日起 3 日内缴纳第二季度企业所得税及相应的滞纳金；（3）红星公司因未按期缴纳税款，纳税信用由 A 级调整至 D 级。

主管税务机关下调纳税信用等级是否正确？为什么？（8－11 级测试）

【参考答案】

不正确。红星公司并未出现《纳税信用管理办法（试行）》不能评为 A 级的情形，该公司因延期缴纳税款未获准而造成的未按期缴纳税款不属于《纳税信用管理办法（试行）》直接判为 D 级的情形——"在规定期限内未按税务机关处理结论缴纳或者足额缴纳税款、滞纳金和罚款的"。

【解析】根据国家税务总局关于发布《纳税信用管理办法（试行）》的公告（国家税务总局公告 2014 年第 40 号）规定。

2. 2022 年某省税务局（以下简称"省局"）纳税服务部门在网站上发现有纳税人投诉：8 月 12 日上午，我到某县税务局 A 办税服务厅办税，1 号窗口人员告诉我应该到县局 B 办税服务厅办理。当我到 B 办税服务厅时，5 号窗口人员说要先到 C 管理分局找税收管理员签字。我又到 C 管理分局找税收管理员，一名税务人员告诉我，他上午请假了，下午能来上班，下午 2 点我又去了，等到 3 点 30 分税收管理员才来上班。等签完字我再到 B 办税服务厅办完事快 5 点了。就一件小事，害我跑一天。希望你们改进一下服务。

该省局审核投诉要件后，受理了投诉。在登记之后逐级将情况转办到某县税务局纳税服务科，责令其按规定进行核实处理并及时反馈。

纳税服务科科长经过初步分析，认为主要问题发生在第一税务分局所属办税服务厅。于是，马上给一分局局长打电话，并将投诉情况通过内网转达，要求其调查并反馈。同时，纳税服务科科长也向两办税服务厅窗口人员进行了相关调查核实。随后几天，一分局局长向窗口人员、税收管理员等人员进行了核实。窗口人员认为此项业务不属于职责范围，只是没有注意到纳税人资料上缺少管理员签字，感觉自己没有太大问题；税收管理员觉得自己请假了，是分局长批准的，不应承担什么责任。一分局局长碍于面子，就没多追究，嘱咐大家以后要注意做好服务。由于一分局局长认识投诉人公司老板，于是给该公司老板打电话，表达了歉意，希望能够撤销投诉，老板答应撤销。

后来，一分局局长向纳税服务科科长反馈了情况，表示当时管理员确实请假了，并表示：不管有没有问题，我们都本着有则改之、无则加勉的态度进行处理；另外，已经给公司老板打电话，他们同意撤诉了。纳税服务科科长一听撤销投诉了，也很高兴，并根据此情况进行了记录："因税收管理员正常请假，窗口人员一次性告知不到位，导致纳税人不满意；我们对窗口人员进行了批评教育；经与纳税人进行沟通，纳税人决定撤销投诉。"

8 月 19 日，该局向省局纳税服务部门反馈。省级纳税服务部门因投诉人已经撤销投诉，对资料备案后，进行办结处理。

根据上述资料，回答下列问题：

(1) 根据《纳税服务投诉管理办法》，下列属于纳税服务投诉的有(　　)。(多选)

A. 纳税人对税务机关工作人员服务态度进行的投诉

B. 纳税人对税务机关工作人员服务言行进行的投诉

C. 纳税人对税务机关及其工作人员服务质效进行的投诉

D. 纳税人对税务机关及其工作人员在履行纳税服务职责过程中侵害其合法权益的行为进行的其他投诉

【参考答案】BCD

【解析】根据《纳税服务投诉管理办法》规定，纳税服务投诉包括：纳税人对税务机关工作人员服务言行进行的投诉；纳税人对税务机关及其工作人员服务质效进行的投诉；纳税人对税务机关及其工作人员在履行纳税服务职责过程中侵害其合法权益的行为进行的其他投诉。

(2) 根据以上材料，该投诉属于纳税服务质效投诉，办理时限为(　　)。

A. 自受理之日起 5 个工作日内办结　　B. 自受理之日起 10 工作日内办结

C. 自受理之日起 3 个工作日内办结　　D. 自受理之日起 15 个工作日内办结

【参考答案】B

【解析】根据《纳税服务投诉管理办法》规定，服务质效类投诉，自受理之日起 10 个工作日内办结。

(3) 根据材料，不属于税务机关在纳税服务投诉调查处理中存在的问题是(　　)。

A. 纳税服务科科长应该安排 2 个及以上人员进行调查核实

B. 一分局局长不应当给投诉人公司上层打电话施加压力

C. 省级税务机关没有落实投诉回访制度，就办结此案

D. 尽管撤销投诉办结，但对于已经核实的一次性告知不到位、工作纪律等问题，应当进行相关处理和教育整顿，防止类似事件再次发生

【参考答案】C

【解析】根据《纳税服务投诉管理办法》规定，回访不是必经流程。

（4）下列关于纳税服务投诉管理的说法，错误的有(　　)。(多选)

A. 纳税人进行纳税服务投诉必须实名提出

B. 已就具体行政行为申请税务行政复议或者提起税务行政诉讼的，不能对具体行政行为提出纳税服务投诉

C. 对税务机关已经处理完毕且经上级税务机关复核的相同投诉事项再次投诉的，税务机关不予受理

D. 投诉人自行撤销投诉，经核实确实不需要进一步调查的应当终结调查，并向纳税人说明理由

【参考答案】AB

【解析】根据《纳税服务投诉管理办法》规定，纳税人进行纳税服务投诉原则上实名提出，纳税人虽进行匿名投诉，但投诉的事实清楚、理由充分，有明确的被投诉人，投诉内容具有典型性，属于受理范围。已就具体行政行为申请税务行政复议或者提起税务行政诉讼，但具体行政行为存在不符合文明规范言行问题的，可就该问题单独向税务机关进行投诉。

（5）关于办税服务“一次性告知”制度，下列描述正确的有(　　)。(多选)

A. 办税服务厅在受理纳税人税费事项时，对资料不符合规定或前置事项未办结的，工作人员应一次性告知

B. 办税服务厅在受理纳税人税费事项时，对不予办理的税费事项要说明理由、依据等

C. 税务机关应推行“二维码”一次性告知

D. 一次性告知的“二维码”全部由国家税务总局统一制发

【参考答案】ABC

【解析】根据国家税务总局《办税服务厅管理办法》“一次性告知”制度，指办税服务厅在受理纳税人税费事项时，对资料不符合规定或前置事项未办结的，工作人员应一次性告知；对不予办理的税费事项要说明理由、依据等。根据国家税务总局《关于做好“二维码”一次性告知工作的通知》，“二维码”一次性告知事项包括“全国统一事项”由税务总局统一制发，“地方适用事项”由省税务机关根据地方业务自行生成。

# 第九章　宣传咨询

## ★知识要点归纳

宣传咨询，是税务机关纳税服务工作的重要组成部分，也是税务机关的义务，贯穿于税收征管工作的全过程。宣传的对象是社会公众，内容是广泛普遍的，作用在于潜移默化地增强全社会的纳税意识，提高纳税人依法履行纳税义务的自觉性；咨询的对象是特定纳税人，内容是具体明确的，作用在于指导纳税人办理涉税事项，减少纳税人因不了解有关规定而带来的负担。本章内容主要包括税法宣传、纳税咨询、培训辅导、12366纳税咨询。

### 一、税法宣传

按照《中华人民共和国税收征收管理法》规定："税务机关应当广泛宣传税收法律、行政法规，普及纳税知识，无偿地为纳税人提供纳税咨询服务。"

#### （一）日常宣传

1. 税收政策宣传

税收政策具体包括税收法律、行政法规、税务部门规章、税收规范性文件等。税收政策的解读，是对税收文件的出台背景、目的意义及其执行口径、操作方法所作的解释性说明，与税收规范性文件同步起草、同步报批、同步发布。

省、市税务机关通过税务网站，县税务机关通过办税服务厅公告栏、电子显示屏等渠道发布税收政策文件及解读并及时更新维护。省、市税务机关纳税服务部门根据实际情况制作宣传资料，并及时将本级制作和上级下发的宣传资料发放至下一级税务机关，县税务机关1个工作日内将接收的宣传资料通过办税服务厅发放。

有条件的地方，可以通过网上办税服务厅、网络纳税人学堂、电子邮箱、微信、手机APP、短信等多种方式发布，也可根据纳税人需求提供不同行业、不同纳税人类型的分类宣传资料。

2. 办税流程宣传

办税流程宣传是税务机关对涉税事项的办理渠道、报送资料、办理程序、办理方法等进行宣传。

纳税服务部门接收业务主管部门或上级纳税服务部门提供的办税流程相关资料。无需补充说明的，于接收当日进入对外发布核准环节；需要补充说明的，由纳税服务部门商业务主管部门确定。纳税服务部门于接收后1个工作日内完成对外发布核准。收到经发布核准的资料后1个工作日内，省、市税务机关通过税务网站，县税务机关通过办税服务厅公告栏、电子显示屏等渠道发布办税流程宣传资料并及时更新维护。省、市税务机关纳税服务部门根据实际情况制作宣传资料，并及时将本级制作和上级下发的宣传资料发放至下一级税务机关，县税务机关1个工作日内将接收的宣传资料通过办税服务厅发放。

### （二）专题宣传

1. 热点问题宣传

热点问题宣传是税务机关对纳税人咨询频率较高的问题进行宣传。纳税服务部门每月初5个工作日内收集、筛选上月咨询频率较高的热点问题，整理答案并提交业务主管部门审核。业务主管部门5个工作日内完成热点问题及答案的审核并传递纳税服务部门。纳税服务部门于接收后的1个工作日内完成对外发布核谁。收到经发布核准的资料后1个工作日内，省、市税务机关通过税务网站，县税务机关通过办税服务厅公告栏、电子显示屏等渠道发布热点问题并及时更新维护。省、市税务机关纳税服务部门根据实际情况制作宣传资料，并及时将本级制作和上级下发的宣传资料发放至下一级税务机关，县税务机关1个工作日内将接收的宣传资料通过办税服务厅发放。

2. 重点专题宣传

重点专题宣传是税务机关根据工作计划、税收政策和管理制度变化及纳税人需求情况，组织实施特定主题的税法宣传活动。税务机关根据工作计划、税收政策或制度变动、纳税人需求情况启动特定主题的税法宣传工作，制定重点专题宣传工作方案，明确宣传任务、目标、渠道、方式、步骤和分工等事项。税务机关通过办税服务厅、纳税人学堂、互联网、媒体等渠道，以教学讲座、税企座谈会、媒体通气会、在线访谈等多种形式开展多方位宣传，并进行效果评估，持续改进。

3. 税收宣传月宣传

从1992年开始，税务系统每年定于4月份集中开展税收宣传，称为“税收宣传月”，由国家税务总局制定指导思想、宣传主题，各地税务局结合实际在税收宣传月期间通过多种渠道、多种形式对社会公众进行的普及性税收宣传活动。税收宣传月制度的建立，推动了税收宣传工作的规范化和制度化。其价值主要体现在以下方面：一是税收宣传月制度催生了一大批税收宣传活动项目；二是税收宣传月制度培养锻炼了一大批税收宣传骨干队伍；三是税收宣传月制度为新税制改革实施创造了良好条件；四是税收宣传月制度推动了整个税收工作的开展；五是税收宣传月制度使我国税收宣传工作与经济发达国家接轨。

历年税收宣传月主题如下所示。

2022 税收优惠促发展惠企利民向未来

2021 税收惠民办实事 深化改革开新局

2020 减税费优服务 助复产促发展

2019 落实减税降费，促进经济高质量发展

2018 优化税收营商环境，助力经济高质量发展

2017 深化税收改革、助力企业发展

2016 聚焦营改增试点、助力供给侧改革

2015 新常态·新税风

2014 税收·发展·民生

2013 税收·发展·民生

2012 税收·发展·民生

2011 税收·发展·民生

2010 税收·发展·民生

2009 税收·发展·民生

2008 税收·发展·民生

2007 依法诚信纳税 共建和谐社会

2006 依法诚信纳税 共建小康社会

2005 依法诚信纳税 共建小康社会

2004 依法诚信纳税 共建小康社会

2003 依法诚信纳税 共建小康社会

2002 诚信纳税 利国利民

2001 税收与公民

2000 税收与未来

1999 依法治税 强国富民

1998 税收管理与依法治国

1997 税收与文明

1996 税收征管与市场经济

1995 税收与法制

1994 税收与改革

1993 税收与改革

1992 税收与发展

### （三）相关系统纳税服务模块功能

1. 省税务局网站纳税服务模块
2. 12366 平台纳税服务功能
3. 电子税务局互动中心模块
4. 电子税务局公众服务模块

## 二、纳税咨询

### （一）纳税咨询的基本要求

1. 完善多种咨询渠道。税务机关应当通过电话、网站、微信、短信、传真、信函和“面对面”等多种方式为纳税人提供准确高效的纳税咨询解答。通过在办税服务厅设置咨询辅导场所，为纳税人提供预约咨询和集中解答。推进 12366 纳税服务热线建设，积极引导纳税人选择 12366 纳税服务热线专业化咨询服务。积极推行网络、移动通信在线咨询。

2. 做到准确解答。纳税咨询人员依托税收知识库，为纳税人提供统一和权威的解答。

3. 确保及时回复。实行纳税咨询限时回复，对于能够明确解释的咨询问题，应当场答复；对于不能即时解答的，应当在规定时限内按约定方式回复；对于暂不能准确答复的，应当按照规定程序，及时转交有关部门限时办理后回复；对于涉及多部门的疑难咨询问题，应当说明原因，经提交咨询专家组研究后及时回复。

4. 完善税收知识库。将全国统一的 12366 纳税服务热线税收知识库，作为税务机关各种渠道纳税咨询的统一参考依据。由纳税服务部门牵头、其他部门配合，按照内容完整、分类科学、权威实用的原则，建立知识库分级维护机制。

### （二）电话咨询

各级税务机关要对外公开电话，通过税务网站、办税服务厅、12366 纳税服务热线或当地媒体等渠道，向社会统一公开，公开的内容应包括电话号码、用途、接听时间、责任部门等。税务机关通过对外公开的咨询服务电话解答公众和纳税人提出的涉税问题。

县税务机关对外公开咨询电话，在工作时间内提供涉税咨询服务；省税务机关开通 12366 纳税服务热线，提供涉税咨询服务。提供咨询服务时应使用规范用语，12366 纳税服务热线接通人工咨询服务前，需播报免责条款和咨询服务人员工号。不能及时答复的涉税问题，5 个工作日内回复，不能按期回复的，应在回复期限内向咨询人说明。咨询电话出现故障短时间内不能恢复正常的，应及时向社会公告并采取应急措施。

有条件的地方应该设置专家座席为中介服务单位提供专门咨询服务，或者设置专门座席，为小微企业提供税收优惠政策咨询服务。

### （三）网络咨询

网络咨询是指税务机关通过互联网络为公众和纳税人提供涉税咨询服务。税务机关应在省税务网站上设置网上留言咨询栏目，提供涉税咨询服务。对网上留言提出的涉税问题，1个工作日内做出响应。可以即时答复的问题即时答复；不能即时答复的涉税问题，5个工作日内回复。不能按期回复的，应在回复期限内向咨询人说明。有条件的地方可以通过微信、手机APP、即时通信软件等方式为纳税人提供涉税咨询服务。在网上留言咨询栏目提供涉税事项办理进度查询。设置专门入口，为中介服务单位提供专门咨询服务；设置专门入口，为小微企业提供税收优惠政策咨询服务。

### （四）面对面咨询

办税服务厅设置咨询服务岗位，提供面对面咨询服务。对不能即时答复的问题，记录后转下一环节处理，并在5个工作日内回复；不能按期回复的，在回复内向咨询人说明。有条件的地方，对国家税务总局及省税务局重点联系企业及成员、纳税信用等级为A级的纳税人提供面对面咨询预约服务。省、市税务机关可设置咨询室，提供面对面咨询服务。

## 三、培训辅导

纳税人学堂是由税务机关主办的，有组织、有计划地为纳税人提供税收法律法规及相关政策规定培训辅导的网络平台和实体场所。纳税人学堂的办学原则是免费举办、自愿参加、课程实用、教学相长。

纳税人学堂采用实体教学和网络教学相结合的方式办学。实体教学通过教学讲座、座谈讨论等形式集中组织纳税人开展学习培训和互动交流；网络教学通过税务机关网络教学平台开展在线学习交流。网络教学平台主要模块应包括在线学习、课件下载、互动问答、课程计划、预约报名、教学评估等。网络纳税人学堂原则上每个季度应更新教学内容，实体纳税人学堂每个季度应至少开展一次教学活动。

## 四、12366纳税服务热线

全国12366纳税服务热线，以“国内领先，国际一流”为目标，以国家级中心和省级中心两级支撑为基础，优化“纳税人需求、税收知识库、专业化团队”三类管理，推出“网站建设、热线系统升级、移动互联应用、国家级中心建设”四项举措，围绕“涉税咨询的重要平台、宣传政策的重要阵地、办税服务的重要载体、锻炼干部的重要基地、展示形象的重要窗口”五个定位，建成集纳税咨询、税法宣传、办税服务、投诉受理、需求管理、纳税人满意度调查六项功能于一体的综合性、品牌化纳税服务平台，将12366“听得见的纳税服务”提升为“能问、能查、能看、能听、能约、能办”的“六能”型综合办税服务平台。

“12366”新的含义，即：“1号”接人（税务业务通用12366一个号码）、“2级”保障（国家和省级两级中心）、“3线”互通（热线、网线、无线）、“6能”平台（能问、能查、能看、能听、能约、能办）、“6心”服务（用心倾听、耐心解答，诚心交流、真心互动，精心分析、贴心推送）。

省税务机关开通12366纳税服务热线，提供涉税（费）咨询服务。12366纳税服务热线工作时间与当地税务机关工作时间一致，包括上线准备时间和人工服务时间。上线准备时间最多30分钟。12366纳税服务热线提供7×24小时自动语音服务。

国家税务总局和各地税务机关对12366税收知识库进行分级维护、动态更新，具体包括对知识库内容的采集、审核、发布、更新和撤销。

# ★习题精练及答案解析

## 一、单项选择题

1. 税法宣传的最终目的是(　　)。(1－7级测试)

A. 纳税咨询　　B. 税费申报　　C. 遵从税法　　D. 税务稽查

【参考答案】C

【解析】税法宣传目的是让纳税人遵从税法。

2. 各地陆续推出了一些由税务机关举办的税收法律、法规和相关政策规定培训辅导的平台和场所，这些平台和场所统一的名称应为(　　)。(1－7级测试)

A. 纳税人座谈会　　B. 纳税人学堂

C. 税法讲堂　　D. 税务网络课堂

【参考答案】B

【解析】各地陆续推出了一些由税务机关举办的税法宣传与培训辅导的平台和场所，这些平台和场所统一的名称应为纳税人学堂。

3. 为加强税法宣传、提高纳税人满意度，某税务机关成立了纳税人学堂。下列各项关于纳税人学堂办学方式的说法，错误的是(　　)。(1－7级测试)

A. 纳税人学堂采用实体教学和网络教学相结合的方式办学，实体教学为主，网络教学为辅

B. 实体教学通过教学讲座、座谈讨论等形式集中组织纳税人开展学习培训和互动交流

C. 网络教学通过税务机关网络教学平台开展在线学习交流

D. 网络纳税人学堂原则上每个季度应更新教学内容，实体纳税人学堂每个季度应至少开展一次教学活动

【参考答案】A

【解析】纳税人学堂采用实体教学和网络教学相结合的方式办学，没有主辅关系。

4. 12366 纳税服务热线工作时间是(　　)。(1 -7 级测试)

A. 7 ×24 小时　　B. 与当地税务机关工作时间一致

C. 与省级税务机关工作时间一致　　D. 工作日 24 小时制度

【参考答案】B

【解析】12366 纳税服务热线工作时间与当地税务机关工作时间一致，包括上线准备时间和人工服务时间。

5. 咨询员受理纳税人来电时，应在(　　)接听电话。(1 -7 级测试)

A. 系统提示来电 3 秒内或响铃 2 声内

B. 系统提示来电 3 秒内或响铃 3 声内

C. 系统提示来电 5 秒内或响铃 3 声内

D. 系统提示来电 5 秒内或响铃 5 声内

【参考答案】C

【解析】咨询员受理纳税人来电时，应在系统提示来电 5 秒内或响铃 3 声内接听电话。

6. 第 31 个全国税收宣传月活动的主题是(　　)。(1 -7 级测试)

A. 优化税收营商环境 助力经济高质量发展

B. 落实减税降费 促进经济高质量发展

C. 减税费优服务 助复产促发展

D. 税收优惠促发展 惠企利民向未来

【参考答案】D

【解析】从 1992 年开始，税务系统每年定于 4 月份集中开展税收宣传，称为“税收宣传月”。2022 年是第 31 个全国税收宣传月年，活动的主题是“税收优惠促发展 惠企利民向未来”。

7. 明确规定税法宣传咨询是税务机关法定职责的是(　　)。(1 -7 级测试)

A. 国家税务总局《关于加强纳税服务工作的通知》

B. 《税收征收管理法》

C. 国家税务总局《关于印发〈纳税服务工作规范（试行)〉的通知》

D. 国家税务总局《关于进一步推行办税公开工作的意见》

【参考答案】B

【解析】按照《税收征收管理法》规定，“税务机关应当广泛宣传税收法律、行政法规，普及纳税知识，无偿地为纳税人提供纳税咨询服务”。

8. 县税务机关接收到上级税务机关发放的宣传资料后，通过办税服务厅发放的时限要求是(　　)。(1－7级测试)

A. 3个工作日内　　B. 5个工作日内

C. 1个工作日内　　D. 2个工作日内

【参考答案】C

【解析】县税务机关1个工作日内将接受的宣传资料通过办税服务厅发放。

9. 下列行为符合纳税人学堂办税原则的是(　　)。(1－7级测试)

A. 某信息系统运维服务人员在纳税人学堂培训教学过程中，推销公司增值服务产品

B. 某税务机关要求新办纳税人必须参加实体纳税人学堂培训

C. 某税务机关培训内容陈旧，实用性、针对性不强

D. 某税务机关加强纳税人学堂兼职师资的培养，提高业务素质和服务能力

【参考答案】D

【解析】纳税人学堂办学原则：免费举办，学堂不得以任何名义向纳税人收取培训费用，不得利用纳税人学堂的名义向纳税人推销任何产品和服务。自愿参加，学堂应丰富培训形式，充实培训内容，引导和鼓励纳税人自愿选择学习，不得以任何形式强制纳税人参加培训辅导。课程实用，学堂应经常收集和分析纳税人的学习需求和意见建议，有针对性地开展培训工作。教学相长，学堂在满足纳税人对税收业务知识需求的同时收集整理和及时反馈纳税人反映的意见建议，促进税务人员不断加强学习，提高自身业务水平和服务水平。

10. 下列关于纳税人学堂的日常管理，说法错误的是(　　)。(1－7级测试)

A. 纳税人学堂实行省、市、县分级管理

B. 省、市税务机关负责建设网络纳税人学堂

C. 市税务机关有条件的地方可建立实体纳税人学堂

D. 县税务机关负责实体纳税人学堂的建设和网络纳税人学堂的应用

【参考答案】B

【解析】根据纳税人学堂的日常管理要求，纳税人学堂实行省、市、县分级管理。省税务机关负责建设网络纳税人学堂，市税务机关负责指导和管理所辖县税务机关纳税人学堂的建设、运行及教学等工作，开展网络纳税人学堂的应用，有条件的地方可建立实体纳税人学堂。县税务机关负责实体纳税人学堂的建设和网络纳税人学堂的应用。

11. 12366纳税服务接收的投诉举报不包括(　　)。(1－7级测试)

A. 纳税服务投诉

B. 纳税人税收违法行为和纳税人轻微税收违法行为举报

C. 税务机关和税务人员税收违法行政行为举报

D. 税务机关和税务人员涉嫌违纪或者职务违法、职务犯罪行为举报

【参考答案】D

【解析】12366 纳税服务接收的投诉举报包括：纳税服务投诉、纳税人税收违法行为、纳税人轻微税收违法行为举报、税务机关和税务人员税收违法行政行为举报。不包括税务机关和税务人员涉嫌违纪或者职务违法、职务犯罪行为举报。

12. 12366 可以通过人工语音，采取主动呼出的方式向纳税人提供纳税服务，不属于主动回呼的是(　　)。(1－7 级测试)

A. 留言回呼　　　　B. 更正回呼

C. 承诺回呼　　　　D. 遇忙（呼损）回呼

【参考答案】B

【解析】12366 通过人工语音采取主动呼出的方式向纳税人提供纳税服务。电话回呼包括留言回呼、纠错回呼、承诺回呼、遇忙（呼损）回呼等。留言回呼是指对纳税人通过语音信箱、网络留言等方式提出纳税（缴费）咨询，咨询员通过主动回拨方式联系纳税人的服务。纠错回呼是指 12366 对各种渠道反馈的错误答复、答复偏差等问题，通过主动回拨方式向纳税人进行更正的服务。承诺回呼是指咨询员受理业务时不能即时答复纳税人，咨询员在承诺期限内通过主动回拨方式向纳税人进行答复的服务。遇忙（呼损）回呼是指纳税人拨打 12366 热线，遇电话繁忙，经数次拨打仍无法接通，12366 热线根据来电记录通过主动回拨方式向纳税人提供涉税服务。

13. 下列关于 12366 税收知识库运维，说法错误的是(　　)。(8－11 级测试)

A. 12366 税收知识库运维具体包括对知识库内容的采集、审核、发布、更新和撤销

B. 各地税务机关业务部门应当在税收业务文件发布后 3 个工作日内，通过公文系统将文件传递至本级 12366 主管部门

C. 对税收法规知识，知识采集人员应当在收到文件后 1 个工作日内进行采集，并提交知识审核人员审核

D. 对问题解答、办税流程、业务专题、表证单书、相关法规等知识，采集人员应当在收到文件后 2 个工作日内，将文件提炼编辑，并提交知识审核人员进行审核

【参考答案】B

【解析】12366 税收知识库运维具体包括对知识库内容的采集、审核、发布、更新和撤销。各地税务机关业务部门应当在税收业务文件发布后 1 个工作日内，通过公文系统将文件传递至本级 12366 主管部门。对税收法规知识，知识采集人员应当在收到文件后 1 个工作日内进行采集，并提交知识审核人员审核。对问题解答、办税流程、

业务专题、表证单书、相关法规等知识，采集人员应当在收到文件后 2 个工作日内，将文件提炼编辑，并提交知识审核人员进行审核。

14. 下列关于 12366 纳税服务质量监控，说法错误的是(　　)。(8－11 级测试)

A. 12366 纳税服务质量监控采用人工或智能的方式开展

B. 人工质量监控包括抽样监控、实时监控和模拟监控

C. 一般应以实时监控为主，抽样监控、模拟监控为辅

D. 模拟监控通过拨打 12366 热线或发起网络在线咨询，对咨询员办理服务事项的综合表现进行即时评定和处理的监控形式

【参考答案】C

【解析】12366 纳税服务质量监控，采用人工或智能的方式对 12366 咨询员为纳税人提供涉税服务的质量进行评判。人工质量监控方法包括抽样监控、实时监控和模拟监控，一般应以抽样监控为主，实时监控、模拟监控为辅。模拟监控是指通过拨打 12366 热线或发起网络在线咨询，对咨询员办理服务事项的综合表现进行即时评定和处理的监控形式。

15. 为保证税法宣传的及时性，对税务机关发布办税流程宣传时限要求，正确的是(　　)。(8－11 级测试)

A. 纳税服务部门接收业务主管部门或上级纳税服务部门提供的办税流程相关资料，无须补充说明的，于接收 1 日内进入对外发布核准环节

B. 纳税服务部门接收业务主管部门或上级纳税服务部门提供的办税流程相关资料，需要补充说明的，由纳税服务部门商业务主管部门确定，纳税服务部门于接收后 1 个工作日内完成对外发布核准

C. 纳税服务部门收到经发布核准的资料后 3 个工作日内，省、市税务机关通过税务网站发布办税流程宣传资料并及时更新维护

D. 纳税服务部门收到经发布核准的资料后当日内，县税务机关通过办税服务厅公告栏、电子显示屏等渠道发布办税流程宣传资料并及时更新维护

【参考答案】B

【解析】纳税服务部门接收业务主管部门或上级纳税服务部门提供的办税流程相关资料，无须补充说明的，于接收当日进入对外发布核准环节；需要补充说明的，由纳税服务部门商业务主管部门确定，纳税服务部门于接收后 1 个工作日内完成对外发布核准。收到经发布核准的资料后 1 个工作日内，省、市税务机关通过税务网站，县税务机关通过办税服务厅公告栏、电子显示屏等渠道发布办税流程宣传资料并及时更新。

16. 下列关于纳税人学堂卡通动漫视频制作，说法不正确的是(　　)。(8－11 级测试)

A. 动漫视频中的税务干部卡通形象应当端庄大气、活泼可爱

B. 动漫视频中的场景应当贴近税务干部的工作情景及工作氛围，美观大方、色调和谐

C. 动漫视频制作应当流畅自然，具有亲和力和艺术感染力。画面、声音与字幕表达意思应当同步、保持一致

D. 卡通动漫视频包含片头、片中、片尾。片头应当参照《纳税人学堂卡通动漫片头样板》设计，片尾参照实景课堂视频相关规范制作。视频背景统一为“税徽+为国聚财为民收税”

【参考答案】D

【解析】视频背景由各地自行确定。

17. 以下关于 12366 热线电话受理范围，说法不正确的是（　　）。（8－11 级测试）

A. 咨询员应耐心听取纳税人的提问，判断其是否属于 12366 咨询服务受理范围

B. 主要负责解答纳税人关于国家税收法律、行政法规、纳税程序、涉税学术研究以及社会保险费和税务机关管辖的非税收入征管有关问题

C. 不提供税收策划、各类社会性涉税考试辅导

D. 不属于受理范围的，咨询员应主动告知纳税人不予受理的理由

【参考答案】B

【解析】12366 纳税服务主要负责解答纳税人关于国家税收法律、行政法规、纳税程序以及社会保险费和税务机关管辖的非税收入征管有关问题，引导投诉举报。不提供税收策划、各类社会性涉税考试辅导，也不进行涉税学术研究、探讨。

## 二、多项选择题

1. 关于税务机关对外公开咨询电话，说法正确的有（　　）。（1－7 级测试）

A. 纳税（缴费）人通过拨打税务机关对外公开的咨询电话提出涉税（费）咨询需求，税务机关为其提供免费咨询服务

B. 能即时答复的即时答复，不能即时答复的按规定时限回复

C. 提供咨询服务时应耐心听取纳税（缴费）人的提问，判断其是否属于涉税（费）咨询服务受理范围。属于咨询受理范围的，认真做好解答工作；不属于咨询受理范围的，主动告知纳税（缴费）人不予受理的理由，并尽量进行引导

D. 咨询电话出现故障，短时间内不能恢复正常的，应及时向社会公告，并采取应急措施

【参考答案】ABCD

【解析】依据《全国税务机关纳税服务规范 3.0》。

2. 下列事项属于纳税咨询人员职责的是（　　）。（1－7 级测试）

A. 帮助纳税人解决纳税过程申报中遇到的操作问题

B. 解答纳税人有关涉税政策问题

C. 对纳税人进行税收政策宣传

D. 帮助纳税人进行纳税筹划

【参考答案】ABC

【解析】纳税筹划不是税务机关的工作职责。

3. 下列关于12366服务平台的表述正确的是(　　)。(1－7级测试)

A. 12366是集纳税咨询、税法宣传、办税服务、投诉受理、需求管理、纳税人满意度调查六项功能于一体的综合性、品牌化纳税服务平台

B. 12366通过“人工＋自助语音”提供24小时热线服务

C. 绩效测评中计算接通率的接通标准为拨测人选择人工服务后，该电话在30秒内有咨询员应答

D. 日常监测工作按月进行，采用后台抽测为主、前台拨测为辅，测评专家匿名测评的监测方式

【参考答案】ABD

【解析】《国家税务总局纳税服务司关于修订〈12366纳税服务热线基本工作流程和作业标准（试行）〉的通知》规定：咨询员受理纳税人来电时，应在系统提示来电5秒内或响铃3声内接听电话。电话接通后，应告知咨询员工号（推荐使用系统自动播报咨询员工号）并使用问候语。

4. 关于受理纳税人网络咨询，说法正确的有(　　)。(1－7级测试)

A. 税务机关在互联网对外公开平台上设置智能咨询、在线咨询、网上留言等功能，为纳税（缴费）人提供涉税（费）咨询服务

B. 提供在线咨询服务时应根据纳税（缴费）人的问题内容，判断其是否属于涉税（费）咨询服务受理范围

C. 答复网上留言咨询时，发现问题表述不清的，应引导纳税（缴费）人采用其他方式咨询

D. 网上留言咨询已注明电话联系方式的，可通过12366纳税服务热线电话回呼，但同时仍需留言回复

【参考答案】ABD

【解析】选项C答复网上留言咨询时，发现问题表述不清的，应告知纳税（缴费）人将问题表述完整或指引其采用其他方式咨询。

5. 关于税务面对面咨询，说法正确的有(　　)。(1－7级测试)

A. 在办税服务厅设置咨询服务岗位，提供面对面咨询服务

B. 提供咨询服务时应耐心听取纳税（缴费）人的提问，属于咨询受理范围的，认真做好解答工作；不属于咨询受理范围的，主动告知纳税（缴费）人不予受理的理由，并尽量进行引导

C. 对不能即时答复的涉税（费）问题，一般转税源管理部门或主管税务科所办理

D. 面对面咨询的答复内容整理归档，经税务机关确认后，可作为涉税事项办理依据

【参考答案】AB

【解析】选项C对不能即时答复的涉税（费）问题，按照首问责任制要求进行处理。选项D面对面咨询的答复仅供参考，具体以法律法规及相关规定为准。

6. 下列关于纳税人学堂视频制作，说法正确的有（　　）。（1－7级测试）

A. 录制现场应当光线充足、安静整洁，避免在镜头中出现与课程无关的内容

B. 授课讲师应着税服，授课时应当使用普通话并保持教态自然、精神饱满、举止得当

C. 视频拍摄应当清晰流畅、画面构图合理、色彩搭配自然

D. 录制视频时可以同期收音，也可以后期配音。录音应使用普通话，语言流畅，语速适中，声音清晰、圆润

【参考答案】ACD

【解析】授课讲师为税务干部的，应着税服；为专家学者、高校教授、涉税中介等其他身份的，应着正装。讲师授课时应当使用普通话并保持教态自然、精神饱满、举止得当。

7. 12366座席接听电话，查询知识库时，以下说法不正确的有（　　）。（1－7级测试）

A. 咨询员应通过12366税收知识库或12366智能咨询库查找答复依据

B. 查询后能够即时答复的咨询事项，转入答复纳税人环节，同时应将知识缺失内容向12366智能咨询库进行推送

C. 查询时需要纳税人等待的，应使用规范的等待用语并播放等待音乐

D. 等待时间超过2分钟的，座席人员可以采取继续等待查询或事后答复的方式处理，等待结束后，应使用规范的结束等待用语，再继续提供咨询服务

【参考答案】AB

【解析】选项D等待时间超过2分钟的，应征询纳税人意见，根据纳税人意愿采取继续等待查询或事后答复的方式处理。等待结束后，应使用规范的结束等待用语，再继续提供咨询服务。

8. 12366纳税服务热线中的转接答复，是指咨询员将来电转至（　　），转接后由被转接人进行答复和处理，咨询员结束通话。（1－7级测试）

A. 专家座席　　B. 远程座席

C. 业务科室负责人　　D. 纳税人指定的咨询员

【参考答案】ABD

【解析】转接答复，是指咨询员将来电转至专家座席、远程座席或纳税人指定的咨询员。转接后由被转接人进行答复和处理，咨询员结束通话。

9. 语音留言咨询是指 12366 通过语音留言信箱受理纳税人的需求，为纳税人提供纳税（缴费）咨询服务，以下说法错误的有（　　）。（1－7 级测试）

A. 咨询员应在纳税人留言当天听取，对启用智能语音服务的，咨询员可直接查阅语音转换的文本

B. 问题表述不清的，咨询员应联系纳税人将问题表述完整，按照纳税人的来电号码或纳税人已在留言中注明电话联系方式，电话回呼

C. 问题表述清楚，1 个工作日内受理并回复纳税人

D. 咨询员电话回呼时，回拨 3 次，对方仍无人接听，或者出现去电号码提示错误等情形无法联系对方的，可视同已处理

【参考答案】ACD

【解析】选项 A 咨询员应在纳税人留言的 1 个工作日内听取，对启用智能语音服务的，咨询员可直接查阅语音转换的文本。选项 C 根据纳税人的问题内容，判断其是否属于 12366 咨询服务受理范围。不属于受理范围的，咨询员应联系纳税人告知不予受理的理由。选项 D 咨询员电话回呼时，在 1 个工作日不同时段内回拨 3 次，对方仍无人接听，或者出现去电号码提示错误等情形无法联系对方的，可视同已处理。

10. 12366 接收纳税人涉税违法行为举报分为（　　）。（1－7 级测试）

A. 纳税人轻微税收违法行为举报

B. 纳税人一般税收违法行为举报

C. 纳税人重大税收违法行为举报

D. 纳税人严重税收违法行为举报

【参考答案】AB

【解析】接收纳税人税收违法行为举报分为“纳税人一般税收违法行为举报”和“纳税人轻微税收违法行为举报”。

11. 以下关于电话回呼，说法正确的有（　　）。（1－7 级测试）

A. 承诺回呼应在承诺期限内处理，承诺的期限一般不能超过 10 个工作日

B. 留言回呼应自发生之日起 1 个工作日内处理；纠错回呼应于发现之日回复

C. 同一个电话 3 次未能接入人工咨询时进行遇忙（呼损）回呼，应自发生之日起 1 个工作日内予以回呼

D. 咨询员电话回呼时，在 1 个工作日不同时段内回拨 3 次，对方仍无人接听，或者出现去电号码提示错误等情形无法联系对方的，可视同已处理

【参考答案】AD

【解析】选项 B 留言回呼应自发生之日起 1 个工作日内处理；纠错回呼应自发现之日起 1 个工作日内回复。选项 C 同一个电话 3 次未能接入人工咨询时进行遇忙（呼损）回呼，应自发生之日起 2 个工作日内予以回呼。

12. 下列关于12366热线的服务内容正确的有（　　）。（1－7级测试）

A. 纳税服务投诉受理　　B. 意见建议收集

C. 纳税人税收违法行为举报　　D. 涉税查询

【参考答案】ABCD

【解析】12366热线的服务内容主要有：（1）咨询解答。（2）办税指引。（3）纳税服务投诉受理。受理纳税人认为税务机关和税务人员在纳税服务过程中，未按规定要求提供相关服务而进行的投诉。（4）意见建议收集。收集纳税人对税收工作的意见与建议。（5）涉税查询。有条件的地区，可按照相关规定为纳税人提供涉税信息查询服务。（6）其他。

13. 下列关于涉税电话咨询说法错误的有（　　）。（1－7级测试）

A. 税务机关的涉税电话咨询服务全部由省税务机关开通的12366纳税服务热线提供

B. 提供咨询服务时应使用规范用语

C. 12366纳税服务热线接通人工咨询服务前，需播报免责条款和咨询服务人员工号

D. 不能及时答复的涉税问题，10个工作日内回复，不能按期回复的，应在回复期内向咨询人说明

【参考答案】AD

【解析】税务机关的涉税电话咨询服务可以由县税务机关对外公开咨询电话，在工作时间内提供，也可以由省税务机关开通12366纳税服务热线提供。提供咨询服务时应使用规范用语，12366纳税服务热线接通人工咨询服务前，需播报免责条款和咨询服务人员工号。不能及时答复的涉税问题，5个工作日内回复，不能按期回复的，应在回复期限内向咨询人说明。

14. 现场咨询是指咨询员通过“面对面”交流的方式在12366工作区城或办税（缴费）服务厅等场所为纳税人提供的纳税（缴费）咨询服务。咨询服务的工作流程包括（　　）。（1－7级测试）

A. 受理　　B. 记录　　C. 处理　　D. 办结

【参考答案】ACD

【解析】《国家税务总局纳税服务司关于修订〈12366纳税服务热线基本工作流程和作业标准（试行）〉的通知》规定，现场咨询的作业标准包括：受理、处理、办结。

15. 下列关于12366热线绩效测评指标参考目标，描述正确的有（　　）。（1－7级测试）

A. 人工接通率≥80%　　B. 30秒内接通率≥60%

C. 日均语音服务量50—80个　　D. 平均处理时长5—7分钟

【参考答案】BCD

【解析】12366 热线绩效测评采用自查自评与检查考评相结合、日常评估与定期评估相结合、定性评估与定量评估相结合的方式。其中，组织绩效中的重要指标参考目标包括：人工接通率≥85%，30 秒内接通率≥60%；个人绩效中的重要指标包括：日均语音服务量 50—80 个，平均处理时长 5—7 分钟，平均通话时长 4 — 6 分钟。

16. 下列关于 12366 热线人工质量监控，说法正确的有(　　)。(8 - 11 级测试)

A. 12366 热线人工质量监控方法包括抽样监控、实时监控和模拟监控，一般应以实时监控为主，抽样监控、模拟监控为辅

B. 抽样监控是指按照一定的原则抽取部分样本，对样本中咨询员已经办理完结的服务事项的综合表现进行事后评价和处理的监控形式

C. 实时监控是指对咨询员正在办理的服务事项的综合表现进行即时评定和处理的监控形式

D. 模拟监控是指通过拨打 12366 热线或发起网络在线咨询，对咨询员办理服务事项

的综合表现进行事后评定和处理的监控形式

【参考答案】BC

【解析】12366 热线人工质量监控方法包括抽样监控、实时监控和模拟监控，一般应以抽样监控为主，实时监控、模拟监控为辅。抽样监控是指按照一定的原则抽取部分样本，对样本中咨询员已经办理完结的服务事项的综合表现进行事后评价和处理的监控形式。实时监控是指对咨询员正在办理的服务事项的综合表现进行即时评定和处理的监控形式。模拟监控是指通过拨打 12366 热线或发起网络在线咨询，对咨询员办理服务事项的综合表现进行即时评定和处理的监控形式。

17. 12366 热线个人绩效测评中提供服务的规范程度测评包括(　　)。(8 - 11 级测试)

A. 语言规范　　B. 着装规范　　C. 服务态度　　D. 语音规范

【参考答案】CD

【解析】12366 热线绩效服务规范性采用百分制，包括语音规范和服务态度两部分。

18. 下列关于纳税人学堂视频制作，说法不正确的有(　　)。(8 - 11 级测试)

A. 片头视频左上角应当放置 12366 标识和网上纳税人课堂字样，右下角标注制作日期

B. 片头视频正中应当放置课程名称和主讲人，课程名称分主标题和副标题

C. 片中视频左上角应当放置 12366 标识，下方应当配置中文字幕

D. 片尾视频正中应当放置 12366 标识和制作单位名称，制作单位为税务机关标准规范名称

【参考答案】AB

【解析】选项 A，片头视频左上角应当放置 12366 标识和“纳税人学堂”字样，右

下角标注制作日期；选项 B，片头视频正中应当放置税徽、课程名称和主讲人，课程名称分主标题和副标题。

19. 纳税人通过 12366 热线举报纳税人税收违法行为，以下说法正确的有（　　）。（8－11 级测试）

A. 涉税违法举报专门座席岗位收到纳税人向 12366 进行举报时，应按照规定进行记录，生成举报工单。其中，纳税人一般税收违法行为举报，应当辅导举报人以书面形式向稽查局举报中心进行举报

B. 举报专岗接受举报时应准确记录举报人的姓名和联系方式（匿名举报纳税人税收违法行为的只需记录联系方式），被举报单位名称，或者被举报个人的姓名及其所属单位名称、地址和税收违法行为类别等

C. 纳税人税收违法行为举报要区分纳税人一般税收违法行为举报和纳税人轻微税收违法行为举报，并在举报工单中勾选相应的违法行为情形

D. 一般税收违法行为举报工单应符合《税收违法行为检举管理办法》（国家税务总局令第 24 号）保密原则的规定，包括被举报单位名称，或者被举报个人的姓名及其所属单位名称、地址和税收违法行为类别、举报具体内容等

【参考答案】AC

【解析】选项 B，举报专岗接受举报时应准确记录举报人的姓名和联系方式（匿名举报纳税人税收违法行为的不需记录，也不接受工单查询），被举报单位名称，或者被举报个人的姓名及其所属单位名称、地址和税收违法行为类别等。选项 D，一般税收违法行为举报工单不包含举报具体内容，并应符合《税收违法行为检举管理办法》（国家税务总局令第 24 号）保密原则的规定。

20. 关于 12366 纳税服务热线提交工单，说法正确的有（　　）。（8－11 级测试）

A. 对于求助处理不能答复的问题，咨询员应在问题产生的 1 个工作日内形成工单并提交给工单处理人员

B. 本级 12366 主管部门能够处理的工单应在工单形成之日起 5 个工作日内处理，紧急的工单应根据实际需要在限定时限内办结

C. 本级 12366 主管部门不能处理的工单，属于要上级业务部门答复的疑难问题，应在工单形成之日起 1 个工作日内转交上级业务部门办理，上级业务部门应在 5 个工作日内予以答复

D. 本级业务部门不能答复的，按照规范中疑难问题的要求执行

【参考答案】ABD

【解析】选项 C，本级 12366 主管部门不能处理的工单，属于要本级业务部门答复的疑难问题，应在工单形成之日起 1 个工作日内转交本级业务部门办理，本级业务部门应在 5 个工作日内予以答复。

21. 纳税人通过 12366 热线举报纳税人税收违法行为，以下说法正确的有（　　）。（8－11 级测试）

A. 涉税违法举报专门座席岗位收到纳税人向 12366 进行举报时，应按照规定进行记录，生成举报工单。其中，纳税人一般税收违法行为举报，应当辅导举报人以书面形式向稽查局举报中心进行举报

B. 举报专岗接受举报时应准确记录举报人的姓名和联系方式（匿名举报纳税人税收违法行为的只需记录联系方式），被举报单位名称，或者被举报个人的姓名及其所属单位名称、地址和税收违法行为类别等

C. 纳税人税收违法行为举报要区分纳税人一般税收违法行为举报和纳税人轻微税收违法行为举报，并在举报工单中勾选相应的违法行为情形

D. 一般税收违法行为举报工单应符合《税收违法行为检举管理办法》（国家税务总局令第 24 号）保密原则的规定，包括被举报单位名称，或者被举报个人的姓名及其所属单位名称、地址和税收违法行为类别、举报具体内容等

【参考答案】AC

【解析】选项 B，举报专岗接受举报时应准确记录举报人的姓名和联系方式（匿名举报纳税人税收违法行为的不需记录，也不接受工单查询），被举报单位名称，或者被举报个人的姓名及其所属单位名称、地址和税收违法行为类别等。选项 D，一般税收违法行为举报工单不包含举报具体内容，并应符合《税收违法行为检举管理办法》（国家税务总局令第 24 号）保密原则的规定。

## 三、判断题

1. 12366 纳税服务热线是税务机关面向纳税人的服务电话，是集纳税咨询、税法宣传、办税服务、投诉受理、需求管理 5 项功能于一体的综合性、品牌化纳税服务平台。（　　）（1－7 级测试）

【参考答案】×

【解析】12366 纳税服务热线是税务机关面向纳税人的服务电话，是集纳税咨询、税法宣传、办税服务、投诉受理、需求管理、纳税人满意度调查 6 项功能于一体的综合性、品牌化纳税服务平台。

2. 12366 纳税服务热线知识库是 12366 工作人员向纳税人提供涉税咨询服务的主要依据和税法宣传的重要素材，也为税务机关工作人员咨询解答、税收征管、行政执法提供参考。（　　）（1－7 级测试）

【参考答案】√

【解析】根据《国家税务总局关于印发〈12366 税收知识库管理办法〉的通知》规定，知识库是 12366 工作人员向纳税人提供涉税咨询服务的主要依据和税法宣传的重

要素材，也为税务机关工作人员咨询解答、税收征管、行政执法提供参考。

3. 纳税人学堂视频应当依据主动公开、依申请公开文件制作，不得包含不予公开和保密内容。纳税人学堂视频制作完成后应当及时主动公开发布。

（　　）（1－7级测试）

【参考答案】×

【解析】纳税人学堂视频应当依据主动公开文件制作，不得包含不予公开、依申请公开和保密内容。纳税人学堂视频制作完成后应当及时主动公开发布。

4. 对知识查询后仍无法答复的咨询事项，经征询纳税人意见，咨询员可通过现场求助、转接答复、三方通话等求助方式即时处理。（　　）（1－7级测试）

【参考答案】√

【解析】对知识查询后仍无法答复的咨询事项，经征询纳税人意见，咨询员可通过现场求助、转接答复、三方通话等求助方式即时处理。

5. 结束12366咨询通话后，无论三方通话、转接答复或直接答复均应由首位咨询员办结。（　　）（1－7级测试）

【参考答案】×

【解析】结束通话后，除了采取“转接答复”方式的来电由被转接人办结外，其他来电均由首位咨询员办结。

6. 纳税人语音咨询，12366热线受理后，咨询员应自发生之日起3个工作日内处理。通过提交工单、转出办理方式答复的，咨询员应在收到回复后3个工作日内答复纳税人。（　　）（1－7级测试）

【参考答案】×

【解析】咨询员应自发生之日起1个工作日内处理。通过提交工单、转出办理方式答复的，咨询员应在收到回复后1个工作日内答复纳税人。

7. 举报专岗接受举报时应准确记录举报人的姓名和联系方式，被举报单位名称，或者被举报个人的姓名及其所属单位名称、地址和税收违法行为类别等。

（　　）（8－11级测试）

【参考答案】×

【解析】举报专岗接受举报时应准确记录举报人的姓名和联系方式（匿名举报纳税人税收违法行为的不需记录，也不接受工单查询），被举报单位名称，或者被举报个人的姓名及其所属单位名称、地址和税收违法行为类别等。

8. 纳税人一般税收违法行为举报工单应当按照“已受理”“有待核实、暂缓受理”“不予受理”进行反馈，“有待核实、暂缓受理”“不予受理”的工单需说明原因。

（　　）（1－7级测试）

【参考答案】×

【解析】纳税人一般税收违法行为举报工单应当按照“已受理”和“不予受理”进行反馈，“不予受理”的工单需说明原因。

9. 税务机关对纳税人咨询频率较高的问题进行热点问题宣传，业务主管部门每月初收集、筛选上月咨询频率较高的热点问题，整理答案后传递至纳税服务部门。纳税服务部门于接收后的1个工作日内完成对外发布核准，收到经发布核准的资料后1个工作日内，省、市税务机关通过税务网站，县税务机关通过办税服务厅公告栏、电子显示屏等渠道发布热点问题并及时更新维护。（　　）（1－7级测试）

【参考答案】×

【解析】热点问题宣传是税务机关对纳税人咨询频率较高的问题进行宣传。纳税服务部门每月初5个工作日内收集、筛选上月咨询频率较高的热点问题，整理答案并提交业务主管部门审核。业务主管部门5个工作日内完成热点问题及答案的审核并传递纳税服务部门。纳税服务部门于接收后的1个工作日内完成对外发布核准。收到经发布核准的资料后1个工作日内，省、市税务机关通过税务网站，县税务机关通过办税服务厅公告栏、电子显示屏等渠道发布热点问题并及时更新维护。

10. 税务机关通过12366热线唯一渠道为纳税人提供电话咨询服务，解答公众和纳税人提出的涉税问题。（　　）（1－7级测试）

【参考答案】×

【解析】税务机关通过对外公开的咨询服务电话解答公众和纳税人提出的涉税问题。对外公开的咨询服务电话包括县税务机关对外公开咨询电话，在工作时间内提供涉税咨询服务，省税务机关开通12366纳税服务热线，提供涉税咨询服务。

11. 为纳税人提供“面对面”咨询的主要场所是办税服务厅，办税服务厅设置咨询服务岗位，提供“面对面”咨询服务，有条件的地方，省、市税务机关可设置咨询室，提供“面对面”咨询服务。（　　）（1－7级测试）

【参考答案】√

【解析】根据《纳税服务规范（3.0版）》规定。

12. 市税务机关负责实体纳税人学堂的建设和网络纳税人学堂的应用，结合本地实际开展教学工作，承担辖区内的具体办学任务，组织纳税人参加学习。

（　　）（1－7级测试）

【参考答案】×

【解析】县税务机关负责实体纳税人学堂的建设和网络纳税人学堂的应用，落实上级税务机关下达的教学计划，结合本地实际开展教学工作，承担辖区内的具体办学任务，组织纳税人参加学习，收集纳税人对办学的意见和建议，适时调整教学计划和内容，及时向上级反馈情况。

13. 12366纳税服务热线开展满意度调查，包括话后满意度调杳、网络实时咨询满意度

调查、专项调查、系统内部调查。 (　　)（8－11 级测试）

【参考答案】√

【解析】12366 纳税服务热线开展满意度调查，包括话后满意度调查、网络实时咨询满意度调查、专项调查、系统内部调查。

14. 税务机关应在省税务网站上设置网上留言咨询栏目，提供涉税咨询服务，对网上留言提出的涉税问题，当日内作出响应。 (　　)（8－11 级测试）

【参考答案】×

【解析】税务机关应在省税务网站上设置网上留言咨询栏目，提供涉税咨询业务。对网上留言提出的涉税问题，1 个工作日内作出响应。

15. 纳税人轻微税收违法行为举报工单应当按照“不予受理”“已受理正在办理”“申请延期”“核实中，暂缓受理”“已办结”五种情况进行反馈。“已受理正在办理”的工单需明确办理时限，“核实中，暂缓受理”“不予受理”“申请延期”的工单需说明原因。 (　　)（8－11 级测试）

【参考答案】×

【解析】纳税人轻微税收违法行为举报工单应当按照“不予受理”“已受理正在办理”“申请延期”和“已办结”四种情况进行反馈。“已受理正在办理”的工单需明确办理时限，“不予受理”和“申请延期”的工单需说明原因。

16. 各级税务机关业务部门应当在税收政策类文件发布当日，将文件传递至本级 12366 知识库管理部门。 (　　)（8－11 级测试）

【参考答案】√

【解析】各级税务机关业务部门应当在税收政策类文件发布当日，将文件传递至本级 12366 知识库管理部门。

## 四、简答题

1. 简述纳税人学堂的办学原则

【参考答案】

（1）免费举办。学堂不得以任何名义向纳税人收取培训费用，不得利用纳税人学堂的名义向纳税人推销任何产品和服务。

（2）自愿参加。学堂应丰富培训形式，充实培训内容，引导和鼓励纳税人自愿选择学习，不得以任何形式强制纳税人参加培训辅导。

（3）课程实用。学堂应经常收集和分析纳税人的学习需求，有针对性地开展培训工作。

（4）教学相长。学堂在满足纳税人对税收业务知识需求的同时，应注重收集整理和及时反馈纳税人反映的意见建议，促进税务人员不断加强学习，提高自身业务水平和服务水平。

2. 12366 纳税服务受理的范围有哪些？（8 – 11 级测试）

【参考答案】

纳税咨询；税费信息查询；接收纳税服务投诉；接收涉税违法举报；收集意见与建议；电话回呼；满意度调查；疑难问题、热点问题采集等。

## 五、实务题

1. 以下是某段 12366 热线电话录音文字记录。

咨询员：您好，100 号咨询员为您服务。请说。

来电人：问一下你们刚才告诉我的，就是税务的热线电话号码打过去，全是没人接的。

咨询员：什么电话？

来电人：×××××××，好像是这个。

咨询员：×××××××是某区税务局对外公开电话。

来电人：就是啊。他们那个电话形同虚设。打过去就是没有人接。

咨询员：是不接，还是打不通啊？

来电人：打过去全都是忙音。

咨询员：因为只有一个公开电话，比较忙……

来电人：不是，你打过去，他就挂掉，就马上嘟嘟嘟嘟的声音。所以说他这个电话……

咨询员：是这样的，他忙线时就变成这样的长音了。这种情况确实有，因为现在是征期最后一天，打电话的人比较多，又碰到个税扣缴的问题。所以建议您可以留下专管员电话以方便联系。因为是公开电话，所有西区单位咨询、国税都是打这个电话过去的。

来电人：我倒不是很相信。他们难道忙到这种地步。根本就不是忙音了。是马上就挂掉，不是挂掉，就是那种好像根本就不存在这个电话一样的。不是一般的正常的那种“嘟，嘟”。

咨询员：没有啊。它是提示说对方现在正忙，请稍后再拨。

来电人：没有，一点提示都没有。

咨询员：他是太忙了，所以会有语音提醒的。好了，您主要有什么问题？

来电人：个税专项附加扣除的事，就是……

咨询员：子女教育吗？

来电人：不是，就是我家里父母都已经满 60 周岁了，我每个月赡养老人可以按 4 000元扣吗？

咨询员：嗯，可以的，一个老人 2 000 元，合计 4 000 元。

来电人：但是我爸爸被单位返聘了，还拿工资，也行吗？

咨询员：稍等，我来查下。

（等待了三分钟，电话很安静）

咨询员：感谢您的等待，我查了下，返聘的话政策上没说，应该不能扣吧，都拿工资了。

来电人：那我只能扣2 000元了，每个月？

咨询员：嗯，只能这样了。

来电人：那我这个可以怎么报？就是这个数字，报给谁？

咨询员：报给你们扣缴单位的会计啊，或者报给大厅。

来电人：我们会计也不太懂怎么报？有没有表格？

咨询员：这您可以问问管理员，他最清楚。

来电人：算了，我还是问问管理员吧，让会计问问。

咨询员：您看您还有其他问题吗？

来电人：没有了。

咨询员：好的，欢迎您再次拨打12366，再见。

来电人：再见。

请指出咨询员的业务处理、沟通技巧方面的问题。（8－11级测试）

【参考答案】

（1）答复错误。纳税人赡养一位及以上被赡养人的赡养支出，统一按照以下标准定额扣除：纳税人为独生子女的，按照每月2 000元的标准定额扣除。无论几个老人，都是按每月2 000元扣除。

（2）答复错误。老人如果被返聘，仍可以按2 000元标准扣除。

（3）查询等待操作错误。查询时未征求咨询人意见，未使用规范等待语。查询时需要纳税人等待的，应使用规范的等待用语并播放等待音乐。

（4）等待时间超过2分钟的，应征询纳税人意见，根据纳税人意愿采取继续等待查询或事后答复的方式处理。

（5）存在抢话问题。

（6）沟通技巧欠佳。当来电人一直质疑税务机关公开电话无法接通时，咨询员一直在电话是正忙还是挂断上与来电人争论，未能掌握主动，进行正面引导。这种情况下可以告知“非常抱歉给您带来不便，请问您拨打电话是需要咨询什么问题呢”，对话题进行转移。

2. 2022年5月20日上午8：50时，A局办税服务厅导税人员李某在导税台前打开电脑，做工作前的准备工作。纳税人张某来到导税台前，咨询“居民综合所得个人所得税年度自行申报事项”的办理流程，并咨询该事项是否为“同城通办”业务。导税人员李某用当地方言告知纳税人可在省税务局网站“纳税服务”栏目查询办理流程，未进行详细说明。纳税人张某又咨询该业务申报表如何填写，导税员李某回复：“你不会自己看呀，在申报表上有具体说明”。纳税人张某认为导税员李某没有解释清楚，想找值班领导进行进一步咨询，在办税服务厅只看到了领导值班标识，但未见值班领导。请结合纳税服务相关制度，回答以下问题。（8－11 级测试）

（1）国家税务总局规定办税服务厅的背景墙标识应统一采用的样式为(　　)。

A. 国徽＋为国聚财 为民收税　　B. 税徽＋为国聚财 为民收税

C. 国徽＋聚财为国 收税为民　　D. 税徽＋聚财为国 收税为民

【参考答案】B

【解析】参见《国家税务总局关于统一使用办税服务厅标识有关问题的通知》（国税发〔2008〕29 号）。

（2）李某应当如何受理纳税人的涉税事项咨询(　　)。（多选）

A. 告知咨询事项的依据、时限、程序

B. 可以找出涉税事项的二维码图标，提供二维码一次性告知服务

C. 告知所咨询事项办理需提交的全部资料

D. 告知纳税人办理该项业务的窗口

【参考答案】ABCD

【解析】纳税人咨询涉税事项时，工作人员应一次性告知其咨询事项的依据、时限、程序和所需的全部资料。实施二维码一次性告知服务，二维码作为主动税收宣传有效载体，可承载内容包含“全国统一事项”“地方适用事项”的办税事项、业务专题政策、全国咨询热点问答等。应辅导纳税人填写“个人所得税年度自行纳税申报表”。纳税筹划不是税务机关的工作职责。

（3）本题中税务人员在纳税服务中存在哪些问题？(　　)（多选）

A. 李某未履限时办结制度　　B. 李某导税工作中语气生硬

C. 李某未履行一次性告知　　D. 值班领导不在工作岗位

【参考答案】BCD

【解析】工作中要做到语气平和、表达清晰；纳税人咨询涉税事项时，工作人员应一次性告知其咨询事项的依据、时限、程序和所需的全部资料。导税人员负责引导纳税人到相关的服务区域或窗口办理各类涉税事项；辅导纳税人正确填写相关表格和涉税资料。

（4）李某上岗之前应当做好的准备工作有(　　)。（多选）

A. 将手机调至静音或关机

B. 检查计算机、打印机是否正常运行

C. 纳税人办税所需的用品及设施是否完备

D. 调整状态，以良好的精神面貌投入工作

【参考答案】BCD

【解析】工作人员应在上班前检查网络、计算机等工作设备是否正常运行、纳税人办税所需的用品及设施是否完备、可用，保证工作时间准时提供办税服务。调整状态，以良好的精神面貌投入工作。手机应调至静音或不影响办公环境的音量。

（5）办税服务厅实行领导值班制，下面表述错误是(　　)。

A. 值班领导由办税服务厅负责人和相关股（室）负责人轮流担当

B. 办税服务厅要设置领导值班标识

C. 值班领导负责部门间协调；负责处理值班期间发生的突发事件，组织实施应急预案；接受纳税人咨询或投诉

D. 值班领导在值班期间要坚守工作岗位，并填写值班日志

【参考答案】A

【解析】值班领导由县税务机关领导和相关股（室）负责人轮流担当。

# 第十章　文明服务

## ★知识要点归纳

文明服务是指办税服务厅为了更好服务纳税人缴费人而提供的各类便民、高效、便捷、规范的服务。本章内容主要包括办税服务厅的服务环境、服务制度、服务素养以及应急管理。

### 一、服务环境

#### （一）办税服务厅的基本职责

办税服务厅，是指税务机关依职责为纳税人、缴费人、扣缴义务人（以下简称纳税人）集中办理涉税事项以及社会保险费和非税收入缴纳事项，提供服务的场所。主要工作内容包括：

（1）办理纳税缴费事项（以下简称税费事项）。

（2）引导、辅导纳税人办理税费事项

（3）宣传税费法律法规和政策。

（4）收集纳税人意见建议。

（5）依照职责办理税务违法行为简易处罚事项。

（6）办理其他相关事项。

#### （二）办税服务厅功能区域设置

办税服务厅一般设置办税服务区、咨询辅导区、自助办税区和等候休息区等功能区域，各地可结合实际进行调整，可以合并设置功能区城，也可以根据纳税人需要和管理需要设置其他功能区域。

（1）办税服务区，作为提供办税服务的主体区域。

（2）导税咨询区，作为提供涉税引导、咨询、辅导纳税人办理各种涉税事宜的功能区城，配备专职人员，对到厅纳税人进行接待分流及咨询解答。

（3）自助办税区，作为纳税人自行办理纳税申报、代开发票申请等业务的功能区域，安排专人指导，引导纳税人使用自助设备、电子税务局、微信端应用、APP 端应用办理业务，并在辅导过程中注重引导纳税人形成自助办、网上办等主动使用“非接触式”办税渠道意识。

（4）等候休息区，作为纳税人在办税过程中等候休息、了解税收政策、获取涉税信息的功能区域。

### （三）办税服务厅服务窗口设置

规范办税窗口设置。办税服务厅根据业务量合理调整综合窗口和专业窗口设置，综合窗口可一次性办理多项业务，为纳税人提供“一窗式”服务。专业窗口办理相对独立、办理频次较高、有利于提高办税效率、便利办税的业务。遇到特殊时期或重大业务调整时可临时增设办税窗口。办税服务厅不得设置“税务登记”“补充信息采集”窗口。

科学配置窗口资源。根据办税服务厅的服务效能，动态调整窗口数量和职能，合理调配窗口资源，防止出现忙闲不均的现象，并为应对窗口拥堵等现象做好应急准备。

## 二、服务制度

### （一）首问责任制

纳税人到税务机关或通过电话等方式办理税费事项或寻求涉及税费事项帮助时，首位接洽的工作人员为纳税人办理或有效指引纳税人完成办理税费事项的制度。首问责任制范围包括：税费业务办理、税费业务咨询、纳税服务投诉和税收工作建议。首问责任人受理纳税人来电、来访时，应热情接待，认真倾听，不得推诿、敷衍、拖延或者拒绝，详细了解纳税需求，做到及时办理或有效指引。

首问责任人职责范围内的税费事项按以下规定办理：凡资料齐全且符合法定条件者，能当场办理或答复的，应当场办理或答复；不能当场办理或答复的，应对纳税人的涉税事项和联系方式进行登记，依法依规承诺限时办结或限时答复，负责跟踪办理情况，并于办结后及时向纳税人反馈；对资料不齐或者不完全符合法定条件者，应一次性告知其所办事项的办理依据、办理时限、办理程序和所需资料或明确告知不予办理的理由、依据等。

不属于首问责任人职责范围的涉税事项，按以下规定办理：属于本税务机关职责范围内的涉税事项，首问责任人应将纳税人指引到涉税业务对应的承办部门，由承办部门指定承办人，该承办人承接首问责任；首问责任人无法明确承办部门的，应联系本部门负责人予以明确，确实无法明确承办部门的，由本税务机关的办公室或纳税服务部门指定承办部门，并由该部门承接首问责任；不属于本税务机关职责范围内的涉税事项，首问责任人应向纳税人详细说明并给予必要的帮助。

建立登记台账和收件回执制度。首问责任人对不能现场办理的涉税事项应建立登记台账和收件回执。登记内容包括接洽时间、纳税人名称、联系方式、首问事项、首问责任人、承办人和办理答复时间等相关信息。回执内容包括首问责任人姓名、联系方式、承诺办理或答复时限、监督投诉电话等。税务机关应积极探索运用信息化手段，加强对首问责任事项办理过程的监控，实行痕迹管理，实现首问事项受理、转办、承办、反馈的闭环式管理。

### （二）一次性告知制度

税务机关在受理纳税人税费事项时，对资料不齐全或者不完全符合法定条件的，承办人员应一次性告知所办事项的办理依据、办理时限、办理程序和所需资料，或明确告知不予办理的理由、依据等。一次性告知可通过书面或口头方式进行，行政许可事项必须书面告知。

推行办税事项二维码一次性告知，税务机关制作并在办税服务厅、门户网站等办税服务平台放置二维码图标，纳税人扫描相应业务的二维码即可通过手机等移动终端获知办理该项业务的资料准备、基本流程等信息。各级税务机关要利用办税服务厅、门户网站、微博、微信等多种渠道加强对办税事项二维码一次性告知工作的宣传，办税服务厅人员和热线座席人员要主动引导纳税人扫描相应业务的二维码。

### （三）预约服务制度

税务机关与纳税人约定在适当的工作时间办理税费事项的制度。预约服务可以由纳税人发起，也可以由税务机关发起，服务时间由双方协商约定。纳税人可采取当面预约、电话预约等多种预约形式，预约申请一般应提前1—3个工作日提交。预约事项包括税费业务办理、税收政策咨询以及省税务机关确定的其他事项。对已受理的预约事项，税务机关不得单方面解除。因特殊情况需解除预约的，税务机关应当主动与纳税人协商解决，并重新安排预约时间。纳税人超过预约时间而未到场的，视为主动放弃预约服务。

税务机关可以根据申报期办税业务量峰值高低、办税事项集中度等情况向纳税人提出错峰预约。税务机关不得强制要求纳税人接受错峰预约。纳税人接受错峰预约办税时，税务机关应安排绿色通道快速为纳税人办理涉税事宜。税务机关应完善办税服务厅、官方网站、12366纳税服务热线以及移动办税平台的预约功能，为纳税人提供线上线下多元化的预约服务渠道，方便纳税人预约。

### （四）导税服务制度

办税服务厅应设置导税岗位，由导税人员为纳税人提供准确、快捷的导税服务。

导税服务内容包括：引导纳税人到相关的服务区域或窗口办理各类税费事项；辅导纳税人填写资料和自助办理税费事项；协助纳税人核对涉税资料和表单填写的完整性；解答纳税人办税咨询；宣传税费法律法规政策；维护办税服务厅秩序。

导税服务工作要求有：根据办税服务厅业务量和人流量等因素，合理配置导税人员，导税人员应当熟悉税收法律法规和管理制度、窗口职能、办税流程以及自助设备操作方法，具备较强的沟通协调能力，热情主动为纳税人提供服务；导税人员积极响应进厅纳税人的办税费需求，利用网上平台、自助终端、服务窗口等渠道，合理有效分流人员，减少纳税人排队等候时间；流动导税服务，对于纳税人流量较大的办税服务厅应设置流动导税人员，主动提供导税服务；预审核服务，导税人员主动询问纳税人所办业务，对办税资料进行预先审核，纳税人资料齐全的，应引导其填单、取号或等候办理，资料不齐全的，应当场一次性告知应补正资料或不能办理原因；预先提示服务，为减少纳税人无效等候，在纳税人取号等候期间，办税服务厅负责人可指定导税人员对纳税人所携资料是否齐全进行提示。

### （五）延时服务制度

税务机关对已到下班时间正在办理税费事宜或已在办税服务场所等候办理税费事项的纳税人提供延时办税的服务制度。

临近下班时间，税务机关应根据办税服务场所纳税人等候情况，预测纳税人需要等候时间，并在纳税人等候或取号时，及时提醒纳税人预计办理时间，由纳税人自愿选择是否继续等候办理。对选择继续等候的纳税人，延长工作时间，直至税费事项办结。对选择再次上门办税的纳税人提供二次优先办理服务，或与纳税人预约时间，提供绿色通道即来即办。对短时间内无法办结的税费事项，税务机关可在征得纳税人同意后，留存纳税人涉税资料及联系方式，待业务办理完结后，通知纳税人领取办理结果。

税务机关应建立延时服务登记台账，记录提供延时服务工作人员的工作时长。对提供延时服务累计超过一定时长的，应合理安排相关人员调休。调休时间应避开办税高峰期。税务机关应引导纳税人提前规划办税时间，尽量避免在临近节假日及申报期结束前到大厅办税。

### （六）限时办结制度

税务机关对纳税人发起的非即办事项，应在规定的时限内办结或答复。税务机关应通过税务网站，办税服务厅电子显示屏或者触摸屏、公告栏等渠道公开相关事项的办理时限。税务人员在受理非即办事项时，应告知纳税人办理时限，并在规定的时限内办结或回复。因客观原因，不能按期办结需要延期的事项，应当由受理部门分管领导批准后，在办理时限到期之前告知纳税人，并明确延期办理时限。税务机关应运用信息化手段，加强对非即办事项的管理和监控，对临近办理时限的税费事项进行预警提醒。对无合理原因超时办结的事项，应明确延误环节和责任人，并进行责任追究。

（七）领导值班制度

办税服务厅应当实行领导值班制，值班领导由设立办税服务厅的税务机关局领导和相关部门负责人轮流担当。值班领导负责处理值班期间发生的突发事件，组织实施应急预案；接受纳税人咨询或投诉；负责部门间协调；对办税服务厅工作人员进行监督管理，维护正常办公秩序；指引纳税人办税；协调处理办税服务厅工作人员与纳税人的税务争议。值班领导在值班期间要坚守工作岗位，并填写值班日志。因故不在岗时，应安排人员临时接替。

（八）24 小时自助办税制度

税务机关通过网上办税平台、移动办税平台、12366 纳税服务热线、自助办税终端等渠道向纳税人提供 24 小时自助办理税费事项的服务。具体要求有：（1）完善网上办税和移动办税平台功能。进一步完善网上办税和移动办税平台 24 小时自助办税功能，提供包括税费事项办理、举报投诉、在线咨询、办税预约、信息查询等服务。（2）完善 12366 纳税服务热线功能。在通过“人工 + 自助语音”提供 24 小时热线服务的基础上，进一步拓展服务功能，打造 12366 综合服务平台，将传统线下办理的税费事项拓展为线上线下均能办理。（3）完善自助办税终端功能。自助办税终端一般应具备发票代开、申报缴税、完税证明打印等基本功能，各地可根据纳税人需求不断加以完善，并做好日常维护，确保自助办税终端 24 小时提供服务。

（九）办税公开制度

税务机关依据国家法律、法规的规定，在税收征收、管理、检查和实施税收法律救济过程中，依照一定的程序和形式，向纳税人公开相关税费事项和具体规定。包括税收法律法规政策、服务事项、办税程序、税务违法处罚标准、办理时限、办公时间、服务人员信息以及咨询和投诉举报电话等事项。对于国家秘密和涉及国家安全的信息、依法受保护的商业秘密和个人隐私，以及法律法规禁止公开的事项，不得公开。

（十）“最多跑一次”制度

税务机关应严格落实“最多跑一次”服务措施，纳税人办理“最多跑一次”清单范围内事项，在资料完整且符合法定受理条件的前提下，最多只需到税务机关跑一次。

### （十一）无纸化免填单服务制度

在法律法规的框架下，以信息化建设为依托，逐步实现办税服务无纸化，通过应用系统间数据共享，将能够从信息系统中提取的数据信息自动带出，由纳税人补充其他信息并签字（盖章）确认。免填单服务范围涉及税务信息确认、税务认定、发票办理、申报纳税、优惠办理、证明开具六大类业务。

### （十二）通办制度

为纳税人提供不受主管税务机关区域限制的办税服务，包括同城通办、省内通办、全国通办。

同城通办是通过数据信息互通、前台后台贯通、内部外部联通，打破纳税人涉税事项属地办理的限制，根据各地办税服务厅设置、人员配备、地域特点，以业务发生频率高的涉税事项为切入点，对纳入同城通办的服务事项，执行统一的办税流程、服务标准和资料报送要求。

省内通办是在税收预算级次和收入归属不变的原则下，在纳税人主管税务机关不改变的前提下，通过提升核心征管等信息系统权限，利用办税服务厅、自助办税终端渠道为纳税人提供不受主管税务机关区域限制的办税服务。

全国通办是指跨省（自治区、直辖市、计划单列市）经营企业，可以根据办税需要就近选择税务机关申请办理4类15项异地涉税事项。主要是：涉税信息报告类，具体包括存款账户账号报告、财务会计制度及核算软件备案报告；申报纳税办理类，具体包括欠税人处置不动产或大额资产报告、纳税人合并分立情况报告、发包出租情况报告、企业职业年金扣缴报告；优惠备案办理类，具体包括增值税优惠备案、消费税优惠备案、企业所得税优惠备案（该业务已取消备案，改为纳税人留存备查）、印花税优惠备案、车船税优惠备案、城市维护建设税优惠备案、教育费附加优惠备案；证明办理类，具体包括完税证明开具、个人所得税完税证明（个人所得税《纳税记录》）开具；依法应当进行处理的涉税违法行为涉及的相关办税事项不纳入通办范围。

各省税务机关要充分利用官方网站、网上办税服务厅、移动互联终端、办税服务厅公告栏等渠道，对外公告通办业务范围，授权办理通办业务的办税服务厅名称、地址及联系电话，便于纳税人自主选择通办业务。纳税人可在公告授权的任一办税服务厅提出通办业务办理申请，工作人员不得以非本辖区管理为由拒绝办理。对符合办理条件的即办类办税事项应即时办结。全国通办涉税事项采取“异地受理，内部流转，属地办理，办结反馈”的方式办理。纳税人按规定提供资料及委托授权书向受理税务机关提出申请，由受理税务机关接收资料后，传递到属地税务机关办理，纳税人可以选择申请邮寄或到主管税务机关领取办理结果。通办事项受理，加盖受理税务机关的印章。

## 三、服务素养

### （一）文明礼仪

1. 着装规范

办税服务厅工作人员在工作时间必须统一穿着税务制服，按规定佩戴制服配饰及工作牌。

（1）成套着装。制服必须成套穿着，不准制服、便服混穿，不准不同季节的制服混穿。

（2）衬衣穿着。制式内穿衬衣不得作为外穿衬衣穿着，着冬装、春秋装时内衣领不得外翻、下摆不得外露。着内穿制式衬衣或者外穿长袖衬衣时宜打领带。

（3）穿着整洁。服装必须保持整洁，扣好衣扣、领钩。不得披衣、敞怀、挽袖、卷裤腿。应搭配黑色皮鞋、腰带，不得穿拖鞋或赤足穿皮鞋。女士穿着税务制服裙装时，不得搭配带有图案或颜色鲜艳的丝袜。

（4）标志佩戴。税务服装标志要完整清晰，领花、肩章、肩徽、胸章等标志必须佩戴端正。着冬装、春秋装时佩戴硬肩章，着夏装时佩戴软肩章，硬、软肩章不得混戴。着制服时佩戴胸章。除党徽、团徽外，不得佩戴任何与税务人员身份或执行公务无关的标志。

（5）便装穿着。工作人员有特殊情况（如怀孕、受伤等），不便于穿着税务制服的，经办税服务厅负责人同意，可穿着庄重得体的便装。

2. 仪容举止规范

办税服务厅工作人员仪容应做到整洁大方、修饰得体，举止文明规范。

（1）男士不留长发、长须，以前不遮额、侧不盖耳、后不触领为宜。

（2）女士长发应束发或盘起，不烫夸张发型；不染鲜艳发色，不佩戴夸张发饰。

（3）女士可化淡妆，不搭配夸张的首饰或配饰。

（4）保持手部清洁，不得涂用有色指甲油。

（5）应勤换内外衣物，保持清新、干净。

（6）与纳税人交谈时，文明礼貌、真诚友善，面带微笑，亲切自然。

（7）在大厅内行走时，应文明礼让，不横穿纳税人排队队列。

（8）举止端庄，精神饱满，保持良好的坐立姿态，不做趴伏桌面等不雅懒散姿势。

3. 服务用语

（1）提倡使用普通话，尊重地方方言；语气亲切平和，态度自然诚恳；语速适中，与纳税人的语速相适应；做到语气平和、表达清晰。

（2）使用规范服务用语，禁用服务忌语。

4. 接待规范

（1）接待纳税人时应文明礼貌、态度谦和、微笑服务，不得态度生硬、冷淡、烦躁、蛮横，不怠慢、训斥纳税人，不与纳税人争执。

（2）对纳税人提出的问题要耐心倾听，按“首问责任制”要求办理或有效指引。

（3）工作电话铃响后应尽快接听，在接听过程中应专心、耐心倾听，重要内容要记录；通话结束时，应等纳税人先挂断电话，不可先行或强行挂断。

（4）传递物品、资料时应温和有礼。

（5）因办公设备或业务系统出现故障等情况影响业务处理时，应及时向纳税人做好解释说明：在办理业务时一般不接听电话或处理其他事务，确须接听电话或处理其他重要事务的，应先向纳税人致歉，请其稍候，并尽量避免让其长时间等待。

（6）服务窗口需要临时关闭时，应摆放“暂停服务”标识牌。

## （二）服务规范

1. 岗前准备

岗前准备是指办税服务厅工作人员在对外提供服务前，使场地、设施、设备、人员等服务所需物料等处于就绪状态。

（1）岗前准备时间应安排在办公时间之前，办税服务厅负责人可以根据工作人员实际工作时间合理安排调休。

（2）提前准备好工作所需的各类办公用品，检查网络、计算机等工作设备是否正常运行、纳税人办税所需的用品、设施及自助办税设备是否完备、可用，保证工作时间准时提供办税服务。

（3）搞好办税服务厅卫生，整理好工作台面，各窗口电脑、打印机、评价器、台卡等力求摆放有序。工作台上的各种资料、报表等应及时清整、交接或归档。除水杯外工作台上不得摆放与工作无关的个人物品，手机应调至静音或不影响办公环境的音量。

（4）在窗口柜台上摆放好窗口服务标牌，调整好状态，以良好的精神面貌投入工作。

2. 服务纪律

（1）保守国家秘密和纳税人、扣缴义务人的商业秘密及个人隐私。

（2）遵守廉政规定，不得利用职务之便为自己或他人谋取不正当利益。

（3）遵守考勤制度和请假制度，按时上下班，不迟到、不早退。

（4）工作时间内不擅离职守，不串岗聊天、大声喧哗，不看与工作无关的书报杂志，不做与工作无关的事情。不得长时间接听私人电话或语音聊天，不得玩手机或网上聊天、炒股、玩游戏、玩棋牌、看视频等。

（5）上岗前及工作时间不饮酒或含有酒精的饮料，工作时间对外办公区域严禁吸烟、进食。

（6）增强网络安全意识，严格遵守网络安全相关规定。

### （三）纳税服务沟通技巧

（1）明确的目标、恰当的内容和清晰的共识。

（2）有效的表达技巧。使用纳税人易懂、清晰准确的用语；使用生动得体的礼貌用语；合理使用赞；服务规范用语；禁用服务忌语。

（3）积极倾听的技巧。获取重要信息，通过倾听了解纳税人所要表达的信息，同时感受到对方的情绪；激发谈话兴趣，对纳税人的谈话抱着真诚倾听态度，能够掌握更多更有价值的信息，促进沟通；防止主观偏见。

## 四、应急管理

### （一）突发事件应急管理

办税服务厅突发事件，是指突然发生、影响办税服务厅正常办税秩序，造成生命财产损失，危害公共安全，需要采取应急处置措施予以应对的事件。

1. 突发事件分类

（1）办税秩序类。由于税收政策和管理程序调整等造成的办税服务厅滞留人员激增并影响正常办税秩序的突发事件。

（2）系统故障类。由于计算机软件、硬件及网络系统等升级或其他突发故障，影响工作正常运行的突发事件。

（3）其他类。因公共安全、自然灾害等造成办税服务厅无法正常办理涉税业务的各类突发事件。

2. 突发事件处置原则

（1）以人为本。坚持以人为本，在依法办税的基础上因情施策，把保障生命财产安全作为突发事件应急处理的首要任务，切实保护征纳双方的合法权益。

（2）预防为主。坚持预防与应急相结合，常态与非常态相结合，充分考虑可能出现的突发事件，建立健全突发事件预警监控机制，加强预测、预警、预防工作，防患于未然。

（3）分级负责。坚持以事发地办税服务厅所属主管税务机关为主，上级机关统筹协调处理突发事件，根据事件的影响范围和严重程度确定责任部门、责任人，建立自下而上分级负责、协同应对的应急处理机制。

（4）果断处置。坚持急事急办，果断决策，及时处理，及时上报，采取有效措施，综合运用调解、行政、法律等多种手段提高对突发事件的反应、处置和舆情控制能力，把不良影响和损失降到最低。

3. 突发事件的处置

突发事件发生时，首先发现的税务工作人员为第一知情人，办税服务厅负责人为第一处置人。第一知情人应及时向第一处置人和应急工作领导小组报告，确保应急预案及时启动。

（1）办税秩序类突发事件的应急处置。

主要是指办税服务厅发生窗口拥堵、现场冲突、群体性事件、集中上访围堵事件、盗抢事件等。常见的窗口拥挤和现场冲突应急处置如下：

办税服务厅窗口发生严重拥堵时，值班领导和办税服务厅负责人应及时做好现场秩序的维护、解释说明和拥堵原因识别，通过增加导税人员、增设办税窗口、调整窗口功能、增辟纳税人等候区等方式，引导或分流纳税人，并做好解释工作，安排纳税人有序等候、依规办税，防止秩序混乱情况的发生。办税服务厅滞留人员过多，正常工作时间无法办理完所有涉税业务时，办税服务厅负责人应当立即上报本级应急工作领导小组同意，及时告知无法办理的纳税人另行选择办理时间。在纳税人自愿的原则下登记纳税人联系方式以备事后通知，也可以与纳税人预约办理业务时间。

办税服务厅发生人员冲突时，值班领导和办税服务厅负责人应及时将当事人引出公共场所，加强沟通，化解争议。相关业务部门应协助配合，做好政策解释工作。办税服务厅负责人或值班领导应认真倾听、详细了解冲突发生的原因，积极与纳税人沟通，安抚纳税人情绪；针对纳税人抱怨或投诉的问题，结合有关规定依法妥善处理，争取快速、平稳地解决冲突。引导其他纳税人不围观、不喧哗，避免事态扩大。如纳税人情绪失控，有暴力倾向，办税服务厅负责人或值班领导应立即安排安保人员对纳税人进行控制、隔离，疏散其他纳税人，避免事态扩大，造成更大影响；应立即将有关情况向本单位负责人汇报，必要时要向公安部门报案，并配合公安部门做好现场处置。办税服务厅工作人员要加强自我保护、自我克制，避免与办税人员发生肢体冲突。税务机关要妥善处理后续事宜并进行舆情监控。

（2）系统故障类突发事件的应急处置。

自助办税终端、排队叫号机等服务设施出现故障的，办税服务厅负责人应当进行下列应急处理：在自助办税终端、排队叫号机等服务设施外观显著位置张贴“暂停使用”提醒标识。增加导税人员，加大导税服务力度，维持办税秩序，引导纳税人有序办理各类涉税事项。检查原因，及时维护，必要时联系设备供应商或售后服务尽快进行维修。服务设施恢复正常后，应及时取下提醒标识，引导纳税人有秩序使用设施。

由于计算机软件、硬件及网络系统等升级或其他突发故障，导致涉税业务不能正常办理时，办税服务厅负责人应第一时间上报突发事件应急领导小组，启动应急预案。配合相关技术部门尽快解决，向现场办税人员做好解释工作，做好现场秩序维护；利用显示屏、公告栏、电话、短信、网站、微信等方式提醒其他纳税人合理安排办税时间；引导纳税人采用其他方式办理涉税事宜，并将预计恢复正常办税时间等信息及时告知纳税人，防止纳税人产生不稳定情绪。对在短时间内不能解决故障的，办税服务厅可先行收取纳税人资料，办结后主动通知纳税人前来办理后续事项，或发放二次优先卡，待故障修复后及时为纳税人办理相关事项。如遇申报期最后一天等特殊情况，可提供延时服务为纳税人办结相关事项，避免给纳税人带来损失。系统故障排除、恢复正常办税秩序后，窗口操作人员检查系统发生故障时正在处理的业务是否成功；及时通过电话、短信、媒体公告等方式通知纳税人办理后续事宜。

（3）其他类突发事件的应急处置。

第一处置人应在第一时间报告相关部门及应急工作领导小组，同时在当地政府统一领导下，按照相关应急预案积极部署应对。如因其他类突发事件导致办税业务中断，在通信畅通的前提下，税务机关应及时将办税服务厅停止办理业务的信息，通过网站、短信、微信等方式及时告知纳税人，避免纳税人不必要的跑路、担心和焦虑。

### （二）突发事件处置方式

处理冲突的方式有回避、对抗、妥协、迎合及合作 5 种，采取何种方式，主要取决于冲突中个体本身的需求或者目标。

### （三）情绪调控

1. 培养情绪智力的途径

（1）学会体察自己的情绪。

（2）适当表达自己的情绪。

（3）以合宜的方式疏解情绪。

2. 管理情绪的方法

（1）暗示调节法。

（2）合理宣泄法。

（3）音乐调节法。

（4）注意力转移法。

（5）自我安慰法。

（6）心理放松法。

# ★习题精练及答案解析

## 一、单项选择题

1. 各地办税服务厅可根据实际情况，选择性开展的业务是(　　)。(1－7级测试)

A. 预约服务制度　　B. 延时服务制度

C. 限时办结制度　　D. 同城通办

【参考答案】D

【解析】依据《全国税务机关纳税服务规范》相关规定。

2. 依据“特事特办”“急事急办”的原则，纳税人遇到特殊情况时，可以提出预约服务。对于预约服务的理解，以下表述正确的是(　　)。(1－7级测试)

A. 预约服务只能由纳税人发起

B. 税务机关可以根据申报期办税业务量峰值高低向纳税人提出错峰预约服务

C. 对已受理的预约事项，如发生特殊情况的，经上级税务机关批准，可以单方面解除

D. 对超过预约时间而未到场的纳税人，税务机关要按照相关制度要求对纳税人实行延时服务

【参考答案】B

【解析】根据《国家税务总局关于完善办税服务相关制度的通知》(税总发〔2016〕41号)规定：“税务机关可以根据申报期办税业务量峰值高低、办税事项集中度等情况向纳税人提出错峰预约服务。”

3. 下列关于纳税人预约服务的基本规范的表述，正确的是(　　)。(1－7级测试)

A. 纳税人可采取当面预约和电话预约等形式，预约申请一般应提前1～3个工作日提交

B. 因特殊情况需解除预约的，税务人员可视情况自行重新安排，安排完毕后告知纳税人

C. 对超过预约时间而未到场的，税务人员应主动为其延时服务

D. 税务机关可通过多种渠道向纳税人发起预约服务，一般应提前1～3个工作日发起

【参考答案】A

【解析】税务机关建立预约服务登记，对已确定预约服务的，税务人员不得单方面解除。因特殊情况需解除预约的，税务人员应当主动与纳税人协商解决，并重新安排预约时间。对超过预约时间而未到场的，视为纳税人主动放弃预约服务。税务机关可通过多种渠道向纳税人发起预约服务。税务机关一般应提前1～5个工作日向纳税人发起预约服务。

4. 在纳税申报高峰期，虽然下班时间已过，但办税服务厅工作人员仍坚守完成最后一个纳税人的涉税事项办理。这种服务属于(　　)。(1－7级测试)

A. 延时服务　　B. 超时服务

C. 限时办结服务　　D. 最多跑一次服务

【参考答案】A

【解析】申报期间因业务量过大需要延长办公时间的属于延时服务。

5. 税务登记规范中，以下属于限时办结的服务事项是(　　)。(1－7级测试)

A. 变更登记　　B. 注销登记　　C. 报验登记　　D. 报告备案登记

【参考答案】B

【解析】根据《全国税务机关纳税服务规范》规定，变更登记、报验登记及报告备案登记均属于即时办结事项，注销税务登记事项在10个或5个工作日内办结。

6. 现阶段，为了加强纳税人权益保护，税务机关应当持续推进办税公开，坚持以公开为原则，不公开为例外。下列内容中，目前暂不宜通过办税服务厅、税务网站等渠道公开的内容是(　　)。(1－7级测试)

A. 行政审批事项　　B. 办税时限

C. D级纳税人名单　　D. 投诉举报电话

【参考答案】C

【解析】根据《国家税务总局关于进一步推行办税公开工作的意见》规定，推进办税公开坚持以公开为原则，不公开为例外。通过办税服务厅、税务网站等渠道向社会公开纳税人的权利与义务、税收政策与办税流程、服务时限与承诺、行政审批事项、纳税信用等级评定、欠税公告、税款核定、投诉举报电话等。但纳税信用等级评定公开，目前纳税信用评价暂时只公开A级纳税人名单，对B、M、C、D级名单暂没有公开，今后随着社会信用体系建设的需要，也将逐步对外公开。

7. 县税务局办税服务厅实行领导值班制，值班领导的范围是(　　)。(1－7级测试)

A. 由办税服务厅负责人担当

B. 由县税务机关局领导担当

C. 由县税务机关局领导和办税服务厅负责人轮流担当

D. 由县税务机关局领导和相关科（股）室负责人轮流担当

【参考答案】D

【解析】办税服务厅实行领导值班制，值班领导由设立办税服务厅的税务机关局领导和相关科（处）室负责人轮流担当，并设置领导值班标识。

8. 关于突发事件应急处置，说法正确的是(　　)。(1－7级测试)

A. 突发事件发生时，办税服务厅负责人为第一知情人，值班领导为第一处置人

B. 突发事件发生时，首先发现的税务工作人员为第一知情人，办税服务厅负责人

为第一处置人

C. 突发事件发生时，首先发现的税务工作人员为第一知情人，值班领导为第一处置人

D. 突发事件发生时，值班领导为第一知情人，办税服务厅负责人为第一处置人

【参考答案】B

【解析】突发事件发生时，首先发现的税务工作人员为第一知情人，办税服务厅负责人为第一处置人，第一知情人应及时向第一处置人和应急工作领导小组报告，确保应急预案及时启动。

9. 按照办税服务厅首问责任制要求，首问责任人办理职责范围内的涉税事项，对资料不齐或者不完全符合法定条件者，不属于应一次性告知内容的是(　　)。(1－7级测试)

A. 所办事项的办理依据、办理时限

B. 办理程序和所需资料

C. 税务机关内部具体负责所办事项的部门名称

D. 明确告知不予办理的理由、依据

【参考答案】C

【解析】按照国家税务总局首问责任制度要求，办税服务厅首问责任人办理职责范围内的涉税事项，对资料不齐或者不完全符合法定条件者，应一次性告知其所办事项的办理依据、办理时限、办理程序和所需资料或明确告知不予办理的理由、依据等。

10. 下列不属于导税服务人员服务内容的是(　　)。(1－7 级测试)

A. 辅导纳税人填写资料

B. 协助纳税人核对资料和表单填写的完整性

C. 使用纳税人用户名和密码通过电子税务局帮纳税人办理税费事项

D. 解答纳税人办理税费事项咨询

【参考答案】C

【解析】按照国家税务总局导税服务制度要求，办税服务厅应当设立导税岗位，合理配置办税服务厅导税服务人员，导税服务内容包括：引导纳税人在相关的服务区域或窗口办理税费事项；辅导纳税人填写资料和自助办理税费事项；协助纳税人核对资料和表单填写的完整性；解答纳税人办理税费事项咨询；宣传税费法律法规政策；维护办税服务厅秩序。

11. 下列业务不属于办税服务厅提供的新办纳税人“套餐式”服务的是(　　)。(1－7级测试)

A. 登记信息确认　　B. 税种核定

C. 增值税一般纳税人登记　　D. 实名办税

【参考答案】B

【解析】根据《纳税服务规范（3.0 版）》，纳税人采用新办纳税人“套餐式”服务的，可一并办理以下涉税事项：电子税务局开户、登记信息确认、财务会计制度及核算软件备案、纳税人存款账户账号报告、增值税一般纳税人登记、发票票种核定、增值税专用发票最高开票限额审批、实名办税、增值税税控系统专用设备初始发行、发票领用。

12. 下列行为不符合办税服务厅着装规范的是(　　)。(1－7 级测试)

A. 办税服务厅工作人员在工作时间内统一穿着税务制服，按规定佩戴制服配饰及工作牌

B. 由于办税服务厅不同区域温度不同，工作人员将春秋和夏季制服混合搭配穿着

C. 女工作人员由于怀孕，经办税服务厅负责人同意后着庄重得体的便服上岗

D. 工作人员在非工作时间不得穿着税务制服

【参考答案】B

【解析】根据国家税务总局办税服务厅着装规范要求：办税服务厅工作人员在工作时间内必须统一穿着税务制服，按规定佩戴制服配饰及工作牌。穿着税务制服应保持整洁端庄，不得出现不同季节制服或制服与便服混穿的现象；季节换装时间由县税务机关根据气候变化和办税服务厅室温统一确定。工作人员如有特殊情况不便于穿着税务制服的，经办税服务厅负责人同意后可着便服上岗，但要保持庄重得体。工作人员在非工作时间不得穿着税务制服。

13. 下列关于办税服务厅服务纪律说法错误的是(　　)。(1－7 级测试)

A. 严格遵守廉政规定，不得利用职务之便为自己或他人谋取不正当利益，严禁对纳税人推诿、搪塞，不准利用职务之便向纳税人“吃、拿、卡、要、报”

B. 保守国家秘密和纳税人、扣缴义务人的商业秘密及个人隐私

C. 增强网络安全意识，严格遵守网络安全相关规定

D. 保持良好的工作秩序，非工作时间，工作人员可以在办税服务厅进行与工作无关的活动

【参考答案】D

【解析】根据国家税务总局办税服务厅服务纪律要求：严格遵守廉政规定，不得利用职务之便为自己或他人谋取不正当利益，严禁对纳税人推诿、搪塞，不准利用职务之便向纳税人“吃、拿、卡、要、报”。保守国家秘密和纳税人、扣缴义务人的商业秘密及个人隐私。要增强网络安全意识，严格遵守网络安全相关规定。应保持良好的工作秩序，工作时间不擅离职守，不串岗聊天、大声喧哗，无论在工作时间还是非工作时间，工作人员均不得在办税服务厅进行与工作无关的活动。严格遵守考勤和请假制度，不迟到、不早退。

14. 下列不属于办税服务厅服务纪律要求的是(　　)。(8－11 级测试)

A. 严格遵守网络安全相关规定

B. 严格遵守考勤和请假制度，不迟到、不早退

C. 对纳税人做到文明礼貌，态度谦和，微笑服务，不得态度生硬、冷淡、烦躁、蛮横，不怠慢、训斥纳税人，不与纳税人争执

D. 工作时间不擅离职守，不串岗聊天、大声喧哗

【参考答案】C

【解析】选项 C 属于办税服务厅接待规范，不属于服务纪律。

15. 办税服务厅提供延时服务，下列说法错误的是(　　)。(8－11 级测试)

A. 办税服务厅对已到下班时间正在办理税费事项或已在办税服务场所等候办理税费事项的纳税人，延时服务的制度

B. 办税服务厅可以在临近下班时间进行延时服务提示，根据等候情况预测纳税人需要等候时间，并在纳税人等候或取号时，及时提醒纳税人预计办理时间，由纳税人自愿选择是否继续等候办理

C. 办税服务厅对已到下班时间正在办理的所有税费事项均提供延时服务

D. 对办税服务厅提供延时服务累计超过一定时长的，应合理安排相关人员调休

【参考答案】C

【解析】按照国家税务总局延时服务制度要求，办税服务厅对已到下班时间正在办理税费事项或已在办税服务场所等候办理税费事项的纳税人，提供延时服务的制度。延时服务提示，临近下班时间，税务机关应根据办税服务场所纳税人等候情况，预测纳税人需要等候时间，并在纳税人等候或取号时，及时提醒纳税人预计办理时间，由纳税人自愿选择是否继续等候办理。延时服务特例，延时服务中，对短时间内无法办结的涉税事项，税务机关可在征得纳税人同意后，留存纳税人涉税资料及联系方式，待业务办理完结后，通知纳税人领取办理结果。延时服务权益，税务机关应建立延时服务登记台账，记录提供延时服务工作人员的工作时长。对提供延时服务累计超过一定时长的，应合理安排相关人员调休，调休时间应避开办税高峰期。

16. 为提高纳税人满意度，税务机关为纳税人提供预约服务，即根据纳税人的合理需求，与纳税人约定适当的时间办理涉税事项。下列关于预约服务的表述，正确的是(　　)。(8－11 级测试)

A. 纳税人一般采取电话预约形式，预约申请一般应提前 1～3 个工作日提交

B. 超过预约时间纳税人未到场的，税务机关应当为其等待 1 小时左右，如超时仍未到场，视同纳税人主动放弃

C. 预约服务内容包括涉税业务办理、税收政策咨询等事项

D. 预约服务的范围由县税务机关确定

【参考答案】C

【解析】纳税人可采取当面预约和电话预约等形式，预约申请一般应提前1～3个工作日提交。预约服务内容包括涉税业务办理、税收政策咨询等事项。税务机关建立预约服务登记，对已确定预约服务的，税务人员不得单方面解除。因特殊情况需解除预约的，税务人员应当主动与纳税人协商解决，并重新安排预约时间。对超过预约时间而未到场的，视为纳税人主动放弃预约服务。预约服务的范围由省税务机关确定。

17. 下列不属于系统故障类突发事件处置方法的是(　　)。(8－11级测试)

A. 联系相关技术部门尽快解决

B. 做好现场秩序维护和办税人员的解释疏导工作

C. 利用显示屏、公告栏、电话、短信、微信等方式将预计处置时限等及时告知纳税人，提醒纳税人合理安排办税时间

D. 增辟等候休息区

【参考答案】D

【解析】根据国家税务总局突发事件应急处置要求：系统故障类突发事件的处置方法，发生系统故障，导致涉税业务不能正常办理时，第一处置人应第一时间上报应急工作领导小组，并启动应急预案。联系相关技术部门尽快解决，做好现场秩序维护和办税人员的解释疏导工作，或引导纳税人采用其他方式办理涉税事宜。利用显示屏、公告栏、电话、短信、微信等方式将预计处置时限等及时告知纳税人，提醒纳税人合理安排办税时间。对短时间内不能解决故障的，通过手工处理或发放二次优先卡、提供延时服务等方式，待系统恢复正常后，应及时通知纳税人办理后续事宜。增辟等候休息区属于办税服务厅发生拥堵，办税秩序类突发事件的处置方法，不属于系统故障类突发事件的处置方法。

## 二、多项选择题

1. 下列属于同城通办服务内容的有(　　)。(1－7级测试)

A. 发票办理　　B. 申报纳税　　C. 优惠办理　　D. 行政审批

【参考答案】ABC

【解析】同城通办服务范围一般包括税务登记、税务认定、发票办理、申报纳税、优惠办理、证明办理和宣传咨询等。

2. 下列各项属于办税服务厅突发事件应急处置原则的有(　　)。(1－7级测试)

A. 以人为本　　B. 预防为主　　C. 果断处置　　D. 事先干预

【参考答案】ABC

【解析】突发事件具有偶发性、不确定性、紧迫性等特点，不可能实现事先干预，因此选项D不可选。

3. 关于涉税事项全国通办的范围，下列说法中正确的有(　　)。(1－7级测试)

A. 申报纳税办理，包括欠税人处置不动产或大额资产的报告

B. 申报纳税办理，包括增值税、消费税纳税申报、发包出租情况报告

C. 优惠备案办理，包括增值税、消费税和契税、房产税优惠备案

D. 涉税信息报告类，具体包括存款账户账号报告、财务会计制度及核算软件备案报告

【参考答案】AD

【解析】根据《国家税务总局关于跨省经营企业涉税事项全国通办的通知》(税总发〔2017〕102号）规定，全国通办是指跨省（自治区、直辖市、计划单列市）经营企业，可以根据办税需要就近选择税务机关申请办理异地涉税事项。全国通办的涉税事项范围确定为4类15项（具体事项见附件)：

涉税信息报告类，具体包括存款账户账号报告、财务会计制度及核算软件备案报告；

申报纳税办理类，具体包括欠税人处置不动产或大额资产报告、纳税人合并分立情况报告、发包出租情况报告、企业年金职业年金扣缴报告；优惠备案办理类，具体包括增值税优惠备案、消费税优惠备案、企业所得税优惠备案（根据税法规定由总机构统一备案的企业所得税优惠备案事项除外)、印花税优惠备案、车船税优惠备案、城市维护建设税优惠备案、教育费附加优惠备案；证明办理类，具体包括完税证明开具、开具个人所得税完税证明。

4. 某新办企业法定代表人来到某县办税服务厅办理申领发票事项，综合服务窗口工作人员李红接待了该纳税人。李红应采取的正确处理方式有(　　)。(1－7级测试)

A. 资料齐全且符合法定要求的，能当场办理或答复的当场办理或答复

B. 资料不齐全或不符合法定要求的，直接退回资料

C. 因自身业务局限或设备原因，不能详细解答或办理的，应及时向纳税人解释说明，并指引到相关窗口办理或解答

D. 对不能当场办理或答复的，应在1个工作日内按一站式办理的要求转相关部门或单位办理和解答，并按有关规定明确的办理时限回复纳税人

【参考答案】ACD

【解析】依据《国家税务总局关于印发〈税务系统首问责任制（试行)〉的通知》(税总发〔2014〕59号)。

5. 下列选项中，属于首问责任制情形的有(　　)。(1－7级测试)

A. 纳税人到税源管理部门找到税收管理员咨询网上申报相关问题

B. 临时取得收入的个人到办税服务厅咨询普通发票代开

C. 纳税人到办税服务厅递交税务行政诉讼资料

D. 政府部门工作人员到县税务局办公室咨询发票真伪鉴定

【参考答案】ABD

【解析】《税务系统首问责任制（试行）》（税总发〔2014〕59号）第四条规定：“纳入首问责任制的业务范围包括：涉税业务办理、涉税业务咨询、纳税服务投诉和税收工作建议。”

6. 办税服务厅是税务机关为纳税人、扣缴义务人集中办理涉税事项，提供纳税服务的机构和场所。对办税服务厅应当提供的服务，下列表述正确的有（　　）。（1－7级测试）

A. 引导纳税人到相关的服务区域或窗口办理各类涉税事项

B. 税务机关受理纳税人涉税审批事项，应当按照“窗口受理、内部流转、限时办结、分局出件”的要求办理

C. 纳税人涉税审批申请材料齐全、符合法定形式，应当受理申请，并即时办结或限时办结

D. 根据纳税人的合理需求，办税服务厅可与纳税人约定适当时间办理涉税事项

【参考答案】ACD

【解析】办税服务厅应当提供以下服务：（1）导税服务。引导纳税人到相关服务区域或窗口办理各类涉税事项；辅导纳税人填写涉税资料、使用自助办税设施，解答纳税人办税咨询。（2）全程服务。税务机关受理纳税人涉税审批事项，应当按照“窗口受理、内部流转、限时办结、窗口出件”的要求办理。所以选项B错误。（3）限时服务。纳税人涉税审批申请材料齐全、符合法定形式，或者申请人按要求提交全部补正申请材料的，应当受理申请，并即时办结或限时办结；对申请材料不齐全或者不符合法定形式的，应当一次性告知申请人需要补正的全部内容。（4）预约服务。根据纳税人的合理需求，办税服务厅可与纳税人约定适当时间办理涉税事项。（5）提醒服务。及时提醒纳税人在法定时限内履行纳税义务或告知纳税人相关的税收政策，避免纳税人因工作疏忽或不了解税收政策变化而受到不必要的行政处罚。

7. 税务机关应当为纳税人提供优质的导税服务。下列选项中，属于导税人员职责的有（　　）。（1－7级测试）

A. 引导纳税人到相关的服务区域或窗口办理涉税事项

B. 辅导纳税人填写涉税资料和自助办理税费事项

C. 解答纳税人办理税费事项咨询

D. 接受纳税人的投诉

【参考答案】ABC

【解析】导税服务的内容包括：引导纳税人到相关的服务区域或窗口办理涉税事项；辅导纳税人填写涉税资料和自助办理税费事项；解答纳税人办理税费事项咨询等。

8. 在下列事项中，属于限时办结的有(　　)。(1－7级测试)

A. 跨区迁出　　B. 注销登记　　C. 优惠办理　　D. 非正常户解除

【参考答案】ABD

【解析】纳税人跨县（区）迁出一般在20个工作日内办结；增值税一般纳税人税务注销10个工作日内办结，增值税小规模纳税人和其他纳税人税务注销5个工作日内办结；非正常户解除10个工作日内办结。

9. 税务机关推行办税公开的范围应与公开事项涉及的对象相适应，实行(　　)。(1－7级测试)

A. 主动公开　　B. 依申请公开　　C. 部分公开　　D. 选择性公开

【参考答案】AB

【解析】根据办税公开相关规定，选项AB可选。选项CD不符合税收公平主义，不符合办税公开精神内涵。

10. 办税服务厅应急处理应按照(　　)的原则处理，迅速排除问题、化解纠纷。(1－7级测试)

A. 迅速响应　　B. 及时反馈　　C. 采取措施　　D. 及时上报

【参考答案】ACD

【解析】办税服务厅应急处理应按照迅速响应、采取措施、及时上报的原则处理，迅速排除问题、化解纠纷。

11. 对于突发事件应急处置工作实行的制度，下列表述正确的是(　　)。(1－7级测试)

A. 行政领导负责制　　B. “一把手”负责制

C. 责任追究制　　D. 失责追究制

【参考答案】AC

【解析】突发事件应急处置工作实行行政领导负责制和责任追究制。对在突发事件中做出突出贡献的单位和个人，给予表彰和奖励。对迟报、谎报、瞒报、漏报突发事件重要情况或应急管理工作中有其他失职、渎职行为的，对有关责任人追究责任。

12. 纳入首问责任制的税费事项包括(　　)。(1－7级测试)

A. 税费业务办理　　B. 对于税收违法行为的检举

C. 税费业务咨询　　D. 纳税服务投诉

【参考答案】ACD

【解析】纳入首问责任制的税费事项包括：税费业务办理、税费业务咨询、纳税服务投诉和税收工作建议。纳税人对于税收违法行为的检举和税务干部违法违纪行为的举报以及信访事项，依据有关专门规定处理。

13. 下列说法符合办税服务厅服务窗口设置要求的有(　　)。(1－7级测试)

A. 综合窗口可一次性办理多项业务，为纳税人提供“一窗式”服务

B. 专业窗口办理相对独立、办理频次较高、有利于提高办税效率、便利办税的业务

C. 遇到特殊时期或重大业务调整时可临时增设办税窗口

D. 办税服务厅可以单独设置“税务登记”“补充信息采集”窗口

【参考答案】ABC

【解析】根据国家税务总局办税服务厅服务窗口设置要求：规范办税窗口设置，办税服务厅根据业务量合理调整综合窗口和专业窗口设置，综合窗口可一次性办理多项业务，为纳税人提供“一窗式”服务，专业窗口办理相对独立、办理频次较高、有利于提高办税效率、便利办税的业务。遇到特殊时期或重大业务调整时可临时增设办税窗口。办税服务厅不得设置“税务登记”“补充信息采集”窗口。

14. 关于办税服务厅预约服务制度，说法正确的有(　　)。(1－7级测试)

A. 预约服务内容包括：涉税事项办理、税收政策咨询以及省税务机关确定的其他事项

B. 预约服务由纳税人发起，服务时间由纳税人确定

C. 对超过预约时间而未到场的，视为纳税人主动放弃预约服务

D. 对已受理的预约事项，税务机关可以单方面解除

【参考答案】AC

【解析】根据国家税务总局办税服务厅预约服务制度要求，办税服务厅与纳税人约定在适当的工作时间办理税费事项，预约服务内容包括：涉税事项办理、税收政策咨询以及省税务机关确定的其他事项。预约服务可以由纳税人发起，也可以由税务机关发起，服务时间由双方协商约定。对已受理的预约事项，税务机关不得单方面解除。因特殊情况确需解除预约的，税务机关应当与纳税人协商并重新安排预约时间。对超过预约时间而未到场的，视为纳税人主动放弃预约服务。

15. 下列属于办税服务厅提醒服务范围的有(　　)。(1－7级测试)

A. 新办户注意事项提醒　　B. 纳税人权利和义务提醒

C. 特殊税务事项提醒　　D. 享受税收优惠资格提醒

【参考答案】ABC

【解析】根据国家税务总局办税服务厅提醒服务制度，及时提醒纳税人在法定时限内履行纳税义务或告知纳税人相关的税收政策，避免纳税人因工作疏忽或不了解税收政策变化而受到不必要的行政处罚。主管税务机关提醒服务涵盖事前、事中和事后三个环节，具体包括新办户注意事项提醒、特殊税务事项提醒、涉税业务办理提醒、税收政策信息提醒、纳税人权利和义务提醒等。主管税务机关应根据实际情况，对不同类型的纳税人和不同的涉税事宜采取不同的提醒方式。主要包括：书面通知、电话告知、新闻媒体公告以及其他方式。

16. 某县办税服务厅某日由于办税叫号顺序问题，纳税人与办税服务人员出现争执发生

争吵，下列正确的处理方法包括(　　)。(1－7级测试)

A. 办税服务厅值班领导及时介入，将当事人请到旁边会议室了解情况，加强沟通

B. 办税服务厅负责人认真倾听纳税人意见，安抚相关人员的情绪，了解纳税人不满的原因，妥善进行处理

C. 由于纳税人当日饮酒后来办税，情绪失控，在办税厅摔砸物品，考虑到办税服务厅纳税人较多，办税服务厅负责人向公安部门报案同时做好现场疏散工作

D. 办税服务厅工作人员由于被纳税人用物品砸到，非常气愤，与纳税人发生肢体冲突

【参考答案】ABC

【解析】根据国家税务总局办税服务厅办税秩序类突发事件的处置，征纳双方出现争执时，办税服务厅负责人应及时将当事人引出公共场所，加强沟通，化解争议，讲解政策。沟通过程中要认真倾听，安抚相关人员的情绪，并对相关人员的抱怨或投诉妥善进行处理，避免冲突升级。当相关人员情绪失控时，要做好隔离和疏散工作，必要时向公安部门报案并做好现场处置。办税服务厅工作人员要加强自我保护，自我克制，避免与办税人员发生肢体冲突。税务机关要妥善处理后续事宜并进行舆情监控。

17. 世界银行目前开展的营商环境评价中，“纳税”指标包含哪些二级指标？(　　)(8－11级测试)

A. 纳税时间　　B. 纳税次数

C. 总税收和社会缴纳费率　　D. 报税后流程指数

【参考答案】ABCD

【解析】世界银行现行的营商环境评价指标体系中，“纳税”作为一级指标，包含4项二级指标，分别是：纳税时间、纳税次数、总税收和社会缴纳费率、报税后流程指数。

18. 某日，A县两名无业男子因仇恨社会，醉酒后至A县办税服务厅无理取闹，打砸办税服务厅内办公设备，危及公共财产及人身安全，影响办税服务厅正常工作秩序，A县办税服务厅应当采取以下(　　)措施应急处理。(8－11级测试)

A. 及时报警并向本级应急工作领导小组报告

B. 应急工作领导小组派员配合办税服务厅负责人，紧急疏散现场人员并安排专人保护好票款安全

C. 在办税服务厅张贴公告，在电子屏幕中滚动播出相关通知

D. 保护好案发现场，配合公安机关对事件调查处理

【参考答案】ABD

【解析】对于纳税人、闲杂人员到办税服务厅无理取闹，严重影响办税服务厅正常工作秩序的，或者采取暴力手段冲击、打砸、抢劫，危及公共财产及人身安全的，应当采取以下应急处理：

（1）及时报警并向本级应急工作领导小组报告。

（2）应急工作领导小组派员配合办税服务厅负责人，紧急疏散现场人员并安排专人保护好票款安全。

（3）保护好案发现场，配合公安机关对事件调查处理。

（4）情况严重的，应当及时向上级税务机关和当地党政有关部门报告。

19. 下列情形中，属于限时办结制度中的超时办结的有（　　）。（8－11 级测试）

A. 无正当理由对纳税人的申请不予受理

B. 对申请材料不符合法定形式，已一次性告知不予受理的原因及纳税人需要补正的全部内容，但纳税人坚持申请办理

C. 未在规定或承诺期限内办结且未按规定回复纳税人办理结果

D. 超过规定或承诺的办结时限提出延时申请

【参考答案】ACD

【解析】受理人有下列情形之一的，视为超时办结：（1）无正当理由对纳税人的申请不予受理；（2）未在规定或承诺期限内办结且未按规定回复纳税人办理结果；（3）超过规定或承诺的办结时限提出延时申请。

20. 以下属于办税秩序类突发事件处置措施的有（　　）。（8－11 级测试）

A. 值班领导应及时做好现场秩序的维护和拥堵原因识别

B. 调整窗口功能、增设办税窗口

C. 发放二次优先卡

D. 增辟等候休息区

【参考答案】ABD

【解析】根据国家税务总局办税服务厅办税秩序类突发事件的处置，办税服务厅发生拥堵时，值班领导应及时做好现场秩序的维护和拥堵原因识别，应通过增加导税人员、调整窗口功能、增设办税窗口、增辟等候休息区等方式，引导或分流办税人员，防止出现秩序混乱的情况，并做好政策解释工作。发放二次优先卡属于系统故障类突发事件的处置方法。

21. 关于办税服务厅限时办结制度，说法正确的有（　　）。（8－11 级测试）

A. 限时办结制度适用于非即办事项

B. 税务机关应通过税务网站，办税服务厅电子显示屏或者触摸屏、公告栏等渠道公开相关事项的办理时限

C. 因客观原因，不能按期办结需要延期的事项，应当由设立办税服务厅的税务局长批准后，在办理时限到期之前告知纳税人，并明确延期办理时限

D. 税务机关应运用信息化手段，加强限时办理事项监控

【参考答案】ABD

【解析】根据国家税务总局办税服务厅限时办结制度要求，办税服务厅对纳税人发起的非即办事项应当在规定的时限内办结或答复。公开办理时限，税务机关应通过税务网站，办税服务厅电子显示屏或者触摸屏、公告栏等渠道公开相关事项的办理时限。税务人员在受理非即办事项时，应告知纳税人办理时限。因客观原因，不能按期办结需要延期的事项，应当由受理部门分管领导批准后，在办理时限到期之前告知纳税人，并明确延期办理时限。限时办理监控，税务机关应运用信息化手段，加强对非即办事项的管理和监控，对临近办理时限的涉税事项进行预警提醒。对无合理原因超时办结的事项，应明确延误环节和责任人，并进行责任追究。

**三、判断题**

1. 首问责任人是指纳税人到税务机关或通过电话等方式办理涉税事项或寻求涉税帮助时，首位接洽的工作人员。（　　）（1－7 级测试）

【参考答案】√

【解析】根据《税务系统首问责任制（试行）》规定。

2. 纳税人拨打县税务局办公室的对外公开电话，咨询领购发票相关问题，办公室工作人员以其咨询的业务不属于办公室职责范围为由拒绝答复。（　　）（1－7 级测试）

【参考答案】×

【解析】根据《税务系统首问责任制（试行）》规定，属于本税务机关职责范围内的涉税事项，首问责任人应将纳税人指引到涉税业务对应的承办部门，由承办部门指定承办人，该承办人承接首问责任。

3. 纳税人咨询有关涉税事宜，对不属于办税服务厅职责范围的，办税人员也应当一次性告知。（　　）（1－7 级测试）

【参考答案】√

【解析】依据《全国税务机关纳税服务规范》，在处理涉税咨询过程中，承办人员应一次性告知纳税人咨询事项的依据、时限、程序以及办理所需的全部资料。

4. 税务机关应当全面公开办税服务事项，推行办税事项“二维码”一次性告知措施，及时发布办税日历、办税地图及服务通知等。（　　）（1－7 级测试）

【参考答案】√

【解析】根据《国家税务总局关于印发〈全面推进政务公开工作实施办法〉的通知》（税总发〔2017〕44 号）规定，要规范纳税服务公开范围，全面公开办税服务事项，编制发布办税指南，简化优化办税流程，推行办税事项“二维码”一次性告知措施，方便纳税人办理涉税事项。依托纳税服务规范，及时更新税务网站办税指南、表证单书、软件下载等信息内容。及时发布办税日历、办税地图及服务通知等，积极为纳税人提供办税便利。

5. 纳税人到办税服务厅咨询行政许可事项，税务人员口头告知其相关情况。
（　　）（1－7 级测试）

【参考答案】×

【解析】根据《全国税务机关纳税服务规范》规定，一次性告知可通过书面或口头方式进行，行政许可事项必须书面告知。

6. 税务机关建立预约服务登记，因特殊情况需解除预约的，税务人员应当主动与纳税人协商解决，并重新安排预约时间。（　　）（1－7 级测试）

【参考答案】√

【解析】税务机关建立预约服务登记，因特殊情况需解除预约的，税务人员应当主动与纳税人协商解决，并重新安排预约时间。

7. 免填单服务是指办税服务厅工作人员在受理涉税事项时，可以根据办理人员提供的资料、证件或口述信息，录入纳税人相关涉税申请，打印税务文书，无须纳税人签章即可办理相关涉税事宜。（　　）（1－7 级测试）

【参考答案】×

【解析】免填单服务是指办税服务厅工作人员在受理涉税事项时，根据办税人员提供的资料、证件或口述信息，依托征管信息系统或相关辅助软件，录入纳税人相关涉税申请，打印税务文书，经办税人员核对、修订、补充并签字（章）确认后，按规定程序办理涉税事项。

8. 税务机关受理纳税人涉税审批事项，应当按照“窗口受理、内部流转、限时办结、窗口出件”的要求办理。（　　）（1－7 级测试）

【参考答案】√

【解析】税务机关受理纳税人涉税审批事项，应当按照“窗口受理、内部流转、限时办结、窗口出件”的要求办理。

9. 某县税务局办税服务厅实行领导值班制度，要求值班领导由县税务机关领导和相关股（室）负责人轮流担当。（　　）（1－7 级测试）

【参考答案】√

根据《全国税务机关纳税服务规范》规定，值班领导由县税务机关领导和相关股（室）负责人轮流担当。

10. 对税务总局要求上报的突发事件，应在接到通知后立即上报，并且只能以书面形式报告。（　　）（1－7 级测试）

【参考答案】×

【解析】报告的形式包括口头报告和书面报告。

11. 窗口工作人员在为纳税人办理业务时，在确有急事时可以先接听其他电话或者处理其他事务。（　　）（1－7 级测试）

【参考答案】×

【解析】待人接物规范中规定，窗口工作人员在为纳税人办理业务时不应接听其他电话或者处理其他事务，确有需要应在办完当前业务之后。

12. 各级办税服务厅可通过口头、网络、二维码、书面等方式向纳税人提供一次性告知服务。（　）（1-7级测试）

【参考答案】√

【解析】各级办税服务厅可通过口头、网络、二维码、书面等方式向纳税人提供一次性告知服务。纳税人根据一次性告知内容办理业务时，办税服务厅不得要求纳税人增加告知内容以外的其他资料。

13. 税务机关应结合当地政府政务中心的条件，积极推进办税服务厅进驻政务中心。（　）（1-7级测试）

【参考答案】√

【解析】税务机关应结合当地政府政务中心的条件，积极推进办税服务厅进驻政务中心。

14. 办税服务厅一般设置办税服务区、咨询辅导区、自助办税区和等候休息区等功能区域，各地应按照办税服务厅标准化建设的要求，不得随意增减办税服务厅功能区设置。（　）（1-7级测试）

【参考答案】×

【解析】办税服务厅一般设置办税服务区、咨询辅导区、自助办税区和等候休息区等功能区域，各地可结合实际进行调整，可以合并设置功能区域，也可以根据纳税人需要和管理需要设置其他功能区域。

15. 首问责任制度仅指受理纳税人到办税服务厅现场来访办理涉税事项，应做到及时办理或有效指引。（　）（1-7级测试）

【参考答案】×

【解析】首问责任制度适用于受理纳税人来电、来访时，首问责任人应礼貌热情、认真听取、详细了解纳税人需求，做到及时办理或有效指引。

16. 根据首问责任制度要求，对于属于本税务机关职责范围内的涉税事项，首问责任人无法明确承办部门的，应联系本部门负责人予以明确，确实无法明确承办部门的，本税务机关的办公室或纳税服务部门指定承办部门，并由该部门承接首问责任。（　）（1-7级测试）

【参考答案】√

【解析】根据首问责任制度要求，属于本税务机关职责范围国内的涉税事项，首问责任人应将纳税人指引到涉税业务对应的承办部门，由承办部门指定承办人，该承办人承接首问责任，首问责任人无法明确承办部门的，应联系本部门负责人予以明确，确实无法明确承办部门的，由本税务机关的办公室或纳税服务部门指定承办部门，并由该部门承接首问责任。

17. 延时服务中，对短时间内无法办结的涉税事项，税务机关可在征得纳税人同意后，留存纳税人涉税资料及联系方式，待业务办理完结后，通知纳税人领取办理结果。（　　）（8－11 级测试）

【参考答案】√

【解析】根据延时服务制度要求，延时服务中，对短时间内无法办结的涉项，税务机关可在征得纳税人同意后，留存纳税人涉税资料及联系方式，待业务办结后，通知纳税人领取办理结果。

18. 办税事项“最多跑一次”是指纳税人办理《清单》范围内事项，最多只需要到税务机关跑一次。（　　）（8－11 级测试）

【参考答案】×

【解析】《国家税务总局关于发布〈办税事项“最多跑一次”清单〉的公告》（国家税务总局公告 2018 年第 12 号）指出：办税事项“最多跑一次”，是指纳税人办理《清单》范围内事项，在资料完整且符合法定受理条件的前提下，最多只需要到税务机关跑一次。

19. 预约服务可以由纳税人发起，也可以由税务机关发起，服务时间由双方协商决定。（　　）（8－11 级测试）

【参考答案】√

【解析】预约服务可以由纳税人发起，也可以由税务机关发起，服务时间由双方协商约定。

20. 办税服务厅发生 I 级突发事件，应当上报总局，由税务总局视情况决定是否启动本级应急预案，是否派员协调处理。（　　）（8－11 级测试）

【参考答案】×

【解析】突发事件的处理以事发地办税服务厅所属主管税务机关为主。I 级突发事件，应当上报省税务局，由省税务局视情况决定是否启动本级应急预案，是否派员协调处理。

## 四、实务题

1. 2022 年 6 月 15 日，纳税人张某到 A 市 B 区办税服务厅申请办理代开发票，前来办税的纳税人很多，办税服务厅比较拥挤，很多纳税人都没有地方坐，围在窗口或是三五成群地聚在一起。张亮看到办税服务厅 7 个窗口只有 5 个窗口有工作人员，另外 2 个窗口都摆放着暂停服务牌。由于张某是第一次申请代开发票，不知道办理流程，也不知道该准备什么资料，在一楼办税服务厅转了几圈，没有看到领导值班标识，也没有找到值班领导，且导税咨询台围满了人。张某来到二楼，发现政策法规科办公室的门开着，看到工作人员李某正好闲着，便问道："请问代开发票怎么办理？需要准备些什么资料？"李某回答："对不起，纳税咨询不是我管的事。"张某于是又返回一楼，发现咨询导税台工作人员王某正闲着，连忙跑过去询问。王某说："这么简单的问题也不会，来办什么事。回去把居民身份证、护照或其他证明身份的合法原件及复印件、购销合同等资料都带来。"张某听后很不愉快，快步走出了办税服务厅。

根据以上资料，请指出该税务机关存在哪些不符合纳税服务规范的问题，并简要说明理由。

【答案及解析】

该税务机关存在以下问题：

（1）违反了领导值班基本规范。办税服务厅实行领导值班制，值班领导由设立办税服务厅的税务机关领导和相关科（室）负责人轮流担当，并设置领导值班标识；值班领导在值班期间要坚守工作岗位。本案中没有领导值班标识，没有值班领导。

（2）违反了办税拥堵处理基本规范。办税服务厅发生排队拥堵时，通过增加导税人员、调整窗口功能、增设办税窗口、增辟等候休息区等方式，引导或分流办税人员，防止出现秩序混乱的情况。本案中，很多纳税人都没有地方坐，围在窗口或是三五成群地聚在一起，已出现秩序混乱的情况。

（3）工作人员李某违反了首问责任制的工作要求。根据规定，首问责任制度是指纳税人到税务机关或通过电话等方式办理涉税事项或寻求涉税帮助时，首位接洽的税务工作人员为纳税人办理或有效指引纳税人完成办理涉税事项的制度。在本案例中，工作人员李冰没有为纳税人进行有效指引。

（4）咨询导税台工作人员王某违反了服务用语规范。根据纳税服务规范，工作时间提倡使用普通话，做到语气平和、表达清晰；要使用规范用语，禁用服务忌语。本案例中，王某回答态度不好，并且使用了服务忌语。

2. 某公司因近期经营效益不佳，资金周转困难，2022 年 2 月在发放完员工工资后，当期货币资金不足 1 000 元，而当期应缴纳的相关税费共计 3 万元，于是向主管税务机关提出延期缴纳税款申请。3 月初，该企业会计陈某来到办税服务大厅，按照程序取号后排队。轮到他时，综合服务窗口工作人员王某口中嚼着口香糖正在准备询问办理什么业务，突然发现手机大声响起，于是没等陈某开口，便放置"暂停服务"牌径自起身走到后台接听手机。该会计等了 10 多分钟还不见工作人员王某回到前台，于是在大厅骂骂咧咧。而此时，大厅值班领导因为业务培训不在岗，大厅负责人参加局内业务会议也不在岗。

请问：工作人员王某及办税大厅分别存在哪些问题？请指出并改正。（8－11 级测试）

【答案及解析】

工作人员王某存在的问题：（1）手机未调至静音或不影响办公环境的音量。“岗前准备”要求手机调至静音或不影响办公环境的音量。（2）办公区域嚼口香糖不符合要求。办公区域严禁吸烟、进食。（3）故意拖延办理业务，没有及时办理。办理业务严禁对纳税人推诿、搪塞，由于特殊原因不能及时办理时应向纳税人解释说明。

办税大厅的问题：（1）导税服务未做好。当发现窗口长时间无人时，应及时引导纳税人到别的窗口办理业务。（2）大厅领导值班岗无人值班。纳税服务规范要求大厅实行领导值班制，并设置领导值班标识。

3. 某日，办税服务厅发生业务系统故障，导致办税服务厅不能正常受理业务。由于快到申报截止日，纳税人张某担心无法按期申报会加收滞纳金，因此情绪比较激动，在办税服务厅大声吵闹。值班人员李某接待了张某，告诉他系统故障不能报税，请他明天再来。张某认为李某是在找借口不给他办理，是故意刁难他。因此，两人发生了争执。如果你是值班长，请说说你的应急方案以及将会使用到的咨询规范用语。（8－11级测试）

【答案及解析】

当办税服务厅申报系统发生故障时，值班长应采取以下应急措施：

（1）当发生业务系统故障时，值班长应及时通知技术部门，并了解修复时间，预计短时间内可修复的，应向纳税人做好解释工作，请纳税人耐心等候。同时，将情况及时跟主管领导汇报。

（2）对能够手工处理的业务，应进行手工受理；需要在系统补录的，应做好登记。

（3）如系统故障不能在短时间内修复，应在办税服务厅入口及厅内显眼位置发布告示（可利用电子屏、宣传电视、公告栏等设施），避免纳税人无谓等候。

（4）对已取号或正在业务窗口办事的纳税人，发放“二次优先办理卡”，该纳税人下次办理该事项时可凭卡免予排队。

（5）对办理特急事项的纳税人，如张老板类型的纳税人，请其留下联系电话，待系统恢复正常时主动通知纳税人上门办理。

在与纳税人张某沟通的过程中，值班长应使用的文明服务用语有：

（1）主动向纳税人询问情况：“您好，请问有什么可以帮您？”

（2）属于系统故障，应立即向纳税人解释：“对不起，系统正在调试，暂时无法申报，请您稍等。为了节省您的时间，请您留下联系方式，系统恢复后我马上回复您。可以吗？”

4. 2022年8月25日在工作时间内，纳税人王某到税务机关办税服务厅咨询转让二手房涉税政策，因为非征期的原因，办理业务人数不多，王某发现有部分窗口未开放，领导值班台也无人值守，仅标注了值班人员的联系方式。自助办税终端服务时间与办税服务厅工作时间一致，未实现24小时对外服务。

王某在导税人员引导下来到1号窗口，因怀孕而着便装的工作人员小李热情地为王某解答相关咨询问题。在这期间，小李手机突然振动，因在工作期间小李没有接电话。咨询完成后，张某向小李询问为什么窗口工作人员比较少，部分窗口未开放，得知有工作人员当天因办税服务厅实行弹性工作制，正在轮休；有部分工作人员当天参加分局组织的业务培训。小李告诉王某，可下载安装该局的办税手机APP，在办税服务厅业务较少时，该局会主动发起错峰预约，以便纳税人在约定的时间内得到更加方便快捷的服务。王某离开后，小李感觉身体不舒服，到后台去找她的B岗人员替岗，未摆放“暂停服务〃标识牌。

临近中午，该办税服务厅计算机系统突然出现故障，经工作人员检查后，预计将在40分钟内恢复正常，但等候办税的纳税人都十分焦急，因此其中一位纳税人与税务人员发生争吵，扬言要向上级领导投诉，引起大家围观，多位纳税人拿出手机拍照。

根据上述资料，回答以下问题：

(1) 以上场景中，下列不符合纳税服务规定的行为是(　　)。(单选)

A. 工作时间安排业务培训

B. 办税服务厅实行弹性工作制，安排人员轮休

C. 小李着便装上岗

D. 小李离岗未摆放”暂停服务”标识牌

【参考答案】D

【解析】根据《办税服务厅管理办法》及文明服务有关要求，办税服务厅工作人员离岗应摆放“暂停服务”标识牌。

(2) 对于以上情景中的突发事件，正确的处理方法有(　　)。(多选)

A. 第一时间上报应急工作领导小组，启动应急预案

B. 配合有关部门尽快解决计算机系统故障并做好现场秩序维护和办税人员的解释疏导工作

C. 将与税务人员发生争吵的纳税人带离办税区，沟通安抚

D. 对相关人员的抱怨或投诉妥善进行处理，避免冲突升级

【参考答案】ABCD

【解析】选项A、B、C、D属于办税服务厅系统故障类突发事件的处置方法。

(3) 关于办税服务厅实行的服务制度，下列说法错误的有(　　)。(单选)

A. 首问责任制度，指纳税人到办税服务厅办理税费事项或寻求涉及税费事项帮助时，首位接洽的工作人员必须为纳税人办理税费事项的制度

B. 限时办结制度，指办税服务厅对纳税人发起的非即办事项应当在规定的时限制内办结或答复的制度

C. 延时服务制度，指办税服务厅对已到下班时间正在办理税费事项或已在办税服务场所等候办理税费事项的纳税人，提供延时服务的制度

D. 一次性告知制度，指办税服务厅在受理纳税人税费事项时，对资料不符合规定或前置事项未办结的，工作人员应一次性告知；对不予办理的税费事项要说明理由、依据等

【参考答案】A

【解析】根据《办税服务厅管理办法》中办税服务厅应当实行的服务制度，首问责任制度强调办理或有效指引纳税人完成办理税费事项。

（4）下列属于办税服务厅的工作内容的有（　　）。（多选）

A. 办理纳税缴费事项或引导、辅导纳税人办理税费事项

B. 处理应对上级推送涉税风险

C. 宣传税费法律、法规和政策

D. 收集纳税人意见建议

【参考答案】ACD

【解析】根据《办税服务厅管理办法》规定，办税服务厅的工作内容包括：办理纳税缴费事项，引导、辅导纳税人办理税费事项；宣传税费法律、法规和政策；收集纳税人意见建议；依照职责办理税务违法行为简易处罚事项；办理其他相关事项。

（5）办税服务厅应当设立导税岗位，下列属于导税服务内容的有（　　）。（多选）

A. 为纳税人填写资料

B. 引导纳税人在相关的服务区域或窗口办理税费事项

C. 协助纳税人核对资料和表单填写的完整性

D. 解答纳税人办理税费事项咨询

【参考答案】BCD

【解析】根据《办税服务厅管理办法》规定，办税服务厅应当设立导税岗位，导税服务内容包括：引导纳税人在相关的服务区域或窗口办理税费事项；辅导纳税人填写资料和自助办理税费事项；协助纳税人核对资料和表单填写的完整性；解答纳税人办理税费事项咨询；宣传税费法律法规政策；维护办税服务厅秩序。

# 下　篇　模拟试卷及答案解析

# 模拟试卷（一）

## 一、单项选择题（共 20 题，每题 1 分，共 20 分。每题只有一个符合题意的正确答案，多选、少选、错选均不得分。）

1. 中国共产党区别于其他政党的显著标志是（　　）。（1－7 级测试）

A. 理论联系实际　　B. 勇于自我革命

C. 密切联系群众　　D. 勇于开拓创新

2. 在 2021 年中央经济工作会议上，习近平总书记提出，实施新的减税降费政策，强化对（　　）、个体工商户、制造业、风险化解等的支持力度，适度超前开展基础设施投资。（1－7 级测试）

A. 国有大中型企业　　B. 出口型企业

C. 劳动密集型企业　　D. 中小微企业

3. 12366 纳税服务平台由（　　）统一建设和管理。（1－7 级测试）

A. 国家税务总局　　B. 市级税务机关

C. 县级税务机关　　D. 省级税务机关

4. 习近平总书记指出，实施长三角一体化发展战略要紧扣一体化和高质量两个关键词，以一体化的思路和举措打破行政壁垒、提高政策协同，让要素在更大范围畅通流动，有利于发挥各地区比较优势，实现更合理分工，凝聚更强大的合力，促进高质量发展。以下不属于其中具体举措的是（　　）。（1－7 级测试）

A. 加大区域经济发展力度　　B. 提升长三角城市发展质量

C. 推动浦东高水平改革开放　　D. 推动长三角区域经济高质量

5. 下列关于办税服务厅说法正确的是（　　）。（1－7 级测试）

A. 单独设立的专业化办税服务厅按照 B 类办税服务厅标准管理

B. 办税窗口数量在 12 个（不含）以下的县（区）局全职能办税服务厅按照 A 类办税服务厅标准管理

C. 农村税务分局办税服务厅按照 B 类办税服务厅标准管理

D. 各类办税服务延伸点按照 B 类办税服务厅标准管理

6.《关于进一步深化税收征管改革的意见》中关于持续深化拓展税收共治格局表述错误的是（　　）。（1－7 级测试）

A. 加强部门协作　　B. 加强社会协同

C. 加强政府协调　　D. 强化税收司法保障

7. 各级税务机关要持续完善和落实“纵合横通强党建”机制制度体系，丰富并全面完成税务系统党的建设高质量发展两年行动方案各项任务。所指的两年是（　　）。（1－7级测试）

A. 2019—2020 年　　B. 2020—2021 年

C. 2021—2022 年　　D. 2022—2023 年

8. 中办、国办印发的《关于进一步深化税收征管改革的意见》提出，智慧税务建设的突破口是（　　）。（1－7 级测试）

A. 信用＋监管　　B. 税收大数据

C. 纳税人需求　　D. 发票电子化改革

9. 下列关于服务效能提升行动表述错误的是（　　）。（1－7 级测试）

A. 加快税费优惠兑现　　B. 提升宣传辅导实效

C. 强化网上服务支撑　　D. 优化线下办事体验

10. 为深入推进 2022 年“我为纳税人缴费人办实事暨便民办税春风行动 2.0 版”，进一步推动新的组合式税费支持政策特别是大规模增值税留抵退税政策落地落实。近日，国家税务总局发布新版《“非接触式”办税缴费事项清单》。拓展后的“非接触式”办税缴费事项的数量是（　　）。（1－7 级测试）

A. 214　　B. 219　　C. 223　　D. 233

11. 2022 年“春雨润苗”行动以深入推进落实各项新的组合式税费支持政策，助力市场主体增信心、强创新、解难题为抓手，通过部门间紧密协作发挥合力，为（　　）提供“政策暖心、服务省心、解难舒心、护助可心”系列服务。（1－7 级测试）

A. 中小市场主体　　B. 小微市场主体

C. 大中市场主体　　D. 中小微企业

12. 经税务总局、省税务局应用税收大数据评定的高风险纳税人，在办理票种核定、发票领用等业务时，需对（　　）进行实名验证。（1－7 级测试）

A. 法定代表人　　B. 财务负责人　　C. 经办人员　　D. 办税人

13. 根据现行政策，宝新科技公司属于高新技术企业，在 2022 年 11 月增添了新购进的设备器具 1 000 万元，请问该设备如何在税前扣除？（1－7 级测试）

A. 当年按 50% 扣除，第 2 年按剩下的 50% 扣除

B. 一次性全额

C. 当年按 50% 扣除，其余 50% 按规定在剩余年度计算折旧进行税前扣除

D. 当年按 75% 扣除，第 2 年按剩下的 25% 扣除

14. 由省税务机关制定纳税人的纳税信用管理办法的纳税人类型是（　　）和其他类型纳税人。（1－7 级测试）

A. 个体工商户　　B. 扣缴义务人　　C. 企业纳税人　　D. 自然人

15. 某酸奶生产企业从某小规模纳税人购进鲜奶，取得增值税专用发票，票面金额20万元，税额0.6万元，当期领用60%用于酸奶生产，则该笔业务可抵扣进项税额为(　　)万元。(8－11级测试)

A. 1.8　　B. 1.92　　C. 3.25　　D. 4

16. 根据纳税服务规范3.0，下列关于涉税信息查询规范说法错误的是(　　)(8－11级测试)

A. 纳税人自行查询时需要经过纳税人有效身份认证和识别

B. 纳税人书面申请查询时必须报送资料为“涉税信息查询申请表”和纳税人本人(法定代表人或主要负责人)有效身份证明原件及复印件(原件核验退回)

C. 纳税人提出书面申请查询涉税信息的，本事项在15个工作日内办结

D. 人民法院向税务机关提出查询申请，需报送“纳税人、扣缴义务人涉税保密信息查询申请表”、单位介绍信和查询人有效身份证明原件

17. 纳税人满意度全面调查是围绕税收工作重点，覆盖总局、省、市、县四级税务机关，涉及多项调查指标的常态化调查。全面调查由税务总局、省税务机关组织开展，原则上(　　)开展一次。(8－11级测试)

A. 每年　　B. 两年　　C. 每季度　　D. 每半年

18. 2022年度满意度评价指标评价选项中设置“非常满意”“满意”“基本满意”“不满意”“非常不满意”等选项，评分规则为“非常满意”计100分、“满意”计(　　)、“基本满意”计60分、“不满意”计20分、“非常不满意”计0分。(8－11级测试)

A. 100分　　B. 90分　　C. 80分　　D. 70分

19. 适用研发费用税前加计扣除比例75%的某企业，在2022年10月1日至2022年12月31日期间，税前加计扣除比例提高至(　　)。(8－11级测试)

A. 100%　　B. 150%　　C. 200%　　D. 125%

20. 纳税申报比对是指税务机关以信息化为依托，通过优化整合现有征管信息资源，对增值税、成品油消费税纳税申报信息进行票表税比对，并对比对结果进行相应处理。包括比对规则及适用环节、(　　)和分类处理三个环节。(8－11级测试)

A. 风险提醒　　B. 风险识别　　C. 白名单管理　　D. 异常信息推送

**二、多项选择题（共20题，每题1.5分，共30分。每题有两个（含）以上符合题意的正确答案，多选、少选、错选均不得分。）**

1. 习近平总书记指出，要加强对权力运行的制约和监督，把权力关进制度的笼子里，形成(　　)。(1－7级测试)

A. 不敢腐的惩戒机制　　B. 不能腐的制约机制
C. 不易腐的保障机制　　D. 不能腐的防范机制

2. 首次开具增值税电子专用发票之前，需要正确设置电子发票配置，包括（　　）。（1－7级测试）
A. 邮件收件箱　　B. 版式文件服务器地址
C. 邮箱 SMTP 授权码　　D. 版式文件服务器端口

3. 按照《财政部 税务总局关于进一步加大增值税期末留抵退税政策实施力度的公告》（财政部 税务总局公告2022年第14号）规定，适用本公告政策的纳税人需同时符合的条件包括（　　）。（1－7级测试）
A. 申请退税前36个月未发生骗取留抵退税、骗取出口退税或虚开增值税专用发票情形
B. 纳税信用等级为A级或者B级
C. 2019年4月1日起未享受即征即退、先征后返（退）政策
D. 申请退税前36个月未因偷税被税务机关处罚两次及以上

4. 关于3岁以下婴幼儿照护个人所得税专项附加扣除政策，以下说法正确的有（　　）。（1－7级测试）
A. 有多个婴幼儿的父母，可以对不同的婴幼儿选择不同的扣除方式
B. 纳税人照护3岁以下婴幼儿子女的相关支出，按照每个婴幼儿每月2 000元的标准定额扣除
C. 婴幼儿子女包括婚生子女、非婚生子女、养子女、继子女等受到本人监护的3岁以下婴幼儿
D. 扣除主体是3岁以下婴幼儿的监护人，包括生父母、继父母、养父母，父母之外的其他人担任未成年人的监护人的

5. 中小微企业在2022年新购置的单位价值在500万元以上的下列与生产经营有关的固定资产，单位价值的50%可在当年一次性税前扣除的有（　　）。（1－7级测试）
A. 厂房　　B. 汽车　　C. 生产工具　　D. 机器设备

6. 为助力外贸企业缓解困难，促进进出口平稳发展，税务总局等十部门下发了《关于进一步加大出口退税支持力度 促进外贸平稳发展的通知》。下列说法正确的有（　　）。（1－7级测试）
A. 进一步压缩出口退税办理时间，2022年进一步压缩至6个工作日内
B. 对于风险可控的出口退税申报，采用“容缺”方式先行办理退税，事后再补办实地核查手续
C. 支持出口企业根据自身实际，灵活选择电子化或者纸质化的方式留存保管出口货物提单等出口退税备案单证，提高单证收集整理效率

D. 企业出口货物申报出口退税，受自然灾害、疫情等因素影响无法按期收汇的，事前报送举证资料，按照包容审慎、风险可控原则适当放宽举证资料范围

7. 下列关于城市维护建设税减免规定表述正确的有（　　）。（1－7级测试）

A. 对国家重大水利工程建设基金免征城市维护建设税

B. 实施支持和促进重点群体创业就业城市维护建设税减免

C. 对黄金交易所会员单位通过黄金交易所销售的标准黄金，免征城市维护建设税

D. 对上海期货交易所会员和客户通过上海期货交易所销售的标准黄金，免征城市维护建设税

8. 关于财产和行为税合并纳税申报有关事项规定，下列表述正确的有（　　）。（1－7级测试）

A. 财产和行为税合并申报，通俗讲就是“简并申报表，一表报多税”，纳税人在申报多个税费种时，不再单独使用分税种申报表，而是在一张纳税申报表上同时将财产和行为税所有税种进行申报

B. 纳税人可以自由选择维护税源信息的时间，既可以在申报期之前，也可以在申报期内

C. 合并申报支持单税种更正，纳税人更正申报一个或部分税种，不影响其他已申报税种

D. 无论选择何种填报方式，纳税人申报时，系统都会根据已经登记的税源明细表自动生成申报表

9.《关于进一步扶持自主就业退役士兵创业就业有关税收政策的通知》规定，自主就业退役士兵从事个体经营的，自办理个体工商户登记当月起，在3年内依法享受税收优惠。下列税费可按规定扣减的有（　　）。（1－7级测试）

A. 增值税

B. 教育费附加

C. 水利建设基金

D. 城市维护建设税

10. 国家税务总局关于纳税人、缴费人满意度调查说法正确的有（　　）。（1－7级测试）

A. 全面调查是围绕税收工作重点，覆盖总局、省、市三级税务机关，涉及多项调查指标的常态化调查

B. 日常调查是各级税务机关针对具体税收管理、服务行为及纳税人办税体验的实时调查

C. 日常调查包括政务服务“好差评”中的“一次一评”“一事一评”等

D. 专项调查是各级税务机关针对重点税收工作，纳税人普遍关切的税收政策、服务措施，以及全面调查、日常调查反映的突出问题开展的专门性调查

11. 2022年纳税人满意度调查指标大类分为（　　）。（1－7级测试）

A. 政策落实　　B. 规范执法
C. 便捷服务　　D. 信息化建设与廉洁自律

12. 下列不属于《印花税法》规定的印花税征税范围的有（　　）。（1－7级测试）
A. 再保险合同　　B. 管道运输合同
C. 慈善组织书立的产权转移书据　　D. 个人书立的动产买卖合同

13. 在制度机制设计时，根据专票电子化试点业务框架定流程，基于现有征管岗责体系及纳服规范3.0和征管规范2.0匹配岗责，力求构建起事前、事中、事后相衔接，业务与（　　）相融合的工作闭环。（8－11级测试）
A. 内控　　B. 督导　　C. 绩效　　D. 纪检

14. 自2019年1月1日至2025年12月31日，对单位或者个体工商户将自产、委托加工或购买的货物无偿捐赠给目标脱贫地区的单位和个人，免征增值税。关于捐赠方式，以下说法正确的有（　　）。（1－7级测试）
A. 直接捐赠　　B. 通过乡镇人民政府捐赠
C. 通过县级人民政府捐赠　　D. 通过县级人民政府组成部门捐赠

15. 办税服务厅突发事件应急处置原则有（　　）。（1－7级测试）
A. 及时汇报　　B. 以人为本　　C. 预防为主　　D. 果断处置

16. 关于2022年“我为纳税人缴费人办实事暨便民办税春风行动”的举措，下列说法正确的有（　　）。（8－11级测试）
A. 完善电子税务局增值税申报比对功能，优化异常申报在线提示提醒事项内容
B. 增加资源税申报数据批量导入功能，纳税人填报完成后即可线上提交
C. 将土地增值税税收优惠由事前备案改为纳税人“自行判别、申报享受、资料留存备查”
D. 推广社保退费申请网上受理，让缴费人“少跑路”

17. 纳服规范3.0版本中证明办理规范部分包括（　　）。（1－7级测试）
A. 国际税收证明开具　　B. 开具税收完税证明
C. 转开印花税票销售凭证　　D. 开具个人所得税纳税记录

18. 税务机关办理对纳税人延期缴纳税款的核准，下列资料不再要求申请人单独提供，改为申请人在《税务行政许可申请表》中填写相关信息及申请理由的有（　　）。（8－11级测试）
A. 资产负债表
B. 当期货币资金余额材料
C. 申请延期缴纳税款报告
D. 应付职工工资和社会保险费等税务机关要求提供的支出预算材料

19. 下列失信行为适用纳税信用动态修复的有（　　）。（8－11级测试）

A. 甲公司以拒接电话的方式拒绝、阻挠税务机关依法实施税务稽查执法行为

B. 乙公司2020年2月未按法定期限办理个人所得税税款代扣代缴，在2020年3月10日补缴

C. 破产企业或其管理人在重整或和解程序中，已依法缴纳税款、滞纳金、罚款，并纠正相关纳税信用失信行为的

D. 由纳税信用D级纳税人的直接责任人员注册登记或者负责经营，纳税信用关联评价为D级的纳税人，申请前连续6个月没有新增纳税信用失信行为记录的

20. 下列应作为纳税服务投诉事项受理的有（　　）。（8－11级测试）

A. 针对法律、法规、规章和规范性文件规定进行的投诉

B. 对税务机关工作人员张某未使用文明用语的实名投诉

C. 对税务机关工作人员李某未履行一次性告知义务的匿名投诉

D. 对税务机关已经处理完毕且经过上级税务机关复核的相同投诉事项再次投诉

**三、判断题（共20题，每题0.5分，共10分。正确使用"√"，错误使用"×"）**

1. "两个确立"是指党确立习近平同志党中央的核心、全党的核心地位，确立习近平新时代中国特色社会主义思想的指导地位。（　　）（1－7级测试）

2. 按照《关于进一步深化税收征管改革的意见》总体要求，到2022年，在税务执法规范性、税费服务便捷性、税务监管精准性上取得重要进展。（　　）（1－7级测试）

3. 2022年全国税务系统"我为纳税人缴费人办实事暨便民办税春风行动"的主题是"税收优惠促发展 惠企利民向未来"。（　　）（1－7级测试）

4. 科技型中小企业开展研发活动中实际发生的研发费用，形成无形资产的，自2022年1月1日起，按照无形资产成本的150%在税前摊销。（　　）（1－7级测试）

5. 中小微企业可根据自身生产经营核算需要自行选择享受设备器具所得税税前扣除政策，当年度未选择享受的，以后年度可以再变更享受。（　　）（1－7级测试）

6. 对境外单位和个人向境内销售劳务、服务、无形资产，转让不动产缴纳的增值税税额，不征收城市维护建设税。（　　）（1－7级测试）

7. 财政是国家治理的基础和重要支柱，科学的财税体制是优化资源配置、维护市场统一、促进社会公平、实现国家长治久安的制度保障。（　　）（1－7级测试）

8.《关于进一步深化税收征管改革的意见》指出，到2024年基本建成税务执法质量智能控制体系。（　　）（1－7级测试）

9. 毛泽东同志在解放战争取得全国胜利前夕召开的党的七届三中全会就向全党提出，务必继续保持谦虚、谨慎、不骄、不躁的作风，务必继续保持艰苦奋斗的作风。（　　）（1－7级测试）

10. 生活奢靡、贪图享乐、追求低级趣味，造成不良影响的，给予警告或者严重警告处

分；情节严重的，给予开除党籍。 （　　）（1－7级测试）

11. 第十三届全国人民代表大会常务委员会第二十九次会议通过《中华人民共和国印花税法》，该法自2022年7月1日起施行。 （　　）（1－7级测试）

12. 自2019年1月1日至2025年12月31日，对国家级、省级科技企业孵化器、大学科技园和国家备案众创空间自用以及无偿或通过出租等方式提供给在孵对象使用的房产、土地，免征房产税和城镇土地使用税。 （　　）（8－11级测试）

13. 自2020年1月1日至2023年12月31日，单位发给个人用于预防新型冠状病毒感染的肺炎的药品、医疗用品、防护用品等实物和现金，不计入工资、薪金收入，免征个人所得税。 （　　）（1－7级测试）

14. 在国外出生的婴幼儿，其父母不可以享受3岁以下婴幼儿照护专项附加扣除政策。 （　　）（1－7级测试）

15. 自2019年6月1日至2023年12月31日，对道路客运站场运营用地，包括站前广场、停车场、发车位、站务用地、站场办公用地、生产辅助用地，免征城镇土地使用税。 （　　）（8－11级测试）

16. 高新技术企业在2022年10月1日至2022年12月31日期间新购置的设备、器具，允许当年一次性全额在计算应纳税所得额时扣除，并允许在税前实行150%加计扣除。 （　　）（1－7级测试）

17. 自2019年1月1日至2025年12月31日，提供社区养老、托育、家政服务取得的收入，免征增值税。 （　　）（1－7级测试）

18. 自2019年1月1日至2023年12月31日，对农产品批发市场、农贸市场（包括自有和承租，下同）专门用于经营农产品的房产、土地，暂免征收房产税和城镇土地使用税。对同时经营其他产品的农产品批发市场和农贸市场使用的房产、土地，按其他产品与农产品交易金额的比例确定征免房产税和城镇土地使用税。 （　　）（8－11级测试）

19. 自2019年1月1日至2024年12月31日，对符合条件的从事污染防治的第三方企业减按15%的税率征收企业所得税。 （　　）（1－7级测试）

20. 自2019年1月1日至2023年12月31日，对商品储备管理公司及其直属库资金账簿免征印花税；对其承担商品储备业务过程中书立的购销合同减半征收印花税，对合同其他各方当事人应缴纳的印花税照章征收。 （　　）（8－11级测试）

**四、简答题（本题共三小题，每小题5分，共15分）**

1. 纳税信用修复、复评、补评的区别。（1－7级测试）
2. 假设你是某办税服务厅工作人员，请列举目前需要通过税收减免核准方式办理的优惠事项有哪些（至少5项以上）？（1－7级测试）

3. 请谈一谈《关于进一步深化税收征管改革的意见》中如何大力推行优质高效智能税费服务？（8－11 级测试）

**五、实务题（实务题一 15 分、实务题二 10 分、共计 25 分）**

实务题一（15 分）（1－7 级测试）：

甲建筑有限责任公司为一般纳税人，办税人员老张于 2021 年 7 月前往主管税务机关江东县办税服务厅首次申领专票，窗口工作人员小王受理相关资料后按照规范为该公司核定了万元版的纸质专票 20 份和电子专票 10 份，同时为其发放了税务 Ukey，老张表示不会安装税务 Ukey 和开具电子专票，请求小王现场帮助解决，小王告知办税服务厅无专门的岗位负责，回家后会有专门的网格员为其服务，老张在办税服务厅未找到相关操作资料后便离开了办税服务厅。

小王办理完该项业务后，当即给纳税服务股小李拨打电话，提醒小李通过金三相关模块进行查看该户的网格化服务任务状态及时进行服务。小李查看该任务状态为服务消息待确认，及时提醒税源管理部门进行网格化服务。税源管理部门负责人小钱安排该户的网格员小刘及时完成了网格化服务。

请根据以上材料，回答下列问题：

1. 指出材料中江东县办税服务厅在电子专票网格化服务工作规范方面存在的问题。（2.5 分）
2. 纳税服务股小李应该通过哪个模块查询该户的网格化服务任务状态，小李接到电话当即查询时查找不到该户的网格化服务任务，请说明原因。（1 分）
3. 税源管理部门负责人小钱接到消息提醒后进入一户式待办任务准备进行分配却发现名下没有该条待办任务，请说明原因。（1 分）
4. 网格员小刘第一时间辅导办税人员老张通过电子税务局查看确认电子专票相关辅导信息，老张进入电子税务局相关模块后却未发现电子专票相关辅导信息，请说明原因。同时请回答老张通过电子税务局查看电子专票辅导信息的具体路径是什么？（1 分）
5. 老张进入电子税务局查看辅导信息确认后，表示非常满意并填写意见建议为“非常满意”。请问该网格化服务任务状态是否完结，如果未完结，说明原因。（1 分）
6. 老张咨询了税务 Ukey 和开票软件的相关问题，请依次回答。

   （1）开票软件如何下载安装？（0.5 分）

   （2）开具成功如何交付给购买方，购买方如何进行进项抵扣？（1 分）

   （3）申报期内，将开具的发票信息进行汇总上传的步骤是什么？（1 分）
7. 如果老张未在规定时限内登录电子税务局查看，网格员小刘如何进行网格化服务，并说明老张登录电子税务局查看确认辅导信息的规定时限为多长时间？（1 分）

实务题二（10 分）（8 – 11 级测试）：

江东市良辰美景纺织品制造有限公司（以下简称良辰美景公司），2021 年 11 月 18 日成立，增值税一般纳税人，从事床上用品等纺织品制造，2021 年度不符合小型微利企业条件。2022 年各季度的资产总额、从业人数以及累计应纳税所得额情况如下表所示：

| 季度 | 从业人数 | | 资产总额（万元） | | 应纳税所得额（累计值：万元） |
|---|---|---|---|---|---|
| | 期初 | 期末 | 期初 | 期末 | |
| 第 1 季度 | 120 | 200 | 2 000 | 4 000 | 150 |
| 第 2 季度 | 400 | 500 | 4 000 | 6 600 | 200 |
| 第 3 季度 | 350 | 200 | 6 600 | 6 000 | 280 |
| 第 4 季度 | 220 | 210 | 6 000 | 8 000 | 290 |

请根据上述材料，回答以下问题：

1. 请根据现行规定，简述小型微利企业的判断标准。（2 分）
2. 分别计算良辰美景公司 2022 年第 1 季度至第 4 季度应预缴的企业所得税。（8 分）

# 模拟试卷（一）答案及解析

## 一、单项选择题

1.【参考答案】B

【解析】参见《习近平总书记在庆祝中国共产党成立100周年大会上的讲话》。

2.【参考答案】D

【解析】在2021年中央经济工作会议上，习近平总书记提出，实施新的减税降费政策，强化对中小微企业、个体工商户、制造业、风险化解等的支持力度，适度超前开展基础设施投资。

3.【参考答案】A

【解析】根据《国家税务总局12366纳税服务平台运维管理办法》（税总纳便函〔2018〕272号）第五条规定，12366纳税服务平台由国家税务总局统一建设和管理，各级税务机关分别维护。

4.【参考答案】A

【解析】参见习近平总书记在扎实推进长三角一体化发展座谈会上的重要讲话精神。

5.【参考答案】A

【解析】按照《办税服务厅管理办法》规定：符合下列条件之一的，按照B类办税服务厅标准管理：

（1）办税窗口数量在12个（不含）以下的县（区）局全职能办税服务厅；

（2）单独设立的专业化办税服务厅。

符合下列条件之一的，按照C类办税服务厅标准管理：

（1）农村税务分局办税服务厅；

（2）各类办税服务延伸点；

（3）未达到A类和B类办税服务厅标准的其他便民办税服务场所。

6.【参考答案】C

【解析】参见《关于进一步深化税收征管改革的意见》。

7.【参考答案】C

【解析】参见《全国税务系统党的建设高质量发展两年行动方案（2021—2022年）》。

8.【参考答案】D

【解析】参见中办、国办印发的《关于进一步深化税收征管改革的意见》。

9.【参考答案】B

【解析】参见提升宣传咨询实效，五个专项行动实施方案。

10.【参考答案】D

【解析】参见《“非接触式”办税缴费事项清单》。

11.【参考答案】B

【解析】2022年“春雨润苗”行动以深入推进落实各项新的组合式税费支持政策，助力市场主体增信心、强创新、解难题为抓手，通过部门间紧密协作发挥合力，为小微市场主体提供“政策暖心、服务省心、解难舒心、护助可心”系列服务，让各项税费支持政策和创新服务举措及时惠及小微市场主体，以“春风化雨”滋润“小微之苗”，助力小微市场主体行稳致远、发展壮大。

12.【参考答案】C

【解析】参见《国家税务总局关于开展增值税发票领用风险防控试点工作的通知》。

13.【参考答案】B

【解析】根据《财政部 税务总局 科技部关于加大支持科技创新税前扣除力度的公告》（财政部 税务总局 科技部公告2022年第28号）高新技术企业在2022年10月1日至2022年12月31日期间新购置的设备、器具，允许当年一次性全额在计算应纳税所得额时扣除。

14.【参考答案】A

【解析】根据《纳税信用管理办法（试行）》（2014年第40号）第三条规定，扣缴义务人、自然人纳税信用管理办法由国家税务总局另行规定。个体工商户和其他类型纳税人的纳税信用管理办法由省税务机关制定。

15.【参考答案】B

【解析】酸奶适用13%，可以按10%的扣除率计算进项税额，可抵扣进项税额为$20\times9\%+60\%\times1.8\div9\%\times1\%$。

16.【参考答案】C

【解析】提出书面申请的，本事项在20个工作日内办结。

17.【参考答案】B

【解析】根据《国家税务总局关于纳税人、缴费人满意度调查工作的指导意见》（税总发〔2021〕10号）。

18.【参考答案】A

【解析】根据《国家税务总局关于纳税人、缴费人满意度调查工作的指导意见》（税总发〔2021〕10号）。

19.【参考答案】A

【解析】根据《财政部 税务总局 科技部关于加大支持科技创新税前扣除力度的公告》

（财政部 税务总局 科技部公告2022年第28号）现行适用研发费用税前加计扣除比例75%的企业，在2022年10月1日至2022年12月31日期间，税前加计扣除比例提高至100%。

20.【参考答案】C

【解析】参见《增值税专用发票电子化试点网格化服务和管理工作规范》。

## 二、多项选择题

1.【参考答案】ACD

【解析】：参见《习近平新时代中国特色社会主义思想学习纲要》。

2.【参考答案】BCD

【解析】参见《增值税电子专票开票人端操作手册》。

3.【参考答案】ABCD

【解析】《财政部 税务总局关于进一步加大增值税期末留抵退税政策实施力度的公告》（财政部 税务总局公告2022年第14号）第三条，适用本公告政策的纳税人需同时符合以下条件：

（1）纳税信用等级为A级或者B级；

（2）申请退税前36个月未发生骗取留抵退税、骗取出口退税或虚开增值税专用发票情形；

（3）申请退税前36个月未因偷税被税务机关处罚两次及以上；

（4）2019年4月1日起未享受即征即退、先征后返（退）政策。

4.【参考答案】ACD

【解析】参见《国务院关于设立3岁以下婴幼儿照护个人所得税专项附加扣除的通知》（国发〔2022〕8号）。

5.【参考答案】BCD

【解析】《财政部 税务总局关于中小微企业设备器具所得税税前扣除有关政策的公告》（财政部 税务总局公告2022年第12号）规定，中小微企业在2022年1月1日至2022年12月31日期间新购置的设备、器具，单位价值在500万元以上的，按照单位价值的一定比例自愿选择在企业所得税税前扣除。其中，《企业所得税法实施条例》规定最低折旧年限为3年的设备器具，单位价值的100%可在当年一次性税前扣除；最低折旧年限为4年、5年、10年的，单位价值的50%可在当年一次性税前扣除，其余50%按规定在剩余年度计算折旧进行税前扣除。本公告所称设备、器具，是指除房屋、建筑物以外的固定资产。

6.【参考答案】ABC

【解析】《税务总局等十部门关于进一步加大出口退税支持力度 促进外贸平稳发展的通知》：企业出口货物申报出口退税，受自然灾害、疫情等因素影响无法按期收汇的，

取消事前报送举证资料，企业留存备查相关资料即可，同时按照包容审慎、风险可控原则适当放宽举证资料范围。

7.【参考答案】AB

【解析】根据《城市维护建设税法》，对黄金交易所会员单位通过黄金交易所销售且发生实物交割的标准黄金，免征城市维护建设税。对上海期货交易所会员和客户通过上海期货交易所销售且发生实物交割并已出库的标准黄金，免征城市维护建设税。

8.【参考答案】BCD

【解析】根据《国家税务总局财产和行为税司 纳税服务司关于财产和行为税合并纳税申报有关事项的通知》（税总财行便函〔2020〕35号）附件2《财产和行为税合并纳税申报解读》，此次合并申报的税种范围包括城镇土地使用税、房产税、车船税、印花税、耕地占用税、资源税、土地增值税、契税、环境保护税、烟叶税十个税种。城市维护建设税是增值税、消费税的附加税种，将分别与增值税、消费税合并申报，不纳入财产和行为税合并申报范围。故A错误。

9.【参考答案】ABD

【解析】《关于进一步扶持自主就业退役士兵创业就业有关税收政策的通知》（财税〔2019〕21号），自主就业退役士兵从事个体经营的，自办理个体工商户登记当月起，在3年（36个月，下同）内按每户每年12 000元为限额依次扣减其当年实际应缴纳的增值税、城市维护建设税、教育费附加、地方教育附加和个人所得税。《财政部 税务总局关于延长部分税收优惠政策执行期限的公告》（财政部 税务总局公告2022年第4号）。

10.【参考答案】BCD

【解析】《国家税务总局关于纳税人、缴费人满意度调查工作的指导意见》（税总发〔2021〕10号）：全面调查是围绕税收工作重点，覆盖总局、省、市、县四级税务机关，涉及多项调查指标的常态化调查。全面调查由税务总局、省税务机关组织开展，原则上两年开展一次。

11.【参考答案】ABCD

【解析】《国家税务总局纳税服务司关于下发2022年纳税人缴费人满意度调查指标的通知》（税总纳便函〔2022〕64号），2022年纳税人满意度调查指标分为政策落实、规范执法、便捷服务、信息化建设、廉洁自律五大类。

12.【参考答案】ABD

【解析】根据《印花税法》，财产保险合同不包括再保险合同（选项A），运输合同指货运合同和多式联运合同（不包括管道运输合同）（选项B）；土地使用权、房屋等建筑物和构筑物所有权转让书据（不包括土地承包经营权和土地经营权转移）（选项D）买卖合同指动产买卖合同（不包括个人书立的动产买卖合同）选项C；慈善组织书立的产权转移书据属于免税。

13.【参考答案】ABCD

【解析】参见《增值税专用发票电子化试点工作及相关制度机制情况介绍》。

14.【参考答案】ACD

【解析】参见《财政部 税务总局 人力资源社会保障部 国家乡村振兴局关于延长部分扶贫税收优惠政策执行期限的公告》（2021 年第 18 号）《财政部税务总局国务院扶贫办关于扶贫货物捐赠免征增值税政策的公告》（2019 年第 55 号）。

15.【参考答案】BCD

【解析】根据国家税务总局关于印发《办税服务厅突发事件应急管理办法（试行）》的通知（国税发〔2012〕106 号）。

16.【参考答案】ACD

【解析】根据《国家税务总局关于开展 2022 年“我为纳税人缴费人办实事暨便民办税春风行动”的意见》的通知（税总纳服务〔2022〕5 号）。B 应为增加环境保护税申报数据批量导入功能，纳税人填报完成后即可线上提交。

17.【参考答案】BCD

【解析】纳服规范 3.0 版本中证明办理规范部分，由 1 类 3 个事项构成。出口退（免）税证明办理、国际税收证明开具等内容不再包括在内，只包括开具税收完税证明、开具个人所得税纳税记录、转开印花税票销售凭证三个事项。

18.【参考答案】BCD

【解析】《国家税务总局关于进一步简化税务行政许可事项办理程序的公告》（国家税务总局公告 2019 年第 34 号）第三条，税务机关办理对纳税人延期缴纳税款的核准，不再要求申请人单独提供申请延期缴纳税款报告、当期货币资金余额材料、应付职工工资和社会保险费等税务机关要求提供的支出预算材料，改为申请人在《税务行政许可申请表》中填写相关信息及申请理由；不再要求申请人提供连续 3 个月缴纳税款情况和资产负债表，由税务机关在信息系统中主动核查。

19.【参考答案】BCD

【解析】依据《国家税务总局关于纳税信用修复有关事项的公告》（国家税务总局 2019 年第 37 号公告）第一条和《国家税务总局关于纳税信用评价与修复有关事项的公告》（国家税务总局公告 2021 年第 31 号）第一条。

20.【参考答案】BC

【解析】依据《纳税服务投诉管理办法》（国家税务总局公告 2019 年第 27 号）第九条。

## 三、判断题

1.【参考答案】√

【解析】参见中国共产党第十九届中央委员会第六次全体会议公报。

2.【参考答案】√

【解析】参见《关于进一步深化税收征管改革的意见》。

3.【参考答案】×

【解析】2022年全国税务系统“我为纳税人缴费人办实事暨便民办税春风行动”的主题是“智慧税务助发展·惠企利民稳增长”。“税收优惠促发展惠企利民向未来”是第31个全国税收宣传月活动的主题。

4.【参考答案】×

【解析】根据《财政部 税务总局 科技部关于进一步提高科技型中小企业研发费用税前加计扣除比例的公告》（财政部 税务总局 科技部公告2022年第16号），科技型中小企业开展研发活动中实际发生的研发费用，形成无形资产的，自2022年1月1日起，按照无形资产成本的200%在税前摊销。

5.【参考答案】×

【解析】《财政部 税务总局关于中小微企业设备器具所得税税前扣除有关政策的公告》（财政部 税务总局2022年第12号）第五条，中小微企业可根据自身生产经营核算需要自行选择享受上述政策，当年度未选择享受的，以后年度不得再变更享受。

6.【参考答案】×

【解析】对进口货物或者境外单位和个人向境内销售劳务、服务、无形资产的增值税、消费税税额，不征收城市维护建设税。

7.【参考答案】√

【解析】参见《关于〈中共中央关于全面深化改革若干重大问题的决定〉的说明》。

8.【参考答案】×

【解析】应为2023年，参见《关于进一步深化税收征管改革的意见》。

9.【参考答案】×

【解析】应是党的七届二中全会，参见《中共中央关于党的百年奋斗重大成就和历史经验的决议》。

10.【参考答案】×

【解析】情节严重的，给予撤销党内职务处分。参见《中国共产党纪律处分条例》。

11.【参考答案】√

【解析】《中华人民共和国印花税法》自2022年7月1日起施行。1988年8月6日国务院发布的《中华人民共和国印花税暂行条例》同时废止。

12.【参考答案】×

【解析】自2019年1月1日至2023年12月31日，对国家级、省级科技企业孵化器、大学科技园和国家备案众创空间自用以及无偿或通过出租等方式提供给在孵对象使用的房产、土地，免征房产税和城镇土地使用税。

13.【参考答案】×

【解析】《财政部税务总局关于延长部分税收优惠政策执行期限的公告》（财政部税务总局公告2022年第4号）《财政部 税务总局关于支持新型冠状病毒感染的肺炎疫情防控有关个人所得税政策的公告》（财政部 税务总局公告2020年第10号）：单位发给个人用于预防新型冠状病毒感染的肺炎的药品、医疗用品和防护用品等实物（不包括现金），不计入工资、薪金收入，免征个人所得税。

14.【参考答案】×

【解析】根据《国务院关于设立3岁以下婴幼儿照护个人所得税专项附加扣除的通知》（国发〔2022〕8号），无论在国内出生还是在国外出生，其父母均可以享受3岁以下婴幼儿照护专项附加扣除政策。

15.【参考答案】×

【解析】自2019年1月1日至2023年12月31日，对城市公交站场、道路客运站场、城市轨道交通系统运营用地，免征城镇土地使用税。道路客运站场运营用地，包括站前广场、停车场、发车位、站务用地、站场办公用地、生产辅助用地。

16.【参考答案】×

【解析】根据《财政部 税务总局 科技部关于加大支持科技创新税前扣除力度的公告》（财政部 税务总局 科技部公告2022年第28号）高新技术企业在2022年10月1日至2022年12月31日期间新购置的设备、器具，允许当年一次性全额在计算应纳税所得额时扣除，并允许在税前实行100%加计扣除。

17.【参考答案】×

【解析】《财政部 税务总局 发展改革委 民政部 商务部 卫生健康委关于养老、托育、家政等社区家庭服务业税费优惠政策的公告》（财政部 税务总局 发展改革委 民政部 商务部 卫生健康委公告2019年第76号）规定，提供社区养老、托育、家政服务取得的收入，免征增值税。本公告自2019年6月1日起执行至2025年12月31日。

18.【参考答案】×

【解析】自2019年1月1日至2023年12月31日，对农产品批发市场、农贸市场（包括自有和承租，下同）专门用于经营农产品的房产、土地，暂免征收房产税和城镇土地使用税。对同时经营其他产品的农产品批发市场和农贸市场使用的房产、土地，按其他产品与农产品交易场地面积的比例确定征免房产税和城镇土地使用税。

19.【参考答案】×

【解析】《财政部 税务总局关于延长部分税收优惠政策执行期限的公告》（2022年第4号）《财政部 税务总局 国家发展改革委 生态环境部关于从事污染防治的第三方企业所得税政策问题的公告》（2019年第60号）：自2019年1月1日至2023年12月31

日，对符合条件的从事污染防治的第三方企业减按15%的税率征收企业所得税。

20.【参考答案】×

【解析】《财政部 税务总局关于延续执行部分国家商品储备税收优惠政策的公告》（2022年第8号）《财政部 税务总局关于部分国家储备商品有关税收政策的公告》（2019年第77号）：自2019年1月1日至2023年12月31日，对商品储备管理公司及其直属库资金账簿免征印花税；对其承担商品储备业务过程中书立的购销合同免征印花税，对合同其他各方当事人应缴纳的印花税照章征收。

## 四、简答题

1. 纳税信用修复、复评、补评的区别。

【参考答案】

补评适用于纳税人对无纳税信用评价结果有异议，而采取的一种维护自身利益的行为。主管税务机关应自受理申请之日起15个工作日内完成补评工作。

复评适用于纳税人对纳税信用评价结果有异议，认为部分纳税信用指标扣分或直接判级有误或属于自身利益的行为。

修复适用于纳税人发生了失信行为并且主动纠正、消除不良影响后向税务机关申请恢复其纳税信用的情形；修复前提是对年度评价结果无异议，如有异议应先申请复评再申请纳税信用修复。

复评和修复的时间均为评价结果发布至本年年末。

2. 假设你是某办税服务厅工作人员，请列举目前需要通过税收减免核准方式办理的优惠事项有哪些（至少5项以上）？

【参考答案】

目前需要通过税收减免核准方式办理的优惠事项具体包括：

（1）其他地区地震受灾减免个人所得税；

（2）其他自然灾害受灾减免个人所得税；

（3）地震灾害减免资源税；

（4）事故灾害等原因减免资源税；

（5）企业纳税困难减免房产税；

（6）纳税人困难性减免城镇土地使用税优惠；

（7）普通标准住宅增值率不超过20%的土地增值税减免；

（8）因城市实施规划、国家建设需要而搬迁，纳税人自行转让房地产免征土地增值税；

（9）因国家建设需要依法征用、收回的房地产土地增值税减免。

3. 请谈一谈《关于进一步深化税收征管改革的意见》中如何大力推行优质高效智能税费服务？

【参考答案】

（1）确保税费优惠政策直达快享。2021 年实现征管操作办法与税费优惠政策同步发布、同步解读，增强政策落实的及时性、确定性、一致性。进一步精简享受优惠政策办理流程和手续，持续扩大“自行判别、自行申报、事后监管”范围，确保便利操作、快速享受、有效监管。2022 年实现依法运用大数据精准推送优惠政策信息，促进市场主体充分享受政策红利。

（2）切实减轻办税缴费负担。积极通过信息系统采集数据，加强部门间数据共享，着力减少纳税人缴费人重复报送。全面推行税务证明事项告知承诺制，拓展容缺办理事项，持续扩大涉税资料由事前报送改为留存备查的范围。

（3）全面改进办税缴费方式。2021 年基本实现企业税费事项能网上办理，个人税费事项能掌上办理。2022 年建成全国统一规范的电子税务局，不断拓展“非接触式”“不见面”办税缴费服务。逐步改变以表单为载体的传统申报模式，2023 年基本实现信息系统自动提取数据、自动计算税额、自动预填申报，纳税人缴费人确认或补正后即可线上提交。

（4）持续压减纳税缴费次数和时间。落实《优化营商环境条例》，对标国际先进水平，大力推进税（费）种综合申报，依法简并部分税种征期，减少申报次数和时间。扩大部门间数据共享范围，加快企业出口退税事项全环节办理速度，2022 年税务部门办理正常出口退税的平均时间压缩至 6 个工作日以内，对高信用级别企业进一步缩短办理时间。

（5）积极推行智能型个性化服务。全面改造提升 12366 税费服务平台，加快推动向以 24 小时智能咨询为主转变，2022 年基本实现全国咨询“一线通答”。运用税收大数据智能分析识别纳税人缴费人的实际体验、个性需求等，精准提供线上服务。持续优化线下服务，更好满足特殊人员、特殊事项的服务需求。

（6）维护纳税人缴费人合法权益。完善纳税人缴费人权利救济和税费争议解决机制，畅通诉求有效收集、快速响应和及时反馈渠道。探索实施大企业税收事先裁定并建立健全相关制度。健全纳税人缴费人个人信息保护等制度，依法加强税费数据查询权限和留痕等管理，严格保护纳税人缴费人及扣缴义务人的商业秘密、个人隐私等，严防个人信息泄露和滥用等。税务机关和税务人员违反有关法律法规规定、因疏于监管造成重大损失的，依法严肃追究责任。

**五、实务题**

实务题一

1.（1）核定的电子专票和纸质专票数量之和超过了 25 份。

（2）未提供基本操作手册，办税服务厅未在资料架放置电子专票开具操作说明、操作指引等手册，提供基础辅导。

（3）未提供税务 Ukey + 二维码服务，未引导纳税人扫码了解相关政策解读、税务 UKey 操作手册等内容。

（4）未提供现场实操场景体验，未帮助纳税人现场体验税务 UKey 安装，演示电子专票开具全流程，展示电子票样等。

（5）办税服务厅未设置咨询辅导专岗，选派素质过硬且通过专项培训的税务人员，为纳税人提供有针对性的宣传、辅导和答疑。

依据：《增值税专用发票电子化试点网格化服务和管理工作规范 1.0 版》

2.（1）模块：服务情况查询（只有服务情况查询模块，因为小李为网格员岗，没有服务情况统计模块。）

（2）原因：目前一户式 2.0 产生任务时间为 T + 4 小时，即业务发生后 4 小时方可在一户式 2.0 产生任务。

依据：《“一户式”应用 2.0 版网格化服务和管理操作手册》《一户式 2.0 常见问题解答（纳服部分）》。

3. 该任务状态为服务消息待确认，不需要进行分配，系统会自动向纳税人电子税务局推送消息。

依据：《网格化管理常见问题汇总 06.08》。

4.（1）原因：该任务状态为服务消息待确认，系统已将任务推送纳税人电子税务局端，网格化任务推送后，需 30 分钟左右，电子税务局才可以接收到任务，即老张需在 30 分钟后方可看到电子专票辅导信息。

（2）路径：电子税务局——互动中心——在线交互——网格化辅导任务

依据：《一户式 2.0 常见问题解答（纳服部分）》。

5.（1）未完结。

（2）原因：目前电子税务局端，只要在意见建议里填写了内容，系统默认转人工服务。

依据：《网格化管理常见问题汇总 06.08》。

6.（1）登录国家税务总局全国增值税发票查验平台，点击“相关下载”，找到开票软件栏目点击“增值税发票开票软件（税务 UKey 版）”进行下载。

（2）①交付方式：根据实际需要选择以二维码或者发送邮件的方式，将已开具成功的发票交付购方。

②抵扣方式：登录增值税发票综合服务平台后，进行进项抵扣。

（3）首先上报汇总，待完成申报操作后，再点击“反写监控”，提示反写成功即可。

依据：《增值税电子专用发票开票人端操作手册》《增值税电子专用发票受票人端操作手册》。

7. ①规定时限为 5 个工作日。

②对于超过【服务事项规则配置】中“逾期确认时限”期限，纳税人未进行确认

的，自动转人工服务，并在分配的网格员主页生成【服务任务实施与记录】待办任务，由网格员人工辅导纳税人，如有需要记录【服务任务预约】和【服务情况反馈】信息的，可在服务任务实施与记录界面上点击相应按钮打开对应界面并记录。

依据：《网格化管理常见问题汇总06.08》《“一户式”应用2.0版网格化服务和管理操作手册》。

实务题二

1. 从事国家非限制和禁止行业，且同时符合截至本期末的资产总额季度平均值不超过5 000万元、从业人数季度平均值不超过300人、应纳税所得额不超过300万元。

依据：《关于进一步实施小微企业所得税优惠政策的公告》（财政部 税务总局公告2022年第13号）。

2. 第1季度：截至本期末季度平均值：从业人数（120 + 200）÷2 = 160；资产总额（2 000 +4 000）÷2 =3 000万；应纳税所得额150万，符合小型微利企业条件。应预缴的企业所得税100×12.5% ×20% +50×25% ×20% =5万；

第2季度：截至本期末季度平均值：从业人数（400 +500）÷2 =450，（160 +450）÷2 =305；资产总额（4 000 +6 600）÷2 =5 300万，（3 000 +5 300）÷2 =4 150万；应纳税所得额200万，不符合小型微利企业条件。应预缴的企业所得税200×25% －5 =45万；

第3季度：截至本期末季度平均值：从业人数（350 +200）÷2 =275，（160 +450 +275）÷3 =295；资产总额（6 600 +6 000）÷2 =6 300，（3 000 +5 300 +6 300）÷3 =4 866.67万；应纳税所得额280万，符合小型微利企业条件。应预缴的企业所得税100×12.5% ×20% +180×25% ×20% －50 = －38.5万，无需预缴。

第4季度：截至本期末季度平均值：从业人数（220 +210）÷2 =215，（160 +450 +275 +215）÷4 =275；资产总额（6 000 +8 000）÷2 =7 000，（3 000 +5 300 +6 300 +7 000）÷4 =5 400万；应纳税所得额290万，不符合小型微利企业条件。应预缴的企业所得税290×25% －50 =22.5万。

【解析】《关于进一步实施小微企业所得税优惠政策的公告》（财政部 税务总局公告2022年第13号）一、对小型微利企业年应纳税所得额超过100万元但不超过300万元的部分，减按25%计入应纳税所得额，按20%的税率缴纳企业所得税。《国家税务总局关于落实支持小型微利企业和个体工商户发展所得税优惠政策有关事项的公告》（国家税务总局公告2021年第8号）：对小型微利企业年应纳税所得额不超过100万元的部分，减按12.5%计入应纳税所得额，按20%的税率缴纳企业所得税。

《关于小型微利企业所得税优惠政策征管问题的公告》（国家税务总局公告2022年第5号）四、小型微利企业预缴企业所得税时，资产总额、从业人数、年度应纳税所得额指标，暂按当年度截至本期预缴申报所属期末的情况进行判断。

# 模拟试卷（二）

**一、单项选择题（下列各题的备选答案中，只有一个正确选项，请将正确选项的字母填写在括号中，多选、错选、不选均不得分。每小题1分，共计20分）**

1. 下列关于2022年税收宣传月，说法错误的是(　　)。(1－7级测试)

A. 2022年4月1日开始第31个全国税收宣传月

B. 2022年税收宣传月延长到5月底

C. 2022年税收宣传月首次超过1个月

D. 2022年税收宣传月主题是“税收优惠促发展、惠企利民向未来”

2. 小型微利企业进行企业所得税年度纳税申报，在填写“企业所得税年度纳税申报基础信息表”时，(　　)为小型微利企业免填项目。(1－7级测试)

A. 基本经营情况　　B. 有关涉税事项情况

C. 主要股东及分红情况　　D. 以上都不是

3. 对下列增值税应纳税行为计算销项税额时，按照全额确定销售额的是(　　)。(1－7级测试)

A. 贷款服务　　B. 金融商品转让服务

C. 融资租赁服务　　D. 经纪代理服务

4. 2019年10月1日至2022年12月31日，允许提供(　　)纳税人按照当期可抵扣进项税额加计15%，抵减应纳税额。(1－7级测试)

A. 邮政服务　　B. 电信服务　　C. 现代服务　　D. 生活服务

5. 下列销售行为中，应当计算缴纳增值税的是(　　)。(1－7级测试)

A. 销售古旧图书　　B. 销售自来水

C. 销售避孕药品和用具　　D. 自然人销售自己使用过的物品

6.《纳税服务投诉管理办法（试行）》规定，税务机关收到纳税服务投诉后决定是否受理的时限是(　　)。(1－7级测试)

A. 应于1个工作日内　　B. 应于3个工作日内

C. 应于5个工作日内　　D. 应于7个工作日内

7. 关于纳税人放弃免税权，以下说法正确的是(　　)。(1－7级测试)

A. 纳税人一经放弃免税权，其生产销售的全部增值税应税行为均应按照适用税率征税

B. 纳税人对放弃免税权应税行为收入单独核算，能够与其他收入准确区分的，不影响其他应税行为享受免税

C. 纳税人可选择某一免税项目放弃免税权，也可根据不同的销售对象选择部分应税行为放弃免税权

D. 纳税人自提交备案资料的当月起，按照现行有关规定计算缴纳增值税，36 个月内不得再申请免税、减税

8. 下列各项不属于纳税人信用历史信息的是(　　)。(1－7 级测试)

A. 基本信息　　B. 评价年度之前的纳税信用记录

C. 相关部门评价的优良信用记录　　D. 外部评价信息

9. 下列合同，不应按“产权转移书据”征收印花税的是(　　)。(1－7 级测试)

A. 专利申请转让合同　　B. 商品房销售合同

C. 土地使用权出让合同　　D. 专利实施许可合同

10. 下列企业的企业所得税可以采用核定征收的是(　　)。(1－7 级测试)

A. 经济鉴证类社会中介机构　　B. 第三方污染防治企业

C. 融资租赁公司　　D. 基层法律服务机构

11. 受理土地增值税清算时，金税三期核心征管系统无法带出未关联土地增值税项目的预征税款，此种情形下窗口人员可以录入预征税款的功能模块是(　　)。(1－7 级测试)

A. 税源申报明细报告　　B. 申报错误更正

C. 一般征收开票　　D. 土地增值税项目报告

12. 某企业财务人员王某向办税服务厅窗口人员咨询税务注销相关手续，以下回答正确的是(　　)。(1－7 级测试)

A. 办理清税证明是纳税人向市场监管部门申请注销的必经程序

B. 经过实名信息验证的办税人员，不再提供登记证件、身份证件复印件等资料

C. 处于非正常状态纳税人在出具书面承诺书并经主管机务机关审核同意后可以办理税务注销

D. 对控股母公司纳税信用级别为 B 级的 M 级纳税人，符合即时办结其他条件的应即时办结

13. 位于市区的某外商投资生产企业为增值税一般纳税人，经营内销与出口业务。2022 年 4 月份出口货物免抵税额 8 万元，实际缴纳消费税 37 万元。另外，进口货物缴纳增值税 17 万元、消费税 30 万元。该企业 4 月份应缴纳的城市维护建设税及教育费附加为(　　)万元。(1－7 级测试)

A. 0　　B. 4.5　　C. 3.7　　D. 9.2

14. 纳税人申请行政复议，复议机关维持原税务机关做出的行政决定，纳税人对复议结

果不服的，可以向人民法院起诉，则被告人是(　　)。(1－7 级测试)

A. 原作出决定的税务机关和复议机关为共同被告

B. 原作出决定的税务机关

C. 复议机关

D. 原作出决定的税务机关或者复议机关

15. 下列说法正确的是(　　)。(1－7 级测试)

A. 进口天然气的企业，应当缴纳资源税

B. 将进口的汽车用于销售，需要同时缴纳增值税和车辆购置税

C. 企业通过残疾人联合会将一套房产无偿赠与社区福利厂，应当缴纳土地增值税

D. 生产木制一次性筷子的企业，应当缴纳消费税

16. 增值税一般纳税人按规定转登记为小规模纳税人的，自(　　)起适用小微企业普惠性减征资源税、耕地占用税优惠。(1－7 级测试)

A. 办理转移登记手续之日

B. 一般纳税人失效之日

C. 批准转登记的次月

D. 成为小规模纳税人的当月

17. 下列关于办税服务厅说法正确的是(　　)。(1－7 级测试)

A. 单独设立的专业化办税服务厅按照 B 类办税服务厅标准管理

B. 办税窗口数量在 12 个（不含）以下的县（区）局全职能办税服务厅按照 A 类办税服务厅标准管理

C. 农村税务分局办税服务厅按照 B 类办税服务厅标准管理

D. 各类办税服务延伸点按照 B 类办税服务厅标准管理

18. 财政部、税务总局发布关于减征部分乘用车车辆购置税的公告，规定对购置日期在(　　)期间内且单车价格（不含增值税）不超过 30 万元的 2.0 升及以下排量乘用车，减半征收车辆购置税。(1－7 级测试)

A. 2022 年 6 月 1 日至 2022 年 12 月 31 日

B. 2022 年 1 月 1 日至 2022 年 12 月 31 日

C. 2022 年 1 月 1 日至 2022 年 6 月 30 日

D. 2022 年 7 月 1 日至 2022 年 12 月 31 日

19. 关于跨区域涉税事项报告，下列说法正确的是(　　)。(8－11 级测试)

A. 纳税人跨省临时从事生产经营活动的，向经营地的税务机关填报“跨区域涉税事项报告表”

B. 纳税人在省内跨县（市）临时从事生产经营活动的，无须进行跨区域涉税事项报验管理

C. 异地不动产转让和租赁业务也适用跨区域涉税事项管理相关制度规定

D. 纳税人合同延期的，既可向经营地的税务机关，也可向机构所在地的税务机关

发起延期

20. 某软件开发企业为增值税一般纳税人，2022 年 7 月销售自行开发生产的软件产品，取得不含税销售额 68 000 元，从国外进口软件进行本地化改造后对外销售，取得不含税销售额 200 000 元。当月从甲公司（一般纳税人）购进一批电脑用于软件设计，取得的增值税专用发票注明金额 100 000 元；购进软件测试设备一台，增值税专用发票上注明金额 80 000 元，进项发票均在当月认证抵扣。该企业上述业务应退增值税(　　)元。(8－11 级测试)

A. 0　　B. 3 400　　C. 6 040　　D. 11 440

## 二、多项选择题（下列各题的备选答案中，至少有两个正确选项，请将正确选项的字母填写在括号中，多选、少选、错选、不选均不得分。每小题 2 分，共计 20 分）

1. 以下需要使用金税三期核心征管中“预缴开票”模块预缴税款的情形有(　　)。(1－7 级测试)

A. 延期申报

B. 辅导期纳税人超限量领购发票

C. 房地产企业采取预收款方式销售自行开发的房地产项目

D. 代开增值税专用发票

2. 目前纳税人享受税收优惠的办理方式有(　　)。(1－7 级测试)

A. 申报享受税收减免　　B. 税收减免备案

C. 税收减免核准　　D. 税收减免资格认定

3. 税务机关办理以下(　　)业务自受理申请之日起 10 个工作日内作出行政许可决定。(1－7 级测试)

A. 对纳税人延期申报的核准

B. 对纳税人延期缴纳税款的核准

C. 增值税专用发票（增值税税控系统）最高开票限额审批

D. 对纳税人变更纳税定额的核准

4. 下列申报事项，说法错误的是(　　)。(1－7 级测试)

A. 纳税人申报印花税时若采用按期汇总缴纳方式应事先告知主管税务机关。缴纳方式一经选定，36 个月内不得改变

B. 环境保护税中应税噪声的应纳税额为测量分贝数乘以具体适用税率

C. 纳税人向税务机关申报车船税，应使用车架号及船舶识别号作为车辆及船舶的税源唯一标识

D. 耕地占用税以纳税人批准占用的耕地面积为计税依据，按照规定的适用税额一次性征收

5. 企业在销售商品（产品）和提供服务过程中向个人赠送礼品，属于下列情形之一的，不征收个人所得税(　　)。(1－7级测试)

A. 企业通过价格折扣、折让方式向个人销售商品（产品）和提供服务

B. 企业在向个人销售商品（产品）和提供服务的同时给予赠品，如通信企业对个人购买手机赠话费、入网费，或者购话费赠手机等

C. 企业对累积消费达到一定额度的个人按消费积分反馈礼品

D. 企业对累积消费达到一定额度的顾客，给予额外抽奖机会，个人的获奖所得

6. 关于税务注销金三操作，以下说法正确的是(　　)。(1－7级测试)

A. 对纳税人在非正常状态期间未开展生产经营活动、无相关纳税义务的，税务机关可以对相关税（费）种进行批量零申报处理

B. “非正常户”状态的纳税人申请税务注销的，需先解除非正常状态，补办纳税申报手续

C. 企业所得税清算报备，“清算登记日”若选择当日之前的日期，纳税人状态仍显示为“正常”

D. 纳税人有欠税的，只有当纳税人注销原因为破产且剩余资产不足缴税时，注销核准人员选择核准意见时，可选“同意”

7. 下列关于酒类消费税的计税依据，说法正确的有(　　)。(1－7级测试)

A. 白酒消费税实行最低计税价格核定征收办法

B. 进口白酒的计税价格由省级税务机关核定

C. 白酒生产企业收取品牌使用费应并入计税依据

D. 境内生产销售白酒的计税价格由国家税务总局核定，送财政部备案

8. 依据企业所得税的相关规定，下列表述正确的有(　　)。(8－11级测试)

A. 商业折扣一律按折扣前的金额确定商品销售收入

B. 现金折扣应当按折扣后的金额确定商品销售收入

C. 属于提供初始及后续服务的特许权费，在提供服务时确认收入

D. 申请入会或加入会员，只允许取得会籍，所有其他服务或商品都要另行收费的，在取得该会员费时确认收入

9. 关于代开增值税专用发票，以下说法正确的是(　　)。(8－11级测试)

A. 销售不动产，纳税人代开增值税发票时，应在“货物或应税劳务、服务名称”栏填写房屋产权证书号码（无房屋产权证书的可不填写），“单位”栏填写面积单位，应提供不动产的详细地址

B. 出租不动产，纳税人代开增值税发票时，应提供不动产的详细地址

C. 跨县（市、区）提供不动产经营租赁服务、建筑服务的小规模纳税人（不包括其他个人），代开增值税发票时，在发票备注栏中自动打印“YD”字样

D. 小规模纳税人跨县（市、区）提供建筑服务，不能自行开具增值税发票的，可向建筑服务发生地主管税务机关按照其取得的全部价款和价外费用扣除支付的分包款申请代开增值税发票

10. 下列关于个人所得税增量更正和部分更正申报的陈述，正确的有（　　）。（8 - 11级测试）

A. 如纳税人已完成年度申报，不允许更正预缴申报

B. 年度综合所得申报中有上年度的结转时，如更正上年度的综合所得年度申报应提醒纳税人一并更正本年年度综合所得申报

C. 同一扣缴义务人连续性综合所得已有下期预缴申报的，不能采用部分、增量更正方式进行更正

D. 限售股已进行清算时，不能更正该人的限售股的扣缴申报

**三、判断题（判断下列各题正误，正确的打“√”，错误的打“×”。每小题 2 分，共计 20 分）**

1. 税务机关采用电子送达方式送达税务文书的，税务机关向受送达人送达电子版式税务文书后，通过电话、短信等方式发送提醒信息，未发送提醒信息的，视为电子文书未送达。（　　）（1 - 7 级测试）

2. 自 2022 年 1 月 1 日至 2024 年 12 月 31 日，对小型微利企业年应纳税所得额超过 100 万元但不超过 300 万元的部分，减按 25% 计入应纳税所得额，按 20% 的税率缴纳企业所得税。（　　）（1 - 7 级测试）

3. 自 2022 年 1 月 1 日至 2022 年 12 月 31 日，增值税小规模纳税人适用 3% 征收率的应税销售收入，免征增值税；适用 3% 预征率的预缴增值税项目，暂停预缴增值税。（　　）（1 - 7 级测试）

4. 根据现行政策规定，增值税纳税人享受进项税额加计抵减政策后，加计抵减额可以申请留抵退税。（　　）（1 - 7 级测试）

5. 对于临近下班，短时间内无法办结的税费事项，应直接留存纳税人涉税资料及联系方式，待业务办理完结后，通知纳税人领取办理结果。（　　）（1 - 7 级测试）

6. 纳税人学堂是由税务机关或者由有资质的涉税中介主办，有组织有计划地为纳税人提供税收法律法规及相关政策规定培训辅导的网络平台和实体场所。（　　）（1 - 7 级测试）

7. 保险营销员、证券经纪人展业成本按照收入额的 25% 计算。（　　）（1 - 7 级测试）

8. 纳税人善意取得虚开的增值税专用发票，如不能重新取得合法、有效的专用发票，不准抵扣进项税额或追缴已抵扣进项税额并加收滞纳金。（　　）（1 - 7 级测试）

9. 企业在筹建期间因没有取得销售收入，发生的与筹办活动有关的业务招待费支出，

不能在企业所得税税前扣除。（　　）（8－11 级测试）

10. 纳税信用采集工作由省税务机关和市税务机关组织实施，按月采集。

（　　）（8－11 级测试）

## 四、简答题（共 2 题，每小题 5 分，共计 10 分）

1. "一照一码"户清税申报免予办理清税证明的情形有哪些？（8－11 级测试）
2. 张先生到办税服务厅办理增值税一般纳税人登记业务，办完之后，张先生向前台工作人员小王询问如何办理另一涉税事项。小王以不清楚、快下班为由，让张先生自己想办法了解。张先生表示自己对办税流程不太清楚，再三请求小王给予指引。小王就让张先生自行拨打 12366 纳税服务热线咨询，不再理睬张先生。张先生对此很不满。

   请分析：工作人员小王在工作中存在哪些问题？（8－11 级测试）

## 五、实务题（共 3 题，每小题 10 分，共计 30 分）

1. 欣欣公司为商贸企业，系增值税一般纳税人，公司注册地在 A 市。2022 年，该公司发生以下经营行为：

（1）2022 年 2 月，该公司出售名下位于乙市房产取得含税收入 4 250 万元，该房产 2011 年购入时的价款为 3 200 万元，A 公司选择简易计税办法。

（2）2022 年 5 月，A 公司经营出现严重困难，无法清偿到期债务，被人民法院裁定宣告破产。

（3）A 公司支付乙国 B 公司驻我国常设机构特许权使用费 530 万元，2022 年 5 月，乙国 B 公司驻我国常设机构驻在期限届满不再继续从事业务活动。

结合以上案例，回答以下问题：（8－11 级测试）

（1）该企业出售乙市房产应缴纳增值税税额是（　　）。

A. 202.38 万元　　B. 86.70 万元　　C. 350.92 万元　　D. 50 万元

（2）关于 A 公司被人民法院裁定宣告破产后的税务注销，以下说法正确的是（　　）。

A. 按照清算程序限时办理

B. 按照税务注销即时办理

C. 企业无需办理相关税务注销手续

D. 按照税务注销一般程序处理

（3）B 公司驻我国常设机构应缴纳企业所得税税额为（　　）。

A. 132.5 万元　　B. 125 万元　　C. 53 万元　　D. 50 万元

（4）乙国 B 公司驻我国常设机构驻在期限届满办理税务注销时，以下表格应填报的是（　　）。

A.“注销税务登记申请表”

B.“清税申报表”

C.“非居民企业注销税务登记申请表”

D.“注销扣缴税款登记申请表”

（5）乙国B公司驻我国常设机构驻在期限届满，应申请办理注销的时限是（　　）。

A. 驻在期限届满15日内　　B. 驻在期限届满30日内

C. 驻在期限届满60日内　　D. 驻在期限届满90日内

2. 居民个人张某名下有一套按照首套房贷款利率贷款购买的住房，2021年张某取得收入和部分支出如下：

（1）全年扣除三险一金后工资薪金合计150 000元，累计已预扣预缴个人所得税款5 280元。

（2）取得年终奖42 000元，选择单独计税。

（3）每周的周末去甲单位做一次技术培训，甲单位按照每月5 000元的标准给张某付酬。

（4）利用业余时间出版一部小说，取得稿酬30 000元。

（5）张某当年取得了CPA和TA两个职业资格证书。

（其他相关资料：住房贷款利息支出由张某全额扣除）

要求：根据上述资料，按照下列序号回答问题，如有计算，请计算出合计数。（8－11级测试）

（1）张某取得的年终奖应缴纳的个人所得税额。

（2）计算甲单位2021年预扣预缴张某的个人所得税的合计数。

（3）计算张某取得的稿酬所得应预扣预缴的个人所得税额（支付单位已预扣预缴税款）。

（4）计算张某2021年取得的综合所得收入额（支付单位已预扣预缴税款）。

（5）计算张某2021年取得的综合所得应纳的个人所得税额。

3. 某A级纳税人因业务发展，需要增加每月普通发票领购用量。该企业财务负责人张某于2020年3月25日打电话给税收管理员陈某，咨询如何办理。陈某接听电话，回复张某说不太清楚，叫张某咨询办税服务厅。张某打电话到办税服务厅咨询，办税服务厅工作人员李某对办税流程和报送资料等方面问题进行了答复。当天下午，张某根据李某的答复带着资料来到办税服务厅，取号之后，找到“纳税人领用发票票种核定表”，却不知如何填写，在大厅转了一圈也没人可以咨询，最后在另一位纳税人的帮助下才把表格填写好。随后，大厅1号综合窗口工作人员受理了纳税人张某报送的资料。经审核，告知张某：一是所带资料不全，缺少“发票领用簿”；二是申请发票数量超过规定，调低申请量才能办理。张某只好回单位准备相关资料，并于17：00再次来到办税服务厅，却被告知马上要下班了，前面还有纳税人未办理完毕，不再叫新号了，请她明天再来办理。张某想找大厅领导投诉，在大厅找了一圈也未找到，也没发现投诉电话，无奈地返回单位。两天后，张某拨打12366热线电话对办税服务厅进行了投诉，区局纳税服务科接到12366热线转办的投诉后，及时将案件转至办税服务厅主任进行处理。经调查，纳税人投诉事实成立，办税服务厅针对相关问题进行了整改，但未将处理结果告知张某。

请根据上述案例，结合纳税服务规范及相关文件要求，指出税务机关在此涉税事项办理过程中存在哪些问题，应如何正确处理？（8－11级测试）

# 模拟试卷（二）答案及解析

## 一、单项选择题

1.【参考答案】C

【解析】2019 年第 28 个全国税收宣传月和 2020 年第 29 个全国税收宣传月都超过了传统的 1 个月时间，从 4 月 1 日到 5 月 20 日。

2.【参考答案】C

【解析】“企业所得税年度纳税申报基础信息表”中“基本经营情况”为小型微利企业必填项目；“有关涉税事项情况”为选填项目，存在或者发生相关事项时小型微利企业必须填报；“主要股东及分红情况”为小型微利企业免填项目。

3.【参考答案】A

【解析】参见《财政部 国家税务总局关于全面推开营业税改征增值税试点的通知》附件 2《营业税改征增值税试点有关事项的规定》。

4.【参考答案】D

【解析】《财政部 税务总局关于促进服务业领域困难行业纾困发展有关增值税政策的公告》（财政部 税务总局公告 2022 年第 11 号）规定，2019 年 10 月 1 日至 2022 年 12 月 31 日，允许生活性服务业纳税人按照当期可抵扣进项税额加计 15%，抵减应纳税额。

5.【参考答案】B

【解析】《中华人民共和国增值税暂行条例》第十五条规定，下列项目免征增值税：（一）农业生产者销售的自产农产品；（二）避孕药品和用具；（三）古旧图书；（四）直接用于科学研究、科学试验和教学的进口仪器、设备；（五）外国政府、国际组织无偿援助的进口物资和设备；（六）由残疾人的组织直接进口供残疾人专用的物品；（七）销售的自己使用过的物品。

6.【参考答案】A

【解析】《纳税服务投诉管理办法（试行）》规定，税务机关收到投诉后应于 1 个工作日内决定是否受理。

7.【参考答案】A

【解析】根据规定，纳税人一经放弃免税权，其生产销售的全部增值税应税行为均应按照适用税率征税；纳税人放弃减税、免税的，自提交备案资料的次月起，按照现行有关规定计算缴纳增值税，36 个月内不得再申请免税、减税。

8.【参考答案】D

【解析】纳税人信用历史信息包括基本信息和评价年度之前的纳税信用记录，以及相关部门评价的优良信用记录和不良信用记录。

9.【参考答案】A

【解析】选项 A，专利申请转让合同属于“技术合同”税目。

10.【参考答案】B

【解析】特殊行业、特殊类型的纳税人和一定规模以上的纳税人不适用企业所得税核定征收。包括（1）享受《中华人民共和国企业所得税法》及其实施条例和国务院规定的一项或几项企业所得税优惠政策的企业（不包括仅享受《中华人民共和国企业所得税法》第二十六条规定免税收入优惠政策的企业）；（2）汇总纳税企业；（3）上市公司；（4）银行、信用社、小额贷款公司、保险公司、证券公司、期货公司、信托投资公司、金融资产管理公司、融资租赁公司、担保公司、财务公司、典当公司等金融企业；（5）会计、审计、资产评估、税务、房地产估价、土地估价、工程造价、律师、价格鉴证、公证机构、基层法律服务机构、专利代理、商标代理以及其他经济鉴证类社会中介机构；（6）国家税务总局规定的其他企业。

11.【参考答案】C

【解析】未关联土地增值税项目的预征税款，是无法在土地增值税清算时带出的，可以通过一般征收开票界面录入预征税款。

12.【参考答案】B

【解析】根据纳税服务规范 3.0 规定，符合规定条件的纳税人在向市场监管部门申请注销前可免予办理清税证明；处于非正常状态纳税人在申报办理税务注销前，需先解除非正常状态，补办申报纳税手续。对控股母公司纳税信用级别为 A 级的 M 级纳税人，符合即时办结其他条件的应即时办结。

13.【参考答案】B

【解析】城建税进口不征、出口不退。经国家税务总局正式审核批准的当期免抵的增值税税额应作为城建税和教育费附加的依据。应纳城建税及教育费附加 = $(8+37)\times(7\%+3\%)=4.5$ 万元。

14.【参考答案】A

【解析】经复议的案件，复议机关决定维持原行政行为的，作出原行政行为的行政机关和复议机关是共同被告；复议机关改变原行政行为的，复议机关是被告。

15.【参考答案】D

【解析】《资源税法》规定，在中华人民共和国领域及管辖海域开采或者生产应税产品的单位和个人，为资源税的纳税义务人。

根据《中华人民共和国车辆购置税法》第一条：在中华人民共和国境内购置汽车、

有轨电车、汽车挂车、排气量超过一百五十毫升的摩托车（以下统称应税车辆）的单位和个人，为车辆购置税的纳税人，应当依照本法规定缴纳车辆购置税。第二条：本法所称购置，是指以购买、进口、自产、受赠、获奖或者其他方式取得并自用应税车辆的行为。选项 B 非自用，不需缴纳车辆购置税，故错误。

根据《中华人民共和国土地增值税暂行条例实施细则》规定，转让国有土地使用权、地上的建筑物及其附着物取得收入，是指以出售或者其他方式有偿转让房地产的行为。不包括以继承、赠与方式无偿转让房地产的行为。

根据《财政部 国家税务总局关于调整和完善消费税政策的通知》第一条，新增高尔夫球及球具、高档手表、游艇、木制一次性筷子、实木地板为增值税税目。

16.【参考答案】D

【解析】根据《国家税务总局关于增值税小规模纳税人地方税种和相关附加减征政策有关征管问题的公告》（国家税务总局公告 2019 年第 5 号）第二条规定，缴纳资源税、城市维护建设税、房产税、城镇土地使用税、印花税、耕地占用税、教育费附加和地方教育附加的增值税一般纳税人按规定转登记为小规模纳税人的，自成为小规模纳税人的当月起适用减征优惠。增值税小规模纳税人按规定登记为一般纳税人的，自一般纳税人生效之日起不再适用减征优惠；增值税年应税销售额超过小规模纳税人标准应当登记为一般纳税人而未登记，经税务机关通知，逾期仍不办理登记的，自逾期次月起不再适用减征优惠。

17.【参考答案】A

【解析】按照《办税服务厅管理办法》规定，符合下列条件之一的，按照 B 类办税服务厅标准管理：

（1）办税窗口数量在 12 个（不含）以下的县（区）局全职能办税服务厅；

（2）单独设立的专业化办税服务厅。

符合下列条件之一的，按照 C 类办税服务厅标准管理：

（1）农村税务分局办税服务厅；

（2）各类办税服务延伸点；

（3）未达到 A 类和 B 类办税服务厅标准的其他便民办税服务场所。

18.【参考答案】A

【解析】财政部、税务总局发布关于减征部分乘用车车辆购置税的公告规定：对购置日期在 2022 年 6 月 1 日至 2022 年 12 月 31 日期间内且单车价格（不含增值税）不超过 30 万元的 2.0 升及以下排量乘用车，减半征收车辆购置税。

19.【参考答案】D

【解析】A：纳税人跨省（自治区、直辖市和计划单列市）临时从事生产经营活动的，向机构所在地的税务机关填报《跨区域涉税事项报告表》；B：纳税人在省（自治区、直辖市和计划单列市）内跨县（市）临时从事生产经营活动的，是否实施跨区域涉税事项报验管理由各省（自治区、直辖市和计划单列市）税务机关自行确定；C：异地不动产转让和租赁业务不适用跨区域涉税事项管理相关制度规定。

20.【参考答案】B

【解析】增值税一般纳税人销售其自行开发生产的软件产品，按 13% 税率征收增值税后，对其增值税实际税负超过 3% 的部分实行即征即退政策。应纳税额 = 68 000 × 13% + 200 000 × 13% − 100 000 × 13% − 80 000 × 13% = 11 440 元，即征即退税额 = 11 440 − （68 000 + 200 000）× 3% = 3 400 元。

## 二、多项选择题

1.【参考答案】ABD

【解析】金税三期操作实务。

2.【参考答案】ABC

【解析】根据纳税服务规范 3.0，目前纳税人享受税收优惠的办理方式包括申报享受税收减免、税收减免备案和税收减免核准三种。

3.【参考答案】AC

【解析】根据《国家税务总局关于进一步简化税务行政许可事项办理程序的公告》（国家税务总局公告 2019 年第 34 号）。

4.【参考答案】ABD

【解析】A：纳税人申报印花税时若采用按期汇总缴纳方式应事先告知主管税务机关。缴纳方式一经选定，一年内不得改变。B：环境保护税中应税噪声的应纳税额为超过国家规定标准的分贝数对应的具体适用税额。D：耕地占用税以纳税人实际占用的耕地面积为计税依据，按照规定的适用税额一次性征收。

5.【参考答案】ABC

【解析】根据财税〔2011〕50 号第二条规定，企业对累积消费达到一定额度的顾客，给予额外抽奖机会，个人的获奖所得按照“偶然所得”项目，全额适用 20% 的税率缴纳个人所得税。

6.【参考答案】ABD

【解析】企业所得税清算报备，“清算登记日”若选择当日之前的日期，纳税人状态仍显示为“清算”。

7.【参考答案】ACD

【解析】选项 B，进口的应税消费品的计税价格由海关核定。

8.【参考答案】CD

【解析】商品销售涉及商业折扣，应当按照扣除商业折扣后的金额确定销售商品收入金额；销售商品涉及现金折扣的，应当按扣除现金折扣前的金额确定销售商品收入金额，现金折扣在实际发生时作为财务费用扣除。

9.【参考答案】BC

【解析】销售不动产，纳税人代开增值税发票时，应在“货物或应税劳务、服务名称”栏填写不动产名称及房屋产权证书号码（无房屋产权证书的可不填写），“单位”栏填写面积单位，应提供不动产的详细地址。

小规模纳税人跨县（市、区）提供建筑服务，不能自行开具增值税发票的，可向建筑服务发生地主管税务机关按照其取得的全部价款和价外费用申请代开增值税发票。

10.【参考答案】ABD

【解析】根据《纳税服务规范（3.0版）》规定，关于个人所得税增量更正和部分更正的规定有：①如纳税人已完成年度申报，不允许更正预缴申报；②年度综合所得申报中有上年度的结转时，如更正上年度的综合所得年度申报，应提醒纳税人一并更正本年年度综合所得申报；③同一扣缴义务人连续性综合所得已有下期预缴申报的，可采用部分、增量更正方式进行更正；④限售股已进行清算时，不能更正该人的限售股的扣缴申报。

## 三、判断题

1.【参考答案】×

【解析】提醒服务不影响电子文书送达的效力。

2.【参考答案】√

【解析】《财政部 税务总局关于进一步实施小微企业所得税优惠政策的公告》（财政部 税务总局公告2022年第13号）规定，自2022年1月1日至2024年12月31日，对小型微利企业年应纳税所得额超过100万元但不超过300万元的部分减按25%计入应纳税所得额，按20%的税率缴纳企业所得税。

3.【参考答案】×

【解析】《财政部 税务总局关于对增值税小规模纳税人免征增值税的公告》（财政部 税务总局公告2022年第15号）规定，自2022年4月1日至2022年12月31日，增值税小规模纳税人适用3%征收率的应税销售收入，免征增值税；适用3%预征率的预缴增值税项目，暂停预缴增值税。

4.【参考答案】×

【解析】加计抵减政策属于税收优惠，按照纳税人可抵扣的进项税额的10%计算，用于抵减纳税人的应纳税额。但加计抵减额并不是纳税人的进项税额，从加计抵减额的形成机制来看，加计抵减不会形成留抵税额，因而也不能申请留抵退税。

5.【参考答案】×

【解析】对于临近下班，短时间内无法办结的税费事项，可以在征得纳税人同意后，留存纳税人涉税资料及联系方式，待业务办理完结后，通知纳税人领取办理结果。

6.【参考答案】×

【解析】纳税人学堂是由税务机关主办的，有组织有计划地为纳税人提供税收法律法规及相关政策规定培训辅导的网络平台和实体场所。

7.【参考答案】√

【解析】保险营销员、证券经纪人展业成本按照收入额的25%计算。

8.【参考答案】×

【解析】根据“国家税务总局关于纳税人善意取得虚开增值税专用发票已抵扣税款加收滞纳金问题的批复”，纳税人善意取得虚开的增值税专用发票被依法追缴已抵扣税款的，不属于税收征收管理法第三十二条“纳税人未按照规定期限缴纳税款”的情形，不适用该条“税务机关除责令限期缴纳外，从滞纳税款之日起，按日加收滞纳税款万分之五的滞纳金”的规定。

9.【参考答案】×

【解析】企业在筹建期间，发生的与筹办活动有关的业务招待费支出，可按实际发生额的60%计入企业筹办费，并按有关规定在税前扣除。

10.【参考答案】×

【解析】根据《纳税信用管理办法（试行）》第十一条规定，纳税信用采集工作由国家税务总局和省税务机关组织实施，按月采集。

## 四、简答题

1.【答案及解析】

向市场监督部门申请简易注销的纳税人，符合下列情形之一的，可免予到税务机关办理清税证明：

（1）未办理过涉税事宜的。

（2）办理过涉税事宜但未领用发票、无欠税（滞纳金）及罚款的。

2.【答案及解析】

（1）工作人员小王服务意识和工作责任心不强，未履行首问责任制，以敷衍了事的态度对待纳税人的咨询。

（2）小王没有以尊重和理解的态度对待纳税人的困难和再三求助，引起纳税人的不满，并任由事态发展，导致征纳双方矛盾进一步激化。

## 五、实务题

1.

（1）【参考答案】D

【解析】根据规定，选择简易计税办法纳税，则应纳增值税 = （4 250 − 3 200）÷（1 +

5%）×5% =50 万元。

（2）【参考答案】B

【解析】根据规定，纳税人经人民法院裁定宣告破产，持人民法院终结破产程序裁定书，可向税务机关申请税务注销即时办理。

（3）【参考答案】B

【解析】非居民企业在中国境内设立机构、场所，且取得的所得与其所设机构、场所有实际联系的，适用税率 25%。应纳企业所得税 =530 ÷（1 +6%）×25% =125 万元。

（4）【参考答案】A

【解析】外国企业常驻代表机构驻在期届满、提前终止业务活动的，填报《注销税务登记申请表》。

（5）【参考答案】C

【解析】外国企业常驻代表机构驻在期届满终止业务活动的，应在驻在期限届满 60 日内办理注销手续。

2.【答案及解析】

（1）42 000 ÷12 =3 500（元），适用按月换算后的综合所得税率表，税率为 10%，速算扣除数为 210 元，张某取得的年终奖应缴纳的个人所得税税额 =42 000 ×10% −210 =3 990（元）

（2）甲单位 2021 年合计预扣预缴个人所得税税额 =5 000 ×（1 −20%）×20% ×12 =4 000 ×20% ×12 =9 600（元）

（3）稿酬所得应预扣预缴的个人所得税额 =30 000 ×（1 −20%）×70% ×20% =16 800 ×20% =3 360（元）

（4）张某 2021 年取得的综合所得收入额 =150 000 +5 000 ×（1 −20%）×12 +30 000 ×（1 −20%）×70% =214 800（元）

（5）应纳税所得额 =214 800 −60 000 −3 600 −1 000 ×12 =139 200（元），取得两个职业资格证书也只能扣除 3 600 元继续教育专项附加扣除。

应缴纳的个人所得税税额 =139 200 ×10% −2 520 =11 400（元）

11 400 −5 280 −9 600 −3 360 = −6 840（元），张某就 2019 年综合所得向主管税务机关办理汇算清缴时申请的应退税额为 6 840 元。

居民个人办理年度综合所得汇算清缴的时间规定是取得所得次年（本题为 2022 年）3 月 1 日至 6 月 30 日。

3.【答案及解析】

（1）税收管理员陈某未落实首问责任制，对职责范围内的事情应及时承接办理，给纳税人正确的答复和指引。

（2）办税服务厅工作人员李某告知错误，未正确履行一次性告知制度。应正确告知纳税人办理事项的流程和资料。

（3）办税服务厅未设置表单填写范本。应提供表证单书的填写范本，方便纳税人填写。

（4）办税服务厅未设置导税咨询台，配备导税人员。导税人员应及时解答纳税人的问题，辅导纳税人填写资料、办理涉税事项。

（5）1 号窗口人员政策执行错误，A 级纳税人按需领用普通发票。

（6）未严格落实延时服务制度，还未下班就不办理业务了。应处理完当日的所有业务后才能下班。

（7）未落实办税服务厅领导值班制度。应有值班领导及时协调处理办税服务厅发生的事情。

（8）未落实办税公开制度。应通过办税服务厅显示屏、公告栏等公开投诉电话。

（9）投诉处理部门错误。应该由区局纳税服务管理部门负责投诉事项的调查、处理。

（10）税务机关调查后，认为投诉事实成立的，应责令被投诉人立即整改，同时向投诉人告知处理结果。

# 模拟试卷（三）

## 一、单项选择题（下列各题的备选答案中，只有一个正确选项，请将正确选项的字母填写在括号中，多选、错选、不选均不得分。每小题 1 分，共计 20 分）

1. 2021 年 3 月，国家税务总局启动 2021 年“我为纳税人缴费人办实事暨便民办税春风行动”，有针对性地推出 10 大类 30 项（　　）条具体措施，充分回应纳税人缴费人关切，持续拓展“非接触式”办税缴费服务、优化税务执法方式，并将推行全国统一的“首违不罚”涉税事项清单。（1－7 级测试）

   A. 80　　B. 90　　C. 100　　D. 105

2. 为全面加强办税服务厅规范化、标准化建设，国家税务总局规定办税服务厅背景墙标识应统一采用的样式是（　　）。（1－7 级测试）

   A. “税徽＋为国聚财为民收税”　　B. “国徽＋为国聚财为民收税”

   C. “税徽＋聚财为国执法为民”　　D. “税徽＋为民收税为国聚财”

3. 狭义的纳税服务的提供主体是（　　）。（1－7 级测试）

   A. 纳税人　　B. 志愿者　　C. 中介机构　　D. 税务机关

4. 高新技术企业在 2022 年 10 月 1 日至 2022 年 12 月 31 日期间新购置的设备、器具，允许当年一次性全额在计算应纳税所得额时扣除，并允许在税前实行（　　）加计扣除。（1－7 级测试）

   A. 50%　　B. 75%　　C. 100%　　D. 150%

5. 税务行政处罚首违不罚需同时满足的三个条件不包括以下哪项内容？（　　）（8－11 级测试）

   A. 首次发生清单事项内违法行为

   B. 危害后果轻微

   C. 没有主观故意

   D. 在税务机关发现前主动改正或者在税务机关责令限期改正的期限内改正

6. 纳税服务的核心内容是指（　　）。（8－11 级测试）

   A. 税法宣传和纳税咨询辅导　　B. 申报纳税和涉税事项办理

   C. 个性化服务　　D. 投诉和反馈结果

7. 某县税务局对申请人提出的税务行政许可申请事项作出的下列处理意见中，错误的是（　　）。（8－11 级测试）

A. 甲公司向某县税务局申请办理加载统一社会信用代码的营业执照，某县税务局经办人员认为该事项不属于税务局职权范围，当即作出不予受理的决定，并告知甲公司向当地市场监督管理局申请

B. 乙公司（增值税一般纳税人）向某县税务局申请增值税专用发票最高开票限额审批，但申请材料存在填写错误，某县税务局经办人员让申请人当场更正

C. 丙公司（增值税一般纳税人）向某县税务局申请增值税专用发票最高开票限额审批，某县税务局接收材料10日后发现申请材料不齐全，将申请材料退回丙公司，不予受理

D. 丁公司为取得发票领购资格向某县税务局提出行政许可申请，某县税务局经办人员认为该事项不需要取得行政许可，作出不予受理决定，并告知纳税人办理了税务登记后，即具有领购普通发票的资格

8. 以下关于发票开具的规定，符合现行政策规定的是(　　)。(1－7级测试)

A. 自2020年2月1日起，小规模纳税人发生增值税应税行为（转让其取得的不动产除外），可选择自行开具增值税专用发票

B. 纳税人向其他个人转让其取得的不动产，不得自行开具增值税专用发票，但可以申请代开增值税专用发票

C. 其他个人出租不动产，可向居住地主管税务机关申请代开增值税专用发票

D. 纳税人向其他个人出租不动产，不得开具或申请代开增值税专用发票

9. 从事生产、经营的纳税人应当自领取税务登记证件起(　　)日内，将其财务、会计制度或者财务、会计处理办法等信息报送税务机关备案。(1－7级测试)

A. 5　　B. 10　　C. 15　　D. 20

10. 某纳税人到某外地办理税务登记，但是其在“金三”系统中已被认定为非正常户，办税人员应告知该纳税人到被认定为非正常户的(　　)接受相关处理，再审核并发放税务登记证件。(1－7级测试)

A. 主管税务机关　　B. 原主管税务机关

C. 经营地主管税务机关　　D. 办证地主管税务机关

11. 实行定期定额征收的个体工商户，应当在(　　)向税务机关书面提出停业报告。(1－7级测试)

A. 停业前　　B. 停业期间

C. 停业后　　D. 以上期间都可以

12. 纳税人的停业期限不得超过(　　)。(1－7级测试)

A. 三个月　　B. 半年　　C. 一年　　D. 两年

13. 企业在年度中间合并、分立、终止时，个人独资企业投资者、合伙企业个人合伙人、承包承租经营应当在停止生产经营之日起(　　)日内，向主管税务机关办理当

期个人所得税汇算清缴。(1－7 级测试)

A. 30　　B. 45　　C. 60　　D. 90

14. 纳税人自结算缴纳税款之日起(　　)内发现多缴税款的，可以向税务机关要求退还多缴的税款并加算银行同期存款利息。税务机关发现纳税人超过应纳税额多缴的税款，应该依照税收法律法规及相关规定办理退还手续。(1－7 级测试)

A. 两年　　B. 三年　　C. 五年　　D. 一年

15. 张某购买一辆轿车自用，在办理车辆保险之前向登记地税务机关申报缴纳车船税，则税务机关正确的做法是(　　)。(1－7 级测试)

A. 税务机关不予受理，应由保险公司代收车船税

B. 税务机关不予受理，应由交通管理部门代征车船税

C. 税务机关应当受理，并向纳税人开具含有车船信息的完税凭证

D. 税务机关应当受理，纳税人再向保险公司重复申报纳税

16. 税务系统全面推行行政执法三项制度，不包括以下哪项内容？(　　)(1－7 级测试)

A. 行政执法公示制度

B. 执法全过程记录制度

C. 重大执法决定法制审核制度

D. 行政执法审批制度

17. 跨区通办服务范围一般不包括(　　)。(1－7 级测试)

A. 税务登记　　B. 税务认定　　C. 优惠办理　　D. 行政许可

18. 下列关于消费税纳税地点的说法，正确的是(　　)。(1－7 级测试)

A. 纳税人销售应税消费品，应当在销售行为发生地的主管税务机关申报纳税

B. 纳税人总分机构不在同一县（市）的，可以选择由总机构汇总向总机构所在地的主管税务机关申报缴纳消费税

C. 委托加工应税消费品，受托方为个人的，由委托方向其机构所在地主管税务机关申报纳税

D. 进口应税消费品，由进口人或由其代理人向其机构所在地或住所地主管税务机关申报纳税

19. 个人所得税纳税人可享受 3 岁以下婴幼儿照护、子女教育、继续教育、大病医疗、住房贷款利息或者住房租金、赡养老人专项附加扣除。在预缴申报时，纳税人最多可以同时享受的项目是(　　)。(8－11 级测试)

A. 两项　　B. 三项　　C. 五项　　D. 六项

20. 王某购买彩票中奖所得为 80 万，该人拿出 5 万元通过某社会团体捐赠给贫困山区，王某应缴纳的个人所得税额为(　　)万元。(8－11 级测试)

A. 16　　B. 15　　C. 14　　D. 13

## 二、多项选择题（下列各题的备选答案中，至少有两个正确选项，请将正确选项的字母填写在括号中，多选、少选、错选、不选均不得分。每小题 2 分，共计 20 分）

1. 下列哪几项业务，由于专业性较强且直接影响国家税收，必须由具有税务师事务所、会计师事务所、律师事务所资质的涉税专业服务机构从事，其他机构不能从事（　　）。（8－11 级测试）

   A. 专业税务顾问　　B. 税收策划

   C. 涉税鉴证　　D. 纳税情况审查

2. 针对纳税服务的概念，以下说法中正确的是（　　）。（1－7 级测试）

   A. 纳税服务是税务机关无偿向社会提供的公共产品和公共服务

   B. 纳税服务是税务机关的具体行政行为

   C. 纳税服务是税务机关依法必须履行的法定义务

   D. 纳税服务的主体是税务机关

3. 税务机关在提供办税服务时，应当通过（　　），完善服务功能，帮助纳税人更便捷高效地行使权利和履行义务。（1－7 级测试）

   A. 拓展多元办税　　B. 优化办税流程

   C. 精简涉税资料　　D. 以税务部门利益效率为中心

4. 从公共服务供给角度来看，"整体政府"的公共行政范式有（　　）的重要特征。（1－7 级测试）

   A. 以公平正义作为公共服务的核心目标

   B. 以协调融合作为公共服务的政策导向

   C. 以联合协作作为公共服务提供的新方式

   D. "以客户为中心"

5. 以下关于印制发票，说法正确的有（　　）。（1－7 级测试）

   A. 各省、自治区、直辖市内的单位和个人使用的发票，应当在本省、自治区、直辖市内印制

   B. 确有必要到外省、自治区、直辖市印制的，应当由省、自治区、直辖市税务机关商印制地省、自治区、直辖市税务机关同意，由印制地省、自治区、直辖市税务机关确定的企业印制

   C. 禁止在境外印制发票

   D. 印制发票的企业必须按照税务机关批准的式样和数量印制发票

6. 对纳税信用评价为 D 级的纳税人，增值税发票领用政策说法正确的有（　　）。（1－7 级测试）

   A. 增值税专用发票领用按辅导期一般纳税人政策办理

   B. 增值税专用发票领用严格限额限量供应，根据实际情况随时调整

C. 普通发票的领用实行交（验）旧供新、严格限量供应

D. 普通发票的领用实行交（验）旧供新、符合条件的按需供应

7. 关于临时到本省、自治区、直辖市以外从事经营活动领用发票，说法正确的有（　　）。(8－11级测试)

A. 一般地，临时到本省、自治区、直辖市以外从事经营活动的单位或者个人，符合实际情况的，经税务机关审核，可携带机构所在地税务机关发放的发票跨区域开具

B. 税务机关对外省、自治区、直辖市来本辖区从事临时经营活动的单位和个人领用发票的，可以要求其提供保证人或者根据所领用发票的票面限额以及数量交纳不超过1万元的保证金，并限期缴销发票

C. 按期缴销发票后，解除保证人的担保义务或者退还保证金。提供保证人或者交纳保证金的具体范围由省税务机关规定

D. 临时到本省、自治区、直辖市以外从事经营活动的单位或者个人，领用经营地发票的，须限期缴销发票

8. 企业从事下列项目的所得，减半征收企业所得税的是(　　)。(8－11级测试)

A. 花卉种植　　B. 海水养殖　　C. 远洋捕捞　　D. 内陆养殖

9. 下列可以在企业所得税前扣除的税金有(　　)。(8－11级测试)

A. 企业所得税　　B. 印花税　　C. 出口关税　　D. 车辆购置税

10. 下列行为中，属于增值税视同销售行为的有(　　)。(8－11级测试)

A. 销售代销货物

B. 将自产货物作为股利分配给股东

C. 将外购的货物用于集体福利

D. 将委托加工收回的货物用于个人消费

## 三、判断题（判断下列各题正误，正确的打“√”，错误的打“×”。每小题2分，共计20分）

1. 纳税人转让房地产坐落在两个或两个以上地区的，应按在向其注册地主管税务机关申报土地增值税。（　　）(1－7级测试)

2.《开具红字增值税专用发票信息表》填开错误且尚未使用的，纳税人可申请作废。（　　）(1－7级测试)

3. 纳税人应在税务机关通知发票换版时，对领用尚未填开的空白发票进行发票退回操作。（　　）(1－7级测试)

4. 办理代开增值税专用发票，使用表单都是《代开增值税发票缴纳税款申报单》。（　　）(1－7级测试)

5. 跨县（市、区）提供不动产经营租赁服务、建筑服务的小规模纳税人（不包括其他个人），代开增值税发票时，在发票备注栏中自动打印“KX”字样。

（　　）（8－11 级测试）

6. 增值税电子普通发票的开票方和受票方需要纸质发票的，须由开票方打印增值税电子普通发票的版式文件，其法律效力、基本用途、基本使用规定等与税务机关监制的增值税普通发票相同。（　　）（1－7 级测试）

7. 关于印制有本单位名称发票事项，使用印有本单位名称发票的单位必须按照税务机关批准的式样和数量，到发票印制企业印制发票，印制费用由用票单位与主管税务机关结算，并按规定取得印制费用发票。（　　）（1－7 级测试）

8. 税务机关对增值税专用发票（增值税税控系统）最高开票限额审批（10 万元以下）提供“最多跑一次”服务。（　　）（1－7 级测试）

9. 纳税人应当自转让房地产合同签订之日起 15 日内向房地产所在地主管税务机关办理纳税申报，并在税务机关核定的期限内缴纳土地增值税。（　　）（1－7 级测试）

10. 占用园地、林地、草地、农田水利用地、养殖水面、渔业水域滩涂以及其他农用地建设直接为农业生产服务的生产设施的，不缴纳耕地占用税。

（　　）（1－7 级测试）

**四、简答题（共 2 题，每题 5 分，共计 10 分）**

1. 优化税收营商环境的总目标是什么？（8－11 级测试）
2. 纳税人符合哪些情形的，可以申请开具税收完税证明？（8－11 级测试）

**五、实务题（共 3 题，每题 10 分，共计 30 分）**

1. 纳税人涉税信息查询有哪些渠道？具体流程包括哪些？（8－11 级测试）
2. 某市生产企业，系增值税一般纳税人，2021 年度生产经营情况如下：

（1）销售收入 4 500 万元，销售成本 2 000 万元，增值税 700 万元，税金及附加 100 万元；

（2）其他业务收入 500 万元；

（3）销售费用 1 500 万元，其中含广告费 800 万元、业务宣传费 20 万元；

（4）管理费用 500 万元，其中含业务招待费 70 万元；

（5）财务费用 80 万元，其中含向非金融机构借款 500 万元支付的 1 年期利息 50 万元（取得合规发票），年息 10%（银行同期同类贷款利率 6%）。

请根据上述资料和税法规定，计算该企业 2021 年允许扣除的广告费用上限和允许扣除的业务招待费。

3. 2021 年 4 月 25 日，张某来到办税服务厅办理代开普通发票业务，办税人员李梅说开具发票需要出具付款单位介绍信，张某出去取了付款单位介绍信，到办税服务厅李梅又说还需要张某的个人身份证，张某又去取身份证，再次回到办税大厅时已经5点钟了，李梅又说下午5点以后税款入不了库，并拒绝给张某开具发票。张某火冒三丈："用了一下午时间，跑了三趟还交不上税，为什么不收我的税？我要投诉！"

根据上述资料，回答下列问题：（8－11级测试）

（1）请指出办税人员李梅存在的服务不当之处。

（2）如果张某事后投诉，税务机关应在多长时间内对投诉处理完毕？如果张某当场投诉，作为办税服务厅主任的你应如何处理？

# 模拟试卷（三）答案及解析

## 一、单项选择题

1.【参考答案】C

【解析】2021年3月，国家税务总局启动2021年“我为纳税人缴费人办实事暨便民办税春风行动”，有针对性地推出10大类30项100条具体措施，充分回应纳税人缴费人关切，持续拓展“非接触式”办税缴费服务、优化税务执法方式，并将推行全国统一的“首违不罚”涉税事项清单。

2.【参考答案】A

【解析】依据《国家税务总局关于进一步统一规范办税服务场所标识的通知》（税总函〔2014〕299号）相关规定。

3.【参考答案】D

【解析】狭义的纳税服务是税务机关为帮助纳税（缴费）人理解和遵从税法而提供的一种劳务。

4.【参考答案】C

【解析】依据财政部 税务总局 科技部公告2022年第28号相关规定，高新技术企业在2022年10月1日至2022年12月31日期间新购置的设备、器具，允许当年一次性全额在计算应纳税所得额时扣除，并允许在税前实行100%加计扣除。

5.【参考答案】C

【解析】税务行政处罚首违不罚需同时满足的三个条件包括：首次发生清单事项内违法行为；危害后果轻微；在税务机关发现前主动改正或者在税务机关责令限期改正的期限内改正。

6.【参考答案】B

【解析】申报纳税和涉税事项办理是纳税服务的核心内容。税务机关应当创造和提供必要的条件，简化环节和程序，使纳税人在履行义务时方便快捷，感到轻松愉快。

7.【参考答案】C

【解析】加载统一社会信用代码的营业执照不属于税务局职权范围内的行政许可事项。发票领购资格审批不属于税务行政许可事项。根据税务行政许可相关规定，申请人申请材料存在可以当场更正的错误的，应当告知并允许申请人当场更正；申请材料不齐全或者不符合法定形式的，应当当场或者在5日内一次性告知申请人需要补正的全部内容，逾期不告知的，自收到申请材料之日起即为受理。

8.【参考答案】D

【解析】选项 A，自 2020 年 2 月 1 日起，小规模纳税人发生增值税应税行为，可选择开具增值税专用发票。选项 B，纳税人向其他个人转让其取得的不动产，不得开具或申请代开增值税专用发票。选项 C，其他个人出租不动产，可向不动产所在地主管税务机关申请代开增值税发票。

9.【参考答案】C

【解析】从事生产、经营的纳税人应当自领取税务登记证件起 15 日内，将其财务、会计制度或者财务、会计处理办法等信息报送税务机关备案。

10.【参考答案】B

【解析】依据《国家税务总局关于进一步完善税务登记管理有关问题的公告》（国家税务总局公告 2011 年第 21 号）第二条规定："实施非正常户追踪管理。税务机关发现非正常户纳税人恢复正常生产经营的，应及时处理，并督促其到税务机关办理相关手续。对没有欠税且没有未缴销发票的纳税人，认定为非正常户超过两年的，税务机关可以注销其税务登记证件。"

11.【参考答案】A

【解析】根据《个体工商户税收定期定额征收管理办法》第二十条，定期定额户发生停业的，应当在停业前向税务机关书面提出停业报告；提前恢复经营的，应当在恢复经营前向税务机关书面提出复业报告；需延长停业时间的，应当在停业期满前向税务机关提出书面的延长停业报告。

12.【参考答案】C

【解析】根据《税务登记管理办法》第二十一条，实行定期定额征收方式的个体工商户需要停业的，应当在停业前向税务机关申报办理停业登记。纳税人的停业期限不得超过一年。

13.【参考答案】C

【解析】企业在年度中间合并、分立、终止时，个人独资企业投资者、合伙企业个人合伙人、承包承租经营应当在停止生产经营之日起 60 日内，向主管税务机关办理当期个人所得税汇算清缴。

14.【参考答案】B

【解析】纳税人自结算缴纳税款之日起三年内发现多缴税款的，可以向税务机关要求退还多缴的税款并加算银行同期存款利息。税务机关发现纳税人超过应纳税额多缴的税款，应该依照税收法律法规及相关规定办理退还手续。

15.【参考答案】C

【解析】纳税人向税务机关申报车船税，税务机关应当受理，并向纳税人开具含有车船信息的完税凭证。对已经向主管税务机关申报缴纳车船税的纳税人，保险机构在销售机动车第三者责任强制保险时，不再代收车船税，但应当根据纳税人的完税凭证原件，将车辆的完税凭证号和出具该凭证的税务机关名称录入交强险业务系统。

16.【参考答案】D

【解析】税务系统全面推行行政执法三项制度，具体包括行政执法公示制度、执法全过程记录制度、重大执法决定法制审核制度

17.【参考答案】D

【解析】跨区通办服务范围一般包括税务登记、税务认定、发票办理、申报纳税、优惠办理、证明办理和宣传咨询等。

18.【参考答案】C

【解析】选项A，纳税人销售应税消费品，应当向机构所在地或居住地的主管税务机关申报纳税；选项B，除卷烟批发企业外，纳税人总、分机构不在同一县（市）的，由各机构分别向各机构所在地的主管税务机关申报缴纳消费税；选项D，进口应税消费品，由进口人或由其代理人向进口报关地海关缴纳消费税。

19.【参考答案】C

【解析】根据《个人所得税专项附加扣除操作办法（试行）》规定，享受大病医疗专项附加扣除的纳税人，由其在次年3月1日至6月30日内，自行向汇缴地主管税务机关办理汇算清缴申报时扣除。纳税人及其配偶在一个纳税年度内不能同时分别享受住房贷款利息和住房租金专项附加扣除。

20.【参考答案】B

【解析】根据《中华人民共和国个人所得税法》规定，个人将其所得对教育、扶贫、济困等公益慈善事业进行捐赠，捐赠额未超过纳税人申报的应纳税所得额百分之三十的部分，可以从其应纳税所得额中扣除。扣除限额 $=80\times30\%=24$ 万元，5万元未超过限额，可以全部扣除。应纳税额 $=(80-5)\times20\%=15$ 万元。

## 二、多项选择题

1.【参考答案】ABCD

【解析】依据《涉税专业服务监管办法（试行）》（国家税务总局公告2017年第13号发布）规定，专业税务顾问、税收策划、涉税鉴证和纳税情况审查四项业务，由于专业性较强且直接影响国家税收，由具有税务师事务所、会计师事务所、律师事务所资质的涉税专业服务机构从事，其他机构不能从事。

2.【参考答案】CD

【解析】纳税服务是税务机关为帮助纳税（缴费）人了解和遵从税法而开展的相关工作，是无偿提供的公共服务，是税务机关依法必须履行的法定义务，其主体是税务

机关，既包括依申请的业务，也包括依职权的业务。具体行政行为是针对特定的公民、法人或者其他组织，就特定的具体事项做出的有关该公民、法人或者其他组织权利义务的单方行为，纳税服务非具体行政行为。

3.【参考答案】ABC

【解析】通过完善服务功能，拓展多元办税，优化办税流程，精简涉税资料，帮助纳税人更便捷高效地行使权利和履行义务。

4.【参考答案】ABC

【解析】“整体政府”以联合与协调为基本特征，以政府机构的功能整合为实质精神，以为公民提供优质高效、无缝隙的公共服务为根本目的。从公共服务供给角度来看，“整体政府”的公共行政范式有以公平正义作为公共服务的核心目标、以协调融合作为公共服务的政策导向、以联合协作作为公共服务提供的新方式的三个方面的重要特征。

5.【参考答案】BCD

【解析】各省、自治区、直辖市内的单位和个人使用的发票，除增值税专用发票外，应当在本省、自治区、直辖市内印制。

6.【参考答案】AC

【解析】对纳税信用评价为 D 级的纳税人，增值税专用发票领用按辅导期一般纳税人政策办理，普通发票的领用实行交（验）旧供新、严格限量供应。

7.【参考答案】BCD

【解析】临时到本省、自治区、直辖市以外从事经营活动的单位或者个人，凭所在地税务机关的证明，向经营地税务机关领用经营地的发票。税务机关对外省、自治区、直辖市来本辖区从事临时经营活动的单位和个人领用发票的，可以要求其提供保证人或者根据所领用发票的票面限额以及数量交纳不超过 1 万元的保证金，并限期缴销发票。按期缴销发票后，解除保证人的担保义务或者退还保证金。提供保证人或者交纳保证金的具体范围由省税务机关规定。

8.【参考答案】ABD

【解析】根据《中华人民共和国企业所得税法实施条例》规定，花卉、茶以及其他饮料作物和香料作物的种植；海水养殖、内陆养殖，减半征收企业所得税。

9.【参考答案】BCD

【解析】根据《中华人民共和国企业所得税法实施条例》规定，不得在企业所得税前扣除的税金包括企业所得税和允许抵扣的增值税。

10.【参考答案】ABD

【解析】根据《中华人民共和国增值税暂行条例实施细则》，将自产、委托加工的货物用于集体福利或者个人消费；设有两个机构并实行统一核算的纳税人，将货物从一个机构移送另一机构用于销售，但在同一个县（市）范围内除外，属于增值税视同销售行为。

## 三、判断题

1.【参考答案】×

【解析】根据《中华人民共和国土地增值税暂行条例》和《中华人民共和国土地增值税暂行条例实施细则》的相关规定，房地产所在地，是指房地产的坐落地。纳税人转让房地产坐落在两个或两个以上地区的，应按房地产所在地分别申报纳税。

2.【参考答案】√

【解析】《开具红字增值税专用发票信息表》填开错误且尚未使用的，纳税人可申请作废。

3.【参考答案】×

【解析】纳税人应在税务机关通知发票换版时，对领用尚未填开的空白发票进行缴销。

4.【参考答案】×

【解析】代开增值税专用发票的货物运输业小规模纳税人使用《货物运输业代开增值税专用发票缴纳税款申报单》，申请代开增值税专用发票的其他纳税人使用《代开增值税发票缴纳税款申报单》。

5.【参考答案】×

【解析】跨县（市、区）提供不动产经营租赁服务、建筑服务的小规模纳税人（不包括其他个人），代开增值税发票时，在发票备注栏中自动打印“YD”字样。

6.【参考答案】×

【解析】增值税电子普通发票的开票方和受票方需要纸质发票的，可以自行打印增值税电子普通发票的版式文件，其法律效力、基本用途、基本使用规定等与税务机关监制的增值税普通发票相同。

7.【参考答案】×

【解析】使用印有本单位名称发票的单位必须按照税务机关批准的式样和数量，到发票印制企业印制发票，印制费用由用票单位与发票印制企业直接结算，并按规定取得印制费用发票。

8.【参考答案】√

【解析】税务机关对增值税专用发票（增值税税控系统）最高开票限额审批（10万元以下）提供“最多跑一次”服务。

9.【参考答案】×

【解析】根据《中华人民共和国土地增值税暂行条例》和《中华人民共和国土地增值税暂行条例实施细则》的相关规定，纳税人应当自转让房地产合同签订之日起7日内向房地产所在地主管税务机关办理纳税申报，并在税务机关核定的期限内缴纳土地增值税。

10.【参考答案】√

【解析】根据《中华人民共和国耕地占用税法》的相关规定，占用园地、林地、草地、农田水利用地、养殖水面、渔业水域滩涂以及其他农用地建设直接为农业生产服务的生产设施的，不缴纳耕地占用税。

## 四、简答题

1.【参考答案】

优化税收营商环境的总目标是深化税务系统“放管服”改革，加大税制改革力度，持续推进办税（缴费）便利化改革，到2022年，我国营商环境纳税时间指标国际排名达到中上游水平，形成充满活力、富有效率、体验更好、更加开放的法治化、便利化、国际化的税收营商环境。

2.【参考答案】（每对一个给1分，满分5分）

纳税人符合下列情形之一的，可以申请开具税收完税证明：

（1）通过横向联网电子缴税系统划缴税款到国库（经收处）后或收到从国库退还的税款后，当场或事后需要取得税收票证的（表格式）；

（2）扣缴义务人代扣、代收税款后，已经向纳税人开具税法规定或国家税务总局认可的记载完税情况的其他凭证，纳税人需要换开正式完税凭证的（表格式）；

（3）纳税人遗失已完税的各种税收票证（《出口货物完税分割单》、印花税票和《印花税票销售凭证》除外），需要重新开具的（表格式）；

（4）对纳税人特定期间完税情况出具证明（文书式）；

（5）国家税务总局规定的其他需要为纳税人开具完税凭证情形。

## 五、实务题

1.【参考答案】

（1）纳税人可以通过网站、客户端软件、自助办税终端等渠道，经过有效身份认证和识别，自行查询税费缴纳情况、纳税信用评价结果、涉税事项办理进度等自身涉税信息。

（2）对于纳税人无法自行获取所需自身涉税信息，可以向税务机关提出书面申请，税务机关应当在本单位职责权限内予以受理。

（3）纳税人书面申请查询，要求税务机关出具书面查询结果的，税务机关应当出具《涉税信息查询结果告知书》。

书面申请查询，应当提交以下资料：

①涉税信息查询申请表；

②纳税人本人（法定代表人或主要负责人）有效身份证件原件及复印件。原件查验后退回。纳税人本人（法定代表人或主要负责人）授权其他人员代为书面申请查询，

应当提交以下资料：

①涉税信息查询申请表；

②纳税人本人（法定代表人或主要负责人）有效身份证件复印件，原件查验后退回；

③经办人员有效身份证件原件及复印件，原件查验后退回；

④由纳税人本人（法定代表人或主要负责人）签章的授权委托书。

（4）纳税人对查询结果有异议，可以向税务机关申请核实，税务机关应当将核实结果告知纳税人。税务机关确认涉税信息存在错误，应当及时进行信息更正。

2.【参考答案】（每对一个给 5 分，满分 10 分）

（1）《企业所得税法实施条例》第四十四条规定，企业发生的符合条件的广告费和业务宣传费支出，除国务院财政、税务主管部门另有规定外，不超过当年销售（营业）收入 15% 的部分，准予扣除；超过部分，准予在以后纳税年度结转扣除。本题 2021 年允许扣除的广告费用上限 =（4 500 + 500）× 15% = 750 万元。

（2）根据《企业所得税法实施条例》第四十三条规定，企业发生的与生产经营活动有关的业务招待费支出，按照发生额的 60% 扣除，但最高不得超过当年销售（营业）收入的 5‰。注意：计算广告费和业务宣传费、业务招待费扣除限额的计算基数为销售（营业）收入。销售（营业）收入包括销售货物收入、提供劳务收入等主营业务收入，还包括其他业务收入、视同销售收入。但不包括营业外收入、投资收益、其他收益等。首先计算实际发生额的 60% = 70 × 60% = 42（万元）；其次计算当年销售（营业）收入的 5‰ =（4 500 + 500）× 5‰ = 25（万元）。本题中 2021 年允许扣除的业务招待费需要将以上两个数值进行比较，孰低者扣除，因此，允许扣除的业务招待费为 25 万元。

3.【参考答案】

（1）①未履行一次性告知制度。纳税人咨询涉税事项时，李梅应一次性告知其咨询事项的依据、时限、程序和所需的全部资料。②李某要求张某提供付款单位介绍信不对，因为纳税人进行代开普通发票时需提供《代开发票申请表》；税务登记证件，按规定不需要办理税务登记的单位提供组织机构代码证；自然人提供身份证明，经办人身份证明原件及复印件；购销商品、提供或者接受服务以及从事其他经营活动的书面证明，如业务合同、协议或者税务机关认可的其他资料原件及复印件。③办税期间不能拒收纳税人的税款。下午 5 点钟虽然银行不入库税款了，但办税厅不能拒收纳税人的税款。

（2）对于服务质效和侵害权益的投诉，一般投诉事项在 20 个工作日内办结。张某当场提出投诉，办税服务厅主任调查后，发现投诉事实成立的，责令李梅立即整改，向投诉人告知处理结果；在事后补填《纳税服务投诉事项处理表》进行备案。

# 模拟试卷（四）

## 一、单项选择题（下列各题的备选答案中，只有一个正确选项，请将正确选项的字母填写在括号中，多选、错选、不选均不得分。每小题1分，共计20分）

1. 根据《国家税务总局关于进一步推行办税公开工作的意见》规定，推进办税公开坚持以公开为原则，不公开为例外。通过办税服务厅、税务网站等渠道向社会公开的事项中，不包括以下哪项内容？（　　）（1－7级测试）

A. 纳税人的权利与义务　　B. 税收政策与办税流程

C. 行政审批事项　　D. B级纳税人名单

2. 在开展“银税互动”助力小微企业发展的工作中，税务部门向金融机构推送(　　)纳税信用信息。(8－11级测试)

A. A级纳税人　　B. A、B级纳税人

C. A、B、M级纳税人　　D. 所有级别的纳税人

3. 纳税信用评价结果发布的原则是(　　)。(8－11级测试)

A. 谁评价、谁确定、谁公布　　B. 谁评价、谁确定、谁发布

C. 谁审核、谁确定、谁发布　　D. 谁审核、谁评价、谁发布

4. 纳税人申请行政复议，复议机关维持原税务机关做出的行政决定，纳税人对复议结果不服的，可以向人民法院起诉，则被告人是(　　)。(8－11级测试)

A. 原作出决定的税务机关和复议机关为共同被告

B. 原作出决定的税务机关

C. 复议机关

D. 原作出决定的税务机关或者复议机关

5. 服务投诉因情况复杂不能按期办结的，经受理税务机关纳税服务部门负责人批准，可适当延长办理期限，最长不得超过(　　)个工作日。(8－11级测试)

A. 5　　B. 10　　C. 15　　D. 20

6. 税法宣传，即由(　　)发起，主动向纳税（缴费）人提供税收法律、行政法规、规章、规范性文件及办税流程等信息服务的活动。(1－7级测试)

A. 税务机关　　B. 纳税（缴费）人

C. 中介机构　　D. 税务师事务所

7. 各地陆续推出了一些由税务机关举办的税法宣传与培训辅导的平台和场所，这些平

台和场所统一的名称应为(　　)。(1－7 级测试)

A. 纳税人学校　　B. 纳税人学堂

C. 税法讲堂　　D. 税务网络课堂

8. 纳税服务具有服务的一般特征，以下关于纳税服务的一般特征，表述有误的是(　　)。(1－7 级测试)

A. 生产和消费同步性　　B. 易消失性

C. 无形性　　D. 无差异性

9. 下列关于税务师事务所行政登记管理的说法，正确的是(　　)。(8－11 级测试)

A. 税务师事务所办理商事登记后，即享有税务师事务所的合法权益

B. 工商部门应当对税务师事务所实施行政登记管理

C. 行政相对人办理税务师事务所行政登记，应当自取得营业执照之日起 20 个工作日内向所在地省税务机关提交相关材料

D. 省税务机关自受理材料之日起 30 个工作日内办理税务师事务所行政登记

10. 从事生产、经营的纳税人应当自开立基本存款账户或者其他存款账户之日起(　　)日内，向主管税务机关书面报告其全部账号；发生变化的，应当自发生变化之日起(　　)日内，向主管税务机关书面报告。(1－7 级测试)

A. 10；10　　B. 15；15　　C. 20；20　　D. 30；30

11. 纳税人在省（自治区、直辖市和计划单列市）内跨县（市）临时从事生产经营活动的，是否实施跨区域涉税事项报验管理由(　　)自行确定。(8－11 级测试)

A. 机构所在地税务机关

B. 县级税务机关

C. 市级税务机关

D. 各省（自治区、直辖市和计划单列市）税务机关

12. 自然人主张身份证件被冒用于登记为法定代表人、财务负责人和其他办税人员，向税务机关提出解除身份关联关系，税务机关应(　　)。(1－7 级测试)

A. 即时办结　　B. 1 个工作日办结

C. 3 个工作日办结　　D. 转市场监管部门处理

13. 纳税人在办理“银税三方（委托）划缴协议”事项前，须先办理完成(　　)事项。(1－7 级测试)

A. 存款账户账号报告　　B. 登记信息确认

C. 纳税人身份信息报告　　D. 税种核定

14. 增值税纳税人年应税销售额超过财政部、国家税务总局规定的小规模纳税人标准的，除另有规定外，应当向主管税务机关办理一般纳税人资格登记。下列关于年应税销售额的说法正确的是(　　)。(1－7 级测试)

A. 是指纳税人在连续不超过 12 个月的经营期内累计应征增值税销售额，其中经营期是指在纳税人存续期内的连续经营期间，不包括未取得销售收入的月份，年应税销售额包括纳税申报销售额、稽查查补销售额、纳税评估调整销售额、税务机关代开发票销售额和免税销售额

B. 是指纳税人在连续不超过 12 个月的经营期内累计应征增值税销售额，其中经营期是指在纳税人存续期内的连续经营期间，含未取得销售收入的月份，年应税销售额包括纳税申报销售额、稽查查补销售额、纳税评估调整销售额、税务机关代开发票销售额和免税销售额

C. 是指纳税人在连续不超过 12 个月的经营期内累计应征增值税销售额，其中经营期是指在纳税人存续期内的连续经营期间，不包括未取得销售收入的月份，年应税销售额包括纳税申报销售额、稽查查补销售额、纳税评估调整销售额、税务机关代开发票销售额，但不包括免税销售额

D. 是指纳税人在连续不超过 12 个月的经营期内累计应征增值税销售额，其中经营期是指在纳税人存续期内的连续经营期间，含未取得销售收入的月份，年应税销售额包括纳税申报销售额、稽查查补销售额、纳税评估调整销售额、税务机关代开发票销售额，但不包括免税销售额

15. 增值税专用发票由(　　)印制；其他发票，由(　　)印制。(1－7 级测试)

A. 国务院税务主管部门确定的企业；国务院税务主管部门确定的企业

B. 国务院税务主管部门确定的企业；省、自治区、直辖市税务机关确定的企业

C. 省、自治区、直辖市税务机关确定的企业；省、自治区、直辖市税务机关确定的企业

D. 省、自治区、直辖市税务机关确定的企业；市税务机关确定的企业

16. 发票应当套印全国统一发票监制章。全国统一发票监制章的式样和发票版面印刷的要求，由(　　)规定。发票监制章由(　　)制作。(1－7 级测试)

A. 财政部，财政部

B. 财政部，国务院税务主管部门

C. 国务院税务主管部门，省、自治区、直辖市税务机关

D. 国务院税务主管部门，市级税务机关

17. 以下关于票种核定，说法不正确的是(　　)。(1－7 级测试)

A. 纳税人办理税务登记后需领用发票的，向主管税务机关申请办理发票领用手续。主管税务机关根据纳税人的经营范围和规模，确认领用发票的种类、数量、开票限额等事宜

B. 已办理发票票种核定的纳税人，当前领用发票的种类、数量或者开票限额不能满足经营需要的，可以向主管税务机关提出调整

C. 符合《国家税务总局关于新办纳税人首次申领增值税发票有关事项的公告》（国家税务总局公告2018年第29号）中规定的新办纳税人首次申领增值税发票条件的，主管税务机关应当自受理申请之日起2个工作日内办结

D. 票种核定办结时限为3个工作日内办结，不包含增值税专用发票（增值税税控系统）最高开票限额审批环节时限

18. 下列关于消费税纳税地点的表述中，正确的是（　　）。(1－7级测试)

A. 委托加工的应税消费品，一律由委托方向其机构所在地或者居住地主管税务机关申报纳税

B. 纳税人到外县（市）销售或者委托外县（市）代销自产应税消费品的，于应税消费品销售后，向机构所在地或者居住地主管税务机关申报纳税

C. 纳税人的总机构与分支机构不在同一县（市）的，应当向总机构所在地的主管税务机关申报纳税

D. 卷烟批发企业的机构所在地，总机构与分支机构不在同一地区的，应当向分支机构所在地的主管税务机关申报纳税

19. 下列关于车辆购置税申报与缴纳的说法，正确的是（　　）。(1－7级测试)

A. 车辆购置税的征税环节是使用环节（最终消费环节）

B. 购买已缴纳车辆购置税的旧机动车自用也要缴纳车辆购置税

C. 车辆购置税的纳税地点是销售应税车辆的4S店所在地

D. 免税车辆不需要办理车辆购置税申报手续

20. 小规模纳税人享受六税两费减半优惠，需在电子税务局办理（　　）手续。(1－7级测试)

A. 自行申报、资料留存备查　　B. 备案

C. 审核　　D. 审批

## 二、多项选择题（下列各题的备选答案中，至少有两个正确选项，请将正确选项的字母填写在括号中，多选、少选、错选、不选均不得分。每小题2分，共计20分）

1. 纳税人有权要求税务机关对纳税人的商业秘密和个人隐私的信息进行保密，这些信息主要包括（　　）。(1－7级测试)

A. 技术信息　　B. 税收违法行为

C. 经营信息　　D. 经营者不愿公开的个人事项

2. 在下列各项中，属于广义纳税服务提供主体的有（　　）。(8－11级测试)

A. 税务机关　　B. 中介机构

C. 公益组织和志愿者　　D. 互助纳税人

3. 纳税人可通过与（　　）签订银税三方（委托）划缴协议，开通委托划缴税款业务，

实现税款的快速划缴、高效对账和跟踪查询。(1－7级测试)

A. 税务机关　B. 财政局　C. 开户银行　D. 中国人民银行

4. "一照一码"户(　)登记信息发生变化时，向主管税务机关申报办理变更。(8－11级测试)

A. 生产经营地　B. 财务负责人

C. 企业名称　D. 企业法定代表人

5. 纳税人办理信息报告，对报送材料的(　)承担责任。(1－7级测试)

A. 真实性　B. 完整性　C. 合法性　D. 合理性

6. 以下关于税务行政许可受理说法，正确的是(　)。(1－7级测试)

A. 纳税人提出的行政许可申请事项依法不属于本行政机关职权范围的，办税服务厅不受理，当场制作并送达《税务行政许可不受理通知书》，同时告知其解决的途径

B. 申请材料存在问题可以当场更正的，应当一次性告知纳税人更正；申请材料不齐全或不符合法定形式的，应当当场或者5日内制作《补正税务行政许可材料告知书》，一次性告知纳税人需要补正的材料，并制作《税务文书送达回证》由纳税人签收

C. 办税服务厅接收纳税人报送的资料，核对资料是否齐全、是否符合法定形式、填写内容是否完整，符合的即时受理，制作《税务行政许可受理通知书》送达纳税人，并制作《税务文书送达回证》由纳税人签收

D. 申请事项属于税务机关管辖范围，但不需要取得税务行政许可的，当场制作并送达《税务行政许可不予受理通知书》，并制作《税务文书送达回证》由纳税人签收

7. 下列关于发票缴销，说法正确的是(　)。(1－7级测试)

A. 纳税人因信息变更或清税注销，跨区域经营活动结束，发票换版、损毁，停业等原因按规定需要缴销发票的，到税务机关进行缴销处理

B. 税务机关对纳税人领用的空白发票做剪角处理

C. 一般纳税人转登记为小规模纳税人，须缴销增值税税控系统专用设备，对领用尚未填开的空白发票进行缴销

D. 本事项税务机关提供"最多跑一次"服务

8. 纳税人无论有无应税收入、所得和其他应税项目，或者在减免税期间，均必须依照《中华人民共和国税收征收管理法》第二十五条的规定，按其所适用的会计制度编制财务报表，并按规定的时限向主管税务机关报送；其所适用的会计制度规定需要编报(　)的，应当随同财务会计报表一并报送。(1－7级测试)

A. 相关附表　B. 会计报表附注

C. 财务情况说明书　　D. 审计报告

9. 纳税人办理对纳税人延期申报的核准业务，需要报送（　　）。（1－7级测试）

A. 税务行政许可申请表　　B. 延期申报申请核准表

C. 经办人身份证件　　D. 确有困难不能正常申报的情况说明

10. 下列属于纳税人个人所得税专项附加扣除的项目有：（1－7级测试）

A. 子女教育支出　　B. 继续教育支出

C. 赡养老人支出　　D. 三险一金支出

**三、判断题（判断下列各题正误，正确的打"√"，错误的打"×"。每小题2分，共计20分）**

1. 税收遵从成本是纳税人在遵从税法的活动中不得不承担的费用，不属于税收成本的组成部分。（　　）（1－7级测试）

2. 纳税服务的首要目标莫过于最大限度地降低纳税人的税收遵从成本。（　　）（1－7级测试）

3. 优化纳税服务、提高纳税服务水平是降低遵从成本的根本，纳税服务的每一项工作都有助于纳税人降低税收遵从成本。（　　）（1－7级测试）

4. 房地产开发企业应在取得预售许可证30日内，进行增量房房源信息报告，申报预售许可证所列房源信息。（　　）（1－7级测试）

5. 出口企业因纳税信用级别、海关企业信用管理类别、外汇管理的分类管理等级等发生变化，或者对分类管理类别评定结果有异议的，可以书面向负责评定出口企业管理类别的税务机关提出重新评定出口退（免）税分类管理类别，出口企业所在地市级税务机关应于20个工作日内办结。（　　）（8－11级测试）

6. 企业应当依据《企业所得税法实施条例》规定，每半年准备并按税务机关要求提供其关联交易的同期资料。同期资料包括主体文档、本地文档和特殊事项文档。特殊事项文档包括成本分摊协议特殊事项文档和资本弱化特殊事项文档。（　　）（8－11级测试）

7. 纳税信用为A级的纳税人，可单次发放不超过4个月用量的增值税专用发票。（　　）（1－7级测试）

8. 一般纳税人申请增值税专用发票最高开票限额不超过一百万元的，主管税务机关不需事前进行实地查验。（　　）（1－7级测试）

9. 对已缴纳契税的购房单位和个人，无论是否办理房屋权属变更登记，发生退房的，退还已纳契税。（　　）（1－7级测试）

10. 独立核算的发、供电企业结算缴纳增值税多缴不退，结转下期抵扣或抵减下期应纳税额。（　　）（1－7级测试）

## 四、简答题（共2题，每题5分，共计10分）

1. 对纳税信用评价为A级的纳税人，税务机关予以采取哪些激励措施？（8－11级测试）
2. 纳税服务方式主要包括哪些？（8－11级测试）

## 五、实务题（共3题，每题10分，共计30分）

1. 某日办税服务厅前台窗口，某企业由于财务人员突发重病没有办理交接手续，造成当期增值税专用发票勾选确认但申报表未填写对应进项税额，未按期申报抵扣。企业咨询：（8－11级测试）

（1）此种情形是否符合“未按期申报抵扣增值税扣税凭证抵扣”情形？

（2）如果提出申请，需要报送哪些资料？

（3）受理税务机关是哪一级税务机关？办结时限是多久？

如果你是首问负责人，你该如何回答？

2. 税务机关应采取以下哪些措施，来加强与社会化纳税服务的协作？（8－11级测试）
3. 某信息科技有限公司为增值税一般纳税人，公司于2015年设立，信息技术应税销售额符合加计抵减政策规定。2021年4月该公司发生如下业务：

（1）提供信息技术服务，开具增值税专用发票，注明金额为3 000万元；

（2）将信息技术服务专用设备出租，开具增值税专用发票，注明金额为50万元；

（3）将外购软件产品无偿赠送给其他单位，该批软件产品不含税市场价为35万元；

（4）购进货物一批，取得增值税专用发票，注明金额为600万元，税额为78万元；

（5）从国外进口一台检测设备，关税完税价格为30万元，进口关税税率为5%。已缴纳增值税，取得海关填发增值税专用缴款书；

（6）本单位员工出差发生差旅费，取得航空公司行程单，注明票价共计10万元，机场建设费共计1万元。

假设：上述各项购进业务取得的扣税凭证当月均已勾选抵扣，期初加计抵减税额余额为0，加计抵减税额的比例为10%。（以万元为单位，计算结果保留小数点后两位）

请根据上述资料和税法规定，回答下列问题：

（1）计算该企业当期销项税额。

（2）计算该企业当期进项税额和加计抵减税额。

（3）计算该企业当期应缴纳的增值税税额。

# 模拟试卷（四）答案及解析

## 一、单项选择题

1.【参考答案】D

【解析】根据《国家税务总局关于进一步推行办税公开工作的意见》规定，推进办税公开坚持以公开为原则，不公开为例外。通过办税服务厅、税务网站等渠道向社会公开纳税人的权利与义务、税收政策与办税流程、服务时限与承诺、行政审批事项、纳税信用等级评定、欠税公告、税款核定、投诉举报电话等。但纳税信用等级评定公开，目前纳税信用评价暂时只公开 A 级纳税人名单，对 B、C、D 级名单暂未公开，今后随着社会信用体系建设的需要，也将逐步对外公开。

2.【参考答案】D

【解析】税务部门推送的纳税信用信息，由纳税信用 A 级纳税人名单拓展至纳税信用 A－D 级企业名单、注册地址、经营地址、联系方式、法定代表人信息。

3.【参考答案】B

【解析】依据《国家税务总局关于发布《纳税信用管理办法（试行）》的公告》（国家税务总局公告 2014 年第 40 号）文件要求，纳税信用评价结果的确定和发布遵循谁评价、谁确定、谁发布的原则。

4.【参考答案】A

【解析】经复议的案件，复议机关决定维持原行政行为的，作出原行政行为的行政机关和复议机关是共同被告；复议机关改变原行政行为的，复议机关是被告。

5.【参考答案】B

【解析】根据《纳税服务投诉管理办法》（国家税务总局公告 2019 年第 27 号）第三十三条的规定，服务投诉因情况复杂不能按期办结的，经受理税务机关纳税服务部门负责人批准，可适当延长办理期限，最长不得超过 10 个工作日，同时向转办部门进行说明并向投诉人做好解释。

6.【参考答案】A

【解析】税法宣传，即由税务机关发起，主动向纳税（缴费）人提供税收法律、行政法规、规章、规范性文件及办税流程等信息服务的活动。

7.【参考答案】B

【解析】各地陆续推出了一些由税务机关举办的税法宣传与培训辅导的平台和场所，

这些平台和场所统一的名称应为纳税人学堂。

8.【参考答案】D

【解析】服务具有生产和消费同步性、易消失性、无形性和差异性等特征，纳税服务具备服务的一般性特征。

9.【参考答案】C

【解析】根据《税务师事务所行政登记规程（试行)》规定，选项 A，税务师事务所办理商事登记后，应当向省税务机关办理行政登记。未经行政登记不得使用“税务师事务所”名称，不能享有税务师事务所的合法权益；选项 B，税务机关应当对税务师事务所实施行政登记管理，不是工商部门；选项 D，省税务机关自受理材料之日起 20 个工作日内办理税务师事务所行政登记。

10.【参考答案】B

【解析】从事生产、经营的纳税人应当自开立基本存款账户或者其他存款账户之日起 15 日内，向主管税务机关书面报告其全部账号；发生变化的，应当自发生变化之日起 15 日内，向主管税务机关书面报告。

11.【参考答案】D

【解析】纳税人在省（自治区、直辖市和计划单列市）内跨县（市）临时从事生产经营活动的，是否实施跨区域涉税事项报验管理由各省（自治区、直辖市和计划单列市）税务机关自行确定。

12.【参考答案】A

【解析】主张身份证件被冒用于登记为法定代表人、财务负责人和其他办税人员的，即时办结。

13.【参考答案】A

【解析】纳税人在办理“银税三方（委托）划缴协议”事项前，须先办理完成“存款账户账号报告”事项。

14.【参考答案】B

【解析】根据《国家税务总局关于统一小规模纳税人标准等若干增值税问题的公告》规定，增值税纳税人年应税销售额超过财政部、国家税务总局规定的小规模纳税人标准的，除另有规定外，应当向主管税务机关办理一般纳税人资格登记。年应税销售额是指纳税人在连续不超过 12 个月的经营期内累计应征增值税销售额，其中经营期是指在纳税人存续期内的连续经营期间，含未取得销售收入的月份，年应税销售额包括纳税申报销售额、稽查查补销售额、纳税评估调整销售额、税务机关代开发票销售额和免税销售额。

15.【参考答案】B

【解析】增值税专用发票由国务院税务主管部门确定的企业印制；其他发票，按照国务院税务主管部门的规定，由省、自治区、直辖市税务机关确定的企业印制。

16.【参考答案】C

【解析】发票应当套印全国统一发票监制章。全国统一发票监制章的式样和发票版面印刷的要求，由国务院税务主管部门规定。发票监制章由省、自治区、直辖市税务机关制作。

17.【参考答案】D

【解析】选项D，应为5个工作日内办结；本事项办结时限不包含增值税专用发票（增值税税控系统）最高开票限额审批环节时限。

18.【参考答案】B

【解析】选项A，委托加工的应税消费品，除受托方为个人外，由受托方向机构所在地或者居住地的主管税务机关解缴消费税税款；委托个人加工的应税消费品，由委托方向其机构所在地或者居住地主管税务机关申报纳税。选项C，纳税人（卷烟批发企业除外）总机构和分支机构不在同一县（市）的，应分别向各自机构所在地的主管税务机关申报纳税。选项D，卷烟批发企业的机构所在地，总机构与分支机构不在同一地区的，由总机构申报纳税。

19.【参考答案】A

【解析】选项B，购置已征车辆购置税的车辆自用，不再征收车辆购置税；选项C，纳税人购置应税车辆应当向车辆登记注册地的主管税务机关申报纳税；选项D，符合免税条件的车辆需办理免税申请审批手续，车购办依据免税申请审批表在纳税人办理纳税申报时直接办理免税事宜。

20.【参考答案】A

【解析】小规模纳税人享受六税两费减半优惠，自行申报，资料留存备查。

## 二、多项选择题

1.【参考答案】ACD

【解析】根据《国家税务总局关于纳税人权利与义务的公告》（国家税务总局公告2009年第1号）规定，选项ACD正确。选项B不属于为纳税人保密的信息。

2.【参考答案】ABCD

【解析】广义的纳税服务按照提供主体可以分为4类，即政府及其所属部门（包含税务机关）提供的服务、中介机构（市场）提供的服务、公益组织和志愿者提供的服务、纳税人互助式的服务。

3.【参考答案】AC

【解析】纳税人可通过与税务机关、开户银行签订银税三方（委托）划缴协议，开通委托划缴税款业务，实现税款的快速划缴、高效对账和跟踪查询。

4.【参考答案】AB

【解析】“一照一码”户生产经营地、财务负责人等非市场监管等部门登记信息发生变化时，向主管税务机关申报办理变更。

5.【参考答案】AC

【解析】纳税人对报送材料的真实性和合法性承担责任。

6.【参考答案】BC

【解析】选项A，纳税人提出的行政许可申请事项依法不属于本行政机关职权范围的，办税服务厅不予受理，当场制作并送达《税务行政许可不予受理通知书》，并制作《税务文书送达回证》由纳税人签收。选项D，申请事项属于税务机关管辖范围，但不需要取得税务行政许可的，应当即时告知纳税人不受理，同时告知其解决的途径。

7.【参考答案】BD

【解析】选项A，停业无须缴销发票；选项C，一般纳税人转登记为小规模纳税人，可以继续使用现有增值税税控系统专用设备开具增值税发票，不需要缴销增值税税控系统专用设备和增值税发票。

8.【参考答案】ABCD

【解析】根据《全国税务机关纳税服务规范3.0》的相关规定，纳税人无论有无应税收入、所得和其他应税项目，或者在减免税期间，均必须依照《中华人民共和国税收征收管理法》第二十五条的规定，按其所适用的会计制度编制财务报表，并按规定的时限向主管税务机关报送；其所适用的会计制度规定需要编报相关附表以及会计报表附注、财务情况说明书、审计报告的，应当随同财务会计报表一并报送。

9.【参考答案】AC

【解析】根据《国家税务总局〈关于进一步简化税务行政许可事项办理程序的公告〉》（国家税务总局公告2019年第34号）的相关规定，税务机关办理对纳税人延期申报的核准，不再要求申请人填写《延期申报申请核准表》。税务机关办理对纳税人延期申报的核准，不再要求申请人单独提供确有困难不能正常申报的情况说明，改为申请人在《税务行政许可申请表》中填写申请理由。

10.【参考答案】ABC

【解析】根据《个人所得税专项附加扣除操作办法（试行）》规定，个人所得税专项附加扣除，是指《个人所得税法》规定的子女教育、继续教育、大病医疗、住房贷款利息或者住房租金、赡养老人等6项专项附加扣除。

## 三、判断题

1.【参考答案】×

【解析】税收遵从成本是纳税人在遵从税法的活动中不得不承担的费用，是税收成本的组成部分。

2.【参考答案】×

【解析】纳税服务的首要目标莫过于最大限度地提高纳税人的税收遵从度。

3.【参考答案】√

【解析】为了促使无知性不遵从转化为引导性税收遵从，全面实现税务管理的目标，税务机关必须为纳税人提供纳税服务，优化纳税服务、提高纳税服务水平是降低遵从成本的根本，纳税服务的每一项工作都有助于纳税人降低税收遵从成本。

4.【参考答案】√

【解析】房地产开发企业应在取得预售许可证30日内，进行增量房房源信息报告，申报预售许可证所列房源信息。

5.【参考答案】×

【解析】主管税务机关20个工作日内办结。

6.【参考答案】×

【解析】企业应当依据《企业所得税法实施条例》第一百一十四条的规定，按纳税年度准备并按税务机关要求提供其关联交易的同期资料。同期资料包括主体文档、本地文档和特殊事项文档。特殊事项文档包括成本分摊协议特殊事项文档和资本弱化特殊事项文档。

7.【参考答案】×

【解析】纳税信用为A级的纳税人，可单次发放不超过3个月用量的增值税专用发票。

8.【参考答案】×

【解析】一般纳税人申请增值税专用发票最高开票限额不超过十万元的，主管税务机关不需事前进行实地查验。

9.【参考答案】×

【解析】根据《全国税务机关纳税服务规范3.0》的相关规定，对已缴纳契税的购房单位和个人，在未办理房屋权属变更登记前退房的，退还已纳契税；在办理房屋权属变更登记后退房的，不予退还已纳契税。

10.【参考答案】√

【解析】根据《全国税务机关纳税服务规范3.0》的相关规定，独立核算的发、供电企业结算缴纳增值税多缴不退，结转下期抵扣或抵减下期应纳税额。

## 四、简答题

1.【参考答案】

对纳税信用评价为A级的纳税人，税务机关予以下列激励措施：

（1）主动向社会公告年度A级纳税人名单；

（2）一般纳税人可单次领取3个月的增值税发票用量，需要调整增值税发票用量时即时办理；

（3）普通发票按需领用；

（4）连续3年被评为A级信用级别（简称3连A）的纳税人，除享受以上措施外，还可以由税务机关提供绿色通道或专门人员帮助办理涉税事项；

（5）税务机关与相关部门实施的联合激励措施，以及结合当地实际情况采取的其他激励措施。

2.【参考答案】

纳税服务方式是指纳税服务的具体形式或方法，服务渠道是指交付服务的方法和地点，一般而言，服务方式根据服务渠道不同而表现出差异性。现阶段，纳税服务方式主要包括：（1）窗口服务；（2）电话服务；（3）互联网服务；（4）短信服务；（5）移动新媒体服务。

**五、实务题**

1.【参考答案】（满分10分）

（1）【参考答案】可以申请办理申报抵扣。该纳税人发生真实交易且存在客观原因，属于“增值税一般纳税人取得的增值税扣税凭证已认证、已选择确认或已采集上报信息，但未按照规定期限申报抵扣的”，经税务机关核实后，允许纳税人继续申报抵扣其进项税额。

【解析】注意这里的“客观原因”包括：①因自然灾害、社会突发事件等不可抗力原因造成增值税扣税凭证未按期申报抵扣；②有关司法、行政机关在办理业务或者检查中，扣押、封存纳税人账簿资料，导致纳税人未能按期办理申报手续；③税务机关信息系统、网络故障，导致纳税人未能及时取得认证结果通知书或稽核结果通知书，未能及时办理申报抵扣；④由于企业办税人员伤亡、突发危重疾病或者擅自离职，未能办理交接手续，导致未能按期申报抵扣；⑤国家税务总局规定的其他情形。

（2）【参考答案】企业需要报送资料：《未按期申报抵扣增值税扣税凭证抵扣申请单》1份，已认证增值税扣税凭证清单1份，增值税扣税凭证未按期申报抵扣情况说明及佐证材料1份，未按期申报抵扣增值税扣税凭证复印件1份。

（3）【参考答案】主管税务机关受理后15个工作日内办结。

【解析】依据《全国税务机关纳税服务规范3.0》“发票办理规范”相关事项规定。

2.【参考答案】（满分10分）

税务机关应采取以下5个方面的措施，来加强与社会化纳税服务的协作。

（1）视社会化纳税服务组织为战略合作伙伴。各级税务机关和税务人员应当统一思想认识，正确认识涉税专业服务的作用、意义和地位，将社会化纳税服务组织定位为战略合作伙伴并给予应有的重视和尊重，熟悉了解社会化纳税服务组织的服务规范和服务特点，并提供有针对性的服务和指导。

（2）要更加注重“合作互惠”。税务机关不应触动涉税专业服务的商业利益。要建立税务机关、涉税专业服务、纳税人之间的互惠平台，在保障共同利益的基础上，培育税务机关和涉税专业服务机构的“增强型”合作关系，发挥涉税专业服务机构在完善税制、税收征管方面的作用。

（3）建立工作协调联络和业务指导机制。对政府有关部门、行业协会商会、营利性专业机构、新闻媒体、税务志愿者等各种社会化服务机构，按照服务内容和组织性质的不同实施分类，开展多种形式具有针对性的合作措施。如建立税务机关与营利性专业机构、纳税人三方沟通机制，增加信息对称，及时掌握情况。通过新闻媒体及时发布税务政策、解答公众关注的税务热点，指导营利性专业机构、税务志愿者服务工作，引导和鼓励他们开展多种形式全方位、全领域的税法宣传。同时税务机关应当经常听取各方意见建议，不断改进工作，创新服务方式，改善办税服务设施，优化流程，提高效率，最大限度地降低税收征纳成本。

（4）公平公正实施监督管理。税务机关对税务师事务所依法负有行政监管责任，但不得以任何方式干预税务师事务所及注册税务师依法独立执业，也不得与税务师事务所有不正当经济利益往来。税务机关作为税务师事务所的业务监管部门，要重点在引导扶持、职责界定、监督管理、质量检查、责任追究等方面发挥作用，推进税务师事务所服务层次向深度、广度发展。通过注册税务师服务的市场化、规范化运作，优胜劣汰，从而提高纳税人对税务师事务所服务的认可度和信赖度。

（5）倡导支持纳税服务志愿者组织。现代社会，志愿服务已经为大多数公民所接受，志愿者、义工等服务形式的活动正逐步成为广大公民的自觉行动，以其突出的社会效益受到越来越多的国家政府和社会重视。目前我国一些县、市在当地税务机关引导和帮助下建立起来的志愿者组织，尽管规模不大，组织尚不健全，但是它们以公平、公正、中立、公信力强的形象，无偿且热情周到地为老、弱、病、残和遭受重大自然灾害损失的纳税人服务，赢得了他们的信任，获得了当地党委、政府和社会各界的肯定。税务机关应当积极支持纳税服务志愿者组织，与它们保持紧密的工作联系，适时提供服务工作的指导与组织协调。

3.【参考答案】（满分 10 分）

（1）【解析】企业当期销项税额 $=3\,000\times6\%+50\times13\%+35\times13\%=191.05$（万元）

（2）【解析】企业当期进项税额和加计抵减税额 $=[78+30\times(1+5\%)\times13\%+10\div(1+9\%)\times9\%]\times(1+10\%)=92.22$（万元）

（3）【解析】企业当期应缴纳的增值税税额 $=191.05-92.22=99.83$（万元）

# 模拟试卷（五）

**一、单项选择题（下列各题的备选答案中，只有一个正确选项，请将正确选项的字母填写在括号中，多选、错选、不选均不得分。每小题1分，共计20分）**

1. 纳税人购置不需要办理车辆登记手续的应税车辆，申报纳税地点是(　　)。(1－7级测试)

   A. 车辆登记注册地　　B. 车辆购置地
   
   C. 纳税人所在地的主管税务机关　　D. 车辆上牌落户地

2. 法人纳税人转让房地产需要缴纳土地增值税时，如果房屋坐落地与其经营所在地不一致，纳税地点应选择在(　　)的主管税务机关。(1－7级测试)

   A. 总机构所在地　　B. 房地产坐落地
   
   C. 生产经营所在地　　D. 办理房地产过户手续所在地

3. 纳税期限遇最后一日是法定休假日的，以休假日期满的次日为期限的最后一日；在期限内有连续3日以上法定休假日的，按(　　)天数顺延。(1－7级测试)

   A. 1　　B. 3　　C. 休假日　　D. 休假日加1天

4. 纳税人（不含其他个人）跨地（市、州）提供建筑服务需要在(　　)预缴税款。(1－7级测试)

   A. 注册地主管税务机关
   
   B. 项目所在地的主管税务机关
   
   C. 纳税人主要业务经营地主管税务机关
   
   D. 经营地的主管税务机关

5. 纳税人没有按照税法规定而采取行动的行为，无论此种行为出于故意还是非故意，都称这种行为是(　　)。(1－7级测试)

   A. 税收违法行为　　B. 税收不遵从
   
   C. 税收过失　　D. 税收违规行为

6. 对于税务机关所需的涉税专业服务，应当通过(　　)方式取得。(1－7级测试)

   A. 监管途径　　B. 双方约定　　C. 行业协会　　D. 政府采购

7. 某省税务局转发了《国家税务总局关于严禁插手涉税中介经营活动的通知》，其后，某下属市税务局、县税务局又相继进行了转发。根据转发文件的相关原则和要求，下列标题最为合适的是(　　)。(1－7级测试)

A. ××县税务局转发关于严禁插手涉税中介经营活动的通知

B. ××县税务局关于转发××省税务局关于转发《国家税务总局关于严禁插手涉税中介经营活动的通知》的通知

C. ××县税务局转发国家税务总局关于严禁插手涉税中介经营活动的通知

D. ××县税务局转发××省税务局关于严禁插手涉税中介经营活动的通知

8. 增值税纳税人年应税销售额超过财政部、国家税务总局规定的小规模纳税人标准的，除特殊规定外，应当办理一般纳税人登记。财政部、国家税务总局规定的小规模纳税人标准是(　　)。(1－7级测试)

A. 年应征增值税销售额50万元及以下

B. 年应征增值税销售额80万元及以下

C. 年应征增值税销售额300万元及以下

D. 年应征增值税销售额500万元及以下

9. 纳税人跨省经营活动结束后，应当结清经营地税务机关的应纳税款以及其他涉税事项，向(　　)填报《经营地涉税事项反馈表》。(1－7级测试)

A. 机构所在地税务机关　　B. 经营地税务机关

C. 机构地所属市级税务机关　　D. 机构地所属省级税务机关

10. 根据增值税的有关规定，下列说法中不正确的是(　　)。(1－7级测试)

A. 纳税人年应税销售额超过规定标准的，在申报期结束后15个工作日内按照规定办理登记手续

B. 纳税人年应税销售额超过规定标准的，未按规定时限办理一般纳税人登记手续的，主管税务机关应当在规定期限结束后5个工作日内制作《税务事项通知书》，告知纳税人应当在5个工作日内向主管税务机关办理登记手续

C. 除财政部、国家税务总局另有规定外，纳税人自其选择的一般纳税人资格生效次月起，按照增值税一般计税方法计算应纳税额，并按照规定领用增值税专用发票

D. 个体工商户以外的其他个人年应税销售额超过规定标准的，不需办理一般纳税人资格登记

11. 对于实行纳税辅导期管理的增值税一般纳税人，领用增值税专用发票实行(　　)控制，可以根据纳税人的经营情况核定(　　)专用发票的供应数量，但(　　)发放专用发票数量不得超过(　　)。(1－7级测试)

A. 按次限量；每次；每次；15份　　B. 按次限量；每次；每次；25份

C. 按月限量；每月；每次；15份　　D. 按月限量；每月；每次；25份

12. 印制有本单位名称发票由(　　)审核后办理。(1－7级测试)

A. 主管税务机关　　B. 县级税务机关

C. 市级税务机关　　D. 省级税务机关

13. 下列行为中，属于税务行政处罚的是(　　)。(1－7级测试)

A. 停止出口退税权

B. 书面通知银行或者其他金融机构冻结存款

C. 停止发售发票

D. 对不依法纳税的企业做出纳税信用等级为D级的评定行为

14. 纳税信用信息的主要发布渠道不包括(　　)。(1－7级测试)

A. 资源共享　　B. 政务共享

C. 依申请查询　　D. 有限共享

15. 纳税信用级别设A、B、M、C、D五级。B级纳税信用为年度评价指标得分(　　)。(1－7级测试)

A. 90分及以上　　B. 70分及以上不满90分

C. 40分及以上不满70分　　D. 不满40分或者直接判级确定

16. 税务机关对纳税人开展纳税信用评价，并按照激励守信、惩戒失信的原则，对不同信用级别的纳税人实施分类服务。其中，可以享受"绿色通道"服务的是(　　)。(1－7级测试)

A. A级纳税人　　B. B级纳税人

C. C级纳税人　　D. 连续3年的A级纳税人

17. 纳税人照护3岁以下婴幼儿子女的相关支出，按照每个婴幼儿每月(　　)元的标准定额扣除。(1－7级测试)

A. 500　　B. 800　　C. 1 000　　D. 1 500

18. 税法宣传的最终目的是(　　)。(1－7级测试)

A. 纳税咨询　　B. 税款缴纳　　C. 遵从税法　　D. 税务稽查

19. 为加强税法宣传、提高纳税人满意度，某税务机关成立了纳税人学堂。下列各项关于纳税人学堂办学方式的说法，错误的是(　　)。(8－11级测试)

A. 纳税人学堂采用实体教学和网络教学相结合的方式办学，实体教学为主，网络教学为辅

B. 实体教学通过教学讲座、座谈讨论等形式集中组织纳税人开展学习培训和互动交流

C. 网络教学通过税务机关网络教学平台开展在线学习交流

D. 网络纳税人学堂原则上每个季度应更新教学内容，实体纳税人学堂每个季度应至少开展一次教学活动

20. 12366纳税服务热线工作时间(　　)。(1－7级测试)

A. 实行7×24小时　　B. 与当地税务机关工作时间一致

C. 实行朝九晚五工作制度　　D. 实行工作日×24小时制度

**二、多项选择题（下列各题的备选答案中，至少有两个正确选项，请将正确选项的字母填写在括号中，多选、少选、错选、不选均不得分。每小题 2 分，共计 20 分）**

1. 专业服务机构及其涉税服务人员发生(　　)情形的，由税务机关列为重点监管对象，降低信用等级或纳入信用记录，暂停受理所代理的涉税业务。(1－7 级测试)

A. 违反税收法律、行政法规，造成委托人未缴或者少缴税款，按照《中华人民共和国税收征管法》及其实施细则相关规定被处罚的

B. 未按涉税专业服务相关业务规范执业，出具虚假意见的

C. 采取隐瞒、欺诈、贿赂、串通、回扣等不正当竞争手段承揽业务损害委托人或他人利益的

D. 提供服务业务，谋取一定经济利益的

2. 下列说法属于《全国税务机关纳税服务规范 3.0》中“涉税中介服务”基本规范的有(　　)。(1－7 级测试)

A. 受理注册税务师出具的涉税鉴证报告

B. 在办税服务厅公告依法设立的税务师事务所和注册税务师名单，供纳税人、扣缴义务人查询

C. 税务机关和税务人员不以任何形式参与涉税中介机构经营活动，不强制代理、指定代理

D. 为纳税信用级别为 A 的涉税中介机构及其代理人提供预约办税服务

3. 生产型出口企业管理类别评定一级，须同时具备以下(　　)条件。(1－7 级测试)

A. 企业的生产能力与上一年度申报出口退（免）税规模相匹配

B. 评定时纳税信用级别为 C 级

C. 近 3 年（含评定当年）未发生过虚开增值税专用发票或者其他增值税扣税凭证、骗取出口退税行为

D. 企业内部建立了较为完善的出口退（免）税风险控制体系

4. 关于代开发票作废，以下说法正确的有(　　)。(1－7 级测试)

A. 本事项即时办结

B. 纳税人代开发票后，发生销货退回或销售折让、开票有误、应税服务中止等情形，需作废已代开增值税发票的，可凭已代开发票在代开当月向原代开税务机关提出作废申请

C. 因开具错误、销货退回、销售折让、服务中止等原因，纳税人作废已代开增值税发票或通过开具红字发票处理后，已征收税款的可向税务机关申请抵减下期应纳税额，不予退还

D. 不符合作废条件的，可以通过开具红字发票方式对原代开发票进行对冲处理

5. 关于未按期申报抵扣增值税扣税凭证抵扣申请，纳税人发生真实交易且存在客观原

因，属于下列（　　）情形的，经税务机关核实后，允许纳税人继续申报抵扣其进项税额。（1－7级测试）

A. 增值税一般纳税人取得的增值税扣税凭证未按照规定期限选择确认、申报抵扣的

B. 实行纳税辅导期管理的增值税一般纳税人，取得的增值税扣税凭证稽核比对结果相符但未按照规定期限申报抵扣的

C. 实行海关进口增值税专用缴款书“先比对后抵扣”管理办法的增值税一般纳税人，取得的增值税扣税凭证稽核比对结果相符但未按规定期限申报抵扣的

D. 实行农产品增值税进项税额核定扣除一般纳税人，未按照规定期限及时计算核定扣除进项税额的

6. 税务机关为保障纳税人权益，要求正确对待纳税人的投诉，重视和加强纳税服务质量投诉管理，制定了纳税服务投诉的相关制度。下列做法正确的有（　　）。（1－7级测试）

A. 纳税人进行实名投诉，并提供符合要求的材料，税务机关应当受理

B. 小李拨打12366咨询电话要求匿名投诉，但是其投诉事实不清楚、理由牵强，税务机关可以不受理

C. “营改增”以后，A建筑公司会计小刘对《关于全面推开营业税改征增值税试点的通知》中的某些规定不认同，要求投诉，税务机关应当受理

D. 小美对税务机关已处理完毕的相同事项进行投诉，经上级税务机关复核后维持原处理决定的，税务机关不应当受理

7. 纳税服务部门在受理、处理纳税服务投诉工作中存在一定风险点，例如未按规定受理投诉、未按规定将投诉转交下一环节处理、调查人员应当回避而未回避以及未按规定时限办结投诉事项等。以下措施中能够有效应对上述风险的有（　　）。（8－11级测试）

A. 向纳税人公布负责纳税服务投诉机构的通信地址、税务网站、联系方式和投诉范围、流程

B. 通过建立纳税服务投诉事项登记制度，将投诉时间、投诉人、被投诉人、联系方式、投诉内容、受理情况、办理结果以及回访情况录入12366热线投诉处理模块，做到投诉处理痕迹化，确保处理过程可记录、可保存，责任可追溯

C. 调查人员与投诉事项或者投诉人、被投诉人有利害关系的，应当回避，通过回避制度，做到投诉调查的真实、公正

D. 接到转办的纳税人投诉事项后，立即与投诉人取得联系，满足投诉人要求，协商使其撤诉，杜绝投诉事项发生

8. 纳入12366热线的业务范围包括（　　）。（8－11级测试）

A. 涉税业务办理　　　　B. 涉税业务咨询

C. 行政复议　　　　D. 纳税服务

9. 首问责任制度是指纳税人到税务机关或通过电话等方式办理税费事项或寻求涉及税费事项帮助时，首位接洽的工作人员为纳税人办理或有效指引纳税人完成办理税费事项的制度。纳入首问责任制的税费事项包括(　　)。(8－11 级测试)

A. 税费业务咨询　　　　B. 税收工作建议

C. 税费业务办理　　　　D. 纳税服务投诉

10. 12366 热线绩效测评的服务规范性测评包括：(　　)(8－11 级测试)

A. 语言规范　　　　B. 着装规范

C. 服务态度　　　　D. 语音规范

**三、判断题（判断下列各题正误，正确的打“√”，错误的打“×”。每小题 1 分，共计 20 分）**

1. 纳税人当场提出投诉，事实简单、清楚，不需要进行调查的，税务机关可以即时进行处理，事后应当补填《纳税服务投诉事项登记表》进行备案。(　　)(1－7 级测试)

2. 根据便利纳税人的原则，办税服务场所即办税服务厅的定位可以从空间利用最小化和距离最大化两个方面来衡量。(　　)(1－7 级测试)

3. 纳税服务，是税务机关依法提供的一种无偿的公共服务。(　　)(1－7 级测试)

4. 年应税销售额未超过规定标准的纳税人，会计核算健全，能够提供准确税务资料的，必须向主管税务机关办理一般纳税人资格登记，成为一般纳税人。(　　)(1－7 级测试)

5. 本着有利于纳税人的角度，转登记纳税人尚未申报抵扣的进项税额以及转登记日当期的期末留抵税额可以申请退税或抵减下期应纳税额。(　　)(1－7 级测试)

6. 纳税信用为 M 级的纳税人，可单次发放不超过 2 个月用量的增值税专用发票。(　　)(1－7 级测试)

7. 纳税人采取电话或者当面方式提出投诉的，税务机关在没有告知纳税人的情况下可以对投诉内容进行录音或录像。(　　)(1－7 级测试)

8. 纳税服务投诉情况属实的，责令被投诉人限期改正，并视情节轻重分别给予被投诉人相应的处理：被投诉人应当按照责令改正要求的限期，对投诉事项予以改正，并自限期期满之日起 3 个工作日内将改正结果书面报告作出处理决定的税务机关。(　　)(8－11 级测试)

9. 纳税人学堂是由税务机关主办的，有组织、有计划地为纳税人提供税收法律法规及相关政策规定培训辅导的网络平台和实体场所。办学原则是收费举办、强制参加、课程实用、教学相长。(1－7 级测试)

10. 12366 纳税服务热线电话接通后，应告知咨询员工号（推荐使用系统自动播报咨询员工号）并使用问候语。 （　　）（1－7 级测试）

**四、简答题（共 2 题，每小题 5 分，共计 10 分）**

1. 未按期申报抵扣增值税扣税凭证抵扣申请中，纳税人发生真实交易且存在客观原因包括哪些类型？（8－11 级测试）
2. 纳税服务具有政府服务的一般特征，同时又具有公共服务的个性特征。请简述纳税服务个性特征有哪些。（8－11 级测试）

**五、实务题（共 3 题，每题 10 分，共计 30 分）**

1. 纳税人提交的海关缴款书信息经税务机关数据比对后下发结果，稽核比对结果为相符、不符、缺联、重号、滞留，分别是什么含义？后续纳税人应如何处理？（8－11 级测试）
2. 为增强纳税人纳税意识，提高办税能力，请简述税务机关如何加强税收培训辅导工作。（8－11 级测试）
3. 甲百货商场为增值税一般纳税人，2022 年 5 月发生以下业务：

①采取折扣方式销售一批货物，不含税总价格为 52 000 元，由于对方购买量大，甲商场按原价九折优惠销售，开具的发票金额栏分别注明了销售额和折扣额。

②采取“以旧换新”方式销售金项链一条，新项链含税销售价格 5 763 元，旧项链含税作价 1 356 元，从消费者处收取新旧含税差价款 4 407 元；采取“以旧换新”方式销售冰箱，新冰箱含税销售价格 3 616 元，旧冰箱含税作价 1 243 元，从消费者处收取新旧含税差价款 2 373 元。

③销售自己使用过的 2009 年购入的设备，开具普通发票，取得含税收入 47 460 元，支付不含税运输费 2 000 元，取得运输企业开具的增值税专用发票；另销售自己使用过的 2009 年购入的小汽车，开具普通发票，取得含税收入 86 520 元（该商场未放弃减税），支付不含税运输费 2 200 元，取得运输企业开具的增值税专用发票。

④销售自己使用过的包装箱，取得含税收入 9 040 元，支付不含税运输费 500 元，取得运输企业开具的增值税专用发票。

⑤销售代销货物，取得不含税销售额 234 000 元，尚未取得供货方开具的增值税专用发票。

⑥销售蔬菜取得销售收入 120 000 元，支付不含税运输费 1 200 元，取得运输企业开具的增值税专用发票。销售蔬菜罐头取得不含税销售收入 50 000 元，支付不含税运输费 800 元，取得运输企业开具的增值税专用发票。

⑦销售鸡蛋取得销售收入 40 000 元，支付不含税运输费 1 300 元，取得运输企业开具的增值税专用发票。

⑧以买一赠一方式销售睡衣，顾客购买一套睡衣可获赠一双袜子，睡衣的平均不含税销售价格为 85 元/套，袜子的平均不含税销售价格为 2 元/双，本月共计销售睡衣 10 套。

⑨外购一批油漆用于涂饰本商场职工宿舍墙壁，取得增值税专用发票上注明的价款 20 000 元，增值税 2 600 元，支付不含税运输费 1 300 元，取得运输企业开具的增值税专用发票。

⑩外购一批木制一次性筷子，用于本商场职工食堂，取得增值税专用发票上注明的价款 30 000 元，增值税 3 900 元，支付不含税运输费 1 400 元，取得运输企业开具的增值税专用发票。

⑪外购一批化妆品对外赠送，取得增值税专用发票上注明的价款 40 000 元，增值税 5 200 元，支付不含税运输费 1 500 元，取得运输企业开具的增值税专用发票。

⑫因管理不善导致上月购进的一箱淀粉霉烂变质，该箱淀粉的账面成本为 5 000 元；因管理不善导致上月购进的一箱食用植物油丢失，该箱食用植物油的账面成本为 8 000元。

⑬出租位于本市的一幢 4 年前取得的办公用房，价税合计收取租金 80 000 元，选择简易计税方法。

（已知：上月购进的淀粉和食用植物油均已经抵扣过进项税额；上期留抵税额 20 000元，本月取得的合法票据均在本月抵扣）

要求：根据上述资料，回答下列问题。（8 - 11 级测试）

（1）下列关于甲商场以旧换新业务应缴纳的增值税，正确的有（　　）。

A. 采取“以旧换新”方式销售金项链的增值税为 507 元

B. 采取“以旧换新”方式销售金项链的增值税为 663 元

C. 采取“以旧换新”方式销售冰箱的增值税为 416 元

D. 采取“以旧换新”方式销售冰箱的增值税为 273 元

（2）甲商场当月相关业务涉及的运费，准予凭票抵扣的进项税额为（　　）元。

A. 432　　B. 630　　C. 657　　D. 900

（3）甲商场业务⑫应转出的进项税额为（　　）元。

A. 2 010　　B. 1 690　　C. 1 370　　D. 1 170

（4）甲商场准予抵扣的进项税额为（　　）元。

A. 4 262　　B. 5 430　　C. 24 379　　D. 24 262

（5）甲商场当月的增值税销项税额为（　　）元。

A. 56 483. 31　　B. 55 638. 31　　C. 55 794. 31　　D. 55 740. 1

（6）甲商场当月应缴纳的增值税为（　　）元。

A. 31 478. 1　　B. 33 158. 1　　C. 36 967. 62　　D. 42 065. 83

# 模拟试卷（五）答案及解析

## 一、单项选择题

1.【参考答案】C

【解析】纳税人购置不需要办理车辆登记手续的应税车辆，应当向纳税人所在地的主管税务机关申报纳税。

2.【参考答案】B

【解析】法人纳税人转让房地产，如果转让的房地产坐落地与其机构所在地或经营所在地不在一地，则应在房地产坐落地的主管税务机关申报纳税。

3.【参考答案】C

【解析】根据《全国税务机关纳税服务规范 3.0》“申报纳税规范”的相关规定，纳税期限遇最后一日是法定休假日的，以休假日期满的次日为期限的最后一日；在期限内有连续 3 日以上法定休假日的，按休假日天数顺延。

4.【参考答案】B

【解析】根据《全国税务机关纳税服务规范 3.0》“申报纳税规范”的相关规定，纳税人（不含其他个人）跨地（市、州）提供建筑服务、房地产开发企业预售自行开发的房地产项目、纳税人（不含其他个人）出租与机构所在地不在同一县（市）的不动产等按规定需要在项目所在地或不动产所在地的主管税务机关预缴税款。

5.【参考答案】B

【解析】税收不遵从是指纳税（缴费）人没有按照税法规定而采取行动的行为，无论此种行为出于故意还是非故意。

6.【参考答案】D

【解析】根据《涉税专业服务监管办法（试行）》第十七条，税务机关所需的涉税专业服务，应当通过政府采购方式购买。税务机关和税务人员不得参与或违规干预涉税专业服务机构经营活动。

7.【参考答案】A

【解析】A 选项的标题是符合公文规定的正确合适的标题，BCD 选项的标题都不符合公文中转发文件使用标题的规定。

8.【参考答案】D

【解析】根据《财政部 国家税务总局关于关于统一增值税小规模纳税人标准的通

知》（财税公告〔2018〕33号），自2018年5月1日起，增值税小规模纳税人标准为年应征增值税销售额500万元及以下。

9.【参考答案】B

【解析】根据《国家税务总局关于明确跨区域涉税事项报验管理相关问题的公告》，纳税人跨区域经营活动结束后，应当结清经营地税务机关的应纳税款以及其他涉税事项，向经营地税务机关填报《经营地涉税事项反馈表》。

10.【参考答案】C

【解析】除财政部、国家税务总局另有规定外，纳税人自其选择的一般纳税人资格生效当日起，按照增值税一般计税方法计算应纳税额，并按照规定领用增值税专用发票。

11.【参考答案】B

【解析】对于实行纳税辅导期管理的增值税一般纳税人，领用增值税专用发票实行按次限量控制，可以根据纳税人的经营情况核定每次专用发票的供应数量，但每次发放专用发票数量不得超过25份。

12.【参考答案】A

【解析】用票单位可以向税务机关申请使用印有本单位名称的发票，税务机关确认印有该单位名称发票的种类和数量。由主管税务机关办结。

13.【参考答案】A

【解析】依据《税务行政复议规则》第十四条规定，行政复议机关受理申请人对税务机关下列具体行政行为不服提出的行政复议申请，其中第五项列举了税务行政处罚行为，具体指罚款、没收财物和违法所得以及停止出口退税权。通知银行冻结存款（属于税务强制措施）、停止发售发票以及纳税信用等级评定行为都属于税务机关做出的具体行政行为，它们与处罚的关系是并列的，而非种属关系。

14.【参考答案】A

【解析】纳税信用信息的发布渠道包括社会共享、政务共享、有限共享和依申请查询。

15.【参考答案】B

【解析】纳税信用级别设A、B、M、C、D五级。A级纳税信用为年度评价指标得分90分及以上的；B级纳税信用为年度评价指标得分70分及以上不满90分的；C级纳税信用为年度评价指标得分40分及以上不满70分的；D级纳税信用为年度评价指标得分不满40分或者直接判级确定的；M级新企业年度内无收入且70分以上。

16.【参考答案】D

【解析】根据《国家税务总局关于发布〈纳税信用管理办法（试行）〉的公告》（国家税务总局公告2014年第40号）规定，连续3年被评为A级信用级别的纳税人，可以由税务机关提供“绿色通道”服务或专门人员帮助办理涉税事项。

17.【参考答案】C

【解析】纳税人照护3岁以下婴幼儿子女的相关支出，按照每个婴幼儿每月1 000元的标准定额扣除。

18.【参考答案】C

【解析】税法宣传目的是遵从税法。

19.【参考答案】A

【解析】纳税人学堂采用实体教学和网络教学相结合的方式办学。

20.【参考答案】B

【解析】12366纳税服务热线工作时间与当地税务机关工作时间一致，包括上线准备时间和人工服务时间。

## 二、多项选择题

1.【参考答案】ABD

【解析】根据《国家税务总局关于发布〈涉税专业服务监管办法（试行）〉的公告》（国家税务总局公告2017年第13号）第十八条规定，选项ABD正确。选项C错误，加入税务师协会从事涉税专业服务的会计师事务所、律师事务所、代理记账机构除遵守本行业自律管理规定以外，还要接受税务师行业自律管理规定，即双重遵守规定。

2.【参考答案】ABC

【解析】根据《国家税务总局关于发布〈涉税专业服务监管办法（试行）〉的公告》（国家税务总局公告2017年第13号）第十五条规定，选项ABC正确。

3.【参考答案】ACD

【解析】依据《国家税务总局关于发布修订后的〈出口退（免）税企业分类管理办法〉的公告》（国家税务总局公告2016年第46号）第五条：“一类出口企业的评定标准。（一）生产企业应同时符合下列条件：1. 企业的生产能力与上一年度申报出口退（免）税规模相匹配。2. 近3年（含评定当年）未发生过虚开增值税专用发票或者其他增值税扣税凭证、骗取出口退税行为。3. 评定时纳税信用级别为A级或B级。4. 企业内部建立了较为完善的出口退（免）税风险控制体系”。

4.【参考答案】ABD

【解析】选项C，因开具错误、销货退回、销售折让、服务中止等原因，纳税人作废已代开增值税发票或通过开具红字发票处理后，需退还已征收税款的，可以向税务机关申请退税。

5.【参考答案】BC

【解析】依据《国家税务总局关于未按期申报抵扣增值税扣税凭证有关问题的公告》

（国家税务总局公告2011年第78号），纳税人发生真实交易且存在客观原因，属于下列情形的，经税务机关核实后，允许纳税人继续申报抵扣其进项税额。（1）增值税一般纳税人取得的增值税扣税凭证已认证、已选择确认或已采集上报信息，但未按照规定期限申报抵扣的。（2）实行纳税辅导期管理的增值税一般纳税人，取得的增值税扣税凭证稽核比对结果相符但未按照规定期限申报抵扣的。（3）实行海关进口增值税专用缴款书"先比对后抵扣"管理办法的增值税一般纳税人，取得的增值税扣税凭证稽核比对结果相符但未按规定期限申报抵扣的。

6.【参考答案】ABD

【解析】纳税服务投诉属于下列5种情形的，税务机关不予受理：（1）违反法律、法规、规章有关规定的；（2）针对出台的法律、法规、规章和规范性文件规定进行投诉的；（3）投诉人就税务机关已处理完毕的相同事项进行投诉，经上级税务机关复核后维持原处理决定的；（4）投诉事实不清，没有具体诉求或者有效联络方式，无法核实办理的；（5）不属于《纳税服务投诉管理办法》投诉范围的其他情形。

7.【参考答案】ABC

【解析】根据《国家税务总局关于修订〈纳税服务投诉管理办法〉的公告》（国家税务总局公告2015年第49号）规定，选项ABC符合规定，选项D不符合规定。

8.【参考答案】ABD

【解析】行政复议不属于12366热线的业务范围。

9.【参考答案】ABCD

【解析】纳入首问责任制的税费事项包括：税费业务办理、税费业务咨询、纳税服务投诉和税收工作建议。

10.【参考答案】CD

【解析】12366热线绩效服务规范性采用百分制，包括语音规范和服务态度两部分。

## 三、判断题

1.【参考答案】×

【解析】根据《国家税务总局关于修订〈纳税服务投诉管理办法〉的公告》（国家税务总局公告2015年第49号）规定，纳税人当场提出投诉，事实简单、清楚，不需要进行调查的，税务机关可以即时进行处理，事后应当补填《纳税服务投诉事项处理表》进行备案。

2.【参考答案】×

【解析】纳税人办理增值税一般纳税人资格登记时，兼有销售货物、提供加工修理修配劳务以及应税行为的，应税货物及劳务销售额与应税行为销售额合并计算，适用增值税一般纳税人资格登记标准。

3.【参考答案】×

【解析】根据《国家税务总局纳税服务司关于规范办税服务厅和12366纳税服务热线专窗（专岗）专线设置的通知》的规定，办税服务厅设置窗口有综合服务窗口、清税注销业务专窗和优惠政策落实咨询服务专窗。

4.【参考答案】×

【解析】年应税销售额未超过规定标准的纳税人，会计核算健全，能够提供准确税务资料的，可以向主管税务机关办理一般纳税人资格登记，成为一般纳税人。

5.【参考答案】×

【解析】转登记纳税人尚未申报抵扣的进项税额以及转登记日当期的期末留抵税额，计入“应交税费——待抵扣进项税额”核算。

6.【参考答案】×

【解析】纳税信用为B级的纳税人，可单次发放不超过2个月用量的增值税专用发票。

7.【参考答案】×

【解析】纳税人采取电话或者当面方式提出投诉的，税务机关在告知纳税人的情况下可以对投诉内容进行录音或录像。

8.【参考答案】√

【解析】依据《国家税务总局关于修订〈纳税服务投诉管理办法〉的公告》（国家税务总局公告2015年第49号）和《国家税务总局关于修订〈纳税服务投诉管理办法〉的公告》（国家税务总局公告2019年第27号）之规定。

9.【参考答案】×

【解析】纳税人学堂是由税务机关主办的，有组织、有计划地为纳税人提供税收法律法规及相关政策规定培训辅导的网络平台和实体场所。办学原则是免费举办、自愿参加、课程实用、教学相长。

10.【参考答案】√

【解析】电话接通后，应告知咨询员工号（推荐使用系统自动播报咨询员工号）并使用问候语。

## 四、简答题

1.【参考答案】

未按期申报抵扣增值税扣税凭证抵扣申请中，纳税人发生真实交易且存在客观原因包括如下类型：（1）因自然灾害、社会突发事件等不可抗力原因造成增值税扣税凭证未按期申报抵扣；（2）有关司法、行政机关在办理业务或者检查中，扣押、封存纳税人账簿资料，导致纳税人未能按期办理申报手续；（3）税务机关信息系统、网络故

障，导致纳税人未能及时取得认证结果通知书或稽核结果通知书，未能及时办理申报抵扣；（4）由于企业办税人员伤亡、突发危重疾病或者擅自离职，未能办理交接手续，导致未能按期申报抵扣；（5）国家税务总局规定的其他情形。

2.【参考答案】

纳税服务是由税务机关提供的非营利性服务，具有非常明显的个性特征。

（1）纳税服务的主体是税务机关。纳税服务是税务机关依据法律、法规及相关规定必须履行的法定义务，如果行政不作为，严重者将被追究法律责任。

（2）纳税服务的客体是纳税人。

（3）纳税服务的内容是涉税事项及与税收相关联的事项，具体包括纳税咨询、纳税辅导、税款申报、申报与缴款受理、投诉与争议接待（办理）等内容。

（4）纳税服务的性质是税务机关依法提供的一种无偿的公共服务。纳税服务属于公共服务的范畴，在提供过程中，税务机关应遵循基本公共服务均等化的理念，满足所有纳税人办理涉税事项的合理需要，税务机关应当按照公平、普遍的原则来提供。

（5）纳税服务的目标是帮助纳税人了解税法，提高纳税人的满意度，使纳税人受益或感受便利，这种受益或便利具体表现为获得税收知识，享受政策，减少办税过程中时间、精力、物力成本等，目的是提高税法遵从度。

## 五、实务题

1.（满分10分）

【参考答案】

（1）相符，是指纳税人申请稽核的海关缴款书，其号码与海关已核销的海关缴款书号码一致，并且比对的相关数据也均相同。

不符，是指纳税人申请稽核的海关缴款书，其号码与海关已核销的海关缴款书号码一致，但比对的相关数据有一项或多项不同。

缺联，是指纳税人申请稽核的海关缴款书，在规定的稽核期结束时系统中仍无相对应的海关已核销海关缴款书号码。

重号，是指两个或两个以上的纳税人申请稽核同一份海关缴款书，并且比对的相关数据与海关已核销海关缴款书数据相同。

滞留，是指纳税人申请稽核的海关缴款书，在规定的稽核期内系统中暂无相对应的海关已核销海关缴款书号码，留待下期继续比对。

2. 处理方式：

（1）对于稽核比对结果相符的，允许申报抵扣。

（2）对于稽核比对结果为不符、缺联的海关缴款书，纳税人应当持海关缴款书原件向主管税务机关申请数据修改或核对。属于纳税人数据采集错误的，数据修改后再次进行稽核比对；不属于数据采集错误的，纳税人可向主管税务机关申请数据核对，主管税务机关会同海关进行核查。经核查，海关缴款书票面信息与纳税人实际进口货物业务一致的，纳税人登录选择确认平台查询、选择用于申报抵扣或出口退税的海关缴款书信息。

（3）对于稽核比对结果为重号的海关缴款书，纳税人可向主管税务机关申请核查。经核查，海关缴款书票面信息与纳税人实际进口货物业务一致的，纳税人登录选择确认平台查询、选择用于申报抵扣或出口退税的海关缴款书信息。

（4）对于稽核比对结果为滞留的海关缴款书，可继续参与稽核比对，纳税人不需申请数据核对。

【解析】依据《国家税务总局关于增值税发票管理等有关事项的公告》（国家税务总局公告 2019 年第 33 号）。

2.（满分 10 分）

【答案要点】

（1）加强新办纳税人培训辅导。

（2）根据税收政策变化、纳税人需求、重点工作和阶段性工作，组织纳税人开展税收专题培训辅导。

（3）创新培训辅导实现方式方法，通过网上在线或实体纳税人学堂开展各类培训辅导等。

（4）采取问卷调查、在线留言课堂反馈等形式，收集纳税人意见，了解纳税人的实际需求和关注点。

（5）加强税务教学师资建设等。

3.（满分 10 分）

【参考答案】

（1）【参考答案】AC

【解析】选项 A、B：采取“以旧换新”方式销售金项链的增值税 $=4\ 407\div(1+13\%)\times13\%=507$（元）；选项 C、D：采取“以旧换新”方式销售冰箱的增值税 $=3\ 616\div(1+13\%)\times13\%=416$（元）。

（2）【参考答案】A

【解析】业务③：用于简易计税方法的项目，不得抵扣与其相关的进项税额；

业务⑥和⑦：用于免征增值税项目的运输服务，不得抵扣进项税额；

业务⑨和⑩：用于集体福利的运输服务，不得抵扣进项税额；

支付的运费，准予凭票抵扣的进项税额 $=(2\ 000+500+800+1\ 500)\times9\%=432$（元）。

（3）【参考答案】C

【解析】应转出的进项税额 $=5\ 000\times13\%+8\ 000\times9\%=1\ 370$（元）。

（4）【参考答案】D

【解析】甲商场准予抵扣的进项税额 $= 5\ 200 + 432 - 1\ 370 + 20\ 000 = 24\ 262$（元）。

（5）【参考答案】D

【解析】甲商场当月的增值税销项税额 $= 52\ 000 \times 90\% \times 13\% + 507 + 416 + (47\ 460 + 9\ 040) \div (1 + 13\%) \times 13\% + (234\ 000 + 50\ 000) \times 13\% + 87 \times 10 \times 13\% + 5\ 200 = 55\ 740.1$（元）。

（6）【参考答案】C

【解析】甲商场当月应纳的增值税 $= 55\ 740.1 - 24\ 262 + 86\ 520 \div (1 + 3\%) \times 2\% + 80\ 000 \div (1 + 5\%) \times 5\% = 36\ 967.62$（元）。

# 模拟试卷（六）

**一、单项选择题（下列各题的备选答案中，只有一个正确选项，请将正确选项的字母填写在括号中，多选、错选、不选均不得分。每小题 1 分，共计 20 分）**

1. 纳入首问责任制的业务范围不包括(　　)。(1 – 7 级测试)

A. 涉税业务办理　　B. 涉税业务咨询

C. 税务行政复议　　D. 税收工作建议

2. 下列关于纳税人学堂卡通动漫视频制作，说法不正确的是(　　)。(1 – 7 级测试)

A. 动漫视频中的税务干部卡通形象应当端庄大气、活泼可爱

B. 动漫视频中的场景应当贴近税务干部的工作情景及工作氛围，美观大方、色调和谐

C. 动漫视频制作应当流畅自然，具有亲和力和艺术感染力。画面、声音与字幕表达意思应当同步、保持一致

D. 卡通动漫视频包含片头、片中、片尾。片头应当参照《纳税人学堂卡通动漫片头样板》设计，片尾参照实景课堂视频相关规范制作。视频背景统一为“税徽 + 为国聚财为民收税”

3. 下列事项不属于纳税咨询人员职责的是(　　)。(1 – 7 级测试)

A. 帮助纳税人解决纳税过程申报中遇到的操作问题

B. 解答纳税人有关涉税政策问题

C. 对纳税人进行税收政策宣传

D. 帮助纳税人进行纳税筹划

4. 税收宣传月宣传属于(　　)。(8 – 11 级测试)

A. 日常宣传　　B. 专题宣传　　C. 专项宣传　　D. 纳税咨询

5. 首问责任制明确了纳税人到税务机关或者通过电话等方式办理涉税事项或者寻求涉税帮助时的首问责任人，以下关于首问责任人的表述，正确的应是(　　)。(1 – 7 级测试)

A. 首位接洽的税务工作人员是首问责任人

B. 接受咨询的工作人员是首问责任人

C. 办理涉税业务的工作人员是首问责任人

D. 各级税务机关及其工作人员是首问责任人

6. 在下列各项中，不属于办税服务厅提供的基本服务的是(　　)。(1－7级测试)

A. 同城通办　　B. 全程服务　　C. 提醒服务　　D. 限时服务

7. 自2022年9月1日起，按照《国家税务总局 财政部关于延续实施制造业中小微企业延缓缴纳部分税费有关事项的公告》(2022年第2号) 已享受延缓缴纳税费50%的制造业中型企业和延缓缴纳税费100%的制造业小微企业，其已缓缴税费的缓缴期限届满后继续延长(　　)个月。(8－11级测试)

A. 2个月　　B. 3个月　　C. 4个月　　D. 5个月

8. 税收票证是纳税人实际缴纳税款或者收取退还税款的(　　)。(1－7级测试)

A. 专用发票　　B. 销售凭证　　C. 代征凭证　　D. 法定证明

9. 纳税人对个人所得税《纳税记录》存在异议的，可以向(　　)申请核实。(1－7级测试)

A. 国家税务总局　　B. 12366

C. 该项记录中列明的税务机关　　D. 主管税务机关

10. 纳税人遗失已完税的各种税收票证（《出口货物完税分割单》、印花税票和《印花税票销售凭证》除外)，需要重新开具的，税务机关为其开具(　　)。(1－7级测试)

A. 纳税记录　　B. 税收完税凭证（表格式）

C. 税收完税凭证（文书式）　　D. 税收完税凭证（清单式）

11. 对适用税务注销即办流程的纳税人，资料不齐的，税务机关可在纳税人作出承诺后，采取“承诺制”容缺办理，即时出具清税文书。若纳税人未履行承诺的，税务机关将对其法定代表人、财务负责人纳入纳税信用(　　)。(1－7级测试)

A. C级管理　　B. D级管理

C. 降低一个等级管理　　D. 降低两个等级管理

12. 企业在办理注销登记前，应(　　)计算清算所得，并就其清算所得向税务机关申报并依法缴纳企业所得税。(8－11级测试)

A. 将整个清算期作为一个独立的纳税年度

B. 将清算期与当年度合并为一个纳税年度

C. 清算期结束时间在6月30日前的，将清算期与当年度合并为一个纳税年度

D. 清算期结束时间在6月30日后的，作为一个独立的纳税年度

13.《全国税务机关纳税服务规范（3.0版)》为突出纳税人生命周期特点，将(　　)单独列示。(8－11级测试)

A. 信息报告规范　　B. 税务注销规范

C. 出口退（免）税规范　　D. 信用评价规范

14. 现阶段，为了加强纳税人权益保护，税务机关应当持续推进办税公开，坚持以公开为原则，不公开为例外。下列内容中，目前暂不宜通过办税服务厅、税务网站等渠

道公开的内容是(　　)。(1－7级测试)

A. 行政审批事项　　B. 欠税公告

C. B级纳税人名单　　D. 税款核定

15. 为提高纳税人满意度，税务机关对纳税人提供预约服务，即根据纳税人的合理需求，与纳税人约定适当的时间办理涉税事项。下列关于“预约服务”的表述，正确的是(　　)。(1－7级测试)

A. 纳税人可采取当面预约和电话预约等形式，预约申请一般应提前3~5个工作日提交

B. 预约服务内容包括涉税业务办理、税收政策咨询、纳税服务投诉等事项

C. 对超过预约时间而未到场的，视为纳税人主动放弃预约服务

D. 预约服务的范围由县税务机关确定

16. 如果纳税人对税务人员服务言行不满而进行投诉，下列程序符合服务基本规范的是(　　)。(1－7级测试)

A. 审查——受理——调查——处理——结果反馈

B. 受理——调查——处理——结果反馈

C. 受理——审查——处理——结果反馈

D. 审查——受理——调查——处理

17. 下列关于纳税人学堂视频制作，说法错误的是(　　)。(1－7级测试)

A. 录制现场应当光线充足、安静整洁，避免在镜头中出现与课程无关的内容

B. 授课讲师应着正装，授课时应当使用普通话并保持教态自然、精神饱满、举止得当

C. 视频拍摄应当清晰流畅、画面构图合理、色彩搭配自然

D. 录制视频时可以同期收音，也可以后期配音。录音应使用普通话，语言流畅，语速适中，声音清晰、圆润

18. 依据“特事特办”“急事急办”的原则，纳税人遇到特殊情况时，可以提出预约服务。对于预约服务的理解，以下表述正确的是(　　)。(1－7级测试)

A. 预约服务只能由纳税人发起

B. 预约服务可以由纳税人发起，也可以由税务机关发起

C. 对已受理的预约事项，如发生特殊情况的，经上级税务机关批准，可以单方面解除

D. 对超过预约时间而未到场的纳税人，税务机关要按照相关制度要求对纳税人实行延时服务

19. 县税务机关办税服务厅实行领导值班制，值班领导的范围是：(　　)(1－7级测试)

A. 由办税服务厅负责人和相关股（室）负责人轮流担当

B. 由县税务机关领导和办税服务厅负责人轮流担当

C. 由办税服务厅领导轮流担当

D. 由县税务机关领导和相关股（室）负责人轮流担当

20. 关于突发事件应急处置，说法正确的是(　　)。(8 - 11 级测试)

A. 突发事件发生时，办税服务厅负责人为第一知情人，值班领导为第一处置人

B. 突发事件发生时，首先发现的税务工作人员为第一知情人，办税服务厅负责人为第一处置人

C. 突发事件发生时，首先发现的税务工作人员为第一知情人，值班领导为第一处置人

D. 突发事件发生时，办税服务厅负责人为第一知情人和第一处置人

**二、多项选择题（下列各题的备选答案中，至少有两个正确选项，请将正确选项的字母填写在括号中，多选、少选、错选、不选均不得分。每小题 2 分，共计 20 分）**

1. 语音留言咨询是指 12366 通过语音留言信箱受理纳税人的需求，为纳税人提供纳税（缴费）咨询服务，以下说法错误的有(　　)。(1 - 7 级测试)

A. 咨询员应在纳税人留言当天听取，对启用智能语音服务的，咨询员可直接查阅语音转换的文本

B. 问题表述不清的，咨询员应联系纳税人将问题表述完整，按照纳税人的来电号码或纳税人已在留言中注明电话联系方式，电话回呼

C. 问题表述清楚，1 个工作日内受理并回复纳税人

D. 咨询员电话回呼时，回拨 3 次，对方仍无人接听，或者出现去电号码提示错误等情形无法联系对方的，可视同已处理

2. 电话回呼是 12366 通过人工语音采取主动呼出的方式向纳税人提供纳税服务。包括(　　)。(8 - 11 级测试)

A. 留言回呼　　B. 纠错回呼

C. 承诺回呼　　D. 遇忙（呼损）回呼

3. 税务机关推行办税公开的范围，应与公开事项涉及的对象相适应，实行(　　)。(1 - 7 级测试)

A. 主动公开　　B. 依申请公开

C. 部分公开　　D. 选择性公开

4. 下列各项是办税服务厅突发事件应急处置原则的有(　　)。(1 - 7 级测试)

A. 以人为本　　B. 预防为主　　C. 果断处置　　D. 事先干预

5. 减免税享受形式包括以下(　　)情形。(1 - 7 级测试)

A. 申报享受税收减免　　B. 税收减免

C. 税收减免核准　　D. 税收减免审批

6. 关于涉税事项全国通办的范围，下列说法中，不正确的有(　　)。(1 - 7 级测试)

A. 申报纳税办理，包括欠税人处置不动产或大额资产的报告

B. 申报纳税办理，包括增值税、消费税纳税申报、发包出租情况报告

C. 优惠备案办理，包括增值税、消费税、企业所得税、契税等税种优惠备案

D. 证明办理，包括完税证明开具、开具个人所得税完税证明

7. 以下情形不适用完税证明开具业务事项的有(　　)。(1－7 级测试)

A. 纳税人遗失“出口货物完税分割单”

B. 纳税人印花税票和“印花税票销售凭证”

C. 纳税人通过保险机构缴纳车船税需要开具完税凭证

D. 纳税人通过横向联网电子缴税系统划缴税款需要取得税收票证

8. 依据《全国税务机关纳税服务规范 3.0》，关于税务注销规范说法，正确的是(　　)。(1－7 级测试)

A. 纳税人对报送材料的真实性和合法性承担责任

B. 纳税人使用符合电子签名法规定条件的电子签名，与手写签名或者盖章具有同等法律效力

C. 办税服务厅或电子税务局接收资料信息，核对资料信息是否齐全、是否符合法定形式、填写内容是否完整，符合的即时受理；对资料不齐全、不符合法定形式或填写内容不完整的，一次性告知应补正资料或不予受理原因

D. 税务机关实行“一窗受理、内部流转、限时办结、窗口出件”的“套餐式”服务模式

9. 下列哪种情形属于服务质效投诉(　　)。(8－11 级测试)

A. 税务人员小李，未准确答复纳税人咨询的问题，导致纳税人办税资料准确不齐全，跑了 2 次才办理好业务

B. 税务人员小王，未按办税事项“最多跑一次”服务承诺办理涉税业务，导致投诉

C. 税务人员小张，没有同意纳税人插队办税要求，被纳税人投诉不懂变通，服务有问题

D. 某税务局自助办税厅 2 台自助办税终端损坏，无法使用，导致纳税人在自助办税终端机上无法开票

10. 咨询专家对 12366 知识库的审核方式有(　　)。(8－11 级测试)

A. 日常审核　　B. 集中审核　　C. 案头审核　　D. 现场审核

## 三、判断题（判断下列各题正误，正确的打“√”，错误的打“×”。每小题 2 分，共计 20 分）

1. 12366 纳税服务热线知识库是 12366 工作人员向纳税人提供涉税咨询服务的主要依据和税法宣传的重要素材，但不能为税务机关工作人员咨询解答、税收征管、行政执法提供参考。(　　)(1－7 级测试)

2. 纳税人学堂视频发布前应当通过相关业务部门权威性审核，确保内容准确有效。（　）（1－7级测试）
3. 企业享受研发费用加计扣除政策采取“真实发生、系统判别、申报享受、相关资料留存备查”的办理方式。（　）（8－11级测试）
4. 最新的制造业中小微企业继续延缓缴纳部分税费相关规定中，延缓缴纳的税费包括所属期为2021年11月、12月，2022年2月、3月、4月、5月、6月（按月缴纳）或者2021年第四季度，2022年第一季度、第二季度（按季缴纳）已按规定缓缴的企业所得税、个人所得税、国内增值税、国内消费税及附征的城市维护建设税、教育费附加、地方教育附加，包括代扣代缴、代收代缴以及向税务机关申请代开发票时缴纳的税费。（　）（8－11级测试）
5. 对法律援助人员按照《中华人民共和国法律援助法》规定获得的法律援助补贴，免征增值税和个人所得税。（　）（1－7级测试）
6. 经人民法院裁定宣告破产的纳税人，持人民法院终结破产程序裁定书向税务机关申请税务注销的，税务机关即时出具清税文书，按照有关规定核销“死欠”。（　）（1－7级测试）
7. 纳税人因非主观故意的计算公式运用错误以及明显的笔误造成未缴或者少缴税款的，也将影响其纳税信用评价得分。（　）（1－7级测试）
8. 税务机关应当建立纳税服务投诉事项登记制度，将投诉时间、投诉人、被投诉人、联系方式、投诉内容、受理情况以及办理结果等有关内容录入《纳税服务投诉事项处理表》。（　）（1－7级测试）
9. 税务机关应遵循基本公共服务均等化的理念，立足经济欠发达地区，重点维护和满足弱势群体的需求，以寻求纳税服务的均等化。（　）（1－7级测试）
10. 法规部门应当在税收政策类文件发布当月，将文件传递至本级12366知识库管理部门。（　）（1－7级测试）

**四、简答题（共2题，每小题5分，共计10分）**

1. 有哪些情形的纳税人，本评价年度纳税信用直接判为D级？（8－11级测试）
2. 国家税务总局关于发布的第一批《税务行政处罚“首违不罚”事项清单》包括哪些事项？（8－11级测试）

**五、实务题（共3题，每题10分，共计30分）**

1. 2022年5月11日上午，正值纳税申报期，在某市税务局办税服务厅，人来人往，突然发生一起爆炸事件。随后，媒体记者也前来采访。作为分管领导，请你思考：

（1）怎样应对爆炸事件？

（2）面对媒体，应注意什么？（8－11级测试）

2. 实务中关于红字增值税专用发票开具，很多纳税人感到很困惑，有纳税人咨询以下问题，请回答：（8－11级测试）

（1）开具红字增值税专用发票，需由纳税人提交《开具红字增值税专用发票信息表》，哪些情形由销货方纳税人提交，哪些情形由购货方纳税人提交？

（2）哪些情形可以开具红字增值税专用发票？

（3）简述开具红字增值税专用发票流程。

（4）开具红字增值税普通发票、红字机动车销售统一发票与红字增值税专用发票有哪些区别？

3. 为进一步优化纳税服务，提高工作效率，提升服务针对性，推进纳税服务厅整体工作上台阶，某县税务局于2021年1月10日到2021年3月31日通过门户网站进行了“某县税务局办税服务厅纳税人满意度调查”。参与调查人数为110人，调查汇总数据如下：

（1）对办税服务厅环境及配套服务设施满意的有80人，不满意的有20人；

（2）对办税服务厅人员服务意识和服务言行满意的有60人，不满意的有30人；

（3）对办税服务厅公布信息资料明晰度满意的有60人，不满意的有40人；

（4）对办税服务厅办事效率满意的和不满意的各有50人；

（5）对办税服务厅办事流程满意的有40人，不满意的有60人；

（6）对窗口工作人员的业务操作熟练度满意的有50人，不满意的有40人。

要求：请根据上述所给材料，并结合纳税服务工作实际情况，对纳税人满意度调查数据反映的基本情况进行分析。（8－11级测试）

# 模拟试卷（六）答案及解析

## 一、单项选择题

1.【参考答案】C

【解析】纳入首问责任制的业务范围包括：涉税业务办理、涉税业务咨询、纳税服务投诉和税收工作建议。

2.【参考答案】D

【解析】卡通动漫视频包含片头、片中、片尾。片头应当参照《纳税人学堂卡通动漫片头样板》设计，片尾参照实景课堂视频相关规范制作。视频背景由各地自行确定。

3.【参考答案】D

【解析】纳税筹划不是税务机关的工作职责。

4.【参考答案】B

【解析】税收宣传月宣传属于专题宣传。

5.【参考答案】A

【解析】根据《税务系统首问责任制（试行）》（税总发〔2014〕59 号）第二条第二款规定："首问责任人是指纳税人到税务机关或通过电话等方式办理涉税事项或寻求涉税帮助时，首位接洽的税务工作人员。"

6.【参考答案】A

【解析】办税服务厅提供的基本服务包括导税服务、全程服务、限时服务、延时服务、预约服务、提醒服务等，升级服务包括网上办税、联合办税、同城通办等。

7.【参考答案】C

【解析】根据《国家税务总局 财政部关于制造业中小微企业继续延缓缴纳部分税费有关事项的公告》，自 2022 年 9 月 1 日起，按照《国家税务总局 财政部关于延续实施制造业中小微企业延缓缴纳部分税费有关事项的公告》（国家税务总局公告 2022 年第 2 号）已享受延缓缴纳税费 50% 的制造业中型企业和延缓缴纳税费 100% 的制造业小微企业，其已缓缴税费的缓缴期限届满后继续延长 4 个月。

8.【参考答案】D

【解析】根据《税收票证管理办法》（国家税务总局令第 28 号公布，国家税务总局令第 48 号修改）相关规定，税收票证是纳税人实际缴纳税款或者收取退还税款的法定证明。

9.【参考答案】C

【解析】根据《国家税务总局关于将个人所得税〈税收完税证明〉（文书式）调整为〈纳税记录〉有关事项的公告》（国家税务总局公告2018年第55号），纳税人对个人所得税《纳税记录》存在异议的，可以向该项记录中列明的税务机关申请核实。

10.【参考答案】B

【解析】根据《税收票证管理办法》（国家税务总局令第28号公布，国家税务总局令第48号修改）相关规定，纳税人遗失已完税的各种税收票证（《出口货物完税分割单》、印花税票和《印花税票销售凭证》除外），需要重新开具的，税务机关为其开具的税收完税证明为表格式。

11.【参考答案】B

【解析】若纳税人未履行承诺的，税务机关将对其法定代表人、财务负责人纳入纳税信用D级管理。

12.【参考答案】A

【解析】《财政部、国家税务总局关于企业清算业务企业所得税处理若干问题的通知》第四条第二款规定，企业应将整个清算期作为一个独立的纳税年度计算清算所得

13.【参考答案】B

【解析】《全国税务机关纳税服务规范（3.0版）》为突出纳税人生命周期特点，将税务注销规范单独列示。

14.【参考答案】C

【解析】根据《国家税务总局关于进一步推行办税公开工作的意见》规定，推进办税公开坚持以公开为原则，不公开为例外。通过办税服务厅、税务网站等渠道向社会公开纳税人的权利与义务、税收政策与办税流程、服务时限与承诺、行政审批事项、纳税信用等级评定、欠税公告、税款核定、投诉举报电话等。但纳税信用等级评定公开，目前纳税信用评价暂时只公开A级纳税人名单，对B、C、D级名单暂未公开，今后随着社会信用体系建设的需要，也将逐步对外公开。

15.【参考答案】C

【解析】《全国税务机关纳税服务规范》对预约服务基本规范的规定为：

（1）根据纳税人的合理需求，与纳税人约定适当的时间办理涉税事项。

（2）纳税人可采取当面预约和电话预约等形式，预约申请一般应提前1~3个工作日提交。

（3）预约服务内容包括涉税业务办理、税收政策咨询等事项。

（4）税务机关建立预约服务登记，对已确定预约服务的，税务人员不得单方面解除。因特殊情况需解除预约的，税务人员应当主动与纳税人协商解决，并重新安排预约时间。对超过预约时间而未到场的，视为纳税人主动放弃预约服务。

（5）预约服务的范围由省税务机关确定。通过税务网站、手机客户端等渠道提供

预约申请服务。

16.【参考答案】A

【解析】依据《国家税务总局关于修订〈纳税服务投诉管理办法〉的公告》（国家税务总局公告 2015 年第 49 号）和《国家税务总局关于修订〈纳税服务投诉管理办法〉的公告》（国家税务总局公告 2019 年第 27 号）规定。

17.【参考答案】B

【解析】授课讲师为税务干部的，应着税服；为专家学者、高校教授、涉税中介等其他身份的，应着正装。讲师授课时应当使用普通话并保持教态自然、精神饱满、举止得当。

18.【参考答案】B

【解析】根据《国家税务总局关于完善办税服务相关制度的通知》（税总发〔2016〕41 号）规定："预约服务可以由纳税人发起，也可以由税务机关发起，服务时间由双方协商约定。"

19.【参考答案】D

【解析】办税服务厅实行领导值班制，值班领导由县税务机关领导和相关股（室）负责人轮流担当，并设置领导值班标识。

20.【参考答案】B

【解析】突发事件发生时，首先发现的税务工作人员为第一知情人，办税服务厅负责人为第一处置人，第一知情人应及时向第一处置人和应急工作领导小组报告，确保应急预案及时启动。

## 二、多项选择题

1.【参考答案】ACD

【解析】选项 A 咨询员应在纳税人留言的 1 个工作日内听取，对启用智能语音服务的，咨询员可直接查阅语音转换的文本。选项 C 根据纳税人的问题内容，判断其是否属于 12366 咨询服务受理范围。不属于受理范围的，咨询员应联系纳税人告知不予受理的理由。选项 D 咨询员电话回呼时，在 1 个工作日不同时段内回拨 3 次，对方仍无人接听，或者出现去电号码提示错误等情形无法联系对方的，可视同已处理。

2.【参考答案】ABCD

【解析】电话回呼包括留言回呼、纠错回呼、承诺回呼、遇忙（呼损）回呼等。

3.【参考答案】AB

【解析】根据办税公开相关规定，选项 AB 可选。选项 CD 不符合税收公平主义，不符合办税公开精神内涵。

4.【参考答案】ABC

【解析】突发事件具有偶发性、不确定性、紧迫性等特点，不可能实现事先干预，因此选项D不属于突发事件应急处置原则。

5.【参考答案】ABC

【解析】减免税享受形式分为申报享受税收减免、税收减免备案、税收减免核准3种。

6.【参考答案】BC

【解析】根据《国家税务总局关于跨省经营企业涉税事项全国通办的通知》(税总发〔2017〕102号)规定，选项AD正确。选项B不正确，申报纳税办理暂时不能实现增值税、消费税申报纳税。选项C说法不正确，根据税法规定，由总机构统一备案的企业所得税优惠备案事项暂时不实行涉税事项全国通办。

7.【参考答案】AB

【解析】根据《税收票证管理办法》(国家税务总局令第28号公布，国家税务总局令第48号修改)相关规定，选项AB正确。

8.【参考答案】ABCD

【解析】纳税人对报送材料的真实性和合法性承担责任；纳税人使用符合电子签名法规定条件的电子签名，与手写签名或者盖章具有同等法律效力；办税服务厅或电子税务局接收资料信息，核对资料信息是否齐全、是否符合法定形式、填写内容是否完整，符合的即时受理；对资料不齐全、不符合法定形式或填写内容不完整的，一次性告知应补正资料或不予受理原因。实行“一窗受理、内部流转、限时办结、窗口出件”的“套餐式”服务模式。

9.【参考答案】ABD

【解析】《国家税务总局关于修订〈纳税服务投诉管理办法〉的公告》(国家税务局公告2019年第27号)第十一条明确了服务质效投诉的6种情形。

10.【参考答案】AB

【解析】咨询专家对12366知识库的审核采取日常审核和集中审核相结合的方式进行。

## 三、判断题

1.【参考答案】×

【解析】根据《国家税务总局关于印发〈12366税收知识库管理办法〉的通知》规定，知识库是12366工作人员向纳税人提供涉税咨询服务的主要依据和税法宣传的重要素材，也为税务机关工作人员咨询解答、税收征管、行政执法提供参考。

2.【参考答案】√

【解析】纳税人学堂视频发布前应当通过相关业务部门权威性审核，确保内容准确有效。

3.【参考答案】×

【解析】企业享受研发费用加计扣除政策采取“真实发生、自行判别、申报享受、相关资料留存备查”的办理方式。

4.【参考答案】×

【解析】根据《国家税务总局 财政部关于制造业中小微企业继续延缓缴纳部分税费有关事项的公告》规定，延缓缴纳的税费包括所属期为2021年11月、12月，2022年2月、3月、4月、5月、6月（按月缴纳）或者2021年第四季度，2022年第一季度、第二季度（按季缴纳）已按规定缓缴的企业所得税、个人所得税、国内增值税、国内消费税及附征的城市维护建设税、教育费附加、地方教育附加，不包括代扣代缴、代收代缴以及向税务机关申请代开发票时缴纳的税费。

5.【参考答案】√

【解析】依据《财政部 税务总局关于法律援助补贴有关税收政策的公告》相关规定，对法律援助人员按照《中华人民共和国法律援助法》规定获得的法律援助补贴，免征增值税和个人所得税。

6.【参考答案】√

【解析】经人民法院裁定宣告破产的纳税人，持人民法院终结破产程序裁定书向税务机关申请税务注销的，税务机关即时出具清税文书，按照有关规定核销“死欠”。

7.【参考答案】×

【解析】非主观故意的计算公式运用错误以及明显的笔误造成未缴或者少缴税款的，不影响其纳税信用评价。

8.【参考答案】√

【解析】依据《国家税务总局关于修订〈纳税服务投诉管理办法〉的公告》（国家税务总局公告2015年第49号）和《国家税务总局关于修订〈纳税服务投诉管理办法〉的公告》（国家税务总局公告2019年第27号）的规定。

9.【参考答案】×

【解析】纳税服务的性质是税务机关依法提供的一种无偿的公共服务，提供过程中，税务机关应遵循基本公共服务均等化的理念，满足所有纳税人办理涉税事项的合理需要，税务机关应当按照公平、普遍的原则来提供。

10.【参考答案】×

【解析】各级税务机关业务部门应当在税收政策类文件发布当日，将文件传递至本级12366知识库管理部门。

## 四、简答题

1.【参考答案】

有下列情形之一的纳税人，本评价年度纳税信用直接判为D级：

（1）存在逃避缴纳税款、逃避追缴欠税、骗取出口退税、虚开增值税专用发票等行为，经判决构成涉税犯罪的；

（2）存在前项所列行为，未构成犯罪，但偷税（逃避缴纳税款）金额10万元以上且占各税种应纳税总额10%以上，或者存在逃避追缴欠税、骗取出口退税、虚开增值税专用发票等税收违法行为，已缴纳税款、滞纳金、罚款的；

（3）在规定期限内未按税务机关处理结论缴纳或者足额缴纳税款、滞纳金和罚款的；

（4）以暴力、威胁方法拒不缴纳税款或者拒绝、阻挠税务机关依法实施税务稽查执法行为的；

（5）存在违反增值税发票管理规定或者违反其他发票管理规定的行为，导致其他单位或者个人未缴、少缴或者骗取税款的；

（6）提供虚假申报材料享受税收优惠政策的；

（7）骗取国家出口退税款，被停止出口退（免）税资格未到期的；

（8）有非正常户记录或者由非正常户直接责任人员注册登记或者负责经营的；

（9）由D级纳税人的直接责任人员注册登记或者负责经营的；

（10）存在税务机关依法认定的其他严重失信情形的。

2.【参考答案】

《国家税务总局关于发布〈税务行政处罚“首违不罚”事项清单〉的公告》（国家税务总局公告2021年第6号）：

（1）纳税人未按照税收征收管理法及实施细则等有关规定将其全部银行账号向税务机关报送；

（2）纳税人未按照税收征收管理法及实施细则等有关规定设置、保管账簿或者保管记账凭证和有关资料；

（3）纳税人未按照税收征收管理法及实施细则等有关规定的期限办理纳税申报和报送纳税资料；

（4）纳税人使用税控装置开具发票，未按照税收征收管理法及实施细则、发票管理办法等有关规定的期限向主管税务机关报送开具发票的数据且没有违法所得；

（5）纳税人未按照税收征收管理法及实施细则、发票管理办法等有关规定取得发票，以其他凭证代替发票使用且没有违法所得；

（6）纳税人未按照税收征收管理法及实施细则、发票管理办法等有关规定缴销发票且没有违法所得；

（7）扣缴义务人未按照税收征收管理法及实施细则等有关规定设置、保管代扣代缴、代收代缴税款账簿或者保管代扣代缴、代收代缴税款记账凭证及有关资料；

（8）扣缴义务人未按照税收征收管理法及实施细则等有关规定的期限报送代扣代缴、代收代缴税款有关资料；

（9）扣缴义务人未按照《税收票证管理办法》的规定开具税收票证；

（10）境内机构或个人向非居民发包工程作业或劳务项目，未按照《非居民承包工程作业和提供劳务税收管理暂行办法》的规定向主管税务机关报告有关事项。

**五、实务题**

1.（1）【参考答案】①以人为本，组织保护人员安全、撤离现场人员为第一要务；

②拨打110报警电话和120急救电话、向突发事件应急领导小组负责人报告、尽力救助现场受伤人员（等待救援人员或组织就近送医院）；

③保护现场，启动相关突发事件应急预案；

④事后进行实事求是的总结，根据情况及时完善应急预案。

（2）①理性面对。重视媒体应对工作；

②礼貌接待，有礼有节；

③统一口径，不说假话；不擅自答复媒体。

2.（1）【参考答案】销货方填开《开具红字增值税专用发票信息表》的情形：

①销售方开具专用发票尚未交付购买方；

②购买方未用于申报抵扣并将发票联及抵扣联退回的。

购货方填《开具红字增值税专用发票信息表》的情形：

①购买方取得专用发票已用于申报抵扣的；

②购买方取得专用发票未用于申报抵扣但发票联或抵扣联无法退回的。

（2）【参考答案】开具增值税专用发票后，发生销货退回、开票有误、应税服务中止等情形但不符合发票作废条件，或者因销货部分退回及发生销售折让。

（3）【参考答案】

第一步，购买方或销货方在增值税发票管理新系统中填开并上传《开具红字增值税专用发票信息表》。

第二步，主管税务机关通过网络接收纳税人上传的《开具红字增值税专用发票信息表》，系统自动校验通过后，生成带有“红字发票信息表编号”的《开具红字增值税专用发票信息表》，并将信息同步至纳税人端系统中。

第三步，销售方凭税务机关系统校验通过的《开具红字增值税专用发票信息表》开具红字专用发票，在新系统中以销项负数开具。红字专用发票应与《开具红字增值税专用发票信息表》一一对应。纳税人也可凭《开具红字增值税专用发票信息表》电子信息或纸质资料到税务机关对《开具红字增值税专用发票信息表》内容进行系统校验。

（4）【参考答案】

①开具红字增值税普通发票、红字机动车销售统一发票，无须填开《开具红字增值税专用发票信息表》。

②开具红字增值税普通发票的，可以在所对应的蓝字发票金额范围内开具多份红

字发票。红字机动车销售统一发票需与原蓝字机动车销售统一发票一一对应。红字专用发票应与《开具红字增值税专用发票信息表》一一对应。

【解析】依据《国家税务总局关于红字增值税发票开具有关问题的公告》（国家税务总局公告 2016 年第 47 号）。

3.【参考答案】

（1）参与调查的网民对办税服务厅环境及配套服务设施满意的有 80 人，占比为 72.73%，表明了大多数纳税人对当前办税服务厅设置的自助办税系统、导税台、排队叫号机等环境及配套服务设施比较满意。参与调查的网民中有 20 人（占比为 18.18%）表示不满意，表明了办税服务厅还需进一步加强环境及配套服务设施建设。

（2）参与调查的网民对办税服务厅人员服务意识和服务言行满意的有 60 人，占比为 54.55%，不满意的有 30 人，占比为 27.27%，表明了多数纳税人对办税服务厅人员的服务意识和服务言行满意，但服务意识和态度还有待提升。

（3）参与调查的网民对办税服务厅公布信息资料明晰度满意的有 60 人，占比为 54.55%，不满意的有 40 人，占比为 36.36%，表明了办税服务厅公布的信息资料不够详尽，在今后的工作中应当增加涉税信息的发布量，并力求信息发布及时、明晰。

（4）参与调查的网民对办税服务厅办事效率满意的和不满意的各有 50 人，占比均为 45.45%，表明了办税服务厅工作效率不高，存在拖沓现象，在下一步工作中应当加强整改。

（5）参与调查的网民对办税服务厅办事流程满意的有 40 人，占比为 36.36%，不满意的有 60 人，占比为 54.55%，不满意的人数过半，表明了办税服务厅办事流程不够精简，在下一步工作要切实加以改进。

（6）参与调查的网民对窗口工作人员的业务操作熟练度满意的有 50 人，占比为 45.45%，不满意的有 40 人，占比为 36.36%，表明了工作人员业务操作不够熟练，还须加强培训学习，在“快”和“准”上下功夫。

总体来看，网民对办税服务厅的各项工作比较满意，尤其是环境及配套服务设施方面。但也存在一定的问题，主要体现在办事流程和工作效率上，通过反映出的问题，为做好纳税服务工作提供了针对性。在下一步工作中，要按照简政放权、便民办税的总体要求，深化税务行政审批制度改革，精简审批项目和办事流程，提升工作效率，增强纳税服务意识，优化纳税服务，切实提高纳税人满意度。

# 模拟试卷（七）

## 一、单项选择题（下列各题的备选答案中，只有一个正确选项，请将正确选项的字母填写在括号中，多选、错选、不选均不得分。每小题1分，共计20分）

1. 以下哪项享受耕地占用税免税政策？（　　）（1－7级测试）

   A. 飞机场跑道　　B. 停机坪

   C. 港口　　D. 社会福利机构

2. 享受耕地占用税税收优惠的适用哪种管理方式？（　　）

   A. 备案管理　　B. 以报代备　　C. 核准　　D. 留存备查

3. 涉税专业服务机构向税务机关报送从事涉税专业服务总体情况的形式是（　　）。（1－7级测试）

   A. 月度报告　　B. 季度报告　　C. 半年度报告　　D. 年度报告

4. 为营造良好的营商环境，警惕借减税服务巧立名目乱收费现象，自2019年3月26日起，税务机关全面排查第三方借减税降费服务巧立名目乱收费行为。重点排查的内容不包括（　　）。（8－11级测试）

   A. 是否仍存在第三方平台违反自愿原则强制纳税人购买增值服务

   B. 是否存在服务单位按规定正常收取服务费

   C. 是否存在服务单位借销售税控专用设备之机违规捆绑销售设备、软件、其他商品

   D. 是否存在第三方利用垄断地位乱收费谋取不正当利益

5. 对购置日期在2022年6月1日至2022年12月31日期间内且单车价格（不含增值税）不超过（　　）的2.0升及以下排量乘用车，减半征收车辆购置税。（1－7级测试）

   A. 10万元　　B. 15万元　　C. 20万元　　D. 30万元

6. 纳税人跨省（自治区、直辖市和计划单列市）临时从事生产经营活动的，向（　　）填报《跨区域涉税事项报告表》。（1－7级测试）

   A. 机构所在地税务机关　　B. 经营地税务机关

   C. 机构地所属市级税务机关　　D. 机构地所属省级税务机关

7. 开具发票的单位和个人应当按照税务机关的规定存放和保管发票，不得擅自损毁。已经开具的发票存根联和发票领用簿，应当保存（　　）。（1－7级测试）

   A. 3年　　B. 5年　　C. 10年　　D. 15年

8. 对于实行纳税辅导期管理的增值税一般纳税人，一个月内多次领用专用发票的，应从当月第二次领用专用发票起，按照上一次已领用并开具的专用发票销售额的(　　)预缴增值税，未预缴增值税的，主管税务机关不得向其发放专用发票。(8－11级测试)

A. 1%　　B. 1.5%　　C. 3%　　D. 6%

9. 依据车辆购置税的有关规定，下列说法中正确的是(　　)。(1－7级测试)

A. 车辆购置税实行统一比例税率

B. 车辆购置税的纳税地点一律为纳税人所在地

C. 车辆购置税是对所有购置车辆的使用行为征税

D. 车辆购置税的征税环节为车辆的出厂环节

10. 非居民个人指在中国境内无住所又不居住，或者无住所而一个纳税年度内在中国境内居住累计不满(　　)天的个人。无住所个人一个纳税年度内在中国境内累计居住天数，按照个人在中国境内累计停留的天数计算。(1－7级测试)

A. 90　　B. 180　　C. 183　　D. 193

11. 单位和个体工商户（不含其他个人）发生二手房交易，在税务机关缴纳完毕后，应向(　　)履行纳税申报义务，申报其二手房交易销售额并扣减已缴税额。(1－7级测试)

A. 注册地主管税务机关

B. 房产所在地主管税务机关

C. 户籍地主管税务机关

D. 购买方主管税务机关

12. 扣缴义务人应依照有关规定，向居民个人支付综合所得时，不论其是否属于本单位人员、支付的应税所得是否达到纳税标准，应当办理全员全额扣缴申报，在代扣税款的(　　)内，向主管税务机关报送其支付所得的所有个人的有关信息、支付所得数额、扣除事项和数额、扣缴税款的具体数额和总额以及其他相关涉税信息资料。(1－7级测试)

A. 次月7日　　B. 次月15日

C. 当月　　D. 次季15日

13. 个人取得的下列所得，应按“工资、薪金所得”缴纳个人所得税的是(　　)。(8－11级测试)

A. 杂志社财务人员在本单位的报刊上发表作品取得的所得

B. 退休人员再任职取得的收入

C. 个人取得特许权的经济赔偿收入

D. 职工个人以股份形式取得的企业量化资产参与企业分配而获得的股息

14. 承受的房屋附属设施权属单独计价的，计征契税的税率应为(　　)。(8－11级测试)

A. 与房屋相同的契税税率　　B. 当地确定的适用税率

C. 固定的3%的税率　　D. 固定的5%的税率

15. 下列关于环境保护税税收优惠的表述，不正确的是(　　)。(8－11级测试)

A. 农业生产（不包括规模化养殖）排放应税污染物的，暂予免征环境保护税

B. 依法设立的生活垃圾集中处理场所排放相应应税污染物，不超过国家和地方规定的排放标准的，暂予免征环境保护税

C. 机动车、铁路机车等流动污染源排放应税污染物的，暂予免征环境保护税

D. 纳税人排放应税大气污染物或者水污染物的浓度值低于国家和地方规定的污染物排放标准30%的，减按50%征收环境保护税

16. 下列不符合资源税的税收优惠规定的是(　　)。(8－11级测试)

A. 规定限额内的农业生产取用水，免征水资源税

B. 军队、武警部队通过接入城镇公共供水管网方式取用水的，免征水资源税

C. 抽水蓄能发电取用水，免征水资源税

D. 自2018年4月1日至2021年3月31日，对页岩气资源税减征30%

17. 下列税务注销情形，不需要进行企业所得税清算申报的是：(　　)(8－11级测试)

1. 企业合并　　B. 企业分立

C. 经营地址迁移到邻县　　D. 依法解散

18. 以下关于税务机关调查、处理投诉事项的表述，错误的是(　　)。(1－7级测试)

A. 应本着注重调解、化解争议的原则进行

B. 应当由2名以上工作人员参加

C. 投诉人要求保密的，税务机关及其工作人员应当为投诉人保密

D. 调查人员与投诉事项或者投诉人、被投诉人有利害关系的，可以不用回避

19. 为提高纳税人满意度，税务机关对纳税人提供预约服务，即根据纳税人的合理需求，与纳税人约定适当的时间办理涉税事项。下列关于“预约服务”的表述，正确的是(　　)。(1－7级测试)

A. 纳税人可采取当面预约和电话预约等形式，预约申请一般应提前3~5个工作日提交

B. 预约服务内容包括涉税业务办理、税收政策咨询、纳税服务投诉等事项

C. 税务机关建立预约服务登记，对已确定预约服务的，税务人员不得单方面解除

D. 预约服务的范围由县税务机关确定

20. 2021年6月10日，《中华人民共和国印花税法》经十三届全国人大常委会第二十九次会议表决通过，于(　　)起施行。(1－7级测试)

A. 2021年7月1日　　B. 2022年1月1日

C. 2022年7月1日　　D. 2022年8月1日

**二、多项选择题（下列各题的备选答案中，至少有两个正确选项，请将正确选项的字母填写在括号中，多选、少选、错选、不选均不得分。每小题 2 分，共计 20 分）**

1. 研究表明，一个人在给别人的整体印象中，视觉因素占 55%，形象修饰的重要性可见一斑。纳税服务形象打造，包括个人着装规范、容貌修饰、配饰选择等。以下关于着装规范的说法中错误的有(　　)。(8－11 级测试)

A. 着冬装、春秋装时佩戴软肩章，着夏装时佩戴硬肩章

B. 办税服务厅工作热火朝天，前台人员扫描发票时挽衣袖方便工作

C. 小李大腿烧伤了，不便穿着制服，经办税服务厅负责人同意便装上岗

D. 午休时间，小陈穿着制服到单位附近小卖部买零食

2. 社会化纳税服务组织与税务机关都是为纳税人提供纳税服务的主体，二者存在的共同点包括(　　)。(1－7 级测试)

A. 都服务于纳税人　　B. 都促进国家税收法律正确形成

C. 都维护国家利益　　D. 都维护纳税人利益

3. 现代税务文化理念中，税务机关的使命应包括(　　)。(1－7 级测试)

A. 帮助纳税人理解和履行税法义务　　B. 统一公平地适用税法

C. 提供高品质的服务　　D. 帮助纳税人尽量少纳税甚至不缴税

4. 出口退（免）税分类管理评定中，(　　)是依职权事项，其他类别是依申请事项。(1－7 级测试)

A. 一类企业　　B. 二类企业　　C. 三类企业　　D. 四类企业

5. 出口退（免）税分类管理评定中，以下(　　)应评定为四级。(1－7 级测试)

A. 评定时纳税信用级别为 C 级或 D 级

B. 上一年度发生过拒绝向税务机关提供有关出口退（免）税账簿、原始凭证、申报资料、备案单证等情形

C. 新成立的出口企业

D. 列入国家联合惩戒对象的失信企业

6. 办理增值税税控系统专用设备初始发行，办理资料包括(　　)。(1－7 级测试)

A. 金税盘（税控盘）、报税盘（根据领购的税控系统专用设备报送）

B. 经办人身份证件原件及复印件

C. 《税务事项通知书》(发票票种核定通知)(查验后退回)

D. 《准予税务行政许可决定书》(查验后退回)

7. 提供建筑服务，纳税人代开增值税发票时，应在备注栏注明(　　)。(1－7 级测试)

A. 建筑服务发生地县（市、区）名称

B. 建筑服务项目名称

C. 全部价款和价外费用

D. 支付的分包款

8. 以下(　　)属于误收多缴退抵税。(1－7 级测试)

A. 法院判决书多缴税费

B. 行政复议决定书多缴税费

C. 税务处理决定书多缴税费

D. “营改增”试点纳税人提供应税服务在本地区试点实施之日前已缴纳营业税，本地区试点实施之日（含）后因发生退款减除营业额的，应当向主管税务机关申请退还已缴纳的营业税

9. 多缴税费证明资料包括(　　)。(1－7 级测试)

A. 减免税审批文书　　B. 纳税申报表

C. 税务稽查结论　　D. 税务处理决定书

10. 下列情形中，暂予免征环境保护税的是(　　)。(1－7 级测试)

A. 农业生产排放应税污染物的

B. 机动车、铁路机车、非道路移动机械、船舶和航空器等流动污染源排放应税污染物的

C. 依法设立的城乡污水集中处理、生活垃圾集中处理场所排放相应应税污染物的

D. 纳税人综合利用的固体废物，符合国家和地方环境保护标准的

**三、判断题**

1. 纳税人新征用的耕地，自批准征用之日起开始缴纳土地使用税。
(　　)(1－7 级测试)

2. 我国纳税服务的发展大体经历了纳税服务概念的引入和确立、纳税服务工作起步、纳税服务逐步发展和完善 3 个阶段。(　　)(1－7 级测试)

3. 研究表明，在税收遵从成本和税收不遵从程度之间存在很强的负相关，遵从成本越高，税收不遵从程度越低。(　　)(1－7 级测试)

4. 按照现行政策规定，增值税一般纳税人既有一般计税方法的应纳税额，又有简易计税方法的应纳税额，都可以抵减当期可抵减加计抵减额。(　　)(1－7 级测试)

5. 一般纳税人申请增值税专用发票最高开票限额不超过 15 万元的，主管税务机关不需事前进行实地查验。(　　)(1－7 级测试)

6. 纳税人当前使用的增值税税控系统专用设备发生损毁或盗失等情况，若继续使用的，做更换金税设备处理；不再继续使用的，报税务机关备案并办理注销发行。
(　　)(1－7 级测试)

7. 纳税人年度中间更换工作单位的，在原单位任职、受雇期间已享受的专项附加扣除金额，不得在新任职、受雇单位扣除。原扣缴义务人应当自纳税人离职不再发放工

资薪金所得的当月起，停止为其办理专项附加扣除。 （　　）（8－11级测试）

8. 税务机关送达税务行政许可文书，申请人无异议的，由受送达人或者其他法定签收人在税务行政许可文书末尾的签收栏签名或者盖章，注明收到日期，不再另行填写《税务文书送达回证》。 （　　）（1－7级测试）

9. 申报享受税收减免的优惠办理分为需在申报享受时随申报表报送附列资料和无须报送附列资料两种情形。 （　　）（1－7级测试）

10. 总分机构纳税人办理注销时，应当先办理总机构注销登记再办理分支机构注销登记。 （　　）（8－11级测试）

**四、简答题（共2题，每题5分，共计10分）**

1. 请简述纳税服务与税收征管的关系。（8－11级测试）
2. 突发事件的处理应当遵守哪些原则？（8－11级测试）

**五、实务题（共3题，每小题10分，共计30分）**

1. 国家税务总局令第46号文中税务总局决定再取消15项税务证明事项，请简述取消税务证明事项的重要意义。（8－11级测试）
2. 纳税人申请向市场监管部门申请一般注销，税务机关为其办理注销时，纳税人未处于税务检查状态、无欠税（滞纳金）及罚款、已缴销增值税专用发票及税控专用设备，税务机关对其采取“承诺制”容缺办理的前提条件有哪些？后续纳税人未按照承诺补齐资料办结事项的后果是什么？（8－11级测试）
3. 2022年7月8日，个体工商户孙某到甲县税务局办税服务大厅，向其姐夫（大厅负责人王某）书面投诉：（1）7月5日下午3点，孙某曾到该局下属的税务分局找税务人员办理注销税务登记业务，称当班工作人员态度恶劣。（2）该分局因孙某不能提供《发票领用簿》及存在未结税款，未对其进行注销税务登记处理。7月10日，甲县税务局决定受理投诉并派王某调查。王某到分局了解情况，发现孙某投诉情况基本属实。王某对分局负责人说，此投诉正常处理会对分局考核产生不利影响，孙某是其小舅子，可以说服孙某撤销投诉。不过分局要同意对孙某进行适当补偿，分局负责人同意了王某的意见。王某将情况通知了孙某，孙某同意撤销投诉，王某终止调查。2022年7月19日，王某制作《纳税服务投诉处理结果告知书》，写明“投诉事实不成立，不予支持”送达孙某，并填写《纳税服务投诉事项登记表》进行备案。

请列举税务机关在服务投诉处理中存在的问题并简单说明。（8－11级测试）

# 模拟试卷（七）答案及解析

## 一、单项选择题

1.【参考答案】D

【解析】《中华人民共和国耕地占用税法》第七条规定：军事设施、学校、幼儿园、社会福利机构、医疗机构占用耕地，免征耕地占用税。

2.【参考答案】D

【解析】《关于城镇土地使用税等“六税一费”优惠事项资料留存备查的公告》（国家税务总局公告 2019 年第 21 号）规定：对城镇土地使用税、房产税、耕地占用税、车船税、印花税、城市维护建设税、教育费附加（以下简称“六税一费”）享受优惠有关资料实行留存备查管理方式。纳税人享受“六税一费”优惠实行“自行判别、申报享受、有关资料留存备查”办理方式，申报时无须再向税务机关提供有关资料。纳税人根据具体政策规定自行判断是否符合优惠条件，符合条件的，纳税人申报享受税收优惠，并将有关资料留存备查。

3.【参考答案】D

【解析】根据《涉税专业服务监管办法（试行）》规定，涉税专业服务机构应当以年度报告形式，向税务机关报送从事涉税专业服务的总体情况。

4.【参考答案】B

【解析】根据《国家税务总局关于坚决查处第三方借减税降费服务巧立名目乱收费行为的通知》规定，重点排查是否仍存在第三方平台违反自愿原则强制纳税人购买增值服务；是否存在服务单位借销售税控专用设备或维护服务之机违规捆绑销售设备、软件、其他商品；是否存在第三方利用垄断地位乱收费谋取不正当利益等等。

5.【参考答案】D

【解析】根据《财政部 税务总局关于减征部分乘用车车辆购置税的公告》规定，为促进汽车消费，支持汽车产业发展，现就减征部分乘用车车辆购置税有关政策公告如下：一、对购置日期在 2022 年 6 月 1 日至 2022 年 12 月 31 日期间内且单车价格（不含增值税）不超过 30 万元的 2.0 升及以下排量乘用车，减半征收车辆购置税。

6.【参考答案】A

【解析】依据《国家税务总局关于明确跨区域涉税事项报验管理相关问题的公告》（国家税务总局公告 2018 年第 38 号），纳税人跨省（自治区、直辖市和计划单列市）

临时从事生产经营活动的，向机构所在地的税务机关填报《跨区域涉税事项报告表》。

7.【参考答案】B

【解析】开具发票的单位和个人应当按照税务机关的规定存放和保管发票，不得擅自损毁。已经开具的发票存根联和发票领用簿，应当保存5年。

8.【参考答案】C

【解析】对于实行纳税辅导期管理的增值税一般纳税人，一个月内多次领用专用发票的，应从当月第二次领用专用发票起，按照上一次已领用并开具的专用发票销售额的3%预缴增值税，未预缴增值税的，主管税务机关不得向其发放专用发票。

9.【参考答案】A

【解析】选项A，车辆购置税实行统一比例税率；选项B，纳税人购置需要办理车辆登记注册手续的应税车辆，应当向车辆登记注册地的主管税务机关申报纳税；购置不需办理车辆登记注册手续的应税车辆，应当向纳税人所在地的主管税务机关申报纳税；选项C，车辆购置税是对“应税车辆”的购置使用行为课征；选项D，车辆购置税是在应税车辆上牌登记注册前的使用环节征收。

10.【参考答案】C

【解析】根据《中华人民共和国个人所得税法》和《中华人民共和国个人所得税法实施条例》的相关规定，非居民个人指在中国境内无住所又不居住，或者无住所而一个纳税年度内在中国境内居住累计不满183天的个人。无住所个人一个纳税年度内在中国境内累计居住天数，按照个人在中国境内累计停留的天数计算。

11.【参考答案】A

【解析】根据《全国税务机关纳税服务规范3.0》的相关规定，单位和个体工商户（不含其他个人）发生二手房交易，在房产所在地主管税务机关缴纳完毕后，应向注册地主管税务机关履行纳税申报义务，申报其二手房交易销售额并扣减已缴税额。

12.【参考答案】B

【解析】根据《中华人民共和国个人所得税法》《中华人民共和国个人所得税法实施条例》和《国家税务总局关于发布〈个人所得税扣缴申报管理办法（试行）〉的公告》（国家税务总局公告2018年第61号）的相关规定，扣缴义务人应依照税收法律、法规、规章及其他有关规定，向居民个人支付综合所得时，不论其是否属于本单位人员、支付的应税所得是否达到纳税标准，应当办理全员全额扣缴申报，在代扣税款的次月15日内，向主管税务机关报送其支付所得的所有个人的有关信息、支付所得数额、扣除事项和数额、扣缴税款的具体数额和总额以及其他相关涉税信息资料。

13.【参考答案】B

【解析】根据《国家税务总局关于个人兼职和退休人员再任职取得收入如何计算

征收个人所得税问题的批复》规定，退休人员再任职取得的收入，在减除按个人所得税法规定的费用扣除标准后，按“工资、薪金所得”应税项目缴纳个人所得税。选项A，应按照“稿酬所得”项目征收个人所得税；选项C，应按“特许权使用费所得”项目征收个人所得税；选项D，应按照“利息．股息．红利所得”项目征收个人所得税。

14.【参考答案】B

【解析】根据《财政部 国家税务总局关于房屋附属设施有关契税政策的批复》规定，承受的房屋附属设施权属单独计价的，按照当地确定的适用税率征收契税；与房屋统一计价的，适用与房屋相同的契税税率。

15.【参考答案】D

【解析】纳税人排放应税大气污染物或者水污染物的浓度值低于国家和地方规定的污染物排放标准30%的，减按75%征收环境保护税。

16.【参考答案】B

【解析】除接入城镇公共供水管网以外，军队、武警部队通过其他方式取用水的，免征水资源税。

17.【参考答案】D

【解析】企业合并、分立，无需进行企业所得税清算。企业境内迁移无需进行企业所得税清算。

18.【参考答案】D

【解析】税务机关调查、处理投诉事项，应本着注重调解、化解争议的原则进行；调查处理纳税服务投诉事项，应当由2名以上工作人员参加；投诉人要求保密的，税务机关及其工作人员应当为投诉人保密；调查人员与投诉事项或者投诉人、被投诉人有利害关系的，应当回避。

19.【参考答案】C

【解析】《全国税务机关纳税服务规范》对预约服务基本规范的规定为：

（1）根据纳税人的合理需求，与纳税人约定适当的时间办理涉税事项。

（2）纳税人可采取当面预约和电话预约等形式，预约申请一般应提前1～3个工作日提交。

（3）预约服务内容包括涉税业务办理、税收政策咨询等事项。

（4）税务机关建立预约服务登记，对已确定预约服务的，税务人员不得单方面解除。因特殊情况需解除预约的，税务人员应当主动与纳税人协商解决，并重新安排预约时间。对超过预约时间而未到场的，视为纳税人主动放弃预约服务。

（5）预约服务的范围由省税务机关确定。通过税务网站、手机客户端等渠道提供预约申请服务。

20.【参考答案】C

【解析】2021 年 6 月 10 日，《中华人民共和国印花税法》经十三届全国人大常委会第二十九次会议表决通过，于 2022 年 7 月 1 日起施行。

**二、多项选择题**

1.【参考答案】ABD

【解析】选项 A，着冬装、春秋装时佩戴硬肩章，着夏装时佩戴软肩章，硬软肩章不得换戴；选项 B，服装穿着要整洁适体，扣好衣扣，不得披衣、敞怀、挽袖、卷裤腿；选项 D，办税服务场所工作人员在非工作时间不得穿着税务制服。

2.【参考答案】ACD

【解析】社会化纳税服务组织与税务机关的服务，都是服务于纳税人，都是维护国家利益和纳税人利益，选项 ACD 正确。二者服务都是促进国家税收法律正确实施而不是促进其形成，选项 B 错误。

3.【参考答案】ABC

【解析】现代税收，税务机关既服务于税法，又服务于纳税人。

4.【参考答案】BCD

【解析】依据《国家税务总局关于发布修订后的〈出口退（免）税企业分类管理办法〉的公告》（国家税务总局公告 2016 年第 46 号），出口退（免）税分类管理评定标准，一类企业评定是依申请事项，二、三、四类企业评定是依职权事项。

5.【参考答案】BD

【解析】依据《国家税务总局关于发布修订后的〈出口退（免）税企业分类管理办法〉的公告》（国家税务总局公告 2016 年第 46 号）第七条："具有下列情形之一的出口企业，其出口企业管理类别应评定为四类：（一）评定时纳税信用级别为 D 级。（二）上一年度发生过拒绝向税务机关提供有关出口退（免）税账簿、原始凭证、申报资料、备案单证等情形。（三）上一年度因违反出口退（免）税有关规定，被税务机关行政处罚或被司法机关处理过的。（四）评定时企业因骗取出口退税被停止出口退税权，或者停止出口退税权届满后未满 2 年。（五）四类出口企业的法定代表人新成立的出口企业。（六）列入国家联合惩戒对象的失信企业。（七）海关企业信用管理类别认定为失信企业。（八）外汇管理的分类管理等级为 C 级。（九）存在省税务局规定的其他严重失信或风险情形"。

6.【参考答案】ACD

【解析】依据《全国税务机关纳税服务规范 3.0》"发票办理规范"，经办人身份证件原件查验后退回，无须报送原件及复印件。

7.【参考答案】AB

【解析】提供建筑服务，纳税人代开增值税发票时，应在备注栏注明建筑服务发生地县（市、区）名称及项目名称。

8.【参考答案】ABCD

【解析】根据《全国税务机关纳税服务规范3.0》的相关规定，以下业务也属于误收多缴退抵税范围：“营改增”试点纳税人提供应税服务在本地区试点实施之日前已缴纳营业税，本地区试点实施之日（含）后因发生退款减除营业额的，应当向主管税务机关申请退还已缴纳的营业税；对于“税务处理决定书多缴税费”“行政复议决定书多缴税费”“法院判决书多缴税费”等类多缴税款办理退税。

9.【参考答案】ABCD

【解析】根据《全国税务机关纳税服务规范3.0》的相关规定，多缴税费证明资料包括减免税审批文书、纳税申报表、税务稽查结论、税务处理决定书、纳税评估文书、税务行政复议决定书、生效的法院判决文书、增值税红字发票、税务机关认可的其他记载应退税款内容的资料。

10.【参考答案】BD

【解析】《中华人民共和国环境保护税法》第十二条规定，下列情形，暂予免征环境保护税：（一）农业生产（不包括规模化养殖）排放应税污染物的；（二）机动车、铁路机车、非道路移动机械、船舶和航空器等流动污染源排放应税污染物的；（三）依法设立的城乡污水集中处理、生活垃圾集中处理场所排放相应应税污染物，不超过国家和地方规定的排放标准的；（四）纳税人综合利用的固体废物，符合国家和地方环境保护标准的；（五）国务院批准免税的其他情形。

## 三、判断题

1.【参考答案】×

【解析】纳税人新征用的耕地，自批准征用之日起满一年时开始缴纳土地使用税。

2.【参考答案】√

【解析】我国纳税服务的发展经历了三个阶段，分别为纳税服务概念的引入和确立、纳税服务工作起步、纳税服务逐步发展和完善。

3.【参考答案】×

【解析】研究表明，在税收遵从成本和税收不遵从程度之间存在很强的正相关。这意味着，税收遵从成本越高，则税收不遵从的程度也越高，因而降低税收遵从成本有利于提高纳税人遵从水平。

4.【参考答案】×

【解析】增值税一般纳税人有简易计税方法的应纳税额，不可以从加计抵减额中抵减。加计抵减额只可以抵减一般计税方法下的应纳税额。

5.【参考答案】×

【解析】一般纳税人申请增值税专用发票最高开票限额不超过10万元的，主管税务机关不需事前进行实地查验。

6.【参考答案】√

【解析】纳税人当前使用的增值税税控系统专用设备发生损毁或盗失等情况，若继续使用的，做更换金税设备处理；不再继续使用的，报税务机关备案并办理注销发行。

7.【参考答案】√

【解析】根据《中华人民共和国个人所得税法》《中华人民共和国个人所得税法实施条例》和《国家税务总局关于发布〈个人所得税扣缴申报管理办法（试行）〉的公告》（国家税务总局公告2018年第61号）的相关规定，纳税人年度中间更换工作单位的，在原单位任职、受雇期间已享受的专项附加扣除金额，不得在新任职、受雇单位扣除。原扣缴义务人应当自纳税人离职不再发放工资薪金所得的当月起，停止为其办理专项附加扣除。

8.【参考答案】×

【解析】根据《国家税务总局〈关于进一步简化税务行政许可事项办理程序的公告》（国家税务总局公告2019年第34号）的相关规定，税务机关通过办税服务窗口向申请人直接送达税务行政许可文书，且申请人无异议的，由受送达人或者其他法定签收人在税务行政许可文书末尾的签收栏签名或者盖章，注明收到日期，不再另行填写《税务文书送达回证》。

9.【参考答案】√

【解析】申报享受税收减免的优惠办理分为需在申报享受时随申报表报送附列资料和无须报送附列资料两种情形。

10.【参考答案】×

【解析】总分机构纳税人登记有分支机构的，应当先办理分支机构注销登记。

## 四、简答题

1.【参考答案】

（1）税收征管与纳税服务是相互依存的。税收征管和纳税服务是现代税收最基本也是最重要的两个方面，是矛盾的统一体，具有相互依存、相互作用、相互促进的关系，共存于税务行政行为之中。

（2）税收征管与纳税服务是辩证统一的。税收征管是基础，它决定着纳税服务的发展方向，而纳税服务反作用于税收征管，对税收征管有不可替代的促进作用。

（3）税收征管与纳税服务是互相促进的。一方面，通过推动征管体制改革，理顺征管运行流程体系，强化风险管理举措，可以引导纳税人朝着主动依法诚信纳税的方向进行转变，提升纳税服务的有效性；另一方面，通过优化纳税服务体系，从体制层面优化办税流程，规范纳税服务行为，细化纳税服务措施，可以简化办税手续，减轻纳税负担，降低纳税人的税收遵从成本，实现减轻税收征管压力和负担的工作目标。

2.【参考答案】

突发事件的处理应当遵守下列原则：

（1）以人为本。坚持以人为本，在依法办税的基础上因情施策，把保障生命财产安全作为突发事件应急处理的首要任务，切实保护征纳双方的合法权益。

（2）预防为主。坚持预防与应急相结合，常态与非常态相结合，充分考虑可能出现的突发事件，建立健全突发事件预警监控机制，加强预测、预警、预防工作，防患于未然。

（3）分级负责。坚持以事发地办税服务厅所属主管税务机关为主，上级机关统筹协调处理突发事件，根据事件的影响范围和严重程度确定责任部门、责任人，建立自下而上分级负责、协同应对的应急处理机制。

（4）果断处置。坚持急事急办，果断决策，及时处理，及时上报，综合运用调解、行政、法律等多种手段加强对突发事件的反应、处置和舆情控制能力，把不良影响和损失降到最低。

## 五、实务题

1.【参考答案】

取消税务证明事项的重要意义：取消税务证明事项，是税务部门贯彻落实党中央、国务院关于减税降费和减证便民的部署要求，积极回应企业和人民群众关切的重要举措。通过着力精简纳税困难证明、公证证明等与企业生产经营和人民群众日常生活紧密相关的证明材料，进一步减少涉税资料报送，减轻纳税人负担，有利于深化税务系统“放管服”改革，优化税收营商环境，为市场主体增便利、添活力。

2.【参考答案】

（1）对未处于税务检查状态、无欠税（滞纳金）及罚款、已缴销增值税专用发票及税控专用设备，且符合下列情形之一的纳税人，优化即时办结服务，采取“承诺制”容缺办理，即纳税人在办理税务注销时，若资料不齐，可在其作出承诺后，税务机关即时出具清税文书。

①纳税信用级别为 A 级和 B 级的纳税人；

②控股母公司纳税信用级别为 A 级的 M 级纳税人；

③省级人民政府引进人才或经省级以上行业协会等机构认定的行业领军人才等创办的企业；

④未纳入纳税信用级别评价的定期定额个体工商户；

⑤未达到增值税纳税起征点的纳税人。

（2）纳税人应按承诺的时限补齐资料并办结相关事项。若未履行承诺的，税务机关将对其法定代表人、财务负责人纳入纳税信用 D 级管理。

【解析】依据《国家税务总局关于深化“放管服”改革更大力度推进优化税务注销办理程序工作的通知》（税总发〔2019〕64 号）、《国家税务总局关于进一步优化办理企业税务注销程序的通知》（税总发〔2018〕149 号）。

3.【参考答案】

（1）受理投诉超期。税务机关收到投诉后应于 1 个工作日内决定是否受理。

（2）王某一人调查不妥。调查处理纳税服务投诉事项，应当由两名以上工作人员参加。

（3）王某未回避。调查人与投诉人有直接利害关系的，应当回避。

（4）不应中止调查。投诉人自行撤销投诉，经核实，确实不需进一步调查的，方可终止调查。

（5）未责令被投诉人限期改正和进行处罚。应责令当班工作人员限期改正，对其进行相应的行政处罚。

（6）办结超期。对服务言行类投诉，自受理之日起 5 个工作日内办结。